2026

경찰채용, 경위공채 시험대비

조인성 경찰학
핵심요약집

최신 개정법령 반영

중요도 표시로 학습의 강·약 조절 가능

최소한의 분량으로 완벽한 핵심정리

시험장 암기자료 수록

멘토링

조인성
경찰학
핵심요약집

PREFACE
| 머리말 |

1. 교재의 특징

본 교재는 경찰학의 핵심적인 내용은 상세하게 서술하고, 출제 가능성이 매우 낮으며 지엽적인 부분을 과감하게 삭제하여 단시간 내에 경찰학 전반을 정리할 수 있도록 구성하였습니다.
빠르게 합격 점수를 확보하여 여러분의 시간을 아껴드리고, 중요 부분에 더욱 집중하실 수 있도록 하였습니다.

요약집이라고 해서 페이지를 줄이기 위해 내용을 많이 생략한다거나, 문장을 너무 축약하지 않았습니다. 법조문도 원문 그대로 실어 최적의 분량으로 기본서를 대체할 수 있도록 구성하였습니다.

2. 교재의 구성

첫째, 최근 정부 조직개편으로 인한 25년 11월까지 최신 개정 사항까지 반영하였고, 출간 이후에 개정 내용은 조인성 경찰학 네이버 카페에 올려드리겠습니다.

둘째, 기출 지문을 최대한 반영하여 지문마다 표시함으로써 기출문제집을 따로 보시지 않아도 될 만큼 정리하였고, 순경공채, 승진, 경력채용, 경위공채 (경찰간부) 등 모든 경찰학 지문을 분석하여 가장 최근 시험인 25년 8월에 시행된 순경공채, 경찰특공대 시험까지 반영하였습니다.

셋째, 어디까지 학습해야 하는지 그 범위에 대해 고민이 많은 경찰행정법 부분에 대해 너무 범위를 넓히거나 전적으로 배제하지 않도록 적정수준과 적정범위에서 서술하였습니다. 타 직렬의 문제들까지 검토하여 우리 시험에 출제 가능한 부분들을 선별하여 정리하였으니 범위를 늘리지 마시고, 이 책으로 공부하시면 충분히 좋은 결과가 있을 것으로 확신합니다.

넷째, 중요도를 ★★★★, ★★★, ★★, ★로 표시하여 학습의 강약을 조절하였고, 중요한 핵심 키워드와 함정 부분에는 글자 색을 다르게 하여 특히 강조하였습니다.

다섯째, 중요 핵심 키워드와 함정 부분에 글자 색을 다르게 하여 오답 포인트 부분을 쉽게 알 수 있도록 표시하였습니다.

여섯째, 2025년 11월 25일 국가공무원법 개정안이 입법예고 되어 일정한 절차를 거쳐 6개월 후 시행될 예정입니다. 우리 시험에 중요한 부분(개정예정으로 표시)이므로 미리 반영하였습니다. 구체적인 시행 날짜와 수정 사항이 생기면 카페를 통해 공지하겠습니다. 따라서 수험생 여러분들께서는 시행 전까지는 기존 조문대로 학습하시면 되겠습니다.

드리는 말씀

이 책의 출간을 위해 애써주신 멘토링 출판 정대열, 금병희 대표님과 관계자분들에게 감사의 말씀을 전합니다.

끝으로 이 책을 보시고 제 강의를 들어주시는 수험생 여러분께 감사하다는 말씀을 드리며, 여러분이 합격하실 때까지 최선을 다해 도움이 되어드리겠다는 약속을 드립니다.

편저자 **조인성** 드림

차례

PART 01 총론

Chapter 01 경찰학의 기초이론 ... 8
- 제1절 경찰의 개념 ... 8
- 제2절 경찰의 분류 ... 12
- 제3절 경찰의 기본적 임무 및 수단 ... 14
- 제4절 경찰활동의 기초 및 관할 ... 17
- 제5절 경찰의 기본이념 ... 18
- 제6절 경찰윤리 ... 24
- 제7절 부정청탁 및 금품등 수수의 금지에 관한 법률 ... 32
- 제8절 경찰청 공무원 행동강령 - 경찰청 훈령 ... 39
- 제9절 공직자 이해충돌방지법 ... 45
- 제10절 적극행정 및 소극행정 ... 54
- 제11절 범죄의 원인과 예방 ... 60
- 제12절 지역사회 경찰활동 ... 67

Chapter 02 한국경찰의 역사와 제도 ... 71
- 제1절 갑오개혁 이후 경찰(일본의 영향) ... 71
- 제2절 일제 강점기 시대 경찰 ... 72
- 제3절 임시정부경찰 ... 73
- 제4절 미군정시기 경찰(1945 ~ 1948) ... 74
- 제5절 정부수립이후(1948~1991년) 이전의 경찰의 특징 ... 75
- 제6절 경찰 조직의 연혁 ... 77
- 제7절 한국경찰사에 길이 빛날 자랑스러운 표상 ... 78

Chapter 03 비교경찰론 ... 80
- 제1절 영국경찰 ... 80
- 제2절 미국경찰 ... 83
- 제3절 독일경찰 ... 85
- 제4절 프랑스경찰 ... 87
- 제5절 일본경찰 ... 88

Chapter 04 경찰행정법 · 90
- 제1절 경찰행정법의 기초 · 90
- 제2절 경찰조직법 · 100
- 제3절 경찰공무원법 · 117
- 제4절 경찰작용법 · 157
- 제5절 경찰행정작용 · 196
- 제6절 경찰구제법 · 215

Chapter 05 경찰행정학(경찰관리론) · 231
- 제1절 경찰관리 · 231
- 제2절 경찰조직관리 · 232
- 제3절 경찰인사관리 · 234
- 제4절 경찰예산관리 · 238
- 제5절 기타관리 · 243
- 제6절 경찰홍보 · 254
- 제7절 경찰통제 · 258

PART 02 경찰학 각론(분야별 경찰활동)

Chapter 01 생활안전경찰 · 276
- 제1절 지역경찰활동 · 276
- 제2절 생활질서업무 · 288
- 제3절 여성청소년 업무 · 296

Chapter 02 수사경찰 · 308
- 제1절 성폭력 사건 수사 · 308
- 제2절 특정중대범죄 피의자 등 신상정보에 관한 법률 · 314
- 제3절 가정폭력범죄 및 아동학대범죄 수사 · 317
- 제4절 스토킹범죄 · 324
- 제5절 마약류 수사 · 327
- 제6절 범죄피해자보호법 · 329

차례

Chapter 03 경비경찰 — 332
- 제1절 경비경찰 일반론 — 332
- 제2절 경비경찰의 조직 및 수단 — 333
- 제3절 경비경찰의 주요대상 — 334
- 제4절 경찰작전 — 346
- 제5절 청원경찰 — 350

Chapter 04 교통경찰 — 354
- 제1절 도로교통법 상 용어정리 — 354
- 제2절 교통규제 — 357
- 제3절 통행방법 — 362
- 제4절 운전면허 및 운전면허 행정처분 — 365
- 제5절 교통사고처리 — 371
- 제6절 교통경찰 판례 — 373

Chapter 05 정보경찰 — 380
- 제1절 정보의 개관 — 380
- 제2절 정보의 순환 — 381
- 제3절 신원조사 — 382
- 제4절 집회 및 시위에 관한 업무 - 집회 및 시위에 관한 법률 — 383

Chapter 06 안보경찰 — 394
- 제1절 국가보안법 — 395
- 제2절 보안관찰법 — 398
- 제3절 남북교류협력에 관한 법률 — 402
- 제4절 북한이탈주민의 보호 및 정착지원에 관한 법률 — 404

Chapter 07 외사경찰 — 408
- 제1절 외사경찰 일반 — 408
- 제2절 외사경찰의 대상 — 410
- 제3절 국제형사경찰기구(인터폴) — 419
- 제4절 국제형사사법공조법 — 421
- 제5절 범죄인 인도법 — 423

PART 01 총론

CHAPTER 01	경찰학의 기초이론
CHAPTER 02	한국경찰의 역사와 제도
CHAPTER 03	비교경찰론
CHAPTER 04	경찰행정법
CHAPTER 05	경찰행정학(경찰관리론)

PART 01 총론

CHAPTER 01 경찰학의 기초이론

조인성 경찰학 핵심요약집

제 1 절 경찰의 개념

1. 경찰개념의 역사적 변천과정 ★★★

① 경찰개념은 **시대성·역사성**을 반영, 일률적 정의가 곤란한 **다의적** 개념이다. 14 승진, 22 2차
② [국정전반 → 내무행정 → 질서행정(위험방지) → 보안경찰] → 경찰권 발동범위 **축소**과정이었다. 19 승진

(1) 대륙법계 경찰개념 22·23 1차, 12·22 2차, 10·14·19 승진, 11·17·18·22·24·25 경간, 20·23 경채

고대	그리스어 Politeia, 라틴어(영어X) Politia에서 유래하였고, 모든 국가작용(행정), 일체의 정치를 **포함**한, 가장 이상적인 상태인 **헌법**을 의미	
중세	① 14세기말 프랑스 경찰개념은 라 폴리스(La Police)라는 단어에 의해 대표 되었는데, 이 단어의 뜻은 초기에는 '**국가목적, 국가작용, 국가의 평온한 질서 있는 상태를 의미했**다가 나중에는 '**공동체의 질서 있는 상태**'를 의미 ② 15세기 말 **프랑스**의 경찰개념이 **독일**에 계수되어 양호한 질서를 포함한 국가행정 전반을 포괄하는 의미로 사용 ③ 중세말기(16세기)에 이르러 독일 제국경찰법(1530)에 의해 **교회행정을 제외(포함X)**한 일체의 국가행정을 의미	경찰과 행정의 **미분화** 10 승진
경찰 국가 (17C)	① 17세기에 국가 활동의 확대와 복잡화로 국가작용의 분화현상이 나타나 경찰개념이 **국가목적적 행정인 외교·군사·재정·사법을 제외**한 **내무행정** 전반을 의미 ② 내무행정(사회목적적 행정)에는 **소극적** 질서유지(위험방지) + **적극적** 복지증진을 위한 강제력의 행사도 경찰의 개념에 포함 ③ **군주주권론**, 왕권신수설을 사상적 기초로 하여 관료는 국왕의 절대적인 권력에 복종하지만, 포괄적 권한에 근거하여 재판통제도 받지 않고 일방적으로 국민의 권리관계에 간섭할 수 있었음 ④ 경찰과 사법의 분리 : 베스트팔렌조약(1648)으로 **사법이 국가의 특별한 작용**으로 인정	경찰과 행정의 **분화시작**

법치 국가 (18C)	① 계몽주의 철학과 천부인권사상의 영향으로 경찰권의 객체에 불과했던 시민이 주체성을 회복 ② 자연법 사상에 기초한 권력분립주의와 법치주의가 대두되어 적극적인 복리증진작용이 경찰개념에서 제외되고, **소극적인 질서유지와 위험방지**에 한정 ③ 요한 쉬테판 퓨터가 자신의 저서인 독일공법제도에서 주장한 "**경찰의 직무는 임박한 위험을 방지하는 것이다. 복리증진은 경찰의 본래 직무가 아니다.**"라는 내용은 경찰국가시대를 거치면서 확장된 경찰의 개념을 제한하기 위한 노력의 일환으로 볼 수 있음 ④ 18~19세기에 등장한 법치국가는 절대주의적 경찰국가에 대항하는 의미에서 자유주의적 법치국가의 성격을 띠었고, 이와 같은 **법치국가적 경찰개념이 처음으로 법제화된 경우**로는 1794년의 '**프로이센 일반란트법**'을 들 수 있다. 23 2차, 26 경간	경찰과 행정의 분화
현대 국가 (20C)	① 제2차(1차X) 세계대전 후 보안경찰을 제외(포함X)한 협의의 행정경찰사무 즉 영업경찰, 건축경찰, 보건경찰 등의 경찰사무를 다른 행정관청의 분장사무로 이관하는 **비경찰화(비범죄화X)**가 이루어졌음 ② 경찰의 임무가 **보안경찰**로 한정되었으며, 풍속경찰은 보안경찰에 해당하므로 **비경찰화 대상이 아님**	

> **기출지문** 22 경간, 22 1차
>
> ① 15세기 말 프랑스에서 독일로 도입된 경찰권이론은 '**국민의 공공복리를 위해 강제력을 동원할 수 있는 통치자의 권한**'으로 인정되어 **절대적 국가권력의 기초를 제공하였다.**
> ② 프랑스에서 경찰권이론은 14세기에 등장하였는데, 이 이론에 따르면 군주는 개인 간의 결투와 같은 자구행위를 억제하기 위하여 공동체의 원만한 질서를 보호할 권리와 의무를 갖고 있으며, 이를 위한 필수불가결한 조치를 경찰권에 근거하여 갖고 있다고 보았다.
> ③ 독일의 경우, 15세기부터 17세기에 이르기까지 경찰은 공동체의 질서정연한 상태 또는 공동체의 질서정연한 상태를 창설하고 유지하기 위한 활동으로 이해되었고, 이러한 공동체의 질서정연한 상태를 창설·유지하기 위하여 신민(臣民)의 거의 모든 생활영역이 포괄적으로 규제될 수 있었다.

(2) 18C ~ 19C 법치국가시대경찰권 축소에 관련된 법률, 판결(순서와 내용암기) 19 2차, 10·19 승진, 12 2차, 18 3차, 18 법학, 14·17·18·20·21·24·25 경간

프로이센 일반란트법 (1794)	"경찰관청은 공공의 평온, 안녕 및 질서를 유지하고, 또한 공중 및 그의 개개 구성원들에 대한 **절박한** 위험을 방지하기 위하여 필요한 기관이다."라고 규정
프랑스 **죄와** **형벌법전**(1795)	① 18조에서 **행정경찰과 사법경찰을 최초로 구분**하여 법제화 ② 16조에서 "경찰은 공공의 질서, 자유, 재산 및 개인의 자유와 재산 및 **안전**을 유지하는 것을 임무로 한다."고 규정
크로이쯔베르크판결 (1882)	1882년 프로이센 고등행정법원은 크로이쯔베르크 판결을 통해 경찰관청이 일반적 수권조항에 근거하여 법규명령을 발할 수 있는 분야는 **소극적 위험방지** 분야에 한정된다고 판시하여 경찰작용의 **목적축소**에 기여
프랑스 지방자**치**법전 (1884)	"자치체 경찰은 공공의 질서, 안전 및 **위생**을 확보함을 목적으로 한다."라고 규정하여 **협의의 행정경찰 사무를 포함(제외X)**하고 경찰의 직무를 소극목적에 한정

프로이센 경찰행정법 (1931)	"경찰관청은 현행법의 범위 내에서 **의무에 합당한 재량**에 따라 필요한 조치를 취하지 않으면 안된다."라고 규정

> 🔊 **기출지문**
>
> ① 독일 프로이센 고등행정법원의 크로이쯔베르크 판결을 계기로 경찰의 권한은 소극적 위험방지 분야로 한정하게 되었으며, 비로소 이 취지의 규정을 둔 「경죄처벌법전」(죄와형벌법전)이 제정되었다. (X) 22 2차
>   → 1882년 프로이센 고등행정법원은 **크로이쯔베르크 판결**을 통해 경찰관청이 일반적 수권조항에 근거하여 법규명령을 발할 수 있는 분야는 소극적 위험방지 분야에 한정된다고 판시하였고, **프랑스의 경죄처벌법전(죄와형벌법전)은 1795년**에 제정된 것으로 크로이쯔베르크 판결 이전의 일이다.
> ② 프로이센 경찰행정법(1931년)은 경찰의 직무를 적극적 복리증진으로 규정했다. (X) 24 경간
>   → 프로이센 경찰행정법(1931년)은 "경찰관청은 현행법의 범위 내에서 **의무에 합당한 재량**에 따라 필요한 조치를 취하지 않으면 안된다."라고 규정하여 경찰의 직무를 **소극적 위험방지분야에 한정**하였다.

(3) 그 외 주요판결 ★★ 09 · 21 · 23 경간, 18 승진

띠톱판결	**경찰개입청구권**을 최초로 인정한 판결
블랑코 판결 (Blanco)	블랑코라는 소년이 국영담배공장 운반차에 부상을 당하여 민사법원에 손해배상 청구소송을 제기한 사실관계에 기초하여, **손해가 공무원에 의하여 발생한 것이라는 이유에서 관할이 행정재판소로 옮겨지게 된 판결** (국가배상을 최초로 인정) 25 1차
Mapp 판결	위법수집증거 배제법칙이 확립된 판결
Escobedo 판결	변호인의 접견교통권을 침해하여 얻은 자백의 증거능력을 부정한 판결 25 1차
Miranda 판결	**진술거부권, 변호인선임권, 접견교통권**을 고지하지 않은 상태에서의 자백의 증거능력을 부정한 판결 25 1차

2. 대륙법계와 영미법계 경찰의 비교 ★★★ 12 2차, 12 · 19 승진, 18 3차, 18 · 25 경간(경위공채), 23 · 24 1차

구분	대륙법계(전통적 경찰개념)	영미법계(현대적 경찰개념)
개념	경찰권 발동범위와 성질을 기준 경찰이란 무엇인가에 중점	경찰의 기능과 역할을 기준 경찰활동은 무엇인가에 중점
임무	공공의 안녕과 질서유지	국민의 생명 · 신체 · 재산 보호에 중점
경찰권	일반통치권	자치권
수단	권력적 수단을 중시	비권력적 수단 중시
시민과 관계	대립적 관계(수직적)	대등적 관계(동반자적, 수평적, 상호협력)
행정 · 사법	행정경찰과 사법경찰을 구분함	행정경찰과 사법경찰을 구분하지 않음
과정	축소	확대
학자	행정법학자	행정학자

3. 우리나라 경찰 개념의 형성과정 ★★

(1) 대륙법계 영향
   ① 프랑스(죄와형벌법전, 1795) → 독일 → 일본(행정경찰규칙, 1875) → 우리나라(행정경찰장정, 1894)
   → 경찰관직무집행법(1953) – 경찰관직무집행법의 원전은 프랑스의 죄와 형벌법전이라 할 수 있음

(2) 영미법계 영향
   ① 영미법계(미군정기) 영향으로 '국민의 생명 · 신체 · 재산의 보호'라는 민주적 이념이 도입되었고, 이를 최초로 규정한 것은 「경찰관 직무집행법」임 09 승진, 25 2차
   ② 우리나라에서는 대륙법계와 영미법계(수사 활동은 당연히 경찰의 고유한 임무로 취급) 영향을 모두 받아 보통경찰기관이 행정경찰 및 사법경찰 업무를 구분하지 않고 양자 모두 담당함 12 1차, 21 · 25 2차

4. 형식적 의미의 경찰과 실질적 의미의 경찰 ★★★ 06 · 10 · 12 · 14 · 15 · 20 · 23 1차, 07 · 17 · 25 2차, 08 3차, 09 · 13 · 14 · 20 · 26 경간, 10 · 14 · 15 · 16 · 17 · 19 · 21 승진, 13 · 14 · 21 · 23 · 24 경찰특공대, 18 · 20 경채, 23 승진

구분	형식적 의미의 경찰	실질적 의미의 경찰(소극목적)
의의	실정법상 보통경찰기관에 분배되어 있는 임무를 달성하기 위하여 행해지는 모든 경찰활동(국가경찰과 자치경찰의 조직 및 운영에 관한 법률 제3조, 경직법 제2조에 규정)	사회공공의 안녕과 질서를 유지하기 위해 일반통치권에 의거해 국민에게 명령 · 강제하는 권력 작용(타인의 자유와 권리를 제한하는 작용)
내용	① 조직중심 ② 역사적, 제도적(실무상개념)의미의 경찰 ③ 국가목적, 사회목적작용 가리지 않음 ④ 권력적, 비권력적 활동 모두 포함 ⑤ 다른 행정기관은 형식적의미의 경찰을 못함 ⑥ 경찰활동의 범위는 국가마다 상이하고, 한 국가 내에서도 시간 변화에 따라 달라질 수 있음	① 작용중심 ② 권력적 작용만을 의미함(비권력적 작용X) ③ 사회목적작용에 한정됨(국가목적작용X) ④ 학문적 · 이론적 개념(실무상개념X) ⑤ 다른 행정기관도 실질적 의미의 경찰활동 가능 ⑥ 독일(프랑스X)의 행정법학(행정학X)에서 유래
종류	사법, 수사경찰, 정보, 안보, 서비스 등	건축, 영업, 위생, 산림, 공물, 철도, 경제, 산업경찰 등(협의의 행정경찰)
양자의 관계	① 양자는 서로 포함하거나 일치하는 개념이 아니다.(동일개념, 상위 개념도 아님) 11 1차, 24 경간 ▶형식적 의미의 경찰은 모두 실질적 의미의 경찰에 포함된다(X) 14 1차, 17 2차, 23 승진 ▶ 형식적 의미의 경찰이 언제나 실질적 의미의 경찰이 되는 것은 아니며, 실질적 의미의 경찰이 모두 형식적 의미의 경찰이 되는 것도 아니다. 24 특공대 ② 일반행정기관에서도 '경찰기능'을 담당한다고 할 때의 '경찰기능'은 일반행정기관이라는 작용적 측면에서 바라본 실질적 의미의 경찰개념을 말함 14 승진, 24 특공대 ③ 형식적의미의 경찰이면서 실질적의미의 경찰 → 경찰하명, 경찰허가, 즉시강제, 강제집행, 생활안전, 교통경찰, 경비경찰, 풍속경찰, 불심검문(견해대립 있음) 등 ④ 의원경찰과 법정경찰은 일반통치권을 전제로 하지 않고, 내부질서 유지를 목적으로 하는 것이므로 형식적의미의 경찰에도 실질적의미의 경찰에도 해당되지 않음 26 경간 ⑤ 일반행정기관도 실질적 의미의 경찰작용을 하는 경우가 있으나, 형식적 의미의 경찰작용을 하는 경우는 없음 14 특공대, 15 승진, 17 2차, 20 경채	

⑥ 실질적 의미의 경찰개념은 사회 질서유지와 봉사활동과 같은 현대 경찰의 핵심적인 기능을 수행하는 경찰을 의미한다.(X) → **봉사활동과 같은 비권력적 서비스활동은 실질적 의미의 경찰에 해당하지 않는다.** 20 경채, 24 승진
⑦ 사무를 기준으로 하였을 때 우리나라 **자치경찰은 형식적 의미의 경찰과 실질적 의미의 경찰 모두에 해당**한다. 24 경간
⑧ **실질적 의미(형식적 의미X)**의 경찰개념은 경찰작용의 성질에 따른 것으로서 보건·산림·세무·의료·환경 등을 담당하는 **국가기관**(특별사법경찰기관)의 **권력작용**을 포함하여 **지방자치단체**(특별시, 광역시, 시·군·구)의 **권력작용**도 경찰로 간주된다. 23 경채
⑨ **보통경찰기관의 범죄 예방, 정보 수집·작성·배포 활동은 실질적 의미의 경찰에는 해당하지 않고, 형식적 의미의 경찰에 해당한다.** 24 2차

제 2 절 경찰의 분류 12 3차, 16·18·23 1차, 21·23 경간, 24 2차

1. 경찰의 목적(3권 분립)에 따른 구분 ★★★ 13·16 승진, 18 3차, 19 승진

프랑스는 행정경찰과 사법경찰을 지금도 엄격히 구분하고 있다.

행정경찰(=실질적의미의 경찰)	사법경찰
사회공공의 안녕과 질서 유지 목적	범죄수사, 체포 목적
주로 **현재, 장래**의 상황에 대하여 발동 **경찰행정법규**에 의해 작용	주로 **과거**의 상황에 대하여 발동 **형사소송법**에 의하여 권한행사
실질적 의미의 경찰에 해당	형식적 의미의 경찰에 해당

2. 업무의 독자성에 따른 구분 ★★★ 11·12 1차, 13 승진, 18 3차, 18 경채, 21 2차, 21·23 경채, 22·25 경간

(이론상, 강학상)보안경찰	협의의 행정경찰
① **다른 행정작용 동반하지 않고 오로지 경찰작용만으로 독립하여 행하는 작용** – 생활안전, 풍속, 교통, 경비, 해양경찰 등 ② **형식적 의미의 경찰이면서 실질적 의미의 경찰에도 해당**	① **다른 행정작용과 결합하여 특별한 사회적 이익보호를 목적**으로 하며 그 **부수작용으로서 사회공공의 안녕과 질서를 유지**하는 경찰작용 – 건축, 산업, 산림, 위생, 공물, 경제, 철도, 보건경찰 등 ② **실질적 의미의 경찰에 해당하고, 형식적 의미의 경찰에는 해당하지 않으며, 오늘날 제도적으로 경찰이라고 불리지 않음**

3. 경찰권 발동시점에 따른 구분 ★★★ 11 1차, 13 승진, 18 3차, 20 특채, 21 2차, 25 경간

국가경찰과 자치경찰의 조직 및 운영에 관한 법률 제3조와 경찰관 직무집행법 제2조에서의 **진압은 예방과도 관련된 개념**이다.

예방경찰	진압경찰
범죄나 위험의 발생을 사전에 예방하기 위한 것으로 행정경찰보다는 범위가 좁은 개념으로 **주로 비권력적 수단**을 사용 → 권력적 수단도 사용함	이미 발생된 범죄나 위해의 제거를 위한 것으로 **주로 권력적 수단**을 사용, 사법경찰과 범위가 일치
총포화약류 취급제한, 위해를 끼칠 **우려**가 있는 정신착란자 보호조치, 순찰활동 등	위해를 **주는** 정신착란자 보호, 사람을 **공격하는** 멧돼지 사살, 범죄의 수사, 피의자 체포 등

4. 위해정도와 적용법규 및 담당기관에 따른 구분 ★ 08·22·26 경간

평시경찰	비상경찰
평시에 **보통경찰기관**이 행하는 경찰작용	국가비상사태 시에 계엄법에 따라 **군대**가 경찰작용을 수행

5. 경찰활동의 질과 내용(강제력 사용 유무)에 따른 구분 → 형식적 의미의 경찰로 구분 시에만 의미가 있음 ★★★ 12 1차, 13 특공대, 18 3차, 19 승진, 21·24·25 2차, 22·25·26 경간(경위공채)

질서경찰	봉사경찰
보통경찰기관이 사회공공의 안녕과 질서를 유지하기 위하여 **강제력**을 수단으로 하는 경찰활동	서비스, 계몽, 지도 등을 통해 **비강제적** 수단을 통하여 직무를 수행하는 경찰활동
권력적인 명령·강제 - 범죄수사, 다중범죄 진압, 교통위반자에 대한 통고처분	비권력적인 서비스 - 방범지도, 청소년선도, 교통정보 제공, 방범순찰, 수난구호 등

6. 국가경찰과 자치경찰 → 권한과 책임의 소재에 따른 구분 ★★★ 08·18·23·25 경간(경위공채) 경간, 10·19 승진, 10·16·23·25 1차, 16·25 2차, 18 법학, 20 1차, 22 경채

	국가경찰 (권한과 책임이 국가에 귀속)	자치경찰 (권한과 책임에 지방자치단체에 귀속)
장점	① 타 행정기관 간 협조, 조정이 용이 ② 전국적 균등한 서비스 제공 ③ 통일적 운영이 가능하며, **능률성, 기동성** 발휘 가능 ④ 통계자료의 정확성 ⑤ 전국적, 광역 범죄에 효과적 대응 가능	① 경찰조직 개혁이 용이 ② 각 지방의 특성에 맞는 경찰행정가능 ③ 주민의 지지 받기 용이함 ④ 정치적 중립성·민주성 확보에 용이 ⑤ 비권력적 수단 통해 국민의 생명, 신체, 재산 보호 ⑥ 지역 주민에 대해 책임의식이 높음
단점	① 지방의 특수성, 창의성 저해 ② 관료화로 국민 위한 봉사의식 희박 ③ 정부 특정정책 수행에 이용되어 본연의 임무에서 벗어날 우려가 있음	① 타 기관과 협조 곤란 ② 통일성, 능률성, 기동성 저하 ③ 통계자료 부정확 ④ 전국적, 광역범죄에 대처 미흡 ⑤ 지방세력의 간섭으로 인하여 정실주의에 대한 우려 23 1차

7. 고등경찰과 보통경찰 → 보호법익에 따른 구분 ★

프랑스에서 보통경찰과 고등경찰을 구별한 것에서 유래 22·26 경간

보통경찰	고등경찰
교통의 안전, 풍속의 유지, 범죄의 예방·진압과 같이 일반사회의 안녕과 질서유지를 목적으로 하는 활동을 의미한다. 24 1차	사회적으로 보다 우월한 가치를 지닌 법익을 보호하기 위한 경찰활동을 의미하였으나, 나중에는 사상·종교·집회·결사·언론의 자유에 대한 정보수집·단속과 같은 국가의 존립과 유지를 보장하기 위하여 국가적 기관 및 제도에 대한 위해를 방지하는 활동을 의미하게 되었다. 24 1차

제 3 절 경찰의 기본적 임무 및 수단 11·21 승진, 21·25 경간

→ 공공의 안녕과 질서에 대한 위험의 방지 + 범죄수사 + 각종 치안서비스 활동

1. 실정법상 경찰의 임무 ★★★ - 공공의 안녕과 질서유지가 상위개념 21·24 2차, 23 경간

국가경찰과 자치경찰의 조직과 운영에 관한 법률(제3조)	경찰관 직무집행법(제2조)
1. 국민의 생명·신체 및 재산의 보호 2. 범죄의 예방·진압 및 수사 3. 범죄피해자 보호(피의자보호X) 4. 경비·요인경호 및 대간첩·대테러 작전수행 5. 공공안녕에 대한 위험의 예방과 대응을 위한 정보의 수집·작성 및 배포 6. 교통의 단속과 위해의 방지(질서유지X) 7. 외국 정부기관 및 국제기구와의 국제협력 8. 그 밖의 공공의 안녕과 질서유지(위해방지X)	1. 국민의 생명·신체 및 재산의 보호 2. 범죄의 예방·진압 및 수사 2의2. 범죄피해자 보호(피의자보호X) → 가장 최근에 신설된 규정 3. 경비·주요 인사 경호 및 대간첩·대테러 작전수행 → 직무의 범위에 "테러경보 발령"을 명시하고 있지는 않다. 23 2차, 25 경찰특공대 4. 공공안녕에 대한 위험의 예방과 대응을 위한 정보의 수집·작성 및 배포 5. 교통의 단속과 위해의 방지(질서유지X) → (교통 단속과 도로시설의 안전 확보X) 6. 외국 정부기관 및 국제기구와의 국제협력 7. 그 밖의 공공의 안녕과 질서유지(위해방지X)

2. 경찰의 기본적 임무 - 공공의 안녕과 질서에 대한 위험방지(궁극적 목적) ★★★

(1) 공공의 안녕 10·20·21 2차, 11 승진, 19·23 경채, 21·24 경간, 24 경찰특공대

① 법질서, 개인의 권리와 법익, 국가 등 공권력 주체의 기관과 집행의 불가침성을 의미하는 것으로 **성문규범**의 총체이다.
② 공공의 안녕은 개인과 국가 등 집단을 내포하는 **이중적** 개념이다.
③ 공공의 안녕은 **국민의 생명·신체·재산보호**를 포함하는 **상위** 개념이다.

법질서의 불가침성	① 공공의 안녕의 1요소 ② **공법규범에 대한 위반**은 일반적으로 공공의 안녕에 대한 위험으로 취급되어 **경찰권 발동**의 대상이 된다. ③ 사법질서 위반 시 경찰의 개입이 허용되지 않으나 **예외적**으로 경찰 원조 없이는 법을 실현시키는 것이 불가능 하거나 사실상 어려워 질 때는 개입이 **허용**됨(보충성의 원칙) 이 경우에도 경찰은 **잠정적 조치**(최종적 판단X) 만 가능
국가의 존립과 기능성의 불가침성	① 경찰은 공공과 관련하여 국가의 존립과 국회, 정부, 법원, 자치단체 등 정상적 운영을 위한 국가기관의 기능을 보호할 임무가 있음 ② 경찰활동은 형법적 **가벌성의 범위 내에 이르지 않았더라도** 국민의 자유와 권리를 침해하지 않는 범위 내에서 **수사, 정보, 안보, 외사** 활동이 가능 ③ 명예훼손이나 폭력성이 없는 국가 기관에 대한 비판은 경찰이 개입할 수 없음
개인의 권리와 법익의 불가침성	① 개인법익 뿐만 아니라 **사유 재산적 가치 또는 무형의 권리도** 보호 대상 ② 경찰의 원조는 잠정적 보호에 국한되어야 하고, 최종적인 보호는 법원에 의해 구제되어야 한다.

(2) **공공의 질서**
　① 공공질서라 함은 당시의 지배적인 윤리와 가치관을 기준으로 판단할 때 그것을 준수하는 것이 시민으로서 원만한 국가 공동체생활을 영위하기 위한 불가결한 전제조건이 되는 각 개인의 행동에 대한 **불문규범**의 총체로 시대에 따라 개념이 변화하는 **상대적, 유동적** 개념이다. 09 승진, 15 경간, 19·23 1차, 20·21·25 2차, 21 경간, 24 특공대
　② 오늘날 거의 모든 생활영역에 대한 법적 전면규범화 추세로 공공질서 개념이 사용되는 분야가 점점 **축소**(증가X)되고 있다. 09·11 승진, 15 경간, 17·20 2차, 21 경간, 23 1차
　③ 통치권의 집행을 위한 개입의 근거로 사용될 수 있으므로 **엄격한 합헌성이 요구**되며, 의무에 합당한 **재량 행사가 요구된다.** 09 승진, 15 경간, 23 1차

(3) **위험** 12·17·18·24 승진, 15·16·19·25 경간, 17·24 승진, 21·23 2차, 23 특공대, 23 경채
　① 경찰상 위험이란 가까운 장래에 공공의 안녕에 **손해가 나타날 가능성**이 개개의 경우에 충분히 존재하는 상태를 말한다. 12 승진, 15·16 경간, 17 승진, 21 2차
　② **손해**(위험X)란 보호받는 법익에 관한 **정상적 상태의 객관적 감소**를 뜻하고, 보호법익에 대한 **현저한 침해행위가 있어야 한다.**(단순한 성가심, 불편함은 개입 대상X) 17·18·24 승진, 19 경간
　③ 위험의 **현실성** 여부에 따라 **추상적** 위험과 **구체적** 위험으로 구분하며, 경찰 개입은 **구체적** 위험과(가까운 장래에 손해발생 가능성이 충분히 존재하는 상태), **추상적 위험**(위험이 예견 가능 할 때)이 예상되는 때 **가능하다.** 12·17 승진, 17 2차, 19·25 경간(경위공채), 20·21차, 23 특공대, 23 경채
　④ 손해발생의 충분한 가능성(개연성)에 대한 판단은 **사전적**(사후적X) 관점(구체적인 상황 하에서 경찰공무원이 현재의 인식상황에 따라서 판단하는 것)에서 행해져야 한다.
　⑤ 경찰개입의 대상이 되는 위험은 **행위책임**(인간의 행동)에 기인한 것일 수도 있고 **상태책임**(자연력에 의한 것 - 지진, 홍수)에 기인한 것일 수도 있다. 23 2차
　⑥ 위험은 경찰개입의 전제요건이나, **경찰이 개입하기 위해서는 보호법익에 대한 위험이 반드시 구체적으로 존재할 필요는 없고,** 보호법익에 대한 침해가능성이 충분히 존재하는 상태이면 족하다. 24·26 경간

구체적 위험	가까운 장래에 손해발생의 **충분한 가능성**이 존재하는 경우로 위험이 개개의 경우에 실제로 존재하는 경우를 의미 → **권력적 경찰개입도 가능**	
추상적 위험	① 위험에 대한 **예상가능성**이 존재하는 것으로 가설적이고 상상적인 위험을 의미 → **비권력적 경찰개입에 한정됨** ② 경찰의 범죄**예방** 및 위험방지 행위의 **준비는 추상적 위험**이 존재하는 경우에도 가능, 23 2차 **사실적 관점에서 위험에 대한 예측이 필요하다.** 단순히 "안전하지 못하다"라는 정도의 인식만으로 충분하지 않음 24 승진	

ⓐ **위험에 인식에 따른 구분** 16·19·25 경간(경위공채), 23·24 특공대, 24 승진, 25 1차

위험에 대한 인식	외관적 위험	① 경찰이 의무에 합당한 **사려 깊은 판단**을 했음에도 불구하고 위험을 잘못 인식한 경우를 말함 11 승진, 15 경간, 20 2차, 22 1차 ② 외관적 위험에 대한 경찰권 발동은 경찰상 위험에 해당하는 **적법한 개입**이므로 경찰관에게 **민·형사상 책임을 물을 수 없다.** 단, 경찰개입으로 인한 피해가 '**공공필요에 의한 특별한 희생**'에 해당 하는 경우에는 국가의 손실보상 책임은 발생할 수 있음 18 승진, 21 경간, 23 2차 **ex** 심야에 경찰관이 살려달라는 소리를 듣고 출입문을 부수고 들어갔는데 실제로는 노인에 켜놓은 TV소리였던 경우 16 경간
	오상 위험	① 이성적이고 객관적으로 판단할 때 위험의 외관 또는 혐의가 정당화되지 않음에도 불구하고 경찰이 위험의 존재를 잘못 추정한 경우(추정적 위험)를 말함 18 승진, 19 경간, 19 법학 ② 위법한 경찰개입으로 인정되어 경찰관 개인에게는 **민·형사상 책임을 물을 수 있고, 국가에게는 손해배상 책임이 발생할 수 있음** 15·16 경간, 22 1차 **ex** 전날 악몽을 꾼 경찰관 A는 경찰관 B와 순찰 중에 주택에서 은은한 클래식 음악이 들리자 위험한 상황이라고 판단하고, 자신을 제지하는 경찰관 B를 밀친 후 혼자 현관문을 부수고 들어갔는데 실제로는 임신부가 태교음악을 듣고 있었다. 25 1차
	위험 혐의	① 경찰이 의무에 합당한 사려 깊은 판단을 할 때 실제로 **위험 가능성은 예측**되나 실현이 **불확실한 경우**를 말함 19 경채 ② 위험의 존재여부가 명백해 질 때까지 예비적 조치에 국한되며, **위험조사 차원의 개입이 정당화**됨 15 경간, 18·24 승진, 22 1차, 23 2차 **ex** 공항에 폭발물이 설치되어 있다는 제보를 받은 경우
		① 경찰권의 발동에는 **위험이 보호받을 법익에 대해 필수적으로 존재해야 하는 것은 아님** 10 2차, 17 승진→ 보행자의 통행이 거의 없는 밤 시간에 횡단보도 보행자 신호등이 녹색등일 때 정지 하지 않고 진행한 경우에도 통행한 운전자는 경찰 책임자가 된다.(법질서의 불가침성을 침해했기 때문) 21 경간 ② 위험의 인식은 **주관적 추정을 포함**하지만 객관화 이루는 사전판단을 요함 15 경간

(4) 범죄수사

범죄수사에 있어서 범죄피해자를 위한 사법경찰권의 적극적인 개입을 인정하는 입법례가 증가하는 추세이다. 24 경간

(5) 치안서비스

경찰의 임무를 치안서비스의 제공으로 볼 때, 현대국가는 복지국가를 지향하는 만큼 오늘날 국민에게 봉사하고 서비스하는 경찰의 역할이 점차 중요해지고 있다. 25 경간

제 4 절 경찰활동의 기초 및 관할

1. 경찰활동의 기초 → 광의의 경찰권 = 협의의 경찰권 + 수사권 + 서비스 ★ 24 2차, 25 경간

협의의 경찰권	의의	① 협의의 경찰권이란 일반행정기관의 작용 중에서 사회공공의 안녕과 질서를 유지하기 위하여 일반통치권에 근거 국민에게 명령·강제하는 권한을 의미함. 경찰작용은 국가와 국민사이의 일반통치관계를 전제로 하는 것(= 실질적 의미의 경찰과 동일) ② 국회의장의 국회경호권, 법원의 법정경찰권 등은 부분사회의 내부질서 유지를 목적으로 하는 경우로 협의의 경찰권 대상에서 제외된다.
	발동 대상	협의의 경찰권은 경찰책임자에게 발동되는 것이 원칙이지만, 법령상 근거가 있고 긴급한 필요가 있을 때에는 경찰상 위해나 장애에 직접 책임이 없는 제3자에게도 권한이 발동될 수 있다.

2. 경찰의 관할 ★★★

(1) 사물관할(=경찰권의 발동범위를 설정) 15·17 경간, 17 승진, 23 1차, 20·24 2차, 24 특공대
  ① 경찰이 처리할 수 있고, 처리해야 하는 **사무내용의 범위**를 말하며(=**직무범위**), 「국가경찰과 자치경찰의 조직 및 운영에 관한 법률」과 「경찰관 직무집행법」에 규정되어 있다.
  ② **영미법계(대륙법계X)** 영향을 받아 **범죄수사**에 관한 임무가 사물관할로 인정되었고, 작용법인 **경찰관 직무집행법 제2조**에 조직법적 임무규정이 포함되어 있다.

(2) 인적관할 17 경간, 22·23 1차, 24 2차, 24 특공대
  ① 경찰권이 발동될 수 있는 인적범위를 말하는 것으로, 국가의 일반통치권에 복종하는 모든 사람이 경찰권의 대상이 되며, **광의의 경찰권(협의의 경찰권X)**이 어떤 사람에게 적용되는가의 문제임
  ② **대통령, 외교사절 국회의원, 공무집행 중의 미군범죄**는 인적관할 적용의 예외에 해당한다.

(3) 지역관할(=토지관할) 14·16 2차, 15·17·19·23·25 경간, 20·24 2차, 22 1차, 24 특공대
대한민국 영역 내에서 **광의의 경찰권**이 발동될 수 있는 **지역적 범위**를 말한다.
→ 경찰권은 원칙적으로 대한민국 영역 내 모든 지역에 적용되나 **국내법적 또는 국제법적 근거에 의해 일정한 한계가 있다.(대한민국 영역 내 모든 지역에 예외 없이 적용된다X)**

국회	① 국회의 경호권한은 국회의장에게 있으며, 국회의장은 필요할 때 **국회운영위원회(국가경찰위원회X)**의 동의를 얻어 **정부**에 국가경찰공무원의 파견을 요구할 수 있다. ② 파견된 국가경찰공무원은 국회의장의 지휘를 받아 **회의장 건물 밖**에서만 경호 가능하며, 증원이 필요한 경우 **국회사무처**와 **협의**해야 한다. ③ 국회 안에 현행범인이 있을 때에는 경찰관은 **체포한 후 의장의 지시**를 받아야 함. 다만, **현행범이 의원**인 경우 회의장 안에서는 **의장의 명령 없이 체포할 수 없다.** (회의장 안에 있는 국회의원은 의장의 명령 없이 체포할 수 없다.) ④ 경위는 회의장 건물 안에서, **파견된 경찰관은 회의장 건물 밖**에서만 경호한다.
법원	법원에서 경찰권은 재판장에게 있으며, 질서 유지를 위해 필요시 개정 **전·후**를 불문하고 **관할 경찰서장**에게 파견을 요구할 수 있고, 파견된 경찰관은 **재판장 (경찰서장X)**의 지휘를 받아 **법정 내·외**의 질서유지를 하여야 한다.

치외법권	원칙적으로 외교사절의 공관이나 개인주택 및 교통수단(승용차, 보트, 비행기 등도 불가침의 대상)에 대해서는 외교사절의 동의 없이 출입할 수 없다. 다만, 예외적으로 화재나 전염병 발생 등과 같이 긴급을 요하는 경우는 동의 없이 들어갈 수 있다.(국제관례상 인정됨, 외교공관도 상태책임에는 해당됨)
미군 영내	① 미군 내부의 경찰권은 미군 당국이 갖지만, 미군 당국이 동의한 경우나 중대범죄를 짓고 도주하는 현행범인을 추적하는 경우에는 대한민국 경찰도 시설 및 구역 내에서 범인을 체포할 수 있다. ② 미군 당국의 동의가 없으면 압수, 수색, 검증을 할 수 없음. 다만, 동의한 때에는 가능

제 5 절 경찰의 기본이념 ★★ (기본이념 중에 활동주의, 혁신주의는 없음)

1. 민주주의 11 승진, 22 · 24 2차, 24 특공대, 25 경간

법적근거	헌법 제1조 제2항, 경찰관 직무집행법, 국가경찰과 자치경찰의 조직 및 운영에 관한 법률 제1조에 근거한 것으로 경찰권은 국민으로부터 나오는 것을 의미한다.
대외적 민주화 방안	국가경찰위원회, 국민감사청구제도, 공공기관의 정보공개에 관한 법률, 경찰책임의 확보, 행정절차법을 통한 절차참여 등 21 경간
대내적 민주화 방안	경찰 내부의 적절한 권한분배, 경찰 개인의 민주적 의식 확립 등 25 경간

2. 법치주의 11 승진, 21 · 25 경간

국민의 자유와 권리에 대한 제한이나 국민에게 새로운 의무부과는 국회에서 제정한 법률(법령X)에 근거하여야 한다는 원칙을 말하며, 이 경우에도 자유와 권리의 본질적인 내용은 침해할 수 없다. 경찰의 활동은 사전에 상대방에게 의무를 과함이 없이 행사되는 즉시강제와 같은 경우가 많기 때문에 법치주의 원리가 강하게 요구되며, 「행정기본법」에 규정이 있으며, 헌법 제37조제2항 등을 통하여 당연히 유추됨

3. 정치적 중립주의 11 승진, 24 2차, 25 경간

법적근거	헌법 제7조, 국가경찰과 자치경찰의 조직 및 운영에 관한 법률 제5조, 국가공무원법 제65조 정치운동금지의무에 법적근거가 있음
내용	경찰은 특정 정당 기타 정치단체의 이익이나 이념을 위해 활동해서는 안 되며, 오로지 주권자인 전체 국민과 국가의 이익을 위해 활동해야 한다는 원칙 → 3.15 부정선거에 대한 경찰의 반성으로 정치적 중립을 요구

4. 인권존중주의 11 승진, 22 · 24 2차

헌법 제10조, 헌법 제37조 제1항, 국가경찰과 자치경찰의 조직 및 운영에 관한 법률 5조, 경찰관직무집행법 제1조 제1항에 근거, 수사경찰에게 가장 중요한 이념

■ **경찰 인권보호규칙** - 경찰청 훈령 ★★★

제1조(목적) 이 규칙은 경찰청과 그 소속기관에서 인권보호 업무를 하는 데 필요한 사항을 규정함으로써 모든 사람의 기본적 인권을 보호함을 목적으로 한다. 22 1차

제2조(정의) 이 규칙에서 사용하는 용어의 정의는 다음과 같다.
1. **"경찰관등"**이란 경찰청과 그 소속기관의 **경찰공무원, 일반직공무원, 무기계약근로자 및 기간제근로자**를 의미한다. 22 경간
2. **"인권침해"**란 **경찰관등**이 직무를 수행하는 과정에서 모든 사람(피의자X, 피해자X)에게 보장된 인권을 침해하는 것을 말한다. 22 경간
3. **"조사담당자"**란 인권침해를 내용으로 하는 진정을 조사하고 이에 따른 구제 업무 등을 수행하는 경찰청과 그 소속기관에 근무하는 공무원을 말한다. 22 경간

제3조(설치) 경찰 활동 전반에 걸친 민주적 통제를 구현하여 경찰력 오·남용을 예방하고, 경찰 행정의 인권지향성을 높여 인권을 존중하는 경찰 활동을 정립하기 위해 경찰청장 및 시·도경찰청장의 자문(심의·의결X)기구로서 각각 경찰청 **인권위원회**, 시·도경찰청 **인권위원회**(이하 "위원회"라 한다)를 설치하여 운영한다.(경찰서X)
20 경채, 22·25 1차, 22·23·26 경간, 24 승진

제4조(업무) 위원회는 다음 각 호의 사항에 대한 권고 또는 의견표명을 할 수 있다.(명령X) 25 승진
1. 인권과 관련된 경찰의 제도·정책·관행의 개선
2. 경찰의 인권침해 행위의 시정
3. 국가인권위원회·국제인권규약 감독 기구·국가별 정례인권검토의 권고안 및 국가인권정책기본계획의 이행
4. 인권영향평가 및 인권침해 사건 진상조사단(이하 '진상조사단'이라 한다)에 관한 사항

제5조(구성) ① 위원회는 위원장 1명을 포함하여 **7명 이상 13명 이하**의 위원으로 구성한다. 이때, 특정 성별이 전체 위원 수의 10분의 6을 초과하지 아니해야 한다. 18 3차, 19 1차, 23 경채, 24 경간
② **위원장은 위원회에서 호선**하며, 위원은 **당연직 위원과 위촉 위원**으로 구분한다. 23 경채, 26 경간
③ **당연직 위원은 경찰청은 감사관, 시·도경찰청은 청문감사인권담당관**으로 한다. 23 2차, 25 1차, 26 경간
④ 위촉 위원은 인권 분야에 전문적인 지식과 경험이 있고 아래 각 호의 어느 하나에 해당하는 사람 중에서 경찰청장 또는 시·도경찰청장(이하 "청장"이라 한다)이 위촉한다. 이때, 각 호에 해당하는 사람이 반드시 1명 이상 포함되어야 한다.
1. **판사·검사 또는 변호사로 3년 이상의 경력**이 있는 사람
2. **교원 또는 교직원으로 3년 이상 근무한 경력**이 있는 사람
3. **인권 분야에 3년 이상 활동한 경력**이 있거나 그러한 단체로부터 인권위원으로 위촉되기에 적합하다고 추천을 받은 사람
4. 그 밖에 사회적 약자 등 다양한 사회 구성원의 목소리를 반영할 수 있는 사람

제6조(위촉 위원의 결격사유) ① 다음 각 호의 어느 하나에 해당하는 사람은 위원이 될 수 없다.
1. 「공직선거법」에 따라 실시하는 선거에 후보자(예비후보자 포함)로 등록한 사람
2. 「공직선거법」에 따라 실시하는 선거에 의하여 취임한 공무원이거나 그 직에서 퇴직한 날부터 3년이 지나지 아니한 사람

3. 경찰의 직에 있거나 그 직에서 퇴직한 날부터 3년이 지나지 아니한 사람 23 2차, 23 경채, 24 경간
4. 「공직선거법」에 따른 선거사무관계자 및 「정당법」에 따른 정당의 당원

② 위촉 위원이 제1항 각 호의 어느 하나에 해당하게 된 때에는 당연히 퇴직한다.

제7조(임기) ① 위원장과 위촉 위원의 임기는 위촉된 날로부터 2년으로 하며 위원장의 직은 연임할 수 없고, 위촉 위원은 두 차례만 연임할 수 있다. 18 3차, 19·25 1차, 20 경채, 23 2차, 24 경간

② 위촉 위원에 결원이 생긴 경우 새로 위촉할 수 있고, 이 경우 새로 위촉된 위원의 임기는 위촉된 날(다음날X)부터 기산한다. 18 3차, 20 경채

제8조(위원의 해촉) 다음 각 호의 어느 하나에 해당하는 경우에는 청장은 위원회의 의견을 들어(직권으로X) 위원을 해촉할 수 있다. 23 경채

1. 입건 전 조사·수사 중인 사건에 청탁 또는 경찰 인사에 관여하는 행위를 하거나 기타 직무 관련 비위사실이 있는 경우 24 경간
2. 위원회의 명예를 실추시키거나 위원으로서의 품위를 손상시키는 행위를 한 경우
3. 특별한 사유 없이 연속으로 정기회의에 3회 불참 등 직무를 태만히 한 경우 23 경채
4. 위원 스스로 직무를 수행하는 것이 곤란하다고 의사를 밝힌 경우
5. 그 밖에 부득이한 사유로 업무를 수행할 수 없는 경우

제10조(위원장의 직무 등) ① 위원장은 위원회를 대표하며, 위원회의 업무를 총괄한다.

② 위원장이 일시적인 사유로 그 직무를 수행할 수 없을 경우에는 위원 중에서 위촉 일자가 빠른 순으로 그 직무를 대행한다. 다만, 위촉 일자가 같을 때에는 연장자 순으로 대행한다.

③ 위원장이 직무를 계속하여 수행할 수 없는 사유가 발생하거나 직무를 수행할 수 없다는 의사 표시를 한 경우에는 제2항의 대행자는 그 사유가 발생하거나 의사를 표시한 날로부터 30일 이내에 회의를 개최하여 위원장을 선출하여야 한다. 단, 위원장의 잔여 임기가 6개월 미만일 때에는 위원장을 선출하지 않을 수 있다.

④ 제3항에 따라 선출된 위원장의 임기는 전임 위원장의 잔여 임기로 한다.

제11조(회의) ① 위원회의 회의는 정기회의와 임시회의로 구분하며, 재적위원 과반수의 출석으로 개의하고, 출석위원 과반수의 찬성으로 의결한다. 18 3차, 23 경채, 26 경간

② 정기회의는 경찰청은 월 1회, 시·도경찰청은 분기 1회 개최한다. 18 3차, 23 2차

③ 임시회의는 위원장이 필요하다고 인정하거나 청장 또는 재적위원 3분의 1(3명X) 이상이 소집을 요구하는 경우 위원장이 소집한다. 26 경간

제14조(권고 또는 의견표명에 대한 조치) ① 제4조에 따라 권고 또는 의견표명(이하 '권고등'이라고 한다)을 받은 청장은 그 권고 등 사항을 존중하고 이행하기 위하여 노력하여야 한다.

② 청장은 권고등의 내용을 이행할 경우, 구체적인 이행 계획을 권고등을 받은 날로부터 30일 이내에 위원회에 서면으로 제출해야 하며, 권고등의 내용을 이행하지 않을 경우 그 이유를 위원회에 서면으로 제출하여야 한다.

③ 위원회는 제2항에 따라 제출 받은 서면을 토대로 이행 계획 또는 불수용 이유의 타당성 등을 검토하여 청장에게 의견표명을 할 수 있다.

제16조(수당 등의 지급) 회의에 출석한 위원에게는 예산의 범위 안에서 **수당 또는 여비를 지급할 수 있다.** 25 1차

제18조(경찰 인권정책 기본계획의 수립) ① **경찰청장**은 국민의 인권보호와 증진을 위하여 **경찰 인권정책 기본계획**(이하 "기본계획"이라 한다)을 **5년마다 수립해야 한다.** 24 승진

제18조의2(경찰 인권교육계획의 수립) ① **경찰청장**은 경찰관등(경찰공무원으로 신규 임용될 사람을 포함한다. 이하 이 조, 제20조, 제20조의2 및 제20조의3에서 같다)이 근무하는 동안 지속적·체계적으로 교육을 받을 수 있도록 3년 단위로 다음 각 호의 사항을 포함한 **인권교육종합계획을 수립하여 시행해야 한다.** 19·22 1차, 20 경채, 21 승진, 23 경간

1. 경찰 인권교육의 기본방향과 추진목표
2. 인권교육 전문강사 양성 및 지원
3. 경찰 인권교육 실태조사·평가
4. 교육기관 및 대상별 인권교육 실시
5. 그 밖에 경찰관등의 인권 보호와 향상을 위하여 필요한 사항

② 경찰관서의 장은 제1항의 내용을 반영하여 매년 **인권교육 계획을 수립하여 시행하여야 한다.** 19 1차

제18조의3(경찰 인권교육협의회 운영) ① 경찰관등에게 실시하는 인권교육에 관하여 다양한 의견을 수렴하고 대내외 협력을 강화하기 위하여 경찰청에 경찰 인권교육협의회(이하 이 조에서 "협의회"라 한다)를 둔다.

③ 협의회는 협의회장을 포함한 10명 이상 20명 이하의 위원으로 구성한다.

④ 협의회장은 경찰청 인권보호담당관으로 하고, 위원은 다음 각 호에 해당하는 사람이 반드시 1명 이상 포함되어야 한다. 이 경우 제3호의 민간 전문가는 특정성별이 **10분의 6을 초과하지 않아야 한다.**

1. 경찰청 각 국·관 서무업무 담당 계장
2. 각 시·도경찰청 인권업무 담당 계장
3. 국가인권위원회 교육 관련 부서 과장과 민간 전문가

⑤ 협의회 회의는 정기회의와 임시회의로 구분하며, **정기회의는 연 2회 개최**하고, 임시회의는 협의회장이 필요하다고 인정하는 경우 개최할 수 있다.

제19조(인권교육의 방법) 경찰관등은 대면 교육, 사이버 교육 등 다양한 방법을 통해 교육을 이수할 수 있고, 학습자의 능동적인 학습권을 보장하기 위해 토론식, 참여식 교육을 권장한다.

제20조(인권교육의 실시) ① 경찰관등은 인권의식을 함양하고 인권친화적 경찰활동을 위해 인권교육을 이수해야 한다.

제20조의3(교육시기 및 이수시간) 경찰관등에 대한 인권교육은 교육대상에 따라 다음 각 호와 같이 실시해야 한다.

1. 신규 임용예정 경찰관등 : 각 교육기관 교육기간 중 **5시간 이상**
2. 경찰관서의 장(지역경찰관서의 장과 기동부대의 장을 포함한다) 및 각 경찰관서 재직 경찰관등 : 연 **6시간 이상**
3. 교육기관에 입교한 경찰관등 : 보수·직무교육 등 교육과정 중 **1시간 이상**
4. 인권 강사 경찰관등 : 연 **40시간 이상**

제21조(인권영향평가의 실시) ① **경찰청장**은 인권침해를 예방하고, 인권친화적인 치안 행정이 구현되도록 다음 각

호의 사항에 대하여 **인권영향평가를 실시해야** 한다. 21 경간
1. 제·개정하려는 법령 및 행정규칙
2. 국민의 인권에 영향을 미치는 정책 및 계획
3. 참가인원, 내용, 동원 경력의 규모, 배치 장비 등을 고려하여 인권침해 가능성이 높다고 판단되는 집회 및 시위

제23조(평가 절차) ① **경찰청장**은 다음 각 호의 구분에 따른 기한 내에 **인권영향평가를 실시해야 한다.**
1. 제21조제1항제1호 : 해당 안건을 국가경찰위원회에 상정하기 60일 이전
2. 제21조제1항제2호 : 해당 사안이 확정되기 이전
3. 제21조제1항제3호 : 집회 및 시위 종료일로부터 30일 이전

제24조(점검) 제13조제2항의 **간사**(경찰청은 인권보호담당관, 시·도경찰청은 인권업무담당계장)는 **반기** 1회 이상 인권영향평가의 **이행 여부를 점검**하고, 이를 소속 위원회에 제출해야 한다. 21·22·24 승진, 23 경간

제24조의2(집회시위 현장 점검단 운영) ① 경찰청, 시·도경찰청 및 경찰서의 인권업무 담당 부서장은 제21조제1항제3호에 따른 인권영향평가의 원활한 실시를 위하여 필요한 경우 **집회시위 현장 점검단**(이하 "점검단"이라 한다)을 **설치하여 운영할 수 있다.**
② 점검단은 다음 각 호의 사람으로 구성된 인력 후보군 중에서 **10명 내외**로 선정한다. 이 경우 **특정성별이 전체 구성원 수의 10분의 6을 초과하지 않아야 한다.**
1. 경찰청, 시·도경찰청 및 경찰서의 인권업무 담당 경찰관등
2. 「집회 및 시위에 관한 법률」 제21조에 따른 집회·시위자문위원(전직 위원을 포함한다. 이하 이 조에서 같다)
3. 제5조제4항 각 호에 해당하는 자격을 갖춘 사람

제25조(진단사항) 인권보호담당관은 인권침해를 예방하고 제도를 개선하기 위해 **연 1회 이상** 다음 각 호의 사항을 **진단**하여야 한다. 22 1차
1. 인권 관련 정책 이행 실태
2. 인권교육 추진 현황
3. 경찰청과 소속기관의 청사 및 부속 시설 전반의 인권침해적 요소의 존재 여부

제26조(방법) 진단은 대상 경찰관서를 **방문하여 관찰, 서류 점검, 면담, 설문 등의 방법으로 실시하되**, 방문 진단이 곤란하다고 인정하는 경우에는 **서면으로 할 수 있다.**

제28조(진정의 접수 및 처리) ① 인권침해 진정은 **문서**(우편·팩스 및 컴퓨터 통신에 의한 것을 포함한다. 이하 같다)**나 전화 또는 구두**로 접수 받으며, 담당 부서는 경찰청 인권보호담당관실로 한다.
② 경찰청 인권보호담당관실은 진정이 제기되지 아니하였더라도 경찰청장이 직접 조사를 명하거나 중대하고 긴급한 조치가 필요하다고 판단한 사안 또는 인권침해의 단서가 되는 사실을 알게 되었을 경우에는 직접 조사할 수 있다.

제29조(진정의 각하) ① 경찰청 및 그 소속기관의 장은 다음 각 호의 어느 하나에 해당할 경우에는 그 **진정을 각하**할 수 있다.
1. 진정 내용이 인권침해에 해당하지 아니하는 것이 명백한 경우

2. 진정 내용이 명백히 사실이 아니거나 이유가 없다고 인정되는 경우
3. 피해자가 아닌 사람이 한 진정으로서 피해자가 조사를 원하지 않는다는 의사표시를 명백하게 한 경우
4. **진정의 원인이 된 사실이 공소시효, 징계시효 및 민사상 시효 등이 모두 완성된 경우** 24 승진
5. 진정의 원인이 된 사실에 관하여 법원이나 헌법재판소의 재판, 수사기관의 수사 또는 그 밖에 법률에 따른 권리 구제절차가 진행 중이거나 종결된 경우(기간의 경과 등 형식 요건을 제대로 갖추지 못하여 종결된 경우는 제외한다)
6. **진정이 익명이나 가명으로 제출된 경우**
7. **진정인이 진정을 취소한 경우**
8. 기각 또는 각하된 진정과 동일한 내용으로 다시 진정한 경우
9. 진정 내용이 추상적이거나 관계자를 근거 없이 비방하는 등 업무를 방해할 의도로 진정한 것으로 판단되는 경우
10. 진정의 취지가 그 진정의 원인이 된 사실에 관한 법원의 확정 판결이나 헌법재판소의 결정에 반대되는 경우
11. 국가인권위원회에서 진정서의 내용과 같은 사실을 이미 조사 중이거나 조사한 사실이 확인된 경우(진정인의 진정 취소를 이유로 각하 처리된 사건은 제외한다)

제32조(물건 등의 보관 등) ① 조사담당자는 사건 조사 과정에서 진정인·피진정인 또는 참고인 등이 **임의로 제출한 물건 중 사건 조사에 필요한 물건은 보관할 수 있다.** 23 승진
③ 조사담당자는 제출받은 물건에 사건번호와 표제, 제출자 성명, 물건 번호, 보관자 성명 등을 적은 표지를 붙인 후 봉투에 넣거나 포장하여 안전하게 보관하여야 한다. 23 승진
④ 조사담당자는 **제출자가 보관 중인 물건의 반환을 요구하는 경우에는 반환하여야 하며,** 다음 각 호의 어느 하나에 해당하는 경우에는 제출자가 요구하지 않더라도 반환할 수 있다. 21 승진
1. 진정인이 **진정을 취소한 사건**에서 진정인이 제출한 물건이 있는 경우 23 승진
2. **사건이 종결되어 더 이상 보관할 필요가 없는 경우** 22 승진
3. 그 밖에 물건을 계속 보관하는 것이 적절하지 않은 경우

제35조(조사중지) ① 조사담당자는 인권침해 사건을 조사하는 과정에서 다음 각 호의 어느 하나에 해당하는 사유로 **사건 조사를 진행할 수 없는 경우에는 조사를 중지할 수 있다. 다만, 확인된 인권침해 사실에 대한 구제 절차는 계속하여 이행할 수 있다.** 23 경간, 23 승진
1. 진정인이나 피해자의 소재를 알 수 없는 경우
2. 사건 해결과 진상 규명에 핵심적인 중요 참고인의 소재를 알 수 없는 경우
3. 그 밖에 제1호 또는 제2호와 유사한 사정으로 더 이상 사건 조사를 진행할 수 없는 경우
4. 감사원의 조사, 경찰·검찰 등 수사기관에서 조사 또는 수사가 개시된 경우

제37조(진정의 기각) 경찰청 및 그 소속기관의 장은 진정 내용을 조사한 결과 다음 각 호의 어느 하나에 해당하는 경우에는 그 진정을 기각할 수 있다. 21 2차
1. 진정 내용이 사실이 아니거나 사실 여부를 확인하는 것이 불가능한 경우
2. 진정 내용이 이미 피해회복이 이루어지는 등 따로 구제조치가 필요하지 아니하다고 인정되는 경우
3. 진정 내용은 사실이나 인권침해에 해당하지 아니하는 경우

5. 경영주의 11 승진, 21 경간

능률성과 효과성을 넘어 국민에게 감동을 주는 경영 차원에서의 조직 운영이 필요하다는 원칙이며, **성과급제도, 민원일괄처리제도, 원격서비스제도** 등이 있음(가용경력 최대동원X) → 국가경찰과 자치경찰의 조직 및 운영에 관한 법률 제1조, 행정기본법 제3조에 법적근거가 있음

[경찰행정의 특수성] 24 2차

위험성, 돌발성, 기동성, 권력성, 조직성, 정치성, 고립성, 보수성이 있다.

① 경찰은 각종 **위험의 제거**를 그 주요 기능으로 하고 있고, 그 수단으로서 명령·강제 등 경찰권을 발동할 수 있으며 필요한 경우 **실력행사**를 위하여 **무기와 장구를 휴대**하는데 이러한 특성을 **위험성**이라 한다.
② 경찰조직은 **예측하기 어려운** 다양한 사안에 대해 고도의 **민첩성**을 갖추고 타 부서 혹은 직원들과의 유기적인 공조체제를 갖추어 **돌발적**으로 발생하는 범죄사건과 사고에 즉시 대응하여 합리적인 방법으로 해결할 수 있도록 해야 하는데 이러한 특성을 **돌발성(조직성X)**이라 한다.
③ 경찰 업무는 대부분 즉시 해결하지 못하면 그 피해의 회복이 **영원히 불가능하거나 현저하게 어려운 경우**가 많은 바, **돌발적**으로 발생하는 경찰행정 수요에 즉시 대응하기 위해 **기동장비 확보, 초동대처시간 단축**을 위해 훈련을 해야 하는데 이러한 특성을 **기동성**이라 한다. 26 경간
④ 경찰은 본질적으로 사회공공의 안녕과 질서를 유지하기 위하여 국민에게 **명령·강제**하는 **권력작용**의 특성을 보이는데 이러한 특성을 **권력성**이라 한다. 경찰은 질서유지를 위해 법에 근거하여 일반인에게 일정한 사항을 **지시·명령**함으로써 시민 행동의 자유를 제한할 수 있다. 25 승진
⑤ **고립성**: 경찰에 대한 존경심의 결여, 법집행에 대한 협조의 부족, 경찰업무에 대한 이해부족 등으로 시민들로부터 소외받게 되어 **고립**되는 특성을 갖는다. 25 승진
⑥ **보수성**: 경찰은 헌법을 수호하여 공공의 안녕과 질서를 유지하는 것을 임무로 하기 때문에 **변화를 추구하기보다**는 **현상유지적** 특성을 가지고 있다. 25 승진
⑦ **조직성**: 경찰은 사건·사고 발생시 시급하게 해결해야 하고 기동성과 협동성을 발휘할 수 있도록 안정되고 능률적으로 **조직**되어야 하며, **계급체계**를 갖추고 제복을 착용한다. 25 승진

제 6 절 경찰윤리

1. 경찰활동의 사상적 토대

(1) 사회계약설 ★

사회계약설을 통해 경찰활동의 사상적 토대를 찾을 수 있다. **홉스, 로크, 루소**에 의해 주장된 **사회계약**이라는 개념을 통해서 제도나 정부형태, 법체제 등이 조직되는 원리를 도출하고 있다. 따라서 사회계약설에서 **경찰활동의 기준**을 찾아볼 수가 있다.

홉스(저서 리바이어던) 12·17 승진

① 홉스는 자연상태를 '만인에 대한 만인의 투쟁', '약육강식의 투쟁상태'로 보았다.
② 홉스는 **자연권의 전면적 양도** 및 국왕의 통치에 절대 복종해야 한다고 보았다.
③ **혁명(저항권 행사)은 절대불가**
④ 폭력보다는 평화와 협력을 강조함

로크(저서 시민정치 2론) 12 · 17 승진, 14 · 26 경간

① 로크는 자연상태에서 처음에는 자유롭게 평등하며 정의가 지배하는 사회였다가 인간관계가 확대됨에 따라 자연권의 유지가 불안해진다고 보았다.
② 로크는 자연상태에서도 인간은 자연법의 제한을 받으며 자신의 권리가 침해되었을 때 스스로의 자위권을 발동할 수 있다고 주장하였다.
③ 로크는 **자연상태에서는 시비를 판단할 합의된 기준이 없다고** 보았다.
④ **자연권 일부 양도** 주장
⑤ **제한군주정치**
⑥ **저항권(혁명권) 유보**

루소(저서 사회계약론) 12 · 17 승진, 14 · 24 · 26 경간

① 루소는 자연상태에서 처음에는 자유 · 평등이 보장되는 **목가적** 상태에서 점차 강자와 약자의 구별이 생기고 불평등관계가 성립한다고 보았다.
② 루소가 고안한 "**일반의지**"라는 개념은 모호한 개념으로 모든 사람의 의지를 통합한 **일반의지라는 미명하에 독재가 가능하다는** 비판을 받는다.
③ **직접민주제** 주장
④ **국민주권발동**으로 불평등관계 시정
⑤ 공동체 구성원은 사회계약을 통해서 자연적 자유대신에 사회적 자유를 얻게 됨

(2) 사회계약설에서 도출되는 경찰활동의 기준 ★★★ 11 2차, 17 경간, 23 2차

코헨과 펠드버그는 사회계약설적 접근을 통해 경찰활동이 지향해야 할 5가지 기준을 제시하였다.

1) 생명과 재산의 안전보호 08 · 12 3차, 10 · 11 · 13 · 14 승진, 21 경간

의의	사회계약의 목적은 **생명과 재산의 안전**이고, 법집행 자체는 수단에 불과한 것이며, 궁극적인 목적은 아님
사례	① 경찰의 과도한 추격으로 인한 불법오토바이 운전자의 사망은 생명과 재산의 안전보호에 위배됨 ② 은행강도가 어린소녀를 인질로 잡고 차량도주를 하고 있다면, 경찰은 주위 시민들의 안전에 대한 위험에도 불구하고 추격을 해야 함(잠재적인 위험보다 현재 위험 우선보호)

2) 공공의 신뢰확보 09 · 21 경간, 10 · 11 · 13 · 14 승진, 12 3차

의의	시민들이 자신들을 보호할 권리를 경찰에게 맡긴 것으로 시민들의 **신뢰에 합당한 방식으로 권한을 행사**해야 함(법집행시 최소한의 물리력을 사용해야 함)

사례	① 자력구제 원칙적 금지
	  피해자가 용의자를 직접 체포하지 않고, 수사기관에 신고해서 체포하는 경우
	② 사적이익 추구금지
	  경찰이 사적이익을 위해 공권력을 사용하지 않을 것으로 믿고 있음(뇌물수수)
	③ 엄격한 법집행
	  경찰이 반드시 법집행을 할 것이라고 시민들은 신뢰함(경찰이 강도가 무서워 도망가게 내버려 둔 경우)

④ 최소한의 강제력 사용
법집행 시 **신뢰에 합당한 방식**으로 권한을 행사해야 함(절도범 추격 중 달아나는 범인의 등에 총을 발사해 사망한 경우)

3) 협동과 역할한계 10·11·13 승진, 12 3차, 21 경간, 23 2차

의의	주어진 범위 내에서는 **기관 간, 개인 간 상호협력**을 통해 업무를 수행하여야 함
사례	범인을 단독검거 하려다 실패(협동위배) 유무죄의 판단은 법원의 권한인데, 형사가 스스로 판단한 경우(역할한계의 오류), 다른 행정기관과 협조하는 것에 대해서도 코헨과 펠드버그는 설명하고 있음

4) 공정한 접근보장 08 3차, 09·21 경간, 11·12·14 승진, 12 3차

의의	경찰은 사회 전체의 필요에 의해 생겨난 기구로서 경찰 서비스에 대한 **공정한 접근을 허용**해야 함, 법 집행과정에서 **차별은 금지**되며 해태, 무시, 편들기도 금지
사례	① 가난한 구역 순찰 누락, 사회적 약자의 신고 무시(해태, 무시) ② 음주단속을 하던 경찰이 동료경찰관을 적발하고도 동료라는 이유로 눈감아 주었다면 편들기에 해당함 ③ 순찰 시 달동네는 안가고 부자동네만 하려한 경우(차별), 장애인과 비장애인에 대한 치안서비스 제공에 차별을 두는 행위

5) 냉정하고 객관적인 자세 08 3차, 09·21 경간, 10·14·19 승진

의의	경찰은 **사회 전체의 이익**을 위해 감정에 치우치지 않고 냉정하고 객관적인 자세로 업무 수행해야 함, 경찰의 과도한 개입이나 냉소주의는 모두 금지됨
사례	① 부친의 가정폭력을 경험한 경찰관이 사건 처리 과정 중 가정문제가 모두 남편의 잘못이라고 생각하는 경우 ② 도둑맞은 경험이 있는 경찰관이 절도범을 검거하였는데 과거의 생각이 떠올라 피의자에게 욕설과 가혹행위를 하는 경우

2. 경찰윤리강령(추상적 행동규범을 문서화한 것으로 법적 효력은 없다.) ★★★ 12·14 승진

(1) 경찰헌장 08·10 1차, 14·15·21·23 승진, 16·23 경간, 23 경채, 24 1차

제정과정	경찰**윤리**헌장(1966) → **새**경찰신조(1980) → 경찰**헌**장(1991) → 경찰**서**비스헌장(1998)
경찰헌장 (1991)	① 우리는 모든 사람의 인격을 존중하고 누구에게나 따뜻하게 **봉사**하는 **친절한** 경찰이다. ② 우리는 **정의**의 이름으로 진실을 추구하며 어떠한 **불의**나 불법과도 타협하지 않는 **의로운** 경찰이다. ③ 우리는 국민의 **신뢰**를 바탕으로 오직 **양심**에 따라 법을 집행하는 **공정한** 경찰이다. ④ 우리는 건전한 상식 위에 전문지식을 갈고 닦아 맡은 바 일을 **성실**하게 수행하는 **근면한** 경찰이다. ⑤ 우리는 **화합**과 **단결** 속에 항상 규율을 지키며 **검소**하게 생활하는 **깨끗한** 경찰이다.

윤리강령 문제점	① 실행가능성의 문제(강제력 부족) **법적 강제력이 없기** 때문에 위반 시 제재할 방법이 미흡함 ② 냉소주의의 문제 자발적(민주적) 참여가 아니라 **상부**에서 일방적으로 **하달**한 것으로 비자발성 조장한다는 단점이 있음 ③ 최소주의의 위험 강령의 내용을 행위의 울타리로 삼아 강령에 제시된 바람직한 행위 그 이상의 자기희생을 하지 않으려는 경향강령에 규정된 수준으로만 근무하려는 **근무수준의 최저화** 경향 ④ 비진정성의 조장 **자발적인 행동이 아닌 외부로부터 요구된 타율성**으로 진정한 봉사가 이루어지지 않음 ⑤ 우선순위 미결정 무엇을 먼저 할 지 **우선순위를 결정**하는 기준이 되지 못함 ⑥ 행위중심적 성격 강령이 특정행위를 중심적으로 규정되어 있어 행위 이전의 **의도나 동기를 소홀히 함**

3. 경찰윤리교육의 목적(존 클라이니히) ★★ 21 경채, 24 경간

도덕적 결의의 강화	경찰관이 실무에서 내부 및 외부로부터의 여러 압력과 유혹에도 굴복하지 않고 **자신의 소신과 직업의식에 따라 일을 처리하는 것** **ex** A형사에게 사건관련자가 돈 100만원을 주면서 잘 처리해 달라고 하자 처음에는 거절하다가 결국은 돈을 받았다면 도덕적 결의가 약해진 것
도덕적 감수성의 배양	실무에서 경찰이 다양한 계층의 사람들에게 모두 **인간으로서 존중하고 공평하게 봉사하는 것** **ex** 지구대에 거지가 찾아왔을 때 상황근무 중인 A경찰이 욕설과 험담을 하면서 거지를 쫓아냈다면 도덕적 감수성이 부족한 것
도덕적 전문능력 함양	경찰이 비판적이고 반성적인 사고방식을 배양하여 조직 내에 관습적으로 내려오는 관행을 비판적으로 검토하고 수용하는 것, 경찰윤리교육에 있어서 **가장 중요한 목적**

4. 바람직한 경찰모델과 전문직업화 ★★★

(1) 바람직한 경찰의 역할 모델

1) '범죄와 싸우는 경찰' 모델(the crime fighter model) 21 경채, 24 1차

① **범법자 제압**측면을 강조한 모델로 **범인을 제압**하는 것이 경찰의 주된 임무라고 인식
② 장점은 경찰의 역할을 뚜렷하게 인식시켜 **전문직화**에 기여한다. 단점은 **전체경찰의 임무를 포괄하는 것은 불가능**하며, 법 집행에 있어서 **범죄자는 적이고 경찰은 정의롭다** 는 **흑백논리에 따른 이분법적 오류**에 빠질 수 있고, **인권침해**의 우려가 있다. 결국 수사업무가 주된 업무가 되고, 다른 업무는 등한시할 염려가 있다.

2) '치안서비스 제공자로서의 경찰' 모델(service worker model) 21 경채

① 치안서비스란 경찰활동의 전 부분을 포괄하는 용어로 **가장 바람직한 모델**이며, 범죄와의 싸움도 치안서비스의 한 분야에 불과하고, 시민에 대한 **서비스** 활동과 사회봉사활동의 측면을 강조
② **대역적 권위**에 의한 활동 : 여러 사회영역에서 공식적이고 명백한 권한의 근거가 없는 경우에도 **비공식적으로** 또는 관행적으로 사회봉사활동에 관여하는 것을 의미한다. 그러나 이러한 활동은 **일시적**이고 **임시방편적**이어서, 법적근거를 가진 사회봉사기관의 활동 내에서 **이루어져야** 하고, 이 범위를 넘어서는 안 된다.
③ 비권력적 치안서비스의 적극제공
④ 사회적 갈등 해결 및 갈등발생의 개연성 최소화

(2) 경찰의 전문직업화의 장점과 문제점 11·12·15 승진, 22 경간

경찰의 높은 사회적 지위를 확보하기 위하여 **오거스트 볼머**(August Vollmer)등에 의해 **경찰의 전문직업화 운동**이 추진되었음

1) 전문직업화의 문제점 18 승진, 22·25 경간(경위공채), 22 2차, 25 승진

부권주의	아버지가 자식의 문제를 결정하듯 **전문가가 우월한 지식에 근거하여 비전문가의 판단을 전혀 고려하지 않고 자신의 판단을 우선시함** → 치안서비스의 질을 **저하시킬 수 있음(향상X)**
차별	경제적·교육적 약자에게 경찰에의 접근을 **차단**하는 현상이 발생한 것으로 **가난한 사람이 전문가가 되는 기회를 상실하는 것** 19 승진 ex 순경공채의 학력조건을 대졸 이상으로 제한하는 것 25 2차
소외	전문가가 **자신의 국지적 분야만 보고 전체적인 맥락을 보지 못하는 것** ex 사회복지정책 전문직 공무원 甲은 복지정책을 결정하면서 정부정책의 기본 방침을 고려하지 않고, 자신이 속한 보건복지부 입장만 고려해서 정책결정
사적인 이익을 위한 이용	전문직들이 그들의 힘을 때때로 **공익보다는 사적인 이익을 위해서 이용**하기도 하는 것(공익을 위해 이용X)

5. 경찰의 문화

(1) 냉소주의와 회의주의 ★★ 10·11·14 승진, 11 1차, 24 2차, 25 1차

구분	냉소주의	회의주의
대상	**불특정** 대상	**특정**대상
의심	**합리적 근거 없이 의심**	**합리적 의심**
개선의지	개선의지X	개선의지O
해결방안	① **Y이론**에 따른 조직관리 ② 의사결정이나 대화에 **참여** ③ 상급자의 일방적 지시와 명령을 줄이고 상의하달의 **의사소통 과정을 개선** ④ 상사와 부하의 **신뢰회복**	
공통점	모두 **불신**을 바탕으로 함	

① 인간관 중 **Y이론**은 인간이 책임감 있고 정직하여 **민주적**인 관리를 해야 한다는 이론이고, **X이론**은 인간을 게으르고 부정직한 것으로 보아 **권위적**으로 관리해야 한다는 이론으로, 맥그리거의 Y이론에 의한 관리가 냉소주의를 극복하는 방안이 된다. 18 승진, 23 2차

② 니더호퍼(Niederhoffer)는 사회체계에 대한 기존의 신념체제가 붕괴된 후 새로운 신념체제에 의해 **대체되지 아니할 때(대체될 때X)** 냉소주의가 나타날 수 있다고 하였다. 23 2차

③ 조직 내 팽배한 냉소주의는 경찰의 전문직업화를 저해하는 기제로 작동할 수 있다. 23 2차

6. 경찰의 일탈과 부패의 원인 ★★★

(1) 경찰부패의 원인가설 10·15·17·18·20·22 2차, 11·12 승진, 13·14·17 1차, 13·18 경간, 18 법학, 20·21 1차, 22 경간

전체사회 가설	**윌슨**은 시카고 시민이 경찰을 부패시켰다고 주장하며, 시민사회의 경찰부패에 대한 묵인·조장이 원인이라고 보는 입장으로 **미끄러지기 쉬운 경사로 이론과 유사**함(**사회 전체**의 부패 → 경찰조직의 부패) 23 1차, 24 승진, 24 특공대, 26 경간 **ex** 관내 경찰과 지역주민들이 어울려 도박을 하는 관행이 있었던 경우 신임경찰도 함께 도박을 하게 되는 경우 11 승진 **ex** 주류판매로 단속된 노래연습장 업주가 담당경찰관 C에게 사건무마를 청탁하며 뇌물수수를 시도함 20 2차
구조원인 가설	① **니더호퍼, 로벅, 바커** 등이 주장한 가설로 선배경찰의 조직적 부패 전통 속에서 신임경찰이 사회화 되어 부패한다는 이론 23 1차, 23 경채, 24 승진, 24 특공대, 26 경간 ② 법규 및 예산과 현실의 괴리 현상이 발생(혼자 출장가며, 2명의 출장비 수령) ③ 구조화된 조직적 부패의 관행이 **침묵의 규범**으로 받아들여져 묵시적인 관행으로 이어짐(경찰조직의 부패 → 경찰개인의 부패) 23 경채 **ex** 정직하고 청렴한 신임형사가 자신의 선배로부터 관내 유흥업소를 소개 받고, 선배가 유흥업소 업자들로부터 돈을 받는 것을 보고 그대로 답습하면서 돈을 갈취하는 요령을 터득하고 부패의 길로 접어드는 경우 23 경채 **ex** 경찰관 A는 동료경찰관들이 유흥업소 업주들로부터 접대를 받은 사실을 알고도 모른 체 했다.
썩은사과 가설	부패가능성이 있는 경찰을 모집단계에서 배제하지 못하여 유입됨으로써 전체가 부패할 가능성이 높다는 이론으로 부패의 원인을 **개인적 결함**으로 보고, 신임경찰 채용단계의 중요성을 강조함(조직의 체계적 원인X, **경찰개인의 부패 → 경찰조직의 부패**) 24 승진, 24 특공대 **ex** 음주운전으로 징계처분을 받은 적이 있는 B가 다시 음주운전으로 적발 되어 징계위원회에 회부됨

🔊 기출지문

1. 'Dirty Harry 문제'는 도덕적으로 선한 목적을 위해 윤리적, 정치적, 혹은 법적으로 더러운 수단을 동원하는 것이 적절한가와 관련된 딜레마적 상황이다. 22 1차
2. 윤리적 냉소주의 가설(Ethical cynicism hypothesis)은 경찰에 대한 외부통제기능을 수행하는 정치권력, 대중매체, 시민단체의 부패는 경찰의 냉소주의를 부채질하고 부패의 전염효과를 가져온다고 한다. 22 경간
3. 대의명분 있는 부패(noble cause corruption)와 Dirty Harry 문제는 부패의 개념적 징표를 개인적 이익 추구를 넘어 조직 혹은 사회적 차원의 이익 추구로 확대하고자 하는 시도라고 볼 수 있다. 23 2차

(2) 작은 호의에 대한 논의와 미끄러지기 쉬운 경사로 이론(셔먼)
 1) 작은 호의에 대한 찬반론

허용론	• 펠드버그의 견해 • **형성재 이론**은 작은 사례나 호의는 시민과의 **긍정적**인 사회관계를 만들어주는 형성재라는 것으로, 작은 호의의 **긍정적(부정적X)효과**를 강조 16 경간, 18 법학
금지론	• **윌슨** – '경찰은 어떤 작은 호의, 심지어 한 잔의 공짜 커피도 받도록 허용되어서는 안된다.'라고 주장하였다. 23 경간 • **델라트르** – 작은 호의를 금지해야 한다고 주장함 • **셔먼** – 미끄러지기 쉬운 경사로 이론

 2) 미끄러지기 쉬운 경사로 이론 17 2차, 11 · 12 승진, 12 · 13 · 15 · 21 경간, 13 · 17 · 20 1차, 15 2차, 18 법학, 22 · 23 1차

의의	① **셔먼**이 주장한 이론으로 **부패에 해당하지 않는(해당하는X)** 작은 호의가 습관화될 경우 미끄러운 경사로를 내려오듯이 **점점 더 큰 부패와 범죄(결과적으로 선한 후속행위를 하는 상황X)**로 빠진다는 가설(**델라트르는 모든 작은 호의를 금지해야 한다고 주장**) 18 · 23 · 26 경간, 23 2차, 24 승진, 24 특공대, 25 1차 ② **공짜커피 한 잔은 부패에 해당하지 않음**, but 부패에 해당하지 않는 공짜커피라도 주고받지 않아야 한다고 주장
사례	지구대에 근무하는 경찰관 A는 순찰 도중 동네 슈퍼마켓 주인으로부터 음료수를 얻어 마시면서 친분을 유지하다가 나중에는 폭행사건처리 무마 청탁을 받고 큰돈까지 받게 되었다면 '미끄러지기 쉬운 경사로 이론'의 한 예로 볼 수 있다.
비판	**펠드버그**는 작은 호의를 받았다고 해서 반드시 경찰이 큰 부패를 범하는 것은 아니며, 이는 경찰관의 지능에 대한 모독이라고 비판함

(3) 경찰부패에 대한 **내부(외부X)고발론(클라이니히)** 17 2차, 11 · 12 승진, 12 · 13 · 15 · 21 경간, 13 · 17 · 20 1차, 15 2차, 18 법학, 22 · 23 1차

의의	경찰관이 동료나 상사의 부정부패에 대하여 감찰이나 **외부의 언론매체에 공표**하는 것을 의미 (= Whistle Blowing, Deep Throat), **침묵의 규범과 반대되는 개념** 18 경간
요건 24 1차	① 내부고발자는 특별한 경우를 제외하고는 공표 전 자신의 이견을 표시하기 위한 **내부적 채널을 모두 사용했어야 한다.(처음부터 외부에 공개X)** 25 1차 ② 내부고발자는 부적절한 행동을 하도록 지시되었다는 **자신의 신념이 합리적 증거에 근거하였는지 확인**해야 한다. ③ 적절한 도덕적 동기에 의해 내부고발이 이루어져야 하며, **어느 정도 성공가능성이 있어야 한다.(성공가능성은 불문한다X)** ④ 도덕적 위반이 얼마나 중대한가, 도덕적 위반이 얼마나 급박한가 등에 대한 세심한 고려가 있어야 한다.

> 🔊 **용어정리**
> - **비지바디니스** – 남의 비행에 대해 일일이 참견하여 **도덕적 충고**를 하는 것 10 승진, 20 1차
> - **침묵의 규범** – 동료의 부패에 대해 **눈감아 주는 것**
> - **모럴해저드** – 도덕적 가치관이 붕괴되어 동료의 부패를 부패라고 인식하지 못하는 것을 의미 cf. 동료의 부패를 인식하고 있지만 모르는 척하는 침묵의 규범과 다름 20 1차

(4) 학술상 부정부패의 개념 정의(하이덴하이머의 분류)

1) 부패의 정의 22 경채, 23·24 2차

관직중심적 정의	부패는 뇌물수수행위와 특히 결부되어 있지만 반드시 금전적인 형태일 필요가 없는 사적인 이익에 대한 고려의 결과로 권위를 남용하는 경우를 포괄하는 용어
시장중심적 정의	고객들은 잘 알려진 위험을 감수하고 원하는 이익을 받는 것을 확실히 하기 위하여 높은 가격(뇌물)을 지불하려고 하여 부패가 일어남
공익중심적 정의	관직을 가진 사람이 법적으로 규정되어 있지 않은 금전적인 또는 다른 형태의 보수에 의하여 그런 보수를 제공하는 사람들에게 이로운 행위를 함으로써 공중의 이익에 손해를 가져올 때 부패가 일어남

2) 부패의 유형

백색부패	이론상 일탈행위로 규정될 수 있으나, 선의의 목적으로 행해지는 구성원의 다수가 어느 정도 용인하는 선의의 부패 또는 관례화된 부패 ex 경기가 밑바닥 상태인데도 국민들의 동요나 기업 활동의 위축을 방지하기 위해서 경기가 살아나고 있다고 관련 공직자가 거짓말을 한 경우
회색부패	사회구성원 가운데 일부집단은 처벌을 원하지만, 다른 일부집단은 처벌을 원하지 않는 경우의 부패를 말한다. 백색부패와 흑색부패의 중간에 위치하는 유형으로서 얼마든지 흑색부패로 발전할 수 있는 잠재성을 지닌 것 ex 정치권에 대한 후원금, 떡값 같은 적은 액수의 호의표시나 선물 또는 순찰 경찰관에게 주민들이 제공하는 음료수나 과일
흑색부패	사회 전체에 심각한 해를 끼치는 부패로 구성원 모두가 인정하고 처벌을 원하는 부패 ex 업무와 관련된 대가성 있는 뇌물수수

제 7 절 부정청탁 및 금품등 수수의 금지에 관한 법률(약칭 : 청탁금지법) ★★★ 21 승진

제2조(정의) 이 법에서 사용하는 용어의 뜻은 다음과 같다.
1. "공공기관"이란 다음 각 목의 어느 하나에 해당하는 기관·단체를 말한다. 18 승진
   가. 국회, 법원, 헌법재판소, **선거관리위원회**, 감사원, 국가인권위원회, 고위 공직자범죄수사처, 중앙행정기관(**대통령 소속 기관과 국무총리 소속 기관을 포함**한다)과 그 소속 기관 및 **지방자치단체**(선거관리위원회는 해당하지 않는다X) 21 2차
   나. 「공직자윤리법」 제3조의2에 따른 공직유관단체
   다. 「공공기관의 운영에 관한 법률」 제4조에 따른 기관
   라. 「초·중등교육법」,「고등교육법」,「유아교육법」 및 그 밖의 다른 법령에 따라 설치된 각급 학교 및 「사립학교법」에 따른 **학교법인** 18 승진, 19 법학
   마. 「언론중재 및 피해구제 등에 관한 법률」 제2조제12호에 따른 **언론사**(대기업 임원X)
2. "**공직자등**"이란 다음 각 목의 어느 하나에 해당하는 공직자 또는 공적 업무 종사자를 말한다.(변호사 자격이 있는 자X) 18 승진
   가. 「국가공무원법」 또는 「지방공무원법」에 따른 공무원과 그 밖에 다른 법률에 따라 그 자격·임용·교육훈련·복무·보수·신분보장 등에 있어서 공무원으로 인정된 사람
   나. 제1호나목 및 다목에 따른 공직유관단체 및 기관의 장과 그 임직원
   다. 제1호라목에 따른 **각급 학교의 장과 교직원 및 학교법인의 임직원**
   라. 제1호마목에 따른 **언론사의 대표자와 그 임직원** 18 승진
3. "금품등"이란 다음 각 목의 어느 하나에 해당하는 것을 말한다.
   가. 금전, 유가증권, 부동산, 물품, 숙박권, 회원권, 입장권, 할인권, 초대권, 관람권, 부동산 등의 사용권 등 일체의 재산적 이익
   나. 음식물·주류·골프 등의 접대·향응 또는 교통·숙박 등의 편의 제공
   다. 채무 면제, 취업 제공, 이권(利權) 부여 등 그 밖의 **유형·무형의 경제적 이익**

제5조(부정청탁의 금지) ① 누구든지 직접 또는 제3자를 통하여 직무를 수행하는 공직자등에게 다음 각 호의 어느 하나에 해당하는 부정청탁을 해서는 아니 된다.
  3. 채용·승진·전보 등 공직자등의 인사에 관하여 법령을 위반하여 개입하거나 영향을 미치도록 하는 행위
 14. 사건의 수사·재판·심판·결정·조정·중재·화해 또는 이에 준하는 업무를 법령을 위반하여 처리하도록 하는 행위
 15. 제1호부터 제14호까지의 부정청탁의 대상이 되는 업무에 관하여 공직자등이 법령에 따라 부여받은 **지위·권한을 벗어나 행사하거나 권한에 속하지 아니한 사항을 행사하도록 하는 행위**
② 제1항에도 불구하고 다음 각 호의 어느 하나에 해당하는 경우에는 이 법을 적용하지 아니한다.
 1. 「청원법」,「민원사무 처리에 관한 법률」,「행정절차법」,「국회법」 및 그 밖의 다른 법령·기준(제2조제1호나목부터 마목까지의 공공기관의 규정·사규·기준을 포함한다. 이하 같다)에서 정하는 절차·방법에 따라 권리침해의 구제·해결을 요구하거나 그와 관련된 법령·기준의 제정·개정·폐지를 제안·건의

하는 등 특정한 행위를 요구하는 행위
2. 공개적으로 공직자등에게 특정한 행위를 요구하는 행위
3. **선출직(임명직X) 공직자, 정당, 시민단체** 등이 **공익적인 목적**으로 제3자의 고충민원을 전달하거나 법령·기준의 제정·개정·폐지 또는 정책·사업·제도 및 그 운영 등의 개선에 관하여 제안·건의하는 행위
4. 공공기관에 직무를 법정기한 안에 처리하여 줄 것을 신청·요구하거나 그 진행상황·조치결과 등에 대하여 확인·문의 등을 하는 행위
5. 직무 또는 법률관계에 관한 확인·증명 등을 신청·요구하는 행위
6. 질의 또는 상담형식을 통하여 직무에 관한 법령·제도·절차 등에 대하여 설명이나 해석을 요구하는 행위
7. 그 밖에 **사회상규에 위배되지 아니하는 것으로 인정되는 행위** 19 법학

제6조(부정청탁에 따른 직무수행 금지) 부정청탁을 받은 공직자등은 그에 따라 직무를 수행해서는 아니 된다.

제7조(부정청탁의 신고 및 처리) ① 공직자등은 부정청탁을 받았을 때에는 부정청탁을 한 자에게 부정청탁임을 알리고 이를 거절하는 의사를 명확히 표시하여야 한다. 19 승진, 19 법학, 22 2차, 23 경간, 24 1차
② 공직자등은 제1항에 따른 조치를 하였음에도 불구하고 **동일한 부정청탁을 다시 받은 경우에는** 이를 소속기관장에게 서면(전자문서를 포함한다. 이하 같다)으로 신고하여야 한다. 24 1차
④ **소속기관장**은 부정청탁이 있었던 사실을 알게 된 경우 또는 제2항 및 제3항의 부정청탁에 관한 신고·확인 과정에서 해당 직무의 수행에 지장이 있다고 인정하는 경우에는 부정청탁을 받은 공직자등에 대하여 **다음 각 호의 조치를 할 수 있다.** 25 2차
1. **직무 참여 일시중지**
2. **직무 대리자의 지정**
3. **전보**
4. 그 밖에 국회규칙, 대법원규칙, 헌법재판소규칙, 중앙선거관리위원회규칙 또는 대통령령으로 정하는 조치
⑤ **소속기관장**은 공직자등이 다음 각 호의 어느 하나에 해당하는 경우에는 **제4항에도 불구하고** 그 공직자등에게 **직무를 수행하게 할 수 있다.** 이 경우 제20조에 따른 소속기관의 담당관 또는 다른 공직자등으로 하여금 그 공직자등의 공정한 직무수행 여부를 주기적으로 확인·점검하도록 하여야 한다.
1. 직무를 수행하는 공직자등을 **대체하기 지극히 어려운 경우**
2. 공직자등의 직무수행에 **미치는 영향이 크지 아니한 경우**
3. 국가의 안전보장 및 경제발전 등 **공익증진을 이유로 직무수행의 필요성이 더 큰 경우**
⑥ 공직자등은 제2항에 따른 신고를 감독기관·감사원·수사기관 또는 국민권익위원회에도 할 수 있다.
⑦ **소속기관장**은 다른 법령에 위반되지 아니하는 범위에서 부정청탁의 내용 및 조치사항을 해당 공공기관의 **인터넷 홈페이지 등에 공개할 수 있다.**

제8조(금품등의 수수 금지) ① 공직자등은 직무 관련 여부 및 기부·후원·증여 등 그 **명목에 관계없이 동일인으로부터 1회에 100만원 또는 매 회계연도에 300만원을 초과하는 금품등을 받거나 요구 또는 약속해서는 아니 된다.** 19·24 승진, 19 1차, 19 법학, 21 2차, 23 경간, 23 2차
② 공직자등은 직무와 관련하여 **대가성 여부를 불문하고** 제1항에서 정한 금액 이하의 금품등을 받거나 요구 또는 약속해서는 아니 된다. 19 승진
③ 제10조의 외부강의등에 관한 사례금 또는 다음 각 호의 어느 하나에 해당하는 금품등의 경우에는 제1항

또는 제2항에서 수수를 금지하는 금품등에 해당하지 아니한다.
1. 공공기관이 소속 공직자등이나 파견 공직자등에게 지급하거나 상급 공직자등이 위로·격려·포상 등의 목적으로 하급 공직자등에게 제공하는 금품등 24 승진
2. 원활한 직무수행 또는 사교·의례 또는 부조의 목적으로 제공되는 음식물·경조사비·선물 등으로서 대통령령으로 정하는 가액 범위 안의 금품등 19 1차 다만, 선물 중 「농수산물 품질관리법」 제2조제1항제1호에 따른 농수산물 및 같은 항 제13호에 따른 농수산가공품(농수산물을 원료 또는 재료의 50퍼센트를 넘게 사용하여 가공한 제품만 해당한다)은 대통령령으로 정하는 설날·추석을 포함한 기간에 한정하여 그 가액 범위를 두 배로 한다.

부정청탁 및 금품등 수수의 금지에 관한 법률 시행령 – 대통령령
제17조(사교·의례 등 목적으로 제공되는 음식물·경조사비 등의 가액 범위 등) ② 법 제8조제3항제2호 단서에서 "대통령령으로 정하는 설날·추석을 포함한 기간"이란 설날·추석 전 24일부터 설날·추석 후 5일까지(그 기간 중에 우편 등을 통해 발송하여 그 기간 후에 수수한 경우에는 그 수수한 날까지)를 말한다.

※ 음식물·경조사비·선물 등의 가액 범위(제17조제1항 관련)※

1. 음식물(제공자와 공직자등이 함께 하는 식사, 다과, 주류, 음료, 그 밖에 이에 준하는 것을 말한다) : 5만원
2. 경조사비 : 축의금·조의금은 5만원. 다만, 축의금·조의금을 대신하는 화환·조화는 10만원으로 한다.
3. 선물 : 다음 각 목의 금품등을 제외한 일체의 물품, 상품권(물품상품권 및 용역상품권만 해당하며, 이하 "상품권"이라 한다) 및 그 밖에 이에 준하는 것은 5만원. 다만, 「농수산물 품질관리법」 제2조제1항제1호에 따른 농수산물(이하 "농수산물"이라 한다) 및 같은 항 제13호에 따른 농수산가공품(농수산물을 원료 또는 재료의 50퍼센트를 넘게 사용하여 가공한 제품만 해당하며, 이하 "농수산가공품"이라 한다)과 농수산물·농수산가공품 상품권은 15만원(제17조제2항에 따른 기간 중에는 30만원)으로 한다.
   가. 금전
   나. 유가증권(상품권은 제외한다)
   다. 제1호의 음식물
   라. 제2호의 경조사비

[비고]
가. 제1호, 제2호 본문·단서 및 제3호 본문·단서에서 규정하는 각각의 가액 범위는 각각에 해당하는 것을 모두 합산한 금액으로 한다.
나. 제2호 본문의 축의금·조의금과 같은 호 단서의 화환·조화를 함께 받은 경우에는 그 가액을 합산한다. 이 경우 가액 범위는 10만원으로 하되, 제2호 본문 또는 단서의 가액 범위를 각각 초과해서는 안 된다.
다. 제3호에서 "상품권"이란 그 명칭 또는 형태에 관계없이 발행자가 특정한 물품 또는 용역의 수량을 기재(전자적 또는 자기적 방법에 의한 기록을 포함한다)하여 발행·판매하고, 그 소지자가 발행자 또는 발행자가 지정하는 자(이하 "발행자등"이라 한다)에게 이를 제시 또는 교부하거나 그 밖의 방법으로 사용함으로써 그 증표에 기재된 내용에 따라 발행자등으로부터 해당 물품 또는 용역을 제공받을 수 있는 증표인 물품상품권 또는 용역상품권을 말하며, 백화점상품권·온누리상품권·지역사랑상품권·문화상품권 등 일정한 금액이 기재되어 소지자가 해당 금액에 상응하는 물품 또는 용역을 제공받을 수 있는 증표인 금액상품권은 제외한다.
라. 제3호 본문의 선물과 같은 호 단서의 농수산물·농수산가공품 또는 농수산물·농수산가공품 상품권을 함께 받은 경우에는 그 가액을 합산한다. 이 경우 가액 범위는 15만원(제17조제2항에 따른 기간 중에는

30만원)으로 하되, 제3호 본문 또는 단서의 가액 범위를 각각 초과해서는 안 된다.

마. 제1호의 음식물, 제2호의 경조사비 및 제3호의 선물 중 2가지 이상을 함께 받은 경우에는 그 가액을 합산한다. 이 경우 가액 범위는 함께 받은 음식물, 경조사비 및 선물의 가액 범위 중 가장 높은 금액으로 하되, 제1호부터 제3호까지의 규정에 따른 가액 범위를 각각 초과해서는 안 된다.

3. **사적 거래(증여는 제외한다)**로 인한 **채무의 이행** 등 정당한 권원(權原)에 의하여 제공되는 금품등 19 1차, 23 경간, 25 2차
4. 공직자등의 **친족**(「민법」 제777조에 따른 친족을 말한다)이 **제공**하는 금품등
5. 공직자등과 관련된 직원상조회·동호인회·동창회·향우회·친목회·종교단체·사회단체 등이 정하는 기준에 따라 구성원에게 제공하는 금품등 및 그 소속 구성원 등 공직자등과 특별히 장기적·지속적인 **친분관계**를 맺고 있는 자가 질병·재난 등으로 어려운 처지에 있는 공직자등에게 **제공**하는 금품등 19 승진
6. 공직자등의 직무와 관련된 공식적인 행사에서 주최자가 참석자에게 **통상적인 범위에서 일률적으로 제공**하는 교통, 숙박, 음식물 등의 금품등 19 승진, 25 2차
7. **불특정(특정X) 다수인**에게 배포하기 위한 기념품 또는 홍보용품 등이나 경연·추첨을 통하여 받는 보상 또는 상품 등
8. 그 밖에 다른 **법령·기준 또는 사회상규에 따라 허용**되는 금품등 19 1차

④ 공직자등의 배우자는 공직자등의 직무와 관련하여 제1항 또는 제2항에 따라 공직자등이 받는 것이 금지되는 금품등(이하 "수수 금지 금품등"이라 한다)을 받거나 요구하거나 제공받기로 약속해서는 아니 된다.

1. **청탁금지법의 적용대상인 배우자에는 법률상 배우자만 해당한다.(사실혼 배우자X)**
2. **금품등을 직접 수수한 배우자에 대해서는 청탁금지법상 제재규정은 없다.**

⑤ 누구든지 공직자등에게 또는 그 공직자등의 배우자에게 수수 금지 금품등을 제공하거나 그 제공의 약속 또는 의사표시를 해서는 아니 된다.

제9조(수수 금지 금품등의 신고 및 처리) ① 공직자등은 다음 각 호의 어느 하나에 해당하는 경우에는 **소속기관장**에게 지체 없이 서면으로 신고하여야 한다. 21 2차
1. 공직자등 자신이 수수 금지 금품등을 받거나 그 제공의 약속 또는 의사표시를 받은 경우
2. 공직자등이 자신의 배우자가 수수 금지 금품등을 받거나 그 제공의 약속 또는 의사표시를 받은 사실을 안 경우

② 공직자등은 자신이 수수 금지 금품등을 받거나 그 제공의 약속이나 의사표시를 받은 경우 또는 자신의 배우자가 수수 금지 금품등을 받거나 그 제공의 약속이나 의사표시를 받은 사실을 알게 된 경우에는 이를 제공자에게 지체 없이 반환하거나 반환하도록 하거나 그 거부의 의사를 밝히거나 밝히도록 하여야 한다. 다만, 받은 금품등이 다음 각 호의 어느 하나에 해당하는 경우에는 **소속기관장에게 인도하거나 인도하도록 하여야 한다.**
1. 멸실·부패·변질 등의 우려가 있는 경우
2. 해당 금품등의 제공자를 알 수 없는 경우
3. 그 밖에 제공자에게 반환하기 어려운 사정이 있는 경우

③ 소속기관장은 제1항에 따라 신고를 받거나 제2항 단서에 따라 금품등을 인도받은 경우 수수 금지 금품등에

해당한다고 인정하는 때에는 반환 또는 인도하게 하거나 거부의 의사를 표시하도록 하여야 하며, 수사의 필요성이 있다고 인정하는 때에는 그 내용을 지체 없이 수사기관에 통보하여야 한다.
④ 소속기관장은 공직자등 또는 그 배우자가 수수 금지 금품등을 받거나 그 제공의 약속 또는 의사표시를 받은 사실을 알게 된 경우 수사의 필요성이 있다고 인정하는 때에는 그 내용을 지체 없이 수사기관에 통보하여야 한다.
⑦ 소속기관장은 공직자등으로부터 제1항제2호에 따른 신고를 받은 경우 그 공직자등의 배우자가 반환을 거부하는 금품등이 수수 금지 금품등에 해당한다고 인정하는 때에는 그 공직자등의 배우자로 하여금 그 금품등을 제공자에게 반환하도록 요구하여야 한다.

제10조(외부강의등의 사례금 수수 제한) ① 공직자등은 자신의 직무와 관련되거나 그 지위·직책 등에서 유래되는 사실상의 영향력을 통하여 요청받은 교육·홍보·토론회·세미나·공청회 또는 그 밖의 회의 등에서 한 강의·강연·기고 등(이하 "**외부강의등**"이라 한다)의 대가로서 대통령령으로 정하는 **금액을 초과하는 사례금을 받아서는 아니 된다.** 20 경간

※ 외부강의 등 사례금 상한액 ※

1. **공직자등별 사례금 상한액**
   가. 법 제2조제2호가목 및 나목에 따른 공직자등(같은 호 다목에 따른 각급 학교의 장과 교직원 및 같은 호 라목에 따른 공직자등에도 해당하는 사람은 제외한다) : **40만원** 26 경간
   나. 법 제2조제2호다목 및 라목에 따른 공직자등 : **100만원**
   다. 가목 및 나목에도 불구하고 국제기구, 외국정부, 외국대학, 외국연구기관, 외국학술단체, 그 밖에 이에 준하는 외국기관에서 지급하는 외부강의등의 사례금 상한액은 사례금을 지급하는 자의 지급기준에 따른다.

2. **적용기준**
   가. 제1호의 상한액은 강의 등의 경우 **1시간당**, 기고의 경우 1건당 상한액으로 한다.
   나. **1시간을 초과하여 강의 등을 하는 경우**에도 사례금 총액은 강의시간에 관계없이 1시간 상한액의 **100분의 150**에 해당하는 금액을 초과하지 못한다.
   다. 상한액에는 강의료, 원고료, 출연료 등 **명목에 관계없이** 외부강의 등 사례금 제공자가 외부강의 등과 관련하여 공무원에게 제공하는 일체의 사례금을 포함한다.
   라. 다목에도 불구하고 공무원이 소속 기관에서 교통비, 숙박비, 식비 등 여비를 지급받지 못한 경우에는 「공무원 여비 규정」의 기준 내에서 **실비수준으로** 제공되는 **교통비, 숙박비, 및 식비**는 제1호의 사례금에 포함되지 않는다.

② 공직자등은 사례금을 받는 외부강의등을 할 때에는 대통령령으로 정하는 바에 따라 외부강의등의 요청 명세 등을 소속기관장에게 그 외부강의등을 마친 날부터 **10일** 이내에 서면으로 신고하여야 한다. 다만, 외부강의등을 요청한 자가 국가나 지방자치단체인 경우에는 그러하지 아니하다. 19·24 승진, 20·23·26 경간, 21 2차, 23 2차, 24 1차
→ [사례금을 받지 않는 외부강의는 신고대상이 아님]
④ 소속기관장은 제2항에 따라 공직자등이 신고한 외부강의등이 **공정한 직무수행을 저해할 수 있다고 판단하는 경우**에는 그 공직자등의 외부강의등을 **제한할 수 있다.** 20·26 경간

⑤ 공직자등은 제1항에 따른 금액을 **초과하는** 사례금을 받은 경우에는 대통령령으로 정하는 바에 따라 **소속기관장**에게 신고하고, 제공자(소속기관장X)에게 그 초과금액을 지체 없이 반환하여야 한다. 22·25 2차, 26 경간

제13조(위반행위의 신고 등) ① **누구든지** 이 법의 위반행위가 발생하였거나 발생하고 있다는 사실을 알게 된 경우에는 다음 각 호의 어느 하나에 해당하는 기관에 **신고할 수 있다.** 19 승진
1. 이 법의 위반행위가 발생한 **공공기관 또는 그 감독기관**
2. **감사원 또는 수사기관**
3. **국민권익위원회**

② 제1항에 따른 신고를 한 자가 다음 각 호의 어느 하나에 해당하는 경우에는 이 법에 따른 보호 및 보상을 받지 못한다.
1. 신고의 내용이 **거짓**이라는 사실을 알았거나 알 수 있었음에도 신고한 경우
2. 신고와 관련하여 **금품등**이나 근무관계상의 **특혜**를 요구한 경우
3. 그 밖에 **부정한 목적**으로 신고한 경우

③ 제1항에 따라 신고를 하려는 자는 자신의 인적사항과 신고의 취지·이유·내용을 적고 서명한 문서와 함께 신고 대상 및 증거 등을 제출하여야 한다.

제13조의2(비실명 대리신고) ① 제13조제3항에도 불구하고 같은 조 제1항에 따라 신고를 하려는 자는 자신의 인적사항을 밝히지 아니하고 **변호사를 선임하여 신고를 대리하게 할 수 있다.** 24 1차 이 경우 제13조제3항에 따른 신고자의 인적사항 및 신고자가 서명한 문서는 변호사의 인적사항 및 변호사가 서명한 문서로 갈음한다.

② 제1항에 따른 신고는 **국민권익위원회에 하여야 하며**, 신고자 또는 신고를 대리하는 변호사는 그 취지를 밝히고 신고자의 인적사항, 신고자임을 입증할 수 있는 자료 및 위임장을 국민권익위원회에 함께 제출하여야 한다.

③ 국민권익위원회는 제2항에 따라 제출된 자료를 봉인하여 보관하여야 하며, **신고자 본인의 동의 없이 이를 열람하여서는 아니 된다.**

제14조(신고의 처리) ① 제13조제1항제1호 또는 제2호의 기관(이하 "조사기관"이라 한다)은 같은 조 제1항에 따라 신고를 받거나 제2항에 따라 **국민권익위원회로부터** 신고를 이첩받은 경우에는 그 내용에 관하여 **필요한 조사·감사 또는 수사를 하여야 한다.**

② **국민권익위원회가** 제13조제1항에 따른 신고를 받은 경우에는 그 내용에 관하여 신고자를 상대로 사실관계를 확인한 후 대통령령으로 정하는 바에 따라 **조사기관에 이첩하고, 그 사실을 신고자에게 통보하여야 한다.**

③ **조사기관은** 제1항에 따라 **조사·감사 또는 수사를 마친 날부터 10일 이내에 그 결과를 신고자와 국민권익위원회에 통보**(국민권익위원회로부터 이첩받은 경우만 해당한다)하고, 조사·감사 또는 수사 결과에 따라 공소 제기, 과태료 부과 대상 위반행위의 통보, 징계 처분 등 필요한 조치를 하여야 한다.

④ **국민권익위원회는** 제3항에 따라 조사기관으로부터 조사·감사 또는 수사 결과를 통보받은 경우에는 지체 없이 신고자에게 조사·감사 또는 수사 결과를 알려야 한다.

⑤ 제3항 또는 제4항에 따라 조사·감사 또는 수사 결과를 통보받은 신고자는 조사기관에 이의신청을 할 수 있으며, 제4항에 따라 조사·감사 또는 수사 결과를 통지받은 신고자는 국민권익위원회에도 이의신청을 할 수 있다.

⑥ **국민권익위원회는** 조사기관의 조사·감사 또는 수사 결과가 충분하지 아니하다고 인정되는 경우에는 조사·

감사 또는 수사 결과를 통보받은 날부터 **30일** 이내에 새로운 증거자료의 제출 등 합리적인 이유를 들어 조사기관에 재조사를 요구할 수 있다.

⑦ 제6항에 따른 재조사를 요구받은 **조사기관**은 재조사를 종료한 날부터 **7일** 이내에 그 **결과를 국민권익위원회에 통보하여야 한다.** 이 경우 국민권익위원회는 통보를 받은 즉시 신고자에게 재조사 결과의 요지를 알려야 한다.

제15조(신고자등의 보호·보상) ② 누구든지 신고자등에게 신고등을 이유로 불이익조치(「공익신고자 보호법」 제2조제6호에 따른 불이익조치를 말한다. 이하 같다)를 해서는 아니 된다.

③ 이 법에 따른 위반행위를 한 자가 위반사실을 자진하여 신고하거나 신고자등이 신고등을 함으로 인하여 자신이 한 이 법 위반행위가 발견된 경우에는 그 위반행위에 대한 형사처벌, 과태료 부과, 징계처분, 그 밖의 행정처분 등을 **감경하거나 면제할 수 있다.**

⑤ 국민권익위원회는 제13조제1항에 따른 신고로 인하여 **공공기관에 재산상 이익을 가져오거나 손실을 방지한 경우** 또는 공익의 증진을 가져온 경우에는 그 신고자에게 **포상금을 지급할 수 있다.**

⑥ 국민권익위원회는 제13조제1항에 따른 신고로 인하여 **공공기관에 직접적인 수입의 회복·증대 또는 비용의 절감을 가져온 경우**에는 그 신고자의 신청에 의하여 **보상금을 지급하여야 한다.**

제15조의2(이행강제금) ① 국민권익위원회는 제15조제4항에 따라 준용되는 「공익신고자 보호법」 제20조제1항에 따른 보호조치결정을 받은 후 그 정해진 기한까지 보호조치를 취하지 아니한 자에게는 3천만원 이하의 이행강제금을 부과한다. 다만, **국가 또는 지방자치단체는 제외**한다.

제16조(위법한 직무처리에 대한 조치) 공공기관의 장은 공직자등이 직무수행 중에 또는 직무수행 후에 제5조, 제6조 및 제8조를 위반한 사실을 발견한 경우에는 해당 직무를 중지하거나 취소하는 등 필요한 조치를 하여야 한다.

제17조(부당이득의 환수) 공공기관의 장은 제5조, 제6조, 제8조를 위반하여 수행한 공직자등의 직무가 위법한 것으로 확정된 경우에는 그 직무의 상대방에게 이미 지출·교부된 금액 또는 물건이나 그 밖에 재산상 이익을 **환수하여야 한다.**

제19조(교육과 홍보 등) ① 공공기관의 장은 공직자등에게 부정청탁 금지 및 금품등의 수수 금지에 관한 내용을 정기적으로 교육하여야 하며, 이를 준수할 것을 약속하는 서약서를 받아야 한다. 24 1차

② 공공기관의 장은 이 법에서 금지하고 있는 사항을 적극적으로 알리는 등 국민들이 이 법을 준수하도록 유도하여야 한다.

③ 공공기관의 장은 제1항 및 제2항에 따른 교육 및 홍보 등의 실시를 위하여 필요하면 국민권익위원회에 지원을 요청할 수 있다. 24 1차 이 경우 국민권익위원회는 적극 협력하여야 한다.

제21조(징계) 공공기관의 장 등은 공직자등이 이 법 또는 이 법에 따른 명령을 위반한 경우에는 **징계처분을 하여야 한다.**

★ **처벌규정 정리**

제22조(벌칙) ① 명목에 관계없이 동일인으로부터 1회에 100만원 또는 매 회계연도에 300만원을 초과하는 금품등을 받거나 요구 또는 약속한 자는 3년 이하의 징역 또는 3천만원 이하의 벌금에 처한다.

② 부정청탁을 받고 그에 따라 직무를 수행한 공직자 등은 2년 이하의 징역 또는 2천만원 이하의 벌금에 처한다. 19 승진

제23조(과태료 부과) ① 제3자를 위하여 다른 공직자등에게 부정청탁을 한 공직자등에게는 3천만원 이하의 과태료를 부과한다.
② 제3자를 위하여 공직자등에게 부정청탁을 한 자에게는 2천만원 이하의 과태료를 부과한다.
③ 제3자를 통하여 공직자등에게 부정청탁을 한 자에게는 1천만원 이하의 과태료를 부과한다.
④ 외부강의 등 사례금 수수제한에 따른 신고 및 반환 조치를 하지 아니한 공직자등에게는 500만원 이하의 과태료를 부과한다.

제 8 절 경찰청 공무원 행동강령 – 경찰청 훈령 ★★★

제1조(목적) 이 규칙은 「부패방지 및 국민권익위원회의 설치와 운영에 관한 법률」제8조 및 공무원 행동강령에 따라 **경찰청**(소속기관, 시·도경찰청, 경찰서를 포함한다. 이하 같다)**소속 공무원**(이하 "공무원"이라 한다)이 **준수하여야 할 행동기준을 규정**하는 것을 목적으로 한다.

제2조(정의) 1. **"직무관련자"**란 공무원의 소관 업무와 관련되는 자로서 다음 각 목의 어느 하나에 해당하는 개인[공무원이 사인(私人)의 지위에 있는 경우에는 개인으로 본다] 또는 **법인·단체**를 말한다.
 다. 수사, 감사(監査), 감독, 검사, 단속, 행정지도 등의 대상인 개인 또는 법인·단체
 차. 경찰관서에 복무중인 전투경찰순경·의무경찰의 부모·형제자매
2. **"직무관련공무원"**이란 공무원의 직무수행과 관련하여 이익 또는 불이익을 직접적으로 받는 다른 공무원(기관이 이익 또는 불이익을 받는 경우에는 그 기관의 관련 업무를 담당하는 공무원을 말한다) 중 다음 각 목의 어느 하나에 해당하는 공무원을 말한다.
 가. 상급자와 직무상 지휘명령을 받는 **당해 업무의 하급자**
 나. 인사·감사·상훈·예산·심사평가업무 담당자와 해당업무와 **직접 관련된 다른 공무원**
3. **"금품등"**이란 다음 각 목의 어느 하나에 해당하는 것을 말한다.
 가. 금전, 유가증권, 부동산, 물품, 숙박권, 회원권, 입장권, 할인권, 초대권, 관람권, 부동산 등의 사용권 등 일체의 재산적 이익
 나. 음식물·주류·골프 등의 **접대·향응** 또는 교통·숙박 등의 **편의 제공**
 다. 채무 면제, 취업 제공, 이권(利權) 부여 등 그 밖의 **유형·무형의 경제적 이익**

제3조(적용범위) 이 규칙은 **경찰청 소속 공무원과 경찰청에 파견된 공무원에게 적용**한다.

제4조(공정한 직무수행을 해치는 지시에 대한 처리) ① 공무원은 상급자가 자기 또는 타인의 부당한 이익을 위하여 공정한 직무수행을 현저하게 해치는 지시를 하였을 때에는 **별지 제1호 서식 또는 전자우편 등의 방법**으로 그 사유를 상급자에게 소명하고 지시에 따르지 아니하거나, 별지 제2호 서식 또는 전자우편 등의 방법으로 제23조에 따라 지정된 행동강령에 관한 업무를 담당하는 공무원(이하 "행동강령책임관"이라 한다)과 상담할 수 있다(하여야 한다X). 11·12 승진, 15·23 1차, 25 2차
② 제1항에 따라 지시를 이행하지 아니하였는데도 **같은 지시가 반복**될 때에는 즉시 행동강령책임관과 **상담하여야 한다**.

③ 제1항이나 제2항에 따라 상담 요청을 받은 행동강령책임관은 지시 내용을 확인하여 지시를 취소하거나 변경할 필요가 있다고 인정되면 소속 기관의 장에게 보고하여야 한다. 다만, 지시 내용을 확인하는 과정에서 부당한 지시를 한 상급자가 스스로 그 지시를 취소하거나 변경하였을 때에는 소속 기관의 장에게 보고하지 아니할 수 있다.

④ 제3항에 따른 보고를 받은 소속 기관의 장은 필요하다고 인정되면 지시를 취소·변경하는 등 적절한 조치를 하여야 한다. 이 경우 공정한 직무수행을 해치는 지시를 제1항에 따라 이행하지 아니하였는데도 같은 지시를 반복한 상급자에게는 징계 등 필요한 조치를 할 수 있다.

제4조의2(부당한 수사지휘에 대한 이의제기) ① 공무원은 「범죄수사규칙」 제30조에 따른 경찰서 내 수사 지휘에 대한 이의제기와 관련하여 행동강령책임관에게 상담을 요청할 수 있다(하여야 한다X). 17·18 1차, 19 승진, 19·23 경간, 22 1차

② 제1항의 상담요청을 받은 행동강령책임관은 해당 지휘의 취소·변경이 필요하다고 인정되면 소속기관장에게 보고하여야 한다.

제5조의2(수사·단속 업무의 공정성 강화) ① 공무원은 수사·단속의 대상이 되는 업소 중 경찰청장이 지정하는 유형의 업소 관계자와 부적절한 사적 접촉을 하여서는 아니 되며, 공적 또는 사적으로 접촉한 경우 경찰청장이 정하는 방법에 따라 신고하여야 한다. 17·23 1차, 24 특공대

② 공무원은 수사 중인 사건의 관계자(해당 사건의 처리와 법률적·경제적 이해관계가 있는 자로서 경찰청장이 지정하는 자를 말한다)와 부적절한 사적접촉을 해서는 아니 되며, 소속 경찰관서 내에서만 접촉하여야 한다. 다만, 현장 조사 등 공무상 필요한 경우 외부에서 접촉할 수 있으며, 이 경우에는 수사서류 등 공문서에 기록하여야 한다.

제6조(특혜의 배제) 공무원은 직무를 수행함에 있어 지연·혈연·학연·종교 등을 이유로 특정인에게 특혜를 주어서는 아니 된다. 13 경간, 15 승진

제7조(예산의 목적 외 사용 금지) 공무원은 여비, 업무추진비 등 공무 활동을 위한 예산을 목적 외의 용도로 사용하여 소속 기관에 재산상 손해를 입혀서는 아니 된다.

제8조(정치인 등의 부당한 요구에 대한 처리) ① 공무원은 정치인이나 정당 등으로부터 부당한 직무수행을 강요받거나 청탁을 받은 경우에는 별지 제9호 서식 또는 전자우편 등의 방법으로 소속 기관의 장(소속상관X)에게 보고하거나 행동강령책임관과 상담하여야 한다. 11·19·24 경간, 17 승진, 24 경찰특공대

② 제1항에 따라 보고를 받은 소속 기관의 장이나 상담을 한 행동강령책임관은 그 공무원이 공정한 직무수행을 할 수 있도록 적절한 조치를 하여야 한다.

제8조의2(경찰유관단체원의 부정행위에 대한 처리) 경찰유관단체원이 다음 각 호의 어느 하나에 해당하는 행위를 한 경우 행동강령책임관은 해당 경찰유관단체 운영 부서장과 협의하여 소속기관장에게 경찰유관단체원의 해촉 등 필요한 조치를 건의하여야 하며, 보고를 받은 소속기관장은 적절한 조치를 취하여야 한다. 24 경간

1. 경찰 업무와 관련하여 금품을 수수 또는 경찰관에게 금품을 제공하거나, 이를 알선한 경우
2. 경찰 업무와 관련하여 부당한 청탁 또는 알선을 한 경우
3. 이권 개입 등 경찰유관단체원의 지위를 부당하게 이용한 경우
4. 직무와 관련하여 알게 된 비밀을 누설한 경우

5. 그 밖에 경찰유관단체원으로서 부적절한 처신 등으로 경찰과 소속 단체의 명예를 훼손한 경우

제9조(인사 청탁 등의 금지) ① 공무원은 자신의 임용·승진·전보 등 인사에 부당한 영향을 미치기 위하여 타인으로 하여금 인사업무 담당자에게 청탁을 하도록 해서는 아니 된다.

② 공무원은 직위를 이용하여 다른 공무원의 임용·승진·전보 등 인사에 부당하게 개입해서는 아니 된다.
15 승진, 17 1차

제10조(이권 개입 등의 금지) 공무원은 자신의 직위를 직접 이용하여 부당한 이익을 얻거나 타인이 부당한 이익을 얻도록 해서는 아니 된다.

제10조의2(직위의 사적이용 금지) 공무원은 직무의 범위를 벗어나 사적 이익을 위하여 소속기관의 명칭이나 직위를 공표·게시하는 등의 방법으로 이용하거나 이용하게 하여서는 아니 된다.

제11조(알선·청탁 등의 금지) ① 공무원은 자기 또는 타인의 부당한 이익을 위하여 다른 공직자(「부패방지 및 국민권익위원회의 설치와 운영에 관한 법률」 제2조제3호가목 및 나목에 따른 공직자를 말한다. 이하 같다)의 **공정한 직무수행을 해치는 알선·청탁 등을 해서는 아니 된다.**

② 공무원은 직무수행과 관련하여 자기 또는 타인의 부당한 이익을 위하여 직무관련자를 다른 직무관련자나 공직자에게 소개해서는 아니 된다.

③ 공무원은 자기 또는 타인의 부당한 이익을 위하여 자신의 직무권한을 행사하거나 지위·직책 등에서 유래되는 사실상 영향력을 행사하여 공직자가 아닌 자에게 다음 각 호의 어느 하나에 해당하는 알선·청탁 등을 해서는 아니 된다.

2. 채용·승진·전보 등 인사업무나 징계업무에 관하여 개입하거나 영향을 미치도록 하는 행위

제12조(직무 관련 정보를 이용한 거래 등의 제한) ① 공무원은 직무수행 중 알게 된 정보를 이용하여 유가증권, 부동산 등과 관련된 재산상 거래 또는 투자를 하거나 타인에게 그러한 정보를 제공하여 재산상 거래 또는 투자를 돕는 행위를 해서는 아니 된다. 23 1차, 24 특공대

제12조의2(가상자산 관련 정보를 이용한 거래 등의 제한) ① 공무원은 다음 각 호의 어느 하나에 해당하는 행위를 해서는 아니된다.

1. 직무수행 중 알게 된 가상자산과 관련된 정보(이하 "가상자산 정보"라 한다)를 이용한 재산상 거래 또는 투자 행위

2. 가상자산 정보를 타인에게 제공하여 재산상 거래나 투자를 돕는 행위

④ 제3항의 부서와 직위에서 직무를 수행하는 공무원은 가상자산을 **신규 취득하여서는 아니되며, 보유한 경우에는** 별지 제10호의2서식에 따라 **소속기관의 장에게 신고해야 한다.**

⑤ 제4항의 신고를 받은 소속기관의 장은 해당 공무원의 공정한 직무수행을 저해할 수 있다고 판단되는 경우에는 직무 배제 등 필요한 조치를 해야 한다.

제13조의2(사적 노무 요구 금지) 공무원은 자신의 직무권한을 행사하거나 지위·직책 등에서 유래되는 사실상 영향력을 행사하여 직무관련자 또는 직무관련공무원으로부터 사적 노무를 제공받거나 요구 또는 약속해서는 아니 된다. 다만, 다른 법령 또는 사회상규에 따라 허용되는 경우에는 그러하지 아니하다. 12 승진, 24 경간, 25 2차

제13조의3(직무권한 등을 행사한 부당 행위의 금지) 공무원은 자신의 직무권한을 행사하거나 지위·직책 등에서 유래되는

사실상 영향력을 행사하여 다음 각 호의 어느 하나에 해당하는 부당한 행위를 해서는 안 된다.
1. 인가·허가 등을 담당하는 공무원이 그 신청인에게 불이익(이익X)을 주거나 제3자에게 이익 또는 불이익을 주기 위하여 부당하게 그 신청의 접수를 지연하거나 거부하는 행위
2. 직무관련공무원에게 직무와 관련이 없거나 직무의 범위를 벗어나 부당한 지시·요구를 하는 행위

제14조(금품등을 받는 행위의 제한) ① 공무원은 직무 관련 여부 및 기부·후원·증여 등 그 명목에 관계없이 동일인으로부터 1회에 100만원 또는 매 회계연도에 300만원을 초과하는 금품등을 받거나 요구 또는 약속해서는 아니 된다. 18 1차, 24 특공대

② 공무원은 직무와 관련하여 대가성 여부를 불문하고 제1항에서 정한 금액 이하의 금품 등을 받거나 요구 또는 약속해서는 아니 된다.

③ 제15조의 외부강의 등에 관한 사례금 또는 다음 각 호의 어느 하나에 해당하는 금품등은 제1항 또는 제2항에서 수수를 금지하는 금품 등에 해당하지 아니한다.
1. 소속 기관의 장등이 소속 공무원이나 파견 공무원에게 지급하거나 상급자가 위로·격려·포상 등의 목적으로 하급자에게 제공하는 금품등 12·14 승진
2. 원활한 직무수행 또는 사교·의례 또는 부조의 목적으로 제공되는 음식물·경조사비·선물 등으로서 별표 1의 가액 범위 내의 금품등 12·14 승진
3. 사적 거래(증여는 제외한다)로 인한 채무의 이행 등 정당한 권원(權原)에 의하여 제공되는 금품등 17 승진
4. 공무원의 친족(「민법」 제777조에 따른 친족을 말한다)이 제공하는 금품등
5. 공무원과 관련된 직원상조회·동호인회·동창회·향우회·친목회·종교단체·사회단체 등이 정하는 기준에 따라 구성원에게 제공하는 금품등 및 그 소속 구성원 등 공무원과 특별히 장기적·지속적인 친분관계를 맺고 있는 자가 질병·재난 등으로 어려운 처지에 있는 공무원에게 제공하는 금품등
6. 공무원의 직무와 관련된 공식적인 행사에서 주최자가 참석자에게 통상적인 범위에서 일률적으로 제공하는 교통, 숙박, 음식물 등의 금품등 12·14 승진
7. 불특정(특정X) 다수인에게 배포하기 위한 기념품 또는 홍보용품 등이나 경연·추첨을 통하여 받는 보상 또는 상품 등 12·14 승진
8. 그 밖에 사회상규에 따라 허용되는 금품등

④ 공무원은 제3항제5호에도 불구하고 같은 호에 따라 특별히 장기적·지속적인 친분관계를 맺고 있는 자가 직무관련자 또는 직무관련공무원으로서 금품등을 제공한 경우에는 그 수수 사실을 별지 제10호 서식에 따라 소속 기관의 장에게 신고하여야 한다.

⑤ 공무원은 자신의 배우자나 직계 존속·비속이 자신의 직무와 관련하여 제1항 또는 제2항에 따라 공무원이 받는 것이 금지되는 금품등(이하 "수수 금지 금품등"이라 한다)을 받거나 요구하거나 제공받기로 약속하지 아니하도록 하여야 한다.

⑥ 공무원은 다른 공무원에게 또는 그 공무원의 배우자나 직계 존속·비속에게 수수 금지 금품등을 제공하거나 그 제공의 약속 또는 의사표시를 해서는 아니 된다. 25 2차

제14조의2(감독기관의 부당한 요구 금지) ① 감독·감사·조사·평가를 하는 기관(이하 이 조에서 "감독기관"이라 한다)에 소속된 공무원은 자신이 소속된 기관의 출장·행사·연수 등과 관련하여 감독·감사·조사·평가를 받는 기관(이하 이 조에서 "피감기관"이라 한다)에 다음 각 호의 어느 하나에 해당하는 부당한 요구를 해서는

안 된다.
1. 법령에 근거가 없거나 예산의 목적·용도에 부합하지 않는 금품등의 제공 요구
2. 감독기관 소속 공무원에 대하여 **정상적인 관행을 벗어난 예우·의전의 요구**

② 제1항에 따른 부당한 요구를 받은 **피감기관 소속 공직자는 그 이행을 거부해야 하며, 거부했음에도 불구하고 감독기관 소속 공무원으로부터 같은 요구를 다시 받은 때에는** 그 사실을 별지 제11호의 서식에 따라 피감기관(감독기관X)의 행동강령책임관에게 알려야 한다. 이 경우 행동강령책임관은 그 요구가 제1항 각 호의 어느 하나에 해당하는 경우에는 **지체 없이 피감기관의 장에게 보고해야 한다.**

③ 제2항 후단에 따른 **보고를 받은 피감기관의 장은** 제1항 각 호의 어느 하나에 해당하는 경우에는 그 사실을 **해당 감독기관의 장에게 알려야 하며,** 그 사실을 **통지받은 감독기관의 장은** 해당 요구를 한 소속 공무원에 대하여 징계 등 필요한 조치를 해야 한다.

제15조(외부강의등의 사례금 수수 제한) ① 공무원은 **자신의 직무와 관련되거나 그 지위·직책 등에서 유래되는 사실상의 영향력을 통하여** 요청받은 교육·홍보·토론회·세미나·공청회 또는 그 밖의 회의 등에서 한 강의·강연·기고 등(이하 **"외부강의등"**이라 한다)의 대가로서 별표 2에서 정하는 **금액을 초과하는 사례금을 받아서는 아니 된다.**

② 공무원은 **사례금을 받는 외부강의등을 할 때에는** 외부강의등의 요청 명세 등을 별지 제12호서식의 외부강의등 신고서에 따라 소속 기관의 장에게 그 외부강의등을 마친 **날부터 10일 이내에 신고하여야 한다.** 다만, **외부강의등을 요청한 자가 국가나 지방자치단체인 경우에는 그러하지 아니하다.** 18 승진, 19·24 경간

③ 공무원은 제2항에 따른 신고를 할 때 신고사항 중 상세 명세 또는 사례금 총액 등을 제2항의 **기간 내에 알 수 없는 경우에는 해당 사항을 제외한 사항을 신고한 후**(기준 상한액으로 먼저 신고한 후X) **해당 사항을 안 날부터 5일 이내에 보완하여야 한다.** 18 승진

④ 공무원이 대가를 받고 수행하는 외부강의등은 **월 3회를 초과할 수 없다.** 12 승진, 19 경간, 25 2차 **국가나 지방자치단체에서 요청하거나 겸직 허가를 받고 수행하는 외부강의등은 그 횟수에 포함하지 아니한다.** 12 승진, 19·23 경간, 25 2차

⑤ 공무원은 제4항에도 불구하고 월 3회를 초과하여 대가를 받고 외부강의등을 하려는 경우에는 **미리 소속 기관의 장의 승인을 받아야 한다.** 12 승진, 25 2차

제15조의2(초과사례금의 신고등) ① 공무원은 제15조제1항에 따른 금액을 초과하는 사례금(이하 **"초과사례금"**이라 한다)을 받은 경우에는 그 사실을 **안 날로부터 2일 이내에** 별지 제13호 서식으로 소속기관의 장에게 신고하여야 하며, **제공자**(소속기관장X)에게 그 초과금액을 지체 없이 반환하여야 한다. 18 승진

② 제1항에 따른 신고를 받은 소속 기관의 장은 초과사례금을 반환하지 아니한 공무원에 대하여 신고사항을 확인한 후 **7일 이내에** 반환하여야 할 초과사례금의 액수를 산정하여 해당 공무원에게 통지하여야 한다. 18 승진

③ 제2항에 따라 통지를 받은 공무원은 지체 없이 초과사례금(신고자가 초과사례금의 일부를 반환한 경우에는 그 차액으로 한정한다)을 제공자에게 반환하고 그 사실을 소속 기관의 장에게 알려야 한다.

④ 공무원은 제1항 또는 제3항에 따라 **초과 사례금을 반환한 경우에는** 증명자료를 첨부하여 그 반환 비용을 **소속 기관의 장에게 청구할 수 있다.**

제16조의2(직무관련자에게 협찬 요구 금지) 공무원은 직무관련자에게 직위를 이용하여 행사 진행에 필요한 직·간접적

경비, 장소, 인력, 또는 물품 등의 협찬을 요구하여서는 아니 된다. 23 경간

제16조의3(직무관련자와 골프 및 사적여행 제한) ① 공무원은 직무관련자와는 비용 부담 여부와 관계없이 골프를 같이 하여서는 아니 된다. 다만, 다음 각 호와 같은 부득이한 사정에 따라 골프를 같이 하는 경우에는 소속관서 행동강령 책임관에게 사전에 신고하여야 하며 사전에 신고하기 어려운 특별한 사유가 있는 경우에는 사후에 즉시 신고하여야 한다. 22 1차
 1. 정책의 수립·시행을 위한 의견교환 또는 업무협의 등 공적인 목적을 위하여 필요한 경우
 2. 직무관련자인 친족과 골프를 하는 경우
 3. 동창회 등 친목단체에 직무관련자가 있어 부득이 골프를 하는 경우
 4. 그 밖에 위 각 호와 유사한 사유로 부득이하다고 인정되는 경우
② 공무원은 직무관련자와 함께 사적인 여행을 하여서는 아니 된다. 다만, 제1항 각 호의 사유가 있어 같은 항 단서에 따른 신고를 한 경우에는 그러하지 아니 하다.

제16조의4(직무관련자와 사행성 오락 금지) 공무원은 직무관련자와 마작, 화투, 카드 등 우연의 결과나 불확실한 승패에 의하여 금품 등 경제적 이익을 취할 목적으로 하는 사행성 오락을 같이 하여서는 아니 된다.

제17조(경조사의 통지 제한) 공무원은 직무관련자나 직무관련공무원에게 경조사를 알려서는 아니 된다. 다만, 다음 각 호의 어느 하나에 해당하는 경우에는 경조사를 알릴 수 있다(알려서는 아니 된다X). 11 경간, 22 1차
 1. 친족(「민법」 제767조에 따른 친족을 말한다)에게 알리는 경우 24 2차
 2. 현재 근무하고 있거나 과거에 근무하였던 기관의 소속 직원에게 알리는 경우 24 2차
 3. 신문, 방송 또는 제2호에 따른 직원에게만 열람이 허용되는 내부통신망 등을 통하여 알리는 경우 24 2차
 4. 공무원 자신이(자신의 배우자가X) 소속된 종교단체·친목단체 등의 회원에게 알리는 경우 17 승진, 24 2차

제18조(위반 여부에 대한 상담) ① 공무원은 알선·청탁, 금품등의 수수, 외부강의등의 사례금수수, 경조사의 통지 등에 대하여 이 규칙을 위반하는 지가 분명하지 아니할 때에는 행동강령책임관과 상담한 후 처리하여야 하며 행동강령책임관은 별지 제15호서식에 따라 상담내용을 관리하여야 한다.
② 행동강령책임관은 제1항에 따른 상담이 원활하게 이루어질 수 있도록 해당 기관의 규모등 여건을 고려하여 전용전화·상담실 설치 등 필요한 조치를 취할 수 있다.

제19조(위반행위의 신고 및 확인) ① 누구든지 공무원이 이 규칙을 위반한 사실을 알게 되었을 때에는 그 공무원이 소속된 기관의 장, 그 기관의 행동강령책임관 또는 국민권익위원회에 신고할 수 있다.
② 제1항에 따라 신고하는 자는 별지 제16호 서식의 위반행위신고서에 본인과 위반자의 인적 사항과 위반 내용을 구체적으로 제시해야 한다.
③ 제1항에 따라 위반행위를 신고받은 소속 기관의 장과 행동강령책임관은 신고인과 신고내용에 대하여 비밀을 보장하여야 하며, 신고인이 신고에 따른 불이익을 받지 아니하도록 하여야 한다.
④ 행동강령책임관은 제1항에 따라 신고된 위반행위를 확인한 후 해당 공무원으로부터 받은 소명자료를 첨부하여 소속 기관의 장에게 보고하여야 한다.

제20조(징계 등) 제19조제4항에 따른 보고를 받은 소속기관의 장은 해당 공무원을 징계하는 등 필요한 조치를 할 수 있다.

제21조(수수 금지 금품등의 신고 및 처리) ① 공무원은 다음 각 호의 어느 하나에 해당하는 경우에는 소속 기관의

장에게 지체 없이 별지 제17호서식에 따라 **서면 신고**하여야 한다.
  1. 공무원 자신이 수수 금지 금품등을 받거나 그 제공의 약속 또는 의사표시를 받은 경우
  2. 공무원이 자신의 배우자나 직계 존속·비속이 수수 금지 금품등을 받거나 그 제공의 약속 또는 의사표시를 받은 사실을 알게 된 경우
② 공무원은 제1항 각 호의 어느 하나에 해당하는 경우에는 금품등을 제공한 자(이하 이 조에서 "제공자"라 한다) 또는 제공의 약속이나 의사표시를 한 자에게 그 제공받은 금품등을 지체 없이 반환하거나 반환하도록 하거나 그 거부의 의사를 밝히거나 밝히도록 하여야 한다.
③ 공무원은 제2항에 따라 금품등을 반환한 경우에는 별지 제18호서식에 따라 **그 반환 비용을 소속 기관의 장에게 청구할 수 있다.**
④ 공무원은 제2항에 따라 **반환하거나 반환하도록 하여야 하는** 금품등이 다음 각 호의 어느 하나에 해당하는 경우에는 소속 기관의 장에게 인도하거나 인도하도록 하여야 한다.
  1. 멸실·부패·변질 등의 우려가 있는 경우
  2. 제공자나 제공자의 주소를 알 수 없는 경우
  3. 그 밖에 제공자에게 반환하기 어려운 사정이 있는 경우
⑦ 소속 기관의 장은 금지된 금품등의 신고자에 대하여 인사우대·포상 등의 방안을 마련하여 시행할 수 있다.

제22조(교육) ① **경찰청장**(소속기관장, 시·도경찰청장, 경찰서장 등을 포함한다)은 소속 공무원에 대하여 이 규칙의 준수를 위한 교육계획을 수립·시행하여야 하며, **매년 1회 이상 교육을 하여야 한다.**

제 9 절 공직자 이해충돌방지법 ★★★

제1조(목적) 이 법은 공직자의 직무수행과 관련한 사적 이익추구를 금지함으로써 공직자의 직무수행 중 발생할 수 있는 **이해충돌을 방지**하여 공정한 직무수행을 보장하고 공공기관에 대한 국민의 신뢰를 확보하는 것을 목적으로 한다. 24 1차

제2조(정의) 이 법에서 사용하는 용어의 뜻은 다음과 같다.
  1. "**공공기관**"이란 다음 각 목의 어느 하나에 해당하는 기관·단체를 말한다.
      가. **국회, 법원, 헌법재판소, 선거관리위원회, 감사원, 고위공직자범죄수사처, 국가인권위원회, 중앙행정기관**(대통령 소속 기관과 국무총리 소속 기관을 포함한다)과 그 소속 기관
      나. 「지방자치법」에 따른 **지방자치단체의 집행기관 및 지방의회**
      다. 「지방교육자치에 관한 법률」에 따른 **교육행정기관**
      라. 「공직자윤리법」 제3조의2에 따른 **공직유관단체**
      마. 「공공기관의 운영에 관한 법률」 제4조에 따른 **공공기관**
      바. 「초·중등교육법」, 「고등교육법」 또는 그 밖의 다른 법령에 따라 설치된 **각급 국립·공립학교** 24 1차
① 「사립학교법」에 따른 학교법인은 「공직자 이해충돌방지법」상 **공공기관에는 포함되지 아니한다.**
② 언론사의 경우 「공직자 이해충돌방지법」상 **공공기관에는 포함되지 아니한다.**

2. "공직자"란 다음 각 목의 어느 하나에 해당하는 사람을 말한다.
   가. 「국가공무원법」 또는 「지방공무원법」에 따른 공무원과 그 밖에 다른 법률에 따라 그 자격·임용·교육훈련·복무·보수·신분보장 등에 있어서 공무원으로 인정된 사람 22 2차
   나. 제1호라목 또는 마목에 해당하는 **공공기관의 장과 그 임직원**
   다. 제1호바목에 해당하는 **각급 국립·공립 학교의 장과 교직원**
3. "고위공직자"란 다음 각 목의 어느 하나에 해당하는 공직자를 말한다.
   아. **치안감** 이상의 경찰공무원 및 특별시·광역시·특별자치시·도·특별자치도의 **시·도경찰청장** 22 경채, 24 1차
4. "**이해충돌**"이란 공직자가 직무를 수행할 때에 자신의 사적 이해관계가 관련되어 공정하고 청렴한 직무수행이 저해되거나 저해될 우려가 있는 상황을 말한다. 22 경채
5. "**직무관련자**"란 공직자가 법령(조례·규칙을 포함한다. 이하 같다)·기준(제1호라목부터 바목까지의 공공기관의 규정·사규 및 기준 등을 포함한다. 이하 같다)에 **따라 수행하는 직무와 관련되는 자**로서 다음 각 목의 어느 하나에 해당하는 개인·법인·단체 및 공직자를 말한다.
   가. 공직자의 직무수행과 관련하여 일정한 행위나 조치를 요구하는 개인이나 법인 또는 단체
   나. 공직자의 직무수행과 관련하여 이익 또는 불이익을 직접적으로 받는 개인이나 법인 또는 단체
   다. 공직자가 소속된 공공기관과 계약을 체결하거나 체결하려는 것이 명백한 개인이나 법인 또는 단체 24 경간
   라. 공직자의 직무수행과 관련하여 이익 또는 불이익을 직접적으로 받는 다른 공직자. 다만, 공공기관이 이익 또는 불이익을 직접적으로 받는 경우에는 그 공공기관에 소속되어 해당 이익 또는 불이익과 관련된 업무를 담당하는 공직자를 말한다.
6. "**사적이해관계자**"란 다음 각 목의 어느 하나에 해당하는 자를 말한다.
   가. **공직자 자신 또는 그 가족**(「민법」 제779조에 따른 가족을 말한다. 이하 같다) 23 승진
   나. 공직자 자신 또는 그 가족이 **임원·대표자·관리자 또는 사외이사**로 재직하고 있는 법인 또는 단체(일반직원X)
   다. 공직자 자신이나 그 가족이 대리하거나 고문·자문 등을 제공하는 개인이나 법인 또는 단체
   라. 공직자로 채용·임용되기 전 **2년** 이내에 공직자 **자신**이 재직하였던 법인 또는 단체
   마. 공직자로 채용·임용되기 전 **2년** 이내에 공직자 **자신**이 대리하거나 고문·자문 등을 제공하였던 개인이나 법인 또는 단체 24 경간
   바. 공직자 자신 또는 그 가족이 대통령령으로 정하는 일정 비율 이상의 주식·지분 또는 자본금 등을 소유하고 있는 법인 또는 단체
   1. 공직자 자신이나 그 가족(「민법」 제779조에 따른 가족을 말한다. 이하 같다)이 단독으로 또는 합산하여 **발행주식 총수의 100분의 30 이상**을 소유하고 있는 법인 또는 단체
   2. 공직자 자신이나 그 가족이 단독으로 또는 합산하여 **출자지분 총수의 100분의 30 이상**을 소유하고 있는 법인 또는 단체
   3. 공직자 자신이나 그 가족이 단독으로 또는 합산하여 **자본금 총액의 100분의 50** 이상을 소유하고 있는 법인 또는 단체
   사. **최근 2년** 이내에 퇴직한 공직자로서 퇴직일 전 **2년** 이내에 제5조제1항 각 호의 어느 하나에 해당하는

직무를 수행하는 공직자와 국회규칙, 대법원규칙, 헌법재판소규칙, 중앙선거관리위원회규칙 또는 대통령령으로 정하는 범위의 부서에서 같이 근무하였던 사람 24 1차

아. 그 밖에 공직자의 사적 이해관계와 관련되는 자로서 국회규칙, 대법원규칙, 헌법재판소규칙, 중앙선거관리위원회규칙 또는 대통령령으로 정하는 자

7. "소속기관장"이란 공직자가 소속된 공공기관의 장을 말한다.

제5조(사적이해관계자의 신고 및 회피·기피 신청) ① 다음 각 호의 어느 하나에 해당하는 직무를 수행하는 **공직자는 직무관련자**(직무관련자의 대리인을 포함한다. 이하 이 조에서 같다)가 사적이해관계자임을 안 경우 안 날부터 **14일 이내에 소속기관장에게 그 사실을 서면**(전자문서를 포함한다. 이하 같다)**으로 신고하고 회피를 신청하여야 한다.**

2. 행정지도·단속·감사·조사·감독에 관계되는 직무
8. 사건의 수사·재판·심판·결정·조정·중재·화해 또는 이에 준하는 직무 22 경채
10. 공직자의 채용·승진·전보·상벌·평가에 관계되는 직무

② **직무관련자** 또는 공직자의 직무수행과 관련하여 **직접적인 이해관계가 있는 자**는 해당 공직자에게 제1항에 따른 신고 및 회피 의무가 있거나 그 밖에 공정한 직무수행을 저해할 우려가 있는 사적 이해관계가 있다고 판단하는 경우에는 그 공직자의 소속기관장에게 **기피를 신청할 수 있다.**

③ 다음 각 호의 어느 하나에 해당하는 경우에는 제1항 및 제2항을 적용하지 아니한다.

1. 제1항 각 호에 해당하는 **직무와 관련하여 불특정다수를 대상으로 하는 법률이나 대통령령의 제정·개정 또는 폐지를 수반하는 경우**
2. 특정한 사실 또는 법률관계에 관한 확인·증명을 신청하는 민원에 따라 해당 서류를 발급하는 경우

④ 제1항 각 호에 해당하는 직무와 관련된 다른 법령·기준에 제척·기피·회피 등 이해충돌 방지를 위한 절차가 마련되어 있어 공직자가 그 절차에 따른 경우, 제1항에 따른 신고·회피 의무를 다한 것으로 본다.

제6조(공공기관 직무 관련 부동산 보유·매수 신고) ① 부동산을 직접적으로 취급하는 대통령령으로 정하는 공공기관의 공직자는 다음 각 호의 어느 하나에 해당하는 사람이 소속 공공기관의 업무와 관련된 부동산을 보유하고 있거나 매수하는 경우 소속기관장에게 그 사실을 서면으로 신고하여야 한다. 22 2차

1. 공직자 자신, 배우자
2. 공직자와 생계를 같이하는 직계존속·비속(배우자의 직계존속·비속으로 생계를 같이하는 경우를 포함한다)

② 제1항에 따른 공공기관 외의 공공기관의 공직자는 소속 공공기관이 택지개발, 지구 지정 등 대통령령으로 정하는 부동산 개발 업무를 하는 경우 제1항 각 호의 어느 하나에 해당하는 사람이 그 부동산을 보유하고 있거나 매수하는 경우 소속기관장에게 그 사실을 서면으로 신고하여야 한다.

③ 제1항 및 제2항에 따른 신고는 부동산을 보유한 사실을 알게 된 날부터 14일 이내, 매수 후 등기를 완료한 날부터 14일 이내에 하여야 한다.

제7조(사적이해관계자의 신고 등에 대한 조치) ① 제5조제1항에 따른 신고·회피신청이나 같은 조 제2항에 따른 기피신청 또는 제6조에 따른 **부동산 보유·매수 신고를 받은 소속기관장**은 해당 공직자의 직무수행에 지장이 있다고 인정하는 경우에는 다음 각 호의 어느 하나에 해당하는 조치를 하여야 한다.

1. 직무수행의 일시 중지 명령

2. 직무 대리자 또는 직무 공동수행자의 지정
3. 직무 재배정
4. 전보

② 소속기관장은 제1항에도 불구하고 다음 각 호의 어느 하나에 해당하는 경우에는 **해당 공직자가 계속 그 직무를 수행하도록 할 수 있다.** 이 경우 제25조에 따른 이해충돌방지담당관 또는 다른 공직자로 하여금 공정한 직무수행 여부를 확인·점검하게 하여야 한다.
  1. 직무를 수행하는 공직자를 대체하기가 지극히 어려운 경우
  2. 국가의 안전보장 및 경제발전 등 공익 증진을 위하여 직무수행의 필요성이 더 큰 경우

③ 소속기관장은 제1항 또는 제2항에 따른 조치를 하였을 때에는 그 처리 결과를 해당 공직자와 기피를 신청한 자에게 통보하여야 한다.

④ 제6조제1항 및 제2항에 따른 부동산 보유 또는 매수 신고를 받은 소속기관장은 해당 부동산 보유·매수가 이 법 또는 다른 법률에 위반되는 것으로 의심될 경우 지체 없이 수사기관·감사원·감독기관 또는 국민권익위원회에 신고하거나 고발하여야 한다.

제8조(고위공직자의 민간 부문 업무활동 내역 제출 및 공개) ① 고위공직자는 그 직위에 임용되거나 임기를 개시하기 전 3년 이내에 민간 부문에서 업무활동을 한 경우, 그 활동 내역을 그 직위에 임용되거나 임기를 개시한 날(다음날X)부터 30일 이내에 소속기관장에게 제출하여야 한다. 24 경간

② 제1항에 따른 업무활동 내역에는 다음 각 호의 사항이 포함되어야 한다.
1. 재직하였던 법인·단체 등과 그 업무 내용
2. 대리, 고문·자문 등을 한 경우 그 업무 내용
3. 관리·운영하였던 사업 또는 영리행위의 내용(비영리행위X)

③ 소속기관장은 제1항에 따라 제출된 업무활동 내역을 보관·관리하여야 한다.

④ 소속기관장은 다른 법령에서 정보공개가 금지되지 아니하는 범위에서 제2항의 업무활동 내역을 공개할 수 있다.

제9조(직무관련자와의 거래 신고) ① 공직자는 자신, 배우자 또는 직계존속·비속(배우자의 직계존속·비속으로 생계를 같이하는 경우를 포함한다. 이하 이 조에서 같다) 또는 특수관계사업자(자신, 배우자 또는 직계존속·비속이 대통령령으로 정하는 일정 비율 이상의 주식·지분 등을 소유하고 있는 법인 또는 단체를 말한다. 이하 같다)가 공직자 자신의 직무관련자(「민법」 제777조에 따른 친족인 경우는 제외한다)와 다음 각 호의 어느 하나에 해당하는 행위를 한다는 것을 사전에 안 경우에는 안 날부터 14일 이내에 소속기관장에게 그 사실을 서면으로 신고하여야 한다. 23 승진
1. 금전을 빌리거나 빌려주는 행위 및 유가증권을 거래하는 행위. 다만, 「금융실명거래 및 비밀보장에 관한 법률」에 따른 금융회사등, 「대부업 등의 등록 및 금융이용자 보호에 관한 법률」에 따른 대부업자등이나 그 밖의 금융회사로부터 통상적인 조건으로 금전을 빌리는 행위 및 유가증권을 거래하는 행위는 제외한다.
2. 토지 또는 건축물 등 부동산을 거래하는 행위. 다만, 공개모집에 의하여 이루어지는 분양이나 공매·경매·입찰을 통한 재산상 거래 행위는 제외한다. 23 승진
3. 제1호 및 제2호의 거래 행위 외의 물품·용역·공사 등의 계약을 체결하는 행위. 다만, 공매·경매·입찰을 통한 계약 체결 행위 또는 거래관행상 불특정다수를 대상으로 반복적으로 행하여지는 계약 체결 행위는

제외한다.

② 공직자는 제1항 각 호에 따른 행위가 있었음을 사후에 알게 된 경우에도 안 날부터 14일 이내에 소속기관장에게 그 사실을 서면으로 신고하여야 한다.

제10조(직무 관련 외부활동의 제한) 공직자는 다음 각 호의 행위를 하여서는 아니 된다. 다만, 「국가공무원법」 등 다른 법령·기준에 따라 허용되는 경우는 그러하지 아니하다. 23 승진

1. 직무관련자에게 사적으로 노무 또는 조언·자문 등을 제공하고 대가를 받는 행위 23 승진
2. 소속 공공기관의 소관 직무와 관련된 지식이나 정보를 타인에게 제공하고 대가를 받는 행위. 다만, **「부정청탁 및 금품등 수수의 금지에 관한 법률」** 제10조에 따른 외부강의등의 대가로서 사례금 수수가 허용되는 **경우와** 소속기관장이 허가한 경우는 제외한다.
3. 공직자가 소속된 공공기관이 당사자이거나 직접적인 이해관계를 가지는 사안에서 자신이 소속된 공공기관의 상대방을 대리하거나 그 상대방에게 조언·자문 또는 정보를 제공하는 행위
4. 외국의 기관·법인·단체 등을 대리하는 행위. 다만, 소속기관장이 허가한 경우는 제외한다.
5. 직무와 관련된 다른 직위에 취임하는 행위. 다만, 소속기관장이 허가한 경우는 제외한다.

제11조(가족 채용 제한) ① 공공기관(공공기관으로부터 출연금·보조금 등을 받거나 법령에 따라 업무를 위탁받는 산하 공공기관과 「상법」 제342조의2에 따른 자회사를 **포함한다**)은 다음 각 호의 어느 하나에 해당하는 **공직자의 가족을 채용할 수 없다.**

1. 소속 고위공직자
2. 채용업무를 담당하는 공직자
3. 해당 산하 공공기관의 감독기관인 공공기관 소속 고위공직자
4. 해당 자회사의 모회사인 공공기관 소속 고위공직자

② 다음 각 호의 어느 하나에 해당하는 경우에는 제1항을 적용하지 아니한다.

1. 「국가공무원법」 등 다른 법령(제2조제1호라목 또는 마목에 해당하는 공공기관의 인사 관련 규정을 포함한다. 이하 이 조에서 같다)에서 정하는 공개경쟁채용시험 또는 경력 등 응시요건을 정하여 같은 사유에 해당하는 다수인을 대상으로 하는 채용시험에 합격한 경우

③ 제1항 각 호의 어느 하나에 해당하는 공직자는 제1항을 위반하여 **자신의 가족이 채용되도록 지시·유도 또는 묵인을 하여서는 아니 된다.**

④ 제1항 및 제3항에도 불구하고 **다른 법률**에서 이 법의 적용을 받는 공공기관이 제1항 각 호의 어느 하나에 해당하는 공직자의 가족을 채용할 수 있도록 허용하고 있는 경우에는 그 법률의 규정에 따른다.

제12조(수의계약 체결 제한) ① 공공기관(공공기관으로부터 출연금·보조금 등을 받거나 법령에 따라 업무를 위탁받는 산하 공공기관과 「상법」 제342조의2에 따른 자회사를 **포함한다**)은 다음 각 호의 어느 하나에 해당하는 자와 물품·용역·공사 등의 **수의계약**(이하 "수의계약"이라 한다)을 체결할 수 없다. 다만, **해당 물품의 생산자가 1명뿐인 경우** 등 대통령령으로 정하는 **불가피한 사유가 있는 경우에는** 그러하지 아니하다.

1. 소속 고위공직자
2. 해당 계약업무를 법령상·사실상 담당하는 소속 공직자
3. 해당 산하 공공기관의 감독기관 소속 고위공직자
4. 해당 자회사의 모회사인 공공기관 소속 고위공직자

7. 제1호부터 제6호까지의 어느 하나에 해당하는 공직자의 배우자 또는 직계존속·비속(배우자의 직계존속·비속으로 생계를 같이하는 경우를 포함한다. 이하 이 조에서 같다)

② 제1항제1호부터 제6호까지의 어느 하나에 해당하는 공직자는 제1항을 위반하여 같은 항 각 호의 어느 하나에 해당하는 자와 수의계약을 체결하도록 지시·유도 또는 묵인을 하여서는 아니 된다.

제13조(공공기관 물품 등의 사적 사용·수익 금지) 공직자는 공공기관이 소유하거나 임차한 물품·차량·선박·항공기·건물·토지·시설 등을 사적인 용도로 사용·수익하거나 제3자로 하여금 사용·수익하게 하여서는 아니 된다. 다만, 다른 법령·기준 또는 사회상규에 따라 허용되는 경우에는 그러하지 아니하다.

제14조(직무상 비밀 등 이용 금지) ① 공직자(공직자가 아니게 된 날부터 3년이 경과하지 아니한 사람을 포함하되, 다른 법률에서 이와 달리 규정하고 있는 경우에는 그 법률에서 규정한 바에 따른다. 이하 이 조, 제27조제1항, 같은 조 제2항제1호 및 같은 조 제3항제1호에서 같다)는 직무수행 중 알게 된 비밀 또는 소속 공공기관의 미공개정보(재물 또는 재산상 이익의 취득 여부의 판단에 중대한 영향을 미칠 수 있는 정보로서 불특정 다수인이 알 수 있도록 공개되기 전의 것을 말한다. 이하 같다)를 이용하여 재물 또는 재산상의 이익을 취득하거나 제3자로 하여금 재물 또는 재산상의 이익을 취득하게 하여서는 아니 된다. **22 경채**

② 공직자로부터 직무상 비밀 또는 소속 공공기관의 미공개정보임을 알면서도 제공받거나 부정한 방법으로 **취득한 자**는 이를 **이용**하여 재물 또는 재산상의 이익을 **취득**하여서는 아니 된다.

③ **공직자**는 직무수행 중 알게 된 비밀 또는 소속 공공기관의 미공개정보를 사적 이익을 위하여 **이용**하거나 제3자로 하여금 **이용**하게 하여서는 아니 된다.

제15조(퇴직자 사적 접촉 신고) ① 공직자는 직무관련자인 소속 기관의 퇴직자(공직자가 아니게 된 날부터 **2년**이 지나지 아니한 사람만 해당한다)와 사적 접촉(골프, 여행, 사행성 오락을 같이 하는 행위를 말한다)을 하는 경우 소속기관장에게 신고하여야 한다. 다만, 사회상규에 따라 허용되는 경우에는 그러하지 아니하다.

23 승진

제18조(위반행위의 신고 등) ① 누구든지 이 법의 위반행위가 발생하였거나 발생하고 있다는 사실을 알게 된 경우에는 다음 각 호의 어느 하나에 해당하는 기관에 **신고할 수 있다**.
1. 이 법의 위반행위가 발생한 공공기관 또는 그 감독기관
2. 감사원 또는 수사기관
3. 국민권익위원회

② 신고자가 다음 각 호의 어느 하나에 해당하는 경우에는 이 법에 따른 **보호 및 보상을 받지 못한다**.
   1. 신고의 내용이 **거짓**이라는 사실을 알았거나 알 수 있었음에도 불구하고 신고한 경우
   2. 신고와 관련하여 금품이나 근로관계상의 **특혜**를 요구한 경우
   3. 그 밖에 **부정한 목적**으로 신고한 경우

③ 제1항에 따라 신고를 하려는 자는 **자신의 인적사항과 신고의 취지·이유·내용을 적고 서명한 문서**와 함께 신고 대상 및 증거 등을 제출하여야 한다.

제19조(위반행위 신고의 처리) ① 제18조제1항제1호 또는 제2호의 기관(이하 "조사기관"이라 한다)은 같은 조 제1항에 따라 신고를 받거나 이 조 제2항에 따라 국민권익위원회로부터 신고를 이첩받은 경우에는 그 내용에 관하여 필요한 조사·감사 또는 수사를 하여야 한다.

② **국민권익위원회가** 제18조제1항에 따른 **신고를 받은 경우**에는 그 내용에 관하여 신고자를 상대로 사실관계를 확인한 후 대통령령으로 정하는 바에 따라 **조사기관에 이첩하고, 그 사실을 신고자에게 통보하여야 한다.**

④ **조사기관**은 제1항에 따른 **조사·감사 또는 수사를 마친 날부터 10일 이내에 그 결과를 신고자와 국민권익위원회에 통보**(국민권익위원회로부터 이첩받은 경우만 해당한다)하고, 조사·감사 또는 수사 결과에 따라 공소 제기, 과태료 부과 대상 위반행위의 통보, 징계처분 등 필요한 조치를 하여야 한다.

⑤ **국민권익위원회**는 제4항에 따라 **조사기관으로부터 조사·감사 또는 수사 결과를 통보받은 경우**에는 지체 없이 신고자에게 조사·감사 또는 수사 결과를 통보하여야 한다.

⑥ 제4항 또는 제5항에 따라 조사·감사 또는 수사 결과를 통보받은 **신고자**는 대통령령으로 정하는 바에 따라 **조사기관에 이의신청을 할 수 있으며**, 제5항에 따라 조사·감사 또는 수사 결과를 통보받은 **신고자는 국민권익위원회에도 이의신청을 할 수 있다.**

⑦ **국민권익위원회**는 조사기관의 조사·감사 또는 수사 결과가 충분하지 아니하다고 인정되는 경우에는 **조사· 감사 또는 수사 결과를 통보받은 날부터 30일 이내에 새로운 증거자료의 제출 등 합리적인 이유를 들어 조사기관에 재조사를 요구할 수 있다.**

⑧ 제7항에 따른 **재조사를 요구받은 조사기관은 재조사를 종료한 날부터 7일 이내에 그 결과를 국민권익위원회에 통보하여야 한다.** 이 경우 국민권익위원회는 통보를 받은 즉시 신고자에게 재조사 결과의 요지를 통보하여야 한다.

제20조(신고자 등의 보호·보상) ① 누구든지 다음 각 호의 어느 하나에 해당하는 신고 등(이하 "신고등"이라 한다)을 하지 못하도록 방해하거나 신고등을 한 자(이하 "신고자등"이라 한다)에게 이를 취소하도록 강요하여서는 아니 된다.

1. 제18조제1항에 따른 신고
2. 제1호에 따른 신고에 관한 조사·감사·수사·소송 또는 보호조치에 관한 조사·소송 등에서 진술·증언 및 자료제공 등의 방법으로 돕는 행위

② **누구든지 신고자등에게 신고등을 이유로 불이익조치**(「공익신고자 보호법」 제2조제6호에 따른 불이익조치를 말한다. 이하 같다)**를 하여서는 아니 된다.** 25 경간(경위공채)

③ 이 법의 위반행위를 한 자가 위반사실을 자진하여 신고하거나 신고자등이 신고등을 함으로 인하여 자신이 한 이 법의 위반행위가 발견된 경우에는 그 위반행위에 대한 형사처벌, 과태료 부과, 징계처분, 그 밖의 행정처분 등을 **감경하거나 면제할 수 있다.** 25 경간(경위공채)

⑤ **국민권익위원회**는 제18조제1항에 따른 신고로 인하여 공공기관에 재산상 이익을 가져오거나 손실을 방지한 경우 또는 공익을 증진시킨 경우에는 그 신고자에게 **포상금을 지급할 수 있다.** 25 경간(경위공채)

⑥ **국민권익위원회**는 제18조제1항에 따른 신고로 인하여 공공기관에 직접적인 수입의 회복·증대 또는 비용의 절감을 가져온 경우에는 그 신고자의 신청에 의하여 **보상금을 지급하여야 한다.**(지급할 수 있다X) 25 경간(경위공채)

⑦ **신고자등과 그 친족**(「민법」 제777조에 따른 친족을 말한다) **또는 동거인**은 신고등과 관련하여 다음 각 호의 어느 하나에 해당하는 피해를 입었거나 비용을 지출한 경우 국민권익위원회에 **구조금의 지급을 신청할 수 있다.**

1. 육체적·정신적 치료 등에 든 비용
2. 전직·파견근무 등에 따른 이사비용

3. 원상회복 관련 쟁송절차에 든 비용
4. 불이익조치 기간의 임금 손실액
5. 그 밖에 중대한 경제적 손해(「공익신고자 보호법」 제2조제6호아목 및 자목에 따른 손해는 제외한다)

제21조(위법한 직무처리에 대한 조치) 소속기관장은 공직자가 제5조제1항, 제6조, 제8조제1항·제2항, 제9조제1항·제2항, 제10조, 제11조제3항, 제12조제2항, 제13조, 제14조 또는 제15조를 위반한 사실을 발견한 경우에는 해당 공직자에게 위반사실을 즉시 시정할 것을 명하고 계속 불이행할 경우 해당 공직자의 직무를 중지하거나 취소하는 등 필요한 조치를 하여야 한다.

제22조(부당이득의 환수 등) ① 소속기관장은 공직자가 제5조의 신고 및 회피 의무 또는 제6조의 **신고 의무**를 위반하여 수행한 직무가 위법한 것으로 확정된 경우에는 그 직무를 통하여 공직자 또는 제3자가 얻은 **재산상 이익을 환수하여야 한다.**

② 소속기관장은 공직자가 제13조의 공공기관 물품 등의 사적 사용·수익 금지 의무를 위반한 경우에는 공직자 또는 제3자가 얻은 **재산상 이익을 환수하여야 한다.**

제24조(교육 및 홍보 등) ① 공공기관의 장은 공직자에게 이해충돌 방지에 관한 내용을 **매년 1회 이상 정기적으로 교육하여야 한다.**

② 공공기관의 장은 이 법에서 금지하고 있는 사항을 적극적으로 알리는 등 국민들이 이 법을 준수하도록 유도하여야 한다.

③ 공공기관의 장은 제1항 및 제2항에 따른 교육 및 홍보 등을 하기 위하여 필요하면 **국민권익위원회**에 지원을 요청할 수 있다. 이 경우 국민권익위원회는 적극 협력하여야 한다.

제26조(징계) 공공기관의 장은 소속 공직자가 이 법 또는 이 법에 따른 명령을 위반한 경우에는 징계처분을 하여야 한다.

제27조(벌칙) ① 제14조제1항을 위반하여 직무수행 중 알게 된 비밀 또는 소속 공공기관의 미공개정보를 이용하여 재물 또는 재산상의 이익을 취득하거나 제3자로 하여금 재물 또는 재산상의 이익을 취득하게 한 공직자(제16조에 따라 준용되는 공무수행사인을 포함한다. 이하 이 조 및 제28조제2항제1호에서 같다)는 **7년 이하의 징역 또는 7천만원 이하의 벌금**에 처한다.

② 다음 각 호의 어느 하나에 해당하는 자는 **5년 이하의 징역 또는 5천만원 이하의 벌금**에 처한다. 22 경채

1. 제14조제2항을 위반하여 **공직자로부터 직무상 비밀 또는 소속 공공기관의 미공개정보임을 알면서도 제공받거나 부정한 방법으로 취득하고 이를 이용하여 재물 또는 재산상의 이익을 취득한 자**

2. 제20조제4항에 따라 준용되는 「공익신고자 보호법」 제12조제1항을 위반하여 신고자등의 인적사항이나 신고자등임을 미루어 알 수 있는 사실을 다른 사람에게 알려 주거나 공개 또는 보도한 자

③ 다음 각 호의 어느 하나에 해당하는 자는 **3년 이하의 징역 또는 3천만원 이하의 벌금**에 처한다.

1. 제14조제3항을 위반하여 **직무수행 중 알게 된 비밀 또는 소속 공공기관의 미공개정보를 사적 이익을 위하여 이용하거나 제3자로 하여금 이용하도록 한 공직자**

2. 제20조제2항을 위반하여 신고자등에게 「공익신고자 보호법」 제2조제6호가목에 해당하는 불이익조치를 한 자

3. 제20조제4항에 따라 준용되는 「공익신고자 보호법」 제21조제2항에 따라 확정되거나 행정소송을 제기하여

확정된 보호조치결정을 이행하지 아니한 자
4. 제23조를 위반하여 그 업무처리 과정에서 알게 된 비밀을 누설한 사람
④ 다음 각 호의 어느 하나에 해당하는 자는 **2년 이하의 징역 또는 2천만원 이하의 벌금**에 처한다.
1. 제20조제1항을 위반하여 신고등을 방해하거나 신고등을 취소하도록 강요한 자
2. 제20조제2항을 위반하여 신고자등에게 「공익신고자 보호법」 제2조제6호나목부터 사목까지의 어느 하나에 해당하는 불이익조치를 한 자
⑤ 제1항 및 제2항제1호의 경우 징역과 벌금은 병과(倂科)할 수 있다.
⑥ 제1항 및 제2항제1호의 죄를 범한 자(제1항의 경우 그 정을 아는 제3자를 포함한다)가 제1항 및 제2항제1호의 죄로 인하여 취득한 재물 또는 재산상의 이익은 몰수한다. 다만, 이를 몰수할 수 없을 때에는 그 가액을 추징한다.

제28조(과태료) ① 다음 각 호의 어느 하나에 해당하는 자에게는 **3천만원 이하의 과태료**를 부과한다.
1. 제11조제3항을 위반하여 **자신의 가족이 채용되도록 지시 · 유도 또는 묵인을 한 공직자**
2. 제12조제2항을 위반하여 같은 조 제1항 각 호의 어느 하나에 해당하는 자와 **수의계약을 체결하도록 지시 · 유도 또는 묵인을 한 공직자**
3. 제20조제4항에 따라 준용되는 「공익신고자 보호법」 제19조제2항 및 제3항(같은 법 제22조제3항에 따라 준용되는 경우를 포함한다)을 위반하여 자료 제출, 출석, 진술 또는 진술서 제출을 거부한 자
② 다음 각 호의 어느 하나에 해당하는 자에게는 **2천만원 이하의 과태료**를 부과한다.
1. 제5조제1항을 위반하여 사적이해관계자를 신고하지 아니한 공직자
2. 제6조제1항 또는 제2항을 위반하여 부동산 보유 · 매수를 신고하지 아니한 공직자
3. 제9조제1항 또는 제2항을 위반하여 거래를 신고하지 아니한 공직자
4. **제10조(직무와 관련된 다른 직위에 취임하는 행위)를 위반하여 직무 관련 외부활동을 한 공직자** 24 경간
5. 제13조를 위반하여 공공기관의 물품 등을 사적인 용도로 사용 · 수익하거나 제3자로 하여금 사용 · 수익하게 한 공직자
6. 제20조제4항에 따라 준용되는 「공익신고자 보호법」 제20조의2의 특별보호조치결정을 이행하지 아니한 자
③ 다음 각 호의 어느 하나에 해당하는 자에게는 **1천만원 이하의 과태료**를 부과한다.
1. 제8조제1항을 위반하여 **업무활동 내역을 제출하지 아니한 고위공직자**
2. 제15조제1항을 위반하여 **직무관련자인 소속 기관의 퇴직자와의 사적 접촉을 신고하지 아니한 공직자**

제 10 절 적극행정 및 소극행정 ★★★

(1) 목적 및 의의

적극행정운영규정 - 대통령령

제2조(정의) 이 영에서 사용하는 용어의 뜻은 다음과 같다.
1. "**적극행정**"이란 공무원이 불합리한 규제를 개선하는 등 **공공의 이익**을 위해 **창의성**과 **전문성**을 바탕으로 적극적으로 업무를 처리하는 행위를 말한다. 23 승진, 24 경간
2. "**소극행정**"이란 공무원이 부작위 또는 직무태만 등 소극적 업무행태로 국민의 권익을 침해하거나 국가 재정상 손실을 발생하게 하는 행위를 말한다. 24 승진

(2) 근거규정

1. 국가공무원법

제50조의2(적극행정의 장려) ③ 공무원이 적극행정을 추진한 결과에 대하여 해당 공무원의 행위에 **고의 또는 중대한 과실**이 없다고 인정되는 경우에는 대통령령등으로 정하는 바에 따라 이 법 또는 다른 공무원 인사 관계 법령에 따른 징계 또는 징계부가금 부과 의결을 하지 아니한다. 23 2차

2. 공무원 징계령 시행규칙 - 총리령

제3조의2(적극행정 등에 대한 징계면제) ① 제2조에도 불구하고 징계위원회는 **고의 또는 중과실**에 의하지 않은 비위로서 다음 각 호의 어느 하나에 해당되는 경우에는 **징계의결 또는 징계부가금 부과 의결**(이하 "징계의결등"이라 한다)을 하지 아니한다.
1. 불합리한 규제의 개선 등 공공의 이익을 위한 정책, 국가적으로 이익이 되고 국민생활에 편익을 주는 정책 또는 소관 법령의 입법목적을 달성하기 위하여 필수적인 정책 등을 수립·집행하거나, 정책목표의 달성을 위하여 업무처리 절차·방식을 창의적으로 개선하는 등 성실하고 능동적으로 업무를 처리하는 과정에서 발생한 것으로 인정되는 경우
2. 국가의 이익이나 국민생활에 큰 피해가 예견되어 이를 방지하기 위하여 정책을 적극적으로 수립·집행하는 과정에서 발생한 것으로서 정책을 수립·집행할 당시의 여건 또는 그 밖의 사회통념에 비추어 적법하게 처리될 것이라고 기대하기가 극히 곤란했던 것으로 인정되는 경우

(3) 내용

적극행정운영규정 - 대통령령

제11조(적극행정위원회) ① 「국가공무원법」제50조의2제2항에 따라 적극행정 추진에 관한 사항을 심의하기 위하여 각 중앙행정기관에 적극행정위원회(이하 "위원회"라 한다)를 둔다.

제12조(위원회의 구성 및 운영) ① 위원회는 위원장 1명을 포함하여 **9명 이상 45명 이하**의 위원으로 성별을 고려하여 구성한다. 이 경우 **위원의 2분의 1 이상**은 민간위원으로 한다.
② 위원회의 **위원장**은 해당 중앙행정기관의 **차관급** 공무원(해당 중앙행정기관의 장이 차관급 공무원인 경우에는 부기관장인 고위공무원단에 속하는 일반직공무원 또는 이에 상당하는 공무원을 말한다) 또는 민간위원 중에서 중앙행정기관의 장이 정한다.

③ 위원회의 위원은 해당 중앙행정기관의 업무에 대한 전문지식과 경험이 풍부한 사람 및 관계 공무원 중에서 중앙행정기관의 장이 임명하거나 위촉하며, 감사기구의 장을 포함해야 한다.

④ 위원회의 민간위원의 임기는 **2년**으로 하되, **두 차례만 연임할 수 있다.**

⑤ 위원회의 회의는 **위원장과 위원장이 회의마다 지정하는 8명 이상의 위원**으로 구성한다. 이 경우 위원의 성별을 고려해야 하며, 위원의 2분의 1 이상은 민간위원으로 한다.

⑥ 위원회의 회의는 제5항에 따른 구성원 **과반수의 출석으로 개의(開議)**하고, **출석위원 과반수의 찬성으로** 의결한다.

⑧ 위원장은 인가·허가·등록·신고 등과 관련한 규제나 불명확한 법령 등으로 인해 신중한 검토가 필요하다고 인정하는 경우에는 감사기구의 장에게 의견을 제출하게 할 수 있다. 이 경우 감사기구의 장은 10일 이내에 의견을 회신하되, 부득이한 사유가 있는 경우에는 10일 이내의 범위에서 한 차례만 그 기간을 연장할 수 있다.

제13조(위원회에 대한 의견 제시 요청) 공무원은 인가·허가·등록·신고 등과 관련한 **규제나 불명확한 법령 등으로 인해 업무를 적극적으로 추진하기 곤란한 경우에는 위원회에 직접 해당 업무의 처리 방향 등에 관한 의견의 제시를 요청할 수 있다.**

제14조(적극행정 우수공무원 선발 등) ① 중앙행정기관의 장은 매년 위원회의 심의를 거쳐 다음 각 호의 어느 하나에 해당하는 공무원을 적극행정 우수공무원으로 선발해야 한다. 이 경우 중앙행정기관의 장은 선발된 적극행정 우수공무원에게 표창을 수여하거나 포상금을 지급할 수 있다.

1. 적극적으로 업무를 추진하여 성과를 창출한 공무원

1의2. 불합리하거나 과도한 규제를 발굴·개선하여 성과를 창출한 공무원

2. 창의적·도전적인 정책을 추진하고 성과 달성을 위해 노력한 공무원

3. 그 밖에 적극적인 업무태도로 소속 공무원에게 모범이 되는 공무원

② 인사혁신처장은 매년 적극행정 우수사례 경진대회를 개최하고, 이를 통해 선정된 우수기관에 표창을 수여하거나 포상금을 지급할 수 있다.

③ 인사혁신처장은 적극행정으로 모범적인 성과를 창출한 공로가 있는 공무원을 선발하여 포상하거나 포상금을 지급할 수 있다.

제16조(징계요구 등 면책) ① 공무원이 적극행정을 추진한 결과에 대해 그의 행위에 고의 또는 중대한 과실이 없는 경우에는 「감사원법」제34조의3 및 「공공감사에 관한 법률」제23조의2에 따라 **징계 요구 또는 문책 요구 등 책임을 묻지 않는다.** 23 승진

② 공무원이 사전컨설팅 의견대로 업무를 처리한 경우에는 제1항에 따른 **면책 요건을 충족한 것으로 추정한다.** 다만, 공무원과 대상 업무 사이에 사적인 이해관계가 있거나 감사원이나 감사기구의 장이 사전컨설팅을 하는 데 필요한 정보를 충분히 제공하지 않은 경우에는 그렇지 않다.

③ 공무원이 제13조에 따라 위원회가 제시한 의견대로 업무를 처리한 경우에는 「공공감사에 관한 법률」제23조의2에 따른 **면책 요건을 충족한 것으로 추정한다.** 이 경우 제13조에 따라 위원회가 제시한 의견에 제12조제8항에 따라 감사기구의 장이 제출한 의견이 반영된 경우에는 「감사원법」제34조의3에 따른 면책 요건도 충족한 것으로 추정한다.

④ 제3항에도 불구하고 해당 공무원과 대상 업무 사이에 사적인 이해관계가 있거나 위원회가 심의하는

데 필요한 정보를 충분히 제공하지 않은 경우에는 「공공감사에 관한 법률」제23조의2 및 「감사원법」제34조의3에 따른 면책 요건을 충족한 것으로 추정하지 않는다.

⑤ 위원회는 공무원이 적극행정을 추진한 결과에 대해 「감사원법」에 따른 **감사원 감사를 받게 되는 경우**에는 해당 공무원 또는 소속 중앙행정기관의 장의 요청에 따라 **감사원에** 같은 법 제34조의3에 따른 **면책을 건의할 수 있다.**

제17조(징계 등 면제) ① 공무원이 적극행정을 추진한 결과에 대해 그의 행위에 **고의 또는 중대한 과실**이 없는 경우에는 징계 관련 법령에 따라 **징계의결 또는 징계부가금 부과의결(이하 "징계의결등"이라 한다)을 하지 않는다.**

② 공무원이 **사전컨설팅 의견대로 업무를 처리한** 경우에는 징계 관계 법령에 따라 **징계의결등을 하지 않는다.** 다만, 공무원과 대상 업무 사이에 사적인 이해관계가 있거나 감사원이나 감사기구의 장이 사전컨설팅을 하는 데 필요한 정보를 충분히 제공하지 않은 경우에는 그렇지 않다.

③ 공무원이 제13조에 따라 **위원회가 제시한 의견대로 업무를 처리한 경우**에는 징계의결등을 하지 않는다. 다만, 공무원과 대상 업무 사이에 **사적인 이해관계**가 있거나 위원회가 심의하는 데 **필요한 정보를 충분히 제공하지 않은 경우**에는 그렇지 않다.

제18조(적극행정 추진 공무원에 대한 지원) ② 중앙행정기관의 장은 공무원(제2호 및 제3호의 경우에는 퇴직한 공무원을 포함한다)이 다음 각 호의 어느 하나에 해당하는 경우에는 **변호사 등 법률전문가의 도움을 받을 수 있도록 필요한 지원을 해야 한다.** 다만, 제3호의 경우에는 소송대리인 선임 등 소송수행 비용을 **법원의 판결에 따라 무죄로 확정된 이후 지원해야 한다.**

1. 징계의결등의 요구를 받아 제17조에 따른 징계등 면제 요건 충족 여부 등에 대해 소명이 필요한 경우
2. 적극행정 추진에 따른 행위로 **형사 고소·고발 등을 당해 기소 전 수사 단계에 있는 경우**
3. 적극행정 추진으로 인해 형사상 책임과 관련된 소송을 수행한 경우(법원의 판결에 따라 무죄로 확정된 경우로 한정한다)

③ 중앙행정기관의 장은 소속 공무원(퇴직한 공무원을 포함한다. 이하 이 항부터 제5항까지에서 같다)이 적극행정 추진으로 인해 민사상 책임과 관련된 소송을 수행할 경우에는 소송대리인 선임 등 소송수행에 필요한 지원을 해야 한다.

④ 중앙행정기관의 장은 소속 공무원이 적극행정 추진으로 인해 수사기관의 수사를 받거나 민·형사상 책임과 관련된 소송을 수행할 경우에는 해당 공무원의 요청에 따라 수사기관 등에 의견을 제출할 수 있다.

제18조의2(적극행정국민신청) ① 법령이 없거나 법령이 명확하지 않다는 사유로 다음 각 호의 어느 하나에 해당하는 통지를 받은 사람은 소관 중앙행정기관의 장에게 해당 업무를 적극적으로 처리해 줄 것을 신청(이하 **"적극행정국민신청"**이라 한다)할 수 있다.

1. 「민원 처리에 관한 법률」 제27조제1항에 따라 **민원**[같은 법 제2조제1호가목4)의 기타민원은 제외한다]의 내용을 거부하는 통지
2. 「국민 제안 규정」 제10조제1항에 따라 **국민제안이 채택되지 않았다는 통지**

② 적극행정국민신청은 「부패방지 및 국민권익위원회의 설치와 운영에 관한 법률」 제12조제16호에 따른 **온라인 국민참여포털을 통해 해야 한다.**

③ 국민권익위원회는 제2항에 따라 접수된 적극행정국민신청의 내용에 상당한 이유가 있다고 인정되는 경우에는 의견을 첨부하여 소관 중앙행정기관의 장에게 보내야 한다.

④ 중앙행정기관의 장은 소속 공무원으로 하여금 적극행정국민신청의 내용을 검토한 후 제5조 또는 제13조에 따른 의견 제시 요청 등을 활용하여 적극적으로 업무를 처리하도록 해야 한다.

⑤ 중앙행정기관의 장은 제4항에 따라 소속 공무원이 업무를 처리한 경우 그 결과를 국민권익위원회에 통보해야 한다.

■ 경찰청 적극행정 면책제도 운영규정 - 경찰청 훈령

제2조(정의) 이 규정에서 사용하는 용어의 뜻은 다음과 같다.

1. "적극행정"이란, 경찰청 및 그 소속기관의 공무원 또는 산하단체의 임·직원(이하 "경찰청 소속 공무원 등"이라 한다)이 국가 또는 공공의 이익을 증진하기 위해 성실하고 능동적으로 업무를 처리하는 행위를 말한다. 23 2차, 24 승진, 25 1차

2. "면책"이란, 적극행정 과정에서 발생한 부분적인 절차상 하자 또는 비효율, 손실 등과 관련하여 그 업무를 처리한 경찰청 소속 공무원 등에 대하여 다음 각 목의 어느 하나에 해당하는 책임을 묻지 않거나 감면하는 것을 말한다. 24 경간, 25 2차
   가. 「경찰청 감사규칙」 제10조제1호부터 제3호까지 및 제6호
   나. 「경찰공무원 징계령」에 따른 징계 및 징계부가금

3. "감사 책임자"란, 현장에서 감사활동을 지휘하는 자를 말하여 감사단장 등 현장 지휘자가 없을 경우에는 감사담당관 또는 감찰담당관을 말한다.

4. "사전컨설팅 감사"란 불합리한 제도 등으로 인해 적극적인 업무 수행이 어려운 경우, 해당 업무의 수행에 앞서 업무 처리 방향 등에 대하여 미리 감사의견을 듣고 이를 업무처리에 반영하여 적극행정을 추진하는 것을 말한다. 24·25 경간(경위공채), 25 1차

5. "사전컨설팅 대상 기관 및 대상 부서의 장"이란 각 시·도경찰청장, 부속기관의 장, 산하 공직유관단체의 장 및 경찰청 관·국의 장(경찰청장X)을 말한다. 25 경간(경위공채)

제4조(면책 대상자) 이 규정에 의한 면책은 경찰청 및 그 소속기관의 공무원 또는 산하단체의 임·직원 등에게 적용된다.

제5조(적극행정 면책요건) ① 자체 감사를 받는 사람이 적극행정면책을 받기 위해서는 다음 각 호의 요건을 모두 갖추어야 한다.

1. 감사를 받는 사람의 업무처리가 불합리한 규제의 개선, 공익사업의 추진 등 공공의 이익을 위한 것일 것
2. 감사를 받는 사람이 대상 업무를 적극적으로 처리한 결과일 것
3. 감사를 받는 사람의 행위에 고의나 중대한 과실이 없을 것

② 제1항제3호의 요건을 적용하는 경우 자체감사를 받는 사람이 다음 각 호의 요건을 모두 갖추어 업무를 처리한 것으로 인정되는 경우에는 그 행위에 고의나 중대한 과실이 없는 경우에 해당하는 것으로 추정한다. 23 2차

1. 자체감사를 받는 사람과 대상 업무 사이에 사적인 이해관계가 없을 것
2. 대상 업무를 처리하면서 중대한 절차상의 하자가 없었을 것

제6조(면책 대상 제외) 제5조에도 불구하고 업무처리과정에서 기본적으로 지켜야 할 의무를 다하지 않았거나 다음 각 호에 해당하는 경우에는 **면책대상에서 제외한다.**
1. 금품을 수수한 경우
2. 고의·중과실, 무사안일 및 업무태만의 경우
3. **자의적인 법 해석 및 집행으로 법령의 본질적인 사항을 위반한 경우** 23 승진
4. **위법·부당**한 민원을 수용한 특혜성 업무처리를 한 경우
5. 그 밖에 위 각 호에 준하는 위법·부당한 행위를 한 경우

제7조(적극행정 면책심사위원회 설치) ① 경찰청 소속 공무원 등의 적극행정 면책신청에 대한 심사를 위하여 **경찰청에 "적극행정 면책심사위원회"**(이하 "위원회"라 한다)**를 둔다.** 25 2차

② 위원회는 **위원장 1명을 포함하여 5명 이상 7명 이내**로 성별을 고려하여 구성하며 위원장은 감사관으로 하고 위원은 심사안건 관련 부서장(감사담당관 또는 감찰담당관)을 포함하여 회의 개최 시 마다 위원장이 경찰청 소속 과장급 공무원 중에서 지명하는 사람으로 한다. 다만, 위원 중 1인은 경감 이하 경찰공무원 또는 6급 이하 일반직공무원으로 한다. 25 2차

③ 위원회의 사무를 처리하기 위하여 간사 1명을 두되, 감사관실 업무소관 부서 공무원으로 한다.

제8조(회의) ① 위원회의 위원장은 회의를 소집하고 위원회를 대표하며 위원회의 사무를 총괄한다.
② 위원회의 회의는 **재적위원 과반수의 찬성으로 개의(開議)하고, 출석위원 과반수의 찬성으로 의결**한다.
③ 위원회의 심사결과는 별지 제1호의 서식에 의하여 관리한다.
④ 위원, 간사 및 참석자는 회의 중 알게 된 내용을 누설하여서는 안 된다.

제10조(면책심사 신청 등) ① **감사 대상자**가 면책심사를 받을 경우에는 **면책사유에 해당하는 증빙자료를 구비하여 감사 책임자에게 면책심사를 신청할 수 있다.**
② **감사대상기관의 장 또는 감사대상자의 소속 부서장(감사대상자만X)**이 감사를 받은 소속 직원 중에서 특별히 면책조치가 필요할 경우에는 면책사유에 해당하는 증빙자료를 구비하여 감사 책임자에게 면책심사를 신청할 수 있다. 25 2차

제15조(사전컨설팅 감사의 대상) ① 사전컨설팅 대상 기관등의 장은 다음 각 호의 어느 하나에 해당하는 업무를 수행하기 전에 **감사관에게 사전컨설팅 감사를 신청할 수 있다.**
1. 인가·허가·승인 등 규제관련 업무
2. **법령·행정규칙 등의 해석에 대한 이견 등으로 인하여 능동적인 업무처리가 곤란한 경우** 24 경간
3. 그 밖에 적극행정 추진을 위해 감사관이 필요하다고 인정하는 경우
② **행정심판, 소송, 수사 또는 타 기관에서 감사 중인 사항**, 타 법령에서 정하고 있는 재심의 절차를 거친 사항 등은 **사전컨설팅 감사 대상에서 제외**한다. 25 1차

제16조(사전컨설팅 감사의 신청) ① 사전컨설팅 대상 기관등의 장은 사전컨설팅 감사가 필요하다고 인정되는 경우 충분한 자체 검토를 거친 후 별지 제6호 서식에 따른 신청서를 작성하여 감사관에게 제출할 수 있다.

제18조(사전컨설팅 감사의 실시) ① 사전컨설팅 감사는 **서면감사를 원칙**으로 하되, 현지 확인 등 실지감사를 함께 할 수 있다. 25 1차
② 감사관은 필요하다고 인정되는 경우 관련 기관 및 직원에 대하여 출석 및 진술, 의문사항에 대한 질의·확인

및 필요한 자료의 제출을 요청할 수 있다. 이 경우 관련 기관 및 직원은 특별한 사정이 없으면 감사관의 요청에 따라야 한다.

③ 감사관은 사전컨설팅 감사의 내용이 국민생활에 미치는 영향이 크거나 다수의 이해관계자와 관련된 사항 등에 해당되어 신중한 검토가 필요하다고 판단되는 경우에는 「경찰청 규제심사위원회 운영규칙」 제2조에 따른 규제심사위원회 자문 또는 외부전문가의 자문을 거칠 수 있다.

제19조(사전컨설팅 감사 결과의 처리) ① 감사관은 사전컨설팅 감사 접수일로부터 30일 이내에 별지 제7호 서식에 따른 사전컨설팅 감사 의견서를 작성하여 신청서를 제출한 사전컨설팅 대상 기관등의 장에게 통보하여야 한다. 다만, 사안이 복잡하거나 신중한 처리 등을 위하여 필요한 경우 그 사유를 소명하여 기간을 연장할 수 있다.

② 제1항에 따라 **사전컨설팅 감사 의견서를 통보받은 사전컨설팅 대상 기관등의 장은 특별한 사정이 없으면 사전컨설팅 감사 의견을 반영하여 해당 업무를 처리하여야 한다.** 25 경간(경위공채)

제20조(사전컨설팅 감사의 효력) ① 감사관은 제19조제2항에 따라 **사전컨설팅 감사 의견을 반영하여 적극행정을 추진한 결과에 대하여 자체감사규정에 따른 감사 시 책임을 묻지 아니한다.** 25 경간(경위공채)

② 감사관은 사전컨설팅 감사 신청서를 검토한 결과 불합리한 제도 등의 개선이 필요하다고 판단되는 경우, 소관 기관 또는 부서에 제도 개선 등 필요한 조치를 요청할 수 있다.

참고 소극행정 유형 24 승진

'**탁상행정(적당편의 X)**'를 법령이나 지침 등의 변화에도 불구하고 과거규정에 따라 업무를 처리하거나, 기존의 불합리한 업무관행을 그대로 답습하는 형태를 말한다. '**적당편의**'란 문제해결을 위해 노력하지 않고, **적당히 형식만** 갖추어 부실하게 처리하는 행태를 말한다.

제 11 절 범죄의 원인과 예방

1. 범죄의 개념 ★

범죄는 각 시대의 사회적, 문화적, 역사적 상황과 환경에 따라 다른 모습을 하게 되는 **상대적(절대적X)** 개념이다.(G. M. Sykes) 10 승진

화이트칼라 범죄의 범죄성	서덜랜드가 주장한 이론으로 **상위계층**에 의한 **경제범죄**의 심각성을 연구한 이론이다. (살인·강도·강간X) 23 1차

2. 범죄원인론 ★★★

(1) 범죄원인을 구성하는 요소 - 범죄자의 입장에서 범죄를 일으키는 **필요조건(충분조건X)**

범죄유발의 4요소 (Joseph F. Sheley)	① 범행의 **동기** : 조건이 된다면 범죄를 하고자 하는 의향 ② 사회적 제재로부터의 **자유** : 내적 제재와 외적 제재의 제거 ③ 범행의 **기술** : 전문적인 능력과 기술 ④ 범행의 **기회** : 범행에 공헌하는 물리적 환경 09 경간, 10·14 승진, 10·13·15 채용, 21 경간

(2) 범죄원인에 관한 학설

1) 고전주의 VS 실증주의

고전주의(억제이론)	실증주의(치료 및 갱생이론)
자유의지 인정	자유의지 부정
의사비결정론	의사결정론
범죄는 개인책임	범죄는 사회책임
범죄행위에 초점	범죄자의 속성에 초점
일반예방효과	특별예방효과
의도, 동기 소홀	외부적 환경에 따라 범죄 일으킴
강력한 처벌을 통한 범죄 억제효과	치료와 갱생을 통한 범죄 억제
폭력과 같은 충동적 범죄에는 한계	비용이 많이 들고, 일반예방에 한계
형벌은 엄격, 신속, 확실해야 함 24 1차	생물학적·심리학적 이론

2) 사회적 수준의 범죄원인 이론 14 승진

▶ [사회적 수준의 범죄원인이론] 24 2차

사회구조 원인	아노미(긴장)이론, 문화전파이론, 문화갈등이론, 사회해체이론, 하위문화이론, 마르크스주의이론
사회과정 원인	사회학습이론(차별적 접촉이론, 차별적 동일시이론, 차별적 강화이론, 중화기술이론), 사회통제이론(사회유대이론, 견제이론, 동조성 전념이론), 낙인이론

① **사회구조원인** - 범죄원인을 사회구조에서 찾는 이론 14·15·21 경간, 21 2차, 11·18·24 승진, 24 1차

사회 해체론	① Shaw & Mckay 가 주장한 이론으로 도시의 특정지역(빈민지역)에서 범죄가 발생하는 이유는 **산업화, 도시화 과정에서 사회조직이 극도로 해체되기 때문** 이라고 주장하며, 범죄의 원인은 인구의 유입보다는 지역사회 내부에 있다고 주장한다. **구성원이 바뀌어도 범죄발생률은 변하지 않는다**고 본다. ② 사회해체론에서 범죄원인의 특성은 인구밀집, 불안정한 주거환경, 빈곤, 실업, 제한된 경제적 기회, 적절한 역할모델의 부재 등을 들고 있다. ex 경제 불황으로 실직한 甲은 사업자금을 마련하고자 살고 있던 집을 처분하고 빈민가로 이사를 하였는데, 자신의 아들 乙이 점점 비행소년으로 변해 갔다. • **생태학 이론**(사회해체론의 한 유형) Burgess & Park는 시카고 지역을 5개의 동심원지대로 나누어 각 지대별 특성과 범죄의 관련성을 조사하여 빈곤, 인구유입, 실업 등과 관련이 있다고 규정함
긴장 (아노미) 이론	① Durkheim 의 아노미 이론은 '범죄는 정상적인 것이며 불가피한 사회적 행위'로 규정하며, 사회규범이 붕괴되어 제대로 작동되지 못하는 상태를 아노미 상태라고 하면서 이러한 **무규범 상태**에서 범죄가 발생한다고 하였다. ② Merton 의 긴장유발이론은 하위계층의 목표달성에 대한 좌절이 사회적 긴장을 야기하고, **목표달성을 위해 합법성을 무시한 행동**을 하며, 이것이 범죄의 원인이라는 것이다.
하위문화 이론	① Cohen - 하류계층의 청소년들이 목표와 수단의 괴리를 통해 **중류계층에 대한 저항**으로 비행을 저지르며 목표달성의 어려움을 극복하기 위해 자신들만의 하위문화를 만들게 되며 범죄는 이러한 하위문화에 의해 저질러지는 것 ② Miller - 범죄는 하위문화의 가치와 규범이 **정상적**으로 반영된 것
문화갈등 이론	① 시카고 학파 - 각 지역사회의 문화적 갈등을 통해 범죄나 비행이 발생 ② T. Sellin - 범죄는 문화의 갈등을 통한 심리적 갈등으로 인해 발생
문화 전파이론	범죄를 부추기는 가치관으로의 사회화나 범죄에 대한 구조적·문화적 유인에 대한 자기통제의 상실이 범죄의 원인

② **사회과정원인** - 범죄원인을 사회과정에서 찾는 이론 21 승진

사회학습 이론	- Sutherland [차별적(분화적) 접촉이론] 범죄의 원인을 물리적 환경으로 보아서, 범죄는 범죄적 전통을 가진 사회에서 많이 발생하며 이러한 사회에서 개인은 분화적(차별적)으로 범죄에 **접촉, 참가, 동조**하면서 **"정상적"**(비정상적X)으로 **학습된 행위**라고 주장하였다. 10·21 승진 ex 나쁜 친구와의 교제 - Glaser [차별적 동일시이론] 13·19 승진, 21 경간, 23 경찰특공대, 24 1차 청소년들이 영화의 주인공을 모방하고 자신과 **동일시**하면서 범죄를 학습함 ex 청소년인 A가 영화 폭력영화를 보고 조폭들의 행동을 따라하다가 폭력을 저지른 경우 ex D경찰서는 관내 청소년 비행 문제가 증가하자 청소년들을 대상으로 폭력 영상물의 폐해에 관한 교육을 실시하고, 해당 유형의 영상물에 대한 접촉을 삼가도록 계도하였다. 19 2차 - Burgess & Akers [차별적 강화이론] 19 경간, 21 2차 청소년의 비행행위는 처벌이 없거나 칭찬받게 되면 반복적으로 저질러짐

사회통제 이론	− Matza & Sykes [중화기술이론] 09 채용, 10·18 승진	
	① 청소년은 비행의 과정에서 합법적, 전통적 관습, 규범, 가치관 등을 중화시킨다고 주장하였다. 10·19 승진	
	② 자기행위가 실정법상 위법하다는 것을 알지만 그럴 듯한 구실이나 이유를 내세워 자신의 행위를 도덕적으로 문제없는 정당한 행위로 합리화시켜 준법정신이나 가치관을 마비시킴으로써 범죄에 나아간다는 이론을 말한다. 14 경간	
	참고 중화기술의 유형 09 채용, 12 경찰특공대 ① 책임의 부정, ② 피해자의 부정, ③ 비난자에 대한 비난, ④ 가해의 부정(피해발생의 부인), ⑤ 충성심에의 호소	
	− Reckless [견제이론] 13 승진, 21 2차 **좋은 자아관념**은 주변의 범죄적 환경에도 불구하고 **비행행위에 가담하지 않도록 하는 중요한 요소가 됨** 19 경간	
	− Briar & Piliavin [동조성전념이론] 18 승진 사람들은 행위와 가치에 영향을 미치는 단기유혹에 노출되며 노출이 끝나면 다시 정상적인 상태로 돌아가고 범죄를 행했을 때 자신에게 돌아오는 **처벌의 두려움, 자신의 이미지, 사회에서의 지위와 활동에 미치는 영향** 등을 염려하는 **동조성에 대한 전념**을 가지고 있음(관습적 목표를 지향하려는 노력)	
	− Hirshi [사회유대이론] 07·09 채용, 23 경찰특공대 ① 비행을 제지할 수 있는 사회적 통제의 결속과 유대의 약화로 인하여 범죄가 발생 14 경간, 19 승진 ② 사회적 결속 요소 : **애착, 참여, 전념, 신념(기회X)** 등 21 경간	
낙인이론	① 범죄자로 만드는 것은 **행위의 질적인 면이 아닌 사람들의 인식**이며, Tannenbaum은 낙인이론을 통해 범죄자라는 낙인이 어떠한 결과를 낳는가에 관심을 가졌다. 이를 악의 극화라고 표현함 10 승진, 24 경간, 24 1차 ② Lemert는 일차적 일탈(일시적 일탈)과 이차적 일탈(경력적 일탈)로 구분하여 설명함 ex A경찰서는 관내에서 음주소란과 폭행 등으로 적발된 청소년들을 형사입건하는 대신 지역사회 축제에서 실시되는 행사에 보안요원으로 봉사할 수 있는 기회를 제공하였다. 19 2차, 22 경간	

2. 범죄의 통제(예방) ★★★

(1) 범죄통제이론

> 응보와 복수(근세 이전) → 형벌과 제재(고전주의) → 교정과 치료(실증주의) → 범죄 예방(20C)

1) 전통적 범죄통제(예방)이론

일반(특별X)예방이론이 잠재적 범죄자인 **일반인(대중)**에 대한 형벌의 예방기능을 강조한 것이라면, **특별(일반X)예방이론**은 형벌을 구체적인 **범죄자 개인**에 대한 영향력의 행사라고 보고, 범죄자를 교화함으로써 재범하지 않도록 하는 것이다. 24 1차

범죄이론	통제이론	내용	비판
고전주의 18 승진	억제이론 09 · 10채용 15 · 17 · 19 승진 18 3차 17 · 21 2차	① 18세기 고전주의 범죄학의 직접적인 영향을 받음 ② **의사비결정론** : 개인의 자유의사에 의해 합리적으로 행동함 19 승진 ③ 범죄에 대한 책임은 **개인**에게 있고, 사회의 책임이 아님 ④ 범죄에 대한 국가의 **강력하고 확실한 처벌**로 인한 **일반범죄예방**효과에 중점 12 경간	① **폭력과 같은 충동적 범죄에는 적용 한계** 13 승진, 14 1차 ② 범죄의 동기나 원인, 사회적 환경에는 관심이 없음
실증주의 (생물학적· 심리학적 이론) 18 승진	치료 및 갱생이론 09 · 10채용 15 · 17 · 19 승진 17 2차 18 3차	① 범죄자의 **치료와 갱생·교정**을 통한 범죄예방 12 승진, 12 경간 ② **생물학적·심리학적** 범죄 이론에 바탕을 두고 있음 ③ **의사결정론**(결정론적 인간관) ④ 범죄는 개인의 책임이 아닌 사회의 책임 ⑤ 범죄행위보다 **범죄자 속성**에 초점	– 비용이 많이 들어 적극적 범죄 예방에 한계가 있고, 범죄자를 대상으로 하므로 일반 예방효과에 한계가 있음(특별 예방효과에 중점) 13 승진, 14 1차
사회학적 이론 18 승진	사회발전 이론	① **사회발전을 통한 범죄의 근본적 원인의 제거** 강조 ② 사회학적 범죄원인론에서 주장한 범죄예방이론 ③ 범죄자의 **사회적 환경**이 범죄자의 내재적 성향보다 더 중요한 범죄 원인임 ④ 결정론적 인간관에 근거한다.	① 범죄의 원인이 되는 사회적 환경을 개선할 능력이 있는가? ② 개인이나 소규모의 조직체에 의해서 수행될 수 없다는 비판이 제기됨 10 채용 ③ 막대한 인적·물적 자원이 필요 ④ 사회를 실험대상으로 이용

2) 현대적 범죄통제(예방)이론 – 생태학적 관점이론

범죄이론	통제이론	내용
상황적 범죄예방 이론 08 · 09 경간 12 승진 24 1차		상황적 범죄예방이론은 범죄행위에 대한 위험과 어려움을 높여 **범죄기회를 제거**하고 **범죄행위의 이익을 감소**시킴으로써 범죄를 예방하려는 이론이다.
	합리적 선택이론	10 채용, 12 · 13 · 19 승진, 17 2차, 18 법학, 20 · 21 경채, 21 경간 ① 범죄자는 **비용과 이익**을 고려하여 합리적으로 선택함(신고전주의) ② 범죄자의 입장에서 선택할 수 있는 기회를 미리 진단하여 예방함 ③ 인간이 자유 의지를 가지고 있다고 가정하고 합리적인 인간관을 전제로 함 – **비결정론적 인간관** 08 경간, 09 채용 ④ 체포의 위험성과 처벌의 확실성을 높이는 것이 효과적인 범죄예방 ⑤ 학자 : **클락 & 코니쉬** 12 경간
	일상활동 이론 17 · 19승진 18 3차 21 경채	① 범죄발생의 3요소 12 · 13 승진, 12 경간, 14 1차, 17 2차, 20 경채 – 동기가 부여된 잠재적 범죄자 – 적절한 **대상** – 보호자(감시자)의 **부재**

		② VIVA 모델 10 승진, 10 채용 범죄자의 입장에서 범행을 결정하는데 고려되는 4가지 요소 21 경간 1. 가치(Value) 2. 이동의 용이성(Inertia) 22 경간 3. 가시성 (Visibility) 4. 접근성(Access) ③ 시간과 공간적 변동에 따른 범죄발생양상·범죄기회·범죄조건 등에 대한 **구체적**이고 **미시적(거시적X)**인 분석을 토대로 구체적인 상황에 맞는 범죄예방활동을 하고자 함 08 경간, 09 채용, 13 승진 ④ 코헨 & 펠슨	
	범죄패턴 이론 12·15승진 18 법학, 19 2차 21 경채	① 범죄에는 일정한 **장소적(시간적X)** 패턴이 있음(여가활동장소, 이동경로, 이동수단) 17 경간 ② **지리적 프로파일링**을 통한 범행지역의 예측 활성화에 기여함 15 승진 ③ 브랜팅햄 22 경간 ex C경찰서는 관내 자전거 절도사건이 증가하자 관내 자전거 소유자들을 대상으로 자전거에 일련번호를 각인해 주는 서비스를 제공하였다.	
	비판 09 경간	① 범죄는 예방되는 것이 아니라 다른 곳으로 전이되어 전체 범죄는 줄어들지 않는다.(**전이효과** = 풍선효과) 22 경간 ② 모든 사람을 잠재적 범죄인으로 보아서 범죄를 줄이기 위해 개인의 사생활 등을 국가가 과도하게 통제하여 요새화된 사회를 만들어 인권이나 기본권이 침해될 수 있다.	
환경 범죄학	① 물리적 환경의 변화를 통한 범죄예방(CPTED) – 물리적 환경설계 또는 재설계를 통해 **범죄기회를 차단**하고 시민의 범죄에 대한 불안을 감소시키는 전략이다. 24 1차 ② 방어공간이론(영역성의 강조) – 오스카 뉴먼 12 승진, 21 경채, 22 경간 – 주거에 대한 영역성의 강화를 통해 주민들이 살고 있는 지역이나 장소를 자신들의 영역이라 생각하고 감시를 게을리 하지 않으면 어떤 지역이든 범죄로부터 안전할 수 있다고 주장하는 이론 – 방어적 공간의 4가지 구성요소(오스카 뉴먼) 22 경간, 22 1차		
		영역성	지역에 대한 **소유의식**은 일상적이지 않은 일이 있을 때 주민으로 하여금 행동을 취하도록 자극함
		자연적 감시	특별한 장치의 도움 없이 실내와 실외의 활동을 **관찰**할 수 있는 능력
		이미지	지역의 **외관**이 다른 지역과 고립되어 있지 않고 보호되고 있으며, 주민의 적극적 행동의지를 보여줌
		환경 (입지조건)	이웃지역의 주위**환경** (안전지대)

집합 효율성 이론 12·17 경간, 14 1차 18 3차	① 지역주민 간의 상호신뢰 또는 연대감과 범죄에 대한 적극적인 개입과 비공식적 통제의 결합을 의미하며, 지역사회 구성원들이 범죄문제를 해결하기 위해 적극적으로 참여하는 것이 중요한 범죄예방의 열쇠라고 주장함 12·13 승진 ② 비판 : 공식적 사회통제, 즉 경찰 등 법집행기관의 중요성을 간과하고 있음 25 2차 ③ 로버트 샘슨과 그 동료들	
깨진 유리창 이론 17 승진 17 경간 18 법학 19 승진 20 경채 25 1차	① 무질서한 행위와 환경을 그대로 방치하면 주민들은 공공장소를 회피하게 되고 범죄에 대한 두려움은 증가하며, 범죄와 무질서가 심각해지므로 직접적인 피해자가 없는 사소한 무질서 행위에 대한 경찰의 강경한 대응을 강조함(ex B경찰서는 지역사회에 만연해 있는 경미한 주취소란에 대해서도 예외 없이 엄격한 법집행을 실시하였다.) 19 2차 ② 무관용 정책과 집합효율성의 강화가 범죄를 예방하는 데 중요함 12·15 승진 ③ 비판 : 경미한 비행에 대한 무관용 개입은 낙인효과를 유발할 수 있음 ④ 윌슨과 켈링이 제시한 경미한 무질서와 심각한 범죄를 이론적으로 연결시킨 최초의 시도 – 무관용(Zero Tolerance) 경찰활동 09 채용, 22 경채, 23 1차 ① 무관용 경찰활동은 1990년대 뉴욕에서 본격적으로 시행되었다. ② 윌슨(J. Wilson)과 켈링(G. Kelling)의 '깨어진 창이론'에 기초하였다. ③ 경미한 비행자에 대한 무관용 개입은 낙인효과를 유발할 수 있다는 비판이 있다. ④ 무관용 경찰활동은 직접적인 피해자가 없는 무질서 행위를 용인하는 전통적 경찰활동의 전략을 계승하였다X → 계승하였다기보다는 직접적인 피해자가 없는 무질서 행위라도 엄격한 처벌을 강조함	

3) 환경설계를 통한 범죄예방(CPTED) 12·18·24 승진, 12·13·15·19·20·23 1차, 12·13·16·20·21 경간, 22·24 2차

자연적 감시	건축물이나 시설물 등의 설계 시에 가시권을 최대로 확보하고, 외부침입에 대한 감시기능을 확대함으로써 범죄행위의 발견 가능성을 증가시키고, 범죄기회를 감소시켜 범죄를 예방하고 억제할 수 있다는 원리	가시권 확대를 위한 건물의 배치 및 조명·조경 설치 등
자연적 접근 통제	일정한 지역에 접근하는 사람들을 정해진 공간으로 유도하거나 출입하는 사람들을 통제하도록 설계함으로써 접근에 대한 심리적 부담을 증대시켜 범죄를 예방할 수 있다는 원리 24 2차	통행로의 설계, 출입구의 최소화, 차단기·잠금장치·방범창 등의 설치
영역성의 강화	사적 공간에 대한 경계선을 표시하여 거주자들의 소유·책임의식을 강화시킴으로써 권리와 재산권에 대한 관념을 강화하고, 범죄에 대항·예방하게 하여, 외부인들에게는 침입에 대한 불법사실을 인식시켜 범죄기회를 차단하는 원리 24 2차	울타리·표지판의 설치, 사적·공적 공간의 구분
활동의 활성화	공공장소에 대한 주민들의 활발한 사용을 유도함으로써 '거리의 눈(eyes on the street)'에 의한 자연스러운 감시를 강화시키고 접근통제의 기능을 확대하는 원리로 범죄 위험을 감소시키고 주민들의 안전감을 향상시키는 것 24 2차	놀이터·공원의 설치, 체육시설의 접근성과 이용의 증대, 벤치·정자의 위치 및 활용성에 대한 설계
유지 관리	어떤 시설물이나 공공장소를 처음 설계된 대로 지속적으로 이용될 수 있도록 관리함으로써 범죄예방을 위한 환경설계의 장기적이고 지속적인 효과를 유지하는 원리 24 2차	파손 시 즉시보수, 청결유지, 조명·조경의 관리

Chapter 01 경찰학의 기초이론

(2) 범죄의 예방
 1) 정의

미국범죄예방 연구소 07·08 채용	미국의 범죄예방연구소범죄발생의 요소를 범죄욕구·범죄기술·범죄기회로 구분하였고, **범죄예방이란 범죄기회를 감소시키려는 사전활동**이며, 범죄에 관련된 환경적 기회를 제거하는 **직접적 통제활동**이라고 정의하였다. 12 경간
S. P. Lab 07·08 채용	범죄예방이란 **실제의 범죄발생과 범죄에 대한 공중의 두려움을 줄이려는 사전활동**으로 정의하여 **통계적 측면과 심리적 측면**을 동시에 고려하였다.
Jeffery	범죄예방이란 범죄가 발생하기 **전**에 이루어지는 **직접적**인 활동으로 주로 범죄환경에 초점을 두는 활동이라고 정의하였다.

 2) 브랜팅햄(Brantingham)과 파우스트(Faust)의 범죄예방 접근법 06 승진, 08 경간, 07·08·09 채용, 25 1차, 25 2차
    P. J. Brantingham과 F. L. Faust는 질병예방의 공중보건 모델과 유사한 세 가지의 범죄예방 유형을 제시하였다. 24 1차

구분	내용	대상
1차예방	① 범죄기회를 제공하는 물리적·사회적 환경조건을 찾아 개입하는 전략 ② 주민신고, 환경설계(비상벨이나 CCTV설치 등), 이웃감시, 민간경비활동 강화	일반대중
2차예방	① **잠재적 범죄자**를 초기에 발견하여 개입하는 전략 ② 범죄예측, 우범지역단속활동, 범죄 지역분석, 전환제도 등	우범자나 우범자 집단
3차예방	① **범죄자**를 대상으로 하는 상습범 대책수립 및 재범억제 지향 전략 ② 범인의 검거·구속, 교도소 구금조치, 범죄자에 대한 교정치료 등 ③ 특별예방모델	범죄자

 3) 제퍼리(C. R. Jeffery)의 범죄통제모형 07·08 채용, 25 1차

범죄억제모델	형벌을 통한 **범죄억제**에 중점
사회복귀모델	범죄자의 **치료와 갱생**에 중점 지역 활동, 교육·직업훈련, 복지정책 등을 통해 범죄자를 재사회화 시키는 것
범죄예방모델	**사회 환경의 개선**을 통한 범죄예방에 중점(CPTED - 환경공학적 접근) 도시정책, 환경정화 등

참고	멘델존의 범죄피해자 유형 ★ 13 경간, 14 승진, 24 1차		
완전히 책임 없는 피해자	순수한 피해자(무자각 피해자)		영아살해죄의 영아, 약취유인된 유아
책임이 조금 있는 피해자	무지에 의하여 책임이 적은 피해자		무지에 의한 낙태여성, 인공유산을 시도하다 사망한 임산부
가해자와 같은 정도의 책임이 있는 피해자	자발적인 피해자		촉탁살인에 의한 피해자, 자살미수 피해자, 동반자살 피해자
가해자보다 더 책임이 있는 피해자	피해자의 행위가 범죄자의 가해행위를 유발시킨 피해자		자신의 부주의로 인한 피해자, 부모에게 살해된 패륜아
가장 책임이 높은 피해자	타인을 공격하다 반격을 당한 피해자		정당방위의 상대자가 되는 공격적 피해자, 무고죄의 범인 같은 기만적 피해자

제 12 절 지역사회 경찰활동

1. 전통적 경찰활동과 지역사회 경찰활동의 비교 ★★★ 09 채용, 10 승진, 11·23·25 2차, 13·14·22 경간, 20 1차, 21·23 경채, 24 특공대

구분	전통적 경찰활동	지역사회 경찰활동
경찰의 (주체)	범죄에 대한 책임 → 경찰	범죄에 대한 책임 → 경찰, 주민(경찰 = 대중)
역할	범죄해결	폭넓은 지역문제해결
우선순위	범죄(강도, 절도, 폭력 등)퇴치	지역사회 포괄적인 문제해결
능률측정	체포율(검거율)과 적발건수 범죄검거율(사후적인 활동강조)	범죄와 무질서의 감소율, (사전적인 활동강조)
효율성	범죄 신고에 대한 반응시간	대중의 경찰업무에의 협조도
조직구조	집권화	분권화
강조점	법을 엄격히 준수하는 책임강조 사후적 측면 강조	지역사회요구에 부응하는 분권화된 경찰관 개개인의 능력강조 사전적 측면 강조
타 기관과의 관계	갈등구조	협력구조

2. 지역사회 경찰활동의 프로그램 ★★★ 22 경간, 22 경채, 23 1차, 23 특공대

(1) 지역중심 경찰활동(Commnuity - Oriented Policing) 21 경채

의의 및 내용	① 지역사회와 경찰 사이의 **새로운 관계를 증진시키는 조직적인 전략**이고 원리이다. 지역사회에서의 전반적인 삶의 질 향상을 목표로 한다. 21 법학, 24 1차 ② 경찰과 지역사회가 마약·범죄와 범죄에 대한 두려움, 사회적·물리적 무질서 그리고 전반적인 지역의 타락과 같은 당대의 문제들을 확인하고 우선순위를 정하여 해결하고자 함께 노력한다. 22 승진 ③ 지역사회 경찰활동(COP)은 경찰-주민 간 파트너십의 강화, 지역사회 문제에 대한 근본적 해결, 경찰 조직 내 권한의 이양 등을 강조한다. 20 경채 ④ 경찰과 지역사회가 협력하여 길거리 범죄, 물리적 무질서 등을 확인하고 해결함으로써 주민들의 삶의 질을 개선하고자 노력한다. 24 경간 ⑤ 경찰과 지역주민 사이에 좋은 관계를 유지하고 경찰활동을 널리 지역주민에게 이해시키고, 범죄예방활동에 지역주민을 적극적으로 참여시켜 협력해 주도록 하는 경찰활동을 말한다. 24 2차 ⑥ 학자 : 트로야노비치, 버케로

(2) 이웃 지향적 경찰활동(Neighborhood - Oriented Policing)

의의 및 내용	① 지역조직은 경찰관에게 중요한 역할을 부여받으며, **서로를 위해 감시하고 공식적인 민간순찰을 실시** 20 2차, 22 경채 ② 지역조직은 **거주자**들에게 **지역에 관한 정보를 제공하며** 경찰과 협동해서 범죄를 억제하는 기능수행 24 1차 ③ 경찰과 주민 사이의 의사소통라인을 개선하는 모든 프로그램을 말함 22 경채, 24 1차 ④ 경찰과 주민의 의사소통을 활성화하고 주민들에 의한 순찰을 실시하는 등 지역사회에 기초를 둔 범죄예방 활동 등을 위해 노력한다. 24 경간 ⑤ 시민의 서비스 요청에 반응하는 경찰활동의 **반응적 기능**, 경찰관들이 확인된 범죄문제에 대해 조직화된 순찰전략을 개발·기획하는 **사전적 기능**과 범죄와 무질서 문제를 확인하고 알려주기 위한 경찰과 시민 사이의 적극적인 **협력적 기능**을 연결하고자 시도한다. 25 경간(경위공채) ⑥ 학자 : 윌리엄스

(3) 문제 지향적 경찰활동(Problem - Oriented Policing : POP) 20 2차, 24 1차, 21·24·25 경간

의의 및 내용	① **일선경찰관**에게 문제해결 권한과 필요한 시간을 부여하고 범죄분석자료를 제공한다. ② 「형법」의 적용은 여러 대응 수단 중 하나에 불과하며, 형법에 지나치게 의존하는 것 대신에 문제해결에 대한 합리적·분석적 접근법을 강조한다. ③ 경찰활동이 단순한 법집행자의 역할에서 지역사회 범죄문제의 근원적 원인을 확인하고 해결하는 역할로 전환할 것을 추구한다. 22 경채 ④ 문제 지향 경찰활동은 종종 지역사회경찰활동과 병행되어 실시되곤 한다. ⑤ 경찰과 지역사회가 전통적인 경찰업무로 해결할 수 없거나 그것의 해결을 위하여 특별히 관심을 필요로 하는 사안들에 있어서 그 상황에 맞는 대안을 개발하기 위해 노력하는 활동에 주력한다. ⑥ 문제 지향적 경찰활동의 목표는 특정한 문제들을 해결하기 위해서 경찰과 지역사회가 함께 노력하고 적절한 대응방안을 개발함으로써, 문제해결에 대한 특별한 관심을 이끌어 내는 것이다. 23 경채

⑦ 반복된 사건을 야기하는 근본적인 원인을 해결해야 한다고 주장하며, 현장 경찰관에게 자유재량을 부여하고, 범죄분석자료를 제공, 대중정보와 비평을 적극적으로 수용한다. 24 2차
⑧ 학자 : 골드슈타인
⑨ 문제해결과정 (SARA모델) 20·23·24 2차, 20·22 경채, 21 경간
  - 학자 : 에크와 스펠만

조사 (scanning)	일반적으로 지역사회에서 반복적(일회적X)으로 발생하는 지역 내 문제를 확인, 찾아내는 문제의 범주를 넓히는 과정(대중의 이목을 집중시키는 심각한 중대범죄 사건X)을 우선적으로 조사대상화 하는 데에서 출발한다.
분석 (Analysis)	문제의 원인과 효과를 파악하는 단계 각종 통계자료 등 수집된 자료를 활용하여 심층적인 분석을 실시하며, 당면 문제의 성격을 정확하게 파악하기 위해 문제분석 삼각모형(problem analysis triangle)을 유용한 분석도구로 활용할 수 있다.
대응 (Response)	문제해결을 위해 행동하는 단계 경찰이 보유한 자원과 역량만으로는 한계가 있으므로 지역사회 내의 여러 다른 기관들과의 협력을 통한 대응방안을 추구하며, 상황적 범죄예방에서 제시하는 25가지 범죄예방기술을 적용해 볼 수도 있다.
평가 (Assessment)	대응책의 적절성 여부 평가하는 단계 과정(결과X)평가와 효과평가의 두 단계로 구성되며, 이전 문제해결과정에의 환류를 통해 각 단계가 지속적인 순환 과정으로 작동할 수 있도록 한다는 점에서 중요한 의미를 가진다.

(4) 전략 지향적 경찰활동

의의 및 내용	경찰이 전통적인 관행과 절차를 이용(배제X)하여 확인된 문제 지역에 대한 전략적 대응을 위해 그들의 자원을 재분배하는 것이다. 즉, 치안수요가 많은 시간대나 장소에 많은 경찰력을 배치하는 방식으로 최소한의 자원을 투입하여 최대한의 범죄나 무질서를 예방하는 효과를 거두는 활동을 강조한다. 20·24 1차, 25 경간

🔊 기출지문 22 경간, 22 1차

① 정보 주도적 경찰활동은 범죄자의 활동, 조직범죄집단, 중범죄자 등에 관한 관리, 예방 등에 초점을 두고, 증가하는 범죄를 감소시키기 위해 범죄정보를 통합한 법집행 위주의 경찰활동을 말한다. 23 경채
② 치안유지를 위한 각 기관들의 정보취합과 활용 그리고 지역사회 참여를 업무 처리 방식의 틀로 사용하고, 사건 분석을 위해 지리정보시스템을 활용하여 분석기법을 사용한 법집행 위주의 경찰활동이다. 24 2차
③ 증거기반 경찰활동(evidence-based policing)은 경찰정책과 의사결정에 있어서 과학적·의학적 증거에 기반하여 증거의 개발, 검토, 활용을 위해 경찰관 및 직원이 연구기관과 함께 활동하는 접근방법이다. 24 2차

3. 순찰 ★★

(1) 순찰의 기능

C.D Hale(헤일)	S. Walker(워커)
① 범죄예방과 범인검거 ② 법집행 ③ 질서유지 ④ 대민서비스 제공 ⑤ 교통지도단속	① 범죄의 억제 ② 대민서비스 제공 ③ 공공안전감 증진 주민에게 심리적 안전감을 주기 위한 가시적 순찰의 필요성을 강조 20 경채

(2) 순찰의 효과연구 06·09 채용, 06 승진

뉴욕경찰의 25구역 순찰실험	순찰의 효과를 측정한 **최초의 실험**으로 순찰횟수가 증가할수록 범죄가 감소한다는 상관관계를 밝혔으나 과학적 연구가 갖추어야 할 기본적인 요건들을 갖추지 못한 **불완전한 실험**이었다.
캔자스(Kansas)시 예방순찰실험 20 경채	차량순찰수준을 증가해도 **범죄는 감소하지 않고**, 반면에 일상적인 차량순찰을 생략해도 범죄는 증가하지 않았으며, 순찰의 증감이 범죄율과 시민의 안전감에 영향을 미치지 못한다는 결과를 도출하여 경찰의 순찰활동전략을 재고하게 만든 연구이다.
뉴왁(Newark)시 도보순찰실험	도보순찰을 증가하여도 **범죄발생은 감소되지 않으나**, 주민들은 자신들의 구역 내에서 **범죄가 줄고 있다고 생각**하는 것으로 나타남 → 도보순찰의 심리적 효과를 긍정(경찰관들의 태도에도 긍정적인 변화가 나타남(경찰관들의 태도에는 변화가 없는 것X) 26 경간
플린트(Flint)시 도보순찰실험	실험기간 동안 **범죄가 증가**하였음에도 도보순찰의 결과 시민들은 오히려 더 **안전**하다고 느낌

CHAPTER 02 한국경찰의 역사와 제도

PART 01 총론

조인섭 경찰학 핵심요약집

제 1 절 갑오개혁 이후 경찰(일본의 영향) ★★★

1. 갑오개혁 이후 근대경찰

우리나라에 근대적 의미의 경찰개념이 도입된 것은 **1894년 갑오개혁** 이후이며, 23 경채 이때의 경찰의 직무범위는 **광범위**(위생, 영업, 소방, 감옥 사무 포함)하였다. 07·14 승진, 11 경간

→ 한국의 경찰이 **조직법적, 작용법적** 근거를 가지고 근대적인 경찰로 태어나게 된 직접적인 계기가 되었던 사건은 **갑오경장**이다. 07 승진

→ 외형상 근대 국가적 경찰체제가 갖추어졌다고 볼 수 있으나, 일본 경찰체제 이식을 통한 지배전략의 일환이라는 한계를 가졌다. 13 1차, 14 승진

① 1894년 일본각의의 결정에 따라 '각 아문관제'에서 처음 경찰이라는 용어사용, 18 3차, 18 경간, 19 승진 경찰을 **법무아문** 소속으로 창설하기로 하였으나 **내무아문** 소속으로 변경함 13 1차, 12·13 승진, 15·21·22 경간

② 1894년 갑오개혁을 통해 **조직법인 「경무청관제직장」과 작용법인 「행정경찰장정」을 제정함** 07 승진, 09 채용, 11·13·14·16 경간, 12 2차

→ 경찰권은 전제주의적 수준에 머물렀고, 결국 철저히 일본 경찰화되는 과정이었다. 09 승진

③ 1896년 일본은 한성과 부산의 **군용전신선의 보호를 명목으로 헌병경찰 주둔시킴**

→ 헌병은 사법경찰뿐만 아니라 군사경찰·행정경찰을 겸하였다. 08·15·18 경간, 14 승진

경무청 관제직장	① 경무청관제직장에 의해 좌·우 포도청을 합쳐 **한성부(전국X)**에 **경무청(경부X)**을 신설하여 한성부 내의 일체 사무를 관장함(한성부 내의 경찰·감옥사무를 일체의 사무를 담당하여 **수도경찰적 성격**에 그쳤다.) 13 1차, 13 승진, 18 2차 경무청의 장은 **경무사**, 09 채용, 18 경간 경찰지서의 장은 **경무관**을 두고, 09 채용 최초로 한성부 5부 안에 **경찰지서**가 설치되었음 09·22 경간 ② 조직법인 경무청관제직장은 일본의 **경시청관제**를 모방하였다. 22 경간
행정 경찰장정	일본의 **행정경찰규칙과 위경죄즉결례를 혼합**하여 제정, 14 2차 경찰이 경영·시장·회사 및 소방·위생·결사·집회·신문잡지 등 **광범위한 사무를 담당** 08 채용, 13 1차, 13·19 승진, 18 법학특채, 17·20 경간 → 경찰업무와 일반행정 미분화
경부(1900) 〈이원적 체제〉 11 경간 19 승진	① 광무개혁에 따라 **1900년** 내부에 소속이던 경무청을 독립시켜 **경부**로 격상시켰으며, 한성 및 개항시장의 경찰업무와 **감옥업무**를 수행하였다. ② 궁내경찰서와 한성부 내 5개 경찰서, 3개 분서를 두고, 이를 지휘하는 **경무감독소(경부감독소X)**를 두며, 한성부 이외의 각 관찰부에 총순 등을 둘 것을 정하였다. 12 승진, 18 법학특채, 20 경간 ③ 1900년 경부 신설 이후 잦은 대신 교체 등으로 문제가 많아 **1년 만에 실패**하고 **내부소속의 경무청체제로 환원됨(1902)** 08 채용, 20 경간

- '내부관제'(1895년)의 제정을 통해 내부대신의 경찰에 대한 지휘감독권이 정비되었으며, '지방경찰규칙'이 제정(1896)되어 지방경찰의 작용법적 근거가 마련됨 12 승진, 20 경간

2. 한국경찰권의 상실과정

(1) 신경무청시대(1902)

구경무청은 한성부만을 관할로 하였지만, 신경무청은 전국을 관할하였다는 점에서 오늘날 경찰청의 원형으로 볼 수 있다.

(2) 통감부 경무부(1905)

통감부에 의한 통감정치가 시작되면서 통감부 산하에 경무부를 설치하고, 경무청을 한성부 내의 경찰로 축소(전국관할X)시키는 한편 통감부 산하에 별도의 경찰조직을 설립, 직접 지휘하였다. 12·19 승진

(3) 경시청시대(1907)

경무청 → 경시청으로 명칭을 변경하고, 한국경찰을 일본화 시킴

- 한국경찰권 상실과정 12·14·18 2차, 21 경간

경찰사무에 관한 취극서	재한국 일본인에 대한 경찰사무 지휘, 감독권을 일본 관헌의 지휘, 감독을 받도록 이양
재한국 외국인에 대한 경찰에 관한 한일 협정	재한국 외국인에 대한 경찰사무 지휘, 감독권을 일본관헌의 지휘, 감독을 받아 일본계 한국경찰관이 행사하도록 이양
사법 및 감옥사무 위탁에 관한 각서	한국의 사법경찰권을 포함하는 사법과 감옥사무를 일본에 위탁
경찰사무 위탁에 관한 각서	한국경찰권이 완전히 일본에게 넘어감

제 2 절 일제 강점기 시대 경찰 ★★★

헌병 경찰시대 (1910)	① 1910년 일본은 통감부에 경무총감부를, 각 도에 경무부를 설치하여 경찰사무를 관장, 서울과 황궁의 경찰사무는 경무총감부의 직할로 하였다. 19 경간 ② 조선주차헌병조령(1910)으로 헌병경찰의 법적근거 마련(법적근거없이 시행X), 사법경찰뿐만 아니라 군사경찰·행정경찰을 겸하는 등 광범위한 업무를 수행 13 승진, 18 법학특채, 19 경간 ③ 헌병경찰은 군사상 필요한 지역이나 의병출몰지역에 배치되었고, 보통경찰은 개항장이나 도시에 배치하여 광범위한 업무수행, 보안법, 집회단속에 관한 법률, 신문지법, 출판법 악법을 제정함 08·19 경간, 13 승진 ④ 일제강점기 헌병경찰의 임무는 첩보수집·의병토벌뿐만 아니라 민사소송 조정·집달리 업무·국경세관업무·일본어보급·부업장려 등 광범위하였으며, 특히, 지방에서는 한국민의 생사여탈권을 쥐고 있었다. 13·21 경간

보통 경찰시대	① 1919년 3·1운동을 계기로 **헌병경찰제도에서 보통경찰제도로의 전환**은 이루어 졌으나, **일본에서 제정된「치안유지법」**을 우리나라에 적용하는 등 일제의 탄압적 지배체제가 강화되었다. 08 채용, 11·22 1차, 14·15·19·23 경간 ② 경무총감부와 경무부를 폐지하고 총독부 직속으로 **경무국**을 신설함 19 경간 ③ 경찰 조직은 축소되었지만, **직무와 권한에 변화가 없었고,** 08·17 경간, 21 경채 치안업무 외에 각종 민사쟁송조정사무, 집달리 사무 등도 경찰이 계속 맡아 수행함 09 승진, 11 1차 ④ **정치범 처벌법**(3·1운동 계기로 **우리나라에서 제정**), **치안유지법**(일본에서 제정) 19·24 경간, **예비검속법**을 통해 **단속을 강화함** 13·19 승진, 14·15 경간, 18 3차 ⑤ 중일전쟁 이후(1937)에는 경찰업무가 사상경찰, 외사경찰, 경제경찰까지 확대됨 09 승진

총독에게 주어진 **제령권**과 경무총장·경무부장의 **명령권**을 통해 경찰권의 전제주의적·제국주의적 경찰권 행사가 가능 13 승진, 18 3차, 19 경간, 19 법학특채

제 3 절 임시정부경찰 ★★★

1. 임시정부 경찰의 의의

1919년 3·1운동을 계기로 대한민국 임시정부가 탄생하였고, 대한민국 임시정부의 **정식 치안조직**으로 민주경찰의 효시이자, 경찰의 뿌리라고 할 수 있다. 임시정부경찰은 임시정부를 수호하고 일제 밀정을 방지하는 임무를 통해서, 임시정부의 항일투쟁을 수행하는데 핵심적 역할을 수행하였다. 22 경채

2. 임시정부 경찰 조직

(1) 상해시기(1919 ~ 1932) 20·21 경채

상해임시정부는 1919년 4월 25일 **대한민국임시정부장정**에 의해 내무부에 경무국을 두었으며, 초대 경무국장인 김구를 임명하였다.(1919년 11월 **대한민국임시관제**를 제정) 22 경간

경무국	① **초대 경무국장 백범 김구선생 임명** ② **정식예산 편성, 월급 지급** 22 경채 ③ 경무국의 소관사무는 행정경찰에 관한 사항, 고등경찰에 관한 사항, 도서출판 및 저작권에 관한 사항, 일체 위생에 관한 사항 등으로 규정되었음
의경대	상해 교민단 산하에 의경대 설치, 교민사회 질서유지, 풍기단속, 호구조사, **밀정 색출** 임무를 담당 22·23 경간
연통제 (국내)	군자금 확보 등을 위한 연락업무 수행, 각 도에는 지방행정기관으로 독판부를 두었으며, 독판부 산하에 경무사를 설치 22 경간

(2) 이동시기(1932 ~ 1940)

(3) 중경(충칭)시기(1940 ~ 1945) 21 경채, 22 경간

경무과	① 1943년 제정된 대한민국 잠행관제에 따라 경무과 설치 ② 내무부 하부조직으로 **일반 경찰사무**, 인구조사, 징병 및 징발, 국내정보 및 적 정보수집 등 임무수행

| 경위대 | 1941년 설치, 임시정부 요인 경호와 청사 방호 등 임시정부 수호, 통상 경위대장은 경무과장이 겸임함 |

3. 임시정부경찰 주요인물

김석 선생	의경대원 활동, 윤봉길 의사 의거 지원 25 경간
김철 선생	의경대 심판 역임, 상하이 프랑스 조계에 잠입하였다가 일제 경찰에 체포되어 감금당하였다. 25 경간
김용원 열사	제2대 경무국장, 귀국 후 군자금 모금, 체포와 병보석을 반복하다가 순국하였다. 25 경간
나석주 의사	식산은행, 동양척식주식회사에 폭탄 투척, 의경대, 경위대 단원 20 2차, 25 경간

제 4 절 미군정시기 경찰(1945 ~ 1948)

- 영미법계의 영향을 받아 경찰의 이념 및 제도에 민주적 요소가 도입되었다. ★★★ 14 1차

① 1946년 경무국을 경무부로 승격시키고, 기존 경무국의 과(課)를 국(局)으로 승격시켰다. 24 2차
② 1945년 정치범 처벌법, 치안유지법, 예비검속법 폐지 등 법적 정비가 이루어짐, 24 2차 경찰검을 경찰봉으로 대체 20 경채, 1948년 보안법이 가장 늦게 폐지됨 19 법학, 24 1차
③ 일제 강점기 경찰조직을 그대로 유지하였고, 경찰제도와 인력은 개혁이 이루어지지 아니 하였으며, 경찰은 민주적으로 개혁할 기회를 갖지 못하였고 이로 인해 독립 이후에도 국민의 경찰에 대한 부정적 태도는 유지되었다.(일제강점기 시대의 경찰인력을 현직에서 청산함으로써 경찰의 인적 구성원을 대거 쇄신하였다X) 12 승진, 14 2차, 19 법학, 24 2차
④ 신설 - 정보경찰(신설), 여자경찰(1946년 여자경찰제도를 신설하여 14세 미만의 소년범죄와 여성관련 업무 등을 담당하게 하였다.) 12 경간, 14 1차, 22 경채, 24 1차
⑤ 폐지 - 경제경찰, 고등경찰, 사법경찰 08 채용, 14·18·21·25 경간(경위공채)
　이관 - 소방, 위생업무 등 11·14 1차, 18 2차, 25 경간(경위공채)
　- 미군정기에 고등경찰제도가 폐지되었으며, 경찰에 정보업무를 담당하는 정보과와 경제사범단속을 위한 경제경찰이 신설되었다.(X) → 경제경찰은 폐지됨 22 1차
⑥ 조직법적·작용법적 정비가 이루어짐, 광범위하게 이루어지던 행정경찰사무가 경찰의 관할에서 분리되는 비경찰화 과정을 통해 경찰영역이 축소됨 12·19 승진, 23 경채, 14·24 1차, 16·23 경간 → 정보경찰은 비경찰화 대상이 아니었음
⑦ 6인으로 구성된 중앙경찰위원회 설치했으나 경찰의 민주적 개혁에 성공하지 못함 09·12·19 승진, 11·14 1차, 13·14·16·18·21 경간, 24 1차
⑧ 상당수 많은 독립운동가 출신들이 경찰에 채용됨 23 경간
⑨ 미군정 시기 「법무국 검사에 관한 훈령 제3호」로 '수사는 경찰, 기소는 검사' 체제가 도입되어 경찰의 독자적 수사권이 인정되었다. 21 경채, 23 경간, 24 2차

제 5 절 정부수립이후(1948 ~ 1991년) 이전의 경찰의 특징 ★★★

1. 서설

① 종래 식민지배에 이용되거나 또는 군정통치로 주권이 없는 상태에서 활동하던 경찰이 비로소 주권국가 대한민국의 존립과 안녕, 대한민국 국민의 생명과 신체 및 재산의 보호라는 경찰 본연의 임무를 수행하였다. 12 승진, 20 경간

② 경찰의 부정선거 개입 등으로 정치적 중립이 경찰에 대한 국민의 요청이었던 바, 그 연장선상에서 경찰의 기구독립이 조직의 숙원이었다. 12 승진, 20 경간

③ 해양경찰업무와 전투경찰업무가 정식으로 경찰의 업무범위에 추가되었으나, 20 경간 **소방업무는 경찰의 업무에서 배제**되었다. 12 승진, 22 2차

(1) **치안국시대(1948 ~ 1974)** – 중앙경찰위원회 설치X 10 2차
→ 1948년 대한민국 정부수립 시 중앙경찰조직으로 **치안국**, 지방경찰조직으로 **시·도경찰국**을 두었음 20 경채

① 최초로 자주적인 입장에서 경찰을 운용하였던 시기였음 12 승진, 20 경간

② **1953년 경찰관직무집행법(작용법)**을 제정함(당시 **조직법은 경찰법X, 정부조직법O**) 12·18 승진, 19 법학특채, 20·23 경간, 22 1차
→ 국민의 생명·신체·재산의 보호라는 영미법적인 사고가 반영되었다. 12·18 2차, 20 1차, 26 경간
→ 경찰법이 제정될 때까지 경찰체제의 근거가 되는 법률은 **정부조직법**이었다. 18·23 경간

③ 법률 제1호인 정부조직법에서 기존의 경무부를 내무부의 일국인 치안국에서 인수하도록 함으로써 **경찰조직은 '부'에서 '국'으로 격하**되었다. '국'체제는 치안본부 개편(1975) 후 1991년 경찰청(내무부 외청)이 독립할 때까지 유지되었다. 13 승진

④ **경무부에서 → 치안국으로 축소**함(이유 : 과거 행정조직을 모방했기 때문, 식민경찰시대에 대한 반감, 좌익의 경찰권 약화기도) 11 1차, 15 경간

⑤ **경찰국장은 보조기관**일 뿐 행정관청의 지위를 갖지 못함, 다만 이시기에도 **경찰서장**은 **행정관청**의 지위를 가짐

(2) **치안본부시대(1975 ~ 1990)**
1974년 문세광 사건을 계기로 치안국을 **치안본부**로 확대 개편함

(3) **경찰법 제정 이후(1991~)** → 경찰의 기본조직 및 직무범위 기타 필요한 사항을 규정하였다. 09 1차

① **1991년 경찰법 제정**으로 내무부의 보조기관이었던 치안본부가 내무부의 외청인 경찰청으로 분리·승격되었다. 경찰청장과 지방경찰청장의 **독립관청화**가 이루어짐 11·18 승진, 19 2차, 25 1차, 25 2차
→ 「경찰법」 제정 이전에 **경찰서장만이** 경찰에서 유일한 행정관청의 지위를 가지고 있었다. 12·14 2차 다만 경찰은 선거부처로부터 완전히 독립시키지 못하여 **정치적 중립을 확보 하지 못한 한계가 있다.** 09 1차, 15 지능범죄특채

② 경찰에 대한 민주적 통제를 보장하고자 **내무부** 소속으로 **경찰위원회**를 신설하고, 09 채용, 15 지능범죄특채 지방에는 **시도지사** 소속으로 **치안행정협의회**를 설치함 25 2차

③ 2020년 경찰위원회 → **국가경찰위원회**로 명칭변경

④ 수사권 조정으로 인해 수사는 경찰, 기소는 검찰이라는 대등한 수사구조 실현

2. 6.25 전쟁 중 주요 전투 ★

① 춘천내평전투
  노종해 경감 등은 10여명의 인력으로 북한군 1만 명을 1시간 이상 지연시킨 후 전사함
② 다부동전투
  낙동강 방어의 중요한 전술적 요충지인 경북 칠곡 다부동에서 치열한 전투 끝에 방어선을 사수했고, **경찰만이 끝까지 남아 대구를 사수함**
③ 함안전투
  독립운동가 출신 경남경찰국장 **최천 경무관**이 활약함
④ 장진호전투 25 승진
  한국경찰관 부대를 통칭하는 화랑부대가 장진호 전투에서 뛰어난 전공을 거둠

■ 보도연맹사건과 안종삼 서장 22 2차, 25 1차

좌익사범들을 전향시키기 위해 국민보도연맹이라는 관변단체를 조직한 후 6.25 전쟁이 발발하자 이들에게 사살명령이 내려짐. **구례경찰서 안종삼 서장**은 총살명령이 내려오자 예비검속자 앞에서 '내가 죽더라도 **방면**하겠으니 국가를 위해 충성해 달라'며 전원 방면하여 구명하였다.(구례경찰서에 동상이 제작됨)

■ 전투상황 관련인물 ★

김해수	① 1948년 간부후보생 3기로 입직 ② **영월화력발전소 탈환작전** 도중 적을 사살하고 전사
라희봉	① 1949년 순경으로 입직, **순창서 쌍치지서장**으로 재직하면서 다수의 공비를 토벌 ② 1952년 11월 700여명에 달하는 공비와 전투하던 중 24세의 나이로 전사
권영도	① 경남경찰 산하 **서하특공대에 입대**, 작전 선봉으로 나서 공비 사살 ② 1951년 순경으로 입직하였고, 1952년 7월 26세 나이로 전사

3. 제1공화국 ~ 제5공화국 경찰 ★

1공화국	① 경무부 → 내무부 **치안국**으로 격하됨 ② 경찰국장과 시도경찰국장은 시도지사의 보조기관에 불과했음, 다만 이 시기에도 **경찰서장은 행정관청**의 지위를 가짐 ③ 1953년 경찰관 직무집행법 제정으로 경찰작용에 관한 기본법이 만들어지고, 국민의 생명, 신체 재산 보호라는 영미법적 사고가 최초로 반영됨 ④ 3.15 부정선거와 4.19 혁명으로 **경찰의 정치적 중립 제도화** 추진
2공화국	① 경찰의 정치적 중립화 헌법에 규정 ② 검사의 영장청구 독점 조항을 헌법에 신설
3공화국	① 경찰의 경호기능 → 대통령 경호실의 지휘통제를 받게 됨 ② 1968년 무장공비침투사건으로 경찰기구 확대방안추진(전투경찰대 설치) ③ 1969년 **경찰공무원법** 제정으로 경정, 경장 2계급이 신설됨, **경감(경정X)**이상의 계급정년제 도입 22 1차 ④ 검사의 영장청구 독점조항 명시하여 수사경찰의 검찰의 종속이 강화됨 ⑤ 중앙정보부에서 경찰의 정보, 보안, 외사 업무 등을 조정, 감독

4공화국	① 1974년 영부인 저격사건을 계기로 **치안본부**로 격상 ② 1975년 소방업무가 경찰업무에서 배제(치안본부 소방과 → 내무부 소방국) ③ 1976년 용역경비법(현 경비업법)이 제정됨 ④ 1974년 22특별경비대 창설, 1976년 101경비단 증설 ⑤ 1979년 경찰대학설치법 제정, 1981년 신입생 선발
5공화국	1987년 6월 항쟁이후 경찰 내부에서 정치적 중립을 지키지 못한 과오를 반성하고, **경찰의 중립화를 요구하는 성명 발표** 등 자성의 목소리가 나옴 20 1차

제 6 절 경찰 조직의 연혁 ★★★ 13·17 2차, 11·18 1차, 10·12·18 승진, 18·19·20·22 경간, 20 경채, 21 2차

미군 정기	1945	■ 국립경찰창설 탄생 시 경찰의 이념적 좌표가 된 경찰 정신은 **영미법계의 영향**을 받은 '**봉사와 질서**'이다. 21 승진, 24 1차
	1946	■ 경무국 → 경무부 승격 ■ 여자경찰신설
	1947	■ 중앙경찰위원회(6인) 22 경채
치안국	1948	■ 내무부 산하에 **치안국** 설치
	1949	■ 경찰병원설치
	1953	■ 경찰관 직무집행법 제정(미군정하에서 제정X, 정부수립 후O) ■ 해양경찰대 설치
	1954	■ 경범죄 처벌법 제정
	1955	■ 국립과학수사연구소 설치 23 경찰특공대
	1966	■ 경찰 해외주재관 제도 신설 ■ **경찰윤리헌장** 선포 24 경찰특공대, 26 경간
	1968	■ 시·도에 **전투경찰대** 설치(김신조 사건 계기)
	1969	■ **경찰공무원법** 제정(**경정·경장 2계급 신설**, 2급지 서장을 경감에서 경정으로 격상, **경감 이상의 계급정년제 도입**) → 그 동안「국가공무원 법」에 의거하던 경찰공무원채용이 처음으로 특별법에 의해 이루어지게 되었다. 23·26 경간, 23 경찰특공대, 25 1차
	1970	■ 전투경찰대 설치법
치안 본부	1974	■ 내무부 치안국을 **치안본부**로 개편(문세광 저격 사건 계기)
	1975	■ **소방업무**가 민방위본부로 **이관**
	1976	■ 정풍운동, 용역경비업법(현재 경비업법)
	1979	■ 경찰대학 설치법 제정, 공포(1981년 개교)
	1982	■ 의무경찰제도 도입
	1990	■ 범죄와의 전쟁 선포

경찰청	1991	■ **경찰법** 제정으로 **치안본부 → 경찰청 승격**, 지방경찰국의 지방경찰청으로의 승격 23 2차, 23·24 경찰특공대 ■ **경찰헌장** 제정, 경찰위원회, 치안행정협의회 설치(시·도지사 소속)
	1996	■ **해양경찰청을 해양수산부로 이관**
	1998	■ **경찰서비스헌장** 제정 23 2차
	1999	■ 경찰서에 **청문감사관제** 도입 ■ **운전면허시험관리단** 신설(청장직속)
	2000	■ **사이버테러대응센터** 신설 23 2차
	2005	■ 경찰청 생활안전국에 **여성청소년과** 신설 ■ 경찰병원을 **책임운영기관화**(특별회계)
	2006	■ 경찰청 외사관리관을 외사국으로 개편 ■ **제주특별자치도 '자치경찰단'** 창설 23 2차, 24 경찰특공대 ■ 경찰청 수사국에 **인권보호센터** 신설
	2020	■ 경찰법 전면개정 → **국가경찰과 자치경찰의 조직 및 운영에 관한 법률**, 경찰사무를 국가경찰사무와 자치경찰사무로 분리 25 1차
	2021	■ **국가수사본부신설** 23 2차, 24 경찰특공대 ■ **시·도자치경찰위원회** 설치 23 경찰특공대

제 7 절 한국경찰사에 길이 빛날 자랑스러운 표상 ★★★ 21 승진, 23 1차, 24 경간, 25 경찰특공대

백범 김구 18 승진, 19 2차	1919년 상하이에서 수립한 **대한민국 임시정부 초대 경무국장**
최규식 경무관 정종수 경사 16·21 경간, 18 승진, 19 2차, 20 1차	1968년 무장공비 침투사건(1·21사태) 당시 무장공비를 막고 순국함으로써 청와대를 사수하고, 대한민국을 위기에서 건져 올린 **호국경찰**의 표상
차일혁 경무관 18·19 승진, 19 2차, 21 경간, 25 1차	일제 강점기에 항일투쟁을 하였고 6·25 전쟁 기간 제18전투경찰대장으로 부임하여 빨치산토벌작전에서 탁월한 전공을 세웠으며, 1954년 충주경찰서장으로서 충주직업청소년학교를 설립하여 전쟁고아들에게 학교공부와 직업교육의 기회를 주었다. **구례 화엄사 등 문화재를 수호한 인물로 '보관문화훈장'을 수여받은 호국경찰**의 영웅이자 **인본경찰·인권경찰·문화경찰**의 표상
안병하 치안감 18·24 승진, 19·20 2차, 20 1차, 21 경간	**5·18 광주 민주화운동 당시 전남도경국장**으로서, 과격한 진압을 지시했던 군과 달리 '분산되는 자는 너무 추격하지 말 것, 부상자 발생치 않도록 할 것' 등과 '연행과정에서 학생의 피해가 없도록 유의하라'고 지시하여 **비례의 원칙**에 입각한 경찰권 행사 및 **인권보호**를 강조함. **민주·인권경찰**의 표상

이준규 총경 20 1차, 21 경간	1980년 5·18 당시 목포경찰서장으로 재임. 안병하 국장의 방침에 따라 경찰 총기 대부분을 군부대 등으로 사전에 이동시켰으며, 자체 방호 위해 가지고 있던 소량의 총기마저 격발할 수 없도록 **방아쇠 뭉치 모두 제거해** 시민들과 충돌을 피하도록 조치하여 목포에서는 사상자가 거의 나오지 않음. **민주·인권경찰**의 표상
안맥결 총경 20 2차, 23 경채, 24 승진	도산 안창호 선생의 조카딸이며, 1946년 5월 미군정하 제1기 **여자경찰간부로 임용**되며 국립경찰에 투신하였고 1952년부터 2년간 서울여자경찰서장을 역임하며 풍속·소년·여성보호 업무를 담당(**독립운동가 출신 여성 경찰관**), 한국경찰사 주요 인물 중 1936년 임시정부 군자금 조달 혐의로 5개월간 구금된 인물은 도산 안창호 선생의 조카딸인 **안맥결 총경**(안종삼X)이다. 5.16 군사정변 당시 군부로부터 정권에 합류를 권유받았으나, 민주주의를 부정한 군사정권에 협력할 수 없다며 거부하고 경찰에서 퇴직하였다.
문형순 경감 20 2차, 24 승진	신흥무관학교를 졸업한 독립군 출신, 제주 4·3사건 당시 모슬포 서장으로 100여명의 좌익주민들을 전원 훈방함, 성산포 경찰서장 재직 시 예비검속자들 총살명령을 '부당함으로 불이행'한다고 거부한 **민주·인권경찰**의 표상
최중락 총경	1950년 순경으로 임용, 1986년 총경으로 승진하였지만, 수사현장을 끝까지 지킨다는 의지로 경찰서장 보직을 희망하지 않고 수사·형사과장으로만 재직하였다. 재직 중 1,300여 명의 범인을 검거하는 등 63·68·69 치안국 포도왕(검거왕) 수사경찰의 상징적인 존재임. 1970~1980년대 MBC 드라마 '수사반장'의 실제모델, **수사경찰**의 표상 24 승진
김학재 경사	경기 부천남부서 김학재 경사는 강도강간피해 신고를 받고 출동하여 범인을 검거하던 과정에서 흉기에 좌측 가슴부위를 찔렸고, 부상을 입은 상태에서도 격투를 벌여 범인에게 치명상을 입혔고, 도주하던 범인은 주민의 신고로 검거됨, 2018년 경찰청 올해의 경찰영웅으로 선정 25 1차
박재표 경위	1956년 8월 13일 제2대 지방의원 선거 당시 정읍 소성지서에서 순경으로 근무하던 중 **투표함을 바꿔치기** 하는 부정선거를 목격하고 이를 기자회견을 통해 세상에 알리는 양심적 행동을 하였다. 24 경간

> **참고** 한국경찰의 근대화 - 유길준 22 경간
>
> ① 유길준은 경찰의 기본 업무로 치안에 집중할 것을 강조하면서 '위생'을 경찰업무에서 **포함**할 것을 주장하였다. (제외할 것을 주장X)
> ② 유길준은 서유견문(1895년) '제10편 순찰의 규제'를 통해 경찰제도개혁을 주장하였다.
> ③ 유길준은 **대륙법계** 경찰개념의 영향을 받아 경찰 제도를 행정경찰과 사법경찰로 **구분** 할 것을 주장하였다.
> ④ 김옥균, 박영효 등이 일본의 경찰제도로부터 영향을 받은 반면, 유길준은 영국의 경찰 제도로부터 영향을 받아 영국 경찰을 근대화 시킨 로버트 필경을 소개하고 높이 평가하였다.

CHAPTER 03 비교경찰론

제 1 절 영국경찰 ★

1. 영국경찰의 역사

(1) 근대 산업혁명 이후 경찰

헨리 필딩 법관에 의해 **직업경찰관인 Bow Street Runner**(보우가의 주자)가 만들어졌고, **절도체포대, 기마순찰대, 도보순찰대를 창설**하여 이후 수도경찰청의 기본이 되었다. 산업혁명으로 인구증가에 따른 범죄와 무질서 등 치안수요가 급증하자 이에 대응하기 위해 내무부장관이었던 **로버트 필경**(Sir Robert Peel)이 1829년 **수도경찰법에 따라 내무부장관의 관리를 받는 수도경찰청**(Metropolitan Police Service)을 **창설**하면서 25 경간, 25 2차 범인검거 뿐 아니라 **범죄예방**에도 중점을 두었고, **경찰관 임용 및 승진에서 정치적 요소를 배제**하였다. **지방경찰조직을 통·폐합**하였으며, 경찰의 계급과 제도 및 정복 착용 등의 개혁을 통하여 **근대 영국경찰의 기초를 확립**하였다. 그 외에 아래와 같은 **지방경찰제도의 법률 제정** 등을 통하여 정비가 이루어졌다.

(2) 현대경찰

1) 1964년 '경찰법'(Police Act) 제정
   ㉠ 내무부장관에게 경찰본부 합병권 부여 되어 183개의 지방경찰청들을 52개의 경찰청으로 통폐합
   ㉡ 수도경찰청과 런던시경찰청을 제외(포함X)한 모든 경찰본부의 관리기구를 각 지방의 경찰 위원회로 통일
   ㉢ 경찰의 관리와 운영에 있어서 **내무부장관과 경찰위원회, 경찰청장간의 3원 체제를 규정함** 25 경간
   ㉣ 1980년대 이후 치안상황의 악화로 인해 3원 체제에서 내무부장관의 영향력이 강화되면서 중앙집권화 경향을 보임
     - 2002년 「경찰개혁법」이 제정되어 지방경찰위원회 및 지방경찰청장에 대한 내무부장관의 권한이 **강화**(약화X)되었다. 25 경간
   ㉤ 중앙집권화 된 3원 체제에 대한 비판으로 2011년 지방경찰제도로의 회귀현상이 나타나 2012년에 **지역치안위원장, 지역치안평의회, 지방경찰청장, 내무부장관**으로 구성되는 **4원 체제**로 변경함
   ㉥ 영국의 지방경찰은 2011년 「경찰개혁 및 사회책임법」 제정을 통해 기존의 3원 체제(지방경찰청장, 지방경찰위원회, 내무부장관)에서 4원 체제(지역치안위원장, 지역치안평의회, 지방경찰청장, 내무부장관)로 변화하면서 자치경찰의 성격이 **강화**(약화X)되었다. 24 1차, 25 경간

2. 영국경찰의 조직 - 잉글랜드와 웨일즈 경찰(43개)

영국은 잉글랜드, 스코틀랜드, 웨일즈, 북아일랜드로 구성된 연방국가로 상호간에 지휘·감독이나 통제를 받지 않는 분권화된 경찰구조를 가지고 있지만, 내무부장관이 경찰을 관리 하는 등 중앙정부에도 권한이 많이 집중되어 있는 형태로 **절충형 경찰체제**로 볼 수 있다.

(1) 수도경찰청(Metropolitan Police Service) - 1829년 로버트 필에 의해 창설

계기	산업혁명에 따른 도시인구 집중화문제에 대응하기 위해 창설되었으며, 내무부장관이 직접 관리하는 형태로 출발하였지만, 2000년대부터 **자치경찰화** 되었다.
경찰청장	전국의 고위경찰간부나 민간인 중에서 **내무부장관의 추천으로 국왕이 임명**

(2) 런던시경찰청(City of London Police Service)

특징	① 수도경찰청과는 **독립된 자치체경찰**로 운영되고 있다. ② 런던시경찰의 관리권은 **시의회**가 가지고 있다.
경찰청장	① **런던시의회가 국왕의 승인을 얻어 임명** ② 수도경찰청장과 동일한 직급으로서 인선에서도 동격의 사람이 임명

(3) 지방경찰 → 지역치안위원장, 지역치안평의회, 내무부장관, 지방경찰청장 4원 체제 22 경간

내무부 장관	① 내무부 지원예산(50%)에 대한 감사권(지방경찰 50% 예산편성권) ② 국가적인 조직범죄 대응에 관련하여 지역경찰에 대한 임무부여 및 조정 ③ 지방경찰청장 중에서 1명을 국립범죄청장으로 임명 ④ 전략적 경찰활동 요구 권한
지역치안 위원장	① 지역주민의 선거에 의해 선출 ② 종전 경찰위원회의 임무를 대체하여 **지방경찰청장, 차장의 임면권**을 행사 ③ 지방경찰의 예산 및 재정을 총괄 ④ 지역치안계획을 수립
지역치안 평의회	① 지역치안위원장의 견제기구로서 각 지방자치단체에서 파견된 **선출직 대표와 독립위원으로 구성** ② 지역경찰의 예산지출에 대한 감사권 ③ 지방경찰청장 임명과 관련하여 인사청문회 개최 ④ 지역치안위원장에 대한 정보와 출석요구권 ⑤ 지역치안위원장의 직권남용 조사의뢰 및 주민소환투표실시
지방경찰 청장	① 관할 경찰에 대한 독자적인 지휘, 운영 ② **차장 이외**의 모든 경찰에 대한 **인사권** ③ 예산운용권

(4) 국립범죄청(중앙경찰기구)

순서	① 1992년 내무부장관 직속으로 **국립범죄정보국**(NCIS) → 1997년 **국립범죄수사국**(NCS)을 창설하였고, ② 이후 국립범죄정보국(NCIS)과 국립범죄수사국(NCS)이 통합하여 → 2006년 **중대조직범죄청**(SOCA)이 창설됨 → 아동착취 및 온라인 아동범죄 대응센터(CEOPC)를 흡수하여 → 2013년 **국립범죄청**(NCA)이 설립됨 23 1차

3. 영국경찰의 수사구조와 권한

업무와 권한	① 조직상 행정경찰과 사법경찰의 구분이 없으며, 범죄예방, 질서유지와 생명, 재산 업무 외에도 소방, 위생, 영업 등에 관한 행정경찰업무도 수행 ② 모든 수사는 원칙적으로 **경찰이 담당**하며, **광범위한 재량권**을 가지고 있다. ③ 경찰은 직접 법관에게 영장을 청구할 수 있다.
수사구조	① 잉글랜드와 웨일즈 경찰은 **독자적 수사권과 수사종결권**을 가지고 있고, 검사는 기소권을 가지며, 수사에 대해 직접 지휘·감독을 할 수 없다. 양자는 **대등·협력** 관계임 ② 스코틀랜드와 북아일랜드(내무부장관 직속으로 강력한 국가경찰제도를 운영) 검사가 수사주재자이며 기소권을 가지고, 경찰은 수사보조자로서 지휘·감독을 받으며, 양자는 상명하복관계이다.
기소제도	전통적으로 피해자가 법관에게 소추를 하는 **사인소추주의**였으나, 1829년 수도경찰청 창설 이후 기소업무는 경찰의 독점적 권한이었다. **1985년 범죄기소법**의 제정으로 국립검찰청(CPS)이 창설된 이후 기소권은 **검찰**에 이전되어 검찰이 기소를 전담하게 되었고, 검찰은 경찰의 기소결정에 구속되지 않는다.

4. 로버트 필경의 12개 경찰개혁안 20 1차, 22·23 경간

1. 경찰은 안정되고, 능률적이고, **군대식으로 조직화되어야 한다.**
2. 경찰은 정부의 통제 하에 있어야 한다.
3. 경찰의 능률성은 범죄의 부재(absence of crime)에 의해 가장 잘 나타날 것이다.
4. **범죄발생사항은 반드시 전파되어야 한다.**(모방범죄 예방을 위해 범죄정보는 유출되어서는 안 된다X)
5. 시간과 지역에 따른 경찰력 배치가 필요하다.
6. 자기감정을 조절할 줄 아는 것이 가장 중요한 경찰관의 자질이다.
7. 단정한 외모가 시민의 존중을 산다.
8. 적임자를 선발하여 적절한 **훈련을 시키는 것이 능률성의 근간이다.**
9. 공공의 안전을 위해 모든 경찰관에게는 식별할 수 있도록 번호가 부여되어야 한다.
10. 경찰서는 **시내중심지(외곽X)**에 위치하여야 하며, 주민의 접근이 용이해야 한다.
11. 경찰은 반드시 시보기간을 거친 후에 채용되어야 한다.
12. 경찰은 항상 기록을 남겨 차후 경찰력 배치를 위한 기준으로 삼아야 한다.

5. 로버트 필경의 9가지 경찰원칙

1. 경찰은 군대의 폭압이나 엄한 법적 처벌이 이루어지지 않도록, **미연에 범죄와 무질서를 방지하기 위해 노력해야 한다.** → 미연에 라는 표현에서 로버트 필이 경찰활동에 대해 강조한 **사전예방을 유추 가능**
2. 경찰임무를 수행하기 위한 필요한 힘은 **시민의 지지와 승인 및 존중에 전적으로 의존한다는 것을** 결코 잊어서는 안 된다.
3. 경찰에 대한 시민의 지지와 승인 및 존중을 확보한다는 것은 법을 지키는 경찰의 업무에 대한 **시민의 적극적인 협력 확보를 의미한다는 것을** 인식해야 한다. → **지역사회 경찰활동을 강조하는 것을 알 수가 있음**
4. 시민의 협력을 확보하는 만큼 경찰 목적달성을 위한 강제와 물리력 사용의 필요성이 **감소(증가X)한다는** 점을 명심해야 한다.
5. 시민의 지지와 승인은 결코 여론에 영합해 얻어지는 것이 아니라 **지속적으로 공정하고 결코 치우침 없는 법 집행을 통해 확보된다.**
6. 경찰 물리력은 반드시 자발적 협력을 구하는 설득과 조언과 경고가 통하지 않을 때만 사용해야 하며, 그때도 **필요 최소한 정도에 그쳐야 한다.** → **비례의 원칙을 생각해 볼 수 있음**
7. 경찰이 곧 시민이고 시민이 곧 경찰이라는 인식을 바탕으로 **경찰과 시민 간 협력관계를 유지해야 한다.** 경찰은 공동체의 복지와 존재의 이익을 위해 봉사하는 임무를 수행하고자 보수를 받는 **공동체의 일원일 뿐이다.** → **지역사회 경찰활동을 강조하는 것을 알 수가 있음**
8. 언제나 경찰은 **법을 집행하는 역할**이라는 점을 잊어서는 안 되며, 유무죄를 판단해 단죄하는 사법부의 권한을 행사하는 것처럼 보여서는 아니 된다.
9. 언제나 **경찰의 효율성은 범죄나 무질서의 감소나 부재로 판단**되는 것이지, 범죄나 무질서를 진압하는 가시적인 모습으로 인정받는 것은 아니라는 점을 명심해야 한다.

제 2 절 미국경찰 ★

1. 미국경찰의 역사

미국은 영국경찰제도의 영향을 받았고, 작은 정부를 지향하는 사상에 의해 **분권화(집권화X)된 경찰체제를** 유지하고 있다. 25 2차

도시경찰 설립 순서 : **보스턴 경찰(1838)** → **뉴욕 경찰(1845)** → **필라델피아 경찰(1848)**,
주경찰 설립순서 : 1835년 **텍사스주에서 최초로 주경찰을 창설**(Texas Ranger)
→ 이후 **메사추세츠주, 펜실베니아주** 등 다른 주에서도 주경찰 창설 26 경간

1920년 이후 경찰개혁	① 1908년에 루즈벨트 대통령의 지시로 설치된 수사국이 1935년 **연방범죄수사국(FBI)으로 개편됨** 24 경간
	② '**경찰로부터의 정치 분리와 정치로부터의 경찰 분리**'를 기본목표로 리차드 실베스타와 오거스트 볼머(버클리 서장, 미국경찰의 아버지) 등에 의해 경찰의 **전문직화**가 추진되었다. 22 경채
	오거스트 볼머(August Vollmer)는 경찰관 선발을 지원하기 위해서 **지능·정신병·신경학 검사를 도입**했고, **대학에 경찰 관련 교육과정을 개설** 24 경간, 24 1차

③ 1908년 버클리시에 최초로 경찰학교가 신설되는 등 전국에 **경찰학교 설립**
④ 1957년 **멜로리 판결**, 1961년 **Mapp 판결**, 1964년 **에스코베도 판결**, 1966년 **미란다 판결** 등 20C 중반 이후 **경찰업무수행**에 **적법절차의 원리**를 강조하는 연방대법원의 판결 확립 23 경간
⑤ 윌슨의 경찰개혁

> ㉠ 조직구조혁신을 통한 전문 직업 경찰제도 확립
> ㉡ **자동차**를 이용한 순찰(도보순찰X) 및 **1인 순찰제** 24 경간, 24 1차
>   → 순찰운용의 **효율성** 추구 22 경채
> ㉢ **무선통신의 효율성**을 통한 경찰업무의 혁신과 전문직화를 주장
> ㉣ **담당구역**의 주기적 변경 및 신고에 대한 **즉응체제** 구축

⑥ 워커샘위원회(Wickersham Commssion)보고서
  – 위커샴 위원회(Wickersham Commission) 보고서에서는 경찰전문성 향상을 위해 **경찰관 채용기준 강화, 임금 및 복지개선, 교육훈련 증대**의 필요성이 제기되었다. 24 경간

2. 미국의 경찰조직

① 지방정부에 비해 **연방정부**는 완만한(빠른X) 속도로 경찰을 정비
② 미국경찰에는 기본적으로 **지방경찰, 주 경찰, 연방경찰**이 존재하며, 이 중 광범위한 경찰권을 행사하여 법집행의 범위가 가장 넓은 것은 **지방경찰(주 경찰X)**이다. 24 2차

특징	연방경찰과 주경찰, 지방경찰로 분권화되어 있으며, 각각 독립적으로 운용하며(시·군 자치경찰이 주경찰의 지휘를 받는다X), 대등·협력관계에 있다.
연방경찰	① 헌법상 경찰권이 없으나 헌법이 부여한 과세권이나 주간의 통상 규제권 등으로 사실상 경찰권을 행사함 → 연방정부의 경찰권이 최근 **확대·강화** 되는 경향이 있다. ② 연방경찰기관의 권한은 **국가적 범죄 및 주(州)간의 범죄** 등 **연방법 집행**에 한정되고, 주법이나 지방자치단체의 법을 집행하지 못한다. ③ 법무부 소속 > 1. **연방범죄수사국(FBI)** : > 연방범죄수사, 범죄감식·범죄통계의 작성, 지방경찰직원의 교육훈련, 특정공무원의 신원조사, 대테러업무, 국내 공안정보수집 등 2001년 9·11테러 이후 테러예방과 수사에 많은 역량을 집중시키고 있다. 23 1차 – 1908년 법무부 산하 수사국으로 설치 > 루즈벨트(F.D.Roosevelt) 대통령의 지시로 1908년 최초의 연방수사 기구가 **법무부(재무부X)**에 창설되었다. 24 경간 – 1935년 수사국이 연방수사국으로 정식출범 > 2. **연방보안관실(U.S Marshals Service)** : > 체포영장의 집행, 연방범죄피의자 호송, 증인의 신변안전보호 등 > 3. **마약단속국(DEA)** : 불법마약제조와 판매단속

	4. **인터폴(국제형사경찰기구) 중앙사무국** : 각국 경찰기관과 정보교환 및 수사협력 5. **알코올·담배·총기수사국(ATF)** : 총기류와 폭발물 단속
	④ **국토안보부** 9.11. 테러사태 이후 대테러기능을 통합하여 효과적으로 운영하기 위하여 신설
	시크릿 서비스(SS, 특별업무국) : 초기 재무부 소속으로 위조통화단속을 위해 창설되었고, **대통령 경호업무를 담당**
	– 소속 : 해안경비대, 세관국경보호국 이민·세관집행국, 교통안전청
주경찰	① 헌법상 경찰권은 연방정부가 아닌 주정부의 고유한 권한으로 되어 있으며, 주법을 집행하고, 연방법을 집행하지는 못하며, **주경찰과 연방경찰은 상호 협력관계(상호보완적 관계)** ② 주경찰과 지방경찰은 **상호 독립적**이며, 지휘하는 관계가 아님
지방경찰 – 핵심적 역할 수행	
도시경찰	수사, 순찰 등 전형적인 경찰업무를 담당하며, 미국의 법집행기관 중에서 **가장 규모가 크고 중요**하다. → 뉴욕시경찰청이 가장 규모가 큼

3. 미국의 수사구조와 수사상 권한

특징	**분권적 수사구조**를 가지며, 경찰과 검찰 모두 독자적 수사주재자로서, 양자는 **대등·협력**관계이다.
경찰	경찰은 독립된 수사주체로서 수사의 주재, 개시 및 수행은 독자적 판단으로 수행하며, 독자적인 수사종결권을 가진다.
검사	검사는 조직범죄와 같은 일부 특수범죄를 제외하고는 경찰이 송치한 사건에 대하여 **기소여부결정 및 공소유지만** 담당하여 소송절차상 역할만 수행함

제 3 절 독일경찰 ★

1. 독일의 경찰조직

(1) 연방경찰 – 최근 연방경찰의 업무범위가 점차 확대

특징	① 독일 기본법상 경찰권은 **원칙적으로 주정부에 속하며**, 전국적인 특수상황에 대비하기 위하여 헌법이 규정한 범위 내에서 연방경찰권을 보유 ② 연방경찰과 주경찰은 **상호 독자적인 지위가 인정**되며, **상명하복관계는 인정되지 않는다**. ③ **연방내무부장관은 주경찰에 대하여 원칙적으로 재정부담의무나 지휘통솔의 권한을 갖지 않는다**.
연방헌법 보호청 (BVS)	① 국가방첩임무와 반국가단체 및 인물에 대한 감시를 담당하며, 극좌·극우의 합법·비합법단체, 스파이 등 기본법위반의 혐의가 있는 모든 행위에 대한 **감시업무와 정보수집·분석업무**를 담당한다. ② 법률상 집행업무를 할 수 없고, 경찰권한도 없어서 구속·압수·수색 등을 할 수 없으며,

	신문을 위한 소환이나 강제수단도 행사할 수 없는 단순 정보수집 · 처리기관에 불과하다. 22 경간
연방범죄 수사청 (BKA)	① 각 주에서 발생하는 전국적인 주요범죄에 대처하기 위해 연방내무부 소속으로 설치되었다. → 전국 범죄수사를 실질적으로 지휘X ② 국제형사경찰기구(인터폴)의 중앙사무국 기능 수행하며, 외국과의 범죄수사협조업무를 담당한다. ③ 반국가적 범죄 및 국제적 · 광역적 범죄와 조직범죄, 마약, 화폐위조 등 특정범죄에 대한 수사권을 행사하며, 범죄정보수집 및 분석업무를 수행한다. → 각 주 경찰의 수사 활동을 협조, 지원하는 기관 but 주 수사경찰을 지휘하는 것은 아님 24 2차 ④ 연방헌법기관요인들에 대한 신변경호도 담당한다. 23 1차
연방 경찰청 (국경경비대)	① 국경경비, 해상경비, 재해경비, 헌법기관 및 외국대사관 등의 안전보호, 대테러 업무, 국가비상사태 방지업무, 철도 · 공항의 안전 경비업무 등을 담당한다. ② 연방경찰소속의 서부국경수비청 산하에 대테러부대인 GSG – 9을 두고 있음

(2) 주(州)경찰 – 경찰권은 주 정부의 권한이다.

특징	① 대부분의 주는 주단위의 국가경찰제도를 채택하고 있으며, 각 주는 주경찰법에 따라 주경찰을 독자적으로 상이한 경찰조직을 운영하고 있다. – 독일경찰은 연방차원에서는 각 주(州)가 경찰권을 가지고 있는 자치경찰이지만, 주(州)의 관점에서 본다면 주(州) 내무부장관을 정점으로 하는 주 (州)단위의 국가경찰체제이다. 23 경간, 24 1차 ② 각 주의 경찰조직은 주 내무부를 정점으로 주경찰청에서 파출소에 이르기까지 계층적 피라미드구조로 이루어져 있다.

2. 독일의 수사구조와 경찰의 수사상 권한

검사	① 수사의 주체로서, 직접 또는 경찰을 지휘하여 수사하며 기소권을 가진다. → 상명하복관계 ② 검사는 경제사범, 테러범, 정치범, 강력범의 경우에만 수사에 관여하고 기타 경미한 사건은 경찰에 독자적 수사를 위임하여 경찰이 실질적으로 수사를 담당하고 있다. ③ 검찰은 수사권과 기소권을 모두 가지고 있으나, 자체적인 집행기관이 없어 '팔 없는 머리'로도 불린다.
경찰	① 수사 활동에 있어 검사의 명령에 복종하여야 하며, 검사의 지휘 · 감독 하에 수사의 보조자로서 역할을 수행한다. ② 경찰도 초동수사권이 인정되어 기타사건은 일반적으로 실질적인 수사의 개시와 집행을 담당하고 있어 독자적 수사권이 인정되지만 수사 후 지체 없이 사건을 검찰에 송부하여야 한다.

제 4 절 프랑스경찰 ★

1. 프랑스경찰의 역사

구체제(Ancien Régime)시기 하에서 경찰 제도를 말하는 것으로 **국왕의 친위순찰대격인 프레보에서 재판과 경찰업무를 담당**(11세기경 프랑스의 앙리 1세는 파리의 치안을 유지하기 위해 법원과 경찰기능을 가진 프레보(Prévôt)를 창설하였다.) 21·22 경간, 24 1차

2. 프랑스의 경찰조직

(1) **국가경찰** : 국가경찰에는 **인구 2만명 이상**의 꼬뮌에 배치되어 전국적 조직을 가지는 내무부소속의 **국립경찰**(국가경찰기동대 및 파리경찰청 포함)과 국방부소속의 **군인경찰**이 있다.

국립경찰청	① 내무부장관소속 하에 설치되어 있으며, **내무부장관의 지휘·감독을 받아 경찰청장이 전국의 국립경찰을 통일적으로 지휘·감독**한다. ② 국립경찰은 인구 2만명 이상의 도시지역에서 설치·운용되며, 프랑스경찰의 중심이다.
파리경찰청	파리지역에는 상호 견제를 통한 정확하고 상세한 정보수집 목적으로 **국립경찰과 군인경찰 중첩배치**하고 있다.

* 군인경찰

특징	① 국립경찰이 배치되지 않은 **인구 2만명 미만**의 소도시에서 도지사의 지휘를 받아 민간인을 상대로 **일반경찰사무를 수행** ② 군인경찰은 **국방부 소속**의 군인이나(국방부장관이 임명과 감독), 경찰업무를 수행할 때는 국가경찰로서 경찰법령에 따라 활동 ③ 군인경찰은 **행정경찰업무와 사법경찰업무를 함께 수행** 23 경간

(2) **자치경찰**

특징	① **2만명 미만**의 지역에서 제한적인 경찰업무를 담당 ② 자치체경찰과 국가경찰은 담당업무가 명확히 구분되어 있으며, 상호간 분업 및 협동체계를 이루고 있어 충돌이 없음

3. 프랑스의 범죄수사구조와 경찰의 수사상 권한

검사	수사주재자로 경찰을 지휘하여 수사하며, 기소권을 가짐. 법원의 하부조직으로 검찰을 둠
경찰	수사의 보조자로서, 수사판사나 검사의 지휘·감독 하에 수사하며, **독자적 수사개시권**은 인정된다.

① 경미한 형사사건은 검사의 1차 수사로서 종결하고, 사안이 중대하거나 복잡한 사건은 예심판사가 재수사(예심)하는 2중적 체계

* 예심판사(수사판사)

지위	① 제1심의 예비법원을 구성하는 단독제 법관으로, 수사권을 가지며 동시에 판사로서의 결정권을 가진다. 판결을 행하는 법원의 선행단계로서 **증거를 수집하고 범인이 유죄판결을 받기에 충분한지 여부를 평가** ② 현행범인의 범죄현장에 출동하여 사법경찰관과 검사에게 수사상 필요한 명령을 내릴 수 있다.

② 프랑스에서는 수사의 주체가 **수사판사 또는 검사**이고, 국립경찰 소속 **사법경찰**뿐만 아니라 사법경찰활동을 하는 군경찰도 수사판사 또는 검사의 수사지휘를 받아야 한다. 24 2차

제 5 절 일본경찰 ★

1. 일본경찰의 역사

사법성 시대	1871년 동경부에 나졸(邏卒) 3000명이 창설되어 근대적 경찰이 처음 등장하였고, 나졸이 증원되면서 1872년 사법성의 관할로 이관되었다. 26 경간

2. 일본의 경찰조직

기본특징	① 절충형 경찰체제 **국가경찰**(경찰청과 관구경찰국)과 **자치체경찰**(동경도경시청과 43개의 도부현 경찰본부)의 2원적 체제로 구성
국가경찰	경찰청과 관구경찰국이 있다. ① 경찰청 내각총리대신의 소할(所轄)하에 있는 국가공안위원회에 설치되어 (내각총리대신의 형식적 감독 하에)국가공안위원회의 관리를 받는다. → 경찰청장관 　1) 국가공안위원회가 내각총리대신의 동의를 얻어 임면한다. 　2) 소관사무의 범위 내에서 (관구경찰국장을 통하여)도도부현 경찰을 지휘·감독한다. ② 관구경찰국 　㉠ 경찰청의 지방기관으로, 동경 경시청과 북해도 경찰본부 관할구역을 제외 하고 전국에 **6개**가 설치되어 있다. 22 경간 　㉡ 관구경찰국장의 권한 　　1) 관구경찰국의 사무를 총괄하고 소속직원을 지휘·감독한다. 　　2) 소관사무의 범위 내에서 부·현경찰을 지휘·감독한다. ③ 국가공안위원회 　1) 능률성보다는 경찰의 민주성과 정치적 중립성 확보, 경찰운영의 관료화와 독선방지 목적 　2) 경찰청의 소관사무에 대한 관리기관 　3) 내각총리대신의 소할(所轄)하에 있으나, 내각총리대신의 지휘·감독을 받지 않는다(정치적 중립성 확보). 　4) 합의제 행정관청인 행정위원회의 성격으로 비상설기관 　5) 임무와 권한 　　1) 경찰청장관을 임명하는 등 경찰에 대한 **임면권** 　　2) 경찰청의 업무수행에 대한 **감찰권**

	3) 사법경찰직원의 지정에 관한 권한, 사법경찰직원에 대한 **징계파면권** 4) 중앙기관에서 해야 하는 국가의 공안에 관한 경찰운영을 관장 6) 위원회의 구성과 운영 　위원장은 위원회를 대표하고 업무를 총괄하며 회의를 주재하나 위원으로서의 **표결권은 없다**. 다만, 가부동수인 경우 결정권을 가진다.
자치체경찰	도도부현 경찰(동경도경시청과 도부현경찰본부가 있다.) ① 도도부현공안위원회 　각 도도부현 지사의 소할 하에 설치되어 각 도도부현경찰을 관리하는 기관(국가공안위원회의 감독을 받지는 않음) ② 도도부현경찰은 자치경찰적 성격과 국가경찰적 성격이 혼재한다. 경시총감, 경찰본부장 기타 경시정(총경) 이상의 경찰관은 국가공안위 원회의가 도도부현공안위원회의 동의를 얻어 임명하는 **국가공무원**이며, 경시(경정) 이하는 **지방공무원**(봉급은 지방자치단체가 부담)

3. 일본의 범죄수사구조와 경찰의 수사상 권한

범죄수사구조	경찰과 검찰이 모두 수사주재자로서 양자는 원칙적으로 상호 대등한 협력관계, 예외적으로 지휘·감독관계이다. ① 사법경찰직원은 1차적 수사기관이고, 검사는 2차적 수사기관 ② 사법경찰은 통상적인 사건에 대한 제1차적·독자적 수사권을 가지며, 고도의 법률지식을 요하거나 정치성을 띠는 사건은 검사가 직접 수사한다.
검사	① 수사권과 기소권(공소제기권), 재판의 집행감독권, 직무상 필요한 경우 법원에의 통지 또는 의견진술권을 가진다. ② 검찰총장, 검사장 또는 검사정은 정당한 이유 없이 지시 또는 지휘에 불응한 경찰관에 대하여 국가공안위원회 또는 도도부현공안위원회에 징계 또는 파면을 청구할 수 있다.
경찰	① 경찰은 수사의 개시 및 진행권을 가지나 수사종결권은 검찰에게만 있다. 23 경간 → 경찰의 수사결과는 모두 검찰에 송치하는 것이 원칙 24 2차 ② 체포·압수·수색·검증영장청구권은 검사 또는 경부 이상의 사법경찰원(우리의 사법경찰관에 해당)이 청구할 수 있다.

정리　경찰제도의 세 가지 모델

집권형 국가 (국가경찰체제)	프랑스, 스웨덴, 이탈리아, 대만, 덴마크 등
분권형 국가 (자치경찰체제)	미국, 캐나다, 네덜란드, 스위스, 벨기에 등
절충형 국가	영국, 일본, 브라질, 호주, 독일

CHAPTER 04 경찰행정법

제 1 절 경찰행정법의 기초

1. 법치행정 ★★★ (형식적 법치주의 → 실질적 법치주의로 발전)

법치행정의 원칙에 관한 전통적 견해는 '법률의 법규창조력'(법률의 지배X), '법률의 우위', '법률의 유보'를 내용으로 한다. 22 2차

경찰행정은 법에 따라 행하여져야 하며, 경찰행정권에 의하여 국민의 권익이 침해된 경우에는 이에 대한 구제제도가 보장되어야 한다. 25 1차

법률의 법규창조력	① 국민의 권리제한이나 의무부과는 국회가 제정한 법률 또는 법률의 위임에 의한 법규명령에 의해서만 규율할 수 있다는 원칙 ② 경찰기관의 활동은 조직규범으로서의 법률에 정해진 범위 내에서 행해져야 한다. 11 1차
법률우위의 원칙 (제약규범) (저촉규범)	① "어떠한 경찰활동도 경찰활동을 제약하는 법률의 규정에 위반해서는 안된다."는 원칙 11 1차, 25 1차 ② 법률우위의 원칙은 행정의 법률에의 구속성을 의미하는 소극적인 측면을 의미하며, 모든 행정작용에 적용된다. 13 국회 9급, 24 1차 (법률우위의 원칙은 침해적 행정에만 적용된다X → 수익적 행정에도 적용됨) 17 교육행정 9급 ③ 법률우위의 원칙에서 법률이란 형식적 의미의 법률만이 아니라 행정법의 일반원칙까지 포함한다.(성문법과 불문법까지 포함) 22 2차
법률유보의 원칙 (근거규범)	① "법률에 일정한 행위를 일정한 요건 하에 수행하도록 수권하는 근거규정이 없으면 경찰기관은 자기의 판단에 따라 독창적으로 행위를 할 수 없다."는 원칙 11 1차 ② 법률유보의 원칙은 행정은 법률수권에 의하여 행해져야 한다는 적극적인 측면을 의미하며, 비권력적 수단의 활동은 근거 없이도 가능하다. – 법적근거 필요(권력적 작용) 22 2차 ① 공무원에 대해 특정종교를 금지하는 훈령 ② 자살을 시도하는 사람에 대한 경찰관서 보호 ③ 붕괴위험시설에 대한 예방적 출입금지 – 법적근거 불요(비권력적 작용) 22 2차 ④ 경찰관의 학교 앞 등교지도 ⑤ 주민을 상대로 한 교통정책홍보 ⑥ 기초생활수급자에 대한 생계비지원

③ 법률은 **성문법만을 의미**하고, 불문법은 포함되지 아니한다.
④ 기본권 제한에 관한 법률유보의 원칙은 '**법률에 근거한 규율**'을 요청하는 것이다. 18 경행, 25 1차
⑤ 법률유보의 원칙에서 요구되는 법적근거는 **작용법적, 개별법적** 근거를 의미하며, 조직법적 근거는 당연히 요구된다. 19 국가 9급
⑥ 법률유보의 원칙은 국민의 기본권 실현과 관련된 영역에 있어서는 국민의 대표자인 **의회가 그 본질적인 사항에 대해서 스스로 결정**하여야 한다는 요구까지 내포하고 있다.[**중요사항유보설**(본질성설)] 14 경행
⑦ 법률유보원칙은 법률에 근거한 규율을 뜻하며, **위임입법(위임명령)**은 '법률의 위임을 받은 사항에 대해 법률 내용을 보충하기 위하여 내리는 행정관청의 명령으로 **위임의 범위 내에서 국민의 권리, 의무에 관한 새로운 법규사항을 정할 수 있다**'라고 규정하고 있으므로 기본권 제한을 할 수 있다. 24 1차
⑧ 헌법상 보장된 국민의 자유나 권리를 제한할 때에는 적어도 그 제한의 **본질적인** 사항에 관하여 **국회가 법률로써 스스로** 규율하여야 한다. 24 1차
⑨ 집회나 시위 해산을 위한 **살수차** 사용은 집회의 자유 및 신체의 자유에 대한 중대한 제한을 초래하므로 살수차 사용요건이나 기준은 **법률에 근거를 두어야 하고**, 살수차와 같은 위해성 경찰장비는 본래의 사용방법에 따라 지정된 용도로 사용되어야 하며 다른 용도나 방법으로 사용하기 위해서는 **반드시 법령에 근거가 있어야 한다**. 혼합살수방법은 법령에 열거되지 않은 새로운 위해성 경찰장비에 해당하고 이 사건 지침에 **혼합살수의 근거 규정을 둘 수 있도록 위임하고 있는 법령이 없으므로, 이 사건 지침은 법률유보원칙에 위배되고** 이 사건 지침만을 근거로 한 이 사건 혼합살수행위 역시 법률유보원칙에 위배된다. 따라서 이 사건 혼합살수행위는 청구인들의 신체의 자유와 집회의 자유를 침해한다.(헌재 2015헌마476) 22 2차, 24 1차

2. 경찰법의 법원 ★★★ (법의 존재형식 또는 인식근거에 관한 문제) 14 승진, 21·23 경간, 23 1차

(1) 성문법원 11 1차, 14 승진

헌법	① 헌법은 국가의 기본적인 통치구조를 정한 기본법으로 행정의 조직이나 작용의 기본원칙을 정한부분은 그 한도 내에서 경찰법의 법원이 된다. 21·23 경간 ② 헌법재판소의 **위헌결정**은 법원이나 기타 국가기관 및 지방 자치단체를 기속하므로 **법원성이 인정**된다. 21·24 경간, 15 경행
법률	국회에서 제정하는 것, **경찰권 발동은 법률에 근거**해야 하므로, 법률은 경찰법상의 법률관계에 있어서 **중심적인 법원**이다. 23 경간
조약 및 국제법규	① 헌법에 의해 체결·공포된 조약과 일반적으로 승인된 **국제법규(국내법규X)는 국내법과 동일한 효력**을 가짐 14 승진, 15 경행, 24 경간, 25 2차 ② 국내에 적용되기 위해서 **별도의 국내법을 제정할 필요가 없다**. ③ 조약의 국제법적 효력은 **대통령의 비준**에 의하고, 국내법적 효력은 **대통령의 비준과 국회의 동의**가 필요함
행정입법 (명령)	행정입법이란 국회 의결을 거치지 않고 **행정부가 제정하는 법**을 의미하며, 행정조직 내부의 사무처리기준에 관한 **행정규칙**과 국민을 구속하는 효력이 있는 **법규명령**으로 구분된다. 19 2차, 21 경간

자치법규 (조례와 규칙)	① **지방의회**가 제정하는 자치법규를 **조례**라고 하고, **지방자치단체장**이 제정하는 것을 **규칙**이라고 한다. 21 경간 ② 법률의 위임이 있을 때 주민의 권리제한 또는 의무부과를 포함(제외X)한 사항이나 벌칙을 정할 수 있고, 위반 시 **1천만원 이하의 과태료(벌금X)** 정할 수 있다. 25 2차 ③ 지방자치법에 의하면 지방자치단체가 **조례**로 주민의 권리 제한 또는 의무 부과에 관한 사항이나 벌칙을 정할 때에는 법률의 위임이 있어야 한다. 18 경행 ④ 지방자치단체는 **법령의 범위(위임한 범위X)**에서 그 사무에 관하여 **조례(조리X)**를 제정할 수 있다.(지방자치법 제28조 제1항) 23 1차 ⑤ 법령에서 조례로 정하도록 위임한 사항은 그 법령의 하위 법령에서 그 위임의 내용과 범위를 제한하거나 직접 규정할 수 없다.(지방자치법 제28조 제2항) 25 2차 ⑥ 조례와 규칙은 특별한 규정이 없으면 공포한 날부터 **20일**이 지나면 효력을 발생한다.(지방자치법 제32조 제8항) ⑦ ⑨ 조례안이 지방의회에서 의결되면 지방의회의 의장은 의결된 날부터 **5일(7일X)** 이내에 그 지방자치단체의 장에게 이송하여야 한다.(지방자치법 제32조 제1항) 25 2차

(2) 불문법원 → 관습법, 판례법, 조리(불문법도 경찰법의 법원임)

관습법	사회의 거듭된 관행으로 생성한 사회생활규범이 **사회의 법적확신**과 인식에 의하여 법적규범으로 승인 강행되기에 이른 것을 말한다. 15 경행, 23 1차
판례법	① 동일한 판결이 반복되어 법으로 인정된 것을 말하며, 대륙법계는 판례의 법원성을 부정하고, 영미법계는 판례의 법원성을 인정하는 입장이다. ② 우리나라의 경우 대법원 판례는 상급법원의 판결은 당해사건의 하급심을 기속하는 효력을 갖는다는 입장이고, 대법원의 판례가 법률해석의 일반적인 기준을 제시한 경우에 유사한 사건을 재판하는 하급심법원의 법관은 판례의 견해를 존중하여 재판하여야 하는 것이나, **판례가 사안이 서로 다른 사건을 재판하는 하급심법원을 직접 기속하는 효력이 있는 것은 아니다.** 15·17 경행
조리	① 법의 일반원칙, **최후의 보충적 법원**으로서 조리는 일반적·보편적 정의를 의미함(법의 일반원칙인 조리는 행정법의 법원이 되지 못한다X) ② 형식상 적법행위라도 행정법의 일반원칙에 어긋나면 **위헌, 위법**의 문제 발생하여 **무효 또는 취소**의 사유가 될 수 있다. 14 승진, 23 경간 ③ 점차 성문화되어가는 추세이다. 21 경간 ④ 종류로는 **비례의 원칙(과잉금지원칙), 평등의 원칙, 신뢰보호의 원칙, 자기구속의 원칙, 부당결부금지 원칙** 등이 있다. 21 경간

■ 조리의 내용 - 경찰권 발동이 조리상 한계에 위배되면 위법행위로 무효 또는 취소사유가 된다. 19 특채

비례의 원칙	① 경찰권 발동의 **조건과 정도**에 관한 원칙으로 **모든 행정영역**에 적용되며, 비례의 원칙은 명문의 규정을 두고 있다. 그 근거로는 경찰관직무집행법 제1조 제2항, 헌법 제37조 제2항, 행정기본법 제10조 등이 있다. 24 2차 ② 비례의 원칙은 적합성, 필요성, 상당성 세 가지 조건이 **모두 충족**이 되어야 한다.(하나만 충족하면 X)

	③ 요건 　- **적합성** : 목적달성에 **적합한 수단**이어야 한다는 것(적합한 수단이 반드시 하나일 필요는 없다.) 　- **필요성** : 목적달성에 적합한 수단 들 중에서 **가장 최소한의 침해를 가져오는 것**으로 **최소침해의 원칙**이라고 함 24 2차 　- **상당성** : 목적달성으로 인한 **공익과 사익 간에 균형**이 있어야 함 　　→ "참새를 잡기 위해 대포를 쏘아서는 안 된다."는 것 　　→ **협의의 비례원칙**이라고 함 경찰기관의 어떤 조치가 경찰목적의 달성을 위해 필요한 경우라고 하더라도 그 조치에 따른 불이익이 그 조치로 인해 발생하는 이익보다 큰 경우에는 경찰권을 발동해서는 안된다는 원칙 23 1차, 24 2차 ④ **적합성 → 필요성 → 상당성** 순서대로 요건이 충족이 되어야 함 ■ 비례의 원칙 위반 관련 판례지문 ① 경찰관이 가스총을 근접 발사하여 가스와 함께 발사된 고무마개가 범인의 눈에 맞아 실명한 경우 국가배상책임이 인정된다. ② 공무원이 단지 1회 훈령에 위반하여 요정 출입을 하였다는 사유만으로 한 파면처분은 위법하다. 21 해경승진
평등의 원칙	**행정기본법 9조**(평등의 원칙) 행정청은 합리적 이유 없이 국민을 차별하여서는 아니 된다. 23 승진 ■ 평등원칙 관련 판례지문 ① 평등의 원칙은 본질적으로 같은 것을 자의적으로 다르게 취급함을 금지하는 것이고, **위법한 행정처분이 수차례에 걸쳐 반복적으로 행해졌다고 하더라도 그러한 처분이 위법한 것인 때에는** 행정청에 대하여 **자기구속력을 갖게 된다고 할 수 없다**.(대판 2008두13132) 18 경행 ② 같은 정도의 비위를 저지른 자들 사이에 있어서도 그 직무의 특성, 비위의 성격 및 정도를 고려하여 징계 종류의 선택과 양정을 차별적으로 취급하는 것은 **합리적 차별로서 평등원칙에 반하지 아니한다**.(대판 99두2611) 22 2차
신뢰보호의 원칙	① 행정청의 의사표시를 개인이 신뢰한 경우 보호가치 있는 신뢰는 보호해 주어야 한다는 원칙 ② 행정청의 **선행조치(공적인 견해표명)**, 보호가치 있는 신뢰(상대방 등에게 귀책사유가 없어야 함), 신뢰에 따른 상대방의 조치, 선행조치에 반하는 행정청의 후행조치의 존재, 인과관계 필요 등을 요건으로 하고 있음 ③ 근거로는 **행정절차법**과 **행정기본법, 국세기본법**에 규정이 있다.(신뢰보호의 원칙은 판례뿐만 아니라 실정법상 근거를 가지고 있다.) 18 국가 7급 ④ 신뢰보호의 원칙은 중대한 공익이나 제3자의 이익을 현저히 침해하는 경우에는 적용되지 않는다. （판례） 대법원은 운전면허 취소사유에 해당하는 음주운전을 적발한 경찰관의 소속경찰서장이 사무착오로 위반자에게 운전면허정지처분을 한 상태에서 위반자의 주소지 관할 시도경찰청장이 위반자에게 운전면허취소처분을 한 것은 **신뢰보호원칙(조리)에 위배**된다고 판시하였다. 18 경행, 19 2차, 25 경간(경위공채)

⑤ 법령 개정에 대한 신뢰와 관련하여, 법령에 따른 개인의 행위가 국가에 의하여 **일정한 방향으로 유인된 경우**에 특별히 보호가치가 있는 **신뢰이익이 인정될 수 있다.** 16 지방 9급

법률에 따른 개인의 행위가 국가에 의하여 일정 방향으로 유인된 신뢰의 행사가 아니라 **단지 법률이 부여한 기회를 활용한 것**이라 하더라도, **신뢰보호의 이익이 인정되지 않는다.** 18 국가 7급

⑥ 행정청의 공적견해표명은 권한 있는 자에 의해서만 가능하므로, 병무청 **민원상담 공무원**으로부터 보충역 편입대상자가 될 수 있다는 상담을 받았으나 실제로는 현역입영판정을 받았다면 **신뢰보호원칙에 반하는 것은 아니다.** 18 소방간부

⑦ 수익적 행정행위가 수익자의 **귀책사유가 있는 신청**에 의해 행해졌다면 그 신뢰의 보호가치성은 인정되지 않는다. 19 소방채용 행정기관의 선행조치로서 의 공적인 견해표명은 **반드시 명시적** 언동이어야 하는 것은 아니고, **묵시적, 적극적, 소극적** 언동 모두 가능하다. 19 소방채용

⑧ 처분청 자신의 공적견해표명이 있어야만 하는 것은 아니며, 경우에 따라 서는 **보조기관인 담당공무원의 공적인 견해표명도 신뢰의 대상이 될 수 있다.** 19 소방채용

⑨ 신뢰보호의 원칙을 위반한 행정청의 행위는 **위헌·위법**의 문제가 발생하는데 위법의 효과는 해당 행정행위를 **취소**할 수 있으며 그 위법성이 중대·명백한 경우 **무효**가 된다. 25 2차

■ 신뢰보호원칙 관련 기출 판례지문

① 행정청의 공적견해표명이 있었는지의 여부를 판단하는 데 있어 **반드시 행정조직상의 형식적인 권한 분장에 구애될 것이 아니라** 담당자의 조직상의 지위와 임무, 당해 언동을 하게 된 구체적인 경위 및 그에 대한 상대방의 신뢰가능성에 비추어 **실질에 의하여 판단하여야 한다.** 20 국가 9급

② **헌법재판소의 위헌결정**은 행정청이 개인에 대하여 신뢰의 대상이 되 는 공적견해를 표명한 것이라고 볼 수 없으므로 그 결정에 관련한 개인의 행위에 대하여는 **신뢰보호의 원칙이 적용되지 않는다.**

③ 행정관청이 폐기물처리업 사업계획에 대하여 폐기물 관리법령에 따른 **적정통보**를 한 경우에는 그 사업부지 토지에 대한 **국토이용계획변경신청**을 승인하여 주겠다는 취지의 공적견해를 표명한 것으로 볼 수 없다. 20 국가 9급

④ 폐기물처리업에 대하여 사전에 관할 관청으로부터 **적정통보**를 받고 막대한 비용을 들여 허가요건을 갖춘 다음 허가신청을 하였음에도 관할 관청으로부터 '**다수 청소업자의 난립으로 안정적이고 효율적인 청 소업무의 수행에 지장이 있다**'는 이유로 불허가처분을 받은 경우, 그 처분은 신뢰보호원칙 위반으로 인한 위법한 처분에 해당된다.(대판 98두4061) 22 2차

부당결부금지의 원칙
18 경행,
19 국회 8급

① 행정주체가 행정작용을 함에 있어서 상대방에게 이와 **실질적인 관련이 없는 의무를 부과하거나 그 이행을 강제하여서는 안 된다**는 원칙을 말한다.

② 관련판례

1. 이륜자동차로서 **제2종 소형면허를 가진 사람만이 운전할 수 있는 오토바이**는 제1종 대형면허나 보통면허를 가지고서도 이를 운전할 수 없는 것이어서 이와 같은 이륜자동차의 운전은 제1종 대형면허나 보통면허와는 아무런 관련이 없는 것이므로 **이륜자동차를 음주 운전한 사유만 가지고서는 제1종 대형면허나 보통면허의 취소나 정지를 할 수 없다.** → 부당결부금지의 원칙 위반(대판 91누8289 판결) 25 경간(경위공채)

2. 지방자치단체장이 사업자에게 주택사업계획승인을 하면서 그 주택사업과는 아무런 관련이 없는 토지를 기부채납 하도록 하는 부관을 주택사업계획승인에 붙인 경우, **그 부관은 부당결부금지의 원칙에 위반되어 위법하지만**, 지방자치단체장이 승인한 사업자의 주택사업계획은 상당히 큰 규모의 사업임에 반하여, **사업자가 기부채납한 토지 가액은 그 100분의 1 상당의 금액에 불과한데다가**, 사업자가 그 동안 그 부관에 대하여 아무런 이의를 제기하지 아니하다가 지방자치단체장이 업무착오로 기부채납한 토지에 대하여 보상협조요청서를 보내자 그 때서야 비로소 부관의 하자를 들고 나온 사정에 비추어 볼 때 **부관의 하자가 중대하고 명백하여 당연무효라고는 볼 수 없다**고 한 사례이다.(대판 96다49650) 22·23 2차

3. 갑이 혈중알코올농도 0.140%의 주취상태로 **배기량 125cc 이륜자동차**를 운전하였다는 이유로 관할 지방경찰청장이 갑의 자동차운전면허[제1종 대형, 제1종 보통, 제1종 특수(대형견인·구난), 제2종 소형]를 취소하는 처분을 한 사안에서, (중략) **처분이 사회통념상 현저하게 타당성을 잃어 재량권을 남용하거나 한계를 일탈한 것이라고 단정하기에 충분하지 않음에도**, 이와 달리 위 처분 중 **제1종 대형, 제1종 보통, 제1종 특수(대형견인·구난) 운전면허를 취소한 부분에 재량권을 일탈·남용한 위법이 있다고 본 원심판단에 재량권 일탈·남용에 관한 법리 등을 오해한 위법이 있다**고 한 사례이다.(대판 2017두67476 판결) 23 2차

4. 제1종 보통 및 대형 운전면허의 소지자가 제1종 보통 운전면허로 운전할 수 있는 차를 음주 운전하여 그 면허를 모두 취소당한 사안에서, 그 취소처분 중 제1종 대형면허의 취소 부분 → **부당결부금지의 원칙 위반이 아님**(대판 96누15176 판결)
   → 자동차운전면허 취소사유가 특정 면허에 관한 것이 아니고 **다른 면허와 공통된 것이거나 운전면허를 받은 사람에 관한 것일 경우에는 여러 면허를 전부 취소할 수도 있다**. 16 경행

5. 제1종보통 운전면허와 제1종대형 운전면허를 취득한 자가 대형화물자동차를 운전하다가 교통사고를 낸 것과 관련하여 행정청이 운전면허정지처분을 하면서 면허의 종별을 기재하지 않고 면허번호만을 특정한 경우, 위 각 운전면허가 1개의 면허번호에 의하여 통합관리되고 있다고 하더라도 운전면허정지처분의 대상은 제1종대형 운전면허에 국한되므로 **제1종 보통 운전면허는 정지되지 않는다**고 한 사례. (대판 2000두5425 판결) 25 경간

자기구속의 원칙

① 행정청이 동종의 사안에서 제3자에게 행한 결정과 동일한 결정을 하도록 스스로 구속당하는 원칙이다.

② 자기구속의 원칙은 평등의 원칙에서 파생되었으며, **행정관행이 적법한 경우에만 적용**되며, 종래 관행이 위법한 경우에는 행정청은 자기구속을 당하지 않는다. 18 국가 9급, 22 2차

③ 적용요건
   (1) **재량행위**의 영역일 것 – 기속행위X
   (2) 동종의 사안에 대해 **선례가 존재할 것**(처음으로 신청한 사람은 선례가 없으므로 적용되지 않는다.)

재량준칙이 공표된 것만으로는 행정의 자기구속의 원칙이 적용될 수 없고, **재량준칙이 되풀이 시행되어 행정관행이 성립한 경우에 자기구속의 원칙이 적용될 수 있다**. 17 경행

④ 자기구속의 원칙이 인정되는 경우 행정관행과 다른 처분은 특별한 사정이 없는 한 위법하다. 20 소방

⑤ 헌법재판소는 **평등의 원칙**이나 **신뢰보호의 원칙**을 근거로 행정의 자기구속의 원칙을 인정하고 있다. 11 사회복지 9급, 18 소방

(3) 법규명령(대통령령, 총리령, 부령)과 행정규칙 ★★★ 16 19·21 경간, 17·19 승진, 19 2차

1) 법규명령

개념	① 국회의 의결을 거치지 않고 행정기관에 의하여 제정된 성문법규를 법규명령이라고 하며, 법규명령에는 **위임명령과 집행명령**이 있다. 20·21 승진, 21 경간 → 위임명령은 법규명령이고, 집행명령은 행정규칙이다(X) 19 승진, 19 경간 ② 일반 **국민의 권리·의무에 관계되는 법규범**을 말하며, 국민과 행정청을 구속하며, **재판규범**이 되는 법규범을 말한다. ③ 국민의 권리, 의무에 관한 사항을 규율하는 법규범이므로 **법률 우위의 원칙과 법률 유보의 원칙이 모두 적용**된다. ④ 법규명령의 위임의 근거가 되는 법률에 대하여 위헌결정이 선고되더라도 그 위임규정에 근거하여 제정된 법규명령은 원칙적으로 **효력을 상실(유지X)**한다.(대판 2000다18547) 25 1차
성립요건 및 효력발생	헌법 또는 법률, 기타 상위명령의 근거가 필요하며, 법조문의 형식으로 제정하여 공포함으로써 성립한다. **헌법 제95조** 국무총리 또는 행정각부의 장은 소관사무에 관하여 **법률이나 대통령령의 위임 또는 직권으로 총리령 또는 부령을 발할 수 있다.**(직권으로 부령을 발할 수 없다X) 25 1차 **헌법 제53조** ① 국회에서 의결된 법률안은 정부에 이송되어 15일 이내에 대통령이 공포한다. 23 승진 – 법령 등 공포에 관한 법률 **제11조(공포 및 공고의 절차)** ① 헌법개정·법률·조약·대통령령·총리령 및 부령의 공포와 헌법개정안·예산 및 예산 외 국고부담계약의 공고는 관보(官報)에 게재함으로써 한다. 24 2차 ② 「국회법」 제98조제3항 전단에 따라 하는 국회의장의 법률 공포는 서울특별시에서 발행되는 둘 이상의 일간신문에 게재함으로써 한다. 24 2차 **제12조(공포일·공고일)** 제11조의 법령 등의 공포일 또는 공고일은 해당 법령 등을 게재한 관보 또는 신문이 발행된 날로 한다. 24 2차 **제13조(시행일)** (법률X) 대통령령, 총리령 및 부령은 특별한 규정이 없으면 **공포한 날부터 20일**이 경과함으로써 효력을 발생한다. 17·19 승진, 19·24·25 2차, 21 경간, 18 경행, 23 1차 **제13조의2(법령의 시행유예기간)** 국민의 권리 제한 또는 의무 부과와 직접 관련되는 법률, 대통령령, 총리령 및 부령은 긴급히 시행하여야 할 특별한 사유가 있는 경우를 제외하고는 **공포일부터 적어도 30일**이 경과한 날부터 시행되도록 하여야 한다. 117·21 승진, 18 경행, 25 1차

분류	위임명령	집행명령
	① 법률의 위임을 받은 사항에 대해 법률 내용을 보충하기 위하여 내리는 행정관청의 명령으로 위임의 범위 내에서 국민의 권리, 의무에 관한 **새로운 법규사항을 정할 수 있다.** 21 승진, 22 2차	① 법률이나 상위 명령을 집행하기 위하여 필요한 세부 사항을 규정한 명령

	② 한계 1. 일반적, 포괄적 위임 금지 2. 국회 전속적 입법사항 위임 금지 3. 처벌(벌칙)규정 위임 금지 　(종류, 상한, 폭을 규정하여 예외 가능) 4. 전면적 재위임 금지	② 한계 법률이나 상위명령의 위임이 없어도 제정 가능하지만, 상위법령의 집행에 필요한 형식이나 절차만을 규정할 수 있으므로 국민의 권리, 의무에 관한 새로운 법규사항을 정할 수 없다. 22 2차
위반	법규명령에 위반한 행위는 위법한 행위로서 하자가 중대하고 명백한 경우에는 무효, 하자가 경미한 경우에는 취소사유가 된다.	
형식	**대통령령**	
	대통령이 제정하는 법규명령을 말하며, '~법 시행령'으로 불린다.	
	총리령·부령	
	국무총리 또는 행정 각부의 장이 발하는 명령을 말하며, '~법 시행규칙'으로 불린다.	

2) 행정규칙

개념	① 행정 주체가 정한 일반적, 추상적인 규정으로서 **법규의 성질을 갖지 아니 하는** 규칙이며, 행정 기관 안에서만 효력을 가지는 행정입법이다. ② 국민의 권리, 의무에 관한 사항을 규정하는 것은 아니지만, 행정규칙도 법률에 위반되어서는 안되므로 **법률 우위의 원칙은 적용**되며, 내부규율에 불과해서 **법률의 근거 없이도 제정이 가능**하므로 법률 유보의 원칙은 적용되지 아니한다.
성립요건 및 효력발생	① 법규명령과는 다르게 행정조직 내부, 특별권력관계 내부를 규율하기 위한 것이므로 **법령의 구체적, 개별적 수권을 요하지 않는다.** ② **문서, 구두** 모두 가능하며, 공포를 요하지 않는다. 21 경간 ③ 법규성이 부정되어 **대내적 구속력만 있고**, 대외적인 구속력은 없다. ④ 법규범이 아니므로 **공포할 필요는 없고**, 상대방에게 의사가 도달한 때부터 **효력이 발생한다.**
효력발생의 예외	① 재량준칙 재량준칙 자체는 법규성이 있는 것이 아니어서 대외적인 효력을 인정할 수 없지만, 재량준칙이 되풀이 되어 행정관청의 관행이 성립한 경우에는 평등의 원칙과 자기구속의 원칙을 매개로 하여 간접적으로 법규성(대외적 효력)을 가지게 된다. 　- 재량준칙의 제정은 행정청에게 **재량권이 인정되는 경우에만 가능**하며 행정청이 기속권만을 갖는 경우에는 인정되지 않는다. 19 경간 　- 재량준칙이 위법한 경우에는 자기구속의 원칙이 인정되지 않는다. 　- 행정청은 **법률의 근거규정이 없더라도** 재량권이 인정되는 영역에서 재량권 행사의 기준이 되는 지침을 제정할 수 있다. ② **[행정규칙형식의 법규명령]** = **법령보충규칙** **상위법령의 위임(상위법령과 결합하여)**에 의해 법령 보충적 기능을 하는 경우 **법령 보충적 행정규칙**이라고 하며, **대외적 구속력을 가진다.**(그 자체로는 대외적 구속력X) 따라서 형식은 행정규칙이나 법령의 구체적 내용을 보충할 권한을 부여받아 법령을 보충하는 기능을 하는 경우에는 법규성이 있는 것으로 본다. ③ **[법규명령형식의 행정규칙]** 법규명령의 형식을 취하고 있지만, 내용은 행정규칙의 실질을 가지는 것을 말한다. 이에 대해 대법원은 제재적 행정처분의 기준이 **대통령령(시행령)**형식으로

	규정된 경우에는 **법규명령**의 성질을 갖는다고 보고, **부령(시행규칙)의 형식으로 규정된 경우 행정규칙**에 불과하여 대외적으로 국민이나 법원을 기속하는 효력이 없다고 본다.
	도로교통법시행규칙 제53조 제1항이 정한 [별표 16]의 운전면허행정처분기준은 **부령의 형식**으로 되어 있으나, 그 규정의 성질과 내용이 운전면허의 취소처분 등에 관한 사무처리기준과 처분절차 등 **행정청 내부의 사무처리준칙을 규정한 것에 지나지 아니하므로 대외적으로 국민이나 법원을 기속하는 효력이 없다.** (대판 96누5773) 25 1차
분류	형식에 따라 **훈령, 고시 예규, 일일명령, 지시**로 구분할 수 있다.
위반	행정규칙은 법규성이 없으므로 이를 위반하여도 **위법이 아니며**, 내부적으로 **징계벌(징계책임)**이 발생한다. 19 승진

3) 법규명령과 행정규칙의 비교

구분	법규명령 (국민과 행정청을 동시에 구속)	행정규칙
근거	상위법령 근거 **필요**	상위법령 근거 **불요**
구속력	대외적, 양면적 구속력O	대외적 구속력X
공포	필요	불요
효력발생	특별한 규정 없으면 공포 20일(14일X) 경과 후	도달주의
형식	문서로만	구두도 가능
위반행위	위법(무효 or 취소)	위법X(무효X, 취소X)
종류	대통령령, 총리령, 부령	고시·훈령·예규·일일명령 등

① 법규명령의 **형식(부령)**을 취하고 있지만 그 **내용이 행정규칙의 실질**을 가지는 경우 판례는 당해 규범을 **행정규칙**으로 보고 있다. 19 승진, 19 경간
② 법규명령의 제정에는 헌법·법률 또는 상위명령의 근거가 필요하다. **위임명령은 개별적·구체적 위임**에 의해서만 발할 수 있고, **집행명령은 법률의 명시적 수권이 없어도** 직권으로 발 할 수 있다. 다만, 집행명령은 법률 또는 상위명령의 집행을 위해 필요한 사항만을 규정 할 수 있다. 21 경간
③ 법령 규정이 특정 행정기관에 그 **법령 내용의 구체적 사항을 정할 수 있는 권한을 부여**하면서 그 권한 행사의 절차나 방법을 특정하고 있지 않아 수임행정기관이 **행정규칙의 형식으로 그 내용을 구체적으로 정하고 있다면 그 행정규칙은 대외적 구속력이 있는 법규명령**으로서의 효력을 가진다. 21 경간

(4) 훈령과 직무명령 ★★★ 11·12·20·21 경간, 12 3차, 19 승진, 22 경채

1) 훈령(훈령은 직무명령을 겸할 수 있음)

의의	**상급관청**이 **하급관청**의 권한행사를 지휘하기 위하여 발하는 명령 12 3차, 12·17·19 승진, 12 경간
범위	훈령은 원칙적으로 **일반적·추상적** 사항에 대해서 발하지만, **개별적·구체적** 사항에 대해서도 발해질 수 있다. 11·18·20·21 경간, 11·12·18·19 승진, 12 3차, 16 2차

성질	훈령은 조직 내부 관계에서 상급관청이 하급관청에게 발하는 명령인 **행정규칙**이므로 **법규성이 부정**된다. → 국민을 구속하는 **대외적 구속력(=효력)은 없음** 11 경간 → 훈령은 국민의 권리와 의무에 영향을 미치지 않는다. 12 승진
효력	경찰기관의 의사를 구속하므로 기관을 구성하는 **구성원이 변경·교체되어도 효력에는 영향이 없다.** (=유효하다) 11·20 경간, 17·18·19 승진
형식	① 특별한 형식을 요하지 않고, **문서** 또는 **구두**의 형식으로 발할 수 있으며, 상대방에게 **도달**되면 효력이 발생하므로, **공포라는 절차는 필요하지 않다.** ② 훈령은 **구체적인 법령의 근거 없이도 발할 수 있다.** 16 2차, 18 특채, 19 2차

요건 09 채용, 11 경간, 11승진 12 3차, 12 승진, 16 2차, 17 승진, 18 승진, 18 경간 부, 18·23 경채, 19 승진, 21 경간	형식적 요건	실질적 요건
	① 훈령권 있는 **상급관청**이 발할 것 ② **하급관청의 권한 내**의 사항일 것 ③ 하급관청의 직무상 **독립된 범위**에 속하는 사항이 아닐 것 ④ 법에서 정한 **형식과 절차**가 있으면 구비할 것	① 내용이 **적법**하고 **타당**할 것 ② 내용이 **실현가능**하고 **명백**할 것 ③ 내용이 **공익**에 반하지 않을 것
	- 심사권한 하급관청에게는 형식적 요건에 대한 **심사권이 있다.**	- 심사권한 하급관청에게는 실질적 요건에 대한 **심사권이 없다.**

위반의 효과	① 훈령은 국민을 구속하는 **대외적 구속력이 없으므로** 하급경찰관청의 법적 행위가 훈령에 위반하여 행해진 경우 원칙적으로 **위법이 아니며**, 그 행위의 효력에는 영향이 없다. 16 2차, 21 경간 ② 훈령은 조직 내부를 구속하는 **대내적 구속력이 있으므로** 공무원이 훈령을 위반한 행위는 **징계사유가** 될 수 있다.
종류 19 2차	① 협의의 훈령 상급관청이 하급관청의 권한행사를 **장기간**에 걸쳐 **일반적**으로 **지휘**하기 위해 발하는 명령 ② 지시 12 경간 상급관청이 하급관청에 대하여 **개별적, 구체적**으로 발하는 명령 ③ 예규 **반복적** 행정사무의 기준을 제시하기 위해 발하는 명령 ④ 일일명령 당직, 휴가, 출장 등의 **일일업무**에 관하여 발하는 명령
훈령의 경합 11·17 승진, 12·20 경간	① 주관 상급관청과 주관이 아닌 상급관청의 모순된 훈령이 있는 경우 → **주관** 상급관청의 훈령에 따라야 함 ② 주관 상급관청이 상·하관계에 있는 경우 → **직근상급관청 훈령에 따라야 함**(서울 동작서 근무 순경이 서울시 경찰청 훈령과 경찰청 훈령이 경합할 때 서울시경찰청 훈령을 따라야 함) ③ 주관 상급관청이 불명확한 경우 → 주관상급관청이 불분명 할 때는 **주관쟁의**의 방법으로 해결

2) 직무명령(직무명령은 훈령을 겸할 수 없음)

의의	상관이 부하인 공무원의 직무에 관하여 발하는 명령 12 3차, 12·19 승진, 12·18 경간
범위	직무와 관계되는 경우라면 직접적이든 간접적이든 공무원의 사생활까지 관여할 수 있다. 다만 **직무와 관계없는 사생활에는 효력이 미치지 않는다.** 12 3차, 18 경간, 18 특채, 19 2차
효력	직무명령은 법규성이 없으므로 위반 시 **위법은 아니며,** 따라서 직무명령에 위반한 행위도 **적법, 유효**하다. 다만, **징계사유는 될 수 있다.**
요건 11 2차	<table><tr><th>형식적 요건</th><th>실질적 요건</th></tr><tr><td>① 권한이 있는 상관이 발할 것 ② 부하공무원의 권한 범위 내에 속하는 사항일 것 ③ 부하공무원의 직무상 독립된 범위에 속하는 사항이 아닐 것 ④ 법에서 정한 형식과 절차가 있으면 구비할 것</td><td>① 내용이 적법하고 타당할 것 ② 내용이 실현가능하고 명백할 것 ③ 내용이 공익에 반하지 않을 것</td></tr></table>
경합	둘 이상의 상관으로부터 서로 모순되는 직무명령을 받았을 때에는 **바로 위(직근)상관**의 명령에 복종해야 한다.

제 2 절 경찰조직법

1. 경찰행정의 주체와 경찰행정기관 ★ 11 2차

경찰행정주체	국가, 제주특별자치도, 각 시·도자치단체	
경찰행정기관	경찰행정관청	① 행정주체(국가)의 법률상 의사를 결정하여 외부에 표시하는 권한을 가진 기관으로 **경찰청장, 시·도경찰청장, 경찰서장**이 경찰행정관청이다. (**지구대장X**) 12 2차, 24 특공대 ② **소청심사위원회**는 합의제 행정관청이다.
	경찰의결기관 12 2차, 23·24 특공대	① 경찰행정관청의 의사를 구속하는 의결을 행하는 행정기관이다. **의결 내용을 외부에 표시할 수 있는 권한은 없으므로** 행정관청의 명의로 의결한 내용을 외부에 표시한다. ② **국가경찰위원회(행정안전부 소속), 징계위원회** 등이 있다. ③ 행정관청이 의결기관의 **의결을 거치지 않고** 행정행위를 한 경우에는 **무효**가 된다.
	경찰자문기관	① 경찰행정관청으로부터 자문을 요청받아 의견을 제시하는 기관을 말하며, **경찰자문기관의 의견은 경찰행정관청을 구속하지 못한다.** ② **경찰공무원인사위원회(경찰청 소속), 경찰청, 시·도경찰청 인권위원회** 등이 있다. 24 특공대
	경찰집행기관	① 경찰행정목적을 실현하기 위하여 필요한 실력을 행사하는 기관을 말한다. ② **순경에서 치안총감까지의 모든 경찰공무원**이 해당된다.

경찰보조기관	① 경찰행정관청의 직무를 보조하기 위하여 일상적인 직무를 수행하는 기관을 말한다.(계선기관 – 수직적) ② **차장, 국장, 부장, 과장, 계장, 지구대장, 파출소장** 등	
경찰보좌기관	① 경찰행정기관이 기능을 원활하게 수행할 수 있도록 그 기관장이나 보조기관을 보좌함으로써 경찰행정기관의 목적달성에 공헌하는 기관을 말한다. (참모기관 – 수평적) ② 비서실, 기획실, 조정실, 담당관 등	
경찰소속기관	경찰대학, 경찰인재개발원, 중앙경찰학교, 경찰수사연수원, 경찰병원 등이 있다. cf. 국립과학수사연수원 – 행정안전부소속	

★ 시 · 도자치경찰위원회는 합의제 행정기관이다. 24 1차

2. 경찰조직법의 법적근거

정부조직법 제34조(행정안전부) ⑤ 치안에 관한 사무를 관장하기 위하여 **행정안전부장관** 소속으로 경찰청을 둔다.
⑥ 경찰청의 조직 · 직무범위 그 밖에 필요한 사항은 따로 **법률**로 정한다.

(1) 국가경찰과 자치경찰의 조직 및 운영에 관한 법률(약칭 : 경찰법) ★★★★
  1) 총칙

제1조 (목적)	이 법은 경찰의 **민주적**인 관리 · 운영과 **효율적**인 임무수행을 위하여 경찰의 **기본조직** 및 직무 **범위**와 그 밖에 필요한 사항을 규정함을 목적으로 한다. 15 3차, 18 2차, 24 승진
제2조 (국가와 지방자치단체의 책무)	국가와 지방자치단체는 국민의 생명 · 신체 및 재산을 보호하고 공공의 안녕과 질서유지에 필요한 시책을 수립 · 시행**하여야** 한다. 24 승진, 25 1차
제3조 (경찰의 임무)	경찰의 임무는 다음 각 호와 같다. 15 3차 1. 국민의 생명 · 신체 및 재산의 보호 2. 범죄의 예방 · 진압 및 수사 3. 범죄**피해자** 보호 4. 경비 · 요인경호 및 **대간첩 · 대테러** 작전 수행 5. 공공안녕에 대한 위험의 **예방**과 **대응**을 위한 정보의 수집 · 작성 및 배포(정책정보X, 치안정보X) 6. 교통의 단속과 **위해의 방지** 7. 외국 정부기관 및 국제기구와의 국제협력 8. 그 밖에 공공의 안녕과 **질서유지**
제4조 (경찰의 사무)	① 경찰의 사무는 다음 각 호와 같이 구분한다. 1. **국가경찰사무** : 제3조에서 **정한** 경찰의 임무를 수행하기 위한 사무. 다만, 제2호의 자치경찰사무는 제외한다. 2. **자치경찰사무** : 제3조에서 정한 경찰의 임무 범위에서 **관할** 지역의 **생활 안전 · 교통 · 경비 · 수사** 등에 관한 다음 각 목의 사무 22 2차 가. 지역 내 주민의 **생활안전** 활동에 관한 사무

	1) 생활안전을 위한 순찰 및 시설의 운영 　　　2) 주민참여 방범활동의 지원 및 지도 　　　3) 안전사고 및 재해·재난 시 긴급구조지원 　　　4) 아동·청소년·노인·여성·장애인 등 사회적 보호가 필요한 사람에 대한 보호 업무 및 가정폭력·학교폭력·성폭력 등의 **예방** 24 2차 　　　5) 주민의 일상생활과 관련된 사회질서의 유지 및 그 위반행위의 지도·단속. 다만, 지방자치단체 등 다른 행정청의 사무는 제외한다. 　　　6) 그 밖에 **지역주민의 생활안전**에 관한 사무 　　나. 지역 내 **교통활동**에 관한 사무 　　　1) **교통법규 위반에 대한 지도·단속** 　　　2) 교통안전시설 및 무인 교통단속용 장비의 심의·설치·관리 　　　3) 교통안전에 대한 교육 및 홍보 　　　4) 주민참여 지역 교통활동의 지원 및 지도 　　　5) 통행 허가, 어린이 통학버스의 신고, 긴급자동차의 지정 신청 등 각종 허가 및 신고에 관한 사무 　　　6) 그 밖에 **지역 내의 교통안전 및 소통**에 관한 사무 　　다. 지역 내 **다중운집 행사 관련 혼잡 교통 및 안전 관리** 　　라. 다음의 어느 하나에 해당하는 **수사사무** 　　　1) **학**교폭력 등 소년범죄 　　　2) **가정폭력, 아동학대** 범죄 24 2차 　　　3) **교**통사고 및 교통 관련 범죄 　　　4) 「형법」 제245조에 따른 **공연음란** 및 「성폭력범죄의 처벌 등에 관한 특례법」 제12조에 따른 **성적 목적을 위한 다중이용장소 침입행위에 관한 범죄** 　　　5) 경범죄 및 **기**초질서 관련 범죄 　　　6) 가출인 및 「실종아동등의 보호 및 지원에 관한 법률」 제2조제2호에 따른 **실종아동등** 관련 수색 및 범죄 ② 제1항 제2호 **가목부터 다목**까지의 자치경찰사무에 관한 구체적인 사항 및 범위 등은 **대통령령**으로 정하는 기준에 따라 **시·도조례**로 정한다. ③ 제1항 제2호 라목의 자치경찰사무에 관한 구체적인 사항 및 범위 등은 **대통령령**으로 정한다.
제5조 (권한남용의 금지)	경찰은 그 직무를 수행할 때 **헌법**과 **법률**에 따라 국민의 자유와 권리 및 모든 개인이 가지는 불가침의 기본적 **인권**을 보호하고, 국민 전체에 대한 봉사자로서 공정·중립을 지켜야 하며, 부여된 권한을 남용하여서는 아니 된다.
제6조 (직무수행)	① 경찰공무원은 **상관의 지휘·감독을 받아 직무를 수행**하고, 그 직무수행에 관하여 서로 **협력**하여야 한다. ② 경찰공무원은 구체적 사건수사와 관련된 제1항의 **지휘·감독의 적법성** 또는 **정당성**에 대하여 이견이 있을 때에는 **이의를 제기할 수 있다.** ③ 경찰공무원의 **직무수행**에 필요한 사항은 따로 **법률**로 정한다.

2) 국가경찰위원회 13 · 19 경간, 17 · 22 2차, 23 경찰특공대

제7조 (국가경찰위원회 의 설치)	① 국가경찰행정에 관하여 제10조제1항 각 호의 사항을 **심의 · 의결**하기 위하여 **행정안전부**에 국가경찰위원회를 둔다. 11 · 16 2차, 21 경간 ② 국가경찰위원회는 위원장 1명을 포함한 **7명**의 위원으로 구성하되, **위원장 및 5명의 위원은 비상임**으로 하고, **1명의 위원은 상임**으로 한다. 09 · 14 승진, 11 · 16 · 17 2차, 12 · 13 · 17 · 20 1차, 12 · 13 · 14 · 16 · 23 경간, 15 3차, 21 경채, 23 경찰특공대 ③ 제2항에 따른 위원 중 **상임위원은 정무직**으로 한다. 10 2차, 13 1차

제8조
(국가경찰위원회
위원의 임명 및
결격사유 등)
	① 위원은 **행정안전부장관의 제청**으로 국무총리를 거쳐 **대통령**이 임명한다. 09 승진, 12 1차, 13 · 14 2차, 16 경간, 17 1차, 23 경찰특공대
	② 행정안전부장관은 위원 임명을 **제청(동의X)**할 때 경찰의 정치적 중립이 보장되도록 하여야 한다. 21 승진
	③ 위원 중 **2명은 법관의 자격**이 있는 사람이어야 한다. 12 · 17 · 20 1차, 19 경간
	④ 위원은 특정 성(性)이 **10분의 6**을 초과하지 아니하도록 노력하여야 한다. 21 경채, 23 경찰특공대
	⑤ 다음 각 호의 어느 하나에 해당하는 사람은 **위원이 될 수 없으며**, 위원이 다음 각 호의 어느 하나에 해당하는 경우에는 **당연퇴직**한다. 12 경간
	  1. 정당의 당원이거나 당적을 **이탈한 날부터 3년**이 지나지 **아니한** 사람
	  2. 선거에 의하여 취임하는 공직에 있거나 그 공직에서 **퇴직한 날부터 3년**이 지나지 **아니한** 사람
	  3. **경찰, 검찰, 국가정보원** 직원 또는 **군인**의 직에 있거나 그 직에서 **퇴직한 날부터 3년**이 지나지 **아니한** 사람 12 · 16 · 19 경간, 13 1차, 14 2차, 18 3차
	  4. 「**국가공무원법**」 제33조 각 호의 어느 하나에 해당하는 사람. 다만, 「국가공무원법」 제33조제2호 및 제5호에 해당하는 경우에는 같은 법 제69 조제1호 단서에 따른다.
	⑥ 위원에 대해서는 「국가공무원법」 제60조(비밀엄수의무) 및 제65조(정치운동금지의무)를 준용한다. 19 2차

제9조 (국가경찰위원회 위원의 임기 및 신분보장)	① 위원의 임기는 **3년**으로 하며, **연임(連任)할 수 없다**. 이 경우 보궐위원의 임기는 전임자 임기의 남은 기간으로 한다. 15 · 18 3차, 13 · 17 · 20 1차, 23 경간 ② 위원은 중대한 신체상 또는 정신상의 장애로 직무를 수행할 수 없게 된 경우를 제외하고는 그 의사에 반하여 면직되지 아니한다. 12 · 14 · 16 · 19 경간, 13 1차, 14 2차, 18 3차

제10조
(국가경찰위원회
의 심의 · 의결
사항 등)
	① 다음 각 호의 사항은 국가경찰위원회의 **심의 · 의결**을 **거쳐야** 한다.
	  1. 국가경찰사무에 관한 인사, 예산, 장비, 통신 등에 관한 **주요정책 및 경찰 업무 발전**에 관한 사항 09 승진, 23 1차
	  2. 국가경찰사무에 관한 **인권보호**와 관련되는 경찰의 운영 · 개선에 관한 사항 21 경간, 23 1차
	  3. 국가경찰사무 담당 공무원의 **부패 방지와 청렴도 향상**에 관한 주요 정책사항 17 2차
	  4. 국가경찰사무 **외에(관련하여X)** 다른 국가기관으로부터의 업무협조 요청에 관한 사항 12 1차, 18 3차, 19 경간
	  5. 제주특별자치도의 자치경찰에 대한 경찰의 지원 · 협조 및 협약체결의 조정 등에 관한 주요 정책사항 14 경간, 23 1차

	6. 제18조에 따른 시·도자치경찰위원회 위원 추천, 자치경찰사무에 대한 주요 법령·정책 등에 관한 사항, 제25조제4항에 따른 시·도자치경찰위원회 의결에 대한 재의 요구에 관한 사항 7. 제2조에 따른 시책 수립에 관한 사항 8. 제32조에 따른 **비상사태 등 전국적 치안유지를 위한 경찰청장의 지휘·명령**에 관한 사항 9. 그 밖에 **행정안전부장관 및 경찰청장**이 중요하다고 인정하여 국가경찰위원회의 회의에 부친 사항 ② **행정안전부장관**은 제1항에 따라 심의·의결된 내용이 적정하지 아니하다고 판단할 때에는 **재의를 요구할 수 있다.** 12·14 2차, 14 경간, 21 경채
제11조 (국가경찰위원회의 운영 등)	① 국가경찰위원회의 사무는 **경찰청**에서 수행한다. 13 경간, 15 3차, 21 경채, 23 경간 ② 국가경찰위원회의 회의는 **재적위원 과반수의 출석**과 **출석위원 과반수의 찬성**으로 의결한다. 09 승진, 13·16·23 경간, 15 3차, 16·17 2차 ③ 이 법에 규정된 것 외에 **국가경찰위원회의 운영** 및 제10조제1항 각 호에 따른 **심의·의결사항의 구체적 범위, 재의 요구** 등에 필요한 사항은 **대통령령**으로 정한다.

■ 국가경찰위원회 규정(대통령령)

제2조 (위원장)	① 위원장은 위원회를 대표하며, 위원회의 사무를 총괄한다. ② 위원장은 **비상임위원** 중에서 **호선한다.** 11 2차 ③ 위원장이 사고가 있을 때에는 **상임위원, 위원 중 연장자순**으로 위원장의 직무를 대리한다. 11 2차, 13 경간
제3조 (위원의 예우등)	① 위원중 상임이 아닌 위원에게는 예산의 범위 안에서 수당과 여비를 지급 할 수 있다. ② 상임위원은 정무직으로 한다.
제4조 (위원의 면직)	① 법 제9조제2항에 따라 위원이 중대한 심신상의 장애로 직무를 수행할 수 없게 되어 면직하는 경우에는 **위원회의 의결**이 있어야 한다. 21 경채, 26 경간 ② 제1항의 의결요구는 **위원장 또는 행정안전부장관**이 한다.
제6조 (재의요구)	① 법 제10조제2항에 따라 **행정안전부장관**이 재의를 요구하는 경우에는 **의결한 날부터 10일** 이내에 재의요구서를 위원회에 제출하여야 한다. 11 2차, 26 경간 ② 위원장은 재의요구가 있는 경우에는 그 요구를 받은 날부터 **7일** 이내에 회의를 소집하여 다시 의결하여야 한다. 11 2차
제7조 (회의)	① 위원회의 회의는 정기회의와 임시회의로 구분한다. ② **정기회의**는 특별한 사유가 있는 경우를 제외하고는 **매월 2회** 위원장이 소집한다. 14 승진, 21 경간, 21 경채 ③ 위원장은 필요한 경우 임시회의를 소집할 수 있으며, 위원 **3인** 이상과 **행정안전부장관 또는 경찰청장**은 위원장에게 임시회의의 소집을 요구할 수 있다. 14·21 승진, 26 경간 ④ 제3항의 규정에 의한 임시회의 소집 요구가 있는 경우에는 **위원장**은 특별한 사유가 없는 한 회의를 소집하여야 한다.
제8조 (간사)	① 위원회에 간사 1명을 두되, 간사는 **경찰청 소속 과장급 경찰공무원** 중에서 **경찰청장**이 지명한다.

제9조 (의견청취등)	① 위원장은 위원회의 심의를 위하여 필요한 경우에는 **관계공무원 또는 관계 전문가의 출석·발언이나 자료의 제출**을 **요구할 수 있다.** ② 위원장은 위원회의 심의를 위하여 필요한 경우에는 관계 경찰공무원에게 필요한 사항의 보고를 요구할 수 있으며, 그 **관계 경찰공무원은 성실히 이에 응하여야** 한다. ③ 위원회에 출석한 관계공무원 또는 관계전문가에 대하여는 예산의 범위 안에서 **수당과 여비를 지급할 수 있다.** 다만, 공무원이 그 소관업무와 직접적으로 관련되어 출석하는 경우에는 **그러하지 아니한다.**
제11조 (운영세칙)	이 영에 규정된 사항 외에 위원회의 운영을 위하여 필요한 사항은 위원회의 의결을 거쳐 **위원장**이 정한다. 21 승진

3) 경찰청

제12조 (경찰의 조직)	치안에 관한 사무를 관장하게 하기 위하여 **행정안전부장관** 소속으로 경찰청을 둔다. 10 승진, 15 3차
제13조 (경찰사무의 지역적 분장기관)	경찰의 사무를 지역적으로 분담하여 수행하게 하기 위하여 특별시·광역시·특별자치시·도·특별자치도(이하 "**시·도**"라 한다)에 **시·도경찰청**을 두고, 시·도경찰청장 소속으로 경찰서를 둔다. 15 3차 이 경우 인구, 행정구역, 면적, 지리적 특성, 교통 및 그 밖의 조건을 고려하여 시·도에 2개의 시·도경찰청을 **둘 수 있다.** 18 2차
제14조 (경찰청장) 22 경채	① 경찰청에 경찰청장을 두며, 경찰청장은 **치안총감**으로 보한다. 12 승진 ② 경찰청장은 **국가경찰위원회의 동의**를 받아 **행정안전부장관의 제청**으로 국무총리를 거쳐 **대통령**이 임명한다. 이 경우 국회의 인사청문을 **거쳐야** 한다. 10·12·18 승진, 10·13·15·18 2차, 12·14 경간, 15 3차, 23 경채 ③ 경찰청장은 **국가경찰사무를 총괄**하고 경찰청 업무를 관장하며 소속 공무원 및 각급 경찰기관의 장을 **지휘·감독**한다. 12·18 승진, 15 2차 ④ 경찰청장의 임기는 **2년**으로 하고, **중임할 수 없다.** 13·15·18 2차, 18 승진, 20 1차 ⑤ 경찰청장이 직무를 집행하면서 **헌법**이나 **법률**을 위배하였을 때에는 **국회(국무회의X)**는 **탄핵 소추**를 의결할 수 있다.(탄핵의결X) 12·18 승진, 13·15 2차, 25 경간(경위공채) ⑥ 경찰청장은 경찰의 수사에 관한 사무의 경우에는 **개별 사건의 수사에 대하여 구체적으로 지휘·감독할 수 없다.** 다만, 국민의 생명·신체·재산 또는 공공의 안전 등에 중대한 위험을 초래하는 **긴급하고 중요한 사건**의 수사에 있어서 경찰의 자원을 대규모로 동원하는 등 통합적으로 현장 대응할 필요가 있다고 판단할 만한 상당한 이유가 있는 때에는 제16조에 따른 **국가수사본부장을 통하여(직접X)** 개별 사건의 수사에 대하여 구체적으로 **지휘·감독할 수 있다.** 26 경간 ⑦ 경찰청장은 제6항 단서에 따라 **개별 사건의 수사에 대한 구체적 지휘·감독을 개시**한 때에는 이를 **국가경찰위원회**에 보고하여야 한다. 26 경간 ⑧ 경찰청장은 제6항 단서의 사유가 해소된 경우에는 개별 사건의 수사에 대한 구체적 지휘·감독을 중단하여야 한다. ⑨ 경찰청장은 제16조에 따른 국가수사본부장이 제6항 단서의 사유가 해소되었다고 판단하여 개별 사건의 수사에 대한 구체적 지휘·감독의 중단을 건의하는 경우 특별한 이유가 없으면 이를 **승인**하여야 한다. 26 경간 ⑩ 제6항 단서에서 규정하는 긴급하고 중요한 사건의 범위 등 필요한 사항은 대통령령으로 정한다.

제15조 (경찰청 차장)	① 경찰청에 차장을 두며, 차장은 **치안정감**으로 보한다. 23 2차 ② 차장은 경찰청장을 보좌하며, 경찰청장이 부득이한 사유로 직무를 수행할 수 없을 때에는 그 직무를 대행한다.

제16조
(국가수사본부장)
21 2차
23 1차
	① **경찰청**에 국가수사본부를 두며, 국가수사본부장은 **치안정감**으로 보한다.
	② 국가수사본부장은 「형사소송법」에 따른 경찰의 수사에 관하여 각 시·도 경찰청장과 경찰서장 및 수사부서 소속 공무원을 지휘·감독한다.
	③ 국가수사본부장의 임기는 **2년**으로 하며, **중임할 수 없다.** 23 2차, 24 경간
	④ 국가수사본부장은 **임기가 끝나면 당연히 퇴직한다.** 24 경간
	⑤ 국가수사본부장이 직무를 집행하면서 **헌법**이나 **법률**을 위배하였을 때에는 **국회(국무회의X)** 는 **탄핵 소추**를 의결할 수 있다.(대통령에게 해임을 건의할 수 있다X) 23 2차, 24·25 경간(경위 공채)
	⑥ 국가수사본부장을 **경찰청 외부를 대상으로 모집하여 임용할 필요가 있는 때**에는 다음 각 호의 자격을 갖춘 사람 중에서 임용한다.
	  1. 10년 이상 수사업무에 종사한 사람 중에서 「국가공무원법」 제2조의2에 따른 **고위공무원단**에 속하는 공무원, **3급** 이상 공무원 또는 **총경** 이상 경찰공무원으로 재직한 경력이 있는 사람
	  2. **판사·검사 또는 변호사**의 직에 10년 이상 있었던 사람
	  3. **변호사 자격이 있는 사람**으로서 국가기관, 지방자치단체, 「공공기관의 운영에 관한 법률」 제4조에 따른 **공공기관**(이하 "국가기관등"이라 한다) 에서 법률에 관한 사무에 **10년 이상 종사한 경력**이 있는 사람
	  4. 대학이나 공인된 **연구기관**에서 **법률학·경찰학** 분야에서 **조교수** 이상의 직이나 이에 상당하는 직에 **10년** 이상 있었던 사람 24 경간
	  5. 제1호부터 제4호까지의 경력 기간의 **합산이 15년** 이상인 사람
	⑦ 국가수사본부장을 **경찰청 외부를 대상으로 모집하여 임용**하는 경우 다음 각 호의 어느 하나에 해당하는 사람은 **국가수사본부장이 될 수 없다.**
	  1. 「**경찰공무원법**」 제8조제2항 각 호의 결격사유에 해당하는 사람
	  2. 정당의 당원이거나 당적을 **이탈한 날부터 3년이 지나지 아니한 사람** 23 2차, 23 경채
	  3. 선거에 의하여 취임하는 공직에 있거나 그 공직에서 **퇴직한 날부터 3년이 지나지 아니한** 사람
	  4. 제6항 **제1호**에 해당하는 공무원 또는 제6항 **제2호**의 **판사·검사(변호사X)**의 직에서 **퇴직한 날로부터 1년이 지나지 아니한** 사람
	  5. 제6항 **제3호**에 해당하는 사람으로서 국가기관등에서 **퇴직한 날로부터 1년이 지나지 아니한** 사람

■ 국가경찰과 자치경찰의 조직 및 운영에 관한 법률 제14조제10항에 따른 긴급하고 중요한 사건의 범위 등에 관한 규정(대통령령)

제2조 (긴급하고 중요한 사건의 범위 등)	① 「국가경찰과 자치경찰의 조직 및 운영에 관한 법률」(이하 "법"이라 한다) 제14조제6항 단서에 따른 **긴급하고 중요한 사건**은 다음 각 호의 어느 하나에 해당하는 사건 및 이와 **직접적**인 관련이 있는 사건으로 한다. 　1. 전시·사변 또는 이에 준하는 국가 비상사태가 발생하거나 발생이 임박하여 **전국적인 치안유지**가 필요한 사건 　2. 재난, 테러 등이 발생하여 공공의 안전에 대한 **급박한 위해**나 범죄로 인한 피해의 **급속한 확산**을 방지하기 위해 **신속한 조치**가 필요한 사건 　3. 국가중요시설의 파괴·기능마비, 대규모 집단의 폭행·협박·손괴·방화 등에 대하여 **경찰의 자원을 대규모로 동원**할 필요가 있는 사건 　4. 전국 또는 일부 지역에서 **연쇄적·동시다발적**으로 발생하거나 **광역화된 범죄**에 대하여 경찰력의 집중적인 배치, 경찰 각 기능의 **종합적 대응** 또는 국가기관·지방자치단체·공공기관과의 **공조가 필요한 사건** ② 경찰청장은 법 제14조제6항 단서에 따라 개별 사건의 수사에 대해 구체적 지휘·감독을 하려는 경우에는 그 필요성 등을 **신중하게** 판단해야 한다.
제3조 (수사지휘의 방식)	① **경찰청장**은 법 제14조제6항 단서에 따라 국가수사본부장에게 개별 사건의 수사에 대한 구체적 지휘를 하는 경우에는 **서면**으로 지휘해야 한다. 26 경간 ② 경찰청장은 제1항에도 불구하고 서면 지휘가 불가능하거나 현저히 곤란한 경우에는 구두나 전화 등 **서면 외의 방식**으로 지휘할 수 있다. 이 경우 사후에 **신속하게 서면**으로 지휘내용을 송부해야 한다.

4) 시·도자치경찰위원회 21 경찰특공대, 22 경간, 22 1차·2차, 22 경채

제18조 (시·도자치경찰위원회의 설치)	① 자치경찰사무를 관장하게 하기 위하여 특별시장·광역시장·특별자치시장·도지사·특별자치도지사(이하 "**시·도지사**"라 한다) 소속으로 **시·도자치경찰위원회를 둔다**. 다만, 제13조 후단에 따라 시·도에 2개의 시·도경찰청을 두는 경우 시·도지사 소속으로 **2개의 시·도자치경찰위원회를 둘 수 있다**. ② 시·도자치경찰위원회는 **합의제 행정기관**으로서 그 권한에 속하는 **업무를 독립적으로** 수행한다. ③ 제1항 단서에 따라 2개의 시·도자치경찰위원회를 두는 경우 해당 시·도 자치경찰위원회의 명칭, 관할구역, 사무분장, 그 밖에 필요한 사항은 **대통령령(행정안전부령X)**으로 정한다. 23 2차
제19조 (시·도자치경찰위원회의 구성)	① 시·도자치경찰위원회는 위원장 1명을 포함한 **7명의 위원**으로 구성하되, **위원장과 1명의 위원은 상임**으로 하고, **5명의 위원은 비상임**으로 한다. 24 경간 ② 위원은 특정 성(性)이 **10분의 6**을 초과하지 아니하도록 **노력**하여야 한다.(아니해야 한다X) 23 2차, 23 경채 ③ 위원 중 1명은 인권문제에 관하여 전문적인 지식과 경험이 있는 사람이 임명될 수 있도록 **노력**하여야 한다. 23 경채

| 제20조
(시·도자치경찰
위원회 위원의
임명 및
결격사유) | ① 시·도자치경찰위원회 위원은 다음 각 호의 사람을 **시·도지사**가 임명한다. 24 경간, 23 경채, 24 1차
  1. 시·도의회가 추천하는 **2명**
  2. 국가경찰위원회가 추천하는 **1명**
  3. 해당 시·도 **교육감**이 추천하는 **1명**
  4. 시·도자치경찰위원회 위원추천위원회가 추천하는 **2명**
  5. 시·도지사가 **지명**하는 **1명**
② 시·도자치경찰위원회 위원은 다음 각 호의 어느 하나에 해당하는 **자격**을 갖추어야 한다.
  1. **판사·검사·변호사** 또는 **경찰**의 직에 **5년** 이상 있었던 사람
  2. **변호사 자격이 있는 사람**으로서 국가기관등에서 법률에 관한 사무에 **5년** 이상 종사한 경력이 있는 사람
  3. **대학**이나 공인된 **연구기관**에서 **법률학·행정학** 또는 **경찰학** 분야의 **조교수** 이상의 직이나 이에 상당하는 직에 **5년** 이상 있었던 사람 24 경간
  4. 그 밖에 관할 **지역주민** 중에서 지방자치행정 또는 경찰행정 등의 분야에 **경험이 풍부하고 학식과 덕망**을 갖춘 사람
③ 시·도자치경찰위원회 위원장은 위원 중에서 **시·도지사**가 임명하고, 상임위원은 시·도 자치경찰위원회의 의결을 거쳐 위원 중에서 **위원장**의 제청으로 **시·도지사**가 임명한다. 25 1차 이 경우 **위원장과 상임위원**은 **지방자치단체의 공무원**으로 한다. 24 승진
④ 위원은 정치적 중립을 지켜야 하며, 권한을 남용하여서는 아니 된다.
⑤ 공무원이 아닌 위원에 대해서는 「**지방공무원법**」(국가공무원법X) 제52조(비밀엄수의 의무) 및 제57조(정치운동의 금지)를 준용한다. 22 1차, 24 승진
⑥ 공무원이 **아닌** 위원은 그 소관 사무와 관련하여 형법이나 그 밖의 법률에 따른 벌칙을 적용할 때에는 공무원으로 본다. 24 승진
⑦ 다음 각 호의 어느 하나에 해당하는 사람은 **위원이 될 수 없다**. 위원이 각 호의 어느 하나에 해당한 경우에는 **당연퇴직**한다. 25 경간(경위공채)
  1. 정당의 당원이거나 당적을 **이탈한 날부터 3년**이 지나지 **아니한** 사람
  2. 선거에 의하여 취임하는 공직에 있거나 그 공직에서 **퇴직한 날부터 3년**이 지나지 **아니한** 사람
  3. **경찰, 검찰, 국가정보원** 직원 또는 **군인**의 직에 있거나 그 직에서 **퇴직한 날부터 3년**이 지나지 **아니한** 사람 21·24 승진
  4. 국가 및 지방자치단체의 공무원(국립 또는 공립대학의 **조교수** 이상의 직에 있는 사람은 **제외**한다. 이하 이 조에서 같다)이거나 공무원이었던 사람으로서 **퇴직한 날부터 3년**이 지나지 **아니한** 사람. 다만, 제20조제3항 후단에 따라 위원장과 상임위원이 지방자치단체의 공무원이 된 경우에는 당연퇴직하지 아니한다.
  5. 「**지방공무원법**」 제31조 각 호의 어느 하나에 해당하는 사람. 다만, 「지방공무원법」 제31조제2호 및 제5호에 해당하는 경우에는 같은 법 제61조제1호 단서에 따른다.
⑧ 그 밖에 위원의 임명방법 등에 관하여 필요한 사항은 대통령령으로 정하는 기준에 따라 **시·도조례**로 정한다. |

제21조 (시·도자치경찰 위원회 위원추천위원회)	① 시·도자치경찰위원회 위원 추천을 위하여 시·도지사 소속으로 시·도자치경찰위원회 위원추천위원회를 둔다. ③ 시·도자치경찰위원회 위원추천위원회 위원의 수, 자격, 구성, 위원회 운영 등에 관하여 필요한 사항은 대통령령으로 정한다.
제22조 (시·도자치경찰 위원회 위원장의 직무)	① 시·도자치경찰위원회 위원장은 시·도자치경찰위원회를 대표하고 회의를 주재하며 시·도자치경찰위원회의 의결을 거쳐 업무를 수행한다. ② 시·도자치경찰위원회 위원장이 부득이한 사유로 직무를 수행할 수 없을 때에는 상임위원, 시·도자치경찰위원회 위원 중 연장자순으로 그 직무를 대행한다.
제23조 (시·도자치경찰 위원회 위원의 임기 및 신분보장)	① 시·도자치경찰위원회 위원장과 위원의 임기는 3년으로 하며, 연임할 수 없다. 23 2차, 25 1차 ② 보궐위원의 임기는 전임자 임기의 남은 기간으로 하되, 전임자의 남은 임기가 1년 미만인 경우 그 보궐위원은 제1항에도 불구하고 한 차례만 연임 할 수 있다. 24 2차, 25 1차 ③ 위원은 중대한 신체상 또는 정신상의 장애로 직무를 수행할 수 없게 된 경우를 제외하고는 그 의사에 반하여 면직되지 아니한다.

제24조
(시·도자치경찰
위원회의 소관
사무)
	① 시·도자치경찰위원회의 소관 사무는 다음 각 호로 한다.
	  1. 자치경찰사무에 관한 목표의 수립 및 평가
	  2. 자치경찰사무에 관한 인사, 예산, 장비, 통신 등에 관한 주요정책 및 그 운영지원 25 2차
	  3. 자치경찰사무 담당 공무원의 임용, 평가 및 인사위원회 운영
	  4. 자치경찰사무 담당 공무원의 부패 방지와 청렴도 향상에 관한 주요 정책 및 인권침해 또는 권한남용 소지가 있는 규칙, 제도, 정책, 관행 등의 개선
	  5. 제2조에 따른 시책 수립
	  6. 제28조제2항에 따른 시·도경찰청장의 임용과 관련한 경찰청장과의 협의, 제30조제4항에 따른 평가 및 결과 통보
	  7. 자치경찰사무 감사 및 감사의뢰
	  8. 자치경찰사무 담당 공무원의 주요 비위사건에 대한 감찰요구
	  9. 자치경찰사무 담당 공무원에 대한 징계요구 22 2차
	  10. 자치경찰사무 담당 공무원의 고충심사 및 사기진작 23 승진
	  11. 자치경찰사무와 관련된 중요사건·사고 및 현안의 점검
	  12. 자치경찰사무에 관한 규칙의 제정·개정 또는 폐지
	  13. 지방행정과 치안행정의 업무조정과 그 밖에 필요한 협의·조정 23 1차
	  14. 제32조에 따른 비상사태 등 전국적 치안유지를 위한 경찰청장의 지휘·명령에 관한 사무
	  15. 국가경찰사무·자치경찰사무의 협력·조정과 관련하여 경찰청장(시·도 경찰청장X)과 협의 23 승진
	  16. 국가경찰위원회에 대한 심의·조정 요청 23 승진
	  17. 그 밖에 시·도지사, 시·도경찰청장이 중요하다고 인정하여 시·도자치경찰위원회의 회의에 부친 사항에 대한 심의·의결 23 승진

제25조 (시·도자치경찰 위원회의 심의·의결사항 등)	① 시·도자치경찰위원회는 제24조의 사무에 대하여 심의·의결한다. ② 시·도자치경찰위원회의 회의는 **재적위원 과반수의 출석**과 **출석위원 과반수**의 찬성으로 의결한다. ③ **시·도지사**는 제1항에 관한 시·도자치경찰위원회의 **의결이 적정하지 아니하다고 판단**할 때에는 재의를 요구할 수 있다. 24 1차, 25 경간(경위공채) ④ 위원회의 의결이 **법령에 위반되거나 공익을 현저히 해친다고 판단되면**(의결이 적정하지 아니하다고 판단X) **행정안전부장관**은 미리 경찰청장의 의견을 들어 국가경찰위원회를 거쳐 시·도지사에게 제3항의 재의를 요구하게 할 수 있고, **경찰청장**은 국가경찰위원회와 행정안전부장관을 거쳐 시·도지사에게 재의를 요구하게 할 수 있다. 24 1차 ⑤ 시·도자치경찰위원회의 위원장은 재의요구를 받은 날부터 **7일** 이내에 회의를 소집하여 재의결하여야 한다. 이 경우 **재적위원 과반수의 출석**과 **출석위원 3분의 2** 이상의 찬성으로 전과 같은 의결을 하면 그 의결사항은 확정된다. 25 1차
제26조 (시·도자치경찰 위원회의 운영 등)	① 시·도자치경찰위원회의 회의는 **정기적**으로 개최하여야 한다. 다만 위원장이 필요하다고 인정하는 경우, **위원 2명** 이상이 요구하는 경우 및 **시·도지사**가 필요하다고 인정하는 경우에는 임시회의를 개최할 수 있다. 23 2차 ② 시·도자치경찰위원회는 회의 안건과 관련된 **이해관계인**이 있는 경우 그 의견을 듣거나 회의에 참석하게 할 수 있다. ③ 시·도자치경찰위원회의 위원 중 공무원이 아닌 위원에게는 예산의 범위에서 **직무활동**에 필요한 비용 등을 지급할 수 있다. ④ 그 밖에 시·도자치경찰위원회의 운영 등에 필요한 사항은 **대통령령으로** 정하는 기준에 따라 **시·도조례**로 정한다.
제27조 (사무기구)	① 시·도자치경찰위원회의 사무를 처리하기 위하여 시·도자치경찰위원회에 필요한 사무기구를 둔다. ② 사무기구에는 「지방자치단체에 두는 국가공무원의 정원에 관한 법률」에도 불구하고 **대통령령**으로 정하는 바에 따라 경찰공무원을 **두어야** 한다. ④ 사무기구의 조직·정원·운영 등에 관하여 필요한 사항은 경찰청장의 의견을 들어 **대통령령**으로 정하는 기준에 따라 **시·도조례**로 정한다.

■ 자치경찰사무와 시·도자치경찰위원회의 조직 및 운영 등에 관한 규정(대통령령)

제3조 (수사 관련 자치경찰사무의 범위 등)	법 제4조 제1항 제2호 라목에 따른 자치경찰사무에 관한 구체적인 사항 및 범위는 다음 각 호와 같다. 1. 학교폭력 등 소년범죄 : 소년(19세 미만인 사람을 말한다. 이하 이 조에서 같다)이 한 다음 각 목의 범죄. 다만, 그 소년이 해당 사건에서 19세 이상인 사람과 「형법」 제30조부터 제32조까지의 규정에 따른 공범관계에 있는 경우는 제외한다. 2. 가정폭력 및 아동학대 범죄 : 다음 각 목의 범죄 3. 교통사고 및 교통 관련 범죄 : 다음 각 목의 범죄. 다만, 「도로교통법」 제2조 제3호의 고속도로에서 발생한 교통사고 및 교통 관련 범죄는 제외한다.
제4조의2 (시·도자치 경찰위원회 위원의 임명방법 및 절차 등)	② 시·도지사는 시·도자치경찰위원회 위원의 임기가 만료되는 경우에는 그 임기 만료 30일 전까지 추천권자에게 위원으로 임명할 사람의 추천을 요청해야 한다. ③ 시·도지사는 시·도자치경찰위원회 위원 중 결원이 생겼을 때에는 지체 없이 결원된 위원을 추천한 추천권자에게 위원으로 임명할 사람의 추천을 요청해야 한다.
제5조 (시·도자치 경찰위원회 위원추천위원회의 구성)	① 법 제21조제1항에 따른 시·도자치경찰위원회 위원추천위원회(이하 "추천위원회"라 한다)는 시·도자치경찰위원회 위원을 추천할 때마다 위원장 1명을 포함하여 5명의 위원으로 구성한다.
제8조 (추천위원회의 회의)	① 추천위원회 위원장은 시·도지사 또는 추천위원 3분의 1 이상이 요청하거나 추천위원회 위원장이 필요하다고 인정하는 경우 추천위원회의 회의를 소집하고 그 의장이 된다. ② 추천위원회는 재적위원 과반수의 찬성으로 의결한다. ③ 추천위원회 위원장은 회의를 소집하려면 회의 개최 3일 전까지 회의의 일시·장소 및 안건 등을 각 추천위원에게 알려야 한다. 다만, 긴급한 사정이나 그 밖의 부득이한 사유가 있는 경우에는 그렇지 않다. ④ 추천위원회의 회의는 공개하지 않는다.
제13조 (시·도자치경찰위원 회의 회의)	① 시·도자치경찰위원회 위원장은 법 제26조제1항에 따라 정기회의와 임시 회의를 소집·개최한다. 이 경우 정기회의는 특별한 사유가 있는 경우를 제외하고는 월 1회 이상 소집·개최한다. ② 시·도자치경찰위원회 위원장은 회의를 소집하려면 회의 개최 3일 전까지 회의의 일시·장소 및 안건 등을 위원에게 알려야 한다. 다만, 긴급한 사정이나 그 밖의 부득이한 사유가 있는 경우에는 그렇지 않다.
제19조 (자치경찰사무 지휘·감독권의 위임)	법 제28조제4항 단서에 따라 시·도자치경찰위원회는 자치경찰사무에 대한 지휘·감독이 실시간으로 이루어질 수 있도록 미리 경찰청장과 협의하여 시·도경찰청장에게 위임되는 자치경찰사무 지휘·감독권의 범위 및 위임 절차 등을 시·도자치경찰위원회의 의결을 거쳐 정해야 한다.

5) 시·도경찰청 및 경찰서 등

제28조 (시·도경찰청장)	① 시·도경찰청에 시·도경찰청장을 두며, 시·도경찰청장은 치안정감·치안감 또는 경무관으로 보한다. ② 「경찰공무원법」 제7조에도 불구하고 시·도경찰청장은 경찰청장이 시·도 자치경찰위원회와 협의하여 추천한 사람 중에서 행정안전부장관의 제청으로 국무총리를 거쳐 대통령이 임용한다. ③ 시·도경찰청장은 국가경찰사무에 대해서는 경찰청장의 지휘·감독을, 자치경찰사무에 대해서는 시·도자치경찰위원회의 지휘·감독을 받아 관할 구역의 소관 사무를 관장하고 소속 공무원 및 소속 경찰기관의 장을 지휘·감독한다. 다만, 수사에 관한 사무에 대해서는 국가수사본부장의 지휘·감독을 받아 관할구역의 소관 사무를 관장하고 소속 공무원 및 소속 경찰 기관의 장을 지휘·감독한다. ④ 제3항 본문의 경우 시·도자치경찰위원회는 자치경찰사무에 대해 심의·의결을 통하여 시·도경찰청장을 지휘·감독한다. 다만, 시·도자치경찰위원회가 심의·의결할 시간적 여유가 없거나 심의·의결이 곤란한 경우 대통령령으로 정하는 바에 따라 시·도자치경찰위원회의 지휘·감독권을 시·도경찰청장에게 위임한 것으로 본다. 24 승진
제29조 (시·도경찰청 차장)	① 시·도경찰청에 차장을 둘 수 있다. ② 차장은 시·도경찰청장을 보좌하여 소관 사무를 처리하고 시·도경찰청장이 부득이한 사유로 직무를 수행할 수 없을 때에는 그 직무를 대행한다.
제30조 (경찰서장)	① 경찰서에 경찰서장을 두며, 경찰서장은 경무관, 총경 또는 경정으로 보한다. 12·13 2차 ② 경찰서장은 시·도경찰청장의 지휘·감독을 받아 관할구역의 소관 사무를 관장하고 소속 공무원을 지휘·감독한다. ③ 경찰서장 소속으로 지구대 또는 파출소를 두고, 그 설치기준은 치안수요·교통·지리 등 관할구역의 특성을 고려하여 행정안전부령으로 정한다. 16 1차, 19 2차 다만, 필요한 경우에는 출장소를 둘 수 있다. ④ 시·도자치경찰위원회는 정기적으로 경찰서장의 자치경찰사무 수행에 관한 평가결과를 경찰청장에게 통보하여야 하며 경찰청장은 이를 반영하여야 한다.

6) 비상사태 등 전국적 치안유지를 위한 경찰청장의 지휘·명령

제32조 (비상사태 등 전국적 치안유지를 위한 경찰청장의 지휘·명령)	① 경찰청장은 다음 각 호의 경우에는 제2항에 따라 자치경찰사무를 수행하는 경찰공무원(제주특별자치도의 자치경찰공무원을 포함한다)을 직접 지휘·명령할 수 있다. 　1. 전시·사변, 천재지변, 그 밖에 이에 준하는 국가 비상사태, 대규모의 테러 또는 소요사태가 발생하였거나 발생할 우려가 있어 전국적인 치안 유지를 위하여 긴급한 조치가 필요하다고 인정할 만한 충분한 사유가 있는 경우 　2. 국민안전에 중대한 영향을 미치는 사안에 대하여 다수의 시·도에 동일하게 적용되는 치안정책을 시행할 필요가 있다고 인정할 만한 충분한 사유가 있는 경우 　3. 자치경찰사무와 관련하여 해당 시·도의 경찰력으로는 국민의 생명·신체·재산의 보호 및 공공의 안녕과 질서유지가 어려워 경찰청장의 지원·조정이 필요하다고 인정할 만한 충분한 사유가 있는 경우 ② 경찰청장은 제1항에 따른 조치가 필요한 경우에는 시·도자치경찰위원회에 자치경찰사무를 담당하는 경찰공무원을 직접 지휘·명령하려는 사유 및 내용 등을 구체적으로 제시하

여 통보하여야 한다. 23 경간
③ 제2항에 따른 통보를 받은 시·도자치경찰위원회는 정당한 사유가 없으면 즉시 자치경찰사무를 담당하는 경찰공무원에게 경찰청장의 지휘·명령을 받을 것을 명하여야 하며, 제1항에 규정된 사유에 해당하지 아니한다고 인정하면 시·도자치경찰위원회의 의결을 거쳐 경찰청장에게 그 지휘·명령의 중단을 요청할 수 있다.
④ 경찰청장이 제1항에 따라 지휘·명령을 하는 경우에는 국가경찰위원회에 즉시 보고하여야 한다. 다만, 제1항 제3호의 경우에는 미리 국가경찰위원회의 의결을 거쳐야 하며 긴급한 경우에는 우선 조치 후 지체 없이 국가 경찰위원회의 의결을 거쳐야 한다. 23 경간
⑤ 제4항에 따라 보고를 받은 국가경찰위원회는 제1항에 규정된 사유에 해당하지 아니한다고 인정하면 그 지휘·명령을 중단할 것을 의결하여 경찰청장에게 통보할 수 있다.
⑥ 경찰청장은 제1항에 따라 지휘·명령할 수 있는 사유가 해소된 때에는 경찰공무원에 대한 지휘·명령을 즉시 중단하여야 한다. 23 경간
⑦ 시·도자치경찰위원회는 제1항제3호에 해당하는 경우 의결로 지원·조정의 범위·기간 등을 정하여 경찰청장에게 지원·조정을 요청할 수 있다. 23 경간

7) 보칙

제34조 (자치경찰사무에 대한 재정적 지원)	국가는 지방자치단체가 이관받은 사무를 원활히 수행할 수 있도록 인력, 장비 등에 소요되는 비용에 대하여 재정적 지원을 하여야 한다. 23 경간, 24 승진, 25 1차
제35조 (예산) 23 경간	① 자치경찰사무의 수행에 필요한 예산은 시·도자치경찰위원회의 심의·의결을 거쳐 시·도지사가 수립한다. 이 경우 시·도자치경찰위원회는 경찰청장(시·도경찰청장X)의 의견을 들어야 한다. 23·25 경간 ② 시·도지사는 자치경찰사무 담당 공무원에게 조례에서 정하는 예산의 범위에서 재정적 지원 등을 할 수 있다. 23 경간 ③ 시·도의회는 관련 예산의 효율적인 관리를 위하여 의결로써 자치경찰사무에 대해 시·도자치경찰위원장의 출석 및 자료 제출을 요구할 수 있다.

■ 경찰청과 그 소속기관 직제(대통령령)

제42조(경찰서) ① 시·도경찰청장의 소관사무를 분장하기 위하여 시·도경찰청장 소속으로 261개 경찰서의 범위에서 경찰서를 두며, 경찰서의 명칭은 별표 2와 같다.
② 경찰서의 하부조직, 위치 및 관할구역과 그 밖에 필요한 사항은 행정안전부령으로 정한다.

제43조(지구대 등) ① 시·도경찰청장은 경찰서장의 소관사무를 분장하기 위하여 행정안전부령으로 정하는 바에 따라 경찰청장의 승인을 받아 지구대 또는 파출소를 둘 수 있다. 17 승진
② 시·도경찰청장은 제1항에 따른 사무분장이 임시로 필요한 경우에는 출장소를 둘 수 있다. 17 승진
③ 지구대·파출소 및 출장소의 명칭·위치 및 관할구역과 그 밖에 필요한 사항은 시·도경찰청장이 정한다. 17 승진

■ 지역경찰의 조직 및 운영에 관한 규칙(경찰청 예규)

> **제2조(정의)** 이 규칙에서 사용하는 용어의 정의는 다음과 같다.
> 1. "지역경찰관서"란 「국가경찰과 자치경찰의 조직 및 운영에 관한 법률」 제30조제3항 및 「경찰청과 그 소속기관 직제」 제43조에 규정된 **지구대 및 파출소**를 말한다.
>
> **제4조(설치 및 폐지)** ① 시·도경찰청장은 인구, 면적, 행정구역, 교통·지리적 여건, 각종 사건사고 발생 등을 고려하여 경찰서의 관할구역을 나누어 **지역경찰관서를 설치한다.**
>
> **제5조(지역경찰관서장)** ① 지역경찰관서의 사무를 통할하고 소속 지역경찰을 지휘·감독하기 위해 지역경찰관서에 **지구대장 및 파출소장**(이하 "지역경찰관서장"이라 한다.)을 둔다.

■ 경찰청과 그 소속기관 조직 및 정원관리규칙(경찰청 훈령)

> **제10조(지구대, 파출소 및 출장소)** ① 시·도경찰청장이 지구대 또는 파출소를 설치하고자 할 때에는 별표1 제4호에 준한 서류를 첨부하여 **경찰청장에게 승인을 요청하여야 한다.** 11 승진, 24 2차
> ② 지구대장은 **경정 또는 경감**, 파출소장은 **경정·경감 또는 경위**로 한다. 11 경간
> ③ 시·도경찰청장은 임시로 필요한 때에는 출장소를 둘 수 있으며, 출장소를 설치한 때에는 경찰청장에게 **보고하여야 한다.** 11 승진
> ④ 출장소장은 **경위 또는 경사**로 한다.
> ⑤ 시·도경찰청장이 지구대 또는 파출소를 폐지하거나 명칭·위치 및 관할구역을 **변경**하였을 때에는 경찰청장에게 보고하여야 한다. 11 승진
>
> **제10조의2(치안센터)** ① 시·도경찰청장은 지역치안을 효율적으로 수행하기 위하여 **치안센터를 둘 수 있다.** 11 승진

3. 경찰관청 상호간의 관계

(1) 대리와 위임 ★★

1) 대리 22 2차

① 상급관청(피대리관청)이 권한의 **전부** 또는 **일부**를 보조기관(대리기관)에 부여하여, 대리기관은 **피대리관청**을 위한 것임을 표시(현명주의)하고, 대리기관 자신의 명의로 권한을 행사하여 **피대리관청**에게 **효과가 귀속**되게 하는 행정행위를 말한다. 07 채용, 12·13 1차

② 권한의 대리에는 **임의대리**와 **법정대리**가 있고, 일반적으로 대리는 **임의대리**를 말한다.

임의대리	피대리관청의 **수권**에 의해서 대리관계가 발생
법정대리	피대리관청의 수권에 의해서가 아니라 **법률의 규정**에 따라 일정한 사실의 발생으로 **당연히** 대리관계가 발생하는 **협의의 법정대리**와 일정한 자의 지정이 있어야 대리관계가 발생하는 **지정대리**가 있다. 14 승진 ex 경찰청장 사고 시 차장이 대행(협의의 법정대리) 15 승진

③ 복대리
   피대리관청의 대리기관이 그 대리권의 행사를 다시 타인으로 하여금 대리하게 하는 것을 말하며, 대리기관이 아닌 **피대리관청**에게 **효과가 발생**한다. 복대리 성질 자체는 언제나 **임의대리**이고, 19 1차 **피대리관청**의 대리이다.(대리기관의 대리X)

2) 위임 22 2차
　① 상급관청(위임관청)이 권한의 **일부**를 하급관청(수임관청)에게 이전하여 수임관청이 **자신의 명의와 책임** 하에서 권한을 행사하는 행정행위를 말한다. 06·08 채용, 12 1차, 13 1차, 18 특채
　② 위임에 있어서 비용은 특별한 규정이 없으면 **위임관청(위임자)**이 부담한다. 13·15·19 승진

3) 대리와 위임의 비교 06·07·08·09 채용, 08 경간, 11·13·14·15·19 승진, 12·13·19 1차, 18 특채

구분	임의대리	법정대리	권한의 위임
권한이전	권한이전X	권한이전X	권한이전O
법적근거	불요	필요	필요
상대방	주로 보조기관	주로 보조기관	주로 하급관청
효과,책임 귀속	피대리관청	피대리관청	수임청
범위	일부	전부	일부
지휘, 감독	가능	불가	가능
복대리, 재위임	불가	가능	가능
책임귀속 (소송대상)	외부관계 : 피대리관청 내부관계 : 대리관청(징계책임)		수임청

4) 내부위임, 위임전결, 대결 08 경간

내부위임	경미한 사무처리에 있어 상급관청이 하급관청에게 외부에 표시함이 없이 내부적인 사무처리에 대한 결재권만을 위임하는 것
위임전결	경미한 사무처리에 있어 상급관청이 보조기관에게 외부에 표시함이 없이 내부적인 사무처리에 대한 결재권만을 위임하는 것
대결	행정기관의 결재권자가 일시부재 시(휴가, 출장, 사고 등) 보조기관에게 대신 사무처리에 대한 결재를 맡기는 것
공통점	권한의 이전이 없으므로 법적근거(구체적 수권) 불요, 본래의 행정청(위임청)명의로 권한행사 12 1차

(2) 행정권한의 위임 및 위탁에 관한 규정(약칭 : 행정위임위탁규정) ★★ - 대통령령

제2조(정의) 이 영에서 사용하는 용어의 뜻은 다음과 같다.
　1. "위임"이란 법률에 규정된 행정기관의 장의 권한 중 **일부**를 그 **보조기관** 또는 **하급행정기관의 장**이나 지방자치단체의 장에게 맡겨 그의 권한과 책임 아래 행사하도록 하는 것을 말한다. 18 1차, 20 경간
　2. "위탁"이란 법률에 규정된 행정기관의 장의 권한 중 **일부**를 **다른 행정기관의 장**에게 맡겨 그의 권한과 책임 아래 행사하도록 하는 것을 말한다. 21 승진, 23 2차

제3조(위임 및 위탁의 기준 등) ① 행정기관의 장은 허가·인가·등록 등 민원에 관한 사무, 정책의 구체화에 따른 집행사무 및 일상적으로 반복되는 사무로서 그가 직접 시행하여야 할 사무를 **제외한** 일부 권한(이하 "행정권

한"이라 한다)을 그 보조기관 또는 하급행정기관의 장, 다른 행정기관의 장, 지방자치단체의 장에게 위임 및 위탁한다. 24 승진

② 행정기관의 장은 행정권한을 위임 및 위탁할 때에는 **위임 및 위탁하기 전**에 수임기관의 수임능력 여부를 점검하고, 필요한 인력 및 예산을 **이관하여야 한다**. 20 경간, 21·24 승진

③ 행정기관의 장은 행정권한을 위임 및 위탁할 때에는 **위임 및 위탁하기 전**에 단순한 사무인 경우를 제외하고는 **수임 및 수탁기관에 대하여 수임 및 수탁사무 처리에 필요한 교육을 하여야 하며, 수임 및 수탁사무의 처리지침을 통보하여야 한다**. 23 2차

제6조(지휘·감독) 위임 및 위탁기관은 수임 및 수탁기관의 수임 및 수탁사무 처리에 대하여 **지휘·감독**하고, 그 처리가 **위법**하거나 **부당**하다고 인정될 때에는 이를 **취소하거나 정지시킬 수 있다**. (시켜야X) 11·13·21 승진, 18 1차, 20 경간, 23 2차

제7조(사전승인 등의 제한) 수임 및 수탁사무의 처리에 관하여 위임 및 위탁기관은 수임 및 수탁기관에 대하여 **사전승인을 받거나 협의를 할 것을 요구할 수 없다**. (있다X) 13·19·24 승진, 20 경간

제8조(책임의 소재 및 명의 표시) ① 수임 및 수탁사무의 처리에 관한 책임은 **수임 및 수탁기관**에 있으며, **위임 및 위탁기관**은 그에 대한 **감독책임**을 진다. 18 1차, 20 경간

② 수임 및 수탁사무에 관한 권한을 행사할 때에는 **수임 및 수탁기관의 명의**로 하여야 한다. 21 승진

제9조(권한의 위임 및 위탁에 따른 감사) 위임 및 위탁기관은 위임 및 위탁사무 처리의 적정성을 확보하기 위하여 필요한 경우에는 수임 및 수탁기관의 수임 및 수탁사무 처리 상황을 수시로 **감사할 수 있다**. 18 1차, 20 경간, 24 승진

🔊 기출지문

수임 및 수탁사무의 처리가 부당한지 여부의 판단은 위법성 판단과 달리 합목적적·정책적 고려도 포함되므로, 위임 및 위탁기관이 그 사무처리에 관하여 일반적인 **지휘·감독**을 하는 경우는 물론이고 나아가 수임 및 수탁사무의 처리가 **부당**하다는 이유로 그 사무처리를 **취소**하는 경우에도 광범위한 **재량이 허용**된다고 보아야 한다. (대판 2016두55629) 23 2차

> **참고** 직무대리규정 - 대통령령 ★
>
> **제2조(정의)** 이 영에서 사용하는 용어의 뜻은 다음과 같다.
> 1. "직무대리"란 기관장, 부기관장이나 그 밖의 공무원에게 사고가 발생한 경우에 직무상 공백이 생기지 아니하도록 해당 공무원의 직무를 대신 수행하는 것을 말한다.
> 4. "사고"란 다음 각 목의 어느 하나에 해당하는 경우를 말한다.
>   가. 전보, 퇴직, 해임 또는 임기 만료 등으로 후임자가 임명될 때까지 해당 직위가 공석인 경우
>   나. 휴가, 출장 또는 결원 보충이 없는 휴직 등으로 **일시적**(계속적X)으로 직무를 수행할 수 없는 경우

> **참고** 경찰청 직무대리 운영규칙 - 경찰청 훈령 ★
>
> 제3조(정의) 이 규칙에서 사용하는 용어의 뜻은 다음과 같다.
>   2. "직무대리지정권자"란 사고가 발생한 공무원의 바로 위 계급에 있는 사람을 말한다.
>
> 제9조(직무대리의 지정) 제4조부터 제8조까지에 규정한 사항 외의 공무원에게 사고가 발생하였거나 규정된 직무대리가 적절치 않다고 인정되는 경우에는 직무대리지정권자가 해당 공무원의 바로 아래 계급에 있는 사람 중에서 직무의 비중, 능력, 경력 또는 책임도 등을 고려하여 직무대리자를 지정한다.
>
> 제10조(직무대리의 특례) 제9조에도 불구하고 직무대리지정권자는 대리하게 할 업무가 특수하거나 그 밖의 부득이한 사유가 있는 경우, 사고가 발생한 공무원과 동일한 계급에 있는 사람을 직무대리자로 지정할 수 있다.
>
> 제11조(직무대리의 운영) ① 직무를 대리하는 경우 한 사람은 하나의 직위에 대해서만 직무대리를 할 수 있다.
>   ② 제9조에 따라 직무대리를 지정할 때에는 별지 서식에 따른 직무대리 명령서를 직무대리자에게 발급하여야 한다.
>   ③ 제2항에도 불구하고 사고 기간이 15일 이하인 경우에는 직무대리 명령서의 발급을 생략할 수 있다. 이 경우 직무대리지정권자는 직무대리자로 지정된 사실을 전자인사관리시스템이나 내부통신망 등을 통하여 직무대리자에게 명확하게 통지하여야 한다.
>   ④ 직무대리자는 본래 담당한 직위의 업무를 수행하면서 직무대리 업무를 수행하는 것을 원칙으로 하되, 사고가 발생한 공무원의 직위에 보할 수 있는 승진후보자에게 그 사고가 발생한 공무원의 직무대리를 하게 하는 경우에는 본래 담당한 직위의 업무를 수행하지 아니하고 직무대리 업무만을 수행하게 할 수 있다.
>   ⑤ 직무대리자는 직무대리하여야 할 업무를 다른 공무원에게 다시 직무대리하게 할 수 없다.
>
> 제12조(직무대리권의 범위) 직무대리자는 사고가 발생한 공무원의 모든 권한을 가지며, 그 권한에 상응하는 책임을 진다.

제 3 절 경찰공무원법

1969년에 제정된 **경찰조직법**으로 「국가공무원법」과 「경찰공무원법」은 **일반법**과 **특별법**의 관계이다. 경찰공무원은 **경력직공무원** 중에서 **특정직공무원**에 해당하며, **순경부터 치안총감까지**의 계급을 가진 공무원을 말한다.

1. 경찰공무원의 분류

계급	일하는 사람의 특성(자격, 능력, 신분)을 기준으로 계급을 만들어 공직을 분류하는 방식으로 **권한과 책임 및 보수에 차등을 두기 위한** 수직적 분류
경과	경찰업무의 특성에 따라 적합한 경찰관을 모집·채용하여, 개인의 능력과 적성에 맞춰 **직무의 종류에 따라 경찰업무의 효율성을 높이기 위한** 수평적 분류
전과	경과를 변경하는 것

(1) 경과의 부여 및 분류 ★★★

경찰공무원법
제4조(경과 구분) ① 경찰공무원은 그 직무의 종류에 따라 경과(警科)에 의하여 구분할 수 있다. 12 3차
② 경과의 구분에 필요한 사항은 **대통령령**으로 정한다. 12 3차

경찰공무원 임용령(대통령령)
제3조(경과) ① 총경 이하 경찰공무원에게 부여하는 경과는 다음 각 호와 같다. 다만, 제2호(**수사경과**)와 제3호(**안보수사경과**)의 경과는 **경정 이하** 경찰공무원에게만 부여한다. 14 승진, 20·21 경채, 24 특공대
 1. 일반경과
 2. 수사경과
 3. 안보수사경과
 4. 특수경과
  다. 항공경과
  라. 정보통신경과
② **임용권자**(제4조제1항부터 제6항까지의 규정에 따라 임용권의 위임을 받은 자를 포함한다. 이하 같다) 또는 임용제청권자[「경찰공무원법」(이하 "법"이라 한다) 제7조제1항에 따른 추천이 필요한 경우에는 경찰청장을 포함한다. 이하 같다]는 경찰공무원을 **신규채용 할 때에**(한 후에X) 경과를 부여**해야 한다.**(할 수 있다X)

경찰공무원임용령 시행규칙
제19조(경과별 직무의 종류) 경찰공무원의 경과별 직무의 종류는 다음 각 호와 같다.
 1. 일반경과는 기획·감사·경무·생활안전·교통·경비·작전·정보·외사나 그 밖에 수사경과·안보수사경과 및 특수경과에 **속하지 않는 직무** 24 2차, 24 특공대
제22조(경과부여) 신규채용된 경찰공무원에게는 **일반경과**를 부여한다. 다만, 수사, 안보수사, 항공, 정보통신분야로 채용된 경찰공무원에게는 임용예정 직위의 업무와 관련된 경과를 부여한다.

(2) 전과 ★

경찰공무원임용령 시행규칙
제27조(전과의 유형) ① 전과는 일반경과에서 수사경과·안보수사경과 또는 특수경과로의 전과만 인정한다. 다만, 정원감축 등 경찰청장이 정하는 사유가 있는 경우 수사경과·안보수사경과 또는 정보통신경과에서 일반경과로의 전과를 인정할 수 있다.

제28조(전과의 대상자 및 제한) ② 제1항에도 불구하고 다음 각 호의 어느 하나에 해당하는 사람은 제27조제1항에 따른 전과를 할 수 없다.
 1. 현재 경과를 부여받고 **1년**이 지나지 아니한 사람
 2. 특정한 직무분야에 근무할 것을 조건으로 채용된 경찰공무원으로서 채용 후 **5년**이 지나지 아니한 사람

> **참고** 수사경찰인사운영규칙(경찰청 훈령) ★ 21 경간, 25 승진
>
> 제10조(선발의 원칙) ① 수사업무 수행을 위한 업무역량, 전문성 등을 고려하여 **경정** 이하의 경찰공무원을 대상으로 수사경과자를 선발한다.

② 수사경과자의 선발인원은 수사경찰의 전문성 확보와 인사운영의 효율성 등을 고려하여 수사부서 **총정원의 1.5배의 범위 내**에서 경찰청장이 정한다.

제14조(수사경과의 유효기간 및 갱신) ① 수사경과 유효기간은 수사경과를 부여일 또는 갱신일로부터 **5년**으로 한다.

제15조(해제사유 등) ① 다음 각 호의 어느 하나에 해당하는 경우에는 **수사경과를 해제하여야 한다.**
1. 직무와 관련한 청렴의무위반·인권침해 또는 부정청탁에 따른 직무수행으로 징계처분을 받은 경우
2. 5년간 연속으로 제3조제1항 외의 부서(비수사부서)에서 근무하는 경우
3. 제14조에 따른 유효기간 내에 갱신이 되지 않은 경우

② 다음 각 호의 어느 하나에 해당하는 경우에는 **수사경과를 해제할 수 있다.**
1. 제1항제1호 외의 사유로 징계처분을 받은 경우
2. 인권침해, 편파수사를 이유로 다수의 진정을 받는 등 공정한 수사업무 수행을 기대하기 곤란한 경우 25 승진
3. 수사업무 능력·의욕이 현저하게 부족한 경우
4. 수사경과 해제를 희망하는 경우

④ 제2항 제3호의 '수사업무 능력·의욕이 현저하게 부족한 경우'에는 다음 각 호의 어느 하나에 해당하는 사유를 포함한다.
1. 2년간 연속으로 정당한 사유없이 제3조제1항 외의 부서에서 근무하는 경우(「국가공무원법」 제32조의4 및 「경찰공무원임용령」 제30조에 따른 파견기간 및 같은 법 71조에 따른 휴직의 기간은 위 기간에 산입하지 아니한다)
2. 제6조제1항 본문에 따라 수사부서 근무자로 선발되었음에도 **정당한 사유없이 수사부서 전입을 기피하는 경우**
3. 제6조제2항에 따른 인사내신서를 제출하지 않거나 부실기재하여 제출한 경우

2. 경찰공무원 관계의 발생

임명	신규채용
임면	신규채용, 승진임용, 면직(직권면직, 의원면직, 파면, 해임 → 징계면직)
임용	신규채용, 승진, 전보, 파견, 휴직, 직위해제, 정직, 강등, 복직, 면직, 파면, 해임(**감봉, 견책**은 임용의 개념에서 **제외**) 11 2차

(1) 임용권자(경찰공무원법) ★★★ 17 경간

제7조(임용권자) ① 총경 이상 경찰공무원은 **경찰청장** 또는 해양경찰청장의 **추천**을 받아 **행정안전부장관** 또는 해양수산부장관의 **제청**으로 **국무총리를 거쳐 대통령이 임용한다.** 12·14 경간, 14 2차, 16 특채, 19·23 1차 다만, **총경의 전보, 휴직, 직위해제, 강등, 정직 및 복직은 경찰청장** 또는 해양경찰청장이 한다. 12 경간, 14 2차, 15 경간, 18 2차, 20·23 1차

② **경정 이하의 경찰공무원은 경찰청장** 또는 해양경찰청장이 **임용한다.** 10 승진, 12 경간, 16 특채 다만, **경정으로의 신규채용, 승진임용 및 면직은 경찰청장** 또는 해양경찰청장의 **제청으로 국무총리를 거쳐 대통령이 한다.** 10 승진, 12·14·15 경간, 13·14·24 2차, 16·20 경채, 18 2차, 23 1차

③ **경찰청장**은 대통령령으로 정하는 바에 따라 경찰공무원의 임용에 관한 권한의 **일부**를 특별시장·광역시장·도지사·특별자치시장 또는 특별자치도지사(이하 "**시·도지사**"라 한다), **국가수사본부장, 소속 기관의 장, 시·도경찰청장에게 위임할 수 있다.** 16 특채, 19·23 1차, 15 경간 이 경우 시·도지사는 위임받은 권한의 **일부**를 **대통령령으로 정하는 바에 따라** 「국가경찰과 자치경찰의 조직 및 운영에 관한 법률」 제18조에 따른 시·도자치경찰위원회(이하 "시·도자치경찰위원회"라 한다), **시·도경찰청장에게 다시 위임할 수 있다.**

→ 경정의 정직은 경찰청장이 한다. 09 경간

■ 임용권의 위임 등(경찰공무원 임용령 - 대통령령) 21 경찰특공대, 22 경채

제4조(임용권의 위임 등) ① **경찰청장**은 법 제7조제3항 전단에 따라 특별시장·광역시장·특별자치시장·도지사 또는 특별자치도지사(이하 "**시·도지사**"라 한다)에게 해당 특별시·광역시·특별자치시·도 또는 특별자치도(이하 "시·도"라 한다)의 자치경찰사무를 담당하는 경찰공무원[「국가경찰과 자치경찰의 조직 및 운영에 관한 법률」 제18조제1항에 따른 시·도자치경찰위원회(이하 "시·도자치경찰위원회"라 한다), **시·도경찰청 및 경찰서**(지구대 및 파출소는 제외한다)에서 근무하는 경찰공무원을 말한다] 중 **경정의 전보·파견·휴직·직위해제 및 복직에 관한 권한**과 **경감 이하의 임용권**(신규채용 및 면직에 관한 권한은 제외한다)을 위임한다.
② **경찰청장**은 법 제7조제3항 전단에 따라 **국가수사본부장에게 국가수사본부 안에서의 경정 이하에 대한 전보권을 위임한다.**
③ **경찰청장**은 법 제7조제3항 전단에 따라 경찰대학·경찰인재개발원·중앙경찰학교·경찰수사연수원·경찰병원 및 시·도경찰청(이하 "**소속기관등**"이라 한다)의 장에게 그 소속 경찰공무원 중 **경정의 전보·파견·휴직·직위해제 및 복직에 관한 권한**과 **경감 이하의 임용권을 위임한다.** 20 1차
④ 제1항에 따라 임용권을 위임받은 시·도지사는 법 제7조제3항 후단에 따라 **경감 또는 경위로의 승진임용에 관한 권한을 제외한 임용권을 시·도자치경찰위원회에 다시 위임한다.**
⑤ 제4항에 따라 임용권을 위임받은 시·도자치경찰위원회는 시·도지사와 시·도경찰청장의 의견을 들어 그 권한의 일부를 시·도경찰청장에게 다시 위임할 수 있다.
⑥ 제3항 및 제5항에 따라 임용권을 위임받은 시·도경찰청장은 소속 경감 이하 경찰공무원에 대한 해당 경찰서 안에서의 **전보권을 경찰서장에게 다시 위임할 수 있다.** 09 2차, 20 1차
⑦ **경찰청장**은 수사부서에서 총경을 보직하는 경우에는 **국가수사본부장의 추천을 받아야 한다.**
⑧ 시·도자치경찰위원회는 임용권을 행사하는 경우에는 **시·도경찰청장의 추천을 받아야 한다.**
⑨ 시·도경찰청장 및 경찰서장은 지구대장 및 파출소장을 보직하는 경우에는 시·도자치경찰위원회의 의견을 사전에 들어야 한다.
⑩ 소속기관등의 장은 경감 또는 경위를 신규채용하거나 **경위 또는 경사를 승진시키려면** 미리 **경찰청장의 승인을 받아야 한다.** 14 경간, 20 1차
⑪ 제1항부터 제6항까지의 규정에도 불구하고 **경찰청장**은 경찰공무원의 정원 조정, 승진임용, 인사교류 또는 파견을 위하여 필요한 경우에는 **임용권을 행사할 수 있다.** 15 경간, 20 1차

■ **임용 시기** 15 1차, 18 2차

[경찰공무원법]
제15조의2(전사·순직한 승진후보자의 승진) 제18조제1항에 따른 승진후보자 명부에 등재된 사람이 승진임용 전에 전사하거나 순직한 경우에는 그 사망일 전날을 승진일로 하여 승진 예정 계급으로 승진한 것으로 본다.

[경찰공무원임용령]
제5조(임용시기) ① 경찰공무원은 **임용장이나 임용통지서에 적힌 날짜에 임용**된 것으로 보며, 임용일자를 소급해서는 아니 된다. 09·23 경간
② **사망으로 인한 면직은 사망한 다음 날에 면직**된 것으로 본다. 21 경채, 23 경간

제6조(임용시기의 특례) 제5조제1항에도 불구하고 다음 각 호의 어느 하나에 해당하는 경우에는 다음 각 호의 구분에 따른 일자에 임용된 것으로 본다.
1. 법 제19조제1항제2호에 따라 **전사하거나 순직한 사람**을 다음 각 목의 어느 하나에 해당하는 날을 임용일자로 하여 **특별승진 임용하는 경우**
   가. 재직 중 사망한 경우 : 사망일의 전날 23 경간
   나. 퇴직 후 사망한 경우 : 퇴직일의 전날
3. 「국가공무원법」 제70조제1항제4호(휴직기간이 끝나거나 휴직사유가 소멸된 후에도 직무에 복귀하지 아니하거나 직무를 감당할 수 없을 때에 해당하여 직권면직 시키는 경우)에 따라 직권으로 면직시키는 경우 : 휴직기간의 만료일 또는 휴직사유의 소멸일
4. 법 제10조제2항에 따른 경찰간부후보생, 「경찰대학 설치법」에 따른 경찰대학의 학생 또는 시보임용예정자가 제21조제1항에 따른 경찰공무원의 직무수행과 관련된 실무수습 중 사망한 경우 : 사망일의 전날

(2) 경찰공무원 인사위원회(경찰공무원법) ★

제5조(경찰공무원인사위원회의 설치) ① 경찰공무원의 **인사(고충X)**에 관한 중요 사항에 대하여 **경찰청장** 또는 해양경찰청장의 자문에 응하게 하기 위하여 경찰청과 해양경찰청에 **경찰공무원인사위원회**(이하 "인사위원회"라 한다)를 둔다. 11 승진
② 인사위원회의 구성 및 운영에 필요한 사항은 **대통령령**으로 정한다.

■ 경찰공무원 임용령(대통령령)

제9조(경찰공무원인사위원회의 구성) ① 법 제5조에 따른 경찰공무원인사위원회(이하 "인사위원회"라 한다)는 **위원장을 포함하여 5명 이상 7명 이하의 위원**으로 구성한다. 10 승진, 12·19 경간
② 인사위원회의 **위원장은 경찰청 인사담당국장**이 되고, 위원은 **경찰청 소속 총경 이상 경찰공무원 중에서 경찰청장**이 각각 임명한다. 10 승진, 12·19 경간

제10조(위원장의 직무) ① 위원장은 인사위원회를 대표하며, 인사위원회의 사무를 총괄한다.
② 위원장이 부득이한 사유로 직무를 수행할 수 없을 때에는 **위원 중에서 최상위계급 또는 선임의 경찰공무원**이 그 직무를 대행한다.

제11조(회의) ① 위원장은 인사위원회의 회의를 소집하고 그 의장이 된다.
② 회의는 재적위원 과반수의 찬성으로 의결한다. 19 경간

제13조(심의사항의 보고) 위원장은 인사위원회에서 심의된 사항을 지체 없이 경찰청장에게 보고하여야 한다.

(3) 경찰공무원 임용자격 및 결격사유(경찰공무원법) ★★★ 11·13 승진, 12·16 1차, 13·23 특공대, 20·21·24 2차, 21 경간

제8조(임용자격 및 결격사유) ② 다음 각 호의 어느 하나에 해당하는 사람은 **경찰공무원으로 임용될 수 없다.**
1. 대한민국 국적을 가지지 아니한 사람(국가공무원법상 결격사유X)
2. 「국적법」 제11조의2제1항에 따른 복수국적자(국가공무원법상 결격사유X)
3. 피성년후견인 또는 피한정후견인(국가공무원법에서는 피성년후견인만 결격사유)
4. 파산선고를 받고 복권되지 아니한 사람(파산선고를 받은 사람X, 복권된 사람X)
5. 자격정지(벌금X, 금고X) 이상의 형(刑)을 선고받은 사람
6. 자격정지(벌금X, 금고X) 이상의 형의 선고유예를 선고받고 그 유예기간 중에 있는 사람 → **당연퇴직 사유가 아님** (cf. 국가공무원법에서는 형벌이 금고로 규정되어 있음) 12 3차, 18 승진, 20 경채
7. 공무원으로 재직기간 중 직무와 관련하여 「형법」 제355조(횡령, 배임) 및 제356조(업무상 횡령, 배임)에 **규정된 죄를 범한 자로서 300만원 이상의 벌금형을 선고받고 그 형이 확정된 후 2년이 지나지 아니한 사람**
8. 다음 각 목의 어느 하나에 해당하는 죄를 범한 사람으로서 **100만원 이상의 벌금형을 선고받고 그 형이 확정된 후 3년이 지나지 아니한 사람**
   가. 「성폭력범죄의 처벌 등에 관한 특례법」 제2조에 따른 **성폭력범죄**
   나. 「정보통신망 이용촉진 및 정보보호 등에 관한 법률」 제74조제1항제2호(음란한 부호·문언·음향·화상 또는 영상을 배포·판매·임대하거나 공공연하게 전시한 자) 및 제3호(공포심이나 불안감을 유발하는 부호·문언·음향·화상 또는 영상을 반복적으로 상대방에게 도달하게 한 자)에 따른 죄
   다. 「스토킹범죄의 처벌 등에 관한 법률」 제2조제2호에 따른 **스토킹범죄**
9. 미성년자에 대한 다음 각 목의 어느 하나에 해당하는 죄를 저질러 형 또는 치료감호가 확정된 사람(집행유예를 선고받은 후 그 집행유예기간이 경과한 사람을 포함한다)
   가. 「성폭력범죄의 처벌 등에 관한 특례법」 제2조에 따른 **성폭력범죄**
   나. 「아동·청소년의 성보호에 관한 법률」 제2조제2호에 따른 **아동·청소년대상 성범죄**
10. 징계에 의하여 파면 또는 해임처분을 받은 사람(국가공무원법상 파면 : 5년 지나지X, 해임 : 3년이 지나지 X) 18 승진, 18 2차

(4) 신규채용 ★★

제10조(신규채용) ① **경정 및 순경**의 신규채용은 **공개경쟁시험**으로 한다.
② **경위**의 신규채용은 다음 각 호의 어느 하나에 해당하는 사람 중에서 한다.
1. 경찰대학을 졸업한 사람
2. 대통령령으로 정하는 자격을 갖추고 공개경쟁시험으로 선발된 사람(이하 "경위공개경쟁채용시험합격자"라 한다)으로서 교육훈련을 마치고 정하여진 시험에 합격한 사람
③ 다음 각 호의 어느 하나에 해당하는 경우에는 경력 등 응시요건을 정하여 같은 사유에 해당하는 다수인을 대상으로 경쟁의 방법으로 채용하는 시험(이하 "**경력경쟁채용시험**"이라 한다)으로 **경찰공무원을 신규채용할 수 있다.** 다만, 다수인을 대상으로 시험을 실시하는 것이 적당하지 아니하여 대통령령으로 정하는 경우에는 다수인을 대상으로 하지 아니한 시험으로 경찰공무원을 채용할 수 있다.

1. 「국가공무원법」 제70조제1항제3호의 사유로 퇴직하거나 같은 법 제71조제1항제1호의 휴직 기간 만료로 퇴직한 경찰공무원을 **퇴직한 날부터 3년**(「공무원 재해보상법」에 따른 **공무상 질병 또는 부상으로 인한 휴직의 경우에는 5년**) 이내에 퇴직 시에 재직한 계급의 경찰공무원으로 재임용하는 경우 18·21 승진
2. 공개경쟁시험으로 임용하는 것이 부적당한 경우에 임용예정 직무에 관련된 자격증 소지자를 임용하는 경우
3. 임용예정직에 상응하는 근무경력 또는 연구경력이 있거나 전문지식을 가진 사람을 임용하는 경우
4. 「국가공무원법」에 따른 5급 공무원의 공개경쟁채용시험이나 「사법시험법」(2009년 5월 28일 법률 제9747호로 폐지되기 전의 것을 말한다)에 따른 사법시험에 합격한 사람을 경정 이하의 경찰공무원으로 임용하는 경우
5. 섬, 외딴곳 등 특수지역에서 근무할 사람을 임용하는 경우
6. 외국어에 능통한 사람을 임용하는 경우
7. 제주특별자치도의 자치경찰공무원(이하 "자치경찰공무원"이라 한다)을 그 계급에 상응하는 경찰공무원으로 임용하는 경우
8. 「국가경찰과 자치경찰의 조직 및 운영에 관한 법률」 제16조에 따라 **경찰청 외부를 대상으로 모집하여 국가수사본부장을 임용하는 경우**

제11조(부정행위자에 대한 제재) ① **경찰청장** 또는 해양경찰청장은 경찰공무원의 신규채용시험(경위공개경쟁채용시험을 포함한다. 이하 같다), 승진시험 또는 그 밖의 시험에서 다른 사람에게 대신하여 응시하게 하는 행위 등 대통령령으로 정하는 부정행위를 한 사람에 대하여 대통령령으로 정하는 바에 따라 **해당 시험의 정지·무효 또는 합격 취소 처분을 할 수 있다.**

② 제1항에 따른 처분을 받은 사람에 대해서는 **처분이 있은 날부터 5년의 범위에서 대통령령으로 정하는 기간 동안 신규채용시험, 승진시험 또는 그 밖의 시험의 응시자격을 정지한다.**

③ 경찰청장 또는 해양경찰청장은 제1항에 따른 **처분**(시험의 정지는 제외한다)을 할 때에는 미리 그 처분 내용과 사유를 당사자에게 통지하여 **소명할 기회를 주어야 한다.** 25 1차

제11조의2(채용비위 관련자의 합격 등 취소) ① 경찰청장 또는 해양경찰청장은 누구든지 경찰공무원의 채용과 관련하여 대통령령으로 정하는 비위를 저질러 **유죄판결이 확정된 경우**에는 그 비위 행위로 인하여 채용시험에 합격하거나 임용된 사람에 대하여 대통령령으로 정하는 바에 따라 **합격 또는 임용을 취소할 수 있다.**

② 경찰청장 또는 해양경찰청장은 제1항에 따른 **취소 처분을 하기 전에** 미리 그 내용과 사유를 당사자에게 통지하고 소명할 기회를 주어야 한다.

③ 제1항에 따른 취소 처분은 합격 또는 임용 당시로 소급하여 **효력이 발생한다.**

경찰공무원 임용령(대통령령)

제16조(경력경쟁채용등의 요건) ① 다음 각 호의 어느 하나에 해당하는 사람은 **경력경쟁채용등의 대상이 될 수 없다.**
1. 종전의 재직기관에서 감봉 이상의 징계처분을 받은 사람 23 승진
2. 법 제30조제1항제2호에 따라 정년퇴직한 사람

제32조(시험실시의 원칙) 경찰공무원의 신규채용시험은 계급별로 실시한다. 다만, 결원보충을 원활히 하기 위하여 필요하다고 인정될 때에는 직무분야별·근무예정지역 또는 근무예정기관별로 구분하여 실시할 수 있다. 25 1차

(5) 채용후보자 ★★★

제12조(채용후보자 명부 등) ① **경찰청장** 또는 해양경찰청장(제7조제3항 및 제4항에 따라 임용권을 위임받은 자를 포함한다)은 신규채용시험에 합격한 사람(경찰대학을 졸업한 사람과 경위공개경쟁채용시험합격자를 포함한다. 이하 이 조에서 같다)을 대통령령으로 정하는 바에 따라 **성적 순위에 따라 채용후보자 명부에 등재(登載)하여야 한다.** 10 2차

② 경찰공무원의 신규채용은 제1항에 따른 채용후보자 명부의 등재 순위에 따른다. 다만, 채용후보자가 경찰교육기관에서 **신임교육을 받은 경우에는 그 교육성적 순위에 따른다.** 10 2차

③ 제1항에 따른 **채용후보자 명부의 유효기간은 2년**의 범위에서 대통령령으로 정한다. 다만, 경찰청장 또는 해양경찰청장은 필요에 따라 **1년의 범위에서 그 기간을 연장할 수 있다.** 09·22 경간, 10 2차

④ 다음 각 호의 어느 하나에 해당하는 기간은 제3항에 따른 기간에 넣어 계산하지 아니한다. 22 경간
  1. 신규채용시험에 합격한 사람이 채용후보자 명부에 등재된 이후 그 유효기간 내에 「병역법」에 따른 **병역복무를 위하여 군에 입대한 경우**(대학생 군사훈련 과정 이수자를 포함한다)의 의무복무 기간
  2. 그 밖에 대통령령으로 정하는 사유로 임용되지 못한 기간

경찰공무원 임용령(대통령령)

제17조(채용후보자의 등록) ① 다음 각 호의 어느 하나에 해당하는 시험(이하 "신규채용시험"이라 한다)에 합격한 사람은 **행정안전부령**으로 정하는 바에 따라 임용권자 또는 임용제청권자에게 **채용후보자 등록을 해야 한다.**

② 제1항에 따른 **채용후보자 등록을 하지 아니한 사람은 경찰공무원으로 임용될 의사가 없는 것으로 본다.** 10 2차

제18조의2(임용 또는 임용제청의 유예) ① 임용권자 또는 임용제청권자는 채용후보자 명부에 등재된 채용후보자가 다음 각 호의 어느 하나에 해당하는 경우에는 **채용후보자 명부의 유효기간의 범위에서 기간을 정하여 임용 또는 임용제청을 유예할 수 있다.** 다만, 유예기간 중이라도 그 사유가 소멸한 경우에는 임용 또는 임용제청을 할 수 있다. 22 경간
  1. 「병역법」에 따른 **병역복무**를 위하여 징집 또는 소집되는 경우
  2. **학업**을 계속하는 경우 23 승진
  3. **6개월** 이상의 장기요양이 필요한 질병이 있는 경우
  4. **임신하거나 출산한 경우**
  5. 그 밖에 임용 또는 임용제청의 유예가 **부득이하다고 인정되는 경우**

제19조(채용후보자의 자격상실) ① 채용후보자가 다음 각 호의 어느 하나에 해당하는 경우에는 **채용후보자로서의 자격을 상실한다.** 22 경간
  1. 채용후보자가 **임용 또는 임용제청에 응하지 않은 경우**
  2. 채용후보자로서 받아야 할 **교육훈련에 응하지 않은 경우**
  3. 채용후보자로서 받은 **교육훈련과정의 수료요건 또는 졸업요건을 갖추지 못한 경우**
  4. 채용후보자로서 교육훈련 중 질병, 병역 복무 또는 그 밖에 교육훈련을 계속할 수 없는 **불가피한 사정 외의 사유로 퇴교처분을 받은 경우** 09 경간
  5. 채용후보자로서 **품위를 크게 손상하는 행위**를 함으로써 경찰공무원으로서의 직무를 수행하기 곤란하다고 인정되는 경우

6. 법 또는 법에 따른 명령을 위반하여 「경찰공무원 징계령」 제2조제1호에 따른 **중징계 사유에 해당하는 비위를 저지른 경우**
7. 법 또는 법에 따른 명령을 위반하여 「경찰공무원 징계령」 제2조제2호에 따른 **경징계 사유에 해당하는 비위를 2회 이상 저지른 경우**

② 임용권자 또는 임용제청권자는 제1항 제5호에 따라 채용후보자가 직무를 수행하기 곤란하다고 인정하려는 경우에는 제20조의2에 따른 **임용심사위원회**(이하 "임용심사위원회"라 한다)의 의결을 거쳐야 한다.

(6) 시보임용 ★★★ 11 2차

제13조(시보임용) ① **경정 이하의 경찰공무원을 신규 채용할 때에는 1년간 시보(試補)로 임용하고, 그 기간이 만료된 다음 날**(만료된 날 X)**에 정규 경찰공무원으로 임용한다.** 12·15 1차, 13·14·16 2차, 18 승진, 24 경간, 24 특공대

② 휴직기간, 직위해제기간 및 징계에 의한 정직처분 또는 감봉처분을 받은 기간은 제1항에 따른 **시보임용기간에 산입하지 아니한다.** 12 3차, 13·14·16·18 2차, 24 경찰특공대

③ 시보임용기간 중에 있는 경찰공무원이 **근무성적 또는 교육훈련성적이 불량**할 때에는 「국가공무원법」 제68조 및 이 법 제28조에도 불구하고 **면직시키거나 면직을 제청할 수 있다.**

④ 다음 각 호의 어느 하나에 해당하는 경우에는 **시보임용을 거치지 아니한다.** 16 승진, 17 1차

1. **경찰대학을 졸업한 사람 또는 경위공개경쟁채용시험합격자**로서 정하여진 교육훈련을 마친 사람을 경위로 임용하는 경우 13 2차, 18 승진
2. 경찰공무원으로서 대통령령으로 정하는 **상위계급으로의 승진에 필요한 자격 요건을 갖추고 임용예정 계급에 상응하는 공개경쟁 채용시험에 합격한 사람**을 해당 계급의 경찰공무원으로 임용하는 경우
3. **퇴직한 경찰공무원으로서 퇴직 시에 재직하였던 계급의 채용시험에 합격한 사람을 재임용**하는 경우 12·19 1차, 16 2차
4. **자치경찰공무원을 그 계급에 상응하는 경찰공무원으로 임용하는 경우** 13 2차, 24 경찰특공대

경찰공무원 임용령(대통령령)

제20조(시보임용경찰공무원) ① 임용권자 또는 임용제청권자는 시보임용 기간 중에 있는 경찰공무원(이하 "시보임용경찰공무원"이라 한다)의 근무사항을 항상 **지도·감독하여야 한다.** 16 특채, 24 승진

② 임용권자 또는 임용제청권자는 법 제13조에 따라 시보임용경찰공무원을 정규 경찰공무원으로 임용 또는 임용 제청하거나 면직 또는 면직 제청하려는 경우에는 임용심사위원회의 의결을 거쳐야 한다.

③ 임용심사위원회는 시보임용경찰공무원을 정규 경찰공무원으로 임용 또는 임용 제청하기 위한 의결을 하려는 경우에는 해당 공무원의 근무성적, 교육훈련성적, 근무태도, 공직관 등에 대한 평가를 실시해야 한다.

④ 임용권자 또는 임용제청권자는 시보임용경찰공무원이 다음 각 호의 어느 하나에 해당하여 정규 경찰공무원으로 임용하는 것이 부적당하다고 인정되는 경우에는 **임용심사위원회의 의결을 거쳐 해당 시보임용경찰공무원을 면직시키거나 면직을 제청할 수 있다.** 12 1차, 16·24 2차, 16 특채, 24 승진, 24 특공대

1. **징계사유**에 해당하는 경우
1의2. 제21조제1항에 따른 **교육훈련 중 질병, 병역 복무 또는 그 밖에 교육훈련을 계속할 수 없는 불가피한 사정 외의 사유로 퇴교처분을 받은 경우**
2. 제21조제1항에 따른 **교육훈련성적이 만점의 60퍼센트 미만이거나 생활기록이 극히 불량한 경우** 18 승진

3. 「경찰공무원 승진임용 규정」제7조제2항에 따른 **제2 평정 요소의 평정점이 만점의 50퍼센트 미만인 경우** 18 승진

제20조의2(임용심사위원회) ① 다음 각 호의 어느 하나에 해당하는 경우 그 적부(適否)를 심사하게 하기 위하여 **임용권자 또는 임용제청권자 소속으로 임용심사위원회를 둔다.** 16 특채
1. 제19조제1항제5호의 사유로 채용후보자 자격상실 여부를 결정하려는 경우
2. 시보임용경찰공무원을 정규 경찰공무원으로 임용 또는 임용 제청하려는 경우
3. 시보임용경찰공무원을 면직 또는 면직 제청하려는 경우
② 제1항에 따른 임용심사위원회의 구성 및 운영에 필요한 사항은 **행정안전부령**으로 정한다. 16 특채

제21조(시보임용경찰공무원 등에 대한 훈련) ① 임용권자 또는 임용제청권자는 시보임용경찰공무원 또는 시보임용예정자에게 일정 기간 교육훈련(실무수습을 포함한다)을 시킬 수 있다. 이 경우 시보임용예정자에게 훈련을 받는 기간 동안 예산의 범위에서 **임용예정계급의 1호봉에 해당하는 봉급에 상당하는 금액(교육훈련기간은 그 금액의 80퍼센트)** 등을 지급할 수 있다.
② 임용권자 또는 임용제청권자는 시보임용예정자가 제1항에 따른 **교육훈련성적이 만점의 60퍼센트 미만이거나 생활기록이 극히 불량할 때에는 시보임용을 하지 아니할 수 있다.**

경찰공무원 임용령 시행규칙(행정안전부령)
제10조(임용심사위원회) ① 임용심사위원회는 위원장 1명을 포함하여 **5명 이상 7명 이하의 위원**으로 구성한다.
② 위원장은 **위원 중 가장 계급이 높은 경찰공무원**이 된다. 다만, 가장 계급이 높은 경찰공무원이 둘 이상인 경우 그 중 해당 계급에 승진임용된 날이 가장 빠른 경찰공무원이 된다.
③ 위원은 소속 **경감** 이상 경찰공무원 중에서 임용심사위원회가 설치된 기관의 장이 임명하되, 심사대상자보다 **상위 계급자**로 한다.
④ 임용심사위원회는 **재적위원 3분의 2 이상 출석과 출석위원 과반수 찬성**으로 의결한다.

3. 경찰공무원 관계의 변경

(1) 승진 ★★★

제15조(승진) ② **경무관** 이하 계급으로의 승진은 승진심사에 의하여 한다. 다만, 경정 이하 계급으로의 승진은 대통령령으로 정하는 비율에 따라 승진시험과 승진심사를 병행할 수 있다. 12 1차 → **시험으로 승진할 수 있는 계급은 경정까지이다.**
③ **총경** 이하의 경찰공무원에 대해서는 대통령령으로 정하는 바에 따라 계급별로 승진대상자 명부를 작성하여야 한다.

제16조(근속승진) ① 경찰청장 또는 해양경찰청장은 제15조제2항에도 불구하고 해당 계급에서 **다음 각 호의 기간 동안 재직한 사람을 경장, 경사, 경위, 경감**으로 각각 근속승진임용할 수 있다. 12·13·15 1차, 20 경채 다만, 인사교류 경력이 있거나 주요 업무의 추진 실적이 우수한 공무원 등 경찰행정 발전에 기여한 공이 크다고 인정되는 경우에는 대통령령으로 정하는 바에 따라 그 기간을 단축할 수 있다.
1. **순경**을 **경장**으로 근속승진임용하려는 경우 : 해당 계급에서 **4년** 이상 근속자
2. **경장**을 **경사**로 근속승진임용하려는 경우 : 해당 계급에서 **5년** 이상 근속자
3. **경사**를 **경위**로 근속승진임용하려는 경우 : 해당 계급에서 **6년 6개월** 이상 근속자

4. 경위를 경감으로 근속승진임용하려는 경우 : 해당 계급에서 **8년 이상** 근속자

제17조(승진심사위원회) ① 제15조제2항에 따른 승진심사를 위하여 **경찰청**과 해양경찰청에 중앙승진심사위원회를 두고, 경찰청·해양경찰청·시·도경찰청과 대통령령으로 정하는 경찰기관·지방해양경찰관서에 **보통승진심사위원회**를 둔다.

② 제1항에 따라 설치된 승진심사위원회는 제15조제3항에 따라 작성된 승진대상자 명부의 **선순위자**(같은 조 제2항 단서에 따른 **승진시험에 합격된 승진후보자는 제외**한다) 순으로 승진시키려는 결원의 **5배수의 범위**에 있는 사람 중에서 승진후보자를 심사·선발한다.

제18조(승진후보자 명부 등) ① **경찰청장** 또는 해양경찰청장(제7조제3항 및 제4항에 따라 **임용권을 위임받은 자를 포함**한다)은 제15조제2항에 따른 승진시험에 합격한 사람과 제17조제2항에 따라 승진후보자로 선발된 사람을 대통령령으로 정하는 바에 따라 **승진후보자 명부에 등재**하여야 한다.

② 경무관 이하 계급으로의 승진은 제1항에 따른 **승진후보자 명부의 등재 순위**에 따른다.

제19조(특별유공자 등의 특별승진) ① 경찰공무원으로서 다음 각 호의 어느 하나에 해당되는 사람에 대하여는 제15조에도 불구하고 1계급 특별승진시킬 수 있다. 다만, 경위 이하의 경찰공무원으로서 모든 경찰공무원의 **귀감이 되는 공을 세우고 전사하거나 순직한 사람에 대하여는 2계급 특별승진** 시킬 수 있다. 13 2차, 23 경간

2. 전사하거나 순직한 사람
3. 직무 수행 중 현저한 공적을 세운 사람

경찰공무원 승진 임용규정(대통령령)

제3조(승진임용의 구분) 경찰공무원의 승진임용은 심사승진임용·시험승진임용 및 특별승진임용으로 **구분**한다.
12·22 1차

제5조(승진소요 최저근무연수) ① 경찰공무원이 승진하려면 다음 각 호의 구분에 따른 기간 동안 해당 계급에 재직해야 한다.

1. 총경 : 3년 이상
2. 경정 및 경감 : 2년 이상
3. 경위, 경사, 경장 및 순경 : 1년 이상

② 휴직 기간, 직위해제 기간, 징계처분 기간 및 제6조제1항제2호에 따른 **승진임용 제한기간**은 제1항의 기간에 **포함하지 않는다**. 다만, 다음 각 호의 기간은 제1항의 기간에 포함한다.

1. 「국가공무원법」 제71조에 따른 휴직 기간 중 다음 각 목의 기간
   가. 「공무원 재해보상법」에 따른 공무상 질병 또는 부상으로 인하여 「국가공무원법」 제71조제1항제1호(**신체·정신상의 장애로 인한 장기요양**)에 따라 휴직한 경우에 그 휴직 기간
   나. 「국가공무원법」 제71조제1항제3호·제5호 또는 같은 조 제2항제1호에 따라 휴직한 경우에 그 휴직 기간(「**병역법**」에 따른 병역 복무를 마치기 위하여 징집 또는 소집된 때)
   다. 「국가공무원법」 제71조제2항제2호에 따라 휴직한 경우에 그 휴직 기간의 **50퍼센트**에 해당하는 기간(**국외유학을 하게 된 때**)
   라. 「국가공무원법」 제71조제2항제4호에 따른 휴직(이하 "**육아휴직**"이라 한다)은 **그 휴직 기간**. 다만, 제1항의 기간에 포함하는 기간은 제6항제3호에 따라 육아휴직을 대신하여 **시간선택제전환경찰공무원**으로 지정되어 근무한 기간과 합산하여 자녀 1명당 3년을 초과할 수 없다.

2. 다음 각 목의 어느 하나에 해당하는 경우에 그 직위해제 기간
  가. 「국가공무원법」제73조의3제1항제3호에 따라 직위해제처분을 받은 사람에 대한 징계 의결 요구에 대하여 관할 징계위원회가 **징계하지 아니하기로 의결한 경우**와 해당 직위해제처분의 사유가 된 징계처분이 **소청심사위원회의 결정 또는 법원의 판결에 따라 무효 또는 취소로 확정된 경우**
  나. 「국가공무원법」제73조의3제1항제4호에 따라 직위해제처분을 받은 사람의 처분 사유가 된 **형사사건이 법원의 판결에 따라 무죄로 확정된 경우**
⑥ 「국가공무원법」제26조의2 및 「공무원임용령」제57조의3에 따라 통상적인 근무시간보다 짧은 시간을 근무하는 경찰공무원(이하 "**시간선택제전환경찰공무원**"이라 한다)의 근무기간은 다음 각 호의 기준에 따라 **제1항의 기간에 포함**한다.
1. 해당 계급에서 시간선택제전환경찰공무원으로 근무한 **1년 이하**의 기간은 그 기간 전부
2. 해당 계급에서 시간선택제전환경찰공무원으로 근무한 **1년을 넘는** 기간은 근무시간에 **비례한 기간**
3. 해당 계급에서 **육아휴직을 대신하여** 시간선택제전환경찰공무원으로 지정되어 근무한 기간은 대상 자녀별로 3년의 범위에서 **그 기간 전부**

제6조(승진임용의 제한) ① 다음 각 호의 어느 하나에 해당하는 **경찰공무원은 승진임용될 수 없다.**
1. 징계의결 요구, 징계처분, 직위해제, 휴직(「공무원 재해보상법」에 따른 공무상 질병 또는 부상으로 인하여 「국가공무원법」제71조제1항제1호에 따라 휴직한 사람을 제37조제1항제4호 또는 같은 조 제2항에 따라 특별승진임용하는 경우는 제외한다) 또는 시보임용 기간 중에 있는 사람
2. **징계처분의 집행이 끝난 날부터** 다음 각 목의 구분에 따른 기간[「국가공무원법」제78조의2제1항 각 호의 어느 하나에 해당하는 사유(금품수수, 공금횡령·유용)로 인한 징계처분과 소극행정, 음주운전(음주측정에 응하지 않은 경우를 포함한다), 성폭력, 성희롱 및 성매매에 따른 징계처분의 경우에는 각각 6개월을 더한 기간]이 지나지 않은 사람
  가. 강등·정직 : 18개월
  나. 감봉 : 12개월
  다. 견책 : 6개월
③ 경찰공무원이 징계처분을 받은 후 해당 계급에서 다음 각 호의 포상을 받은 경우에는 제1항제2호 및 제3호에 따른 **승진임용 제한기간의 2분의 1을 단축할 수 있다.**
1. 훈장
2. 포장
3. 모범공무원 포상
4. **대통령표창 또는 국무총리표창(경찰청장X)** 22 채용
5. 제안이 채택·시행되어 받은 포상

제15조(중앙승진심사위원회의 구성) ① 법 제17조제1항에 따른 중앙승진심사위원회(이하 "중앙승진심사위원회"라 한다)는 위원장을 포함한 **5명 이상 7명 이하의 위원**으로 구성한다.
② **경무관으로의 승진심사**를 위하여 구성되는 중앙승진심사위원회 회의에 부칠 사항을 사전에 심의하기 위하여 중앙승진심사위원회에 복수의 승진심의위원회를 둘 수 있으며, 각각의 승진심의위원회는 위원장을 포함한 **5명 이상 7명 이하의 위원**으로 구성한다.

④ 제1항 및 제2항의 위원은 회의 소집일 전에 **승진심사대상자보다 상위계급인 경찰공무원** 중에서 **경찰청장이 임명**하되, 제2항에 따라 승진심의위원회를 두는 경우 중앙승진심사위원회 위원은 승진심의위원회 위원 중에서 임명한다.

⑤ 제4항에도 불구하고 제37조제2항에 따른 **특별승진임용 여부**, 제40조의2제3항제3호에 따른 **특별승진임용 취소 여부** 및 제41조제2항 후단에 따른 **특별승진임용 사후 추인 여부**에 대한 심사를 위하여 구성되는 중앙승진심사위원회의 위원은 다음 각 호의 사람으로 한다. 이 경우 **제2호에 따른 위원이 과반수**가 되도록 해야 한다.

1. 특별승진심사대상자보다 **상위계급인 경찰공무원**(상위계급에 상당하는 공무원 및 고위공무원단에 속하는 공무원을 포함한다. 이하 이 호에서 같다)으로서 **경찰청장이 지명하는 사람**. 다만, 특별승진심사대상자보다 상위계급인 경찰공무원이 부족한 경우에는 같은 계급의 경찰공무원으로서 경찰청장이 지명하는 사람을 포함할 수 있다.
2. 다음 각 목의 어느 하나에 해당하는 사람으로서 경찰청장이 위촉하는 사람
   가. **법관·검사 또는 변호사**의 직에 **10년 이상** 근무한 사람
   나. 대학에서 **조교수 이상**의 직에 **10년 이상** 근무한 사람
   다. **인사, 노무 또는 경찰 관련 업무**에 대한 전문지식이 있거나 관련 분야에서 **10년 이상** 근무한 사람

⑥ 제1항 및 제2항의 위원장은 위원 중 **최상위계급 또는 선임인 경찰공무원**이 되고, 제5항의 위원장은 **경찰청장**이 제5항제2호에 따른 위원 중에서 **위촉**한다.

제16조(보통승진심사위원회의 구성) ① 법 제17조제1항에 따른 보통승진심사위원회(이하 "보통승진심사위원회"라 한다)는 **경찰청·소속기관등 및 경찰서에 둔다.**

② 보통승진심사위원회는 위원장을 포함한 5명 이상 7명 이하의 위원으로 구성한다.

③ 보통승진심사위원회 위원은 그 보통승진심사위원회가 설치된 경찰기관의 장이 승진심사대상자보다 상위계급인 경위 **이상** 소속 경찰공무원 중에서 임명하며, **위원장은 위원 중 최상위계급 또는 선임인 경찰공무원**이 된다.

제17조(승진심사위원회의 관할) ① 승진심사위원회는 다음 각 호의 구분에 따라 경찰공무원의 승진심사를 관할한다. 다만, 경찰청장은 승진예정 인원 등을 고려하여 부득이할 때에는 제2호의 승진심사 중 경찰서의 보통승진심사위원회에서 실시할 경위 이하 계급으로의 승진심사를 시·도경찰청의 보통승진심사위원회에서 하게 할 수 있다.

1. **총경 이상** 계급으로의 승진심사 : **중앙승진심사위원회**
2. **경정 이하** 계급으로의 승진심사 : 해당 경찰관이 소속한 경찰기관의 **보통승진심사위원회**(제3호의 경우는 제외한다)
3. **경찰서 소속** 경찰공무원의 **경감 이상** 계급으로의 승진심사 : **시·도경찰청 보통승진심사위원회**

제18조(승진심사위원회의 회의) ② 승진심사위원회의 회의는 재적위원 과반수의 찬성으로 의결한다.

③ 승진심사위원회의 회의는 비공개로 한다.

제24조(심사승진후보자 명부의 작성) ③ 임용권자나 임용제청권자는 심사승진후보자 명부에 기록된 사람이 승진임용되기 전에 정직 이상의 징계처분을 받은 경우에는 심사승진후보자 명부에서 그 사람을 제외하여야 **한다**.

제25조(승진후보자의 승진임용 등) ① 경찰공무원의 승진임용 시 심사승진후보자와 시험승진후보자가 있을 경우에 승진임용 인원의 70퍼센트를 심사승진후보자로, 30퍼센트를 시험승진후보자로 한다.

제26조(근속승진) ② 법 제16조제1항 각 호 외의 부분 단서에 따라 다음 각 호의 경찰공무원을 근속승진임용하는 경우에는 해당 각 호의 구분에 따른 기간을 **근속승진 기간에서 단축할 수 있다.**
1. 「공무원임용령」 제48조제1항제1호에 따른 **인사교류 기간 중에 있거나 인사교류 경력이 있는 경찰공무원 : 인사교류 기간의 2분의 1에 해당하는 기간**
2. 국정과제 등 주요 업무의 추진실적이 우수한 경찰공무원이나 적극행정 수행 태도가 돋보인 경찰공무원 : **1년**
③ 제2항제2호에 따라 근속승진 기간을 단축하는 경찰공무원의 인원수는 인사혁신처장이 제한할 수 있다.
④ 임용권자는 **경감으로의 근속승진임용을 위한 심사를 할 때에는** 연도별로 합산하여 해당 기관의 근속승진 대상자의 **100분의 50에 해당하는 인원수**(소수점 이하가 있는 경우에는 1명을 가산한다)를 **초과하여 근속승진 임용할 수 없다.**

(2) 참고 대우공무원제도 ★

경찰공무원 승진 임용규정(대통령령)
제43조(대우공무원의 선발 등) ③ 대우공무원에게는 「공무원수당 등에 관한 규정」에서 정하는 바에 따라 **수당을 지급할 수 있다.** 16 경간

경찰공무원 승진 임용규정 시행규칙(행정안전부령)
제35조(대우공무원 선발을 위한 근무기간) ① 영 제43조제1항에 따라 대우공무원으로 선발되기 위해서는 영 제5조제1항에 따른 승진소요 최저근무연수가 지난 **총경 이하** 경찰공무원으로서 해당 계급에서 다음 각 호의 구분에 따른 기간 동안 근무하여야 한다. 다만, 국정과제를 담당하여 높은 성과를 내거나 적극적인 업무수행으로 경찰공무원의 업무행태 개선에 기여하는 등 직무수행능력이 탁월하고 경찰행정 발전에 공헌을 했다고 경찰청장 또는 소속기관 등의 장이 인정하는 경우에는 그 기간을 1년 단축할 수 있다.
1. **총경 · 경정 : 7년 이상** 16 경간
2. **경감 이하 : 4년 이상**

제36조(대우공무원의 선발 절차 및 시기) ① 임용권자나 임용제청권자는 **매월 말 5일 전**까지 대우공무원 발령일을 기준으로 대우공무원 선발요건을 충족하는 대상자를 결정하여야 하고, **그 다음 달 1일에 일괄하여 대우공무원으로 발령하여야 한다.** 16 경간

제37조(대우공무원수당의 지급) ① 대우공무원으로 선발된 경찰공무원에게는 「공무원수당 등에 관한 규정」에 따라 **대우공무원수당을 지급한다.**
② **대우공무원이 징계 또는 직위해제 처분을 받거나 휴직하여도 대우공무원수당은 계속 지급한다.** 다만, 「공무원수당 등에 관한 규정」에서 정하는 바에 따라 대우공무원수당을 **줄여 지급한다.** 16 경간

제38조(대우공무원의 자격 상실) 대우공무원이 다음 각 호의 어느 하나에 해당하는 경우 그 해당일에 **대우공무원의 자격은 별도 조치 없이 당연히 상실된다.** 16 경간
1. 상위계급으로 승진임용되는 경우 : 승진임용일
2. 강등되는 경우 : 강등일

(3) 근무성적평정 ★

경찰공무원 승진 임용규정(대통령령)

제7조(근무성적 평정) ① 총경 이하의 경찰공무원에 대해서는 매년 **근무성적을 평정하여야** 하며, 근무성적 평정의 결과는 승진 등 인사관리에 반영하여야 한다. 21 경간

② 근무성적은 다음 각 호의 평정 요소에 따라 평정한다. 다만, **총경의 근무성적은 제2 평정 요소로만 평정한다.** 22 2차

1. 제1 평정 요소
   가. 경찰업무 발전에 대한 기여도
   나. 포상 실적
   다. 그 밖에 행정안전부령으로 정하는 평정 요소
2. 제2 평정 요소
   가. 근무실적
   나. 직무수행능력
   다. 직무수행태도

③ 제2 평정 요소에 따른 근무성적 평정은 평정대상자의 **계급별로 평정 결과가** 다음 각 호의 **분포비율에 맞도록 하여야 한다.** 다만, 평정 결과 제4호에 해당하는 사람이 없는 경우에는 제4호의 비율을 제3호의 비율에 가산하여 적용한다. 21 경간, 22 2차

1. 수 : 20퍼센트
2. 우 : 40퍼센트
3. 양 : 30퍼센트
4. 가 : 10퍼센트

④ 제11조제2항 단서에 해당하는 경찰공무원과 **경찰서 수사과에서 고소·고발 등에 대한 조사업무를 직접 처리하는 경위 계급의 경찰공무원을 평정할 때에는 제3항의 비율을 적용하지 아니할 수 있다.** 22 2차

⑤ **근무성적 평정 결과는 공개하지 아니한다. 다만,** 경찰청장은 근무성적 평정이 완료되면 평정 대상 경찰공무원에게 해당 근무성적 평정 결과를 **통보할 수 있다.** 21 경간

제8조(근무성적 평정의 예외) ① 휴직·직위해제 등의 사유로 **해당 연도의 평정기관에서 6개월 이상 근무하지 아니한 경찰공무원에 대해서는 근무성적을 평정하지 아니한다.** 22 1차

③ 교육훈련 외의 사유로 국가기관, 지방자치단체 또는 인사혁신처장이 지정하는 기관에 2개월 이상 파견근무하게 된 경찰공무원에 대해서는 **파견받은 기관의 의견을 고려하여 근무성적을 평정하여야 한다.**

⑤ 정기평정 이후에 신규채용되거나 승진임용된 경찰공무원에 대해서는 2개월이 지난 후부터 근무성적을 평정하여야 한다. 21 경간

경찰공무원 승진임용규정 시행규칙(행정안전부령)

제4조(근무성적 평정 등의 시기) ① 영 제7조에 따른 근무성적 평정, 영 제9조에 따른 경력 평정은 **연 1회 실시한다.** 21 경간

② 근무성적 평정은 10월 31일을 기준으로 하고, **경력 평정은 12월 31일을 기준으로 한다.** 다만, **총경과 경정의 경력 평정은 10월 31일을 기준으로 한다.**

제6조(근무성적 평정자) ① 근무성적 평정자는 **3명**으로 하되, 21 경간 제1차평정자는 평정대상자의 바로 위 감독자가 되고, 제2차평정자는 제1차평정자의 바로 위 감독자가 되며, 제3차평정자는 제2차평정자의 바로 위 감독자가 된다.

(4) 전직과 강임 ★

전직은 동일한 계급 하에서 직렬을 달리하는 임용을 말하며, 강임은 하위 등급의 직위로 이동하는 내부임용의 한 유형을 말한다. **전직과 강임은 경찰공무원에게는 적용되지 않는다.** 18 승진

(5) 전보 ★★

제2조(정의) 이 법에서 사용하는 용어의 정의는 다음과 같다.
2. "전보"란 경찰공무원의 동일 직위 및 자격 내에서의 근무기관이나 부서를 달리하는 임용을 말한다. 09 채용, 15 승진

제26조(전보) 임용권자 또는 임용제청권자는 장기근무 또는 잦은 전보로 인한 업무 능률 저하를 방지하기 위하여 특별한 사정이 없으면 **정기적으로 전보를 실시하여야 한다.**

제27조(전보의 제한) ① 임용권자 또는 임용제청권자는 소속 경찰공무원이 해당 직위에 임용된 날부터 **1년** 이내(**감사업무를 담당하는 경찰공무원의 경우에는 2년** 이내)에 **다른 직위에 전보할 수 없다.** 다만, 다음 각 호의 어느 하나에 해당하는 경우에는 그러하지 아니하다. (**감찰관은 2년 내에 의사에 반하여 전보 불가**) 15 승진, 18 승진, 26 경간

1. 직제상 **최저단위**인 보조기관 또는 보좌기관 내에서 전보하는 경우 12 승진
2. 경찰청과 소속기관등 또는 **소속기관등 상호 간의 교류**를 위하여 전보하는 경우
3. **기구의 개편**, 직제 또는 정원의 변경으로 해당 경찰공무원을 전보하는 경우 12 승진
4. **승진임용**된 경찰공무원을 전보하는 경우
5. **전문직위**로 경찰공무원을 전보하는 경우
6. **징계처분**을 받은 경우
7. 형사사건에 관련되어 **수사기관에서 조사를 받고 있는 경우**
8. 경찰공무원으로서의 품위를 크게 손상하는 **비위(非違)로 인한 감사 또는 조사가 진행 중**이어서 해당 직위를 유지하는 것이 부적절하다고 판단되는 경찰공무원을 전보하는 경우
9. 경찰기동대 등 경비부서에서 **정기적으로 교체**하는 경우
10. 교육훈련기관의 **교수요원**으로 보직하는 경우 12 승진
11. **시보임용** 중인 경우
12. 신규채용된 경찰공무원을 **해당 계급의 보직관리기준에 따라 전보**하는 경우 및 이와 관련한 전보의 경우
13. **감사**담당 경찰공무원 가운데 **부적격자로 인정되는 경우**(**정보담당X**) 12 승진
14. **경정** 이하의 경찰공무원을 배우자 또는 직계존속이 거주하는 시·군·자치구 지역의 경찰기관으로 전보하는 경우
15. 임신 중인 경찰공무원 또는 **출산 후 1년**이 지나지 않은 경찰공무원의 모성보호, 육아 등을 위하여 필요한 경우

② 법 제22조제2항에 따른 교육훈련기관의 **교수요원**으로 임용된 사람은 그 임용일부터 **1년 이상 3년 이하**의 범위에서 경찰청장이 정하는 기간 안에는 **다른 직위에 전보할 수 없다.** 다만, 기구의 개편, 직제·정원의 변경이나 교육과정의 개편 또는 폐지가 있거나 교수요원으로서 부적당하다고 인정될 때에는 그렇지 않다. 26 경간

③ 섬, 외딴곳 등 **특수지역**에 임용된 경찰공무원은 그 채용일부터 **5년**의 범위에서 경찰청장이 정하는 기간(**휴직기간, 직위해제기간 및 정직기간은 포함하지 않는다**) 안에는 채용조건에 해당하는 기관 또는 부서 외의 기관 또는 부서로 전보할 수 없다.

경찰공무원 임용령 - 대통령령

제24조(교육훈련이수자의 보직) ① 법 제22조제3항에 따라 **1년** 이상의 교육훈련을 받은 경찰공무원은 특별한 사정이 없으면 그 교육훈련내용과 관련되는 **직위**에 보직해야 한다. 26 경간

② 제1항에도 불구하고 **2년 이상** 교육훈련을 받은 경찰공무원은 법 제22조제2항에 따른 교육훈련기관의 인력현황을 고려하여 **교수요원으로 보직할 수 있다.**

제25조(전문직위에 임용된 경찰공무원의 전보제한 등) ① 임용권자 또는 임용제청권자는 「공무원임용령」 제43조의3에 따른 **전문직위**(이하 "전문직위"라 한다)에 임용된 경찰공무원을 해당 직위에 임용된 날부터 **3년**의 범위에서 경찰청장이 정하는 기간이 **지나야** 다른 직위에 전보할 수 있다. 다만, 직무수행요건이 같은 직위 간의 전보 등 경찰청장이 정하는 경우에는 기간에 관계없이 전보할 수 있다.

(6) 휴직 ★★★

1) 휴직

공무원으로서 신분을 유지하면서 일정 기간 동안 직무를 담당하지 않는 것을 말한다. 직위해제와 달리 제재적 성격이 없고, 복직이 보장된다.

국가공무원법

제71조(휴직) [직권휴직] ① 공무원이 다음 각 호의 어느 하나에 해당하면 임용권자는 본인의 의사에도 불구하고 휴직을 **명하여야** 한다. 13 · 15 경간, 17 승진

1. 신체 · 정신상의 장애로 **장기 요양**이 필요할 때 → 휴직기간은 **1년** 이내로 하되, 부득이한 경우 **1년**의 범위에서 연장할 수 있다. 다만, 「공무원 재해보상법」상 요양급여 지급 대상 부상 또는 질병, 「산업재해보상법법」상 요양급여 결정 대상 질병 또는 부상에 해당하는 공무상 질병 또는 부상으로 인한 휴직기간은 **3년** 이내로 하되, 의학적 소견을 고려하여 대통령령 등으로 정하는 바에 따라 **2년**의 범위에서 연장이 가능하다.

3. 「병역법」에 따른 **병역 복무**를 마치기 위하여 징집 또는 소집된 때
   → 휴직 기간은 그 **복무 기간**이 끝날 때까지 18 · 19 승진

4. 천재지변이나 전시 · 사변, 그 밖의 사유로 생사 또는 **소재가 불명확하게 된 때** → 휴직 기간은 **3개월** 이내로 한다. 17 승진, 19 경간

제29조(공상경찰공무원 등의 휴직기간) ① 경찰공무원이 「공무원 재해보상법」 제5조제1호 각 목에 해당하는 직무를 수행하다가 「국가공무원법」 제72조제1호 각 목의 어느 하나에 해당하는 공무상 질병 또는 부상을 입어 휴직하는 경우 그 휴직기간은 같은 조 제1호 단서에도 불구하고 **5년** 이내로 하되, 의학적 소견 등을 고려하여 대통령령으로 정하는 바에 따라 **3년**의 범위에서 연장할 수 있다.

② 「국가공무원법」 제71조제1항제4호(소재불명)의 사유로 인한 경찰공무원의 휴직기간은 같은 법 제72조제3호에도 불구하고 **법원의 실종선고를 받는 날**까지로 한다.

③ 제2항에 따른 휴직자가 있는 경우에는 그 휴직자의 계급에 해당하는 정원이 따로 있는 것으로 보고, 결원을 보충할 수 있다.

5. 그 밖에 **법률의 규정**에 따른 의무를 수행하기 위하여 직무를 이탈하게 된 때
   → 휴직 기간은 그 복무 기간이 끝날 때까지

6. 「공무원의 노동조합 설립 및 운영 등에 관한 법률」 제7조에 따라 노동조합 전임자로 종사하게 된 때 → 휴직 기간은 그 전임 기간으로 한다.

[의원휴직] ② 임용권자는 공무원이 다음 각 호의 어느 하나에 해당하는 사유로 휴직을 원하면 휴직을 명할 수 있다. 다만, 제4호, 제4호의2(신설-개정예정으로 시행 전까지는 기존 조문대로 학습)의 경우에는 대통령령으로 정하는 특별한 사정이 없으면 휴직을 명하여야 한다. 15 경찬

1. 국제기구, 외국 기관, 국내외의 대학·연구기관, 다른 국가기관 또는 대통령령으로 정하는 민간기업, 그 밖의 기관에 임시로 채용될 때 → 휴직 기간은 그 채용 기간으로 한다. 다만, 민간기업이나 그 밖의 기관에 채용되면 3년 이내로 한다. 19 경찬
2. 국외 유학을 하게 된 때 → 휴직 기간은 3년 이내로 하되, 부득이한 경우에는 2년의 범위에서 연장할 수 있다. 17·18 승진, 19 경찬
3. 중앙인사관장기관의 장이 지정하는 연구기관이나 교육기관 등에서 연수하게 된 때 → 휴직 기간은 2년 이내로 한다. 18·19 승진, 19 경찬
4. 만 8세 → 12세(개정예정 - 시행 전까지는 기존 조문대로 학습) 이하 또는 초등학교 2학년 → 6학년(개정예정 - 시행 전까지는 기존 조문대로 학습) 이하의 자녀를 양육하기 위하여 필요하거나 여성공무원이 임신 또는 출산하게 된 때 → 자녀 1명에 대하여 3년 이내로 한다. 19 승진

4의2. 「모자보건법」상 난임에 해당하는 사람으로서, 임신을 위해 대통령령으로 정하는 난임치료를 하려는 경우(신설 - 개정예정으로 시행 전까지는 기존 조문대로 학습)

5. 조부모, 부모(배우자의 부모를 포함한다), 배우자, 자녀 또는 손자녀를 부양하거나 돌보기 위하여 필요한 경우. 다만, 조부모나 손자녀의 돌봄을 위하여 휴직할 수 있는 경우는 본인 외에 돌볼 사람이 없는 등 대통령령등으로 정하는 요건을 갖춘 경우로 한정한다. → 휴직 기간은 1년 이내로 하되, 재직 기간 중 총 3년을 넘을 수 없다. 17 승진
6. 외국에서 근무·유학 또는 연수하게 되는 배우자를 동반하게 된 때 → 휴직 기간은 3년 이내로 하되, 부득이한 경우에는 2년의 범위에서 연장할 수 있다. 19 경찬, 19 승진
7. 대통령령등으로 정하는 기간 동안 재직한 공무원이 직무 관련 연구과제 수행 또는 자기개발을 위하여 학습·연구 등을 하게 된 때 → 휴직 기간은 1년 이내로 한다. 18 승진, 19 경찬

(7) 직위해제 ★★★ 16·21 승진
① 공무원 본인에게 직위를 계속 유지시킬 수 없는 사유가 있는 경우에 **직위만을 부여하지 아니하는 것**으로 휴직과는 달리 제재적 성격 지닌 보직의 해제로 복직이 보장되지 않는다.
② 직위해제가 되면 직무에 종사하지 못하고, 출근의무도 없다.
③ 직위해제는 징계벌과는 그 성질을 달리하므로 동일한 사유를 이유로 직위해제 후 징계 또는 징계 후 직위해제를 하더라도 일사부재리의 원칙이나 이중처벌금지의 원칙에 위배되지 않는다. 13 경찬
④ 직위해제 기간은 승진소요 최저근무연수에 산입되지 않는다. 21 승진

국가공무원법

제73조의3(직위해제) ① 임용권자는 다음 각 호의 어느 하나에 해당하는 자에게는 **직위를 부여하지 아니할 수 있다.** 12 승진, 15 2차, 15 경간, 17 경찰특공대, 23 1차, 24 승진

2. **직무수행 능력이 부족하거나 근무성적이 극히 나쁜 자** → 봉급의 80% 지급 13 경간, 15 2차, 17 승진
3. 파면·해임·강등 또는 정직에 해당하는 <u>징계 의결이 요구 중인 자</u> → 봉급의 50% 지급 → 다만, 3개월이 지나도 직위를 부여받지 못한 경우에는 봉급의 30% 지급 12·17 승진, 15 2차
4. **형사 사건으로 기소된 자**(약식명령이 청구된 자는 제외한다) → 봉급의 50% 지급 17 승진, 23 1차
    → 다만, 3개월이 지나도 직위를 부여받지 못한 경우에는 봉급의 30% 지급 15 2차
5. 고위공무원단에 속하는 일반직공무원으로서 제70조의2제1항제2호부터 제5호까지의 사유로 **적격심사를 요구받은 자** → 봉급의 70% 지급 21 승진
    → 다만, 3개월이 지나도 직위를 부여받지 못한 경우에는 봉급의 40% 지급
6. 금품비위, 성범죄 등 대통령령으로 정하는 **비위행위로 인하여** 감사원 및 검찰·경찰 등 수사기관에서 **조사나 수사 중인 자**로서 비위의 정도가 중대하고 이로 인하여 정상적인 업무수행을 기대하기 현저히 어려운 자
    → 봉급의 50% 지급
    → 다만, 3개월이 지나도 직위를 부여받지 못한 경우에는 봉급의 30% 지급

② 제1항에 따라 직위를 부여하지 아니한 경우에 그 사유가 **소멸되면 임용권자는 지체 없이 직위를 부여하여야 한다.** 16 승진, 23 1차

③ 임용권자는 **제1항제2호에 따라** 직위해제된 자에게 3개월의 범위에서 대기를 명한다. 16 승진, 23 1차

④ 임용권자 또는 임용제청권자는 제3항에 따라 대기 명령을 받은 자에게 능력 회복이나 근무성적의 향상을 위한 교육훈련 또는 특별한 연구과제의 부여 등 필요한 조치를 하여야 한다.

⑤ 공무원에 대하여 제1항제2호의 직위해제 사유와 같은 항 제3호·제4호 또는 제6호의 직위해제 사유가 경합할 때에는 같은 항 제3호·제4호 또는 제6호의 직위해제 처분을 하여야 한다.

경찰공무원 승진임용규정(대통령령)

제5조(승진소요 최저근무연수) ② 휴직 기간, 직위해제 기간, 징계처분 기간 및 제6조제1항제2호에 따른 승진임용 제한기간은 제1항의 기간에 포함하지 않는다. 13 경간 다만, 다음 각 호의 기간은 제1항의 기간에 포함한다.

2. 다음 각 목의 어느 하나에 해당하는 경우에 그 직위해제 기간
    가. 「국가공무원법」 제73조의3제1항제3호에 따라 직위해제처분을 받은 사람에 대한 징계 의결 요구에 대하여 **관할 징계위원회가 징계하지 아니하기로 의결한 경우와** 해당 직위해제처분의 사유가 된 징계처분이 **소청심사위원회의 결정 또는 법원의 판결에 따라 무효 또는 취소로 확정된 경우** 21 승진
    나. 「국가공무원법」 제73조의3제1항제4호에 따라 직위해제처분을 받은 사람의 처분 사유가 된 **형사사건이 법원의 판결에 따라 무죄로 확정된 경우**

4. 경찰공무원 관계의 소멸

(1) 퇴직 - 당연퇴직, 정년퇴직 ★★

임용권자의 처분에 의해서가 아니라 일정한 사유의 발생으로 당연히 공무원 관계가 소멸하는 것을 말한다. 임용결격사유에 해당하면 당연퇴직사유에 해당하는 것이 일반적이나, 제4호와 제6호는 아래 법조문에 해당하는 경우에만 당연퇴직 사유가 된다.

> **경찰공무원법**
>
> **제27조(당연퇴직)** 경찰공무원이 제8조제2항(신규채용 결격사유) 각 호의 어느 하나에 해당하게 된 경우에는 당연히 퇴직한다. 다만, 제8조 제2항 제4호는 파산선고를 받은 사람으로서「채무자 회생 및 파산에 관한 법률」에 따라 신청기한 내에 면책신청을 하지 아니하였거나 면책불허가 결정 또는 면책 취소가 확정된 경우만 해당하고, 제8조제2항 제6호는「형법」제129조부터 제132조까지,「성폭력범죄의 처벌 등에 관한 특례법」제2조,「정보통신망 이용촉진 및 정보보호 등에 관한 법률」제74조제1항제2호 · 제3호,「스토킹범죄의 처벌 등에 관한 법률」제2조제2호,「아동 · 청소년의 성보호에 관한 법률」제2조제2호 및 직무와 관련하여「형법」제355조(횡령, 배임) 또는 제356조(업무상 횡령, 배임)에 규정된 죄를 범한 사람으로서 자격정지 이상의 형의 선고유예를 받은 경우만 해당한다. (형법 제357조 배임수증죄X) 25 경간(경위공채)
>
> **제30조(정년)** ① 경찰공무원의 정년은 다음과 같다. 17 1차
> 1. 연령정년 : 60세
> 2. 계급정년 12 경간, 13 1차
>   치안감 : 4년
>   경무관 : 6년
>   총경 : 11년
>   경정 : 14년
>
> ② 징계로 인하여 강등(경감으로 강등된 경우를 포함한다)된 경찰공무원의 계급정년은 제1항제2호에도 불구하고 다음 각 호에 따른다.
> 1. 강등된 계급의 계급정년은 강등되기 전 계급 중 가장 높은 계급의 계급정년으로 한다. 12 경간
> 2. 계급정년을 산정할 때에는 강등되기 전 계급의 근무연수와 강등 이후의 근무연수를 합산한다. 12 경간
>
> ③ 수사, 정보, 외사, 안보, 자치경찰사무 등 특수 부문에 근무하는 경찰공무원으로서 대통령령으로 정하는 바에 따라 지정을 받은 사람은 총경 및 경정의 경우에는 4년의 범위에서 대통령령으로 정하는 바에 따라 제1항제2호에 따른 계급정년을 연장할 수 있다. 13 1차
>
> ④ 경찰청장 또는 해양경찰청장은 전시 · 사변이나 그 밖에 이에 준하는 비상사태에서는 2년의 범위에서 제1항제2호에 따른 계급정년을 연장할 수 있다. 이 경우 경무관 이상의 경찰공무원에 대해서는 행정안전부장관 또는 해양수산부장관과 국무총리를 거쳐 대통령의 승인을 받아야 하고, 총경 · 경정의 경찰공무원에 대해서는 국무총리를 거쳐 대통령의 승인을 받아야 한다. 13 · 20 1차, 23 경간
>
> ⑤ 경찰공무원은 그 정년이 된 날이 1월에서 6월 사이에 있으면 6월 30일에 당연퇴직하고, 7월에서 12월 사이에 있으면 12월 31일에 당연퇴직한다. 12 경간, 20 1차

(2) 면직 ★★★

면직은 임용권자의 결정에 의하여 공무원의 지위를 상실시키는 것을 말한다. 면직에는 **강제면직**(직권면직, 징계면직 – 파면, 해임)과 **의원면직**으로 구분할 수 있다.

1) 의원면직

경찰공무원의 **의사표시**에 의해 임용권자가 **수리**라는 절차를 거쳐 공무원 관계가 소멸되는 **쌍방적 행정행위**를 말한다. 서면으로 사직서를 제출하고 수리가 되어야 효력이 발생한다.

사직서를 제출하였어도 수리가 되지 않은 상태에서 직장을 무단이탈하면 징계 및 형사책임의 사유가 된다.

2) 강제면직(직권면직, 징계면직)

경찰공무원법

제28조(직권면직) ① 임용권자는 경찰공무원이 다음 각 호의 어느 하나에 해당될 때에는 **직권으로 면직**시킬 수 있다. 08 경간, 13·19 승진, 24 경간

징계위원회 동의가 필요하지 **않은** 경우(객관적 사유) 11 2차, 19 승진

1. 직제와 정원의 개폐 또는 예산의 감소 등에 따라 **폐직 또는 과원**이 되었을 때
2. 휴직 기간이 끝나거나 휴직 사유가 소멸된 후에도 **직무에 복귀하지 아니하거나 직무를 감당할 수 없을 때**
3. 해당 경과에서 직무를 수행하는 데 필요한 **자격증의 효력이 상실되거나 면허가 취소**되어 담당 직무를 수행할 수 없게 되었을 때

징계위원회 동의가 **필요한** 경우(주관적 사유) 10·11 2차, 19·21 승진, 22 1차

1. 경찰공무원으로는 부적합할 정도로 **직무 수행능력이나 성실성이 현저하게 결여된** 사람으로서 대통령령으로 정하는 사유에 해당된다고 인정될 때
   ① 지능저하 또는 판단력 부족으로 경찰업무를 감당할 수 없는 경우
   ② 책임감의 결여로 직무수행에 성의가 없고 위험한 직무에 당하여 고의로 직무수행을 기피 또는 포기하는 경우
2. 직무를 수행하는 데에 위험을 일으킬 우려가 있을 정도로 **성격적 또는 도덕적 결함**이 있는 사람으로서 대통령령으로 정하는 사유에 해당된다고 인정될 때
   ① 인격장애, 알코올, 약물중독 그 밖의 정신장애로 인하여 경찰업무를 감당할 수 없는 경우
   ② 사행행위 또는 재산의 낭비로 인한 채무과다, 부정한 이성관계 등 도덕적 결함이 현저하여 타인의 비난을 받을 경우
3. 제73조의3제3항에 따라 대기 명령을 받은 자(**직무수행 능력이 부족하거나 근무성적이 극히 나쁜 자로 3개월의 범위에서 대기를 명령받은 자**)가 그 기간에 **능력 또는 근무성적의 향상**을 기대하기 어렵다고 인정된 때

5. 경찰공무원의 권리와 의무

(1) 경찰공무원의 권리 ★

신분상 권리 08 경간	일반적 권리	1. 신분보유권 경찰공무원은 신분보유권을 가진다. 다만, **치안총감, 치안정감, 시보임용 중인 경찰공무원**은 신분보장이 되지 않는다.
		2. 직위보유권
		3. 직무수행권 경찰공무원은 자기가 담당하는 직무를 방해받지 아니하고 수행할 권리를 갖는다. 이를 방해하는 자는 형법 제136조와 제137조에 따라 공무집행방해죄에 의거해 처벌받게 된다. 16 승진
		4. 쟁송제기권 경찰공무원은 위법, 부당하게 권리가 침해된 경우에는 소청심사와 행정쟁송을 제기할 권리가 있다.(소청심사청구권, 행정소송권 등) 16 승진
	특수한 권리	1. 제복착용권 – 경찰공무원의 권리이자 의무 08·11 경간
		2. 무기휴대권(경찰공무원법에 규정) 08 경간, 10 1차, 12·15 3차, 16 승진, 19 특채
		3. 무기사용권(경찰관직무집행법 10조의 4, 무기사용에서 규정) 08 경간, 10 1차, 12·15 3차, 16 승진, 19 특채
		4. 장구사용권(경찰관직무집행법 10조의 2, 경찰장구의 사용에서 규정)
재산상 권리 08경간 06승진		1. 보수(봉급 + 각종 수당)청구권 ① 경찰공무원의 보수에 관한 법령은 **대통령령인 공무원 보수규정**에서 규정 ② 보수청구권은 포기나 양도가 금지되고, 보수에 대한 압류는 1/2까지로 제한 ③ **국가재정법상 보수청구권의 소멸시효는 5년, 판례상 소멸시효는 3년**
		2. 연금청구권(공무원연금법)
		3. 보상청구권(공무원 재해보상법)
		4. 실비변상 청구권
		5. 보급품 수령권
		6. 실물대여청구권

(2) 경찰공무원의 의무 ★★★ 08 1차, 10·11 승진, 12 2차, 14·15·19·20·21·22 경간

국가공무원법	일반 의무	① 선서의무 **제55조**(선서) 공무원은 취임할 때에 소속 **기관장** 앞에서 대통령령등으로 정하는 바에 따라 **선서하여야 한다.** 다만, 불가피한 사유가 있으면 취임 후에 선서하게 할 수 있다. 18 2차 ② 성실의무 12 경간, 19 특채 **제56조**(성실 의무) 모든 공무원은 법령을 준수하며 성실히 직무를 수행하여야 한다. ↓ 개정 예정(시행 전까지는 기존 조문으로 학습) **제56조**(법령준수 및 성실 의무) 모든 공무원은 국민 전체에 대한 봉사자로서 법령을

준수하며 성실히 직무를 수행하여야 한다.

성실의무는 공무원의 **기본적 의무로서 모든 의무의 원천**이 되는 바, 이와 관련하여 법률상 **명시적 규정이 있다.** 11·13 승진, 14 1차

직무상 의무 19 승진	① **법령준수의무** **제56조(성실 의무)** 모든 공무원은 법령을 준수하며 성실히 직무를 수행하여야 한다. 19 2차 ↓ 개정 예정(시행 전까지는 기존 조문으로 학습) **제56조(법령준수 및 성실 의무)** 모든 공무원은 국민 전체에 대한 봉사자로서 법령을 준수하며 성실히 직무를 수행하여야 한다. ② **복종의 의무** **제57조(복종의 의무)** 공무원은 직무를 수행할 때 **소속 상관**의 직무상 명령에 복종하여야 한다. 19 2차 ↓ 개정 예정(시행 전까지는 기존 조문으로 학습) **제57조(지휘·감독에 따를 의무 등)** ① 공무원은 소속 상관의 지휘·감독에 따라 직무를 수행하고, 그 직무수행에 관하여 서로 협력하여야 한다. ② 공무원은 구체적 직무 수행과 관련된 제1항의 지휘·감독에 대하여 의견을 제시할 수 있다. ③ 공무원은 소속 상관의 지휘·감독이 **위법**하다고 판단할 만한 상당한 이유가 있으면 이에 따르지 아니할 수 있다. ④ 누구든지 제2항 및 제3항에 따른 행위를 이유로 공무원에게 불이익 처분이나 대우를 해서는 아니된다. ⑤ 의견제시 등 그 밖에 필요한 사항은 대통령령등으로 정한다. → 복종의 의무와 관련하여 개정 「**국가경찰과 자치경찰의 조직 및 운영에 관한 법률**」(경찰공무원법X)은 구체적 사건수사와 관련된 소속 상관의 지휘·감독에 대한 경찰공무원의 이의제기권을 명문화하였다. 13·19 승진, 17 2차, 18 특채 ③ **직무전념의무** **제58조(직장 이탈 금지)** ① 공무원은 소속 **상관(기관장X)**의 허가 또는 정당한 사유가 없으면 직장을 이탈하지 못한다. 11·14 승진, 15·17·18·19 2차, 17 경간 ② 수사기관이 공무원을 구속하려면 그 소속 기관의 장에게 미리 **통보**하여야 한다. 다만, **현행범**은 그러하지 아니하다. 11 승진 **제64조(영리 업무 및 겸직 금지)** ① 공무원은 공무 외에 영리를 목적으로 하는 업무에 종사하지 못하며 소속 **기관장(상관X)**의 허가 없이 다른 직무를 겸할 수 없다. 12 3차, 14 승진, 16 1차, 19 승진, 17 경기북부여경, 17 2차 ④ **친절공정의무** 17 경간 **제59조(친절·공정의 의무)** 공무원은 국민 전체의 봉사자로서 친절하고 공정하게 직무를 수행하여야 한다.

		⑤ 종교중립의무 10·14 1차, 23 승진
		제59조의2(종교중립의 의무) ① 공무원은 종교에 따른 차별 없이 직무를 수행하여야 한다. ② 공무원은 소속 상관이 제1항에 위배되는 직무상 명령을 한 경우에는 **이에 따르지 아니할 수 있다.** 18 특채, 19 승진
	신분상 의무 19 특채	① 비밀엄수의무 비밀엄수의무 위반은 징계의 원인이 될 뿐만 아니라 형법상 처벌대상이 된다.(공무상비밀누설죄, 피의사실공표죄) → 퇴직 후에도 형사처벌은 가능함 12 경간 **제60조(비밀 엄수의 의무)** 공무원은 **재직 중은** 물론 **퇴직 후에도** 직무상 알게 된 비밀을 엄수하여야 한다. 11·13·19 승진, 14 1차, 15 2차, 23 승진
		② 청렴의무 **제61조(청렴의 의무)** ① 공무원은 직무와 관련하여 **직접적이든 간접적이든** 사례·증여 또는 향응을 주거나 받을 수 없다. 12 3차, 13·19 승진, 17 경기북부여경, 18 2차, 23 승진 ② 공무원은 **직무상의 관계가 있든 없든** 그 소속 상관에게 증여하거나 소속 공무원으로부터 증여를 받아서는 아니 된다. 12 경간, 14 승진, 15 2차, 17 경기북부여경
		③ 품위유지의무 **제63조(품위 유지의 의무)** 공무원은 직무의 **내외를** 불문하고 그 품위가 손상되는 행위를 하여서는 아니 된다. 17 경기북부여경
		④ 정치운동금지의무 벌칙 : 3년 이하의 징역과 3년 이하의 자격정지 **제65조(정치 운동의 금지)** ① 공무원은 정당이나 그 밖의 정치단체의 결성에 관여하거나 이에 가입할 수 없다. 16 1차 ② 공무원은 선거에서 특정 정당 또는 특정인을 지지 또는 반대하기 위한 다음의 행위를 하여서는 아니 된다. 　1. 투표를 하거나 하지 아니하도록 **권유** 운동을 하는 것 　2. 서명 운동을 기도·주재하거나 **권유**하는 것 　3. 문서나 도서를 공공시설 등에 게시하거나 게시하게 하는 것 14 승진 　4. **기부금을** 모집 또는 모집하게 하거나, 공공자금을 이용 또는 이용하게 하는 것 　5. 다른 사람에게 정치단체에 가입하게 하거나 가입하지 아니하도록 **권유** 운동을 하는 것
		⑤ 영예의 제한 **제62조(외국 정부의 영예 등을 받을 경우)** 공무원이 외국 정부로부터 영예나 증여를 받을 경우에는 **대통령의 허가를 받아야 한다.** 11 승진, 12 3차, 15·18 2차, 16 1차, 17 경간, 18·19 특채, 23 승진

경찰공무원법		⑥ 집단행위 금지의무 **제66조(집단 행위의 금지)** ① 공무원은 노동운동이나 그 밖에 공무 외의 일을 위한 **집단 행위를 하여서는 아니 된다.** 다만, 사실상 노무에 종사하는 공무원은 **예외**로 한다. 11 승진, 16 1차 ③ 사실상 노무에 종사하는 공무원으로서 노동조합에 가입된 자가 **조합 업무에 전임**하려면 소속 **장관**의 허가를 받아야 한다.
	직무상 의무	① 거짓보고 등의 금지의무 10 · 14 1차 **제24조(거짓 보고 등의 금지)** ① 경찰공무원은 직무에 관하여 **거짓으로 보고나 통보**를 하여서는 아니 된다. 19 2차 ② 경찰공무원은 직무를 게을리하거나 유기해서는 아니 된다. ② 지휘권 남용 등의 금지의무 10 1차, 11 경간 **제25조(지휘권 남용 등의 금지)** 전시 · 사변, 그 밖에 이에 준하는 비상사태이거나 작전수행 중인 경우 또는 많은 인명 손상이나 국가재산 손실의 우려가 있는 위급한 사태가 발생한 경우, 경찰공무원을 지휘 · 감독하는 사람은 **정당한 사유 없이** 그 직무 수행을 거부 또는 유기하거나 경찰공무원을 지정된 근무지에서 진출 · 퇴각 또는 이탈하게 하여서는 아니 된다. ③ 제복착용의무 **제26조(복제 및 무기 휴대)** ① 경찰공무원은 **제복을 착용**하여야 한다. 19 승진 ② 경찰공무원은 직무 수행을 위하여 필요하면 무기를 **휴대할 수 있다.** ③ 경찰공무원의 복제(服制)에 관한 사항은 **행정안전부령** 또는 해양수산부령으로 정한다.
	신분상 의무	① 정치관여 금지의무 23 1차 벌칙 : 5년 이하의 징역과 5년 이하의 자격정지 **제23조(정치 관여 금지)** ① 경찰공무원은 **정당이나 정치단체에 가입**하거나 정치활동에 관여하는 행위를 하여서는 아니 된다. ② 제1항에서 정치활동에 관여하는 행위란 다음 각 호의 어느 하나에 해당하는 행위를 말한다. 1. 정당이나 정치단체의 **결성 또는 가입을 지원**하거나 **방해**하는 행위 2. 그 직위를 이용하여 특정 정당이나 특정 정치인에 대하여 지지 또는 반대 의견을 유포하거나, 그러한 여론을 조성할 목적으로 특정 정당이나 특정 정치인에 대하여 찬양하거나 비방하는 내용의 의견 또는 사실을 유포하는 행위 3. **특정 정당이나 특정 정치인을 위하여 기부금 모집을 지원**하거나 **방해**하는 행위 또는 국가 · 지방자치단체 및 「공공기관의 운영에 관한 법률」에 따른 공공기관의 자금을 이용하거나 이용하게 하는 행위 4. 특정 정당이나 특정인의 선거운동을 하거나 **선거 관련 대책회의**에 관여하는 행위

공직자 윤리법 상 의무 (신분상 의무) 12 경간	① 재산등록 및 공개의무 10 1차
	제3조(등록의무자) ① 다음 각 호의 어느 하나에 해당하는 공직자(이하 "등록의무자"라 한다)는 이 법에서 정하는 바에 따라 재산을 등록하여야 한다. 9. **총경**(자치총경을 포함한다) **이상**의 경찰공무원 17 경간, 18 승진 **시행령** 6. 경찰공무원 중 **경정, 경감, 경위, 경사**와 자치경찰공무원 중 자치경정, 자치경감, 자치경위, 자치경사 11·17 경간, 18·19 승진 **제5조(재산의 등록기관과 등록시기 등)** ① 공직자는 등록의무자가 된 날부터 **2개월**이 되는 날이 속하는 달의 말일까지 등록의무자가 된 날 현재의 재산을 다음 각 호의 구분에 따른 기관(이하 "등록기관"이라 한다)에 등록하여야 한다. **제10조(등록재산의 공개)** ① 공직자윤리위원회는 관할 등록의무자 중 다음 각 호의 어느 하나에 해당하는 공직자 본인과 배우자 및 본인의 직계존속·직계비속의 재산에 관한 등록사항과 제6조에 따른 변동사항 신고내용을 등록기간 또는 신고기간 만료 후 **1개월** 이내에 관보(공보를 포함한다) 및 인사혁신처장이 지정하는 정보통신망을 통하여 공개하여야 한다. 8. **치안감** 이상의 경찰공무원 및 특별시·광역시·특별자치시·도·특별자치도의 시·도경찰청장 11·18 승진
	② 선물신고의무
	제15조(외국 정부 등으로부터 받은 선물의 신고) ① 공무원(지방의회의원을 포함한다. 이하 제22조에서 같다) 또는 공직유관단체의 임직원은 외국으로부터 선물(대가 없이 제공되는 물품 및 그 밖에 이에 준하는 것을 말하되, **현금은 제외**한다. 이하 같다)을 받거나 그 직무와 관련하여 외국인(**외국단체를 포함**한다. 이하 같다)에게 선물을 받으면 **지체 없이 소속 기관·단체의 장에게 신고하고 그 선물을 인도하여야 한다.** 18·21 승진 이들의 가족이 외국으로부터 선물을 받거나 그 공무원이나 공직유관단체 임직원의 직무와 관련하여 외국인에게 선물을 받은 경우에도 또한 같다. **제16조(선물의 귀속 등)** ① 제15조제1항에 따라 신고된 선물은 신고 즉시 **국가 또는 지방자치단체에 귀속**된다. [시행령] **제28조(선물의 가액)** ①법 제15조제1항에 따라 신고하여야 할 선물은 그 선물 수령 당시 증정한 국가 또는 외국인이 속한 국가의 시가로 **미국화폐 100달러** 이상이거나 국내 시가로 **10만원** 이상인 선물로 한다. 18·21 승진
	③ 취업제한의무
	제17조(퇴직공직자의 취업제한) ① 제3조제1항제1호부터 제12호까지의 어느 하나에 해당하는 공직자와 부당한 영향력 행사 가능성 및 공정한 직무수행을 저해할 가능성 등을 고려하여 국회규칙, 대법원규칙, 헌법재판소규칙, 중앙선거관리위원회규칙 또는 대통령령으로 정하는 공무원과 공직유관단체의 직원(이하 이 장에서 **"취업심사대상자"**라 한다)은 퇴직일부터 **3년**간 다음 각 호의 어느 하나에 해당하는 기관(이하 "취업심사대상기관"이라 한다)에 취업할 수 없다. 다만, 관할 공직자윤리위원회로부터 취업심사대상자가 퇴직 전 **5년**

동안 소속하였던 부서 또는 기관의 업무와 취업심사대상기관 간에 밀접한 관련성이 없다는 확인을 받거나 취업승인을 받은 때에는 취업할 수 있다. 17·21 승진

제18조의2(퇴직공직자의 업무취급 제한) ① 모든 공무원 또는 공직유관단체 임직원은 다른 법률에 특별한 규정이 있는 경우를 제외하고는 **재직 중에 직접 처리한 업무를 퇴직 후에 취급할 수 없다.**

② 기관업무기준 취업심사대상자는 다른 법률에 특별한 규정이 있는 경우를 제외하고는 **퇴직 전 2년**부터 퇴직할 때까지 근무한 기관이 취업한 취업심사대상기관에 대하여 처리하는 업무를 퇴직한 날부터 **2년** 동안 취급할 수 없다.

경찰공무원 복무규정 (직무상 의무)

제3조(기본강령) 경찰공무원은 다음의 기본강령에 따라 복무해야 한다. 17·18 2차
1. 경찰사명
2. 경찰정신
3. 규율
4. 단결 - 한마음 한뜻으로 굳게 **뭉쳐**
5. 책임
6. 성실·청렴

제8조(지정장소외에서의 직무수행금지) 경찰공무원은 상사의 허가를 받거나 그 명령에 의한 경우를 제외하고는 **직무와 관계없는 장소에서 직무수행을 하여서는 아니된다.** 15 2차

제9조(근무시간중 음주금지) 경찰공무원은 **근무시간중 음주를 하여서는 아니된다.** 다만, 특별한 사정이 있는 경우에는 예외로 하되, 이 경우 주기가 있는 상태에서 직무를 수행하여서는 아니된다. 15 2차

제10조(민사분쟁에의 부당개입금지) 경찰공무원은 직위 또는 직권을 이용하여 부당하게 **타인의 민사분쟁에 개입하여서는 아니된다.** 17 2차

[관련지문]
「경찰관 직무집행법」은 "경찰공무원은 직위 또는 직권을 이용하여 부당하게 타인의 사생활에 개입하여서는 아니된다."고 규정하고 있다.(X) → 사생활 개입금지과 관련된 내용으로 「경찰관 직무집행법」에는 이러한 규정이 없다. 23 2차

제11조(상관에 대한 신고) 경찰공무원은 신규채용·승진·전보·파견·출장·연가·교육훈련기관에의 입교 기타 **신분관계 또는 근무관계 또는 근무관계의 변동이 있는 때에는 소속상관**에게 신고를 하여야 한다.

제13조(여행의 제한) 경찰공무원은 휴무일 또는 근무시간외에 **2시간** 이내에 직무에 복귀하기 어려운 지역으로 여행을 하고자 할 때에는 소속 경찰기관의 장에게 **신고**를 하여야 한다. 다만, 치안상 특별한 사정이 있어 경찰청장, 해양경찰청장 또는 경찰기관의 장이 지정하는 기간중에는 **소속경찰기관의 장의 허가**를 받아야 한다. 15 2차, 18 특채

제18조(포상휴가) 경찰기관의 장은 근무성적이 탁월하거나 다른 경찰공무원의 모범이 될 공적이 있는 경찰공무원에 대하여 1회 **10일** 이내의 포상휴가를 허가**할 수 있다.** 이 경우의 포상휴가기간은 연가일수에 **산입하지 아니한다.** 15·17 2차, 25 경간(경위공채)

제19조(연일근무자 등의 휴무) 경찰기관의 장은 특별한 사정이 없는 한 다음과 같이 **휴무를 허가하여야 한다.** 17 2차, 25 경간(경위공채)

| | 1. 연일근무자 및 공휴일근무자(철야근무자X)에 대하여는 그 다음날 1일의 휴무 |
| | 2. 당직 또는 철야근무자에 대하여는 다음 날 오후 2시를 기준으로 하여 오전 또는 오후의 휴무 |

6. 경찰공무원의 책임

(1) 징계 ★★

의의	징계란 공무원의 의무위반이 있는 경우 또는 비행이 있는 경우 공무원 내부관계의 질서유지를 위하여 **특별권력관계**에 의해 과해지는 제재이다. 12 채용
징계사유 08 3차, 12 2차	① 「국가공무원법」이나 「국가공무원법」에 의한 **명령을 위반**하였을 경우 ② 직무상의 **의무를 위반**하거나 직무를 **태만히 한 경우** ③ 직무의 내외를 불문하고 **체면 또는 위신을 손상**하는 행위를 한 때

징계시효	① 징계의결 등의 요구는 징계 등 사유가 발생한 날부터 **3년**이 지나면 하지 못한다. 08 채용, 11·14 승진, 14 1차
	② 금품 및 향응수수, 공금의 횡령·유용의 경우에는 **5년**
	③ 다음 범죄의 경우에는 **10년**이 지나면 하지 못한다. 11 승진, 14 1차, 14 승진
	  가. 「성매매알선 등 행위의 처벌에 관한 법률」 제4조에 따른 금지행위
	  나. 「성폭력범죄의 처벌 등에 관한 특례법」 제2조에 따른 성폭력범죄
	  다. 「아동·청소년의 성보호에 관한 법률」 제2조제2호에 따른 아동·청소년대상 성범죄
	  라. 「양성평등기본법」 제3조제2호에 따른 성희롱
	  마. 「정보통신망 이용촉진 및 정보보호 등에 관한 법률」 제44조의7제1항제1호나 제3호에 해당하는 정보를 유통하는 행위(신설 - 개정예정으로 시행 전까지는 기존 조문으로 학습)
	  바. 「스토킹범죄의 처벌 등에 관한 법률」 제2조제2호에 따른 스토킹범죄(신설 - 개정예정으로 시행 전까지는 기존 조문으로 학습))
	④ 징계에 관하여 다른 법률의 적용을 받는 공무원이 「국가공무원법」의 징계에 관한 규정의 적용을 받는 공무원으로 임용된 경우에 임용 이전의 다른 법률에 따른 징계사유는 그 사유가 발생한 날부터 「국가공무원법」에 따른 징계사유가 발생한 것으로 본다. 12 2차

특징	① 징계와 형벌은 **병과 가능**하며, 징계벌은 **퇴직 후 처벌이 불가**하다. ② 징계권은 임용권에 포함되는 것이므로 **징계권자는 임용권자가 되는 것**이 원칙이다. 09 경간

🔊 **관련판례**

경찰공무원에 대한 징계위원회의 심의과정에 감경사유에 해당하는 공적 사항이 제시되지 아니한 경우에는 그 징계양정이 결과적으로 적정한지와 상관없이 이는 관계 법령이 정한 징계절차를 지키지 않은 것으로서 **위법(위법하지만 당연무효는 아니고 취소사유에 불과하다는 판례)**하다. (대판 2012두13245 판결) 25 1차

🔊 **관련판례** 국가공무원법

제83조(감사원의 조사와의 관계 등) ① 감사원에서 조사 중인 사건에 대하여는 조사개시 통보를 받은 날부터 **징계 의결의 요구나 그 밖의 징계 절차를 진행하지 못한다.** 13 승진

② 검찰·경찰, 그 밖의 수사기관에서 수사 중인 사건에 대하여는 수사개시 통보를 받은 날부터 징계 의결의 요구나 그 밖의 징계 절차를 진행하지 아니할 수 있다. 08 채용
③ 감사원과 검찰·경찰, 그 밖의 수사기관은 조사나 수사를 시작한 때와 이를 마친 때에는 10일 내에 소속 기관의 장에게 그 사실을 통보하여야 한다. 15 3차

(2) 징계의 종류 ★★★ 12·14 경간, 11·15·19 1차, 11·21·23 2차, 11·13·14·19 승진, 12·15 3차, 21·23·24 특공대

중징계	배제징계	파면	① 경찰공무원 관계 소멸되고, 경찰관 재임용 불가, 5년간 일반공무원 임용금지 ② 퇴직급여 1/2(5년이상), 1/4(5년미만) 감액지급, 퇴직수당은 재직기간 상관없이 1/2 감액지급
		해임	① 경찰공무원 관계 소멸되고, 경찰관 재임용 불가, 3년간 일반 공무원 임용금지 ② 원칙 : 퇴직급여, 퇴직수당 전액지급, 　예외 : 금품 및 향응수수, 공금의 횡령·유용 징계처분으로 해임 시 퇴직급여 1/4(5년 이상) 또는 1/8 감액지급(5년미만), 퇴직수당은 재직기간 상관없이 1/4 감액지급
	교정징계	강등	① 1계급 아래로 직급을 내림, 3개월 직무정지, 보수전액감액 ② 징계처분 집행이 끝난 날부터 18개월 승진·승급제한[금품 및 향응수수, 공금의 횡령·유용, 성폭력, 성희롱 및 성매매, 소극행정, 음주운전(측정 불응포함) 6개월 추가] ③ 강등된 계급의 계급정년은 강등되기 전 계급 중 가장 높은 계급의 계급 정년으로 함
		정직	① 1~3개월 직무정지, 보수전액감액 ② 징계처분 집행이 끝난 날부터 18개월 승진·승급제한[금품 및 향응수수, 공금의 횡령·유용, 성폭력, 성희롱 및 성매매, 소극행정, 음주운전(측정 불응포함) 6개월 추가]
경징계		감봉	① 1~3개월, 보수 1/3감액 ② 징계처분 집행이 끝난 날부터 12개월 승진·승급제한[금품 및 향응수수, 공금의 횡령·유용, 성폭력, 성희롱 및 성매매, 소극행정, 음주운전(측정 불응포함) 6개월 추가] 22 1차
		견책	① 훈계, 회개처분, 보수 전액지급 ② 징계처분 집행이 끝난 날부터 6개월 승진·승급제한[금품 및 향응수수, 공금의 횡령·유용, 성폭력, 성희롱 및 성매매, 소극행정, 음주운전(측정 불응포함) 6개월 추가]

(3) 징계절차 ★★★ - 경찰공무원법

제33조(징계의 절차) 경찰공무원의 징계는 징계위원회의 의결을 거쳐 징계위원회가 설치된 소속 기관의 장이 하되, 「국가공무원법」에 따라 국무총리 소속으로 설치된 징계위원회에서 의결한 징계는 경찰청장 또는 해양경찰청장이 한다. 다만, 파면·해임·강등 및 정직은 징계위원회의 의결을 거쳐 해당 경찰공무원의 임용권자가 하되, 경무관 이상의 강등 및 정직과 경정 이상의 파면 및 해임은 경찰청장 또는 해양경찰청장의 제청으로 행정안전부장관 또는 해양수산부장관과 국무총리를 거쳐 대통령이 하고, 총경 및 경정의 강등 및 정직은 경찰청장 또는 해양경찰청장이 한다. 11 승진, 16 1차, 23·25 경간(경위공채)

1) 징계의결의 요구 - 경찰공무원징계령(대통령령)

제9조(징계등 의결의 요구) ① 경찰기관의 장은 소속 경찰공무원이 다음 각 호의 어느 하나에 해당할 때에는 지체 없이 관할 징계위원회를 구성하여 징계등 의결을 요구하여야 한다.(요구할 수 있다X) 12 2차, 13·18 승진·19 승진

1. 「국가공무원법」 제78조제1항제1호부터 제3호까지의 어느 하나에 해당하는 사유(이하 "징계 사유"라 한다)가 있다고 인정할 때
2. 제2항에 다른 징계등 의결 요구 신청을 받았을 때

② 경찰기관의 장은 그 소속 경찰공무원에 대한 징계등 사건이 상급 경찰기관에 설치된 징계위원회의 관할에 속한 경우에는 그 상급 경찰기관의 장에게 징계의결서등을 첨부하여 징계등 의결의 요구를 신청하여야 한다. 23 경채

④ 경찰기관의 장이 제1항과 제2항에 따라 징계등 의결 요구 또는 그 신청을 할 때에는 중징계 또는 경징계로 구분하여 요구하거나 신청하여야 한다.

2) 징계 등 사건 통지

제10조(징계등 사건의 통지) ① 경찰기관의 장은 그 소속이 아닌 경찰공무원에게 징계 사유가 있다고 인정될 때에는 해당 경찰기관의 장에게 그 사실을 증명할 만한 충분한 사유를 명확히 밝혀 통지하여야 한다.
② 제1항에 따라 징계 사유를 통지받은 경찰기관의 장은 타당한 이유가 없으면 통지를 받은 날부터 30일 이내에 제9조에 따라 관할 징계위원회에 징계등 의결을 요구하거나 그 상급 경찰기관의 장에게 징계등 의결의 요구를 신청하여야 한다. 12 경간
③ 제1항에 따라 징계 사유를 통지받은 경찰기관의 장은 해당 사건의 처리 결과를 징계 사유를 통지한 경찰기관의 장에게 회답하여야 한다.

징계위원회가 징계사건을 심의할 때에는 반드시 당해 공무원 또는 대리인에게 출석 및 의견진술의 기회를 부여해야 하며, 의견진술의 기회를 결여한 징계는 무효가 된다.(취소X)

3) 징계등 의결기한

제11조(징계등 의결 기한) ① 징계등 의결 요구를 받은 징계위원회는 그 요구서를 받은 날부터 30일 이내에 징계등에 관한 의결을 하여야 한다. 08 채용, 10 승진 다만, 부득이한 사유가 있을 때에는 해당 징계등 의결을 요구한 경찰기관의 장의 승인(징계대상자의 동의X)을 받아 30일 이내의 범위에서 그 기한을 연기할 수 있다. 12 경간, 17·18 승진, 17·18·23 2차

4) 징계등 심의 대상자의 출석

제12조(징계등 심의 대상자의 출석) ① 징계위원회가 징계등 심의 대상자의 출석을 요구할 때에는 별지 제2호서식의 출석 통지서로 하되, 징계위원회 개최일 5일 전까지 그 징계등 심의 대상자에게 도달되도록 해야 한다. 10 승진, 12 3차, 17·22 경간, 18 승진
② 징계위원회는 징계등 심의 대상자가 그 징계위원회에 출석하여 진술하기를 원하지 아니할 때에는 진술권 포기서를 제출하게 하여 이를 기록에 첨부하고 서면심사로 징계등 의결을 할 수 있다. 23 경채
③ 징계위원회는 출석 통지를 하였음에도 불구하고 징계등 심의 대상자가 정당한 사유 없이 출석하지 아니하였을 때에는 그 사실을 기록에 분명히 적고 서면심사로 징계등 의결을 할 수 있다. 10 승진 다만, 징계등 심의 대상자의 소재가 분명하지 아니할 때에는 출석 통지를 관보에 게재하고, 그 게재일(게재일 다음날X)부터 10일(14일X)이 지나면 출석 통지가 송달된 것으로 보며, 징계등 의결을 할 때에는 관보 게재의 사유와 그 사실을 기록에 분명히 적어야 한다. 10·17 승진, 18 2차, 21 경채

5) 심문과 진술권

제13조(심문과 진술권) ① 징계위원회는 제12조제1항에 따라 출석한 징계등 심의 대상자에게 징계 사유에 해당하는 사실에 관한 심문을 하고 심사를 위하여 필요하다고 인정될 때에는 관계인을 출석하게 하여 심문할 수 있다.
② 징계위원회는 징계등 심의 대상자에게 진술할 수 있는 기회를 충분히 주어야 하며, 징계등 심의 대상자는 별지 제2호의2서식의 의견서 또는 말로 자기에게 이익이 되는 사실을 진술하거나 증거를 제출할 수 있다
③ 징계등 심의 대상자는 증인의 심문을 신청할 수 있다. 이 경우 징계위원회는 의결로써(위원장 직권X) 그 채택 여부를 결정하여야 한다. 21 2차
④ 징계등 의결을 요구한 자 또는 징계등 의결의 요구를 신청한 자는 징계위원회에 출석하여 의견을 진술하거나 서면으로 의견을 진술할 수 있다. 다만, 중징계나 중징계 관련 징계부가금 요구사건의 경우에는 특별한 사유가 없는 한 징계위원회에 출석하여 의견을 진술해야 한다. 23 경채
⑤ 징계위원회는 필요하다고 인정할 때에는 사실 조사를 하거나 특별한 학식·경험이 있는 사람에게 검증 또는 감정을 의뢰할 수 있다.

6) 징계등 의결의 통지

제17조(징계등 의결의 통지) 징계위원회는 징계등 의결을 하였을 때에는 지체 없이 징계등 의결을 요구한 자에게 의결서 정본(사본X)을 보내어 통지하여야 한다. 23 2차

7) 경징계, 중징계

징계사유가 발생하면 징계위원회에서 의결을 거치고, 의결만으로 효력이 발생하는 것이 아니라 집행함으로써 효력 발생한다. 11 승진

제18조(경징계 등의 집행) ① 징계등 의결을 요구한 자는 경징계의 징계등 의결을 통지받았을 때에는 통지받은 날부터 15일 이내에 징계등을 집행하여야 한다. 14 1차, 12 경간, 18 2차, 21 경채
② 징계등 의결을 요구한 자는 제1항에 따라 징계등 의결을 집행할 때에는 의결서 사본에 별지 제4호서식의 징계등 처분 사유 설명서를 첨부하여 징계등 처분 대상자에게 보내야 한다.

제19조(중징계 등의 처분 제청과 집행) ① 징계등 의결을 요구한 자는 중징계의 징계등 의결을 통지받았을 때에는 지체 없이 징계등 처분 대상자의 임용권자에게 의결서 정본을 보내어 해당 징계등 처분을 제청하여야 한다. 다만, 경무관 이상의 강등 및 정직, 경정 이상의 파면 및 해임 처분의 제청, 총경 및 경정의 강등 및 정직의 집행은 경찰청장 또는 해양경찰청장이 한다. 11 2차, 19 승진, 22 경간
② 제1항에 따라 중징계 처분의 제청을 받은 임용권자는 15일 이내에 의결서 사본에 징계등 처분 사유 설명서를 첨부하여 징계등 처분 대상자에게 보내야 한다.

(4) 징계의 양정 ★★ - 경찰공무원 징계령 세부시행규칙(경찰청예규)

제4조(행위자의 징계양정 기준) ① 징계의결요구권자 또는 징계위원회는 행위자에 대한 의무위반행위의 유형·정도, 과실의 경중, 행위 당시 계급 및 직위, 비위행위가 공직 내외에 미치는 영향, 수사 중 경찰공무원 신분을 감추거나 속인 정황, 평소 행실, 공적, 뉘우치는 정도, 규제개혁 및 국정과제 등 관련 업무 처리의 적극성 또는 그 밖의 정상을 참작하여 징계의결 요구 또는 징계의결하여야 한다. 단, 징계의결요구권자는 공금횡령·유용 및 업무상 배임의 금액이 300만원 이상일 경우에는 중징계 의결을 요구하여야 한다. 25 2차

② 징계요구권자 또는 징계위원회는 다음 각 호의 어느 하나에 해당하는 사유가 있을 때에는 **징계책임을 감경하여 징계의결 요구 또는 징계의결하거나 징계책임을 묻지 아니할 수 있다.** 19 승진

1. 과실로 인하여 발생한 의무위반행위가 다른 법령에 의해 처벌사유가 되지 않고 비난가능성이 없는 때
2. 국가 또는 공공의 이익을 증진하기 위해 성실하고 능동적으로 업무를 처리하는 과정에서 부분적인 절차상 하자 또는 비효율, 손실 등의 잘못이 발생한 때
3. **업무매뉴얼**에 규정된 직무상의 절차를 충실히 이행한 때 11 승진, 19 승진
4. 의무위반행위의 발생을 방지하기 위해 최선을 다하였으나 부득이한 사유로 결과가 발생하였을 때
5. 발생한 의무위반행위에 대하여 자진신고하거나 사후조치에 최선을 다하여 원상회복에 크게 기여한 때
6. **간첩** 또는 **사회이목**을 집중시킨 중요사건의 범인을 검거한 공로가 있을 때 12·19 승진
7. 제8조제3항에 따른 감경 제외 대상이 아닌 의무위반행위 중 직무와 관련이 없는 사고로 인한 의무위반행위로서 사회통념에 비추어 공무원의 품위를 손상하지 아니한 때

제5조(행위자와 감독자에 대한 문책기준) ① 같은 사건에 관련된 행위자와 감독자에 대해서는 업무의 성질 및 업무와의 관련 정도 등을 참작하여 별표 4의 행위자와 감독자에 대한 문책기준에 따라 징계의결등을 하여야 한다.
② 징계요구권자 또는 징계위원회는 감독자에게 다음 각 호의 어느 하나에 해당하는 사유가 있을 때에는 징계책임을 감경하여 **징계의결 요구 또는 징계의결하거나 징계책임을 묻지 아니할 수 있다.**

1. **부하직원**의 의무위반행위를 사전에 발견하여 적법 타당하게 조치한 때 12·15 승진
2. **부하직원**의 의무위반행위가 감독자 또는 행위자의 비번일, 휴가기간, 교육기간 등에 발생하거나, 소관업무와 직접 관련 없는 등 감독자의 실질적 감독범위를 벗어났다고 인정된 때 15 승진
3. **부임기간이 1개월 미만**으로 **부하직원**에 대한 실질적인 감독이 곤란하다고 인정된 때 12·15·19 승진, 12 경간, 25 2차
4. 교정이 불가능하다고 판단된 **부하직원**의 사유를 명시하여 인사상 조치(전출 등)를 상신하는 등 성실히 관리한 이후에 같은 부하직원이 의무위반행위를 야기하였을 때 12·15 승진
5. 기타 **부하직원**에 대하여 평소 철저한 교양감독 등 감독자로서의 임무를 성실히 수행하였다고 인정된 때

제7조(징계의 가중) ① 징계의결요구권자 또는 징계위원회는 서로 관련이 없는 2개 이상의 의무위반행위가 경합될 때에는 그 중 책임이 중한 의무위반행위에 해당하는 징계보다 **1단계(2단계X)** 위의 징계의결 요구 또는 징계의결을 할 수 있다. 25 2차

제8조(징계의 감경) ① 징계위원회는 징계의결이 요구된 자가 다음 각 호의 어느 하나에 해당하는 공적이 있는 경우 별표 9에 따라 **징계를 감경할 수 있다.**

1. 「상훈법」에 따라 훈장 또는 포장을 받은 공적
2. 「정부표창규정」에 따라 **국무총리** 이상의 표창을 받은 공적 다만, **경감이하**의 경찰공무원등은 **경찰청장** 또는 중앙행정기관 **차관급** 이상 표창을 받은 공적
3. 「모범공무원규정」에 따라 모범공무원으로 선발된 공적

② 경찰공무원등이 징계처분 또는 징계위원회의 권고에 의한 **경고를 받은 사실이 있는 경우**에는 그 징계처분 또는 경고처분 전의 공적은 제1항에 따른 **감경대상 공적에서 제외**한다.
③ 제1항에도 불구하고 의무위반행위의 내용이 다음 각 호의 어느 하나에 해당하는 경우에는 **징계를 감경할 수 없다.**

3. 「성매매알선 등 행위의 처벌에 관한 법률」 제2조제1호의 **성매매**, 같은 조 제2호의 **성매매 알선**, 같은 조 제3호의 **성매매 목적 인신매매**
4. 「성폭력범죄의 처벌 등에 관한 특례법」제2조에 따른 **성폭력범죄**
5. 「도로교통법」제44조제1항에 따른 음주운전 또는 같은 조 제2항에 따른 음주측정에 대한 불응
7. 「적극행정 운영규정」 제2조제2호에 따른 **소극행정**(이하 이 조에서 "소극행정"이라 한다)
7의2. 부작위 또는 직무태만
8. 「경찰청 공무원 행동강령」 제13조의3에 따른 부당한 행위
9. 제2호부터 제4호까지의 성 관련 비위 또는 「경찰청 공무원 행동강령」 제13조의3에 따른 부당한 행위를 은폐하거나 필요한 조치를 하지 않은 경우
11. 특정인의 공무원 채용에 대한 특혜를 요청하거나, 그 요청 등에 따라 부정한 방법으로 채용관리를 한 경우
12. 「부정청탁 및 금품등 수수의 금지에 관한 법률」 제5조에 따른 **부정청탁**
13. 「부정청탁 및 금품등 수수의 금지에 관한 법률」 제6조의 **부정청탁에 따른 직무수행**
14. **직무상 비밀이나 미공개 정보를 이용한 부당행위** 25 2차
15. 우월적 지위 등을 이용하여 다른 공무원 등에게 신체적·정신적 고통을 주는 등의 부당행위

(5) 징계위원회 ★★★ - 경찰공무원법

제32조(징계위원회) ① **경무관 이상**의 경찰공무원에 대한 징계의결은 「국가공무원법」에 따라 **국무총리** 소속으로 설치된 징계위원회에서 한다. 11 승진, 11·13·21 2차, 14·16 1차, 23·25 경간(경위공채)
② **총경 이하**의 경찰공무원에 대한 징계의결을 하기 위하여 대통령령으로 정하는 **경찰기관** 및 해양경찰관서에 **경찰공무원 징계위원회를 둔다.** 16 1차, 25 경간(경위공채)
③ 경찰공무원 징계위원회의 구성·관할·운영, 징계의결의 요구 절차, 그 밖에 필요한 사항은 **대통령령**으로 정한다.

1) 징계위원회 종류 - 경찰공무원 징계령(대통령령)

제3조(징계위원회의 종류 및 설치) ① 경찰공무원 징계위원회는 **경찰공무원 중앙**징계위원회(이하 "중앙징계위원회"라 한다)와 **경찰공무원 보통**징계위원회(이하 "보통징계위원회"라 한다)로 구분한다. 24 경찰특공대
② **중앙징계위원회는 경찰청** 및 해양경찰청에 두고, **보통징계위원회는 경찰청**, 해양경찰청, 시·도경찰청, 지방해양경찰청, **경찰대학, 경찰인재개발원, 중앙경찰학교, 경찰수사연수원**, 해양경찰교육원, **경찰병원, 경찰서, 경찰기동대, 의무경찰대**, 해양경찰서, 해양경찰정비창, 경비함정 및 경찰청장 또는 해양경찰청장이 지정하는 **경감 이상**의 경찰공무원을 장으로 하는 기관(이하 "**경찰기관**"이라 한다)에 둔다. 12 3차, 17 경간

2) 징계위원회 관할

제4조(징계위원회의 관할) ① **중앙**징계위원회는 **총경 및 경정**에 대한 징계 또는 「국가공무원법」 제78조의2에 따른 징계부가금 부과(이하 "징계등"이라 한다) 사건을 심의·의결한다. 11 승진, 11 2차, 12 1차

② **보통징계위원회는** 해당 징계위원회가 설치된 경찰기관 소속 **경감 이하 경찰공무원**에 대한 징계등 사건을 심의·의결한다. 다만, 다음 각 호의 기관에 설치된 보통징계위원회는 각 호의 구분에 따른 경찰공무원에 대한 징계등 사건을 심의·의결한다. 12·15 1차, 17 2차
1. **경정 이상의 경찰공무원을 장으로 하는 경찰서, 경찰기동대·해양경찰서 등 총경 이상의 경찰공무원을 장으로 하는 경찰기관 및 정비창 : 소속 경위 이하의 경찰공무원**
2. **의무경찰대 및 경비함정 등 경찰청장 또는 해양경찰청장이 지정하는 경감 이상의 경찰공무원을 장으로 하는 경찰기관 : 소속 경사 이하의 경찰공무원**

3) 관련사건의 관할

제5조(관련 사건의 관할) ① 상위 계급과 하위 계급의 경찰공무원이 관련된 징계등 사건은 제4조에도 불구하고 **상위 계급의 경찰공무원을 관할하는 징계위원회에서 심의·의결**하고, **상급 경찰기관과 하급 경찰기관에 소속된 경찰공무원이 관련된 징계등 사건은 상급 경찰기관에 설치된 징계위원회에서 심의·의결**한다. 다만, 상위 계급의 경찰공무원이 감독상 과실책임만으로 관련된 경우에는 제4조에 따른 관할 징계위원회에서 각각 심의·의결할 수 있다.
② **소속이 다른 2명 이상의 경찰공무원이 관련된 징계등 사건으로서 관할 징계위원회가 서로 다른 경우에는 모두를 관할하는 바로 위 상급 경찰기관에 설치된 징계위원회에서 심의·의결한다.** 13·17 승진, 15 1차

4) 징계위원회 구성 등

제6조(징계위원회의 구성 등) ① 각 징계위원회는 위원장 1명을 포함하여 **11명 이상 51명 이하의 공무원위원과 민간위원**으로 구성한다. 12 3차, 12·22 경간, 13·17·19 승진, 15 1차, 17 2차, 23 승진
② 징계위원회가 설치된 경찰기관의 장은 **징계등 심의 대상자보다 상위 계급인 경위(경감X) 이상의 소속 경찰공무원** 또는 상위 직급에 있는 6급 이상의 소속 공무원 중에서 징계위원회의 공무원위원을 임명한다. 12 1차, 18 승진 다만, 보통징계위원회의 경우 징계등 심의 대상자보다 상위 계급인 경위 이상의 소속 경찰공무원 또는 상위 직급에 있는 6급 이상의 소속 공무원의 수가 제3항에 따른 민간위원을 제외한 위원 수에 미달되는 등의 사유로 보통징계위원회를 구성하는 것이 곤란한 경우에는 징계등 심의 대상자보다 상위 계급인 경사 이하의 소속 경찰공무원 또는 상위 직급에 있는 7급 이하의 소속 공무원 중에서 임명할 수 있으며, 이 경우에는 제4조제2항에도 불구하고 3개월 이하의 감봉 또는 견책에 해당하는 징계등 사건만을 심의·의결한다.
③ 징계위원회가 설치된 경찰기관의 장은 제1항에 따른 위원 수의 2분의 1 이상을 다음 각 호의 구분에 따라 해당 호 각 목의 사람 중에서 **민간위원**으로 위촉한다. 이 경우 특정 성별의 위원이 민간위원 수의 **10분의 6을 초과하지 않도록** 해야 한다. 23 승진
1. **중앙징계위원회**
   가. 법관·검사 또는 변호사로 **10년 이상** 근무한 사람
   나. 「고등교육법」 제2조에 따른 학교 또는 이에 준하는 교육기관(이하 "대학"이라 한다)에서 경찰 관련 학문을 담당하는 **정교수 이상**으로 재직 중인 사람
   다. 총경 또는 4급 이상의 공무원으로 근무하고 **퇴직한 사람**[퇴직 전 5년부터 퇴직할 때까지 근무했던 적이 있는 경찰기관(해당 경찰기관이 소속된 중앙행정기관 및 그 중앙행정기관의 다른 소속기관에서

근무했던 경우를 포함한다)의 경우에는 퇴직일부터 3년이 경과한 사람을 말한다]
　라. 민간부문에서 **인사·감사 업무를 담당하는 임원급** 또는 이에 상응하는 직위에 근무한 경력이 있는 사람
2. **보통징계위원회**
　가. 법관·검사 또는 변호사로 5년 **이상** 근무한 사람
　나. 대학에서 경찰 관련 학문을 담당하는 부교수 **이상**으로 재직 중인 사람
　다. **공무원으로 20년 이상 근속하고 퇴직한 사람**[퇴직 전 5년부터 퇴직할 때까지 근무했던 적이 있는 **경찰기관**(해당 경찰기관이 소속된 중앙행정기관 및 그 중앙행정기관의 다른 소속기관에서 근무했던 경우를 포함한다)의 경우에는 **퇴직일부터 3년이 경과한 사람**을 말한다]
　라. 민간부문에서 **인사·감사 업무를 담당하는 임원급** 또는 이에 상응하는 직위에 근무한 경력이 있는 사람
④ 징계위원회의 위원장은 위원 중 최상위 계급 또는 이에 상응하는 직급에 있거나 최상위 계급 또는 이에 상응하는 직급에 먼저 승진임용된 공무원이 된다. 24 특공대

제6조의2(위원의 임기) 제6조제3항에 따라 위촉되는 민간위원의 임기는 2년으로 하며, 한 차례만 연임할 수 있다.

5) 징계위원회 회의

제7조(징계위원회의 회의) ① 징계위원회의 회의는 위원장과 징계위원회가 설치된 경찰기관의 장이 **회의마다 지정하는 4명 이상 6명 이하**의 위원으로 성별을 고려하여 구성하되, 민간위원의 수는 위원장을 포함한 위원 수의 **2분의 1 이상**이어야 한다. 22·24 경간, 23 경채
② 징계사유가 다음 각 호의 어느 하나에 해당하는 징계 사건이 속한 징계위원회의 회의를 구성하는 경우에는 **피해자와 같은 성별의 위원이 위원장을 제외(포함X)한 위원 수의 3분의 1 이상 포함**되어야 한다. 24 경간, 24 경찰특공대
1. 「성폭력범죄의 처벌 등에 관한 특례법」에 따른 성폭력범죄
2. 「양성평등기본법」에 따른 성희롱
③ 징계위원회의 **위원장은 위원회의 사무를 총괄**하며 위원회를 대표한다. 11 승진, 12 3차, 17·24 경간, 18 2차
④ 징계위원회의 회의는 위원장이 소집한다.
⑤ **위원장은 표결권을 가진다.** 11 승진, 12 3차, 12·17·24 경간, 18 2차
⑥ 위원장이 부득이한 사유로 직무를 수행할 수 없거나 위원장이 필요하다고 인정하는 경우에는 출석한 위원 중 최상위 계급 또는 이에 상응하는 직급에 있거나 최상위 계급 또는 이에 상응하는 직급에 먼저 승진임용된 공무원이 위원장이 된다. 24 경간

6) 징계위원회의 의결

제14조(징계위원회의 의결) ① 징계위원회의 의결은 위원장을 포함한 위원 과반수의 출석과 출석위원 과반수의 찬성으로 의결하되, 15 1차 의견이 나뉘어 출석위원 과반수의 찬성을 얻지 못한 경우에는 출석위원 과반수가 될 때까지 징계등 심의 대상자에게 가장 불리한 의견을 제시한 위원의 수를 그 다음으로 불리한 의견을 제시한 위원의 수에 차례로 더하여 그 의견을 합의된 의견으로 본다.

③ 징계위원회는 제1항에도 불구하고 다음 각 호의 사항에 대해서는 **서면으로 의결할 수 있다.**
1. 제5조제4항에 따른 징계등 **사건의 관할 이송에 관한 사항**
2. 제11조제1항에 따른 징계등 **의결의 기한 연기에 관한 사항**
⑤ 징계위원회의 의결 내용은 **공개하지 아니한다.**

제14조의2(원격영상회의 방식의 활용) ① 징계위원회는 위원과 징계등 심의 대상자, 징계등 의결을 요구하거나 요구를 신청한 자, 증인, 관계인 등 이 영에 따라 회의에 출석하는 사람(이하 이 항에서 "출석자"라 한다)이 동영상과 음성이 동시에 송수신되는 장치가 갖추어진 서로 다른 장소에 출석하여 진행하는 **원격영상회의 방식으로 심의·의결할 수 있다.** 23 승진 이 경우 징계위원회의 위원 및 출석자가 같은 회의장에 출석한 것으로 본다.

7) 제척, 기피, 회피

제15조(제척, 기피 및 회피) ① 징계위원회의 **위원장 또는 위원**이 다음 각 호의 어느 하나에 해당하는 경우에는 그 **징계등 사건의 심의·의결에 관여하지 못한다.** 17 2차
1. 징계등 심의 대상자의 **친족 또는 직근 상급자**(징계 사유가 발생한 기간 동안 직근 상급자였던 사람을 포함한다)인 경우
2. 그 **징계 사유와 관계가 있는 경우**
3. 「국가공무원법」 제78조의3제1항제3호의 사유로 다시 징계등 사건의 심의·의결을 할 때 해당 징계등 사건의 조사나 심의·의결에 관여한 경우

8) 징계등의 정도

제16조(징계등의 정도) 징계위원회는 징계등 사건을 의결할 때에는 징계등 심의 대상자의 비위행위 **당시 계급 및 직위**, 비위행위가 공직 내외에 미치는 영향, 평소 행실, 공적, 뉘우치는 정도나 그 밖의 정상과 징계등 의결을 요구한 자의 의견을 **고려해야 한다.** 17 2차

7. 경찰공무원의 권익보장제도

(1) 처분사유 설명서 교부 ★

국가공무원법
제75조(처분사유 설명서의 교부) ① 공무원에 대하여 **징계처분등을 할 때나 강임·휴직·직위해제 또는 면직처분**을 할 때에는 그 처분권자 또는 처분제청권자는 **처분사유를 적은 설명서를 교부하여야 한다.** 18 승진 다만, **본인의 원(願)에 따른 강임·휴직 또는 면직처분은 그러하지 아니하다.**

(2) 고충심사 ★★ - 고충심사는 원칙적으로 직무와 관련된 모든 문제를 대상으로 하며, 청구기간에 특별한 제한이 없다. 09 채용

경찰공무원법
제31조(고충심사위원회) ① 경찰공무원의 인사상담 및 **고충**을 심사하기 위하여 경찰청, 해양경찰청, **시·도자치경찰위원회**, 시·도경찰청, 대통령령으로 정하는 경찰기관 및 지방해양경찰관서에 경찰공무원 고충심사위원회를 둔다. 13 2차, 25 경간(경위공채)

② 경찰공무원 고충심사위원회의 심사를 거친 재심청구와 경정 이상의 경찰공무원의 인사상담 및 고충심사는 「국가공무원법」에 따라 설치된 중앙고충심사위원회에서 한다. 25 경간(경위공채)

공무원 고충처리 규정

제3조의2(경찰공무원 고충심사위원회) ① 「경찰공무원법」 제31조제1항에서 "대통령령이 정하는 경찰기관"이라 함은 경찰대학·경찰인재개발원·중앙경찰학교·경찰수사연수원·경찰서·경찰기동대·경비함정 기타 **경감 이상의 경찰공무원을 장으로 하는 기관** 중 행정안전부장관 또는 해양수산부장관이 지정하는 경찰기관을 말한다. 22 경간

② 「경찰공무원법」 제31조제1항에 따른 경찰공무원 고충심사위원회(이하 "경찰공무원고충심사위원회"라 한다)는 위원장 1명을 포함하여 **7명 이상 15명 이내**의 공무원위원과 민간위원으로 구성한다. 이 경우 **민간위원의 수는 위원장을 제외한 위원 수의 2분의 1 이상이어야 한다.** 22·25 경간(경위공채)

③ 경찰공무원고충심사위원회의 **위원장**은 설치기관 소속 공무원 중에서 **인사 또는 감사 업무를 담당하는 과장** 또는 이에 상당하는 직위를 가진 사람이 된다. 22 경간

④ 경찰공무원고충심사위원회의 **공무원위원**은 청구인보다 상위 계급 또는 이에 상당하는 소속 공무원 중에서 **설치기관의 장이 임명한다.** 25 경간(경위공채)

⑤ 경찰공무원고충심사위원회의 **민간위원**은 다음 각 호의 사람 중에서 설치기관의 장이 위촉한다.
1. 경찰공무원으로 20년 이상 근무하고 퇴직한 사람
2. 대학에서 법학·행정학·심리학·정신건강의학 또는 경찰학을 담당하는 사람으로서 조교수 이상으로 재직 중인 사람
3. 변호사 또는 공인노무사로 5년 이상 근무한 사람
4. 「의료법」에 따른 의료인

⑥ 경찰공무원고충심사위원회 **민간위원의 임기는 2년**으로 하며, **한 번만 연임**할 수 있다.

⑦ 경찰공무원고충심사위원회의 **회의**는 위원장과 위원장이 회의마다 지정하는 **5명 이상 7명 이내의 위원**으로 **성별을 고려하여 구성**한다. 이 경우 **민간위원이 3분의 1 이상 포함**되어야 한다.

제3조의6(고충심사위원회의 관할) ⑤ 「국가공무원법」 제76조의2제5항 단서에 따라 6급 이하의 공무원의 고충으로서 보통고충심사위원회에서 심사하는 것이 부적당하여 **중앙고충심사위원회에서 심사할 수 있는 사안**은 다음 각 호의 어느 하나에 해당하는 사안을 말한다. 22 경간
1. **성폭력범죄** 또는 **성희롱** 사실에 관한 고충
2. 「공무원 행동강령」 제13조의3에 따른 **부당한 행위**로 인한 고충
3. 그 밖에 **성별·종교·연령** 등을 이유로 하는 **불합리한 차별**로 인한 고충

제7조(고충심사절차) ① 고충심사위원회가 **청구서를 접수한 때에는 30일 이내에 고충심사에 대한 결정**을 해야 한다. 다만, 부득이하다고 인정되는 경우에는 **고충심사위원회의 의결로 30일의 범위에서 그 기한을 연기**할 수 있다. 22 승진

제8조(심사일의 통지 등) ① 고충심사위원회는 **심사일 5일 전까지** 청구인 및 처분청에 심사일시 및 장소를 알려야 한다. 이 경우 통지를 받은 자가 정당한 사유로 출석할 수 없거나 심사를 연기할 필요가 있는 경우에는 서면으로 심사의 연기를 요청할 수 있고, 고충심사위원회는 심사일을 다시 정할 수 있다.

⑤ 고충심사위원회는 **청구인의 소재가 분명하지 않은 경우**에는 제1항의 통지를 관보에 게재해야 한다. 이 경우 게재한 날부터 **10일이 경과하는 날**에 그 통지는 청구인에게 도달된 것으로 본다.

제10조(고충심사위원회의 결정) ① 보통고충심사위원회, 경찰공무원고충심사위원회, 소방공무원고충심사위원회 및 교육공무원보통고충심사위원회(이하 "보통고충심사위원회등"이라 한다)의 결정은 제3조제7항 전단, 제3조의2제7항 전단, 제3조의3제7항 전단 또는 제3조의4제6항 전단에 따른 위원 5명 이상의 출석과 출석위원 과반수의 합의에 따른다.
② 중앙고충심사위원회의 결정은 위원(「국가공무원법」 제9조제3항에 따라 인사혁신처에 설치된 소청심사위원회의 상임위원과 비상임위원을 말한다) **3분의 2 이상의 출석과 출석 위원 과반수의 합의**에 따른다.

(3) 소청심사 ★★★

국가공무원법에서 규정하고 있는 **특별행정심판절차**로써 징계처분 그밖에 의사에 반하는 불리한 처분을 받은 자가 불복이 있는 경우 관할 **소청심사위원회(합의제 행정관청)에 심사를 청구**하는 제도이다. 19 승진

국가공무원법

제9조(소청심사위원회의 설치) ① 행정기관 소속 공무원의 징계처분, 그 밖에 그 의사에 반하는 불리한 처분이나 부작위에 대한 소청을 심사·결정하게 하기 위하여 인사혁신처에 **소청심사위원회를 둔다.** 12 3차, 11·12 승진, 16 지능특채, 19 승진, 22 2차

② 국회, 법원, 헌법재판소 및 선거관리위원회 소속 공무원의 소청에 관한 사항을 심사·결정하게 하기 위하여 국회사무처, 법원행정처, 헌법재판소사무처 및 중앙선거관리위원회사무처에 **각각 해당 소청심사위원회를 둔다.** 16 지능특채

③ 국회사무처, 법원행정처, 헌법재판소사무처 및 중앙선거관리위원회사무처에 설치된 소청심사위원회는 **위원장 1명을 포함한 위원 5명 이상 7명 이하의 비상임위원으로 구성**하고, 18 1차 **인사혁신처에 설치된 소청심사위원회는 위원장 1명을 포함한 5명 이상 7명 이하의 상임위원과 상임위원 수의 2분의 1 이상인 비상임위원으로 구성**하되, 위원장(상임위원X)은 정무직으로 보한다. 09 채용, 11 1차, 12 2차, 13·19 승진, 14 1차, 16 경간, 16 지능특채

제10조(소청심사위원회위원의 자격과 임명) ① 소청심사위원회의 위원(위원장을 포함한다. 이하 같다)은 다음 각 호의 어느 하나에 해당하고 인사행정에 관한 식견이 풍부한 자 중에서 국회사무총장, 법원행정처장, 헌법재판소사무처장, 중앙선거관리위원회사무총장 또는 인사혁신처장의 제청으로 국회의장, 대법원장, 헌법재판소장, 중앙선거관리위원회위원장 또는 대통령이 **임명한다. 이 경우 인사혁신처장이 위원을 임명제청하는 때에는 국무총리를 거쳐야 하고,** 12 2차, 19 승진 인사혁신처에 설치된 소청심사위원회의 위원 중 비상임위원은 제1호 및 제2호의 어느 하나에 해당하는 자 중에서 임명하여야 한다.

1. 법관·검사 또는 변호사의 직에 5년 이상 근무한 자 14 1차
   → **상임위원, 비상임위원 모두 가능**

2. 대학에서 행정학·정치학 또는 법률학을 담당한 부교수 이상의 직에 5년 이상 근무한 자 → **상임위원, 비상임위원 모두 가능** 16 경간, 18 1차

3. 3급 이상 공무원 또는 고위공무원단에 속하는 공무원으로 3년 이상 근무한 자 13·19 승진 → **상임위원만 가능**

② 소청심사위원회의 **상임위원의 임기는 3년**으로 하며, **한 번만 연임할 수 있다.** 08 1차, 11·14 1차, 11·13 승진, 12·14 2차

④ 소청심사위원회의 **상임위원은 다른 직무를 겸할 수 없다.** 12 3차, 14 1차

제11조(소청심사위원회위원의 신분 보장) 소청심사위원회의 위원은 **금고**(자격정지X) **이상의 형벌**이나 **장기의 심신 쇠약**으로 직무를 수행할 수 없게 된 경우 외에는 본인의 의사에 반하여 면직되지 아니한다. 12 3차, 16 경간, 18 1차, 19 승진

제12조(소청심사위원회의 심사) ① 소청심사위원회는 이 법에 따른 소청을 접수하면 지체 없이 심사하여야 한다. 14 2차, 19 승진

② 소청심사위원회는 제1항에 따른 심사를 할 때 필요하면 검증·감정, 그 밖의 사실조사를 하거나 **증인을 소환**하여 질문하거나 관계 서류를 제출하도록 명할 수 있다. 19 승진

③ 소청심사위원회가 소청 사건을 심사하기 위하여 징계 요구 기관이나 관계 기관의 소속 공무원을 **증인으로 소환**하면 해당 기관의 장은 이에 따라야 한다. 14 2차

제13조(소청인의 진술권) ① 소청심사위원회가 소청 사건을 심사할 때에는 대통령령등으로 정하는 바에 따라 **소청인** 또는 제76조제1항 후단에 따른 **대리인에게 진술 기회**를 주어야 한다. 19 법학특채

② 제1항에 따른 **진술 기회를 주지 아니한 결정은 무효**로 한다. 11·12·14 승진, 19 법학특채, 21 경찰특공대

제14조(소청심사위원회의 결정) ① 소청 사건의 결정은 재적 위원 3분의 2 이상의 출석과 출석 위원 과반수의 합의에 따르되, 의견이 나뉘어 출석 위원 과반수의 합의에 이르지 못하였을 때에는 과반수에 이를 때까지 소청인에게 가장 불리한 의견에 차례로 유리한 의견을 더하여 그 중 가장 유리한 의견을 합의된 의견으로 본다. 12 3차, 13·14 승진, 14·18 1차, 16 경간

② 제1항에도 불구하고 파면·해임·강등 또는 정직에 해당하는 징계처분을 취소 또는 변경하려는 경우와 효력 유무 또는 존재 여부에 대한 확인을 하려는 경우에는 재적 위원 3분의 2 이상의 출석과 출석 위원 3분의 2 이상의 합의가 있어야 한다. 22 2차 이 경우 구체적인 결정의 내용은 출석 위원 과반수의 합의에 따르되, 의견이 나뉘어 출석 위원 과반수의 합의에 이르지 못하였을 때에는 과반수에 이를 때까지 소청인에게 가장 불리한 의견에 차례로 유리한 의견을 더하여 그 중 가장 유리한 의견을 합의된 의견으로 본다.

⑥ 소청심사위원회의 결정은 다음과 같이 구분한다.

1. 심사 청구가 이 법이나 다른 법률에 적합하지 아니한 것이면 그 청구를 각하한다.
2. 심사 청구가 이유 없다고 인정되면 그 청구를 기각한다.
3. **처분의 취소 또는 변경**을 구하는 심사 청구가 이유 있다고 인정되면 처분을 취소 또는 변경하거나 처분 행정청에 취소 또는 변경할 것을 명한다. 19 승진
4. 처분의 효력 유무 또는 존재 여부에 대한 확인을 구하는 심사 청구가 이유 있다고 인정되면 처분의 효력 유무 또는 존재 여부를 확인한다.
5. 위법 또는 부당한 거부처분이나 부작위에 대하여 의무 이행을 구하는 심사 청구가 이유 있다고 인정되면 지체 없이 청구에 따른 처분을 하거나 이를 할 것을 명한다.

⑦ 소청심사위원회의 취소명령 또는 변경명령 결정은 그에 따른 징계나 그 밖의 처분이 있을 때까지는 종전에 행한 징계처분 또는 제78조의2에 따른 **징계부가금**(이하 "징계부가금"이라 한다) 부과처분에 영향을 미치지 아니한다. 11·12·19 승진, 19 법학특채, 21 경찰특공대

⑧ 소청심사위원회가 징계처분 또는 징계부가금 부과처분(이하 "징계처분등"이라 한다)을 받은 자의 청구에 따라 소청을 심사할 경우에는 원징계처분보다 무거운 징계 또는 원징계부가금 부과처분보다 무거운

징계부가금을 부과하는 결정을 하지 못한다. 11·12·18 승진, 19 법학특채, 22 2차
→ 소청심사위원회는 심사 중 다른 비위사실이 발견되더라도 원처분보다 중한 징계를 부과하는 결정은 할 수 없다. 21 특공대, 22 2차
⑨ 소청심사위원회의 결정은 그 이유를 구체적으로 밝힌 결정서로 하여야 한다.
⑩ 소청의 제기·심리 및 결정, 그 밖에 소청 절차에 필요한 사항은 대통령령등으로 정한다. 16 지능특채

제14조의2(임시위원의 임명) ① 제14조제3항부터 제5항까지의 규정에 따른 소청심사위원회 위원의 제척·기피 또는 회피 등으로 심사·결정에 참여할 수 있는 위원 수가 3명 미만이 된 경우에는 3명이 될 때까지 국회사무총장, 법원행정처장, 헌법재판소사무처장, 중앙선거관리위원회사무총장 또는 인사혁신처장은 임시위원을 임명하여 해당 사건의 심사·결정에 참여하도록 하여야 한다.

제15조(결정의 효력) 제14조에 따른 소청심사위원회의 결정은 처분 행정청을 기속한다. 11·12·14 승진
→ 소청심사위원회 결정이 부당하다고 인정될 때에도 인사혁신처장은 재심을 청구할 수 없다.

제16조(행정소송과의 관계) ① 제75조에 따른 처분, 그 밖에 본인의 의사에 반한 불리한 처분이나 부작위에 관한 행정소송은 소청심사위원회의 심사·결정을 거치지 아니하면 제기할 수 없다. (필요적 전치주의) 14 2차, 14·18·19 승진
→ 결정서 정본을 송달받은 날부터 90일 이내에 또는 위원회가 60일이 지나도 결정을 하지 않은 때에는 징계처분사유설명서를 송달받은 날부터 90일 이내에 관할 법원에 행정소송을 제기할 수 있다.
→ 행정소송법에서는 원칙적으로 원처분주의를 소송의 대상으로 하고 있으므로, 재결처분인 소청심사위원회의 결정이 아니라 원래의 처분인 징계처분이 소송의 대상이 된다.

경찰공무원법
제34조(행정소송의 피고) 징계처분, 휴직처분, 면직처분, 그 밖에 의사에 반하는 불리한 처분에 대한 행정소송은 경찰청장 또는 해양경찰청장을 피고로 한다. 24 경간 다만, 제7조제3항 및 제4항에 따라 임용권을 위임한 경우에는 그 위임을 받은 자를 피고로 한다. 09 채용

제76조(심사청구와 후임자 보충 발령) ① 제75조에 따른 처분사유 설명서를 받은 공무원이 그 처분에 불복할 때에는 그 설명서를 받은 날부터, 공무원이 제75조에서 정한 처분 외에 본인의 의사에 반한 불리한 처분을 받았을 때에는 그 처분이 있은 것을 안 날부터 각각 30일 이내에 소청심사위원회에 이에 대한 심사를 청구할 수 있다. 18 승진, 22 2차 이 경우 변호사를 대리인으로 선임할 수 있다.
② 본인의 의사에 반하여 파면 또는 해임이나 제70조제1항제5호에 따른 면직처분을 하면 그 처분을 한 날부터 40일 이내에는 후임자의 보충발령을 하지 못한다.
→ 경찰공무원에 대해서는 후임자 보충발령 유예제도가 인정되지 않는다.
⑤ 소청심사위원회는 제3항에 따른 임시결정을 한 경우 외에는 소청심사청구를 접수한 날부터 60일 이내에 이에 대한 결정을 하여야 한다. 다만, 불가피하다고 인정되면 소청심사위원회의 의결로 30일을 연장할 수 있다.

제 4 절 경찰작용법

1. 경찰관직무집행법 제2조 제7호의 개괄적 수권조항의 인정여부 ★

일반수권조항이란 경찰권의 발동근거가 되는 개별적인 작용법적 근거가 없을 때 경찰권 발동의 일반적·보충적 근거가 될 수 있도록 개괄적으로 수권된 일반조항을 말한다. 23 2차

경찰관 직무집행법 제2조 제7호 : "그 밖에 공공의 안녕과 질서유지"

긍정설	① 경찰권의 성질상 **경찰권의 발동사태를 상정해서** 경찰권 발동의 요건·한계를 입법기관이 **일일이 규정한다는 것은 불가능**하다. 16 2차 ② 「경찰관 직무집행법」 제2조 제7호는 경찰권 발동권한을 포괄적으로 수권하는 규정이지만, **개별적 수권규정이 없는 때에 한하여 제2차적·보충적으로 적용된**다는 것이 판례의 견해다. 11 승진, 16 2차 ③ 개괄적 수권조항으로 인한 경찰권 남용의 가능성은 조리 상의 한계 등으로 충분히 통제가 가능하다. 16 2차
부정설	「경찰관 직무집행법」 제2조 제7호는 단지 **경찰의 직무범위만을 정한 것으로서** 본질적으로는 조직법적 성질의 규정이다. 16 2차, 20 1차

2. 경찰개입청구권 ★★

무하자재량행사청구권은 위법한 처분의 배제를 구하는 **형식적 권리**이고, 행정(경찰)개입청구권은 **실체적 권리**라고 할 수 있다.

경찰개입 청구권	① 경찰권의 **부작위**로 인하여 권익을 침해당한 자가 당해 경찰관청 등에 대하여 제3자에게 경찰권발동을 청구할 수 있는 권리를 말한다. ② **경찰 재량이 0으로 수축**되는 경우를 전제로 하며, 그 경우 오직 한 가지 결정만이 타당한 결정이 된다. 14 승진, 18 특공대 ③ 경찰권이 발동되지 않으면 **행정쟁송제기**가 가능하고, 경찰개입청구권이 인정되는 경우 부작위로 인한 손해에 대해서는 **손해배상청구권**이 인정된다. → **띠톱판결**은 경찰법상의 일반수권조항의 해석에 있어 무하자재량행사청구권을 인정하고 재량권 0으로의 수축이론에 의거하여 원고의 청구를 인용한 판결로서 **경찰개입청구권을 인정한 판결의 효시**로 평가된다. 11·14 승진, 18 특공대 → 우리나라의 경우 김신조 사건(1.21사태) 09 경간 ④ 경찰권 행사로 국민이 받는 이익이 **반사적 이익인 경우에는 인정되지 않는다.** → 법률상 이익인 경우에만 인정됨 14 승진, 18 특공대 ⑤ 오늘날 사회적 법치국가에서는 경찰개입청구권이 인정될 여지가 점점 **확대** 되어가고 있는 경향이다. 14 승진, 18 특공대
재량권 0으로의 수축	① 경찰 편의주의에 의하여 **경찰권 발동여부는 재량**이라고 할지라도 국민의 생명·신체 및 재산 등 중대한 법익이 위험에 처해있을 때에는 재량권이 0으로 수축하여 오직 경찰개입이라는 한 가지 결정만이 타당하게 된다. ② 재량권이 영으로 수축되면 재량행위는 **기속행위**가 된다. ③ 재량권이 0으로 수축은 개인적 공권의 확대화(=반사적이익의 보호이익화)를 가져오게 된다. ④ **재량권의 0으로의 수축 시** 경찰개입청구권의 문제가 발생하기도 한다.

재량의 종류	① 재량을 선택재량과 결정재량으로 나눌 경우, 경찰공무원의 비위에 대해 징계처분을 **하는 결정**과 그 공무원의 건강 등 제반사정을 고려하여 징계처분을 **하지 않는 결정** 사이에서 선택권을 갖는 것을 **결정재량**이라 한다. 22 2차 ② **재량권의 일탈(유월)**이란 재량권의 **외적 한계**(법적·객관적 한계)를 벗어난 것을 말하며, **재량권의 남용**이란 재량권의 **내적 한계**(재량권이 부여된 내재적 목적)를 벗어난 것을 의미한다. 22 2차 ③ 공무원인 피징계자에게 징계사유가 있어서 징계처분을 하는 경우 어떠한 처분을 할 것인가는 징계권자의 재량에 맡겨진 것이고, 다만 징계권자가 재량권의 행사로서 한 징계처분이 사회통념상 현저하게 타당성을 잃어 징계권자에게 맡겨진 **재량권을 남용**한 것이라고 인정되는 경우에 한하여 그 처분을 **위법**하다고 할 수 있다.(대판 2006두16274) 23 2차

3. 경찰권발동의 조리 상의 한계(재량한계) ★★★

① 편의주의 원칙은 범죄수사에 있어서의 수사법정주의 원칙에 "반대되는" 개념으로 경찰위반의 상태가 있는 경우에는 **반드시 경찰권을 발동해야 하는 것은 아니고, 발동의 여부 또는 어떠한 수단의 선택에 있어서 당해 경찰관청의 의무에 합당한 재량에 따른다**는 원칙이다. 11 승진

1. 위법이나 비난의 정도가 미약한 사안을 포함한 모든 경우에 부정 취득하지 않은 운전면허까지 필요적으로 취소하고 이로 인해 2년 동안 해당 운전면허 역시 받을 수 없게 하는 것은, 공익의 중대성을 감안하더라도 지나치게 기본권을 제한하는 것이므로 비례의 원칙에 위배된다. 즉, 자동차 등을 이용하여 범죄행위를 하기만 하면 그 범죄행위가 얼마나 중한 것인지, 그러한 범죄행위를 행함에 있어 자동차 등이 당해 범죄 행위에 어느 정도로 기여했는지 등에 대한 아무런 고려 없이 무조건 운전면허를 취소하도록 하고 있으므로 이는 구체적 사안의 개별성과 특수성을 고려할 수 있는 여지를 일체 배제하고 그 위법의 정도나 비난의 정도가 극히 미약한 경우까지도 운전면허를 취소할 수밖에 없도록 하는 것으로 최소침해성의 원칙에 위반된다 할 것이다. 한편, 이 사건 규정에 의해 운전면허가 취소되면 2년 동안은 운전면허를 다시 발급 받을 수 없게 되는바, 이는 지나치게 기본권을 제한하는 것으로서 법익균형성원칙에도 위반된다. 그러므로 이 사건 규정은 직업의 자유 내지 일반적 행동자유권을 침해하여 헌법에 위반된다.(헌재 2004헌가28) 24 경간

2. 공무집행방해죄는 공무원의 직무집행이 적법한 경우에 한하여 성립하는 것이고, 여기서 적법한 공무집행이라 함은 그 행위가 공무원의 추상적 권한에 속할 뿐 아니라 구체적 직무집행에 관한 법률상 요건과 방식을 갖춘 경우를 가리키는 것이므로, **경찰관이 적법절차를 준수하지 아니한 채 실력으로 현행범인을 연행하려고 하였다면 적법한 공무집행이라고 할 수 없고, 현행범인이 그 경찰관에 대하여 이를 거부하는 방법으로써 폭행을 하였다고 하여 공무집행방해죄가 성립하는 것은 아니다.**(대판 99도4341) 24 경간

경찰소극 목적의 원칙		① 경찰권은 **사회공공의 안녕과 질서의 유지**라는 **소극목적을 위해서만 발동될 수 있고**, 적극적으로 복리의 증진을 위해서는 발동될 수 없다는 것이다. ② 독일의 **크로이쯔베르크 판결**에 의해 확립된 원칙이다.
경찰 공공의 원칙	의의	① 경찰권은 공공의 안녕과 질서의 유지에 관계없는 **사적관계에 발동되어서는 안 된다**는 것이다. 11승진, 22 경간 ② 그러나 비록 사적 관계라 하더라도 그것이 공공의 안녕·질서유지와 관련이 있다면 **경찰권을 발동할 수 있다.**(암표매매, 총포·도검류의 매매, 고성방가) 11 2차

	세부원칙	사생활 불가침의 원칙, 사주소 불가침의 원칙, 민사관계 불간섭의 원칙
경찰 비례의 원칙	의의	① 경찰작용에 있어 목적 실현을 위한 수단과 당해 목적 사이에 합리적인 비례관계가 있어야 한다는 원칙이다. 19 1차, 24 2차 ② 경찰 비례의 원칙은 **경찰권 발동의 조건과 정도**를 명시한 원칙이다. ③ 경찰의 조치는 그에 의하여 달성되는 공익이 그로 인한 상대방의 자유·권리에 대한 침해보다 클 때에만 허용되는데 이를 비례성의 원칙이라 한다. 12 승진
	근거	「경찰관 직무집행법」 제1조 제2항이 명문으로 규정하고 있을 뿐만 아니라 **헌법 제37조 제2항**으로부터도 도출된다. 20 2차
	적용	① 독일에서 경찰법상의 판례를 중심으로 발달하여 왔고 오늘날에는 **행정법의 모든 영역**에서 **적용**되는 원칙으로 이해되고 있다. 20 2차 ② 경찰비례의 원칙은 일반조항에 근거하여 경찰권을 발동하는 경우는 물론 개별적 수권조항에 근거하여 경찰권을 발동하는 경우에도 적용 됨 23 1차
	위반효과	경찰관청의 행위가 형식상 적법하더라도 비례의 원칙을 위반한 경우 **위헌·위법의 문제가 발생**할 수 있고, **행정소송의 대상이 되며, 국가배상책임이 성립**할 수 있음
경찰 책임의 원칙	의의	① 경찰권을 경찰위반 상태에 있는 자에게 발동할 수 있는 원칙, **경찰권 발동의 대상**과 관계된 원칙이다. 08 채용 ② 예외적으로 경찰긴급사태 때에는 비책임자에 대하여도 경찰책임을 인정함 ③ 경찰책임은 사회 공공의 안녕과 질서에 대한 객관적 위험상황이 존재하면 인정되며, 그 위해의 발생에 대한 고의·과실, 위법성의 유무, 위험에 대한 인식여부 등을 묻지 않는다. 14·16 승진, 19 채용, 23·26 경간 ④ 모든 자연인은 경찰책임자가 될 수 있으므로 행위능력, 불법행위능력, 형사책임능력, 국적 여부, 정당한 권원의 유무 등은 문제되지 않음(사법상의 법인뿐만 아니라 사법상 권리능력 없는 사단·재단도 경찰책임을 진다.) 08 채용, 14·16 승진, 19 경채, 20·23 경간 ⑤ 경찰권 발동의 대상인 경찰책임과 관련하여 경찰위반의 상태는 개별적인 경우를 규율하는 법규위반(위법)으로부터 직접적으로 나오는 것이 아니라, 공공의 안녕 혹은 질서를 위협하는 **행위나 상태**로부터 나온다. 11 승진 → 경찰위반의 상태는 개별 법규를 위반하지 않았더라도 인정 될 수 있다. 19 경채 ⑥ 경찰권은 원칙적으로 **경찰위반상태를 야기한 자**, 즉 공공의 안녕·질서의 위험에 대하여 **행위책임 또는 상태책임을 질자에게만 발동**될 수 있다는 원칙이다. 16 승진, 19 2차, 22 경간 ⑦ 경찰책임은 사회공공의 질서를 유지함에 있어서 장해의 상태가 존재 하는 한 **작위·부작위를 가리지 않는다.** 14 채용, 23·26 경간
	유형 / 행위책임	① **자기 또는 자기의 보호·감독 하에 있는 자**의 **행위**로 인하여 질서위반의 상태가 발생한 경우에 지는 경찰상의 책임을 말한다. 14·16 승진 ② 타인을 보호 감독할 지위에 있는 자가 피지배자의 행위로 발생한 경찰위반에 대하여 경찰책임을 지는 경우, 자기의 지배 범위 내에서 발생한 데에 대한 **자기책임**이다. 20 경간

	상태책임	물건이나 동물의 <u>소유자 · 점유자 기타 관리자</u>가 그 지배범위에 속하는 물건이나 동물로 인하여 경찰위반상태가 발생한 경우에 지는 책임(고의 · 과실 불문, 정당한 권원을 가지고 있는 자일 필요 없다.) 26 경간
	복합책임	① 다수인의 **행위** 또는 다수인이 지배하는 물건의 **상태**로 인하여 하나의 질서 위반상태가 발생한 경우, **일부** 또는 **전체**에 대하여 경찰권 발동이 가능함 14 승진, 20 · 26 경간 ② 행위책임과 상태책임이 **경합**하는 경우 : 위험방지의 효율성과 비례의 원칙을 고려하여 경찰위반 상태를 가장 신속하고 효과적으로 제거할 수 있는 위치에 있는 자에게 경찰권을 발동해야 함이 원칙임 → **일반적으로 행위책임**이 우선함 ③ 일부 경찰책임자에 대해 경찰권을 발동했다고 하더라도 **나머지 경찰책임자에 대한 경찰책임이 면제되는 것은 아니다.**
	경찰긴급권	① 경찰권은 긴급한 필요가 있는 경우 **경찰책임자가 아닌 제3자**(비책임자)에 대한 경찰권 발동이 가능함 19 채용 ② 반드시 **실정법**(자연법X)에 근거하여 행하여져야 함(법적 근거 없이X) 08 · 19 채용, 19 경채, 26 경간 ③ 경찰긴급권에 관한 **일반규정은 없으며, 개별 법률**에서 **규정**하고 있음 (소방기본법, 수난구호법, 경범죄처벌법) 23 경간 ④ 경찰긴급권에 의하여 예외적으로 경찰책임이 없는 자에게 경찰권을 발동한 경우, 그로 인하여 제3자에게 손실을 입히는 경우에는 보상하여야 한다. 08 채용, 20 경간 ⑤ 경찰위반의 상태가 위험이 이미 **현실화**되었거나 위험의 현실화가 목전에 **급박**하여야 한다. 23 경간 ⑥ 경찰긴급권 발동 시 **제3자의 승낙은 필요하지 않다.** 19 채용 ⑦ 경찰비책임자에 대한 경찰권발동을 위해서 보충성은 전제조건이므로 경찰책임자에 대한 경찰권발동 또는 경찰 자신의 고유한 수단으로는 위험방지가 불가능한지 여부를 먼저 심사하여야 한다. 23 경간 ⑧ 경찰권발동으로 인하여 손실을 입은 경찰비책임자에게는 **정당한 보상**이 행해져야 하며, 결과제거청구와 같은 구제수단이 마련되어야 한다. 23 경간
경찰평등의 원칙	의의	경찰권을 행사함에 있어 모든 국민에 대하여 성별 · 종교 · 인종 · 사회적 신분 등을 이유로 하는 불합리한 조건에 의한 차별대우를 할 수 없다는 원칙
위반효과		경찰책임의 원칙에 위반한 경찰권 발동은 **위법**행위로 **무효** 또는 **취소** 사유가 된다. 19 경채

4. 경찰관직무집행법 ★★★★ - 경찰작용(조직X)에 관한 기본법

(1) 구분 16 2차

대인적 즉시강제	불심검문(3조), 보호조치(4조), 범죄의 예방과 제지조치(6조), 경찰장구의 사용(10조의 2), 분사기 등의 사용(10조의 3), 무기의 사용(10조의 4)
대물적 즉시강제	임시영치(4조 3항)

대가택적 즉시강제	위험방지를 위한 출입(7조) 19 승진
대인, 대물, 대가택적 즉시강제	위험발생의 방지조치(5조) 13 승진
임의적 사실행위	사실 확인행위(8조), 출석요구

(2) 내용

1) 목적

제1조(목적) ① 이 법은 국민의 자유와 권리 및 모든 개인이 가지는 불가침의 기본적 **인권**을 보호하고 **사회공공의 질서를 유지**하기 위한 경찰관(**경찰공무원만 해당**한다. 이하 같다)의 **직무 수행**에 필요한 사항을 규정함을 목적으로 한다. 14 2차, 15 경간

② 이 법에 규정된 경찰관의 직권은 그 **직무 수행에 필요한 최소한도에서 행사되어야 하며 남용되어서는 아니 된다.** 14 2차, 15 경간

> **관련판례**
>
> 경찰관 직무집행법은 제1조 제2항에서 "경찰관의 직권은 그 직무 수행에 필요한 최소한도에서 행사되어야 하며 남용되어서는 아니 된다."라고 선언하여 경찰비례의 원칙을 명시적으로 규정하고 있는데, 이는 **경찰행정 영역에서의 헌법상 과잉금지원칙**(과소보호금지원칙X)을 표현한 것으로서, 공공의 안녕과 질서유지라는 공익목적과 이를 실현하기 위하여 개인의 권리나 재산을 침해하는 수단 사이에는 합리적인 비례관계가 있어야 한다는 의미를 갖는다.(대판 2018다288631) 23 2차

2) 불심검문 - 진술거부권 고지의무는 명시되어 있지 않다. 11 1차, 17 경간, 19 승진

제3조(불심검문) ① 경찰관은 다음 각 호의 어느 하나에 해당하는 사람을 정지시켜 **질문할 수 있다.** 11·13 2차, 15 3차, 19 경채, 23 경찰특공대, 24 승진

1. 수상한 행동이나 그 밖의 주위 사정을 **합리적**으로 판단하여 볼 때 **어떠한 죄를 범하였거나 범하려고 있다고 의심할 만한 상당한 이유가 있는 사람** 06 채용
2. 이미 행하여진 범죄나 행하여지려고 하는 범죄행위에 관한 **사실을 안다고** 인정되는 사람 19 경채

② 경찰관은 제1항에 따라 같은 항 각 호의 사람을 정지시킨 장소에서 질문을 하는 것이 그 사람에게 **불리하거나 교통에 방해가 된다고 인정될 때**(신원확인이 불가능X, 질문을 능률적으로 하기 위하여X)에는 질문을 하기 위하여 가까운 **경찰서·지구대·파출소 또는 출장소**(지방해양경찰관서를 **포함**하며, 이하 "경찰서"라 한다)로 동행할 것을 **요구할 수 있다.** 이 경우 동행을 요구받은 사람은 그 요구를 **거절할 수 있다.**(특별한 사정 존재할 필요X) 11·12·24 승진, 11·19 1차, 11·13·15 2차, 11·13·17·23·25 경간(경위공채), 15 3차, 23 특공대

③ 경찰관은 제1항 각 호의 어느 하나에 해당하는 사람에게 질문을 할 때에 그 사람이 **흉기를 가지고 있는지를 조사할 수 있다.**(일반소지품 검사규정X) 11·13 2차, 15 3차, 17·25 경간(경위공채), 19 경채, 23 특공대

④ 경찰관은 제1항이나 제2항에 따라 질문을 하거나 동행을 요구할 경우 자신의 신분을 표시하는 증표(**경찰공무원증O, 흉장X**)를 제시하면서 소속과 성명을 밝히고 질문이나 동행의 목적과 이유를 **설명하여야 하며**(할 수 있으며X), 동행을 요구하는 경우에는 동행 장소를 **밝혀야 한다.**(밝힐 수 있다X) 11·19 승진, 12 3차, 15 2차, 19 1차, 23 경간

⑤ 경찰관은 제2항에 따라 동행한 사람의 **가족이나 친지** 등에게 동행한 경찰관의 신분, 동행 장소, 동행 목적과 이유를 **알리거나**(알리면서X) **본인**(경찰관X)으로 하여금 즉시 **연락**할 수 있는 **기회를 주어야** 하며, **변호인의 도움을 받을 권리**가 있음을 알려야 한다. 11·19·24 승진, 15 2차, 17·23·25 경간(경위공채), 19 1차, 23 특공대

⑥ 경찰관은 제2항에 따라 동행한 사람을 **6시간**을 초과하여 경찰관서에 머물게 할 수 없다. 11·24 승진, 11 2차, 13 경간, 15 3차

⑦ 제1항부터 제3항까지의 규정에 따라 질문을 받거나 동행을 요구받은 사람은 **형사소송에 관한 법률**에 따르지 아니하고는 신체를 구속당하지 아니하며, 그 의사에 반하여 답변을 강요당하지 아니한다. 13 2차

🔊 관련판례

1. 검문하는 사람이 경찰관이고 검문하는 이유가 범죄행위에 관한 것임을 **충분히 알고 있었다고 보이는 경우**에 **신분증을 제시하지 않았다** 하더라도 그 불심검문을 **위법한 공무 집행이라고 할 수 없다.**(대판 2014도7976) 23·24·25 경간

2. 임의동행은 상대방의 동의 또는 승낙을 그 요건으로 하는 것이므로 경찰관으로부터 임의동행 요구를 받은 경우 상대방은 이를 거절할 수 있을 뿐만 아니라 임의동행 후 **언제든지 경찰관서에서 퇴거할 자유가 있다** 할 것이고, 경찰관직무집행법 제3조 제6항이 임의동행한 경우 당해인을 6시간을 초과하여 경찰관서에 머물게 할 수 없다고 규정하고 있다고 하여 그 규정이 임의동행한 자를 **6시간 동안 경찰관서에 구금하는 것을 허용하는 것은 아니다.**(대판 97도1240)

3. 미리 입수된 용의자에 대한 **인상착의와 일부 일치되지 않는 부분이 있다고** 하더라도 그것만으로 경찰관이 불심검문 대상자로 삼은 조치가 **위법하다고 볼 수 없다.**(대판 2011도13999) 24 경간

4. 경찰관은 불심검문 대상자에게 질문을 하기 위하여 범행의 경중, 범행과의 관련성, 상황의 긴박성, 혐의의 정도, 질문의 필요성 등에 비추어 **목적 달성에 필요한 최소한의 범위 내에서 사회통념상 용인될 수 있는 상당한 방법으로 대상자를 정지시킬 수 있고 질문에 수반하여 흉기의 소지 여부도 조사할 수 있다.**(대판 2011도13999) 24 경간

5. 경찰관이 법 제3조 제1항에 규정된 대상자(이하 '불심검문 대상자'라 한다) 해당 여부를 판단할 때에는 불심검문 당시의 구체적 상황은 물론 사전에 얻은 정보나 전문적 지식 등에 기초하여 불심검문 대상자인지를 객관적·합리적인 기준에 따라 판단하여야 하나, **반드시 불심검문 대상자에게 형사소송법상 체포나 구속에 이를 정도의 혐의가 있을 것을 요한다고 할 수는 없다.**(대판 2011도13999) 24 경간, 23 경채, 24 1차

6. 경찰관이 교통법규 등을 위반하고 도주하는 차량을 순찰차로 추적하는 직무를 집행하는 중에 그 도주차량의 주행에 의하여 제3자가 손해를 입었다고 하더라도 그 추적이 당해 직무 목적을 수행하는 데에 불필요하다거나 또는 도주차량의 도주의 태양 및 도로교통상황 등으로부터 예측되는 피해발생의 구체적 위험성의 유무 및 내용에 비추어 추적의 개시·계속 혹은 추적의 방법이 상당하지 않다는 등의 **특별한 사정이 없는 한 그 추적행위를 위법하다고 할 수는 없다.**(대판 2000다26807, 26814)

7. 수사관이 동행에 앞서 피의자에게 동행을 거부할 수 있음을 알려 주었거나 동행한 피의자가 언제든지 자유로이 동행과정에서 이탈 또는 동행장소로부터 퇴거할 수 있었음이 인정되는 등 오로지 피의자의 **자발적인 의사에 의하여 수사관서 등에의 동행이 이루어졌음이 객관적인 사정에 의하여 명백하게 입증된 경우에 한하여, 그 적법성이 인정되는 것으로 봄이 상당하다.**(대판 2005도8610) 12 2차

3) 보호조치 20 2차, 23 승진, 26 경간

보호조치는 경찰관서에서 일시 보호하여 구호의 방법을 강구하는 것으로 **경찰관의 재량행위에 해당하기 때문에 국가배상 책임이 인정되는 경우는 없다.**(X) 21 승진

> **제4조(보호조치 등)** ① 경찰관은 수상한 행동이나 그 밖의 주위 사정을 합리적으로 판단해 볼 때 다음 각 호의 어느 하나에 해당하는 것이 명백하고 응급구호가 필요하다고 믿을 만한 상당한 이유가 있는 사람(이하 "**구호대상자**"라 한다)을 발견하였을 때에는 보건의료기관이나 공공구호기관에 긴급구호를 요청하거나 경찰관서에 보호하는 등 적절한 조치를 할 수 있다.(하여야 한다X) 14·20 1차, 19 승진, 20 경간, 21 경채, 21 특공대
> 1. 정신착란을 일으키거나 술에 취하여 자신 또는 다른 사람의 생명·신체·재산에 위해를 끼칠 우려가 있는 사람 15 승진
> 2. 자살을 시도하는 사람 15 승진
> 3. 미아, 병자, 부상자(가출인X) 등으로서 적당한 보호자가 없으며 응급구호가 필요하다고 인정되는 사람. 다만, 본인이 구호를 거절하는 경우는 제외한다. 12·21 2차, 14 1차, 17·23 경간
> ② 제1항에 따라 긴급구호를 요청받은 보건의료기관이나 공공구호기관은 정당한 이유 없이 긴급구호를 거절할 수 없다. 16 승진, 18 3차, 21 2차, 23 1차, 25 경간(경위공채) → 경찰관직무집행법 상 처벌규정은 없다. 23 경간
> ③ 경찰관은 제1항의 조치를 하는 경우에 구호대상자가 휴대하고 있는 무기·흉기(소지품X) 등 위험을 일으킬 수 있는 것으로 인정되는 물건을 경찰관서에 임시로 영치하여 놓을 수 있다. 19 경채, 20·25 경간(경위공채), 23 1차
> ④ 경찰관은 제1항의 조치를 하였을 때에는 지체 없이 구호대상자의 가족, 친지 또는 그 밖의 연고자에게 그 사실을 알려야 하며, 연고자가 발견되지 아니할 때에는 구호대상자를 적당한 공공보건의료기관이나 공공구호기관에 즉시 인계하여야 한다. 12·16 승진, 14·23 1차, 18 3차, 19 경채, 20·23 경간, 21 2차
> ⑤ 경찰관은 제4항에 따라 구호대상자를 공공보건의료기관이나 공공구호기관에 인계하였을 때에는 즉시 그 사실을 소속 경찰서장이나 해양경찰서장에게 보고하여야 한다. 20·23·25 경간(경위공채)
> ⑥ 제5항에 따라 보고를 받은 소속 경찰서장이나 해양경찰서장은 대통령령으로 정하는 바에 따라 구호대상자를 인계한 사실을 지체 없이 해당 공공보건의료기관 또는 공공구호기관의 장 및 그 감독행정청에 통보하여야 한다. 23·25 경간(경위공채)
> ⑦ 제1항에 따라 구호대상자를 경찰관서에서 보호하는 기간은 **24시간**을 초과할 수 없고, 14·20 1차, 16·19 승진, 18 3차, 20 경간 제3항에 따라 물건을 경찰관서에 임시로 영치하는 기간은 **10일**을 초과할 수 없다. 11·20 경간, 15·18 3차, 16 승진, 19·21 경채, 20·23 1차, 21 2차, 21 특공대

🔊 관련판례

1. 경찰관직무집행법 제4조 제1항 제1호(이하 '이 사건 조항'이라 한다)에서 규정하는 술에 취한 상태로 인하여 자기 또는 타인의 생명·신체와 재산에 위해를 미칠 우려가 있는 피구호자에 대한 보호조치는 경찰 행정상 즉시강제에 해당하므로, 그 조치가 불가피한 최소한도 내에서만 행사되도록 발동·행사 요건을 신중하고 엄격하게 해석하여야 한다. 24 1차 따라서 이 사건 조항의 '술에 취한 상태'란 피구호자가 술에 만취하여 정상적인 판단능력이나 의사능력을 상실할 정도에 이른 것(이르지 아니한 것X)을 말하고, 이 사건 조항에 따른 보호조치를 필요로 하는 피구호자에 해당하는지는 구체적인 상황을 고려하여 경찰관 평균인(사회평균인

X)을 기준으로 판단하되, 그 판단은 보호조치의 취지와 목적에 비추어 현저하게 불합리하여서는 아니 되며, **피구호자의 가족 등에게 피구호자를 인계할 수 있다면 특별한 사정이 없는 한 경찰관서에서 피구호자를 보호하는 것은 허용되지 않는다.**(대판 2012도11162) 24·26 경간

2. 경찰관직무집행법 제4조 제1항 제1호(이하 '이 사건 조항'이라 한다)의 보호조치 요건이 갖추어지지 않았음에도, 경찰관이 실제로는 범죄수사를 목적으로 피의자에 해당하는 사람을 이 사건 조항의 피구호자로 삼아 **그의 의사에 반하여 경찰서에 데려간 행위는,** 달리 현행범체포나 임의동행 등의 적법 요건을 갖추었다고 볼 사정이 없다면, **위법한 체포에 해당한다고 보아야 한다.**(대판 2012도11162)

3. 화물차 운전자인 피고인이 경찰의 음주단속에 불응하고 도주하였다가 다른 차량에 막혀 더 이상 진행하지 못하게 되자 운전석에서 내려 다시 도주하려다 경찰관에게 검거되어 지구대로 보호조치된 후 2회에 걸쳐 음주측정요구를 거부하였다고 하여 도로교통법 위반(음주측정거부)으로 기소된 사안에서, 당시 피고인이 술에 취한 상태이기는 하였으나 술에 만취하여 정상적인 판단능력이나 의사능력을 상실할 정도에 있었다고 보기 어려운 점, 당시 상황에 비추어 평균적인 경찰관으로서는 피고인이 경찰관직무집행법 제4조 제1항 제1호(이하 '이 사건 조항'이라 한다)의 보호조치를 필요로 하는 상태에 있었다고 판단하지 않았을 것으로 보이는 점, 경찰관이 피고인에 대하여 이 사건 조항에 따른 **보호조치를 하고자 하였다면, 당시 옆에 있었던 피고인 처(妻)에게 피고인을 인계하였어야 하는데도, 피고인 처의 의사에 반하여 지구대로 데려간 점** 등 제반 사정을 종합할 때, **경찰관이 피고인과 피고인 처의 의사에 반하여 피고인을 지구대로 데려간 행위를 적법한 보호조치라고 할 수 없고,** 나아가 달리 적법 요건을 갖추었다고 볼 자료가 없는 이상 경찰관이 피고인을 지구대로 데려간 행위는 위법한 체포에 해당하므로, 그와 같이 **위법한 체포 상태에서 이루어진 경찰관의 음주측정요구도 위법하다고 볼 수밖에 없어 그에 불응하였다고 하여 피고인을 음주측정거부에 관한 도로교통법 위반죄로 처벌할 수는 없는데도,** 이와 달리 보아 유죄를 선고한 원심판결에 이 사건 조항의 보호조치에 관한 법리를 오해하여 위법한 체포상태에서의 도로교통법 위반(음주측정거부)죄 성립에 관한 판단을 그르친 위법이 있다고 한 사례이다.(대판 2012도11162) 24 경간

4. 경찰공무원은 교통의 안전과 위험방지를 위하여 필요하다고 인정하거나 운전자가 술에 취한 상태에서 자동차 등을 운전하였다고 인정할 만한 상당한 이유가 있고 운전자의 음주운전 여부를 확인하기 위하여 필요한 경우에는 사후의 음주측정에 의하여 음주운전 여부를 확인할 수 없음이 명백하지 않는 한 당해 운전자에 대하여 구 도로교통법 제44조 제2항에 의하여 음주측정을 요구할 수 있고, 당해 운전자가 이에 불응한 경우에는 같은 법 제148조의2 제2호 소정의 음주측정불응죄가 성립한다. 이와 같은 법리는 당해 운전자가 경찰관직무집행법 제4조에 따라 보호조치된 사람이라고 하여 달리 볼 것이 아니므로, **경찰공무원이 보호조치된 운전자에 대하여 음주측정을 요구하였다는 이유만으로 그 음주측정 요구가 위법하다거나 보호조치가 당연히 종료된다고 볼 수는 없다.**(대판 2011도10012) 24·26 경간

5. 경찰서에 설치되어 있는 보호실은 영장대기자나 즉결대기자 등의 도주방지와 경찰업무의 편의 등을 위한 수용시설로서 사실상 설치, 운영되고 있으나 현행법상 그 설치근거나 운영 및 규제에 관한 법령의 규정이 없고, 이러한 보호실은 그 시설 및 구조에 있어 통상 철창으로 된 방으로 되어 있어 그 안에 대기하고 있는 사람들이나 그 가족들이 출입이 제한되는 등 일단 그 장소에 유치되는 사람은 그 의사에 기하지 아니하고 일정장소에 구금되는 결과가 되므로, 경찰관직무집행법상 정신착란자, 주취자, 자살기도자 등 응급의 구호를 요하는 자를 24시간을 초과하지 아니하는 범위 내에서 경찰관서에 보호조치할 수 있는 시설로 제한적으로 운영되는 경우를 제외하고는 **구속영장을 발부받음이 없이 피의자를 보호실에 유치함은 영장주의에 위배되는 위법한 구금으로서 적법한 공무수행이라고 볼 수 없다.**[대법원 1994. 3. 11. 선고 93도958 판결] 26 경간

6. 주취 상태에서의 운전은 도로교통법 제41조의 규정에 의하여 금지되어 있는 범죄행위임이 명백하고 그로

인하여 자기 또는 타인의 생명이나 신체에 위해를 미칠 위험이 큰 점을 감안하면, 주취운전을 적발한 경찰관이 주취운전의 계속을 막기 위하여 취할 수 있는 조치로는, 단순히 주취운전의 계속을 금지하는 명령 이외에 다른 사람으로 하여금 대신하여 운전하게 하거나 당해 주취운전자가 임의로 제출한 차량열쇠를 일시 보관하면서 가족에게 연락하여 주취운전자와 자동차를 인수하게 하거나 또는 주취 상태에서 벗어난 후 다시 운전하게 하며 그 주취 정도가 심한 경우에 경찰관서에 일시 보호하는 것 등을 들 수 있고, 한편 주취운전이라는 범죄행위로 당해 음주운전자를 구속·체포하지 아니한 경우에도 필요하다면 그 **차량열쇠는 범행 중 또는 범행 직후의 범죄장소에서의 압수로서 형사소송법 제216조 제3항에 의하여 영장 없이 이를 압수할 수 있다.** [대법원 1998. 5. 8. 선고 97다54482 판결] 26 경간

4) 위험발생의 방지 등 23 승진

제5조(위험 발생의 방지 등) ① 경찰관은 사람의 **생명** 또는 **신체**에 위해를 끼치거나 **재산**에 중대한 손해를 끼칠 우려가 있는 천재(天災), 사변(事變), 인공구조물의 파손이나 붕괴, 교통사고, 위험물의 폭발, 위험한 동물 등의 출현, 극도의 혼잡, 그 밖의 위험한 사태가 있을 때에는 **다음 각 호의 조치를 할 수 있다.** 12·13·19 승진
1. 그 장소에 **모인 사람, 사물**(事物)**의 관리자**, 그 밖의 **관계인**에게 필요한 **경고**를 하는 것 13·19 승진
2. **긴급한 경우에는 위해**를 입을 우려가 있는 사람을 필요한 한도에서 **이동을 제한하거나 대피시키는 것**
3. **위험한 상황의 원인을 제공한 사람**을 그 장소에서 **퇴거시키거나 그 장소에의 접근을 금지시키는 것**
4. 그 장소에 **있는 사람, 사물의 관리자**, 그 밖의 **관계인**에게 위해를 방지하기 위하여 필요하다고 인정되는 **조치를 하게 하거나 직접 그 조치를 하는 것**
② **경찰관서의 장**은 대간첩 작전의 수행이나 소요 사태의 진압을 위하여 필요하다고 인정되는 상당한 이유가 있을 때에는 대간첩 작전지역이나 경찰관서·무기고 등 **국가중요시설(다중이용시설X)**에 대한 접근 또는 **통행을 제한하거나 금지할 수 있다.** 13·15 1차, 14 2차, 23 승진
③ **경찰관**은 제1항의 조치를 하였을 때에는 **지체 없이** 그 사실을 **소속 경찰관서의 장**에게 **보고하여야 한다.**
④ 제2항의 조치를 하거나 제3항의 보고를 받은 **경찰관서의 장**은 관계 기관의 협조를 구하는 등 적절한 조치를 **하여야 한다.**

🔊 관련판례

경찰관직무집행법 제5조는 (중략) 형식상 경찰관에게 재량에 의한 직무수행권한을 부여한 것처럼 되어 있으나, 경찰관에게 그러한 권한을 부여한 취지와 목적에 비추어 볼 때 구체적인 사정에 따라 경찰관이 **그 권한을 행사하여 필요한 조치를 취하지 아니하는 것이 현저하게 불합리하다고 인정되는 경우에는 그러한 권한의 불행사는 직무상의 의무를 위반한 것이 되어 위법하게 된다.** (대판 98다16890) 23 2차

5) 범죄의 예방과 제지 23 승진

제6조(범죄의 예방과 제지) 경찰관은 범죄행위가 **목전**(目前)에 행하여지려고 하고 있다고 인정될 때에는 이를 예방하기 위하여 관계인에게 필요한 **경고**를 하고, 그 행위로 인하여 사람의 생명·신체에 위해를 끼치거나 재산에 **중대한 손해를 끼칠 우려가 있는 긴급한 경우(즉시X)**에는 그 행위를 **제지할 수 있다.** 13·15 1차, 13 2차, 19·23 승진

> 🔊 **관련판례**

1. 경찰관의 경고나 제지는 범죄의 예방을 위하여 범죄행위에 관한 **실행의 착수 전**에 행하여질 수 있을 뿐만 아니라, 이후 범죄행위가 계속되는 중에 그 진압을 위하여도 당연히 행하여질 수 있다고 보아야 한다.(대판 2013.9.26. 2013도643) 23 승진, 21 지방직 7급, 24 1차, 26 경간

2. 구 집회 및 시위에 관한 법률(2007. 5. 11. 법률 제8424호로 개정되기 전의 것)에 의하여 금지되어 그 주최 또는 참가행위가 형사처벌의 대상이 되는 위법한 집회·시위가 장차 특정지역에서 개최될 것이 예상된다고 하더라도, 이와 시간적·장소적으로 근접하지 않은 다른 지역에서 그 집회·시위에 참가하기 위하여 출발 또는 이동하는 행위를 함부로 제지하는 것은 경찰관직무집행법 제6조 제1항의 행정상 즉시강제인 경찰관의 제지의 범위를 명백히 넘어 허용될 수 없다. 따라서 이러한 제지 행위는 공무집행방해죄의 보호대상이 되는 공무원의 적법한 직무집행이 아니다.(대판 2007도9794) 22 승진, 26 경간

3. 경찰관 직무집행법 제6조는 "경찰관은 범죄행위가 목전에 행하여지려고 하고 있다고 인정될 때에는 이를 예방하기 위하여 관계인에게 필요한 경고를 하고, 그 행위로 인하여 사람의 생명·신체에 위해를 끼치거나 재산에 중대한 손해를 끼칠 우려가 있어 긴급한 경우에는 그 행위를 제지할 수 있다."라고 정하고 있다. 위 조항 중 경찰관의 제지에 관한 부분은 범죄 예방을 위한 경찰 행정상 즉시강제, 즉 눈앞의 급박한 경찰상 장해를 제거할 필요가 있고 의무를 명할 시간적 여유가 없거나 의무를 명하는 방법으로는 그 목적을 달성하기 어려운 상황에서 의무불이행을 전제로 하지 않고 경찰이 직접 실력을 행사하여 경찰상 필요한 상태를 실현하는 권력적 사실행위에 관한 근거조항이다. 경찰관 직무집행법 제6조에 따른 경찰관의 제지 조치가 적법한 직무집행으로 평가되기 위해서는, 형사처벌의 대상이 되는 행위가 눈앞에서 막 이루어지려고 하는 것이 객관적으로 인정될 수 있는 상황이고, 그 행위를 당장 제지하지 않으면 곧 인명·신체에 위해를 미치거나 재산에 중대한 손해를 끼칠 우려가 있는 상황이어서, 직접 제지하는 방법 외에는 위와 같은 결과를 막을 수 없는 절박한 사태이어야 한다. 다만 경찰관의 제지 조치가 적법한지는 제지 조치 당시의 구체적 상황을 기초로 판단하여야 하고 사후적으로 순수한 객관적 기준에서 판단할 것은 아니다.(대판 2016도19417) 23 승진, 22 2차, 23 경채

4. 주거지에서 음악 소리를 크게 내거나 큰 소리로 떠들어 이웃을 시끄럽게 하는 행위는 경범죄 처벌법 제3조 제1항 제21호에서 경범죄로 정한 '인근소란 등'에 해당한다. 경찰관은 경찰관 직무집행법에 따라 경범죄에 해당하는 행위를 예방·진압·수사하고, 필요한 경우 제지할 수 있다. 24 1차 경찰관 갑과 을이 112신고를 받고 출동하여 눈앞에서 벌어지고 있는 범죄행위를 막고 주민들의 피해를 예방하기 위해 피고인을 만나려 하였으나 피고인은 문조차 열어주지 않고 소란행위를 멈추지 않았던 상황이라면 피고인의 행위를 제지하고 수사하는 것은 경찰관의 직무상 권한이자 의무라고 볼 수 있으므로, 위와 같은 상황에서 **경찰관 갑과 을이 피고인의 집으로 통하는 전기를 일시적으로 차단한 것은 피고인을 집 밖으로 나오도록 유도한 것으로서, 피고인의 범죄행위를 진압·예방하고 수사하기 위해 필요하고도 적절한 조치**로 보이고, 경찰관 직무집행법 제1조의 목적에 맞게 제2조의 직무 범위 내에서 제6조에서 정한 즉시강제의 요건을 충족한 적법한 직무집행으로 볼 여지가 있다.(대판 2016도19417) 26 경간

5. 경찰관은 형사처벌의 대상이 되는 행위가 눈앞에서 막 이루어지려고 하는 것이 객관적으로 인정될 수 있는 상황이고 그 행위를 당장 제지하지 않으면 곧 인명·신체에 위해를 미치거나 재산에 중대한 손해를 끼칠 우려가 있는 상황이어서, 직접 제지하는 방법 외에는 위와 같은 결과를 막을 수 없는 급박한 상태일 때에만 경찰관 직무집행법 제6조에 의하여 적법하게 그 행위를 제지할 수 있고, 그 범위 내에서만 경찰관의 제지 조치가 적법하다고 평가될 수 있다.(대판 2018다288631) 23 2차, 25 경간(경위공채)

6. 어떠한 범죄행위를 목전에서 저지르려고 하거나 이들의 행위로 인하여 인명·신체에 위해를 미치거나 재산에

중대한 손해를 끼칠 우려 등 긴급한 사정이 있는 경우가 아닌데도 방패를 든 전투경찰대원들이 위 조합원들을 둘러싸고 이동하지 못하게 가둔 행위(고착관리)는 구 경찰관 직무집행법 제6조 제1항에 근거한 제지 조치라고 볼 수 없고, 이는 형사소송법상 체포에 해당한다.(대판 2013도2168) 26 경간

6) 위험 방지를 위한 출입 23 승진, 13 경간

제7조(위험 방지를 위한 출입) ① 경찰관은 제5조제1항·제2항 및 제6조에 따른 위험한 사태가 발생하여 사람의 생명·신체 또는 재산에 대한 위해가 임박한 때에 그 위해를 방지하거나 피해자를 구조하기 위하여 부득이하다고 인정하면 합리적으로 판단하여 필요한 한도에서 다른 사람의 토지·건물·배 또는 차(항공기X)에 출입할 수 있다. 26 경간

② 흥행장(興行場), 여관, 음식점, 역, 그 밖에 많은 사람이 출입하는 장소의 관리자나 그에 준하는 관계인은 경찰관이 범죄나 사람의 생명·신체·재산에 대한 위해를 예방하기 위하여 해당 장소의 영업시간이나 해당 장소가 일반인에게 공개된 시간에 그 장소에 출입하겠다고 요구하면 정당한 이유 없이 그 요구를 거절할 수 없다. 13·26 경간, 13 2차, 19 경채

③ 경찰관은 대간첩 작전 수행에 필요할 때에는 작전지역에서 제2항에 따른 장소를 검색할 수 있다.

④ 경찰관은 제1항부터 제3항까지의 규정에 따라 필요한 장소에 출입할 때에는 그 신분을 표시하는 증표를 제시하여야 하며, 함부로 관계인이 하는 정당한 업무를 방해해서는 아니 된다. 23 승진, 26 경간

7) 사실의 확인 등

제8조(사실의 확인 등) ① 경찰관서의 장은 직무 수행에 필요하다고 인정되는 상당한 이유가 있을 때에는 국가기관이나 공사 단체 등에 직무 수행에 관련된 사실을 조회할 수 있다. 19경채 다만, 긴급한 경우에는 소속 경찰관으로 하여금 현장에 나가 해당 기관 또는 단체의 장의 협조를 받아 그 사실을 확인하게 할 수 있다. 13·22 1차

② 경찰관은 다음 각 호의 직무를 수행하기 위하여 필요하면 관계인에게 출석하여야 하는 사유·일시 및 장소를 명확히 적은 출석 요구서를 보내 경찰관서에 출석할 것을 요구할 수 있다. 08 경간, 10·23 2차, 13 1차

1. 미아를 인수할 보호자 확인
2. 유실물을 인수할 권리자 확인
3. 사고로 인한 사상자 확인
4. 행정처분(형사처분X)을 위한 교통사고 조사에 필요한 사실 확인

8) 정보의 수집 등

제8조의2(정보의 수집 등) ① 경찰관은 범죄·재난·공공갈등 등 공공안녕(공공질서X)에 대한 위험의 예방과 대응을 위한 정보의 수집·작성·배포와 이에 수반되는 사실의 확인을 할 수 있다. 24 1차

② 제1항에 따른 정보의 구체적인 범위와 처리 기준, 정보의 수집·작성·배포에 수반되는 사실의 확인 절차와 한계는 대통령령으로 정한다.

■ 경찰관의 정보수집 및 처리 등에 관한 규정(대통령령)

제2조(정보활동의 기본원칙 등) ① 공공안녕에 대한 위험의 예방과 대응을 위한 정보의 수집·작성·배포와 이에

수반되는 사실의 확인을 위해 경찰관이 수행하는 활동(이하 "정보활동"이라 한다)은 **국민의 자유와 권리를 보호하는 것을 목적**으로 해야 하며, 필요 **최소한**의 범위에 그쳐야 한다. 25 2차

② 경찰관은 정보활동과 관련하여 다음 각 호의 행위를 해서는 안 된다.

1. **정치에 관여**하기 위해 정보를 수집·작성·배포하는 행위 24 1차
2. 법령의 직무 범위를 벗어나 개인의 동향 등을 파악하기 위해 **사생활에 관한 정보를 수집·작성·배포하는 행위**
3. 상대방의 명시적 **의사에 반해(의해X)** 자료 제출이나 의견 표명을 강요하는 행위
4. **부당한(정당한X)** 민원이나 청탁을 직무 관련자에게 전달하는 행위
5. 직무상 알게 된 정보를 누설하거나 개인의 이익을 위해 사용하는 행위
6. 직무와 **무관한(관련한X) 비공식적(공식적X)** 직함을 사용하는 행위 24 승진

제3조(수집 등 대상 정보의 구체적인 범위) 경찰관이 「경찰관 직무집행법」(이하 "법"이라 한다) 제8조의2제1항에 따라 수집·작성·배포할 수 있는 정보의 구체적인 범위는 다음 각 호와 같다.

1. **범죄의 예방과 대응에 필요한 정보** 23 승진
2. 「형의 집행 및 수용자의 처우에 관한 법률」 제126조의2 또는 「보호관찰 등에 관한 법률」 제55조의3에 따라 통보되는 정보의 대상자인 수형자·가석방자의 재범방지 및 피해자의 보호에 필요한 정보
3. **국가중요시설의 안전 및 주요 인사의 보호에 필요한 정보** 24 승진
4. 방첩·대테러활동 등 국가안전을 위한 활동에 필요한 정보
5. **재난·안전사고** 등으로부터 국민안전을 확보하기 위한 정보
6. 집회·시위 등으로 인한 **공공갈등과 다중운집**에 따른 질서 및 안전 유지에 필요한 정보
7. 국민의 생명·신체·재산의 보호와 공공안녕에 대한 위험의 예방과 대응을 위한 정책에 관한 정보[해당 정책의 입안·집행·평가를 위해 객관적이고 필요한 사항에 관한 정보로 한정하며, 이와 직접적·구체적으로 관련이 없는 사생활·신조(信條) 등에 관한 정보는 **제외**한다]
8. 도로 교통의 위해 방지·제거 및 원활한 소통 확보를 위한 정보 25 2차
9. 「보안업무규정」 제45조제1항에 따라 경찰청장이 위탁받은 신원조사 또는 「공공기관의 정보공개에 관한 법률」 제2조제3호에 따른 공공기관의 장이 법령에 근거하여 요청한 사실의 확인을 위한 정보
10. 그 밖에 제1호부터 제9호까지에서 규정한 사항에 준하는 정보

제4조(정보의 수집 및 사실의 확인 절차) ① 경찰관은 법 제8조의2제1항에 따라 정보를 수집하거나 정보의 수집·작성·배포에 수반되는 사실을 확인하려는 경우에는 **상대방에게 자신의 신분을 밝히고 정보 수집 또는 사실 확인의 목적을 설명**해야 한다. 이 경우 **강제적인 방법을 사용해서는 안 된다.** 23 승진

② 제1항 전단에도 불구하고 다음 각 호의 어느 하나에 해당하는 경우에는 같은 항 전단에서 규정한 **절차를 생략할 수 있다.**

1. 국민의 생명·신체의 안전이나 국가안보에 긴박한 위험이 발생할 우려가 있는 경우
2. **범죄의 대응을 위한 정보활동에 현저한 지장을 초래할 우려가 있는 경우** 23 승진

③ 경찰관은 정보를 제공하거나 사실을 확인해 준 자가 신분이나 처우와 관련하여 불이익을 받지 않도록 비밀유지 등 필요한 조치를 해야 한다.

제5조(정보 수집 등을 위한 출입의 한계) 경찰관은 다음 각 호의 장소에 **상시적으로 출입해서는 안 되며**, 정보활동을 위해 필요한 경우에 한정하여 **일시적으로만 출입해야 한다.** 22 경간, 22 2차, 24 승진, 24 1차

1. 언론·교육·종교·시민사회 단체 등 **민간단체(지방자치단체X)**
2. 민간기업

3. 정당의 사무소

제7조(수집·작성한 정보의 처리) ① 경찰관은 수집·작성한 정보를 그 목적 외의 용도로 사용해서는 안 된다.
② 경찰관은 공공안녕에 대한 위험의 예방과 대응을 위해 필요한 경우에는 수집·작성한 정보를 **관계 기관 등**에 **통보할 수 있다.** 25 2차
③ 경찰관은 수집·작성한 정보가 그 목적이 달성되어 불필요하게 되었을 때에는 지체 없이 그 정보를 **폐기해야 한다.** 다만, 다른 법령에 따라 보존해야 하는 경우는 제외한다. 24 1차

제8조(위법한 지시의 금지 및 거부) ① **누구든지** 정보활동과 관련하여 경찰관에게 이 영과 그 밖의 법령에 반하여 지시해서는 안 된다.
② 경찰관은 **명백히 위법한** 지시라고 판단되는 경우에는 그 집행을 **거부할 수 있다.**(거부해야 한다X) 24 승진
③ 경찰관은 명백히 위법한 지시를 거부했다는 이유로 인사·직무 등과 관련한 어떠한 불이익도 받지 않는다.

9) 국제협력 15 경간, 17 승진

제8조의3(국제협력) **경찰청장** 또는 해양경찰청장은 이 법에 따른 경찰관의 직무수행을 위하여 외국 정부기관, 국제기구 등과 자료 교환, 국제협력 활동 등을 **할 수 있다.**

10) 유치장 10·13·15·18 2차, 12 3차, 15 1차, 21 경채

제9조(유치장) 법률에서 정한 절차에 따라 체포·구속된 사람 또는 신체의 자유를 제한하는 판결이나 처분을 받은 사람을 수용하기 위하여 **경찰서**와 **해양경찰서**(지구대X, 파출소X, 지역경찰관서X)에 유치장을 둔다.

11) 경찰장비의 사용 20 2차

제10조(경찰장비의 사용 등) ① 경찰관은 직무수행 중 **경찰장비를 사용할 수 있다.** 다만, 사람의 **생명**이나 **신체**(재산X)에 위해를 끼칠 수 있는 경찰장비(이하 이 조에서 "위해성 경찰장비"라 한다)를 사용할 때에는 **필요한 안전교육과 안전검사를 받은 후 사용하여야 한다.** 16 1차, 20·23 경간
② 제1항 본문에서 "경찰장비"란 무기, 경찰장구(警察裝具), **경찰착용기록장치**, 최루제(催淚劑)와 그 발사장치, 살수차, 감식기구(鑑識機具), 해안 감시기구, 통신기기, 차량·선박·항공기 등 경찰이 직무를 수행할 때 필요한 장치와 기구를 말한다. 15·20 경간, 15·24 2차
③ 경찰관은 경찰장비를 함부로 개조하거나 경찰장비에 임의의 장비를 부착하여 일반적인 사용법과 달리 사용함으로써 다른 사람의 생명·신체에 위해를 끼쳐서는 아니 된다. 20 경간, 24 1차, 24 2차
④ 위해성 경찰장비는 **필요한 최소한도에서 사용하여야 한다.**
⑤ **경찰청장**은 위해성 경찰장비를 새로 도입하려는 경우에는 대통령령으로 정하는 바에 따라 **안전성 검사**(안전교육X)를 실시하여 그 **안전성 검사**(안전교육X)의 결과보고서를 **국회 소관 상임위원회에 제출하여야 한다.** 이 경우 **안전성 검사**(안전교육X)에는 외부 전문가를 참여시켜야 한다.(시킬 수 있다X) 15·20·23 경간, 16·24 1차, 17 승진, 18 2차
⑥ 위해성 경찰장비의 종류 및 그 사용기준, 안전교육·안전검사의 기준 등은 **대통령령**(위해성 경찰장비의 사용기준 등에 관한 규정)으로 정한다. 15·23 경간, 23 2차, 25 경찰특공대

🔊 **관련판례**

1. 「경찰관 직무집행법」상 경찰장비규정은 경찰관의 직무수행 중 경찰장비의 사용 여부, 용도, 방법 및 범위에 관하여 재량의 한계를 정한 것이라 할 수 있고, 특히 **위해성 경찰장비는 그 사용의 위험성과 기본권 보호 필요성에 비추어 볼 때 본래의 사용방법에 따라 지정된 용도로 사용되어야 하며 다른 용도나 방법으로 사용하기 위해서는** 반드시 법령에 근거가 있어야 한다.(대판 2016다26662, 26679, 26686) 24 경간

2. 불법적인 농성을 진압하는 방법 및 그 과정에서 어떤 경찰장비를 사용할 것인지는 구체적 상황과 예측되는 피해 발생의 구체적 위험성의 내용 등에 비추어 경찰관이 재량의 범위 내에서 정할 수 있다. 그러나 그 직무수행 중 특정한 경찰장비를 필요한 최소한의 범위를 넘어 관계 법령에서 정한 통상의 용법과 달리 사용함으로써 타인의 생명·신체에 위해를 가하였다면, 불법적인 농성의 진압을 위하여 그러한 방법으로라도 해당 경찰장비를 사용할 필요가 있고 그로 인하여 발생할 우려가 있는 타인의 생명·신체에 대한 위해의 정도가 통상적으로 예견되는 범위 내에 있다는 등의 특별한 사정이 없는 한 그 직무수행은 위법하다고 보아야 한다. 나아가 **경찰관이 농성 진압의 과정에서 경찰장비를 위법하게 사용함으로써 그 직무수행이 적법한 범위를 벗어난 것으로 볼 수밖에 없다면,** 상대방이 그로 인한 생명·신체에 대한 위해를 면하기 위하여 직접적으로 대항하는 과정에서 경찰장비를 손상시켰더라도 이는 위법한 공무집행으로 인한 신체에 대한 현재의 부당한 침해에서 벗어나기 위한 행위로서 정당방위에 해당한다.(대판 2016다26662, 26679, 26686) 24 경간, 24 1차

3. 무죄추정을 받는 피의자라고 하더라도 그에게 구속의 사유가 있어 구속영장이 발부, 집행된 이상 신체의 자유가 제한되는 것은 당연한 것이고, 특히 **수사기관에서 구속된 피의자의 도주, 항거 등을 억제하는데 필요하다고 인정할 상당한 이유가 있는 경우에는 필요한 한도 내에서 포승이나 수갑을 사용할 수 있는 것이며, 이러한 조치가 무죄추정의 원칙에 위배되는 것이라고 할 수는 없다.**(대판 96도561) 24 1차

■ 위해성 경찰장비의 사용기준 등에 관한 규정(대통령령)

제2조(위해성 경찰장비의 종류) 「경찰관 직무집행법」(이하 "법"이라 한다) 제10조제1항 단서에 따른 사람의 생명이나 신체에 위해를 끼칠 수 있는 경찰장비(이하 "위해성 경찰장비"라 한다)의 종류는 다음 각 호와 같다. 10·13·17 1차, 14 2차, 17 승진, 19 경채, 25 경찰특공대

1. **경찰장구** : 수갑·포승·호송용포승·경찰봉·호신용경봉·전자충격기·방패 및 전자방패 13 승진, 25 1차
2. **무기** : 권총·소총·기관총(기관단총을 포함한다. 이하 같다)·산탄총·유탄발사기·박격포·3인치포·함포·크레모아·수류탄·폭약류 및 도검 17·22 1차, 21 경채
3. **분사기·최루탄등** : 근접분사기·가스분사기·가스발사총(고무탄 발사겸용을 포함한다. 이하 같다) 및 최루탄(그 발사장치를 포함한다. 이하 같다) 17 1차, 19 경간
4. **기타장비** : 가스차·살수차·특수진압차·물포·석궁·다목적발사기 및 도주차량차단장비 12 경간, 25 1차

제4조(영장집행등에 따른 수갑등의 사용기준) 경찰관(경찰공무원으로 한정한다. 이하 같다)은 체포·구속영장을 집행하거나 신체의 자유를 제한하는 판결 또는 처분을 받은 자를 법률이 정한 절차에 따라 호송하거나 수용하기 위하여 필요한 때에는 **최소한의 범위안에서** 수갑·포승 또는 호송용포승을 사용할 수 있다. 21 경채, 22 1차, 25 경찰특공대

제5조(자살방지등을 위한 수갑등의 사용기준 및 사용보고) 경찰관은 범인·술에 취한 사람 또는 정신착란자의 자살 또는 자해기도를 방지하기 위하여 필요한 때에는 수갑·포승 또는 호송용포승을 사용할 수 있다. 18 1차, 21 승진 이 경우 경찰관은 소속 국가경찰관서의 장(경찰청장·해양경찰청장·시·도경찰청장·지방해양경찰청

장・경찰서장 또는 해양경찰서장 기타 경무관・총경・경정 또는 경감을 장으로 하는 국가경찰관서의 장을 말한다. 이하 같다)에게 그 사실을 보고해야 한다.

제6조(불법집회등에서의 경찰봉・호신용경봉의 사용기준) 경찰관은 불법집회・시위로 인하여 발생할 수 있는 타인 또는 경찰관의 생명・신체의 위해와 재산・공공시설의 위험을 방지하기 위하여 필요한 때에는 최소한의 범위안에서 경찰봉 또는 호신용경봉을 사용할 수 있다. 16 1차, 21 승진

제7조(경찰봉・호신용경봉의 사용시 주의사항) 경찰관이 경찰봉 또는 호신용경봉을 사용하는 때에는 인명 또는 신체에 대한 위해를 최소화하도록 주의하여야 한다.

제8조(전자충격기등의 사용제한) ① 경찰관은 **14세미만**(이하X)의 자 또는 **임산부**에 대하여 전자충격기 또는 전자방패를 사용하여서는 아니된다. 15 승진, 16・22 1차, 19 경간

② 경찰관은 전극침 발사장치가 있는 전자충격기를 사용하는 경우 상대방의 얼굴을 향하여 전극침을 발사하여서는 아니된다. 15 승진, 16・22 1차, 17 경간, 25 1차

※ 전극침을 발사하는 경우, 전면은 가슴 이하(허리 벨트선 상단과 심장 아래 쪽 사이)를 조준하고, 후면은 주로 근육이 분포되어 있고 상대적으로 넓은 등을 조준하는 것이 바람직함 15 승진

제9조(총기사용의 경고) 경찰관은 법 제10조의4에 따라 사람을 향하여 권총 또는 소총을 발사하고자 하는 때에는 **미리 구두 또는 공포탄에 의한 사격으로 상대방에게 경고하여야 한다.** 다만, 다음 각 호의 어느 하나에 해당하는 경우로서 부득이한 때에는 **경고하지 아니할 수 있다.** 19 승진, 21 경채, 26 경간, 25 경찰특공대

1. 경찰관을 급습하거나 타인의 생명・신체에 대한 중대한 위험을 야기하는 범행이 목전에 실행되고 있는 등 상황이 급박하여 특히 **경고할 시간적 여유가 없는 경우**
2. 인질・간첩 또는 테러사건에 있어서 은밀히 **작전을 수행하는 경우**

제10조(권총 또는 소총의 사용제한) ① 경찰관은 법 제10조의4의 규정에 의하여 권총 또는 소총을 사용하는 경우에 있어서 범죄와 무관한 다중의 생명・신체에 위해를 가할 우려가 있는 때에는 이를 사용하여서는 아니된다. 다만, 권총 또는 소총을 사용하지 아니하고는 타인 또는 경찰관의 생명・신체에 대한 중대한 위험을 방지할 수 없다고 인정되는 때에는 필요한 최소한의 범위안에서 이를 사용할 수 있다.

② 경찰관은 총기 또는 폭발물을 가지고 대항하는 경우를 제외하고는 14세미만의 자 또는 임산부(고령자X)에 대하여 권총 또는 소총을 발사하여서는 아니된다. 17・18 1차, 17 경간, 18 승진

제11조(동물의 사살) 경찰관은 공공의 안전을 위협하는 동물을 사살하기 위하여 부득이한 때에는 권총 또는 소총을 사용할 수 있다.

제12조(가스발사총등의 사용제한) ①경찰관은 범인의 체포 또는 도주방지, 타인 또는 경찰관의 생명・신체에 대한 방호, 공무집행에 대한 항거의 억제를 위하여 필요한 때에는 최소한의 범위안에서 가스발사총을 사용할 수 있다. 이 경우 경찰관은 1미터이내의 거리에서 상대방의 얼굴을 향하여 이를 발사하여서는 아니된다. 17・19 경간, 18 승진, 25 1차

② 경찰관은 **최루탄발사기**로 최루탄을 발사하는 경우 **30도이상**의 발사각을 유지하여야 하고, 가스차・살수차 또는 특수진압차의 **최루탄발사대**로 최루탄을 발사하는 경우에는 **15도이상**의 발사각을 유지하여야 한다. 16・18 1차, 17・19 경간, 19 경채, 21 승진

제13조(가스차・특수진압차・물포의 사용기준) ①경찰관은 불법집회・시위 또는 소요사태로 인하여 발생할 수 있는

타인 또는 경찰관의 생명·신체의 위해와 재산·공공시설의 위험을 억제하기 위하여 부득이한 경우에는 **현장책임자**의 **판단**에 의하여 필요한 최소한의 범위에서 가스차를 사용할 수 있다.

② 경찰관은 소요사태의 진압, 대간첩·대테러작전의 수행을 위하여 부득이한 경우에는 필요한 최소한의 범위안에서 특수진압차를 사용할 수 있다.(현장책임자X)

③ 경찰관은 불법해상시위를 해산시키거나 선박운항정지(정선)명령에 불응하고 도주하는 선박을 정지시키기 위하여 부득이한 경우에는 **현장책임자**의 **판단**에 의하여 필요한 최소한의 범위안에서 경비함정의 물포를 사용할 수 있다. 다만, **사람을 향하여 직접 물포를 발사해서는 안 된다.**

제13조의2(살수차의 사용기준) ① 경찰관은 다음 각 호의 어느 하나에 해당하여 살수차 외의 경찰장비로는 그 위험을 제거·완화시키는 것이 현저히 곤란한 경우에는 **시·도경찰청장의 명령**에 따라 살수차를 배치·사용할 수 있다.

1. 소요사태로 인해 타인의 법익이나 공공의 안녕질서에 대한 **직접적**인 위험이 명백하게 초래되는 경우
2. 「통합방위법」 제21조제4항에 따라 지정된 국가중요시설에 대한 **직접적**인 공격행위로 인해 해당 시설이 파괴되거나 기능이 정지되는 등 급박한 위험이 발생하는 경우

② 경찰관은 제1항에 따라 살수차를 사용하는 경우 별표 3의 살수거리별 수압기준에 따라 살수해야 한다. 이 경우 사람의 생명 또는 신체에 치명적인 위해를 가하지 않도록 **필요한 최소한**의 범위에서 살수해야 한다.

③ 경찰관은 제2항에 따라 살수하는 것으로 제1항 각 호의 어느 하나에 해당하는 위험을 제거·완화시키는 것이 곤란하다고 판단하는 경우에는 **시·도경찰청장의 명령**에 따라 필요한 최소한의 범위에서 최루액을 혼합하여 살수할 수 있다. 이 경우 **최루액의 혼합 살수 절차 및 방법은 경찰청장**이 정한다.

경찰관이 직사살수의 방법으로 집회나 시위 참가자들을 해산시키려면, 먼저 「집회 및 시위에 관한 법률」에서 정한 해산사유를 구체적으로 고지하는 **적법한 절차에 따른 해산명령을 시행한 후에 직사살수의 방법을 사용할 수 있다.**(대판 2015다236196) 25 경간(경위공채)

제14조(석궁의 사용기준) 경찰관은 총기·폭발물 기타 위험물로 무장한 범인 또는 인질범의 체포, 대간첩·대테러작전등 국가안전에 관련되는 작전을 은밀히 수행하거나 총기를 사용할 경우에는 화재·폭발의 위험이 있는 등 부득이한 때에 한하여 **현장책임자**의 **판단**에 의하여 필요한 최소한의 범위안에서 석궁을 사용할 수 있다.

제15조(다목적발사기의 사용기준) 경찰관은 인질범의 체포 또는 대간첩·대테러작전등 국가안전에 관련되는 작전을 수행하거나 공공시설의 안전에 대한 현저한 위해의 발생을 방지하기 위하여 필요한 때에는 최소한의 범위안에서 다목적발사기를 사용할 수 있다.

제16조(도주차량차단장비의 사용기준등) ① 경찰관은 무면허운전이나 음주운전 기타 범죄에 이용하였다고 의심할 만한 차량 또는 수배중인 차량이 정당한 검문에 불응하고 도주하거나 차량으로 직무집행중인 경찰관에게 위해를 가한 후 도주하려는 경우에는 도주차량차단장비를 사용할 수 있다.

② 도주차량차단장비를 운용하는 경찰관은 검문 또는 단속장소의 전방에 동 장비의 운용중임을 알리는 안내표지판을 설치하고 기타 필요한 안전조치를 취하여야 한다.

제17조(위해성 경찰장비 사용을 위한 안전교육) 법 제10조제1항 단서에 따라 직무수행 중 위해성 경찰장비를 사용하는 **경찰관**은 별표 1의 기준에 따라 위해성 경찰장비 사용을 위한 **안전교육**을 받아야 한다. 19 승진

제18조(위해성 경찰장비에 대한 안전검사) 위해성 경찰장비를 사용하는 경찰관이 소속한 국가경찰관서의 장은 소속 경찰관이 사용할 위해성 경찰장비에 대한 안전검사를 별표 2의 기준에 따라 **실시하여야 한다.** 19 승진

제18조의2(신규 도입 장비의 안전성 검사) ① 경찰청장은 위해성 경찰장비를 새로 도입하려는 경우에는 법 제10조제5항에 따라 안전성 검사를 실시하여 새로 도입하려는 장비(이하 이 조에서 "신규 도입 장비"라 한다)가 사람의 생명이나 신체에 미치는 영향을 평가하여야 한다. 19 승진

② 제1항에 따른 안전성 검사는 신규 도입 장비와 관련된 분야의 외부 전문가가 신규 도입 장비의 주요 특성이나 작동원리에 기초하여 제시하는 검사방법 및 기준에 따라 실시하되, 신규 도입 장비에 대하여 일반적으로 인정되는 합리적인 검사방법이나 기준이 있을 경우 그 검사방법이나 기준에 따라 안전성 검사를 실시할 수 있다.

③ 법 제10조제5항 후단에 따라 안전성 검사에 참여한 외부 전문가는 **안전성 검사가 끝난 후 30일** 이내에 신규 도입 장비의 안전성 여부에 대한 의견을 경찰청장에게 제출하여야 한다.

④ 경찰청장은 신규 도입 장비에 대한 **안전성 검사를 실시한 후 3개월** 이내에 다음 각 호의 내용이 포함된 **안전성 검사 결과보고서를 국회 소관 상임위원회에 제출하여야 한다.** 18 1차, 19 · 21 승진, 19 경채

1. 신규 도입 장비의 주요 특성 및 기본적인 작동 원리
2. 안전성 검사의 방법 및 기준
3. 안전성 검사에 참여한 외부 전문가의 의견
4. 안전성 검사 결과 및 종합 의견

제19조(위해성 경찰장비의 개조 등) 국가경찰관서의 장은 폐기대상인 위해성 경찰장비 또는 성능이 저하된 위해성 경찰장비를 개조할 수 있으며, 소속경찰관으로 하여금 이를 본래의 용법에 준하여 사용하게 할 수 있다.

제20조(사용기록의 보관 등) ① 제2조제2호부터 제4호까지의 위해성 경찰장비(제4호의 경우에는 **살수차만 해당한다**)를 사용하는 경우 그 현장책임자 또는 사용자는 별지 서식의 사용보고서를 작성하여 직근상급 감독자에게 보고하고, 직근상급 감독자는 이를 **3년간** 보관하여야 한다.

② 제1항의 규정에 의하여 제2조제2호의 무기 사용보고를 받은 **직근상급 감독자**는 지체없이 지휘계통을 거쳐 경찰청장 또는 해양경찰청장에게 보고하여야 한다.

제21조(부상자에 대한 긴급조치) 경찰관이 위해성 경찰장비를 사용하여 부상자가 발생한 경우에는 즉시 구호, 그 밖에 필요한 긴급조치를 하여야 한다.

12) 경찰장구의 사용

제10조의2(경찰장구의 사용) ① 경찰관은 다음 각 호의 직무를 수행하기 위하여 필요하다고 인정되는 상당한 이유가 있을 때에는 그 사태를 합리적으로 판단하여 필요한 한도에서 **경찰장구를 사용할 수 있다.** 10 · 11 · 16 · 20 1차, 12 3차, 16 · 18 2차, 19 승진, 21 · 23 경채, 23 경간

1. 현행범이나 사형 · 무기 또는 장기 3년 이상의 징역이나 금고에 해당하는 죄를 범한 **범인의 체포 또는 도주 방지** 10 · 11 · 16 · 20 1차, 15 3차, 16 · 18 2차, 19 승진
2. 자신이나 다른 사람의 **생명 · 신체의 방어 및 보호** 11 · 20 1차, 15 3차, 18 2차, 19 승진
3. 공무집행에 대한 **항거 제지** 11 · 20 1차, 15 3차, 18 2차, 19 승진

② 제1항에서 **"경찰장구"**란 경찰관이 휴대하여 범인 검거와 범죄 진압 등의 직무 수행에 사용하는 **수갑, 포승, 경찰봉, 방패** 등을 말한다. 11·16 1차, 12·15 2차

13) 분사기 등의 사용

제10조의3(분사기 등의 사용) 경찰관은 다음 각 호의 직무를 수행하기 위하여 부득이한 경우에는 **현장책임자**가 판단하여 필요한 최소한의 범위에서 분사기(「총포·도검·화약류 등의 안전관리에 관한 법률」에 따른 분사기를 말하며, 그에 사용하는 최루 등의 작용제를 포함한다. 이하 같다) 또는 **최루탄을 사용할 수 있다.** 10 1차, 13 2차, 19·23 경채

1. 범인의 체포 또는 범인의 도주 방지
2. 불법집회·시위로 인한 자신이나 다른 사람의 생명·신체와 재산 및 공공시설 안전에 대한 현저한 위해의 발생 억제

14) 무기의 사용

경찰관 직무집행법이 아닌 **"경찰공무원법"**에 경찰공무원은 직무수행을 위하여 필요하면 무기를 휴대할 수 있다고 규정하고 있다. 14 2차

제10조의4(무기의 사용) ① 경찰관은 **범인의 체포, 범인의 도주 방지, 자신이나 다른 사람의 생명·신체의 방어 및 보호, 공무집행에 대한 항거의 제지**를 위하여 필요하다고 인정되는 상당한 이유가 있을 때에는 그 사태를 합리적으로 판단하여 필요한 한도에서 **무기를 사용할 수 있다.** 11·19 승진, 11 경간, 13·15 1차 다만, **다음 각 호의 어느 하나에 해당할 때를 제외하고는 사람에게 위해를 끼쳐서는 아니 된다.** 10·11·12·14·15·16 승진, 23 특공대

1. 「형법」에 규정된 **정당방위(정당행위X)**와 **긴급피난**에 해당할 때 15 승진, 10·17 1차 여경
2. 다음 각 목의 어느 하나에 해당하는 때에 그 행위를 방지하거나 그 행위자를 체포하기 위하여 **무기를 사용하지 아니하고는 다른 수단이 없다고 인정되는 상당한 이유가 있을 때**
   가. **사형·무기 또는 장기 3년 이상**의 징역이나 금고에 해당하는 **죄**를 범하거나 범하였다고 의심할 만한 충분한 이유가 있는 사람이 경찰관의 직무집행에 항거하거나 도주하려고 할 때 17 1차 북부여경
   나. **체포·구속영장과 압수·수색영장을 집행**하는 과정에서 경찰관의 직무집행에 항거하거나 도주하려고 할 때 17 1차 북부여경
   다. **제3자가 가목 또는 나목**에 해당하는 사람을 **도주시키려고** 경찰관에게 **항거**할 때
   라. 범인이나 소요를 일으킨 사람이 **무기·흉기 등 위험한 물건**을 지니고 경찰관으로부터 **3회 이상** 물건을 버리라는 명령이나 항복하라는 명령을 받고도 따르지 아니하면서 계속 **항거**할 때 13 1차, 11·15 승진
3. 대간첩 작전 수행 과정에서 **무장간첩**이 항복하라는 경찰관의 명령을 받고도 따르지 아니할 때 13 1차, 15 승진

② 제1항에서 **"무기"**란 사람의 생명이나 신체에 위해를 끼칠 수 있도록 제작된 **권총·소총·도검** 등을 말한다. 13 1차, 16 2차, 17 1차 북부여경

③ 대간첩·대테러 작전 등 국가안전에 관련되는 작전을 수행할 때에는 **개인화기 외에 공용화기를 사용할 수 있다.** 24 경간

15) 경찰착용기록장치의 사용

제10조의5(경찰착용기록장치의 사용) ① 경찰관은 다음 각 호의 어느 하나에 해당하는 직무 수행을 위하여 필요한 경우에는 **필요한 최소한의 범위에서 경찰착용기록장치를 사용할 수 있다.**

1. 경찰관이 「형사소송법」 제200조의2, 제200조의3, 제201조 또는 제212조에 따라 피의자를 체포 또는 구속하는 경우
2. 범죄 수사를 위하여 필요한 경우로서 다음 각 목의 요건을 모두 **갖춘 경우** 26 경간
   가. 범행 중이거나 범행 직전 또는 직후일 것
   나. 증거보전의 필요성 및 긴급성이 있을 것
3. 제5조제1항에 따른 인공구조물의 파손이나 붕괴 등의 위험한 사태가 발생한 경우
4. 경찰착용기록장치에 기록되는 대상자(이하 이 조에서 "기록대상자"라 한다)로부터 그 기록의 요청 또는 동의를 받은 경우
5. 제4조제1항 각 호에 해당하는 것이 명백하고 응급구호가 필요하다고 믿을 만한 상당한 이유가 있는 경우
6. 제6조에 따라 사람의 **생명·신체에 위해를 끼치거나 재산에 중대한 손해를 끼칠 우려가 있는 범죄행위를** 긴급하게 예방 및 제지하는 경우
7. 경찰관이 「해양경비법」 제12조 또는 제13조에 따라 해상검문검색 또는 추적·나포하는 경우
8. 경찰관이 「수상에서의 수색·구조 등에 관한 법률」에 따라 같은 법 제2조제4호의 수난구호 업무 시 수색 또는 구조를 하는 경우
9. 그 밖에 제1호부터 제8호까지에 준하는 경우로서 **대통령령**으로 정하는 경우

② 이 법에서 "**경찰착용기록장치**"란 경찰관이 신체에 착용 또는 휴대하여 직무수행 과정을 근거리에서 영상·음성으로 기록할 수 있는 기록장치 또는 그 밖에 이와 유사한 기능을 갖춘 기계장치를 말한다. 24 2차

제10조의6(경찰착용기록장치의 사용 고지 등) ① 경찰관이 경찰착용기록장치를 사용하여 기록하는 경우로서 이동형 영상정보처리기기로 사람 또는 그 사람과 관련된 사물의 영상을 촬영하는 때에는 불빛, 소리, 안내판 등 대통령령으로 정하는 바에 따라 **촬영 사실을 표시하고 알려야 한다.**

② 제1항에도 불구하고 제10조의5제1항 각 호에 따른 경우로서 **불가피하게 고지가 곤란한 경우**에는 제3항에 따라 영상음성기록을 전송·저장하는 때에 그 고지를 못한 사유를 기록하는 것으로 대체할 수 있다.

③ 경찰착용기록장치로 기록을 마친 영상음성기록은 지체 없이 제10조의7에 따른 영상음성기록정보 관리체계를 이용하여 영상음성기록정보 **데이터베이스에 전송·저장하도록 하여야 하며, 영상음성기록을 임의로 편집·복사하거나 삭제하여서는 아니 된다.** 25 1차, 26 경간

④ 그 밖에 경찰착용기록장치의 사용기준 및 관리 등에 필요한 사항은 대통령령으로 정한다.

제10조의7(영상음성기록정보 관리체계의 구축·운영) 경찰청장 및 해양경찰청장은 경찰착용기록장치로 기록한 영상·음성을 저장하고 데이터베이스로 관리하는 **영상음성기록정보 관리체계를 구축·운영하여야 한다.** 24 2차, 25 1차

■ **경찰착용기록장치 운영 등에 관한 규정(대통령령)**

제3조(경찰착용기록장치의 사용 고지 등) 경찰관은 법 제10조의6제1항에 따라 경찰착용기록장치로 사람 또는 그 사람과 관련된 사물의 영상을 촬영하는 때에는 불빛, 소리, 안내판, 안내서면, 안내방송, 안내문구 부착

또는 이에 준하는 수단이나 방법으로 **촬영 사실을 표시**하고 알려야 한다.

제4조(교육 훈련) 경찰청장 또는 해양경찰청장은 경찰착용기록장치를 사용하는 경찰관을 대상으로 경찰착용기록장치 조작 방법, 사용 지침, 개인정보 보호 등에 관한 내용이 포함된 **교육을 실시해야 한다.** 25 1차

제5조(영상음성기록의 보관기간) ① 경찰착용기록장치로 기록한 영상음성기록의 보관기간은 해당 기록을 법 제10조의6제3항에 따라 영상음성기록정보 데이터베이스에 전송·저장한 날부터 **30일**(해당 영상음성기록이 **수사 중인 범죄와 관련된 경우** 등 경찰청장 또는 해양경찰청장이 정하는 사항에 해당하는 경우에는 **90일**)로 한다. 25 1차, 26 경간

② 제1항에도 불구하고 경찰청장, 해양경찰청장, 시·도경찰청장, 지방해양경찰청장, 중앙해양특수구조단장, 경찰서장 또는 해양경찰서장은 범죄수사를 위한 증거 보전이 필요한 경우 등 영상음성기록을 계속하여 보관할 필요가 있다고 인정하는 경우에는 **90일**의 범위에서 한 차례만 보관기간을 연장할 수 있다.

16) 사용기록의 보관(경찰장구와 가스차는 사용기록 보관대상이 아니다.)

제11조(사용기록의 보관) 제10조제2항에 따른 **살수차**, 제10조의3에 따른 **분사기**, **최루탄** 또는 제10조의4에 따른 **무기**를 사용하는 경우 그 **책임자(사용자X)**는 사용 일시·장소·대상, 현장책임자, 종류, 수량 등을 기록하여 **보관하여야 한다.** 15·17 경간, 16 2차, 21 경채

17) 손실보상

제11조의2(손실보상) ① 국가는 **경찰관의 적법한** 직무집행으로 인하여 다음 각 호의 어느 하나에 해당하는 손실을 입은 자에 대하여 **정당한 보상을 하여야 한다.** 17 2차, 19·20·24 경간, 20 경채, 24 1차, 25 경찰특공대
1. 손실발생의 원인에 대하여 **책임이 없는** 자가 생명·신체 또는 재산상의 손실을 입은 경우(손실발생의 원인에 대하여 책임이 없는 자가 경찰관의 직무집행에 **자발적으로 협조**하거나 물건을 제공하여 생명·신체 또는 재산상의 손실을 입은 경우를 **포함**한다) 24 경간, 25 1차
2. 손실발생의 원인에 대하여 **책임이 있는** 자가 자신의 책임에 상응하는 정도를 **초과**하는 생명·신체 또는 재산상의 손실을 입은 경우 24 경간

② 제1항에 따른 보상을 청구할 수 있는 권리는 손실이 있음을 **안 날부터 3년**, 손실이 **발생한 날부터 5년**간 행사하지 아니하면 시효의 완성으로 소멸한다. 15·22 1차, 15·17·18·23 2차, 15 3차, 17·24 경간, 18 승진

③ 제1항에 따른 손실보상신청 사건을 심의하기 위하여 **손실보상심의위원회**를 둔다.

④ 경찰청장, 해양경찰청장, 시·도경찰청장 또는 지방해양경찰청장은 제3항의 손실보상심의위원회의 심의·의결에 따라 보상금을 지급하고, **거짓 또는 부정한 방법으로 보상금을 받은 사람에 대하여는 해당 보상금을 환수하여야** 한다. 20·22 1차, 21 특공대, 25 1차

⑤ 보상금이 지급된 경우 손실보상심의위원회는 대통령령으로 정하는 바에 따라 **국가경찰위원회** 또는 해양경찰위원회에 심사자료와 결과를 보고하여야 한다. 24 경간 이 경우 국가경찰위원회 또는 해양경찰위원회는 손실보상의 적법성 및 적정성 확인을 위하여 필요한 자료의 제출을 요구할 수 있다. 25 1차

⑥ 경찰청장, 해양경찰청장, 시·도경찰청장 또는 지방해양경찰청장은 제4항에 따라 보상금을 반환하여야 할 사람이 대통령령으로 정한 기한까지 그 금액을 납부하지 아니한 때에는 **국세강제징수의 예에 따라** 징수할 수 있다. 20 경채

⑦ 제1항에 따른 손실보상의 기준, 보상금액, 지급 절차 및 방법, 제3항에 따른 손실보상심의위원회의 구성 및 운영, 제4항 및 제6항에 따른 환수절차, 그 밖에 손실보상에 관하여 필요한 사항은 **대통령령(행정안전부령 X)**으로 정한다. 17 승진, 18 2차, 19 경간

■ 경찰관직무집행법 시행령(대통령령)

제9조(손실보상의 기준 및 보상금액 등) ① 법 제11조의2제1항에 따라 손실보상을 할 때 물건을 **멸실 · 훼손한 경우**에는 다음 각 호의 기준에 따라 보상한다.
1. 손실을 입은 물건을 **수리할 수 있는 경우** : **수리비에 상당하는 금액** 20 경간
2. 손실을 입은 물건을 **수리할 수 없는 경우** : **손실을 입은 당시의 해당 물건의 교환가액** 20 경간
3. 영업자가 손실을 입은 물건의 수리나 교환으로 인하여 **영업을 계속할 수 없는 경우** : 영업을 계속할 수 없는 기간 중 영업상 이익**에 상당하는 금액** 20 경간

② 물건의 멸실 · 훼손으로 인한 손실 외의 재산상 손실에 대해서는 **직무집행과 상당한 인과관계가 있는 범위에서 보상한다.** 15 1차, 20 경간

③ 법 제11조의2제1항에 따라 손실보상을 할 때 생명 · 신체상의 손실의 경우에는 별표의 기준에 따라 보상한다.

④ 법 제11조의2제1항에 따라 보상금을 지급받을 사람이 동일한 원인으로 다른 법령에 따라 보상금 등을 지급받은 경우 그 보상금 등에 상당하는 금액을 제외하고 보상금을 지급한다.

제10조(손실보상의 지급절차 및 방법) ① 법 제11조의2에 따라 경찰관의 적법한 직무집행으로 인하여 발생한 손실을 보상받으려는 사람(이하 "청구인"이라 한다)은 별지 제4호서식의 보상금 지급 청구서에 손실내용과 손실금액을 증명할 수 있는 서류를 첨부하여 다음 각 호의 어느 하나에 해당하는 자에게 제출해야 한다.
1. 경찰청장 또는 해양경찰청장
2. 손실보상청구 사건 발생지를 관할하는 시 · 도경찰청, 지방해양경찰청 또는 경찰관서의 장. 다만, 직무를 집행한 경찰관이 손실보상청구 사건 발생지를 관할하는 시 · 도경찰청, 지방해양경찰청 또는 경찰관서 소속이 아닌 경우에는 해당 경찰관이 소속된 시 · 도경찰청, 지방해양경찰청 또는 경찰관서의 장을 포함한다.

② 제1항에 따라 **보상금 지급 청구서를 받은 경찰청장, 해양경찰청장, 시 · 도경찰청장, 지방해양경찰청장 또는 경찰관서의 장**은 해당 청구서를 제11조제1항에 따른 손실보상청구 사건을 심의할 손실보상심의위원회가 설치된 **경찰청, 해양경찰청, 시 · 도경찰청 또는 지방해양경찰청의 장**(이하 "손실보상 결정권자"라 한다)에게 보내야 한다.

③ 제1항 또는 제2항에 따라 보상금 지급 청구서를 받은 손실보상 결정권자는 「민원 처리에 관한 법률」 제10조의2에 따른 본인정보 공동이용 또는 「전자정부법」 제36조제1항에 따른 행정정보의 공동이용을 통하여 다음 각 호의 행정정보를 확인해야 한다. 다만, 청구인이 확인에 동의하지 않으면 해당 서류를 직접 첨부하도록 해야 한다.
1. 주민등록표 등본
2. 가족관계증명서
3. 자동차등록증(자동차와 관련하여 재산상 손실이 발생한 경우로 한정한다)

④ 제1항 또는 제2항에 따라 **보상금 지급 청구서를 받은 손실보상 결정권자는 특별한 사유가 없으면 보상금 지급 청구서를 받은 날부터 60일 이내에 손실보상심의위원회의 심의 · 의결에 따라 보상 여부 및 보상금액**

을 결정해야 한다. 다만, 부득이한 사유로 60일 이내에 결정할 수 없을 때에는 그 기간이 끝나는 날의 다음 날부터 20일의 범위에서 결정기간을 한 차례만 연장할 수 있다.

⑤ 제1항 또는 제2항에 따라 보상금 지급 청구서를 받은 손실보상 결정권자는 청구인에게 자료 보완을 요구할 수 있으며, 보완된 자료의 제출에 걸리는 기간은 제4항에 따른 보상 여부 및 보상금액 결정기간에 산입(算入)하지 않는다.

⑥ 손실보상 결정권자는 다음 각 호의 어느 하나에 해당하는 경우에는 그 청구를 각하(却下)하는 결정을 해야 한다. 22 1차

1. 청구인이 같은 청구 원인으로 보상신청을 하여 보상금 지급 여부에 대하여 결정을 받은 경우. 다만, 기각 결정을 받은 청구인이 손실을 증명할 수 있는 새로운 증거가 발견되었음을 소명(疎明)하는 경우는 제외한다.
2. 손실보상 청구가 요건과 절차를 갖추지 못한 경우. 다만, 그 잘못된 부분을 시정할 수 있는 경우는 제외한다.

⑦ 손실보상 결정권자는 다음 각 호의 구분에 따라 그 결정 내용(제2호의 경우에는 그 사유를 포함한다)을 청구인에게 통지해야 한다.

1. 제4항에 따른 보상 여부 및 보상금액 결정 또는 제6항에 따른 각하 결정에 대해서는 결정일부터 10일 이내에 통지
2. 제4항 단서에 따른 결정기간 연장 결정에 대해서는 지체 없이 통지

⑧ 손실보상 결정권자는 제7항에 따른 통지를 하는 경우 서면, 전자우편, 문자메시지 등 청구인이 요청하는 방법으로 할 수 있으며, 별도로 요청하는 방법이 없는 경우에는 다음 각 호의 구분에 따른 서면으로 통지한다.

1. 보상금을 지급하기로 결정한 경우 : 별지 제5호서식의 보상금 지급 결정 통지서
2. 보상금을 지급하지 않기로 결정하거나 보상금 지급 청구를 각하하는 경우 : 별지 제6호서식의 보상금 지급 청구 기각·각하 결정 통지서
3. 보상금 지급 청구 결정기간을 연장하기로 결정한 경우 : 별지 제7호서식의 손실보상 결정기간 연장 통지서

⑨ 손실보상 결정권자는 특별한 사유가 없으면 보상금을 지급하기로 결정한 날부터 30일 이내에 이를 지급하되, 지급방법은 그 보상금을 지급받을 사람이 지정하는 예금계좌(「우체국예금·보험에 관한 법률」에 따른 체신관서 또는 「은행법」에 따른 은행의 계좌를 말한다)에 입금하는 방법으로 한다. 다만, 부득이한 사유가 있는 경우에는 그 보상금을 지급받을 사람의 신청에 따라 현금으로 지급할 수 있다.

⑩ 보상금은 일시불로 지급하되, 예산 부족 등의 사유로 일시불로 지급할 수 없는 특별한 사정이 있는 경우에는 그 보상금을 지급받을 사람의 동의를 받아 분할하여 지급할 수 있다.

⑪ 보상금을 지급받은 사람은 보상금을 지급받은 원인과 동일한 원인으로 인한 부상이 악화되거나 새로 발견되어 다음 각 호의 어느 하나에 해당하는 경우에는 보상금의 추가 지급을 청구할 수 있다. 이 경우 보상금 지급 청구, 보상금액 결정, 보상금 지급 결정에 대한 통지, 보상금 지급 방법 등에 관하여는 제1항부터 제10항까지의 규정을 준용한다.

1. 별표 제2호에 따른 부상등급이 변경된 경우(부상등급 외의 부상에서 제1급부터 제8급까지의 등급으로 변경된 경우를 포함한다)
2. 별표 제2호에 따른 부상등급 외의 부상에 대해 부상등급의 변경은 없으나 보상금의 추가 지급이 필요한 경우

제11조(손실보상심의위원회의 설치 및 구성) ① 법 제11조의2제3항에 따라 소속 경찰관의 직무집행으로 인하여 발생한

손실보상청구 사건을 심의하기 위하여 경찰청, **해양경찰청, 시·도경찰청 및 지방해양경찰청**에 손실보상심의위원회(이하 "위원회"라 한다)를 설치한다.

② 위원회는 **위원장 1명을 포함한 7명 이상 9명 이내의 위원**으로 성별을 고려하여 구성한다. 다만, 청구금액이 100만원 이하인 사건에 대해서는 제3항제1호에 해당하는 위원 3명으로만 구성할 수 있다.

③ 제2항 본문에 따른 위원회의 위원은 다음 각 호의 어느 하나에 해당하는 사람 중에서 **손실보상 결정권자가 위촉하거나 임명한다.** 이 경우 **위원의 과반수는 경찰관이 아닌 사람으로 해야 한다.** 25 1차

1. 소속 경찰관
2. **판사·검사 또는 변호사로 5년 이상 근무한 사람**
3. 「고등교육법」 제2조에 따른 학교에서 **법학 또는 행정학(경찰학X)을 가르치는 부교수 이상**으로 5년 이상 재직한 사람
4. **경찰 업무와 손실보상에 관하여 학식과 경험이 풍부한 사람**

④ 위촉위원의 임기는 2년으로 한다.

⑤ 위원회의 사무를 처리하기 위하여 위원회에 간사 1명을 두되, 간사는 소속 경찰관 중에서 손실보상 결정권자가 지명한다.

제12조(보상위원장) ① 위원회의 **위원장**(이하 "**보상위원장**"이라 한다)은 제11조제3항제1호에 따른 위원 중에서 **손실보상 결정권자가 지명(호선X)한 사람**이 된다.

② 보상위원장은 위원회를 대표하며, 위원회의 업무를 총괄한다.

③ 보상위원장이 부득이한 사유로 직무를 수행할 수 없는 때에는 **보상위원장이 미리 지명한 위원이 그 직무를 대행한다.**

제13조(손실보상심의위원회의 운영) ① 보상위원장은 위원회의 회의를 소집하고, 그 의장이 된다.

② 위원회의 회의는 재적위원 과반수의 출석으로 개의(開議)하고, 출석위원 과반수의 찬성으로 의결한다.

③ 위원회는 심의를 위하여 필요한 경우에는 관계 공무원이나 관계 기관에 사실조사나 자료의 제출 등을 요구할 수 있으며, 관계 전문가에게 필요한 정보의 제공이나 의견의 진술 등을 요청할 수 있다.

제17조의2(보상금의 환수절차) ① 손실보상 결정권자는 법 제11조의2제4항에 따라 보상금을 환수하려는 경우에는 위원회의 심의·의결에 따라 환수 여부 및 환수금액을 결정하고, 거짓 또는 부정한 방법으로 보상금을 받은 사람에게 다음 각 호의 내용을 서면으로 통지해야 한다.

1. 환수사유
2. 환수금액
3. 납부기한
4. 납부기관

② 법 제11조의2제6항에서 "대통령령으로 정한 기한"이란 제1항에 따른 **통지일부터 40일 이내**의 범위에서 손실보상 결정권자가 정하는 기한을 말한다.

제17조의3(국가경찰위원회 등에 대한 보고) ① 법 제11조의2제5항에 따라 위원회는 보상금 지급과 관련된 심사자료와 결과를 반기별로 **국가경찰위원회 또는 해양경찰위원회에 보고해야 한다.**

② 국가경찰위원회 또는 해양경찰위원회는 필요하다고 인정하는 때에는 수시로 보상금 지급과 관련된 심사자료와 결과에 대한 보고를 위원회에 요청할 수 있다. 이 경우 위원회는 그 요청에 따라야 한다.

18) 범인검거 등 공로자 보상

제11조의3(범인검거 등 공로자 보상) ① 경찰청장, 해양경찰청장, 시·도경찰청장, 지방해양경찰청장, 경찰서장 또는 해양경찰서장(이하 이 조에서 "**경찰청장등**"이라 한다)은 다음 각 호의 어느 하나에 해당하는 사람에게 **보상금을 지급할 수 있다.** 16 경채, 17·19 승진, 25 경찰특공대
  1. 범인 또는 범인의 소재를 신고하여 검거하게 한 사람
  2. 범인을 검거하여 경찰공무원에게 인도한 사람
  3. **테러범죄의 예방활동에 현저한 공로가 있는 사람**
  4. 그 밖에 제1호부터 제3호까지의 규정에 준하는 사람으로서 대통령령으로 정하는 사람
② 경찰청장등은 제1항에 따른 보상금 지급의 심사를 위하여 대통령령으로 정하는 바에 따라 **각각 보상금심사위원회를 설치·운영하여야 한다.** 16 경채, 17·19 승진
③ 제2항에 따른 보상금심사위원회는 **위원장 1명을 포함한 5명 이내**의 위원으로 구성한다. 19 승진, 22 1차, 25 경간(경위공채)
④ 제2항에 따른 보상금심사위원회의 위원은 **소속 경찰공무원 중에서 경찰청장등이 임명**한다. 16 경채
⑤ 경찰청장등은 제2항에 따른 보상금심사위원회의 심사·의결에 따라 보상금을 지급하고, **거짓 또는 부정한 방법으로 보상금을 받은 사람에 대하여는 해당 보상금을 환수**한다. 17 승진, 25 2차, 25 경찰특공대
⑥ 경찰청장등은 제5항에 따라 보상금을 반환하여야 할 사람이 대통령령으로 정한 기한까지 그 금액을 납부하지 아니한 때에는 **국세강제징수의 예에 따라 징수할 수 있다.**
⑦ 제1항에 따른 보상 대상, 보상금의 지급 기준 및 절차, 제2항 및 제3항에 따른 보상금심사위원회의 구성 및 심사사항, 제5항 및 제6항에 따른 환수절차, 그 밖에 보상금 지급에 관하여 필요한 사항은 **대통령령**으로 정한다.

■ 경찰관직무집행법 시행령(대통령령)

제18조(범인검거 등 공로자 보상금 지급 대상자) 법 제11조의3제1항제4호에서 "대통령령으로 정하는 사람"이란 다음 각 호의 어느 하나에 해당하는 사람을 말한다.
  1. **범인의 신원을 특정할 수 있는 정보를 제공한 사람**
  2. 범죄사실을 입증하는 증거물을 제출한 사람
  3. 그 밖에 범인 검거와 관련하여 경찰 수사 활동에 협조한 사람 중 보상금 지급 대상자에 해당한다고 법 제11조의3제2항에 따른 보상금심사위원회가 인정하는 사람 25 2차

제19조(보상금심사위원회의 구성 및 심사사항 등) ① 법 제11조의3제2항에 따라 경찰청, 해양경찰청, 시·도경찰청, 지방해양경찰청, 경찰서 또는 해양경찰서에 두는 보상금심사위원회의 위원장은 해당 기관 소속 과장급 이상의 경찰관 중에서 경찰청장, 해양경찰청장, 시·도경찰청장, 지방해양경찰청장, 경찰서장 또는 해양경찰서장(이하 "**경찰청장등**"이라 한다)이 **임명**하는 사람으로 한다.
④ 보상금심사위원회의 회의는 **재적위원 과반수의 찬성**으로 의결한다. 16 경채

제20조(범인검거 등 공로자 보상금의 지급 기준) 법 제11조의3제1항에 따른 보상금의 최고액은 **5억원**으로 하며, 16 경채, 25 경간(경위공채) 구체적인 보상금 지급 기준은 경찰청장 또는 해양경찰청장이 정하여 고시한다.

제21조(범인검거 등 공로자 보상금의 지급 절차 등) ① 경찰청장등은 보상금 지급사유가 발생한 경우에는 **직권**으로

또는 보상금을 지급받으려는 사람의 신청에 따라 소속 보상금심사위원회의 심사·의결을 거쳐 보상금을 지급한다. 25 2차, 25 경찰특공대

제21조의2(범인검거 등 공로자 보상금의 환수절차) ② 법 제11조의3제6항에서 "대통령령으로 정한 기한"이란 제1항에 따른 통지일부터 40일 이내의 범위에서 경찰청장등이 정하는 기한을 말한다. 25 경간(경위공채)

제22조(범인검거 등 공로자 보상금의 지급 등에 필요한 사항) 제18조부터 제21조까지 및 제21조의2에서 규정한 사항 외에 보상금의 지급 등에 필요한 사항은 경찰청장 또는 해양경찰청장이 정하여 고시한다.

■ 범인검거 등 공로자 보상에 관한 규정(경찰청 고시)

제6조(보상금의 지급 기준) ① 시행령 제20조에 따른 보상금 지급기준은 다음 각 호와 같다. 18 1차
  1. 사형, 무기징역 또는 무기금고, 장기 10년 이상의 징역 또는 금고에 해당하는 범죄 : 500만원 이하
  2. 장기 10년 미만의 징역 또는 금고에 해당하는 범죄 : 300만원 이하
  3. 장기 5년 미만의 징역 또는 금고, 장기 10년 이상의 자격정지 또는 벌금형 : 100만원 이하

제9조(보상금 이중 지급의 제한) 보상금 지급 심사·의결을 거쳐 지급이 이루어진 이후에는 동일한 사건에 대하여 보상금을 지급할 수 없다. 다만, 해당 사건의 추가 범인 검거 또는 추가 증거 확보 등에 있어 현저한 공로가 있다고 인정되는 경우에는 특별검거보상금을 제외하고 제6조제1항 각 호 및 별표에 따른 보상금의 지급기준에서 추가 지급할 수 있다. 18 1차

제10조(보상금의 배분 지급) 범인검거 등 공로자가 2명 이상인 경우에는 각자의 공로, 당사자 간의 분배 합의 등을 감안해서 배분하여 지급할 수 있다. 18 1차

19) 소송지원

제11조의4(소송 지원) 경찰청장과 해양경찰청장은 경찰관이 제2조 각 호에 따른 직무의 수행으로 인하여 민·형사상 책임과 관련된 소송을 수행할 경우 변호인 선임 등 소송 수행에 필요한 지원을 할 수 있다. 22 1차, 23 2차, 25 경찰특공대

20) 직무수행으로 인한 형의 감면

제11조의5(직무 수행으로 인한 형의 감면) 다음 각 호의 범죄가 행하여지려고 하거나 행하여지고 있어 타인의 생명·신체에 대한 위해 발생의 우려가 명백하고 긴급한 상황에서, 경찰관이 그 위해를 예방하거나 진압하기 위한 행위 또는 범인의 검거 과정에서 경찰관을 향한 직접적인 유형력 행사에 대응하는 행위를 하여 그로 인하여 타인에게 피해가 발생한 경우, 그 경찰관의 직무수행이 불가피한 것이고 필요한 최소한의 범위에서 이루어졌으며 해당 경찰관에게 고의 또는 중대한 과실이 없는 때에는 그 정상을 참작하여 형을 감경하거나 면제할 수 있다. 23 2차
  1. 「형법」 제2편제24장 살인의 죄, 제25장 상해와 폭행의 죄, 제32장 강간과 추행의 죄 중 강간(강제추행X)에 관한 범죄, 제38장 절도와 강도의 죄 중 강도(절도X)에 관한 범죄 및 이에 대하여 다른 법률에 따라 가중처벌하는 범죄 25 2차
  2. 「가정폭력범죄의 처벌 등에 관한 특례법」에 따른 가정폭력범죄, 「아동학대범죄의 처벌 등에 관한 특례법」에 따른 아동학대범죄(스토킹범죄X) 25 2차

21) 벌칙

제12조(벌칙) 이 법에 규정된 경찰관의 의무를 위반하거나 직권을 남용하여 다른 사람에게 해를 끼친 사람은 **1년 이하의 징역이나 금고 또는 300만원 이하의 벌금**에 처한다. 10·12 2차, 15 3차, 17 승진, 17 경간

[경찰관 무기(총기) 사용관련 판례] 12 1차·승진

1. 경찰관이 신호위반을 이유로 정지명령에 불응하고 도주하던 차량에 탑승한 동승자를 추격하던 중 수차례에 걸쳐 경고하고 공포탄을 발사했음에도 불구하고 계속 도주하자 실탄을 발사하여 사망케 한 경우, 위 총기사용 행위는 허용범위를 벗어난 위법행위이다.(대판 98다61470) 24 경간
2. 경찰관의 무기 사용이 특히 사람에게 위해를 가할 위험성이 큰 권총의 사용에 있어서는 그 요건을 더욱 엄격하게 판단하여야 한다.(대판 98다63445) 24 경간
3. 경찰관이 길이 40cm 가량의 칼로 반복적으로 위협하며 도주하는 차량 절도 혐의자를 추적하던 중, 도주하기 위하여 등을 돌린 혐의자의 몸 쪽을 향하여 약 2m 거리에서 실탄을 발사하여 혐의자를 복부관통상으로 사망케 한 경우, 경찰관의 총기사용은 사회통념상 허용범위를 벗어난 **위법**행위이다.(대판 98다63445) 24 경간

[경찰작용에 대한 판례] 24 경간

1. 경찰관이 구체적 상황에 비추어 인적 및 물적 능력의 범위 내에서 적절한 조치라는 판단에 따라 범죄의 진압 및 수사에 관한 직무를 수행한 경우에는 그러한 직무수행이 객관적 정당성을 상실하여 현저하게 불합리한 것으로 인정되지 않는 한 이를 위법하다고 할 수는 없다.
2. 주거지에서 음악 소리를 크게 내거나 큰 소리로 떠들어 이웃을 시끄럽게 하는 행위는 「경범죄 처벌법」 제3조 제1항 제21호에서 경범죄로 정한 '인근소란 등'에 해당하고, 경찰관은 「경찰관직무집행법」에 따라 경범죄에 해당하는 행위를 예방·진압·수사하고, 필요한 경우 제지할 수 있다.

■ **경찰 물리력 행사의 기준과 방법에 관한 규칙(경찰청 예규)** 20 1차, 21·24 특공대

제1장 총 칙

1.1. 목적
이 규칙은 경찰관이 물리력 사용 시 준수하여야 할 기본원칙, 물리력 사용의 정도, 각 물리력 수단의 사용 한계 및 유의사항을 규정함으로써 국민과 경찰관의 생명·신체를 보호하고 인권을 보장하며 경찰 법집행의 정당성을 확보하는 데에 그 목적이 있다. 20 1차, 23 특공대

1.2. 경찰 물리력의 정의
경찰 물리력이란 범죄의 예방과 제지, 범인 체포 또는 도주 방지, 자신이나 다른 사람의 생명·신체 방어 및 보호, 공무집행에 대한 항거 제지 등 경찰목적을 달성하기 위해 경찰권발동의 대상자(이하 '대상자')에 대해 행해지는 일체의 신체적, 도구적 접촉(경찰관의 현장 임장, 언어적 통제 등 직접적인 신체 접촉 전 단계의 행위들도 포함한다)을 말한다.

1.3. 경찰 물리력 사용 3대 원칙
경찰관은 경찰목적을 실현함에 있어 적합하고 필요하며 상당한 수단을 선택함으로써 그 목적과 수단 사이에 합리적인 비례관계가 유지되도록 하여야 하며, 특히 물리력을 사용할 필요가 있는 경우 다음 원칙을 준수하여야 한다.

1.3.1. 객관적 합리성의 원칙
경찰관은 자신이 처해있는 사실과 상황에 비추어 합리적인 현장 경찰관의 관점에서 가장 적절한 물리력을 사용하여야 하며, 이를 위해 범죄의 종류, 피해의 경중, 위해의 급박성, 저항의 강약, 대상자와 경찰관의 수, 대상자가 소지한 무기의 종류 및 무기 사용의 태양, 대상자의 신체 및 건강 상태, 도주여부, 현장 주변의 상황 등을 종합적으로 고려하여야 한다.

1.3.2. 대상자 행위와 물리력 간 상응의 원칙
경찰관은 대상자의 행위에 따른 위해의 수준을 계속 평가·판단하여 필요최소한의 수준으로 **물리력을 높이거나 낮추어서** 사용하여야 한다.

1.3.3. 위해감소노력 우선의 원칙
경찰관은 현장상황이 안전하고 시간적 여유가 있는 경우에는 대상자가 야기하는 **위해 수준을 떨어뜨려** 보다 덜 위험한 물리력을 통해 상황을 종결시킬 수 있도록 노력하여야 한다. 다만, 이러한 노력이 오히려 상황을 악화시킬 가능성이 있거나 급박한 경우에는 이 원칙을 적용하지 않을 수 있다.

1.4. 경찰 물리력 사용 시 유의사항
1.4.1. 경찰관은 경찰청이 공인한 물리력 수단을 사용하여야 한다.
1.4.2. 경찰관은 성별, 장애, 인종, 종교 및 성정체성 등에 대한 **선입견을 가지고 차별적으로 물리력을 사용하여서는 아니 된다.** 20 1차
1.4.3. 경찰관은 대상자의 신체 및 건강상태, 장애유형 등을 고려하여 물리력을 사용하여야 한다. 23 특공대
1.4.4. 경찰관은 이미 경찰목적을 달성하여 더 이상 **물리력을 사용할 필요가 없는 경우에는 물리력 사용을 즉시 중단하여야 한다.** 20 1차
1.4.5. 경찰관은 대상자를 징벌하거나 복수할 목적으로 물리력을 사용하여서는 아니 된다. 23 특공대
1.4.6. 경찰관은 오직 상황의 빠른 종결이나, 직무수행의 편의를 위한 목적으로 물리력을 사용하여서는 아니 된다. 23 특공대

제2장 대상자 행위와 경찰 물리력 사용의 정도

▶ 정리 20·23·24 1차, 21 특공대, 23 경채

대상자의 행위	경찰의 물리력 사용정도
순응	2.2.1. **협조적 통제** '순응' 이상의 상태인 대상자에 대해 사용할 수 있는 물리력 수준으로서, 대상자의 협조를 유도하거나 협조에 따른 물리력을 말한다. 그 종류는 다음과 같다. 가. 현장 임장 나. 언어적 통제 다. 체포 등을 위한 수갑 사용 라. 안내·체포 등에 수반한 신체적 물리력
소극적 저항	2.2.2. **접촉 통제** 23 1차 '소극적 저항' 이상의 상태인 대상자에 대해 사용할 수 있는 물리력 수준으로서, 대상자 신체 접촉을 통해 경찰목적 달성을 강제하지만 신체적 부상을 야기할 가능성은 극히 낮은 물리력을 말한다. 그 종류는 다음과 같다. 가. 신체 일부 잡기·밀기·잡아끌기, 쥐기·누르기·비틀기

	나. 경찰봉 양 끝 또는 방패를 잡고 대상자의 신체에 안전하게 밀착한 상태에서 대상자를 특정 방향으로 밀거나 잡아당기기
적극적 저항	2.2.3. **저위험 물리력** 23 1차, 23 경채 '적극적 저항' 이상의 상태인 대상자에 대해 사용할 수 있는 물리력 수준으로서, 대상자가 통증을 느낄 수 있으나 신체적 부상을 당할 가능성은 낮은 물리력을 말한다. 그 종류는 다음과 같다. 가. 목을 압박하여 제압하거나 관절을 꺾는 방법, 팔·다리를 이용해 움직이지 못하도록 조르는 방법, 다리를 걸거나 들쳐 매는 등 균형을 무너뜨려 넘어뜨리는 방법, 대상자가 넘어진 상태에서 움직이지 못하게 위에서 눌러 제압하는 방법 나. 분사기 사용(다른 저위험 물리력 이하의 수단으로 제압이 어렵고, 경찰관이나 대상자의 부상 등의 방지를 위해 필요한 경우)
폭력적 공격	2.2.4. **중위험 물리력** 23 경채 '폭력적 공격' 이상의 상태의 대상자에 대해 사용할 수 있는 물리력 수준으로서, 대상자에게 신체적 부상을 입힐 수 있으나 생명·신체에 대한 중대한 위해 발생 가능성은 낮은 물리력을 말한다. 그 종류는 다음과 같다. 가. 손바닥, 주먹, 발 등 신체부위를 이용한 가격 나. 경찰봉으로 중요부위가 아닌 신체 부위를 찌르거나 가격 다. 방패로 강하게 압박하거나 세게 미는 행위 라. 전자충격기 사용
치명적 공격	2.2.5. **고위험 물리력** 23 1차 가. '치명적 공격' 상태의 대상자로 인해 경찰관 또는 제3자의 생명·신체에 급박하고 중대한 위해가 초래될 가능성이 있는 경우 최후의 수단으로 사용할 수 있는 물리력 수준으로서, 대상자의 사망 또는 심각한 부상을 초래할 수 있는 물리력을 말한다. 나. 경찰관은 대상자의 '치명적 공격' 상황에서도 현장상황이 급박하지 않은 경우에는 낮은 수준의 물리력을 우선적으로 사용하여 상황을 종결시킬 수 있도록 노력하여야 한다. 다. '고위험 물리력'의 종류는 다음과 같다. 　1) 권총 등 총기류 사용 　2) 경찰봉, 방패, 신체적 물리력으로 대상자의 신체 중요 부위 또는 급소 부위 가격, 대상자의 목을 강하게 조르거나 신체를 강한 힘으로 압박하는 행위

8. 행정조사기본법 ★★

경찰수사에는 행정조사기본법이 적용되지 않고, 형사소송법이 적용된다. 22 2차

> **제2조(정의)** 이 법에서 사용하는 용어의 정의는 다음과 같다.
> 1. **"행정조사"**란 행정기관이 정책을 결정하거나 직무를 수행하는 데 필요한 정보나 자료를 수집하기 위하여 현장조사·문서열람·시료채취 등을 하거나 조사대상자에게 보고요구·자료제출요구 및 출석·진술요구를 행하는 활동을 말한다.
>
> **제3조(적용범위)** ① 행정조사에 관하여 다른 법률에 특별한 규정이 있는 경우를 제외하고는 이 법으로 정하는

바에 따른다.
② 다음 각 호의 어느 하나에 해당하는 사항에 대하여는 이 법을 적용하지 아니한다.
1. 행정조사를 한다는 사실이나 조사내용이 공개될 경우 국가의 존립을 위태롭게 하거나 국가의 중대한 이익을 현저히 해칠 우려가 있는 국가안전보장·통일 및 외교에 관한 사항
5. 조세·형사·행형 및 보안처분에 관한 사항

제4조(행정조사의 기본원칙) ① 행정조사는 조사목적을 달성하는데 **필요한 최소한의 범위** 안에서 실시하여야 하며, 다른 목적 등을 위하여 조사권을 남용하여서는 아니 된다.(비례의 원칙과 과잉금지의 원칙을 규정하고 있음)
② 행정기관은 조사목적에 적합하도록 조사대상자를 선정하여 행정조사를 실시하여야 한다.
③ 행정기관은 유사하거나 동일한 사안에 대하여는 공동조사 등을 실시함으로써 행정조사가 중복되지 아니하도록 하여야 한다.
④ 행정조사는 법령등의 위반에 대한 처벌보다는 법령등을 준수하도록 유도하는 데 중점을 두어야 한다.
⑤ 다른 법률에 따르지 아니하고는 **행정조사의 대상자 또는 행정조사의 내용을 공표하거나 직무상 알게 된 비밀을 누설하여서는 아니 된다.**
⑥ 행정기관은 행정조사를 통하여 알게 된 정보를 다른 법률에 따라 내부에서 이용하거나 다른 기관에 제공하는 경우를 제외하고는 원래의 조사목적 이외의 용도로 이용하거나 타인에게 제공하여서는 아니 된다.
24 승진

제5조(행정조사의 근거) 행정기관은 **법령등에서 행정조사를 규정하고 있는 경우에 한하여 행정조사를 실시할 수 있다.** 다만, **조사대상자의 자발적인 협조를 얻어 실시하는 행정조사의 경우에는 그러하지 아니하다.**
22 2차

제7조(조사의 주기) 행정조사는 법령등 또는 행정조사운영계획으로 정하는 바에 따라 **정기적으로 실시함을 원칙으로** 한다. 다만, 다음 각 호 중 어느 하나에 해당하는 경우에는 수시조사를 할 수 있다.(다음 각호 생략)

제9조(출석·진술 요구) ③ 출석한 조사대상자가 제1항에 따른 출석요구서에 기재된 내용을 이행하지 아니하여 **행정조사의 목적을 달성할 수 없는 경우를 제외하고는 조사원은 조사대상자의 1회 출석으로 당해 조사를 종결하여야 한다.**

제14조(공동조사) ① 행정기관의 장은 다음 각 호의 어느 하나에 해당하는 행정조사를 하는 경우에는 공동조사를 하여야 한다.
1. 당해 행정기관 내의 **2 이상의 부서가** 동일하거나 유사한 업무분야에 대하여 동일한 조사대상자에게 행정조사를 실시하는 경우
2. 서로 다른 행정기관이 대통령령으로 정하는 분야에 대하여 동일한 조사대상자에게 행정조사를 실시하는 경우

제15조(중복조사의 제한) ① 제7조에 따라 정기조사 또는 수시조사를 실시한 행정기관의 장은 **동일한 사안에 대하여 동일한 조사대상자를 재조사 하여서는 아니 된다.** 다만, 당해 행정기관이 이미 조사를 받은 조사대상자에 대하여 위법행위가 의심되는 새로운 증거를 확보한 경우에는 그러하지 아니하다.
② 행정조사를 실시할 행정기관의 장은 행정조사를 실시하기 전에 다른 행정기관에서 동일한 조사대상자에게 동일하거나 유사한 사안에 대하여 행정조사를 실시하였는지 여부를 확인할 수 있다.

제17조(조사의 사전통지) ① 행정조사를 실시하고자 하는 행정기관의 장은 제9조에 따른 출석요구서, 제10조에 따른 보고요구서·자료제출요구서 및 제11조에 따른 현장출입조사서(이하 "출석요구서등"이라 한다)를 조사개시 **7일** 전까지 조사대상자에게 **서면**으로 통지하여야 한다. 다만, 다음 각 호의 어느 하나에 해당하는 경우에는 행정조사의 개시와 동시에 출석요구서등을 조사대상자에게 제시하거나 행정조사의 목적 등을 조사대상자에게 **구두**로 통지할 수 있다. 22 2차

1. 행정조사를 실시하기 전에 관련 사항을 미리 통지하는 때에는 증거인멸 등으로 **행정조사의 목적을 달성할 수 없다고 판단되는 경우**
2. 「통계법」 제3조제2호에 따른 지정통계의 작성을 위하여 조사하는 경우
3. 제5조 단서에 따라 **조사대상자의 자발적인 협조를 얻어 실시하는 행정조사의 경우** 24 승진

제18조(조사의 연기신청) ① 출석요구서등을 통지받은 자가 천재지변이나 그 밖에 대통령령으로 정하는 사유로 인하여 행정조사를 받을 수 없는 때에는 당해 행정조사를 연기하여 줄 것을 행정기관의 장에게 요청할 수 있다.

② 제1항에 따라 연기요청을 하고자 하는 자는 연기하고자 하는 기간과 사유가 포함된 연기신청서를 행정기관의 장에게 제출하여야 한다.

③ 행정기관의 장은 제2항에 따라 **행정조사의 연기요청을 받은 때에는 연기요청을 받은 날부터 7일** 이내에 조사의 연기 여부를 결정하여 조사대상자에게 통지하여야 한다.

제20조(자발적인 협조에 따라 실시하는 행정조사) ① 행정기관의 장이 제5조 단서에 따라 조사대상자의 자발적인 협조를 얻어 행정조사를 실시하고자 하는 경우 조사대상자는 문서·전화·구두 등의 방법으로 당해 행정조사를 거부할 수 있다.

② 제1항에 따른 행정조사에 대하여 **조사대상자가 조사에 응할 것인지에 대한 응답을 하지 아니하는 경우에는 법령등에 특별한 규정이 없는 한 그 조사를 거부**한 것으로 본다.

제24조(조사결과의 통지) 행정기관의 장은 법령등에 특별한 규정이 있는 경우를 제외하고는 행정조사의 **결과를 확정한 날부터 7일** 이내에 그 결과를 조사대상자에게 통지하여야 한다.

🔊 관련판례

1. 국가경찰공무원이 도로교통법 규정에 따라 호흡측정 또는 혈액 검사 등의 방법으로 운전자가 술에 취한 상태에서 운전하였는지를 조사하는 것은, 수사기관과 경찰행정조사자의 지위를 겸하는 주체가 형사소송에서 사용될 증거를 수집하기 위한 **수사로서의 성격을 가짐과 아울러** 교통상 위험의 방지를 목적으로 하는 운전면허 정지·취소의 행정처분을 위한 자료를 수집하는 **행정조사의 성격을 동시에 가지고 있다고 볼 수 있다.**(대판 2014두46850) 24 승진

2. 고용보험법상 '실업인정대상기간 중의 취업 사실'에 대한 **행정조사 절차에는 수사 절차에서의 진술거부권 고지의무에 관한 「형사소송법」 규정이 준용되지 않는다.** 24 승진

9. 행정기본법 ★★★

제2조(정의) 이 법에서 사용하는 용어의 뜻은 다음과 같다.
1. "**법령등**"이란 다음 각 목의 것을 말한다.
   가. 법령 : 다음의 어느 하나에 해당하는 것
      1) **법률 및 대통령령·총리령·부령**
      2) **국회규칙·대법원규칙·헌법재판소규칙·중앙선거관리위원회규칙 및 감사원규칙**
      3) 1) 또는 2)의 위임을 받아 중앙행정기관(「정부조직법」 및 그 밖의 법률에 따라 설치된 중앙행정기관을 말한다. 이하 같다)의 장, 국회의장, 대법원장, 헌법재판소장, 중앙선거관리위원회위원장, 감사원장 등이 정한 훈령·예규 및 고시 등 행정규칙
   나. 자치법규 : 지방자치단체의 **조례** 및 **규칙**
2. "**행정청**"이란 다음 각 목의 자를 말한다.
   가. 행정에 관한 의사를 결정하여 표시하는 **국가 또는 지방자치단체의 기관**
   나. 그 밖에 법령등에 따라 행정에 관한 의사를 결정하여 표시하는 권한을 가지고 있거나 **그 권한을 위임 또는 위탁받은 공공단체 또는 그 기관이나 사인**(私人)
3. "**당사자**"란 처분의 상대방을 말한다.
4. "**처분**"이란 **행정청이 구체적 사실에 관하여 행하는 법 집행**으로서 공권력의 행사 또는 그 거부와 그 밖에 이에 준하는 행정작용을 말한다.
5. "**제재처분**"이란 법령등에 따른 의무를 위반하거나 이행하지 아니하였음을 이유로 당사자에게 의무를 부과하거나 권익을 제한하는 처분을 말한다. 다만, **제30조제1항 각 호에 따른 행정상 강제는** 제외한다.

제6조(행정에 관한 기간의 계산) ① 행정에 관한 **기간의 계산**에 관하여는 이 법 또는 다른 법령등에 특별한 규정이 있는 경우를 제외하고는 「**민법**」**을 준용한다.**
② 법령등 또는 처분에서 **국민의 권익을 제한하거나 의무를 부과하는 경우** 권익이 제한되거나 의무가 지속되는 **기간의 계산은 다음 각 호의 기준에 따른다.** 다만, 다음 각 호의 기준에 따르는 것이 **국민에게 불리한 경우에는 그러하지 아니하다.**
1. 기간을 일, 주, 월 또는 연으로 정한 경우에는 기간의 첫날을 산입**한다.**
2. **기간의 말일이 토요일 또는 공휴일인 경우에도 기간은 그 날로 만료한다.**

제7조(법령등 시행일의 기간 계산) 법령등(훈령·예규·고시·지침 등을 포함한다. 이하 이 조에서 같다)의 시행일을 정하거나 계산할 때에는 다음 각 호의 기준에 따른다.
1. 법령등을 공포한 날(훈령·예규·고시·지침 등은 고시·공고 등의 방법으로 발령한 날을 말한다. 이하 이 조에서 같다)부터 시행하는 경우에는 **공포한 날을 시행일로 한다.**
2. 법령등을 공포한 날부터 일정 기간이 경과한 날부터 시행하는 경우 법령등을 **공포한 날을 첫날에 산입하지 아니한다.**
3. 법령등을 공포한 날부터 일정 기간이 경과한 날부터 시행하는 경우 그 기간의 말일이 **토요일 또는 공휴일인 때에는 그 말일로 기간이 만료한다.**

제7조의2(행정에 관한 나이의 계산 및 표시) 행정에 관한 나이는 다른 법령등에 특별한 규정이 있는 경우를 제외하고는 출생일을 **산입하여**(산입하지 아니하고X) **만**(滿) **나이로 계산하고, 연수**(年數)**로 표시한다.** 다만, 1세에 이르지

아니한 경우에는 월수(月數)로 표시할 수 있다. 23 2차

제8조(법치행정의 원칙) 행정작용은 **법률에 위반되어서는 아니 되며**, 국민의 권리를 제한하거나 의무를 부과하는 경우와 그 밖에 국민생활에 중요한 영향을 미치는 경우에는 **법률에 근거하여야 한다.**

제9조(평등의 원칙) 행정청은 **합리적 이유 없이 국민을 차별하여서는 아니 된다.** (자기구속의 원칙은 명시하고 있지 않음) 23 승진

제10조(비례의 원칙) 행정작용은 다음 각 호의 원칙에 따라야 한다. 23 승진
 1. 행정목적을 달성하는 데 **유효하고 적절할 것**
 2. 행정목적을 달성하는 데 **필요한 최소한도에 그칠 것**
 3. 행정작용으로 인한 **국민의 이익** 침해가 그 행정작용이 의도하는 **공익보다 크지 아니할 것** 23 2차

제12조(신뢰보호의 원칙) ① 행정청은 공익 또는 제3자의 이익을 현저히 해칠 우려가 있는 경우를 제외하고는 행정에 대한 국민의 정당하고 합리적인 신뢰를 보호하여야 한다. 22 1차
 ② 행정청은 권한 행사의 기회가 있음에도 불구하고 장기간 권한을 행사하지 아니하여 **국민이 그 권한이 행사되지 아니할 것으로 믿을 만한 정당한 사유가 있는 경우**에는 그 권한을 행사해서는 아니 된다. 다만, 공익 또는 제3자의 이익을 현저히 해칠 우려가 있는 경우는 예외로 한다. 22 1차, 23 승진, 23 2차

제13조(부당결부금지의 원칙) 행정청은 행정작용을 할 때 상대방에게 해당 행정작용과 **실질적인 관련이 없는 의무를 부과해서는 아니 된다.** 23 승진, 23 2차

제14조(법 적용의 기준) ① 새로운 법령등은 법령등에 특별한 규정이 있는 경우를 제외하고는 그 법령등의 효력 발생 전에 완성되거나 종결된 사실관계 또는 법률관계에 대해서는 적용되지 아니한다. (소급적용금지의 원칙)
 ② **당사자의 신청에 따른 처분**은 법령등에 특별한 규정이 있거나 처분 당시의 법령등을 적용하기 곤란한 특별한 사정이 있는 경우를 제외하고는 **처분 당시**의 법령등에 따른다.
 ③ 법령등을 위반한 행위의 성립과 이에 대한 **제재처분**은 법령등에 특별한 규정이 있는 경우를 제외하고는 법령등을 위반한 **행위 당시**의 법령등에 따른다. 다만, 법령등을 **위반한 행위** 후 법령등의 변경에 의하여 그 행위가 법령등을 위반한 행위에 해당하지 아니하거나 제재처분 기준이 **가벼워진 경우**로서 해당 법령등에 특별한 규정이 없는 경우에는 **변경된 법령등**을 적용한다.

제15조(처분의 효력) 처분은 권한이 있는 기관이 취소 또는 철회하거나 기간의 경과 등으로 소멸되기 전까지는 **유효**한 것으로 통용된다. 다만, 무효인 처분은 처음부터 그 효력이 발생하지 아니한다. (공정력)

제17조(부관) ① 행정청은 처분에 **재량이 있는 경우**에는 부관(조건, 기한, 부담, 철회권의 유보 등을 말한다. 이하 이 조에서 같다)을 붙일 수 있다. 23 1차
 ② 행정청은 처분에 재량이 없는 경우에는 **법률에 근거가 있는 경우**에 부관을 붙일 수 있다. 23 1차, 24 2차
 ③ 행정청은 부관을 붙일 수 있는 처분이 다음 각 호의 어느 하나에 해당하는 경우에는 그 **처분을 한 후에도 부관을 새로 붙이거나 종전의 부관을 변경할 수 있다.** 23 1차
 1. 법률에 **근거**가 있는 경우
 2. 당사자의 **동의**가 있는 경우 23 1차

3. 사정이 변경되어 부관을 새로 붙이거나 종전의 부관을 변경하지 아니하면 **해당 처분의 목적을 달성할 수 없다고 인정되는 경우**
④ 부관은 다음 각 호의 요건에 적합하여야 한다.
1. 해당 처분의 목적에 위배되지 아니할 것 23 1차
2. 해당 처분과 **실질적인 관련이 있을 것** 23 1차
3. 해당 처분의 목적을 달성하기 위하여 **필요한 최소한의 범위일 것**

제18조(위법 또는 부당한 처분의 취소) ① 행정청은 위법 또는 부당한 처분의 전부나 일부를 소급하여 **취소할 수 있다.** 다만, 당사자의 신뢰를 보호할 가치가 있는 등 정당한 사유가 있는 경우에는 장래를 향하여 취소할 수 있다.
② 행정청은 제1항에 따라 **당사자에게 권리나 이익을 부여하는 처분을 취소하려는 경우에는 취소로 인하여 당사자가 입게 될 불이익을 취소로 달성되는 공익과 비교·형량하여야 한다.** 다만, 다음 각 호의 어느 하나에 해당하는 경우에는 그러하지 아니하다.
1. **거짓이나 그 밖의 부정한 방법**으로 처분을 받은 경우
2. 당사자가 처분의 위법성을 알고 있었거나 **중대한 과실로 알지 못한 경우**

제19조(적법한 처분의 철회) ① 행정청은 적법한 처분이 다음 각 호의 어느 하나에 해당하는 경우에는 그 처분의 전부 또는 일부를 **장래를 향하여 철회할 수 있다.**
1. 법률에서 정한 **철회 사유에 해당하게 된 경우**
2. **법령등의 변경이나 사정변경**으로 처분을 더 이상 존속시킬 필요가 없게 된 경우
3. **중대한 공익**을 위하여 필요한 경우
② 행정청은 제1항에 따라 **처분을 철회하려는 경우**에는 철회로 인하여 당사자가 입게 될 불이익을 철회로 달성되는 공익과 비교·형량하여야 한다.

제20조(자동적 처분) 행정청은 법률로 정하는 바에 따라 **완전히 자동화된 시스템**(인공지능 기술을 적용한 시스템을 포함한다)으로 처분을 할 수 있다. 다만, 처분에 재량이 있는 경우는 그러하지 아니하다. 23 2차

제23조(제재처분의 제척기간) ① 행정청은 법령등의 위반행위가 **종료된 날부터 5년이 지나면** 해당 위반행위에 대하여 **제재처분**(인허가의 정지·취소·철회, 등록 말소, 영업소 폐쇄와 정지를 갈음하는 과징금 부과를 말한다. 이하 이 조에서 같다)을 할 수 없다.
③ 행정청은 제1항에도 불구하고 행정심판의 **재결이나 법원의 판결에 따라 제재처분이 취소·철회된 경우에는 재결이나 판결이 확정된 날부터 1년(합의제행정기관은 2년)**이 지나기 전까지는 그 취지에 따른 새로운 제재처분을 할 수 있다.

제27조(공법상 계약의 체결) ① 행정청은 **법령등을 위반하지 아니하는 범위에서** 행정목적을 달성하기 위하여 필요한 경우에는 공법상 법률관계에 관한 계약(이하 "공법상 계약"이라 한다)을 **체결할 수 있다.** 이 경우 계약의 목적 및 내용을 명확하게 적은 **계약서를 작성하여야 한다.**
② 행정청은 공법상 계약의 상대방을 선정하고 계약 내용을 정할 때 공법상 계약의 공공성과 제3자의 이해관계를 고려하여야 한다.

제30조(행정상 강제) ① 행정청은 행정목적을 달성하기 위하여 필요한 경우에는 **법률로 정하는 바에 따라** 필요한

최소한의 범위에서 다음 각 호의 어느 하나에 해당하는 조치를 할 수 있다. 22 경채, 24 1차
1. **행정대집행** : 의무자가 행정상 의무(법령등에서 직접 부과하거나 행정청이 법령등에 따라 부과한 의무를 말한다. 이하 이 절에서 같다)로서 **타인이 대신하여 행할 수 있는 의무를 이행하지 아니하는 경우** 법률로 정하는 다른 수단으로는 그 이행을 확보하기 곤란하고 그 불이행을 방치하면 공익을 크게 해칠 것으로 인정될 때에 행정청이 의무자가 하여야 할 행위를 스스로 하거나 제3자에게 하게 하고 그 비용을 의무자로부터 징수하는 것
2. **이행강제금의 부과** : 의무자가 행정상 의무를 이행하지 아니하는 경우 행정청이 적절한 이행기간을 부여하고, 그 기한까지 행정상 의무를 이행하지 아니하면 금전급부의무를 부과하는 것
3. **직접강제** : 의무자가 행정상 의무를 이행하지 아니하는 경우 행정청이 의무자의 신체나 재산에 실력을 행사하여 그 행정상 의무의 이행이 있었던 것과 같은 상태를 실현하는 것 25 1차
4. **강제징수** : 의무자가 행정상 의무 중 **금전급부의무를 이행하지 아니하는 경우** 행정청이 의무자의 재산에 실력을 행사하여 그 행정상 의무가 실현된 것과 같은 상태를 실현하는 것 25 1차
5. **즉시강제** : 현재의 급박한 행정상의 장해를 제거하기 위한 경우로서 다음 각 목의 어느 하나에 해당하는 경우에 행정청이 곧바로 국민의 신체 또는 재산에 실력을 행사하여 행정목적을 달성하는 것 25 1차
   가. 행정청이 미리 행정상 의무 이행을 명할 **시간적 여유가 없는 경우**
   나. 그 성질상 행정상 의무의 이행을 명하는 것만으로는 **행정목적 달성이 곤란한 경우**

제31조(이행강제금의 부과) ⑤ 행정청은 의무자가 행정상 의무를 이행할 때까지 이행강제금을 반복하여 부과할 수 있다. 다만, 의무자가 의무를 이행하면 새로운 이행강제금의 부과를 즉시 중지하되, 이미 부과한 이행강제금은 징수하여야 한다. 24·25 1차

제36조(처분에 대한 이의신청) ① 행정청의 처분(「행정심판법」 제3조에 따라 같은 법에 따른 행정심판의 대상이 되는 처분을 말한다. 이하 이 조에서 같다)에 이의가 있는 당사자는 처분을 받은 날부터 30일 이내에 해당 행정청에 이의신청을 할 수 있다. 24 1차
② 행정청은 제1항에 따른 이의신청을 받으면 그 신청을 받은 날부터 14일 이내에 그 이의신청에 대한 결과를 신청인에게 통지하여야 한다. 24 1차 다만, 부득이한 사유로 14일 이내에 통지할 수 없는 경우에는 그 기간을 만료일 다음 날부터 기산하여 10일의 범위에서 한 차례 연장할 수 있으며, 연장 사유를 신청인에게 통지하여야 한다.
③ 제1항에 따라 **이의신청을 한 경우에도** 그 이의신청과 관계없이 「행정심판법」에 따른 행정심판 또는 「행정소송법」에 따른 행정소송을 제기할 수 있다. 24 1차
④ 이의신청에 대한 결과를 통지받은 후 **행정심판 또는 행정소송을 제기하려는 자는** 그 결과를 통지받은 날(제2항에 따른 통지기간 내에 결과를 통지받지 못한 경우에는 같은 항에 따른 통지기간이 만료되는 날의 다음 날을 말한다)부터 90일 이내에 제1항의 처분(이의신청 결과 처분이 변경된 경우에는 변경된 처분으로 한다)에 대하여 행정심판 또는 행정소송을 제기할 수 있다. 24 1차

10. 행정절차법 ★★★ 09 승진, 12 경간

제1조(목적) 이 법은 행정절차에 관한 공통적인 사항을 규정하여 국민의 행정 참여를 도모함으로써 행정의 공정성·투명성 및 신뢰성을 확보하고 국민의 권익을 보호함을 목적으로 한다. 25 1차

제2조(정의) 5. "청문"이란 행정청이 어떠한 처분을 하기 전에 당사자등의 의견을 직접 듣고 증거를 조사하는 절차를 말한다.

6. "공청회"란 행정청이 공개적인 토론을 통하여 어떠한 행정작용에 대하여 당사자등, 전문지식과 경험을 가진 사람, 그 밖의 일반인으로부터 의견을 널리 수렴하는 절차를 말한다.

7. "의견제출"이란 행정청이 어떠한 행정작용을 하기 전에 당사자등이 의견을 제시하는 절차로서 청문이나 공청회에 해당하지 아니하는 절차를 말한다.

제3조(적용 범위) ① 처분, 신고, 확약, 위반사실 등의 공표, 행정계획, 행정상 입법예고, 행정예고 및 행정지도(행정조사절차X, 공법상 계약절차X)의 절차(이하 "행정절차"라 한다)에 관하여 다른 법률에 특별한 규정이 있는 경우를 제외하고는 이 법에서 정하는 바에 따른다.

제6조(관할) ① 행정청이 그 관할에 속하지 아니하는 사안을 접수하였거나 이송받은 경우에는 지체 없이 이를 관할 행정청에 이송하여야 하고 그 사실을 신청인에게 통지하여야 한다. 21 해경승진 행정청이 접수하거나 이송받은 후 관할이 변경된 경우에도 또한 같다.

② 행정청의 관할이 분명하지 아니한 경우에는 해당 행정청을 공통으로 감독하는 상급 행정청이 그 관할을 결정하며, 공통으로 감독하는 상급 행정청이 없는 경우에는 각 상급 행정청이 협의하여 그 관할을 결정한다. 25 1차

제8조(행정응원) ① 행정청은 다음 각 호의 어느 하나에 해당하는 경우에는 다른 행정청에 행정응원을 요청할 수 있다. 24 1차

1. **법령등의 이유로** 독자적인 직무 수행이 어려운 경우
2. 인원·장비의 부족 등 **사실상의 이유로** 독자적인 직무 수행이 어려운 경우
3. 다른 행정청에 소속되어 있는 **전문기관의 협조가** 필요한 경우
4. 다른 행정청이 관리하고 있는 문서(전자문서를 포함한다. 이하 같다)·통계 등 **행정자료가 직무 수행을 위하여 필요한 경우**
5. 다른 행정청의 응원을 받아 처리하는 것이 보다 **능률적이고 경제적인 경우**

② 제1항에 따라 행정응원을 요청받은 행정청은 다음 각 호의 어느 하나에 해당하는 경우에는 **응원을 거부할 수 있다.** 24 1차

1. **다른 행정청이 보다 능률적이거나 경제적으로 응원할 수 있는 명백한 이유가 있는 경우**
2. 행정응원으로 인하여 **고유의 직무 수행이 현저히 지장받을 것으로 인정되는 명백한 이유가 있는 경우** 24 1차

⑤ 행정응원을 위하여 **파견된 직원은 응원을 요청한(원 소속X) 행정청의 지휘·감독을 받는다.** 다만, 해당 직원의 복무에 관하여 다른 법령등에 특별한 규정이 있는 경우에는 그에 따른다. 24 1차

⑥ 행정응원에 드는 비용은 **응원을 요청한 행정청이 부담**하며, 그 부담금액 및 부담방법은 응원을 요청한 행정청과 응원을 하는 행정청이 협의하여 결정한다. 21 해경승진, 24 1차

제14조(송달) ① 송달은 우편, 교부 또는 정보통신망 이용 등의 방법으로 하되, 송달받을 자(대표자 또는 대리인을 포함한다. 이하 같다)의 주소·거소·영업소·사무소 또는 전자우편주소(이하 "주소등"이라 한다)로 한다. 다만, **송달받을 자가 동의하는 경우에는 그를 만나는 장소에서 송달할 수 있다.** 25 1차
② 교부에 의한 송달은 수령확인서를 받고 문서를 교부함으로써 하며, 송달하는 장소에서 송달받을 자를 만나지 못한 경우에는 그 사무원·피용자 또는 동거인으로서 사리를 분별할 지능이 있는 사람(이하 이 조에서 "사무원등"이라 한다)에게 문서를 교부할 수 있다. 다만, 문서를 송달받을 자 또는 그 사무원등이 정당한 사유 없이 송달받기를 거부하는 때에는 그 사실을 수령확인서에 적고, 문서를 송달할 장소에 놓아둘 수 있다.
③ **정보통신망을 이용한 송달은 송달받을 자가 동의하는 경우에만 한다.** 이 경우 송달받을 자는 송달받을 전자우편주소 등을 지정하여야 한다.
④ 다음 각 호의 어느 하나에 해당하는 경우에는 송달받을 자가 알기 쉽도록 **관보, 공보, 게시판, 일간신문** 중 하나 이상에 공고하고 인터넷에도 공고하여야 한다.
1. 송달받을 자의 주소등을 통상적인 방법으로 확인할 수 없는 경우
2. 송달이 불가능한 경우

제15조(송달의 효력 발생) ① 송달은 다른 법령등에 특별한 규정이 있는 경우를 제외하고는 해당 문서가 **송달받을 자에게 도달됨으로써 그 효력이 발생**한다.
② 제14조제3항에 따라 정보통신망을 이용하여 전자문서로 송달하는 경우에는 **송달받을 자가 지정한 컴퓨터 등에 입력된 때에 도달**된 것으로 본다.
③ 제14조제4항(공시송달)의 경우에는 다른 법령등에 특별한 규정이 있는 경우를 제외하고는 **공고일부터 14일이 지난 때에 그 효력이 발생**한다. 다만, 긴급히 시행하여야 할 특별한 사유가 있어 효력 발생 시기를 달리 정하여 공고한 경우에는 그에 따른다.

제17조(처분의 신청) ① 행정청에 처분을 구하는 신청은 문서(구두X)로 하여야 한다. 다만, 다른 법령등에 특별한 규정이 있는 경우와 행정청이 미리 다른 방법을 정하여 공시한 경우에는 그러하지 아니하다. 24 2차
② 제1항에 따라 처분을 신청할 때 **전자문서로 하는 경우에는 행정청의 컴퓨터 등에 입력된 때에 신청한 것으로 본다.**
④ 행정청은 신청을 받았을 때에는 **다른 법령등에 특별한 규정이 있는 경우를 제외하고는 그 접수를 보류 또는 거부하거나 부당하게 되돌려 보내서는 아니 되며, 신청을 접수한 경우에는 신청인에게 접수증을 주어야 한다.** 다만, 대통령령으로 정하는 경우에는 접수증을 주지 아니할 수 있다.
⑤ 행정청은 신청에 구비서류의 미비 등 **흠이 있는 경우에는 보완에 필요한 상당한 기간을 정하여 지체 없이 신청인에게 보완을 요구하여야 한다.** 25 2차
⑥ 행정청은 신청인이 제5항에 따른 기간 내에 보완을 하지 아니하였을 때에는 그 이유를 구체적으로 밝혀 접수된 신청을 되돌려 보낼 수 있다.
⑦ **행정청은 신청인의 편의를 위하여 다른 행정청에 신청을 접수하게 할 수 있다.** 이 경우 행정청은 다른 행정청에 접수할 수 있는 신청의 종류를 미리 정하여 공시하여야 한다.
⑧ **신청인은 처분이 있기 전에는 그 신청의 내용을 보완·변경하거나 취하할 수 있다.** 다만, 다른 법령등에 특별한 규정이 있거나 그 신청의 성질상 보완·변경하거나 취하할 수 없는 경우에는 그러하지 아니하다.

제19조(처리기간의 설정·공표) ① 행정청은 신청인의 편의를 위하여 처분의 처리기간을 종류별로 미리 정하여 공표하여야 한다.

② 행정청은 부득이한 사유로 제1항에 따른 처리기간 내에 처분을 처리하기 곤란한 경우에는 해당 처분의 처리기간의 범위에서 **한 번만 그 기간을 연장할 수 있다.**

③ 행정청은 제2항에 따라 처리기간을 연장할 때에는 처리기간의 연장 사유와 처리 예정 기한을 지체 없이 신청인에게 통지하여야 한다.

④ 행정청이 정당한 처리기간 내에 처리하지 아니하였을 때에는 신청인은 해당 행정청 또는 그 감독 행정청에 **신속한 처리를 요청할 수 있다.(없다X)** 24 2차

제20조(처분기준의 설정·공표) ① 행정청은 필요한 처분기준을 해당 처분의 성질에 비추어 되도록 **구체적으로 정하여 공표하여야 한다.** 처분기준을 변경하는 경우에도 또한 같다.

③ 제1항에 따른 **처분기준을 공표하는 것이** 해당 처분의 성질상 현저히 곤란하거나 공공의 안전 또는 **복리를 현저히 해치는 것으로 인정될 만한 상당한 이유가 있는 경우에는 처분기준을 공표하지 아니할 수 있다.**

④ 당사자등은 공표된 처분기준이 명확하지 아니한 경우 해당 행정청에 그 해석 또는 설명을 요청할 수 있다. 이 경우 해당 행정청은 특별한 사정이 없으면 그 요청에 따라야 한다.

제21조(처분의 사전 통지) ① 행정청은 당사자에게 **의무를 부과하거나 권익을 제한하는 처분을 하는 경우에는 미리 다음 각 호의 사항을 당사자등에게 통지하여야 한다.**

3. 처분하려는 원인이 되는 사실과 처분의 내용 및 법적 근거

② 행정청은 청문을 하려면 **청문이 시작되는 날부터 10일 전까지** 제1항 각 호의 사항을 **당사자등에게 통지하여야 한다.** 이 경우 제1항제4호부터 제6호까지의 사항은 청문 주재자의 소속·직위 및 성명, 청문의 일시 및 장소, 청문에 응하지 아니하는 경우의 처리방법 등 청문에 필요한 사항으로 갈음한다.

③ 제1항제6호에 따른 기한은 **의견제출에 필요한 기간을 10일 이상으로 고려하여 정하여야 한다.** 24 2차

④ 다음 각 호의 어느 하나에 해당하는 경우에는 제1항에 따른 **통지를 하지 아니할 수 있다.**

1. 공공의 안전 또는 복리를 위하여 긴급히 처분을 할 필요가 있는 경우 25 2차
2. 법령등에서 요구된 자격이 없거나 없어지게 되면 반드시 일정한 처분을 하여야 하는 경우에 그 **자격이 없거나 없어지게 된 사실이 법원의 재판 등에 의하여 객관적으로 증명된 경우**
3. 해당 처분의 성질상 **의견청취가 현저히 곤란하거나 명백히 불필요**하다고 인정될 만한 상당한 이유가 있는 경우

제22조(의견청취) ① 행정청이 처분을 할 때 다음 각 호의 어느 하나에 해당하는 경우에는 **청문을 한다.** 23 1차

1. **다른 법령등에서 청문을 하도록 규정**하고 있는 경우
2. **행정청이 필요하다고 인정**하는 경우
3. 다음 각 목의 처분을 하는 경우(당사자 신청 필요X)
   가. **인허가 등의 취소** 24 2차
   나. **신분·자격의 박탈**
   다. **법인이나 조합 등의 설립허가의 취소**

② 행정청이 처분을 할 때 다음 각 호의 어느 하나에 해당하는 경우에는 **공청회를 개최한다.** 23 1차

1. 다른 법령등에서 **공청회를 개최하도록 규정**하고 있는 경우
2. 해당 처분의 영향이 **광범위하여 널리 의견을 수렴할 필요가 있다고** 행정청이 인정하는 경우 23 1차
3. 국민생활에 큰 영향을 미치는 처분으로서 대통령령으로 정하는 처분에 대하여 대통령령으로 정하는 수 이상의 당사자등이 공청회 개최를 요구하는 경우

⑤ 행정청은 청문·공청회 또는 의견제출을 거쳤을 때에는 신속히 처분하여 해당 처분이 지연되지 아니하도록 하여야 한다. 25 2차

⑥ 행정청은 처분 후 **1년(2년X)** 이내에 당사자등이 요청하는 경우에는 청문·공청회 또는 의견제출을 위하여 제출받은 서류나 그 밖의 물건을 **반환하여야 한다.(반환할 수 있다X)** 25 2차

제23조(처분의 이유 제시) ① 행정청은 처분을 할 때에는 다음 각 호의 어느 하나에 해당하는 경우를 제외하고는 당사자에게 그 근거와 이유를 제시하여야 한다.
1. 신청 내용을 **모두 그대로 인정**하는 처분인 경우
2. **단순·반복적**인 처분 또는 **경미한** 처분으로서 당사자가 그 이유를 명백히 알 수 있는 경우
3. **긴급히** 처분을 할 필요가 있는 경우

② 행정청은 제1항제2호 및 제3호의 경우에 처분 후 당사자가 요청하는 경우에는 그 근거와 이유를 제시하여야 한다.

제24조(처분의 방식) ① 행정청이 처분을 할 때에는 다른 법령등에 특별한 규정이 있는 경우를 제외하고는 **문서**로 하여야 하며, 다음 각 호의 어느 하나에 해당하는 경우에는 **전자문서로 할 수 있다.** 25 1차
1. 당사자등의 **동의**가 있는 경우
2. 당사자가 전자문서로 처분을 신청한 경우

② 제1항에도 불구하고 **공공의 안전 또는 복리**를 위하여 긴급히 처분을 할 필요가 있거나 사안이 경미한 경우에는 말, 전화, 휴대전화를 이용한 문자 전송, 팩스 또는 전자우편 등 문서가 아닌 방법으로 처분을 할 수 있다. 이 경우 당사자가 요청하면 지체 없이 처분에 관한 문서를 주어야 한다.

제27조(의견제출) ① 당사자등은 처분 전에 그 처분의 관할 행정청에 **서면**이나 **말** 또는 **정보통신망**을 이용하여 의견제출을 할 수 있다.

제27조의2(제출 의견의 반영 등) ① 행정청은 처분을 할 때에 당사자등이 제출한 의견이 상당한 이유가 있다고 인정하는 경우에는 이를 **반영하여야** 한다.

② 행정청은 당사자등이 제출한 의견을 반영하지 아니하고 처분을 한 경우 당사자등이 **처분이 있음을 안 날부터 90일** 이내에 그 이유의 설명을 요청하면 **서면**으로 그 이유를 알려야 한다. 다만, 당사자등이 동의하면 말, 정보통신망 또는 그 밖의 방법으로 알릴 수 있다.

제28조(청문 주재자) ① 행정청은 **소속 직원** 또는 대통령령으로 정하는 자격을 가진 사람 중에서 청문 주재자를 공정하게 선정하여야 한다.

② 행정청은 다음 각 호의 어느 하나에 해당하는 처분을 하려는 경우에는 청문 주재자를 2명 이상으로 선정할 수 있다. 이 경우 선정된 청문 주재자 중 1명이 청문 주재자를 대표한다.
1. 다수 국민의 이해가 상충되는 처분
2. 다수 국민에게 불편이나 부담을 주는 처분

3. 그 밖에 전문적이고 공정한 청문을 위하여 행정청이 청문 주재자를 2명 이상으로 선정할 필요가 있다고 인정하는 처분

③ 행정청은 청문이 시작되는 날부터 7일 전까지 청문 주재자에게 청문과 관련한 필요한 자료를 미리 통지하여야 한다.

④ 청문 주재자는 독립하여 공정하게 직무를 수행하며, 그 직무 수행을 이유로 본인의 의사에 반하여 신분상 어떠한 불이익도 받지 아니한다.

⑤ 제1항 또는 제2항에 따라 선정된 **청문 주재자**는 「**형법**」이나 그 밖의 다른 법률에 따른 벌칙을 적용할 때에는 공무원으로 본다.

제30조(청문의 공개) 청문은 당사자가 공개를 **신청**하거나 청문 주재자가 **필요**하다고 인정하는 경우 공개할 수 있다. 다만, 공익 또는 제3자의 정당한 이익을 현저히 해칠 우려가 있는 경우에는 공개하여서는 아니 된다.

제35조의2(청문결과의 반영) 행정청은 처분을 할 때에 제35조제4항에 따라 받은 청문조서, 청문 주재자의 의견서, 그 밖의 관계 서류 등을 충분히 검토하고 상당한 이유가 있다고 인정하는 경우에는 **청문결과를 반영하여야** 한다.

제37조(문서의 열람 및 비밀유지) ① 당사자등은 의견제출의 경우에는 처분의 사전 통지가 있는 날부터 의견제출기한까지, 청문의 경우에는 청문의 통지가 있는 날부터 청문이 끝날 때까지 행정청에 해당 사안의 조사결과에 관한 문서와 그 밖에 해당 처분과 관련되는 문서의 열람 또는 복사를 요청할 수 있다. 이 경우 행정청은 다른 법령에 따라 공개가 제한되는 경우를 제외하고는 그 요청을 거부할 수 없다.

제38조(공청회 개최의 알림) 행정청은 공청회를 개최하려는 경우에는 **공청회 개최 14일 전까지** 다음 각 호의 사항을 당사자등에게 통지하고 관보, 공보, 인터넷 홈페이지 또는 일간신문 등에 공고하는 등의 방법으로 널리 알려야 한다. 다만, 공청회 개최를 알린 후 **예정대로 개최하지 못하여 새로 일시 및 장소 등을 정한 경우에는 공청회 개최 7일 전까지** 알려야 한다.(다음 각 호 생략)

제43조(예고기간) 입법예고기간은 예고할 때 정하되, **특별한 사정이 없으면** 40일(자치법규는 20일) 이상으로 한다.

제46조(행정예고) ③ 행정예고기간은 예고 내용의 성격 등을 고려하여 정하되, 20일 **이상**으로 한다.

④ 제3항에도 불구하고 행정목적을 달성하기 위하여 긴급한 필요가 있는 경우에는 행정예고기간을 단축할 수 있다. 이 경우 **단축된 행정예고기간은** 10일 **이상**으로 한다.

제48조(행정지도의 원칙) ① 행정지도는 그 목적 달성에 필요한 최소한도에 그쳐야 하며, 행정지도의 상대방의 의사에 반하여 부당하게 강요하여서는 아니 된다. 22 1차

② 행정기관은 행정지도의 **상대방이 행정지도에 따르지 아니하였다는 것을 이유로 불이익한 조치를 하여서는** 아니 된다. 22 1차

제49조(행정지도의 방식) ① 행정지도를 하는 자는 그 상대방에게 그 행정지도의 취지 및 내용과 신분을 밝혀야 한다.

② 행정지도가 말로 이루어지는 경우에 상대방이 제1항의 사항을 적은 서면의 교부를 요구하면 그 행정지도를

하는 자는 직무 수행에 특별한 지장이 없으면 이를 교부하여야 한다. 22 1차

제50조(의견제출) 행정지도의 상대방은 해당 행정지도의 방식·내용 등에 관하여 행정기관에 의견제출을 할 수 있다. 22 1차

제51조(다수인을 대상으로 하는 행정지도) 행정기관이 같은 행정목적을 실현하기 위하여 많은 상대방에게 행정지도를 하려는 경우에는 특별한 사정이 없으면 행정지도에 공통적인 내용이 되는 사항을 공표하여야 한다.

제 5 절 경찰행정작용

1. 경찰처분(경찰상 행정행위) ★★★

1. 시험승진후보자명부에서의 삭제행위는 결국 그 명부에 등재된 자에 대한 승진 여부를 결정하기 위한 **행정청 내부의 준비과정에 불과**하고, 그 자체가 어떠한 권리나 의무를 설정하거나 법률상 이익에 직접적인 변동을 초래하는 별도의 **행정처분이 된다고 할 수 없다.**(대판 97누7325) 22 2차
2. 구청장의 주민등록번호 변경신청 거부행위는 항고소송의 대상이 되는 **행정처분에 해당한다.**(대판 2013두2945) 22 2차
3. 경찰청장의 횡단보도 설치 기본계획 수립 – 행정처분X(처분성 부정) 22 2차
4. 국유재산의 관리청이 그 무단점유자에 대하여 하는 변상금부과처분은 순전히 사경제 주체로서 행하는 사법상의 법률행위라 할 수 없고 이는 관리청이 공권력을 가진 우월적 지위에서 행한 것으로서 **행정소송의 대상이 되는 행정처분이라고 보아야 한다.**(대판 87누1046,1047) 23 2차
5. 원천징수의무자가 비록 과세관청과 같은 행정청이라 하더라도 그의 원천징수행위는 법령에서 규정된 징수 및 납부의무를 이행하기 위한 것에 불과한 것이지, 공권력의 행사로서의 **행정처분을 한 경우에 해당되지 아니한다.**(대판 89누4789) 23 2차
6. 국립 교육대학 학생에 대한 퇴학처분은 행정처분이다.(대판 91누 2144) 23 2차

행정행위의 종류에는 **법률행위적 행정행위**(하명, 허가, 면제)와 준법률행위적 행정행위(확인, 공증, 통지, 수리)가 있다.

(1) 법률행위적 행정행위

개념		행정청의 의사표시를 구성요소로 하고, 표시된 의사에 따라 법적효과가 발생하는 행위를 말한다.
종류 21 경간	명령적 행정행위	국민에게 의무를 부과하거나 그 의무를 해제하는 행정행위로서 하명, 허가, 면제가 있다.
	형성적 행정행위	국민에 대하여 본래 가지고 있지 않은 새로운 특수한 권리, 능력, 기타 법률상 힘을 발생·변경·소멸시키는 행정행위로 특허, 인가, 대리가 있다.

1) 명령적 행정행위 - 하명

개념	① 경찰목적을 위하여 국가의 일반통치권에 의거 개인에게 특정한 **작위·부작위·수인** 또는 **급부**의 의무를 명하는 법률적 행정행위를 말한다. 20 승진, 21 경간, 23 승진, 23 1차 ② 경찰관의 수신호나 교통신호등의 신호도 경찰하명에 해당한다. 21 경간, 22 2차

종류	작위하명, 부작위하명, 급부하명, 수인하명이 있다. 16 경간
	① **작위하명** : 적극적으로 어떠한 행위를 하도록 의무를 명하는 하명(사체신고의무, 화재신고의무 등)
	② **부작위하명** : 소극적으로 어떠한 행위를 하지 아니할 의무를 명하는 하명으로 '**금지**'라 부르기도 한다.(공공시설에서 공중의 건강을 위하여 흡연행위를 금지) 10·20 승진, 23 1차
	
	   절대적 금지 : 청소년에게 술이나 담배판매금지, 마약매매금지, 인신매매금지, 불량(부패)식품 판매금지처럼 절대 해제가 허용되지 않는 금지 16·21 경간
	   상대적 금지 : 건축금지, 주차금지구역의 지정, **유흥업소 영업금지**처럼 해제가 허용되는 금지 21 경간
	
	③ **급부하명** : 금전 또는 물품의 **급부 의무**를 과하는 하명(세금부과처분, 면허시험 수수료 납부의무부과, 대집행 비용징수 등)
	④ **수인하명** : 경찰권 발동으로 인하여 자신의 신체·재산에 가하여지는 사실상의 **침해를 받아들여야 하는 의무**
	(청소년 관람불가 판정을 받은 영화를 상영하고 있는 극장에 경찰관이 내부 확인을 위하여 출입할 때, 상대방이 받게 되는 하명) 07 채용
	
	[기출지문] 24 경간
	  가. 「경찰관 직무집행법」 제4조의 강제보호조치 대상자에 대한 응급을 요하는 구호조치에 따른 **수인 의무는 하명이다.**
	  나. 대간첩 지역이나 국가중요시설에 대한 접근제한명령이나 통행제한명령은 **부작위의무를 명하는 행위로서 하명이다.**
	  다. 「경찰관 직무집행법」 제5조 제1항 제3호의 관계인에게 '필요한 조치를 하게 하는 것'은 상대방이 필요한 조치를 하도록 명하는 행위도 작위의무를 명하는 행위로 **하명의 성질을 갖는다.**
	  라. 도로교통법위반에 의한 과태료납부의무는 **급부하명으로 하명이다.**

대상	사실행위(교통장애물 제거)일수도 있고, 법률행위(무허가 음식판매 금지)인 경우도 있다.
형식	① **법규하명** : 직접 법률 또는 명령에 의하여 **구체적인 행정행위의 존재를 요하지 않고** 법령의 규정만으로 일정한 경찰하명의 효과를 발생하게 하는 것(집회신고의무) 21 경행 ② **처분하명** : 법령에 근거한 **구체적인 행정행위에 의해** 의무를 명하는 경우 특정인에 대하여 개별적으로 행해지는 것이 보통이나 불특정다수인에 대하여 일반적으로 행해지는 경우도 있다.
효과	① 원칙 : 그 **수명자에게만** 발생 07 채용, 10 승진, 16 경간 ② 예외 : 대물적 하명의 경우에는 그 대상인 **물건에 대한 법적 지위를 승계한 자**에게도 그 효과가 미친다. 07 채용, 10 승진 ③ 상대방은 행정주체에 대하여만 의무를 이행할 책임이 있고 그 외의 제3자에 대하여 법상의무를 부담하는 것은 아니다. 19 채용

위반의 효과	① 경찰의무 불이행의 경우 경찰상의 강제집행이 행해질 수 있음 10 승진, 19 채용 ② 경찰 위반의 경우 경찰벌이 과하여 짐 10 승진, 19 채용 ③ 경찰하명에 위반하여 이루어진 행위는 원칙적으로 그 법적 효력에는 아무런 영향을 받지 않는다. 영업정지 명령에 위반하여 영업을 계속하였을 경우라도 당해 영업에 대한 거래행위의 효력이 부인되는 것은 아니다. 하명에 위반한 행위의 사법상의 효과에는 아무런 영향도 미치지 않는다. 10 승진, 21 경간, 21 경행, 23 1차
구제	① 원칙 : 적법한 하명인 경우에는 수명자는 수인의무를 지므로 손실보상을 청구할 수 없음 ② 예외 : 경찰상 적법한 행위로 수명자 또는 책임 없는 제3자에게 '특별한 희생'을 가한 경우에 경찰상 손실보상청구 가능 ③ 위법한 하명으로 인하여 권리·이익이 침해된 자는 행정심판, 행정소송을 제기하여 하명의 취소 등을 구하거나 손해배상 청구가능 16 경간, 19 채용, 13 국회 8급, 20 승진, 21 경행, 23 1차
특징	① 하명을 받은 자는 하명을 이행할 공법상의 의무가 발생하며, 위법한 하명은 무효 또는 취소사유가 될 수 있다. 하명이 무효인 경우는 처벌되지 않으며, 저항하더라도 공무집행방해죄가 성립되지 않는다. 21 경행 다만, 취소인 경우에는 하자가 존재하더라도 권한 있는 기관에 의해 취소될 때까지는 공정력에 의해 유효로 추정된다. ② 하명은 관할 구역 내에서만 효과가 발생하지만, 예외적으로 하명의 효과가 관할 구역 밖에까지 미치는 경우도 있다.

2) 명령적 행정행위 – 허가

개념	법령에 의한 일반적·상대적 금지(부작위 의무)를 특정한 경우에 해제하여 적법하게 일정한 행위를 할 수 있게 하는 행정행위로 행정청이 일정한 요건이 구비되면 제한을 해제하여 본래의 자연적 자유를 회복시켜주는 것을 말한다. 07·18 채용, 12·16 경간, 19 승진, 22 2차, 13 경행 (허가는 상대적 금지에만 인정, 절대적 금지는 인정 안됨) 09·18 채용, 19·23 승진
성질	일정한 요건이 구비되면 허가를 해주어야 하는 기속행위 또는 기속재량행위이다. 07 채용
요건	허가는 상대방의 신청(출원)에 의하여 행하여지는 것 09 채용, 12 경간, 22 2차 예외) 신청에 의하지 않고도 행해질 수 있음 – 통행금지해제 07·09·18 채용, 19 승진, 22 2차
형식	법규에 의한 법규허가는 인정되지 않으며, 항상 구체적 처분의 형식으로 이루어진다. 따라서 법규허가는 불가능하다. 12 경간
효과	① 특별한 규정이 없는 한 관계법상의 금지가 해제될 뿐, 타법상의 제한까지 해제되는 것은 아니다. 15 3차 경행, 07 국회 8급, 22 2차 (공무원이 음식점 영업허가를 받은 경우 식품위생법상의 금지만을 해제 받은 것이고, 국가공무원법상의 영리업무까지 해제 받은 것은 아니다.) ② 허가는 원칙적으로 허가받은 지역 내에서만 효력이 있지만, 자동차 운전면허처럼 전국적 효력을 갖는 경우도 있다. 07 국회 8급
유형 09·22 1차	① 대인적 허가 : 사람의 경력·기능·건강 기타 신청인의 개인적 사정을 심사하여 행하여지는 허가로 타인에게 이전되지 않음 (의사면허, 자동차 운전면허 등) ② 대물적 허가 : 타인에게 이전가능 함(주차금지구역 지정 등) ③ 혼합적 허가 : 대인적 허가 + 대물적 허가, 이전성이 제한됨(총포류 제조·판매 허가, 운전면허학원 허가)

	④ 한의사 면허 22 1차
위반 효과	허가는 적법요건이나 유효요건은 아니므로 이를 위반하면 위법하지만, 행위의 효력에는 아무런 영향이 없다.(무효 X) 07·09·18 채용, 10·19 승진, 14 사회복지 9급 → 일반적으로 영업허가를 받지 아니한 상태에서 행한 사법상 법률행위는 유효하다. 22 2차
시점	① 허가는 처분 당시의 법령에 의함(신청 시 X) 09·18 채용, 19 승진, 13 경행, 15 3차 경행 ② 허가신청이 있은 후 그에 대한 결정이 있기 전에 허가기준을 정한 법령이 개정된 경우에는 처분청은 원칙적으로 개정된 법령을 적용하여야 한다는 것이 판례의 입장이다. 14 1차 경행
갱신	① 일반적으로 행정처분에 효력기간이 정하여져 있는 경우에는 그 기간의 경과로 그 행정처분의 효력은 상실되고, 다만 허가에 붙은 기한이 그 허가된 사업의 성질상 부당하게 짧은 경우에는 이를 그 허가 자체의 존속기간이 아니라 그 허가조건의 존속기간으로 볼 수 있다. 09 채용, 14 1차 경행, 18 지방 7급 ② 허가기간이 연장되기 위하여는 그 종기가 도래하기 전에 그 허가기간의 연장에 관한 신청이 있어야 하며, 만일 그러한 연장신청이 없는 상태에서 허가기간이 만료하였다면 그 허가의 효력은 상실된다. 14 1차 경행, 20·21 국가 9급 ③ 허가는 기한의 도래로 실효되는 게 원칙이다. 그러므로 종전 허가의 유효기간이 지나서 다시 기간연 장신청에 대한 허가는 종전의 허가처분을 전제로 하여 단순히 유효기간을 연장하여 주는 행정처분 이라기보다는 종전의 허가처분과는 별도로 새로운 영업허가를 내용으로 하는 행정처분이므로 허가권자는 허가요건의 적합 여부를 새로이 판단하여 허가 여부를 결정하여야 한다. (대판 92누15314) 18 지방 7급

[허가 관련 기출 지문]

① 대물적 허가의 성질을 갖는 석유판매업이 양도된 경우, 양도인에게 허가를 취소할 위법 사유가 있다면 이를 이유로 양수인에게 제재조치를 취할 수 있다.(양도인의 귀책사유는 양수인에게 그 효력이 미친다.) 13 경행, 15 3차 경행
② 허가의 요건은 법령으로 규정되어야 하며, 법령의 근거 없이 행정권이 독자적으로 허가 요건을 추가하는 것은 허용되지 아니한다. 15 3차 경행

3) 명령적 행정행위 - 면제 10 승진, 13 국회 8급

개념	법령에 의하여 일반적으로 부과된 경찰상의 작위·급부·수인의무를 특정한 경우에 해제하여 주는 경찰상의 행정행위를 말한다.(부작위X)
허가와 구별	의무를 해제한다는 면에서는 경찰허가와 성질이 같으나, 경찰허가는 부작위의무를 해제하고, 경 찰면제는 작위·급부·수인의무를 해제한다는 점에서 차이가 있다.

4) 형성적 행정행위

특허	① 특정인에 대하여 새로운 권리를 설정해주는 행정행위로, 설권행위라고 불린다. ② 특허는 재량행위이며, 상대방의 출원(신청)을 요하는 '쌍방적 행정행위'이다. (공유수면매립면허 12 1차 경행, 14 사회복지 9급, 공무원 임명, 광업허가, 어업면허, 개인택시면허 12 1차 경행, 국적법에 따른 귀화허가 18 2차 경행, 출입국관리법에 따른 체류자격변경허가 18 2차 경행, 도시

	및 주거환경정비법에 따른 주택재건축사업조합의 설립인가 18 2차 경행, 도로법에 따른 **도로점용허가** 18 2차 경행, 22 2차 국유재산 등의 관리청이 행정재산의 사용·수익에 대하여 하는 허가 등 22 1차)
인가	① 타인의 법률행위에 **동의**를 부여하여 제3자의 법률행위를 **보충**함으로써 그 법률상의 효과를 완성시키는 행정행위를 말한다. ② **인가 없이** 행해진 법률행위(기본행위)는 **효력이 발생하지 않는다.(무효)** 20 입법고시 (사립학교 임원승인, 재단법인 정관변경허가 22 1차 등) ③ 기본적 법률행위가 무효인 경우에는 인가가 있다 하더라도 기본적 법률행위가 **유효로 되는 것은 아니다.** 20 입법고시
대리	행정주체(국가)가 국민(상대방)을 대신하여 행위를 하고, 그 **법적효과가 국민(상대방)에게 발생**하는 행정행위를 말한다. (압류재산의 공매, 행려병자의 유류품 처분행위 14 사회복지 9급 등)

(2) 준법률행위적 행정행위

개념	행정청의 의사표시 이외의 정신작용(인식, 판단) 등을 구성요소로 하며, **법률규정에 의해서 효과가 발생**하는 행정행위
확인	특정한 사실 또는 법률관계의 존부에 대하여 **의문이나 다툼이 있는** 경우(불확실한 경우)에 행정청이 공적인 권위로 판단하여 확정하는 행위 12 1차 경행 (행정심판의 재결 17 지방 9급 친일귀속재산 국가귀속결정, 국가시험합격자 결정, 선거에 있어 당선인 결정 20 경행 발명특허 14 사회복지 9급 교과서의 검정 14 사회복지 9급 도로구역의 결정 14 사회복지 9급 등)
공증	**의문 또는 다툼이 없는** 사항에 대하여 특정한 사실 또는 법률관계의 존재를 **공적으로 증명하는** 행위 (공적장부(토지대장)의 등기·등재 12 1차 경행, 20 경행 당선증서 및 합격증서 발급, 여권발급, 운전면허증 교부, 건설업 면허증의 재교부 17 지방 9급, 의료유사업자 자격증 갱신발급행위 17 지방 9급, 상표사용권설 정등록행위 17 지방 9급 등)
통지	행정청이 특정인 또는 불특정 다수인에 대해 **특정 사실 또는 의사를 알리는** 행위 (국세징수법에 따른 가산금의 납부 독촉, 특허출원의 공고 17 지방 9급, 20 경행 귀화의 고시 20 경행, 대집행의 계고 20 경행)
수리	타인행위를 행정청이 유효한 행위로 **받아들이는** 행위 (사직서의 수리, 혼인신고 수리 등 각종 원서·신청서를 받아들이는 행위) – 회원모집계획서 제출은 수리를 요하는 신고에서의 신고에 해당하며, 시·도지사 등의 검토결과통보는 수리행위로서 행정처분에 해당한다. 12 1차 경행

2. 행정행위(경찰처분)의 부관 ★★

(1) 일반론

의의	① 행정행위의 효과를 **제한하거나 보충**하기 위하여 **행정청이 주된 행위에 부가**하는 **종된 규율(의사표시)**를 말하는 것으로 주된 처분의 효과를 제한하거나 의무를 부과함으로써 국민의 권리·의무에 영향을 미치는 효과가 있다. 09·14 경간, 23 승진 ② 행정행위의 효과제한이 행정청의 행위가 아니라 직접 법규에 의해서 부여되는 부관인 **법정부관은 부관에 해당하지 않는다.** 21 경간

특징	① **재량행위**, 법률 행위적 행정행위에만 가능하며, **기속행위에는 불가능**하다. 기속행위에 붙인 부관은 **무효**로 본다. 18 국가 7급 ② 법령에 위반되지 않는 한 **법적 근거 없이** 부관을 붙일 수 있다. 14 경간 ③ 부관의 내용은 비례원칙에 반할 수 없으며, **사후부관**은 원칙적으로 **인정되지 않으나**, 예외적으로 법령의 **근거**가 있거나 **상대방(행정청X)의 동의**가 있는 경우, 부담인 경우, **사정변경**으로 인하여 당초에 부담을 부가할 목적을 달성할 수 없게 된 경우에는 사후부관이 가능하다고 보는 제한적 긍정설의 입장이다. 09 경간, 15·16 경행, 13 국가 9급, 18 국가 7급, 20 소방 ④ 기속행위의 경우에도 **법률의 규정이 있으면** 부관을 붙일 수 있다. 15 서울 9급 ⑤ 행정행위의 부관은 **부담의 경우를 제외하고는 독립하여 행정소송의 대상이 될 수 없다.** 13 국가 9급, 23 2차
하자	부관의 하자가 중대하고 명백한 경우에는 무효가 되고, 중대·명백하지 않은 하자의 경우에는 **취소**가 된다. ① **무효인 부관** 　원칙적으로 **부관만 무효**가 된다. 부관이 행정행위의 중요한 본질적 요소라면 예외적으로 전체가 **무효**가 된다. 08 승진 ② **취소인 부관** 　취소되기 전까지는 유효한 행위로 추정되며, 취소되면 소급해서 무효가 된다.

(2) 종류

1) **조건** 08 승진, 24 2차

의의	행정행위의 **효력발생**이나 소멸을 장래의 **불확실한** 사실에 의존하는 부관 08 승진, 24 2차
정지조건	행정행위의 **효력발생**을 장래의 불확실한 사실에 의존하는 부관 14 경간 (시설완성을 조건으로 하는 학교법인 설립허가 12 1차 경행, 도로보수공사 완성을 조건으로 한 자동차 운송사업의 면허 등)
해제조건	행정행위의 **효력소멸**을 장래의 불확실한 사실에 의존하는 부관 14 경간 (건축허가를 하면서 2월 이내에 공사에 착수하지 않으면 효력은 상실한다는 부관) 08 승진, (일정한 기간 내에 공사에 착수할 것을 조건으로 하는 공유수면매립면허) 12 1차 경행, 11 사회복지 9급

→ 조건이 성취되면 당연히 효력의 발생 또는 소멸의 효과가 발생한다.

2) **기한(기간은 부관이 아님)** 20 경행, 10 승진, 24 2차

의의	행정행위의 **효력발생**이나 소멸을 장래의 **확실한** 사실에 의존하는 부관 10 승진, 24 2차
시기	행정행위의 효력발생 기한(**ex** 부터 ~)
종기	행정행위의 효력소멸 기한(**ex** 까지 ~) - 어업면허처분을 함에 있어 그 면허의 유효기간을 1년으로 정한 경우 11 사회복지 9급
확정기한	기한의 도래가 확실한 기한(**ex** 12월 31일까지)
불확정기한	기한의 도래는 확실하나 시점이 정확하지 않은 경우(**ex** 첫눈이 오면)

→ 시기의 도래, 종기의 도래(기한의 성취)가 되면 당연히 효력의 발생 또는 소멸한다.

→ 2012년 2월 25일까지의 도로사용허가 - **기한(기간X)**

> 조건은 법률행위 효력의 발생 또는 소멸을 장래의 불확실한 사실의 성부에 의존하게 하는 법률행위의 부관이다. 반면 장래의 사실이더라도 그것이 장래 반드시 실현되는 사실이면 실현되는 시기가 비록 확정되지 않더라도 이는 기한으로 보아야 한다.(대법원 2018. 6. 28. 선고 2018다201702 판결) 24 2차

3) 부담

의의	행정행위의 주된 내용에 부가하여 그 행정행위의 상대방에게 작위·부작위·수인·급부의무를 부과하는 부관 08 승진 (도로점용허가 시 도로 사용료 납부의무 부과 12 1차 경행, 공장건축허가를 부여하면서 근로자의 정기건강진단의무를 부과 11 사회복지 9급 등)
특징	① 부담은 그 자체가 하나의 독립된 행정행위로 '하명'으로서의 성격을 가지며, 주된 행정행위와 분리가 가능하여 부담만 독립적으로 행정쟁송, 강제집행의 대상이 될 수 있다. 15 경행, 15 서울 9급, 21 경간 ② 부담이 붙은 행정행위는 처음부터 효력이 발생하며, 부담을 이행하지 않더라도 주된 행정행위의 효력이 소멸되는 것은 아니다. 15 서울 9급, 18 지방 7급 ③ 부담에 의해 부과된 의무가 정해진 기간 내에 이행되지 않은 경우, 그때로부터 부담부 행정행위는 당연히 효력을 상실하는 것이 아니라, 행정청의 철회의 의사표시가 있어야 한다. 14 1차 경행, 21 해경승진 ④ 부담은 행정청이 일방적으로 부가할 수도 있으나, 사전에 상대방과 협의하여 부담의 내용을 협약의 형식으로 미리 정한 다음 행정처분을 하면서 이를 부가하는 것도 허용된다. 14 1차 경행
조건과 구별	조건인지 부담인지가 불분명한 경우에는 최소침해의 원칙에 따라 상대방에게 유리한 부담으로 해석한다. 21 경간, 20 소방

4) 철회권의 유보

의의	특정한 사유가 발생한 경우에 행정행위를 철회할 수 있는 권리를 유보하는 부관 (숙박업영업허가를 하면서 윤락행위알선하면 허가를 철회하겠다.) 08 승진, 09 경간
특징	① 철회권이 유보된 경우에도 철회에 관한 일반적 요건이 구비되어야 한다. 13 국가 9급 ② 철회사유가 발생하더라도 당연히 효력이 소멸되는 것이 아니라, 행정청의 철회의 의사표시가 있어야 효력이 소멸한다. ③ 행정청이 종교단체에 대하여 기본재산전환인가를 함에 있어 인가조건을 부가하고 그 불이행시 인가를 취소할 수 있도록 한 경우, 인가조건의 의미는 철회권을 유보한 것이라고 보았다.(대법원 2003. 5. 30. 선고 2003다6422 판결) 24 2차

5) 법률효과의 일부배제

의의	행정행위의 주된 내용에 부가하여 법령에 일반적으로 그 행위에 부여하고 있는 법률효과의 일부 발생을 배제하는 부관 14 경간 (택시 영업 허가 시 격일제 운행, 공유수면매립준공인가 중 매립지 일부에 대하여 한 국가귀속처분 11 사회복지 9급)
특징	법률에 규정된 효과를 일부 배제하는 것이므로 법령에 명시적 근거 필요

6) 수정부담

의의	상대방이 신청한 것과 다르게 행정행위의 내용을 정하는 부관 21 경간 (A도로 통행허가 신청에 대해 B도로 통행을 허가한 경우)
특징	상대방이 동의를 해야 효력이 발생한다. 14·21 경간

3. 행정행위의 효력 ★

(1) 확정력(존속력)

불가쟁력 (형식적 확정력)	① 쟁송기간의 경과 또는 쟁송절차가 종료된 경우 더 이상 행정행위의 효력을 다툴 수 없게 되는 것을 말한다. ② 쟁송기간이 경과하여 불가쟁력이 발생한 경우라도 행정청은 직권으로 이를 취소할 수 있다. 08 지방 9급 ③ 하자가 중대·명백하여 무효인 행정행위는 쟁송기간의 제한을 받지 않으므로 불가쟁력이 발생하지 않는다. 따라서 불가쟁력은 하자가 취소사유인 경우에만 인정된다. 08 지방 9급
불가변력 (실질적 존속력)	① 행정행위를 한 행정청 자신도 직권으로 당해 행정행위를 취소·변경·철회할 수 없는 효력을 말한다. ② 무효인 행정행위에는 불가변력이 인정되지 않는다.
양자의 관계	① 불가쟁력은 행정의 객체(상대방, 이해관계인)를 제한하는 힘이며, 불가변력은 행정의 주체를 제한하는 힘으로 양자는 상호 독립적이다. ② 따라서 불가쟁력이 발생했다하더라도 불가변력이 발생하지 않는 한 행정청은 행정행위를 취소할 수 있으며, 불가변력이 발생했다하더라도 불가쟁력이 발생하기 전에는 행정쟁송을 통해 다툴 수 있다.

(2) 공정력

	행정행위가 하자가 있는 경우라도 그 하자가 중대하고 명백하여 당연 무효가 아닌 한, 권한 있는 기관에 의하여 취소될 때까지 상대방 또는 이해관계인들이 그의 효력을 부인할 수 없는 힘 - 적법성 추정X, 유효성 추정O → 따라서 무효인 처분은 처음부터 효력이 발생하지 않으므로 공정력이 인정되지 않음(취소인 행정행위에 대해서만 인정된다.)
의의	① 민사소송에 있어서 어느 행정처분의 당연무효 여부가 선결 문제로 되는 때에는 이를 판단하여 당연무효임을 전제로 판결할 수 있고 반드시 행정소송 등의 절차에 의하여 그 취소나 무효확인을 받아야 하는 것은 아니다. ② 과세처분이 당연무효라고 볼 수 없는 한 과세처분에 취소할 수 있는 위법사유가 있다 하더라도 그 과세처분은 행정행위의 공정력 또는 집행력에 의하여 그것이 적법하게 취소되기 전까지는 유효하다 할 것이므로, 민사소송절차에서 그 과세처분의 효력을 부인할 수 없다. 25 1차, 19 경행 cf. 조세부과처분이 무효임을 이유로 이미 납부한 세금의 반환을 청구하는 민사소송에서 법원은 그 조세부과처분이 무효라는 판단과 함께 세금을 반환하라는 판결을 할 수 있다. 22 지방직 ③ 연령미달의 결격자 甲이 타인(자신의 형)의 이름으로 운전면허시험에 응시, 합격하여 교부받은 운전면허라 하더라도 당연무효는 아니고, 당해 면허가 취소되지 않는 한 유효하므로, 甲의

| | 운전행위는 무면허운전죄에 해당하지 않는다. 19 경행, 25 1차
④ 위법한 행정대집행이 완료되면 그 처분의 무효확인 또는 취소를 구할 소의 이익은 없다 하더라도, 미리 그 행정처분의 취소판결이 있어야만, 그 행정처분의 위법임을 이유로 한 손해배상 청구를 할 수 있는 것은 아니다.(대판 72다337 판결) 25 1차 |
|---|---|
| 선결 문제 | 행정행위의 위법 여부 또는 효력 유무가 행정소송 외에 **다른 소송사건**(민사재판, 형사재판)에서 선결문제로 된 경우, 당해 법원이 스스로 그 위법 또는 효력 유무를 판단할 수 있는 지에 관한 문제이다. |
| | 민사 재판 | ① 위법성 여부
　당해 법원은 위법성 여부에 대해 **판단 가능**
② 효력 여부
　무효사유 – 공정력이 없으므로, 당해 법원은 무효사유 판단 가능
　취소사유 – 공정력이 있으므로, 당해 법원은 취소사유 판단 불가 |
| | 형사 재판 | ① 위법성 여부
　당해 법원은 위법성 여부에 대해 **판단 가능**
② 효력 여부
　무효사유 – 공정력이 없으므로, 당해 법원은 무효사유 판단 가능
　취소사유 – 공정력이 있으므로, 당해 법원은 취소사유 판단 불가 |

4. 행정행위의 하자 ★

의의	행정행위가 성립요건·효력요건을 갖추지 못해 완전한 효력을 발생하지 못한 것
종류	하자 있는 행정행위에는 **위법**하며, 정도에 따라 **무효**인 행정행위와 **취소**할 수 있는 행정행위로 나눌 수 있다.
구별	**중대·명백설**(통설, 판례) 하자가 **중대하고 명백**한 경우 **무효**이며, **그 외의 하자**인 경우 **취소**사유이다.
무효	① 하자가 **중대하고 명백**하여 **처음부터 효력을 발생하지 않는** 행정행위를 말한다. ② 따라서 무효인 하명에 대해서는 처음부터 효력이 없으므로 의무에 **위반**하거나 **불이행해도 경찰벌**이나 경찰상 경찰강제의 대상이 되지 않는다. ③ 공정력이 인정되지 않으며, 불가쟁력이 발생하지 않는다. 무효인 하자는 하자의 승계가 인정되며, 무효인 하자는 전환만 인정된다.
취소	① 행정행위가 성립할 때 하자(흠)가 있음에도 **일단 유효**한 행정행위로 통용되어 다른 국가기관 또는 상대방을 기속하고, 권한 있는 기관에 의해 취소되기까지는 공정력에 의해 유효한 행정행위로 인정받지만, 취소되면 **소급하여 효력을 상실**하게 된다. ② 취소되기 전까지는 일단 유효한 행정행위이므로 이를 **위반**하거나 **불이행**하면 **경찰벌이나 경찰강제의 대상**이 될 수 있다. ③ 공정력이 인정되며, 불가쟁력이 발생한다. 취소는 원칙적으로 하자의 승계가 인정되지 않으며, 하자에 대해서 치유만 인정된다.
철회	**하자 없이** 성립한 행정행위(유효한 행정행위)의 효력을 성립 후 발생한 새로운 사정(후발적 사유) 을 이유로 **장래를 향하여 효력을 소멸**시키는 행위 21 해경승진

치유	① 무효인 하자는 처음부터 효력이 발생하지 않으므로 치유의 문제가 발생하지 않기에 **하자의 치유는 취소할 수 있는 하자의 경우에 인정**된다. ② 하자가 치유되면 당해 행정행위 발령 당시로 **소급하여 효력이 발생**한다.
전환	① **하자 있는 행정행위를 적법한 다른 행정행위로 유지시키는 것을 의미함**, 전환 시 새로운 행위가 되며, 기존의 행위를 적법한 행위로 만들어 주는 치유와 차이가 있다.(사망자에 대한 허가의 효력을 상속인에게 전환해 주는 것) ② **무효인 행정행위에만 인정**되고, 취소사유인 행정행위에는 인정되지 않는다.

승계	① 하자의 승계란 둘 이상의 행정행위가 연속적으로 행해지는 경우, **위법한 선행행위에 대해 불가쟁력이 발생**하여 효력을 다툴 수 없게 되었을 때 **선행행위가 위법함을 이유로 후행행위의 위법성을 주장할 수 있는 지**에 대한 문제를 말한다.
	② 요건
	1. 선행행위와 후행행위가 모두 **항고소송의 대상**이 될 것.
	2. 후행행위에는 **하자가 없을 것**.
	3. 선행행위에 **불가쟁력이 발생**할 것.
	4. 선행행위에 **취소사유인 하자가 존재**할 것
	③ 인정여부(원칙)
	1. 선행행위가 **무효**인 하자는 무조건 후행행위에 **승계**된다.
	2. 선행행위가 **취소사유**인 하자는 경우
	    ㉠ 선행행위와 후행행위가 **독립**하여 **별개**의 법적효과를 목적으로 하는 경우에는 하자가 **승계되지 않음**
	    ㉡ 선행행위와 후행행위가 **결합**하여 **하나**의 법적효과를 완성하는 경우에는 하자가 **승계됨**
	④ 예외(승계인정)
	판례는 **예측가능성과 수인가능성이 없는** 경우 선행행위와 후행행위가 서로 **독립**하여 **별개**의 효과를 목적으로 하는 경우에도 **선행행위의 위법을 후행행위에 주장할 수 있도록** 판시하고 있다.
	- 하자의 승계 판례
	
	| 하자의 승계를 인정
		하자의 승계를 부정

① 대집행절차(계고·통지·실행·비용징수) 상호 간 10 2차, 15 3차 경행, 17 경행 ② 개별공시지가결정과 과세처분 10 2차 ③ 독촉과 체납처분(압류-매각-청산) ④ 귀속재산의 임대처분과 후행매각처분 ⑤ 한지의사시험자격결정인정과 한지의사면허처분 ⑥ 안경사국가시험합격무효처분과 안경사면허취소처분 10 2차, 15 1차 경행, 15 3차 경행 ⑦ 친일반민족행위자 결정과 독립유공자 예우에 관한 법률에 의한 법적용 배제결정 15 3차 경행 ⑧ 표준공시지가결정과 수용재결처분 15 1차 경행, 17 경행	① 건물철거명령과 대집행계고처분 14 1차 경행 ② 과세처분과 체납처분 15 3차 경행 ③ 표준공시지가결정과 과세처분 ④ 표준공시지가결정과 개별토지가격결정 ⑤ 공무원의 직위해제처분과 직권면직처분 10 승진, 14·15 1차 경행, 15 3차 경행, 17 경행 ⑥ 대학원에서의 수강거부처분과 수료처분 10 2차 ⑦ 구 토지수용법상의 사업인정과 토지수용재결 ⑧ 보충역 편입처분과 공익근무요원소집처분 15 1차 경행 ⑨ 도시계획결정과 수용재결 15 1차 경행 ⑩ 토지등급의 설정 또는 수정처분과 과세처분 15 1차 경행	

[하자관련 기출지문]

1. 경찰공무원법에 규정되어 있는 경찰관 임용 결격사유는 경찰관으로 임용되기 위한 절대 적인 소극적 요건으로서 임용 당시 경찰관 임용 결격사유가 있었다면 비록 임용권자의 과실에 의하여 임용결격자임을 밝혀내지 못하였다 하더라도 그 임용행위는 **당연무효**이다.(대법원 2005. 7. 28. 선고 2003두469 판결) 18 2차 경행, 24 2차, 25 1차

2. 판례는 무효인 행정행위가 취소소송의 제소요건을 갖추는 경우라도 **취소소송의 형식으로 소를 제기가능**하다는 입장이다. 14 경행

3. 임면권자가 아닌 국가정보원장이 5급 이상의 국가정보원직원에 대하여 한 의원면직처분이라하여 당연무효로 볼 수 없다. 14 경행, 24 2차

4. 적법한 건축물에 대한 철거명령이 그 하자가 중대하고 명백하여 당연무효일 경우, 그 후행행위인 건축물 철거 대집행 계고처분 역시 **당연무효**이다. 14 2차 경행, 16 국가 7급, 25 1차

5. **계고처분의 후속절차인 대집행에 위법이 있다고 하더라도, 그와 같은 후속절차에 위법성이 있다는 점을 들어 선행절차인 계고처분이 부적법하다는 사유로 삼을 수는 없다.** 16 국가 7급

6. 적법한 권한 위임 없이 세관출장소장에 의하여 행하여진 관세부과처분 → 취소사유 15 지방 9급

7. 행정청이 청문서 도달기간을 다소 어겼다하더라도 영업자가 이에 대하여 이의하지 아니한 채 스스로 청문일에 출석하여 그 의견을 진술하고 변명하는 등 방어의 기회를 충분히 가졌다면 청문서 도달기간을 준수하지 아니한 하자는 치유되었다고 봄이 상당하다.(대판 92누2844)

8. 운전면허에 대한 정지처분권한은 경찰청장으로부터 경찰서장에게 권한위임된 것이므로 음주운전자를 적발한 단속 경찰관으로서는 관할 경찰서장의 명의로 운전면허정지처분을 대행처리할 수 있을지는 몰라도 자신의 명의로 이를 할 수는 없다 할 것이므로, 단속 경찰관이 자신의 명의로 운전면허행정처분통지서를 작성·교부하여 행한 운전면허정지처분은 비록 그 처분의 내용·사유·근거"등이 기재된 서면을 교부하는 방식으로 행하여졌다고 하더라도 권한 없는 자에 의하여 행하여진 점에서 무효의 처분에 해당한다.(대법원 1997. 5. 16. 선고 97누2313 판결) 24 2차

9. 행정절차에 관한 일반법인 행정절차법은 제24조 제1항에서 "행정청이 처분을 할 때에는 다른 법령 등에 특별한 규정이 있는 경우를 제외하고는 문서로 하여야 하며, 전자문서로 하는 경우에는 당사자 등의 동의가 있어야 한다. 다만 신속히 처리할 필요가 있거나 사안이 경미한 경우에는 말 또는 그 밖의 방법으로 할 수 있다."라고 정하고 있다. 이 규정은 처분내용의 명확성을 확보하고 처분의 존부에 관한 다툼을 방지하여 처분상대방의 권익을 보호하기 위한 것이므로, 이를 위반한 처분은 하자가 중대·명백하여 무효이다.(대법원 2019. 7. 11. 선고 2017두38874 판결) 24 2차

10. 하자 있는 행정처분이 당연무효가 되기 위하여는 그 하자가 법규의 중요한 부분을 위반한 중대한 것으로서 객관적으로 명백한 것이어야 하며, 하자가 중대하고 명백한 것인지 여부를 판별함에 있어서는 그 법규의 목적, 의미·기능 등을 목적론적으로 고찰함과 동시에 구체적 사안 자체의 특수성에 관하여도 합리적으로 고찰함을 요한다. 25 1차

5. 경찰상 의무이행(실효성) 확보수단 ★★★ 12·20 경간, 21 승진, 23 경채

전통적 의무이행 확보수단	경찰강제	즉시강제		직접적 의무이행 확보수단
		강제집행	대집행	
			직접강제	
			강제징수	
			집행벌 (이행강제금)	
	경찰벌	경찰형벌 : 형법에 규정		
		경찰질서벌 : 과태료		
새로운 의무이행 확보수단	① 금전상 제재 - 과징금, 가산금(가산세 : 법규에서 정한 의무의 불이행에 대한 제재, 가산금 : 납부의무이행지연에 따른 연체 이자적 성격) [과징금 : 행정법상 의무를 위반한 자에 대하여 당해 위반행위로 얻게 된 경제적 이익을 박탈하기 위한 목적으로 부과하는 금전적인 제재이다.] 23 1차 ② 경찰상공표 - 명단공개 ③ 수익적 행정행위의 취소·철회 ④ 취업제한 ⑤ 공급 거부(수도법 상의 단수처분) 12 지방 7급 ⑥ 관허사업의 제한(세금납부의무 불이행에 따른 영업의 인허가의 거부·정지) 12 지방 7급 ⑦ 국외여행의 제한			간접적 의무이행 확보수단

(1) 행정강제(경찰강제)

1) 강제집행 22 1차

경찰하명에 대한 **의무의 불이행**에 대하여 경찰권이 강제적으로 **의무를 이행**시키거나 이행한 것과 동일한 상태를 실현시키는 작용을 말한다. 종류로는 **대집행, 집행벌(이행강제금), 강제징수, 직접강제**가 있다. 12·13 경행

① 경찰상의 강제집행의 실정법적 근거로는 「경찰관 직무집행법」이 유일하다.(X) 23 경간
→ 「행정대집행법」, 「국세징수법」이 있으며, 여러 개별법에 근거가 있다.

대집행	① 개념 타인이 대신하여 행할 수 있는 의무(**대체적 작위의무**)를 이행하지 않을 경우에 **당해 행정청이 의무자가 하여야 할 행위를 스스로 하거나 제3자에게 하게하고, 그 비용을 의무자로부터 징수하는 것**을 말한다. 11·18·20 승진, 21 1차 - 무허가건물의 철거 명령을 받고도 이를 불이행하는 사람의 불법건축물을 철거하는 것 22 2차 ② 근거 대집행에 관한 일반법으로 **행정대집행법**이 있다. 21 1차 작위의무를 부과한 행정처분의 법적 근거가 있다고 하더라도 행정대집행처럼 **집행행위에도 별도의 법적 근거가 요구된다.** 22 2차, 23 경간

③ 주체
1. 의무를 부과한 **당해 행정청**(감독청은 대집행권을 가지지 않는다.)
2. 당해 행정청의 위임이 있으면 위임을 받은 **수임청**
3. 행정청을 대신하여 대집행을 하는 제3자는 대집행의 주체가 아니다.

④ 요건
1. 공법상 의무의 불이행이 있을 것(사법상 의무의 불이행은 대집행 대상X)
2. 타인이 대신하여 행할 수 있는 의무(대체적 작위의무)이어야 함
   (의무자만이 이행할 수 있는 토지나 건물의 인도의무 등은 대집행 대상X)
3. 다른 수단으로 그 이행을 확보하기 **곤란할 것**(보충성의 원칙)
4. 불이행을 방치함이 **심히 공익을 해할 것으로 인정될 때**

⑤ 절차 14·21 경간, 12 1차 경행
대집행의 계고 → 대집행영장에 의한 통지 → 대집행의 실행 → 비용징수

1. 계고
① 대집행을 하려함에 있어서는 **상당한 이행 기한을 정하여** 그 기한까지 이행되지 아니할 때에는 대집행을 한다는 뜻을 미리 **문서(구두X)**로써 계고하여야 한다.
② 비상시 또는 위험이 절박한 경우 **계고를 할 여유가 없을 때에는 계고절차를 생략할 수 있다.**

2. 통지
① 의무자가 계고를 받고 지정기한까지 그 의무를 이행하지 아니할 때에는 당해 행정청은 대집행영장으로써 대집행을 할 시기, 대집행을 시키기 위하여 파견하는 집행책임자의 성명과 대집행에 요하는 비용의 계산에 의한 견적액을 **의무자에게 통지**하여야 한다.
② 비상시 또는 위험이 절박한 경우 **계고를 할 여유가 없을 때에는 계고절차를 생략할 수 있다.**

3. 실행
① 의무자가 지정된 기한까지 의무를 이행하지 않는 경우에 **당해 행정청이 스스로 또는 제3자로 하여금 의무이행을 실현시키는 것**을 말한다.
② 행정대집행의 경우 행정청이 직접 의무를 이행하고 비용을 징수할 수 있고, **제3자에(견인업자)의해서도 집행될 수 있다.** 22 2차
③ **해가 뜨기 전이나 해가 진 후에는 대집행을 하여서는 아니 된다.** 다만, 의무자가 동의한 경우나 해가 지기 전에 대집행을 착수한 경우에는 허용

4. 비용징수
대집행에 요한 비용의 징수에 있어서는 실제에 요한 비용액과 그 납기일을 정하여 **의무자에게 문서로써 그 납부를 명하여야 한다.** 대집행에 요한 비용은 국세징수법의 예에 의하여 징수할 수 있다. 16 지방 9급

집행벌	① 개념	이행강제금이라고도 하며, **부작위의무** 또는 주로 **비대체적 작위의무**를 이행하지 아니하는 경우에 의무의 이행을 **간접적**으로 강제하기 위해 과하는 **금전적 부담**이다. 11·18 승진, 14 경간 전통적으로 이행강제금은 부작위의무나 비대체적 작위의무에 대한 강제집행수단으로 이해되어 왔으나, **이행강제금은 대체적 작위의무의 위반에 대하여도 부과될 수 있다**는 것이 판례이다.(2001헌바80)
	② 성질	– 이행강제금은 과거 의무 위반에 대한 제재로써의 행정벌이 아니라, **의무이행확보수단**이라는 점에서 행정벌, 질서벌과는 다르다. 따라서 **과태료나 행정벌과 병과할 수 있다.** 21 승진 – 의무이행 시까지 **반복적 부과가 가능**하다. 20·21 승진, 19 서울 7급 – 이행강제금 납부의무는 일신전속적인 성격을 갖기 때문에 승계가 가능하지 않다. 따라서 **이미 사망한 사람에게 이행강제금을 부과하는 내용의 처분이나 결정은 당연무효이다.**(2006마470)
	③ 사례	건축법상 시정명령 위반에 따른 **이행강제금의 부과**와 건축행위에 대한 **형사처벌**은 그 처벌 내지 제재대상이 되는 기본적 사실관계가 다르므로 **이중처벌에 해당하지 않는다.** 12 지방 7급, 20 국회직 8급, 23 경간
직접강제	① 개념	**의무자가 행정상 의무를 이행하지 아니하는 경우 행정청이 의무자의 신체나 재산에 실력을 행사**하여 행정상 의무이행이 있었던 것과 같은 상태를 실현하는 것을 말한다. 11·18·20 승진, 14 경간
	② 대상	대체적 작위의무, 비대체적 작위의무, 부작위의무 및 수인의무 등 **일체의 의무불이행**에 대해서 가능하다.
	③ 성질	직접강제는 강제집행의 수단 중에서 **가장 강력한 수단**으로 국민의 기본권이 침해될 가능성이 크기 때문에 비례의 원칙을 고려하여 **최후의 수단**으로 적용하여야 하며, **법적근거가 반드시 필요하다.**
	④ 사례	불법 영업장·영업소 등의 폐쇄조치 21 승진 해산명령 불이행에 따른 해산조치 21 승진
강제징수	① 개념	의무자가 **금전상 급부의무**를 이행하지 아니하는 경우에 행정청이 의무자의 재산에 실력을 행사하여 행정상 의무가 이행된 것과 같은 상태를 실현하는 것을 말한다. 11·18 승진, 14 경간
	② 근거	일반법으로 **국세징수법(국세기본법X)**이 있다. 11·20 승진, 14 경간
	③ 절차 13 승진, 21 경간	**독촉 → 강제징수(압류 → 매각 → 청산)**

	④ 사례 국세체납자에 대한 체납처분 12 지방 7급, 22 2차

2) 즉시강제

개념	현재의 급박한 행정상의 장해를 제거하기 위하여 행정청이 미리 의무를 명할 **시간적 여유가 없을 때** 또는 그 성질상 행정상 의무의 이행을 명하는 것만으로는 **행정목적달성이 곤란한 경우** 국민의 신체 또는 재산에 실력을 행사하여 목적을 달성하는 것을 말한다.
근거	경찰상 **즉시강제의 일반법**으로는 **경찰관직무집행법**이 있고, 19 경채, 14 국가9급 개별법에는 행정기본법, 소방기본법, 감염병의 예방 및 관리에 관한 법률 등이 있다.
한계	경찰상 즉시강제 시 필요 이상으로 실력을 행사하여 경찰책임자 이외의 자에게 유형력을 행사하는 것은 위법이 된다. 20 1차 ① **법규상 한계** – 침해적인 작용이므로 엄격한 **법적 근거가 요구**된다. ② **조리상 한계** – 급박성, 소극성, 비례성, 보충성 등이 요구된다. 13 경간 ③ **절차상 한계** - 즉시강제에도 영장이 필요한 지 여부(항상 영장주의 적용X) 1. 영장필요설 2. 영장불요설 3. 절충설 행정작용에도 **일반적으로 영장주의를 인정**하는 입장이지만, **예외적으로 행정목적달성을 위해 불가피하다고 인정할 만한 특별한 사정이 있는 경우에는 영장주의를 적용하지 않는다**고 하여 **절충설**이 통설과 판례의 입장이다.
구제	① **적법한** 즉시강제에 의해 수인한도를 넘는 특별한 희생을 받은 경우 **손실보상** 청구가 가능하며, 이러한 내용은 개정된 경찰관 직무집행법 제11조의2에서 명시적으로 규정하고 있다. 19 경채, 20 1차 ② **위법한** 즉시강제 ㉠ 즉시강제는 권력적 사실행위로 처분성이 인정되어 **행정쟁송의 대상이 된다** 20 1차 하지만 **즉시강제는 성질상 단시간 내에 종료되는 것이 보통이므로 이미 종료된 상태라면 소의 이익이 존재하지 않아 행정쟁송을 통해 구제받기 어렵다.** 13 채용, 19 경채 ㉡ 위법한 즉시강제로 인한 손해가 발생한 경우 **손해배상청구**가 가능하다. ㉢ 그 외에 일정한 요건 하에서 「형법」상 위법성조각사유에 해당하는 긴급피난도 가능하며, 20 1차 위법한 즉시강제에 대하여는 형법상 정당방위가 인정될 수 있으므로 이에 저항하는 행위는 공무집행방해죄가 성립하지 않는다.

[강제집행, 즉시강제 관련 기출지문]

1. 계고가 반복적으로 부과된 경우 **제1차 계고가 행정처분**이라면 같은 내용이 반복된 **제2차 계고는** 새로운 의무를 부과하는 것이 아니어서 **행정처분이 아니다.**(행정상 강제징수에 있어 독촉은 처분성이 인정되나 **최초 독촉 후에 동일한 내용에 대해 반복한 독촉은 처분성이 인정되지 않는다.**) 18 3차 경행, 16 지방 9급, 18 소방 9급

2. 대집행의 내용과 범위는 대집행의 **계고서에 의해서만 특정되어야 하는 것이 아니고**, 계고처분 전후에 송달된 문서나 기타 사정을 **종합하여 행위의 내용이 특정되면 족하다.** 15 · 16 경행
3. **계고서라는 명칭의 1장의 문서로서 건축물의 철거명령과 동시에 그 소정기한 내에 자진철거를 하지 아니할 때에는 대집행할 뜻을 미리 계고한 경우** 건축법에 의한 철거명령과 행정대집행법에 의한 **계고처분은 각 그 요건이 충족되었다고 볼 수 있다.** 16 지방 9급
4. 계고처분의 후속절차인 대집행에 위법이 있다 하더라도 선행절차인 계고처분이 부적법하게 되는 것은 아니다. 18 3차 경행
5. 행정상 즉시강제는 그 본질상 행정목적 달성을 위하여 불가피한 한도 내에서 **예외적으로 허용**된다. 12 3차 경행

(2) 행정벌(경찰벌)

행정벌은 행정상 **의무위반에 대한 제재**로서 일반통치권에 근거하여 과하는 제재를 말한다. 행정벌에는 **행정(경찰)형벌**과 **행정(경찰)질서벌**로 구분된다. 12 1차 경행

정리 경찰형벌과 경찰질서벌 14 경간

구분	경찰형벌	경찰질서벌
의의	형법에 정해져 있는 **형벌**을 과하는 경찰벌(사형, 징역, 금고, 자격상실, 자격정지, 벌금, 구류, 과료, 몰수)	과태료(과징금X)를 과하는 경찰벌 12 1차 경행
대상	직접적 침해	간접적 침해
형법총칙	적용	적용 안됨
처벌절차	원칙 : **형법총칙, 형사소송법** 적용 예외 : 통고처분, 즉결심판	질서위반행위규제법, 비송사건절차법 12 1차 경행
적용	**죄형법정주의** 적용 11 사회복지9급	질서위반행위 법정주의 적용
병과 여부	병과를 긍정하는 입장(대법원) 행정법상의 질서벌인 과태료의 부과처분과 형사처벌은 그 성질이나 목적을 달리하는 별개의 것이므로 **행정법상의 질서벌인 과태료를 납부한 후에 형사처벌을 한다고 하여 이를 일사부재리의 원칙에 반하는 것이라고 할 수는 없다.** (대법원 1996. 4. 12. 선고 96도158 판결) 12 1차 경행	

[행정벌 관련 기출지문]

1. 판례는 통고처분을 행정형벌의 특수한 과벌절차로서 행정소송의 대상이 되는 **행정처분이 아니라고 보고 있다.** 14 1차 경행, 18 소방 9급, 11년 사회복지9급, 25 경간(경위공채)
2. 판례에 의하면 통고처분을 할 것인지의 여부는 권한행정청의 **재량**에 속한다. 14 2차 경행

3. 범칙자가 범칙금을 납부하면 과형절차는 종료되고, 범칙자는 **다시 형사소추 되지 아니 한다.** 18 2차 경행
4. 도로교통법에 따라 통고처분을 받은 사람은 그 통고처분에 대해 **항고소송을 제기하지 못한다.** 18 2차 경행
5. 지방자치단체는 조례를 위반한 행위에 대하여 **조례로써 1천만 원 이하**의 과태료를 정할 수 있다. 14 경간, 10 지방 7급, 12 1차 경행, 14 2차 경행

6. 질서위반행위규제법 ★★★ - 경찰질서벌의 부과

제1조(목적) 이 법은 법률상 의무의 효율적인 이행을 확보하고 국민의 권리와 이익을 보호하기 위하여 질서위반행위의 성립요건과 과태료의 부과·징수 및 재판 등에 관한 사항을 규정하는 것을 목적으로 한다. 14 승진, 18 경간

제2조(정의) 이 법에서 사용하는 용어의 뜻은 다음과 같다.
1. "**질서위반행위**"란 **법률**(지방자치단체의 조례를 포함한다. 이하 같다)**상의 의무를 위반하여 과태료를 부과하는 행위**를 말한다. 다만, 다음 각 목의 어느 하나에 해당하는 행위를 제외한다.
   가. 대통령령으로 정하는 사법상·소송법상 의무를 위반하여 과태료를 부과하는 행위
   나. 대통령령으로 정하는 법률에 따른 징계사유에 해당하여 과태료를 부과하는 행위

제3조(법 적용의 시간적 범위) ① 질서위반행위의 성립과 과태료 처분은 **행위 시(처분 시X)**의 법률에 따른다. 14·24 승진, 14 2차 경행, 17 1차, 24 2차
② 질서위반행위 후 법률이 변경되어 그 행위가 질서위반행위에 해당하지 아니하게 되거나 과태료가 **변경되기 전의 법률보다 가볍게** 된 때에는 법률에 특별한 규정이 없는 한 **변경된** 법률을 적용한다. 18 경간, 24 승진
③ 행정청의 과태료 처분이나 법원의 과태료 재판이 확정된 후 **법률이 변경되어 그 행위가 질서위반행위에 해당하지 아니하게 된 때**에는 변경된 법률에 특별한 규정이 없는 한 **과태료의 징수 또는 집행을 면제**한다. 22 1차, 22 경채, 25 1차

제4조(법 적용의 장소적 범위) ① 이 법은 대한민국 **영역 안에서** 질서위반행위를 한 자에게 **적용한다.** 24 승진
② 이 법은 **대한민국 영역 밖에서** 질서위반행위를 한 **대한민국의 국민에게 적용한다.** 15 1차 경행, 24 2차
③ 이 법은 대한민국 영역 밖에 있는 대한민국의 **선박** 또는 **항공기 안에서** 질서위반행위를 한 **외국인에게 적용한다.** 24 승진

제5조(다른 법률과의 관계) 과태료의 부과·징수, 재판 및 집행 등의 절차에 관한 다른 법률의 규정 중 이 법의 규정에 저촉되는 것은 **이 법(다른 법X)으로 정하는 바에 따른다.** 17 경행

제6조(질서위반행위 법정주의) 법률에 따르지 아니하고는 어떤 행위도 질서위반행위로 과태료를 부과하지 **아니한 다.** 24 2차

제7조(고의 또는 과실) **고의 또는 과실이 없는** 질서위반행위는 과태료를 부과하지 **아니한다.** 13·14·17 경행, 17·22 1차, 18 2차, 19 승진, 23 2차

제8조(위법성의 착오) 자신의 행위가 위법하지 아니한 것으로 오인하고 행한 질서위반행위는 그 **오인에 정당한 이유가 있는 때에 한하여** 과태료를 부과하지 **아니한다.** 22 1차, 25 1차

제9조(책임연령) **14세**가 되지 아니한 자의 질서위반행위는 과태료를 부과하지 **아니한다.** 다만, 다른 법률에 특별한 규정이 있는 경우에는 그러하지 아니하다. 14 경행 2차, 18 2차, 18 경간, 21 승진

제10조(심신장애) ① 심신장애로 인하여 행위의 옳고 그름을 판단할 능력이 없거나 그 판단에 따른 행위를 할 능력이 없는 자의 질서위반행위는 과태료를 부과하지 아니한다.(감경한다X) 18·21경간, 22 경채, 24 2차

② 심신장애로 인하여 제1항에 따른 능력이 미약한 자의 질서위반행위는 과태료를 감경한다. 22 경채

③ 스스로 심신장애 상태를 일으켜 질서위반행위를 한 자에 대하여는 제1항 및 제2항을 적용하지 아니한다.

제11조(법인의 처리 등) ① 법인의 대표자, 법인 또는 개인의 대리인·사용인 및 그 밖의 종업원이 업무에 관하여 법인 또는 그 개인에게 부과된 법률상의 의무를 위반한 때에는 법인 또는 그 개인에게 과태료를 부과한다. 13 경행

제12조(다수인의 질서위반행위 가담) ① 2인 이상이 질서위반행위에 가담한 때에는 각자가 질서위반행위를 한 것으로 본다. 14 승진, 17 1차, 21 경간

② 신분에 의하여 성립하는 질서위반행위에 신분이 없는 자가 가담한 때에는 신분이 없는 자에 대하여도 질서위반행위가 성립한다. 21 경간, 13 경행, 15 1차 경행

③ 신분에 의하여 과태료를 감경 또는 가중하거나 과태료를 부과하지 아니하는 때에는 그 신분의 효과는 신분이 없는 자에게는 미치지 아니한다.

제13조(수개의 질서위반행위의 처리) ① 하나의 행위가 2 이상의 질서위반행위에 해당하는 경우에는 각 질서위반행위에 대하여 정한 과태료 중 가장 중한(합산X) 과태료를 부과한다. 21 경간, 13·17 경행

② 제1항의 경우를 제외하고 2 이상의 질서위반행위가 경합하는 경우에는 각 질서위반행위에 대하여 정한 과태료를 각각 부과한다. 다만, 다른 법령(지방자치단체의 조례를 포함한다. 이하 같다)에 특별한 규정이 있는 경우에는 그 법령으로 정하는 바에 따른다.

제15조(과태료의 시효) ① 과태료는 행정청의 과태료 부과처분이나 법원의 과태료 재판이 확정된 후 5년간 징수하지 아니하거나 집행하지 아니하면 시효로 인하여 소멸한다. 11 경간, 14·19·21 승진, 17·22 1차, 18 2차, 21 경간, 13 경행

제16조(사전통지 및 의견 제출 등) ① 행정청이 질서위반행위에 대하여 과태료를 부과하고자 하는 때에는 미리 당사자(제11조제2항에 따른 고용주등을 포함한다. 이하 같다)에게 대통령령으로 정하는 사항을 통지하고, 10일 이상의 기간을 정하여 의견을 제출할 기회를 주어야 한다. 이 경우 지정된 기일까지 의견 제출이 없는 경우에는 의견이 없는 것으로 본다. 11 경간, 14·19 승진, 18 2차, 25 1차

② 당사자는 의견 제출 기한 이내에 대통령령으로 정하는 방법에 따라 행정청에 의견을 진술하거나 필요한 자료를 제출할 수 있다.

③ 행정청은 제2항에 따라 당사자가 제출한 의견에 상당한 이유가 있는 경우에는 과태료를 부과하지 아니하거나 통지한 내용을 변경할 수 있다. 23 1차

제17조(과태료의 부과) ① 행정청은 제16조의 의견 제출 절차를 마친 후에 서면(당사자가 동의하는 경우에는 전자문서를 포함한다. 이하 이 조에서 같다)으로 과태료를 부과하여야 한다. 11 경간, 14 승진

제17조의2(신용카드 등에 의한 과태료의 납부) ① 당사자는 과태료, 제24조에 따른 가산금, 중가산금 및 체납처분비를 대통령령으로 정하는 과태료 납부대행기관을 통하여 신용카드, 직불카드 등(이하 "신용카드등"이라 한다)으로 낼 수 있다.

제18조(자진납부자에 대한 과태료 감경) ① 행정청은 당사자가 제16조에 따른 의견 제출 기한 이내에 과태료를 **자진하여 납부하고자 하는 경우에는** 대통령령으로 정하는 바에 따라 **과태료를 감경할 수 있다.**

② 당사자가 제1항에 따라 **감경된 과태료를 납부한 경우에는 해당 질서위반행위에 대한 과태료 부과 및 징수절차는 종료한다.** 23 1차

제19조(과태료 부과의 제척기간) ① 행정청은 질서위반행위가 종료된 날(다수인이 질서위반행위에 가담한 경우에는 최종행위가 종료된 날을 말한다)부터 **5년이 경과한 경우에는 해당 질서위반행위에 대하여 과태료를 부과할 수 없다.** 15·17 국가 7급, 21 승진

제20조(이의제기) ① 행정청의 과태료 부과에 불복하는 당사자는 제17조제1항에 따른 과태료 부과 통지를 받은 날부터 **60일 이내에 해당 행정청에 서면으로 이의제기를 할 수 있다.** 11 경간, 19 승진, 25 1차

② 제1항에 따른 **이의제기가 있는 경우에는 행정청의 과태료 부과처분은 그 효력을 상실한다.** 14 1차 경행, 23 1차

③ 당사자는 행정청으로부터 제21조제3항에 따른 통지를 받기 전까지는 행정청에 대하여 서면으로 이의제기를 철회할 수 있다.

제21조(법원에의 통보) ① 제20조제1항에 따른 이의제기를 받은 행정청은 이의제기를 받은 날부터 **14일 이내에** 이에 대한 의견 및 증빙서류를 첨부하여 **관할 법원에 통보하여야 한다.** 다만, 다음 각 호의 어느 하나에 해당하는 경우에는 그러하지 아니하다.
1. 당사자가 이의제기를 철회한 경우
2. 당사자의 이의제기에 이유가 있어 과태료를 부과할 필요가 없는 것으로 인정되는 경우

제24조(가산금 징수 및 체납처분 등) ① 행정청은 당사자가 납부기한까지 과태료를 납부하지 아니한 때에는 납부기한을 경과한 날부터 체납된 과태료에 대하여 **100분의 3에 상당하는 가산금을 징수한다.** 10 국가 7급, 15·17 경행, 23 1차

② 체납된 과태료를 납부하지 아니한 때에는 **납부기한이 경과한 날부터 매 1개월이 경과할 때마다** 체납된 과태료의 **1천분의 12에 상당하는 가산금**(이하 이 조에서 "중가산금"이라 한다)을 제1항에 따른 가산금에 가산하여 징수한다. 이 경우 **중가산금을 가산하여 징수하는 기간은 60개월을 초과하지 못한다.**

제24조의2(상속재산 등에 대한 집행) ① 과태료는 당사자가 과태료 부과처분에 대하여 이의를 제기하지 아니한 채 제20조제1항에 따른 기한이 종료한 후 사망한 경우에는 그 상속재산에 대하여 집행할 수 있다.

제24조의3(과태료의 징수유예 등) ① 행정청은 당사자가 다음 각 호의 어느 하나에 해당하여 과태료(체납된 과태료와 가산금, 중가산금 및 체납처분비를 포함한다. 이하 이 조에서 같다)를 납부하기가 곤란하다고 인정되면 **1년의 범위에서** 대통령령으로 정하는 바에 따라 과태료의 분할납부나 납부기일의 연기(이하 "징수유예등"이라 한다)를 결정할 수 있다. 21 승진, 22 경채

> **질서위반행위규제법 시행령 – 대통령령**
> **제7조의2(과태료의 징수유예등)** ① 행정청은 법 제24조의3제1항에 따라 과태료의 분할납부나 납부기일의 연기(이하 "징수유예등"이라 한다)를 결정하는 경우 그 기간을 그 징수유예등을 결정한 날의 다음 날부터 9개월 이내로 하여야 한다. 다만, 그 기간이 만료될 때까지 법 제24조의3제1항에 따른 징수유예등의 사유가 해소되지 아니하는 경우에는 1회에 한정하여 3개월의 범위에서 그 기간을 연장할 수 있다. 21 승진

6. 납부의무자 또는 그 동거 가족이 질병이나 중상해로 **1개월** 이상의 장기 치료를 받아야 경우

제25조(관할 법원) 과태료 사건은 다른 법령에 특별한 규정이 있는 경우를 제외하고는 당사자의 **주소지**의 지방법원 또는 그 지원의 관할로 한다. 21 해경승진

제42조(과태료 재판의 집행) ① 과태료 재판은 **검사**의 명령으로써 집행한다. 이 경우 그 명령은 집행력 있는 집행권원과 동일한 효력이 있다.

🔊 관련판례

질서위반행위에 대하여 과태료 부과의 근거 법률이 개정되어 행위 시의 법률에 의하면 과태료 부과대상이었지만 **재판 시의 법률에 의하면 과태료 부과대상이 아니게 된 때**에는 개정 법률의 부칙에서 종전 법률 시행 당시에 행해진 질서위반행위에 대해서는 행위 시의 법률을 적용하도록 특별한 규정을 두지 않은 이상 **재판 시의 법률을 적용하여야 하므로 과태료를 부과할 수 없다.**(대법원 2020. 12. 18. 자, 2020마6912, 결정) 23 2차

제 6 절 경찰구제법

1. 행정상(경찰상) 손해배상(국가배상) ★★★

(1) 헌법과 국가배상법의 비교 21 해경승진

구분	헌법	국가배상법
유형	공무원의 직무상 불법행위로 인한 손해배상	- **공무원**의 직무상 불법행위로 인한 손해배상 - **영조물**의 설치·관리 하자로 인한 손해배상
주체	국가, 공공단체	**국가, 지방자치단체**

(2) 공무원의 위법한 직무행위로 인한 손해배상(국가배상법 제2조)

1) 요건

	1. 공무원 또는 공무를 위탁받은 사인	
범위	공무원은 조직법상 의미의 공무원 개념이 아닌 기능적 의미의 공무원을 의미한다. 공무원법 상의 공무원뿐만 아니라 공무를 위탁받아 업무를 수행하는 모든 자를 의미함	
특정여부	**가해공무원이 특정되지 않더라도** 공무원의 행위라면 국가배상책임이 인정된다. - 시위진압 과정에서 가해공무원인 전투경찰이 특정되지 않더라도 손해배상책임이 인정된다. 23 경간	
공무원 해당여부	해당 O	① 시 청소차 운전수 17 서울 7급 ② **교통할아버지** 16 경행, 12 국가 9급 ③ 국가 또는 지방자치단체에서 근무하는 청원경찰, 전투경찰 16 경행 ④ 향토예비군 16 경행 ⑤ 법관, 헌법재판소 재판관 12 경행 ⑥ 통장이 전입신고서에 확인인을 찍는 행위(공무위탁사인) 15 경행

	해당 X	① 의용소방대원 16 경행
		② 시영버스 운전사 11 경간

2. 직무를 집행하면서

직무범위	① **권력작용**뿐만 아니라 **비권력적 공행정작용**(관리작용)도 포함되나 **사경제작용은 제외**된다.(**행정지도** - 비권력적 작용으로 공무원의 직무에 포함) 11 경간 ② 공무원에게 부과된 직무상 의무가 단순히 **공공일반의 이익만을 위한 경우**라면 그러한 직무상 의무위반에 대해서는 **국가배상책임이 인정되지 않는다.** 22 지방직
판단기준	① 국가배상법 제2조 제1항의 '직무를 집행함에 당하여'라 함은 직접 공무원의 직무집행행위이거나 그와 밀접한 관련이 있는 행위를 포함하고, 이를 판단함에 있어서는 **행위 자체의 외관을 객관적으로 관찰하여 공무원의 직무행위로 보여질 때에는 비록 그것이 실질적으로 직무행위가 아니거나 또는 행위자로서는 주관적으로 공무집행의 의사가 없었다고 하더라도 그 행위는 공무원이 '직무를 집행함에 당하여' 한 것으로 보아야 한다.(외형설)** 17 경행 ② 경찰공무원이 전투·훈련 등 직무집행과 관련하여 순직한 경우에는 **전투·훈련 또는 이에 준하는 직무집행**뿐만 아니라 **일반 직무집행**에 관하여도 국가나 지방자치단체의 배상책임이 **제한**된다. 23 경간
직무 관련성	① 공무원이 통상의 근무지로 자기 소유 차량을 운전하여 출근 하던 중 교통사고를 일으킨 경우 직무집행 관련성이 부정 10·15·18 경행 ② 경찰서 대용감방 내에서 수감자들 간에 폭력행위가 발생하였음에도 불구하고 경찰관이 이를 제지하지 아니한 경우 직무집행 관련성 인정 10 경행 ③ 미군부대 소속 선임하사관이 공무차 개인소유차를 운전하고 출장을 갔다가 퇴근하기 위하여 집으로 운행하던 중 사고가 발생한 경우 직무집행 관련성 인정 10 경행 ④ 상급자가 전입사병인 하급자에게 암기사항에 관하여 교육하던 중 훈계하다가 도가 지나쳐 폭행한 경우에 그 폭행은 국가배상법 상의 직무집행에 해당 한다. 15 경행 ⑤ **인사업무 담당공무원이 다른 공무원의 공무원증 등을 위조한 행위**는 국가배상법 제2조 제1항 소정의 '공무원이 직무를 집행하면서 행한 행위'로 **인정** 된다. 15 지방 7급

3. 고의, 과실(중과실, 경과실)로 인한 행위

고의	일정한 위법행위의 발생가능성을 인식하고 그 결과를 의도하는 것
과실	① 당해 직무를 담당하는 **평균인**이 갖추어야 할 주의의무를 게을리 한 것 ② 국가배상법상 과실은 행정처분의 담당공무원이 보통 일반의 공무원을 표준으로 하여 볼 때 객관적 주의의무를 결하여 그 행정처분이 객관적 정당성을 상실하였다고 인정될 정도에 이른 경우를 말한다. 14 경행

4. 법령에 위반하여

범위	① **성문법과 불문법**뿐만 아니라 **모든 법령**을 의미하는 것으로 광의설의 입장이 다.(**형식적 의미의 법률X**) 13 서울 7급 ② 공무원이 **재량준칙에 따라** 행정처분을 하였는데 결과적으로 그 처분이 재량을 일탈, 남용하여 위법하게 된 때에는 그에게 **직무집행상 과실이 인정된다고 단정할 수 없다.** 17·19 경행 ③ **국회의원의 입법행위**는 그 입법 내용이 헌법에 문언에 명백히 위반됨에도 불구하고 국회가 군이 당해 입법을 한 것과 같은 특수한 경우가 아닌 한 국가배상법 제2조 제1항 소정의 **위법행위에 해당한다고 볼 수 없다.** 17 경행

④ 공무원의 직무집행이 **법령이 정한 요건과 절차에 따라 이루어진 것이라면 특별한 사정이 없는 한 이는 법령에 적합한 것이고**, 그 과정에서 개인의 권리가 침해되는 일이 생긴다고 하여 **그 법령적합성이 곧바로 부정되는 것은 아니다.** 18 서울 7급, 24 1차

⑤ 성폭력범죄의 수사를 담당하거나 수사에 관여하는 경찰관이 직무상 의무에 위반하여 피해자의 인적사항 등을 공개 또는 누설한 경우, 그로 인하여 피해자가 입은 손해에 대하여 국가는 배상책임을 진다. 14 국가 7급

⑥ 공무원의 부작위를 이유로 국가배상책임을 인정하기 위해서는 공무원의 작위로 국가배상책임을 인정하는 경우와 마찬가지로 '공무원이 직무를 집행하면서 고의 또는 과실로 법령을 위반하여 타인에게 손해를 입힌 때'라는 국가배상법 제2조 제1항의 요건이 충족되어야 한다. 여기서 '법령위반'이란 엄격하게 형식적 의미의 법령에 명시적으로 공무원의 작위의무가 규정되어 있는데도 이를 위반하는 경우만을 의미하는 것은 아니고, **인권존중 · 권력남용금지 · 신의성실과 같이 공무원으로서 마땅히 지켜야 할 준칙이나 규범을 지키지 않고 위반한 경우를 포함하여 널리 객관적인 정당성이 없는 행위를 한 경우를 포함한다.**(대판 2017다290538) 24 1차

⑦ 갑 단체 소속 집회참가자들이 집회에서 사용할 조형물을 차량에 싣고 와 집회 장소 인근 도로에 정차한 후 내려놓으려고 하자 경찰관들이 도로교통법 위반을 이유로 조형물이 실린 채로 차량을 견인하였고, 이에 항의하는 을을 공무집행방해죄 현행범으로 체포한 사안에서, **경찰관들의 객관적인 정당성을 잃은 위법한 직무집행으로 갑 단체의 집회의 자유와 을의 신체의 자유가 침해되었다는 이유로, 국가배상책임을 인정**한 원심판단이 정당하다.(대판 2017다218475)

5. 타인에게 손해발생

타인	① 가해공무원 이외의 모든 사람을 말함(공무원도 피해자에 포함됨) ② 외국인이 피해자인 경우에는 **해당 국가와 상호 보증이 있을 때에만 적용**
손해	① 적극적 손해, 소극적 손해, 정신적 손해(위자료 포함), 재산적 손해, 생명 · 신체 · 재산(비재산적 손해)을 가리지 않고 모든 손해를 포함한다. 12 경행 ② **반사적 이익침해(사실상 이익)**인 경우에는 **국가배상책임이 인정되지 않는다.**

6. 가해행위와 손해배상 사이에는 인과관계가 있을 것

국가배상법 2조 군인 등에 대한 특례(이중배상금지)

제2조(배상책임) ① 국가나 지방자치단체는 공무원 또는 공무를 위탁받은 사인(이하 "공무원"이라 한다)이 직무를 집행하면서 고의 또는 과실로 법령을 위반하여 타인에게 손해를 입히거나, 「자동차손해배상 보장법」에 따라 손해배상의 책임이 있을 때에는 이 법에 따라 그 손해를 배상하여야 한다. 다만, **군인 · 군무원 · 경찰공무원 또는 예비군대원이 전투 · 훈련 등 직무 집행과 관련하여 전사 · 순직하거나 공상을 입은 경우에 본인이나 그 유족이 다른 법령에 따라 재해보상금 · 유족연금 · 상이연금 등의 보상을 지급받을 수 있을 때에는 이 법 및 「민법」에 따른 손해배상을 청구할 수 없다.**(일반적인 직무집행에 대해서도 국가나 지방자치단체의 배상책임이 제한된다.) 19 경행, 24 2차

② 제1항 본문의 경우에 공무원에게 고의 또는 중대한 과실이 있으면 국가나 지방자치단체는 그 공무원에게 구상할 수 있다.

③ 제1항 단서에도 불구하고 전사(戰死) · 순직(殉職)한 군인 · 군무원 · 경찰공무원 또는 예비군대원의 **유족과 공상을 입은 군인 등의 본인 또는 가족은 정신적 고통에 대한 위자료를 청구할 수 있다.** 25 2차

① **전투경찰순경**은 이중배상이 금지되는 경찰공무원에 포함되지만, 23 경간 **공익근무요원**과 **경비교도대원**은 이중배상이 금지되는 자가 아니다. 12 · 19 경행

② 직무집행과 관련하여 공상을 입은 군인이 **먼저 국가배상법상 손해배상을 받은 다음** 구「국가유공자 등 예우 및 지원에 관한 법률」상 **보훈급여금을 지급청구**하는 경우, 국가배상을 받았다는 이유로 **그 지급을 거부할 수 없다.** 19 국가 9급

2) 내용

배상 책임자	헌법은 국가와 공공단체로 규정하고, 국가배상법은 **국가와 지방자치단체**를 배상책임자로 규정하고 있다. → 국가배상청구소송의 **피고는 국가 또는 지방자치단체**가 된다. 11 경간
배상기준 (제3조)	생명·신체에 대한 침해와 물건의 멸실·훼손으로 인한 손해 외의 손해는 불법행위와 상당한 인과관계가 있는 범위에서 배상한다.(제4항) 24 2차
선임감독자와 비용부담자가 다른 경우 (제6조)	① 공무원의 선임감독자와 비용부담자가 동일하지 않은 경우 **그 비용을 부담하는 자도 손해를 배상하여야 한다.**(제1항) ② 제1항의 경우에 손해를 배상한 자는 **내부관계에서 그 손해를 배상할 책임이 있는 자에게 구상할 수 있다.**(제2항) ③ 지방자치단체장이 설치하여 관할 시·도경찰청장에게 관리권한이 위임된 교통신호기 고장으로 교통사고가 발생한 경우 **경찰관들의 봉급을 부담하는 국가도 비용 부담하는 자로서 손해배상책임이 인정된다.** 19 경행 (대판 1999.6.25. 99다11120)
배상심의회 (제10조)	국가나 지방자치단체에 대한 배상신청사건을 심의하기 위하여 **법무부**(행정안전부X)에 본부심의회를 둔다. 다만, 군인이나 군무원이 타인에게 입힌 손해에 대한 배상신청사건을 심의하기 위하여 **국방부**에 특별심의회를 둔다.(제1항) 24 2차
결정서의 송달(제14조)	① 심의회는 배상결정을 하면 그 결정을 한 날부터 **1주일** 이내에 그 결정정본(決定正本)을 신청인에게 송달하여야 한다. ② 제1항의 송달에 관하여는 「**민사소송법**」(행정소송법X)의 송달에 관한 규정을 준용한다. 24 2차
선택적 청구권	① 공무원에게 **고의 또는 중과실**이 있는 경우 피해자는 **국가나 지방자치단체 또는 공무원**을 상대로 선택적으로 청구권 행사가 가능하다. 15 서울 7급 ② 공무원에게 **경과실**이 있는 경우에는 피해자는 **국가나 지방자치단체**를 상대로 청구권 행사가 가능하다.
구상권	① 공무원에게 **고의 또는 중과실**이 있는 경우에는 국가나 지방자치단체는 그 공무원에게 **구상권 행사가 가능**하다. ② 공무원에게 **경과실**이 있는 경우에는 국가나 지방자치단체는 그 공무원에게 **구상권 행사가 불가능**하다.
배상청구권의 양도·압류 금지	**생명·신체**의 침해로 인한 국가배상을 받을 권리는 양도하거나 압류하지 못한다. 13·14 경행, 13 국가 9급 다만, 재산권 침해에 대한 배상청구권은 양도 가능하다.
소멸시효	가해행위를 **안날로부터 3년**, 가해행위가 **있었던 날로부터 5년**이 지나면 시효가 완성된다.
형사책임과 국가배상책임	형사재판에서 무죄판결이 확정되더라도 국가배상책임이 인정될 수 있다.

(3) 영조물의 설치·관리상의 하자로 인한 손해배상(국가배상법 제5조)

의의	도로, 하천 기타 공공의 영조물의 설치 또는 관리의 하자로 타인에게 손해를 발생하게 한 경우 국가 또는 지방자치단체는 그 손해를 배상하여야 한다. 다만, 불가항력인 경우에는 국가는 영조물로 인한 배상책임을 부담하지 아니한다.
성질	국가배상법 제5조의 배상책임은 공무원의 고의·과실을 요건으로 하지 않는 **무과실책임**이다. 07 채용, 09 국가 7급, 11 경간
공공의 영조물	① **인공공물**(도로, 하수도), **자연공물**(하천, 호수), 부동산, 동산, 동물(**경찰견**)등 을 모두 포함한다. (**경찰차, 교통신호기** 등) 07 채용, 23 경간 ② 국가배상법 제5조 소정의 '공공의 영조물'은 국가 또는 지방자치단체가 소유권 임차권 그 밖의 권한에 기하여 관리하고 있는 경우뿐만 아니라 **사실상의 관리**를 하고 있는 **경우도 포함**된다. 18 경행, 17 국가 9급 ③ 아직 **물적 시설이 완성되지 아니하여** 일반 공중의 이용에 제공되지 않은 옹벽은 국가배상법 상의 영조물에 해당하지 않는다. 15 경행 ④ 사실상 군민의 통행에 제공되고 있던 도로이지만, **공용개시가 없었던 경우** 국가배상법 상 영조물이라 할 수 없다. 21 해경승진
설치 또는 관리하자	① 영조물의 설치와 관리에 불완전한 점이 있어 **통상적으로 갖추어야 할 물적 안전성을 결여한 것을** 의미하며, 관리자의 과실 여부는 고려대상이 아니다. (객관설) 18 국회 8급 ② '영조물 설치 또는 하자'에 관한 제3자의 수인한도의 기준을 결정함에 있어서는 일반적으로 침해되는 권리나 이익의 성질과 침해의 정도뿐만 아니라 침해 행위가 갖는 공공성의 내용과 정도, 그 지역 환경의 특수성, 공법적인 규제에 의하여 확보하려는 환경 기준, 침해를 방지 또는 경감시키거나 손해를 회피 할 방안의 유무 및 난이 정도 등 여러 사정을 종합적으로 고려하여 구체적 사건에 따라 개별적으로 결정하여야 한다. 12 경행 ③ 안전성의 구비 여부를 판단함에 있어서는 제반사정을 종합적으로 고려하여 설치, 관리자가 그 영조물의 위험성에 비례 하여 사회통념상 일반적으로 요 구되는 정도의 방호조치의무를 다하였는지 여부를 기준으로 삼아야 한다. ④ '공공의 영조물의 설치·관리의 하자'에는 영조물이 공공의 목적에 이용됨에 있어 그 이용상태 및 정도가 일정한 한도를 초과하여 제3자에게 사회통념상 참을 수 없는 피해를 입히고 있는 경우가 포함된다. 17 국가 9급 ⑤ 판례는 영조물의 설치·관리에 있어서 항상 완전무결한 상태를 유지할 정도의 고도의 안전성을 갖추지 아니하였다고 하여 영조물의 설치 또는 관리에 하자가 있다고 단정할 수 없다고 한다. 11 지방 9급
요건	타인에게 손해가 발생하여야 하며, 영조물의 설치·관리하자와 손해발생 사이에는 상당인과관계가 있어야 한다.
면책사유	① 천재지변, 홍수, 지진 등과 같이 **불가항력**적인 사유에 의해 손해가 발생한 경우에는 **상당인과관계가 부정되어 면책**된다.(600년, 1000년 빈도의 강우량) cf. 50년 빈도의 강우량 - 불가항력 부정 12 경행 ② **예산부족** 등 설치·관리자의 재정사정은 배상책임 판단에 있어 참작사유는 될 수 있으나 안전성을 결정지을 절대적 요건은 아니다. 12 경행, 16 국가 9급
효과	① 설치·관리자와 비용부담자가 동일하지 아니한 경우 모두 배상책임이 있다. ② 영조물의 하자로 인해 **손해의 원인에 대하여 책임질 자가 따로 있을 때에는** 따로 책임질 자에 대하여 구상권을 행사할 수 있다. 07 채용, 13·14 경행

(4) 배상청구절차(국가배상법 제9조)
① 손해배상의 소송은 배상심의회(이하 "심의회"라 한다)에 배상신청을 하지 아니하고도 제기 할 수 있다.(임의적 결정전치주의)
② 국가배상청구소송은 **민사소송(당사자 소송X)** 절차에 의한다. 12 경행

> **기출지문** 「국가배상법」상 경찰공무원의 배상책임 24·25 경간(경위공채), 24 1차
>
> ① 경찰공무원이 공무를 수행하는 과정에서 위법행위로 타인에게 손해를 가한 경우에 국가 등이 손해배상책임을 지는 것 외에 그 개인은 **고의 또는 중과실**이 있는 경우에는 **손해배상책임을 진다.**
> ② 경찰공무원의 중과실이란 공무원에게 통상 요구되는 정도의 상당한 주의를 하지 않더라도 약간의 주의를 한다면 손쉽게 위법·위해한 결과를 예견할 수 있는 경우임에도 만연히 이를 간과한 경우와 같이, 거의 **고의에 가까운 현저한 주의를 결여한 상태**를 의미한다.
> ③ 경찰공무원이 직무를 수행함에 있어 **경과실**로 타인에게 손해를 입힌 경우에는 그로 인하여 발생한 손해에 대하여 경찰공무원 개인에게 배상책임을 부담시키지 아니하는 것은 공무원의 공무집행의 안정성을 확보하려는 데 있다.
> ④ 공무원의 부작위로 인한 국가배상책임을 인정하기 위하여는 공무원의 작위로 인한 국가배상책임을 인정하는 경우와 마찬가지로 "공무원이 그 직무를 집행함에 당하여 고의 또는 과실로 법령에 위반하여 타인에게 손해를 가한 때"라고 하는 국가배상법 제2조 제1항의 요건이 충족되어야 할 것이다. 여기서 '법령에 위반하여'라고 함은 엄격하게 형식적 의미의 법령에 명시적으로 공무원의 작위의무가 정하여져 있음에도 이를 위반하는 경우만을 의미하는 것은 아니고, 인권존중·권력남용금지·신의성실과 같이 공무원으로서 마땅히 지켜야 할 준칙이나 규범을 지키지 아니하고 위반한 경우를 포함하여 널리 그 행위가 객관적인 정당성을 결여하고 있는 경우도 포함한다. 따라서 **국민의 생명·신체·재산 등에 대하여 절박하고 중대한 위험상태가 발생하였거나 발생할 상당한 우려가 있어서 국민의 생명 등을 보호하는 것을 본래적 사명으로 하는 국가가 초법규적·일차적으로 그 위험의 배제에 나서지 아니하면 국민의 생명 등을 보호할 수 없는 경우에는 형식적 의미의 법령에 근거가 없더라도 국가나 관련 공무원에 대하여 그러한 위험을 배제할 작위의무를 인정할 수 있을 것이다.**(대판 2010다95666)
> ⑤ 경찰공무원이 낙석사고 현장 주변 교통정리를 위하여 사고현장 부근으로 이동하던 중 대형 낙석이 순찰차를 덮쳐 사망하자, 도로를 관리하는 지방자치단체가 국가배상법 제2조 제1항 단서에 따른 면책을 주장한 사안에서, (중략) **전투·훈련 또는 이에 준하는 직무집행뿐만 아니라 '일반 직무집행'에 관하여도 국가나 지방자치단체의 배상책임을 제한하는** 것이라고 해석하여, 위 면책 주장을 받아들인 원심판단을 정당하다고 한 사례(대법원 2011. 3. 10. 선고 2010다85942) 25 경간(경위공채)
>
> cf. 경찰서지서의 **숙직실**은 국가배상법 제2조 제1항 단서에서 말하는 **전투·훈련에 관련된 시설이라고 볼 수 없으므로** 위 숙직실에서 순직한 경찰공무원의 유족들은 국가배상법 제2조 제1항 본문에 의하여 국가배상법 및 민법의 규정에 의한 **손해배상을 청구할 권리가 있다.**(대판 77다2389)
>
> ⑥ 국가배상책임은 공무원의 직무집행이 법령에 위반한 것임을 요건으로 하는 것으로서, 공무원의 직무집행이 법령이 정한 요건과 절차에 따라 이루어진 것이라면 특별한 사정이 없는 한 이는 법령에 적합한 것이고 그 과정에서 개인의 권리가 침해되는 일이 생긴다고 하여 그 법령 적합성이 곧바로 부정되는 것은 아니라고 할 것인바, 불법시위를 진압하는 경찰관들의 직무집행이 법령에 위반한 것이라고 하기 위하여는 그 시위진압

이 불필요하거나 또는 불법시위의 태양 및 시위 장소의 상황 등에서 예측되는 피해 발생의 구체적 위험성의 내용에 비추어 시위진압의 계속 수행 내지 그 방법 등이 현저히 합리성을 결하여 이를 위법하다고 평가할 수 있는 경우이어야 한다.(대판 94다2480) 24 1차

⑦ 경찰관의 주취운전자에 대한 권한 행사가 관계 법률의 규정 형식상 경찰관의 재량에 맡겨져 있다고 하더라도, 그러한 권한을 행사하지 아니한 것이 구체적인 상황 하에서 현저하게 합리성을 잃어 사회적 타당성이 없는 경우에는 경찰관의 직무상 의무를 위배한 것으로서 위법하게 된다. 음주운전으로 적발된 주취운전자가 도로 밖으로 차량을 이동하겠다며 단속경찰관으로부터 보관 중이던 차량열쇠를 반환받아 몰래 차량을 운전하여 가던 중 사고를 일으킨 경우, **국가배상책임을 인정**하였다.(대판 97다54482) 20 · 25 2차

판례, 사례 경비경찰활동 – 국가배상관련

① 경찰관이 농민들의 시위를 진압하고 시위과정에 도로상에 방치된 트랙터 1대에 대하여 이를 도로 밖으로 옮기거나 후방에 안전표지판을 설치하는 것과 같은 **위험발생방지조치를 취하지 아니한 채** 그대로 방치하고 철수하여 버린 결과, 야간에 그 도로를 진행하던 운전자가 위 방치된 트랙터를 피하려다가 다른 트랙터에 부딪혀 상해를 입은 사안에서 **국가배상책임을 인정**(대판 98다16890)

② 경찰의 불법시위 진압에 대항하여 시위자들이 던진 화염병에 의하여 **약국**이 타버려 재산의 피해를 입은 경우, 불법시위를 진압하는 일련의 방법이나 조치 등에서 하자가 없는 경우에는 제3자의 손해가 발생하더라도 **국가배상책임을 부정**(대판 94다2480) 23 경간

③ 경찰이 시위대를 몰기 위해 최루탄을 던져 압사한 경우, 국가 소속 전투경찰들이 시위 진압을 함에 있어서 합리적이고 상당하다고 인정되는 정도로 가능한 한 최루탄의 사용을 억제하고 또한 최대한 안전하고 평화로운 방법으로 시위진압을 하여 그 시위진압 과정에서 타인의 생명과 신체에 위해를 가하는 사태가 발생하지 아니하도록 하여야 하는데도, 이를 **게을리한 채** 합리적이고 상당하다고 인정되는 정도를 넘어 **지나치게 과도한 방법**으로 시위진압을 한 잘못으로 시위 참가자로 하여금 사망에 이르게 하였다는 이유로 국가의 손해배상 책임을 인정(대판 95다23897)

④ 무장공비와 격투 중에 있는 청년의 가족의 요청을 받고도 **경찰관이 출동하지 않아** 결과적으로 그 청년이 공비에게 사살된 경우 **국가배상책임을 인정**(대판 74다3) 13 경간

⑤ 상설검문소 근무 경찰관이 통행금지 또는 비상경계령이 내려있지 않는데도 검문소 운영요강을 지키지 아니하고 도로상에 **방치해 둔** 바리케이트에 오토바이 운행자가 충돌하여 사망한 경우 **국가배상책임을 인정**(부산지법 1992.8.25., 91가합31268) 13 경간

⑥ 전경들이 서총련의 불법시위 해산 과정에서 **단순히 전경들의 도서관 진입에 항의한 학생등 시위와 무관한 자들을 강제로 연행한 경우** 국가배상책임을 인정(서울지법 95가합 43551) 13 경간

⑦ 전경이 불법시위 해산과정에서 대학도서관을 진입한데 대하여 **정신적 충격과 학습권 침해**를 이유로 한 위자료 지급을 청구한 경우 **국가배상책임을 부정**(대판 1997.7.25. 94다2480) 11 승진

⑧ 대규모 시위대가 지하철로 이동하면서 하차하여 불법시위를 할 것이 명백한 경우 경찰이 **지하철역에 요구하여 무정차 통과토록** 조치하였다면 「경찰관 직무집행법」 제6조(범죄의 예방과 제지)에 근거한 조치로 볼 수 있다. 11 1차

| 정리 | 국가배상판례 22 2차 |

① 일반적으로 공무원이 직무를 집행함에 있어서 **법령에 대한 해석이 그 문언 자체만으로는 명백하지 아니하여 여러 견해가 있을 수 있는데다가** 이에 대한 **선례나 학설, 판례 등도 귀일된 바 없어 이의(異義)가 없을 수 없는 경우**, 관계 국가공무원이 그 나름대로 신중을 다하여 합리적인 근거를 찾아 그 중 어느 한 견해를 따라 내린 해석이 후에 대 법원이 내린 입장과 같지 않아 결과적으로 잘못된 해석에 돌아가고, 이에 따른 처리가 역시 결과적으로 위법하게 되어 그 법령의 부당집행이라는 결과를 가져오게 되었다고 하더라도 「국가배상법」상 **공무원의 과실을 인정할 수는 없다.**(대판 2019다277126)

② 국가공무원이 고의 또는 과실로 직무상 의무를 위반하였을 경우라고 하더라도 국가는 그러한 직무상의 의무 위반과 피해자가 입은 손해 사이에 상당인과관계가 인정되는 범위 내에서만 배상책임을 지는 것이고, 이 경우 상당인과관계가 인정되기 위하여는 공무원에게 부과된 직무상 의무의 내용이 **단순히 공공 일반의 이익을 위한 것이거나 행정 기관 내부의 질서를 규율하기 위한 것이 아니고 전적으로 또는 부수적으로 사회구성원 개인의 안전과 이익을 보호하기 위하여 설정된 것이어야 한다.**(대판 2008다77795)

③ 공무원에게 부과된 직무상 의무의 내용이 단순히 공공 일반의 이익을 위한 것이거나 행정기관 내부의 질서를 규율하기 위한 것이 아니고 **전적으로** 또는 **부수적으로** 사회구성원 개인의 안전과 이익을 보호하기 위하여 설정된 것이라면, 공무원이 그와 같은 직무상 의무를 위반함으로 인하여 피해자가 입은 손해에 대하여는 **상당인과관계가 인정되는 범위 내에서 국가가 배상책임을 지는 것이고**, 이 때 상당인과관계의 유무를 판단함에 있어서는 일반적인 결과 발생의 개연성은 물론 직무상 의무를 부과하는 법령 기타 행동규범의 목적이나 가해행위의 태양 및 피해의 정도 등을 종합적으로 고려하여야 한다.(대판 2002다62678)
24 1차

④ 상호보증은 외국의 법령, 판례 및 관례 등에 의하여 발생요건을 비교하여 인정되면 충분하고 **반드시 당사국과의 조약이 체결되어 있을 필요는 없으며**, 당해 외국에서 구체적으로 우리나라 국민에게 국가배상청구를 인정한 사례가 없더라도 실제로 인정될 것이 라고 기대할 수 있는 상태이면 충분하다.(대판 2013다208388)

3. 행정심판 ★★★

(1) 종류(제5조) 11 경행, 23 경채 - 당사자 심판은 없음 18 경행

취소심판	행정청의 위법 또는 부당한 처분을 취소하거나 변경하는 행정심판
무효등확인심판	행정청의 처분의 효력유무 또는 존재여부를 확인하는 행정심판
의무이행심판	당사자의 신청에 대한 행정청의 **위법 또는 부당한 거부처분 또는 부작위**에 대하여 일정한 처분을 하도록 하는 행정심판이다. 19 경행, 23 2차

(2) 대상(행정심판법 제3조)

개괄주의	① 행정청의 처분 또는 부작위에 대하여는 다른 법률에 특별한 규정이 있는 경우 외에는 이 법에 따라 행정심판을 청구할 수 있다. ② **대통령의 처분 또는 부작위**에 대하여는 다른 법률에서 행정심판을 청구할 수 있도록 정한 경우 외에는 **행정심판을 청구할 수 없다.** 22 · 23 2차
위법 · 부당	행정청의 **위법**한 처분과 부작위뿐만 아니라 **부당**한 처분과 부작위도 대상이 된다는 점에서 행정소송과 차이가 있다. 18 경행

(3) 당사자 등(제13조 - 청구인 적격은 법률상 이익이 있는 자가 청구 가능)

피청구인 (제17조)	① 행정심판은 처분을 한 행정청(의무이행심판의 경우에는 청구인의 신청을 받은 행정청)을 피청구인으로 하여 청구하여야 한다. 다만, 심판청구의 대상과 관계되는 권한이 다른 행정청에 승계된 경우에는 권한을 승계한 행정청을 피청구인으로 하여야 한다. ② 행정심판의 제기에 있어서 청구인이 피청구인을 잘못 지정한 경우에 행정심판위원회는 직권으로 또는 당사자의 신청에 의하여 결정으로써 피청구인을 경정할 수 있다. 15 경행 ③ 행정심판위원회는 피청구인을 경정하는 결정을 하면 결정서 정본(부본X)을 당사자(종전의 피청구인과 새로운 피청구인을 포함한다)에게 송달하여야 한다. 15 경행

(4) 행정심판위원회(제6조 ~ 제9조)

중앙행정심판위원회 (국민권익위원소속)	경찰청장, 시도경찰청장, 경찰서장의 처분은 모두 국민권익위원회 소속 중앙행정심판위원회에서 담당한다. 13 경행, 24 1차
각급행정심판위원회	위원장 1명을 포함하여 50명 이내의 위원으로 구성 11 경행
중앙 행정심판위원회 22 경채	① 위원장 1명을 포함하여 70명 이내의 위원으로 구성하되, 위원 중 상임위원은 4명 이내 11 경행, 23 경채 ② 위원장은 국민권익위원회의 부위원장 중 1명 ③ 중앙행정심판위원회 상임위원의 임기는 3년으로 하며, 23 경채 1차에 한하여 연임가능 - 비상임위원의 임기는 2년, 2차에 한하여 연임가능

(5) 행정심판 청구기간

기간 (제27조)	① 행정심판은 처분이 있음을 알게 된 날부터 90일 이내에 청구하여야 하며(불변기간), 처분이 있었던 날부터 180일이 지나면 청구하지 못한다. 16·18 경행 ② 두 기간 중 어느 하나라도 먼저 경과하면 심판청구 제기불가
90일의 예외	청구인이 천재지변, 전쟁, 사변, 그 밖의 불가항력으로 인하여 제1항에서 정한 기간에 심판청구를 할 수 없었을 때에는 그 사유가 소멸한 날부터 14일 이내에 행정심판을 청구할 수 있다. 다만, 국외에서 행정심판을 청구하는 경우에는 그 기간을 30일로 한다. 16·19 경행
180일의 예외	180일 이내 제기하지 못한 정당한 사유가 있는 경우에는 180일이 경과한 후에도 심판청구가 가능하다. 14·19경행
불고지 오고지	① 행정청이 심판청구 기간을 90일보다 긴 기간으로 잘못 알린 경우 그 잘못 알린 기간에 심판청구가 있으면 그 행정심판은 규정된 기간에 청구된 것으로 본다. ② 행정청이 심판청구 기간을 알리지 아니한 경우에는 처분이 있었던 날부터 180일 이내에 심판청구를 할 수 있다. 19 경행, 19 서울 9급, 16 지방 9급
적용범위	행정심판청구기간의 제한은 취소심판과 거부처분에 대한 의무이행심판에만 적용된다. 무효등확인심판청구와 부작위에 대한 의무이행심판청구에는 적용하지 아니한다. 19 경행
청구방식 (제28조)	심판청구는 서면으로 하여야 한다. 24 1차
제23조 (심판청구서의 제출)	① 행정심판을 청구하려는 자는 제28조에 따라 심판청구서(말X)를 작성하여 피청구인이나 위원회에 제출하여야 한다. 24 1차 이 경우 피청구인의 수만큼 심판청구서 부본을 함께 제출하여야 한다. 21 해경승진, 23 2차

(6) 행정심판청구의 효과(제30조)

원칙 (집행부정지)	심판청구는 **처분의 효력이나 그 집행 또는 절차의 속행에 영향을 주지 아니한다.**
예외 (집행정지)	① 위원회는 처분, 처분의 집행 또는 절차의 속행 때문에 중대한 손해가 생기는 것을 예방할 필요성이 긴급하다고 인정할 때에는 직권으로 또는 당사자의 신청에 의하여 처분의 효력, 처분의 집행 또는 절차의 속행의 전부 또는 일부의 정지(이하 "**집행정지**"라 한다)를 결정할 수 있다. 24 1차 다만, 처분의 효력정지는 처분의 집행 또는 절차의 속행을 정지함으로써 그 목적을 달성할 수 있을 때에는 허용되지 아니한다. ② 집행정지는 공공복리에 중대한 영향을 미칠 우려가 있을 때에는 허용되지 아니한다.
임시처분 (제31조)	① 위원회는 처분 또는 부작위가 위법·부당하다고 상당히 의심되는 경우로서 처분 또는 부작위 때문에 당사자가 받을 우려가 있는 중대한 불이익이나 당사자에게 생길 급박한 위험을 막기 위하여 임시지위를 정하여야 할 필요가 있는 경우에는 직권으로 또는 당사자의 신청에 의하여 임시처분을 결정할 수 있다. ② 임시처분은 집행정지로 목적을 달성할 수 있는 경우에는 허용되지 아니한다.

(7) 행정심판의 심리 및 재결

불고불리 원칙	행정심판위원회는 **심판청구의 대상이 되는 처분 또는 부작위 외의 사항에 대해서는 재결하지 못한다.** 다만, '위원회는 필요하다고 인정할 때에는 당사자가 주장하지 아니한 사실에 대해서도 심리할 수 있다.'(제39조)라고 규정하여 불고불리원칙의 예외를 규정하고 있다.
제40조 (심리의 방식)	① 행정심판의 심리는 **구술심리나 서면심리**로 한다. 다만, 당사자가 구술심리를 신청한 경우에는 서면심리만으로 결정할 수 있다고 인정되는 경우 외에는 구술심리를 하여야 한다.
불이익변경금지의 원칙	심판청구의 대상이 되는 처분보다 **불이익한 재결을 하지 못한다.** (제47조)

재결	① 종류(제43조)
	1. 각하재결
	   위원회는 심판청구가 **적법하지 아니하면** 그 심판청구를 각하(却下)한다.
	2. 기각재결 23 1차
	   위원회는 심판청구가 **이유가 없다고 인정하면** 그 심판청구를 기각(棄却)한다.
	3. 인용재결
	   위원회는 취소심판의 청구가 **이유가 있다고 인정하면 처분을 취소 또는 다른 처분으로 변경하거나 처분을 다른 처분으로 변경할 것을 피청구인에게 명한다.**(취소재결, 변경재결, 변경명령재결) – 취소명령재결은 없음
	
	  – 위원회는 무효등확인심판의 청구가 이유가 있다고 인정하면 **처분의 효력 유무 또는 처분의 존재 여부를 확인한다.**(무효등확인재결) 25 1차, 25 2차
	  – 위원회는 의무이행심판의 청구가 이유가 있다고 인정하면 **지체 없이 신청에 따른 처분을 하거나 처분을 할 것을 피청구인에게 명한다.**(의무이행재결) 21 해경승진, 25 1차
	
	4. 사정재결(제44조)
	  – 위원회는 **심판청구가 이유가 있다고 인정하는 경우에도** 이를 인용하는 것이 공공복리에

	크게 위배된다고 인정하면 그 심판청구를 기각하는 재결을 할 수 있다. 23 2차, 24·25 1차 이 경우 위원회는 재결의 주문(主文)에서 그 처분 또는 부작위가 **위법**하거나 **부당**하다는 것을 구체적으로 밝혀야 한다. 22 2차 – 사정재결은 **무효등확인심판**에는 적용하지 아니한다. 22 2차 – 사정재결은 **기각(인용X)**재결의 일종이다. 22 2차 – 사정재결 이후에도 행정심판의 대상인 **처분 등의 효력**은 유지된다. 22 2차
재결의 효력	① 형성력 처분을 취소하는 재결이 있으면 **별도의 처분이 없더라도 처분 시로 효력이 소급되어 처음부터 존재하지 않는 것으로 되는 효력**을 말한다.(기존의 법률관계에 변동을 가져오는 효력) 18 경행 – 행정심판에서 행정심판위원회에 의한 형성적 재결이 있는 경우에는 그 대상이 되는 행정처분은 재결 자체에 의하여 당연히 취소되어 소멸한다. ② 기속력 – 인용재결은 피청구인과 그 밖의 관계행정청을 기속한다. **기속력은 인용재결에만 인정되며, 각하재결이나 기각재결에는 인정되지 않는다.** – 재결의 기속력은 당해 처분에 관한 재결주문 및 그 전제가 된 요건사실의 인정과 판단에만 미친다고 할 것이고, 종전처분이 재결에 의하여 취소되었다하더라도 종전 처분 시와는 다른 사유를 들어서 처분을 하는 것은 기속력에 저촉되지 않는다. 12·14 경행, 21 해경승진, 23 1차
재결기간 (제45조)	① 재결은 제23조에 따라 피청구인 또는 위원회가 심판청구서를 받은 날부터 **60일** 이내에 하여야 한다. 다만, 부득이한 사정이 있는 경우에는 위원장이 직권으로 **30일**을 연장할 수 있다. 12·16 경행, 25 2차 ② 위원장은 제1항 단서에 따라 재결 기간을 연장할 경우에는 재결 기간이 끝나기 **7일** 전까지 당사자에게 알려야 한다.
재결의 방식	① 재결은 **서면**으로 한다.(제46조) 23 1차
재결의 송달과 효력발생 (제48조)	① 위원회는 지체 없이 당사자에게 재결서의 **정본**을 송달하여야 한다. 23 1차 이 경우 중앙행정심판위원회는 재결 결과를 소관 중앙행정기관의 장에게도 알려야 한다. ② 재결은 청구인에게 제1항 전단에 따라 **송달(발송X)**되었을 때에 그 효력이 생긴다. 23 1차

(8) 불복(제51조)

① 심판청구에 대한 재결이 있으면 그 재결 및 같은 처분 또는 부작위에 대하여 **다시 행정심판을 청구할 수 없다.** 14·18 경행, 17 교육행정 9급

② 재결에 불복하면 행정소송을 제기할 수 있다. 행정소송은 **원처분**을 대상으로 하여야 하며, 재결자체에 고유한 위법이 있는 경우에는 재결의 취소를 구하는 행정소송을 제기할 수 있다.

4. 행정소송 ★★★

[필요적 행정심판 전치주의가 적용되는 경우]

1. 공무원의 징계처분
2. 국세, 관세부과처분
3. 도로교통법에 의한 처분
   ex 혈중알콜농도 0.13%의 주취상태에서 차량을 운전하다가 적발된 乙에게 관할 경찰청장이 「도로교통법」에 의거 운전면허취소처분을 하였을 경우, 乙은 **행정심판을 거치지 않고 바로 행정소송을 제기할 수 없다.**
   24 경간

(1) 종류(제3조, 제4조) 16 경행, 12 지방 9급, 22 1차, 23 경채, 25 1차 — 의무이행소송은 규정이 없다.

주관적 소송		
항고소송	① **취소소송** 행정청의 **위법(부당X)**한 처분 등의 취소 또는 변경하는 소송	
	② **무효등확인소송** – 행정청의 처분 등의 **효력유무** 또는 **존재여부**를 확인하는 소송 – 소송의 제기기간, 행정심판전치주의, 사정판결이 **적용되지 않는다.** – 본안소송이 무효확인소송인 경우에도 집행정지가 **허용**된다. 18 서울 7급	
	③ **부작위위법확인소송** 행정청의 **부작위가 위법함**을 확인하는 소송 1. 부작위위법확인소송에 있어서는 **사정판결이 적용되지 아니한다.** 13 경행 2. 부작위위법확인소송은 처분의 신청을 한 자로서 부작위의 위법의 확인을 구할 **법률상 이익이 있는 자만이 제기할 수 있다.** 18 경행 3. 부작위위법확인의 소는 **부작위상태가 계속되는 한** 그 위법의 확인을 구할 이익이 있다고 보아야 하므로 제소기간의 제한이 없음이 원칙이나 행정심판 등 전심절차를 거친 경우에는 제소기간의 제한이 있다.	
당사자 소송 17 경행, 15 국회 8급 21 해경승진	행정청의 처분등을 원인으로 하는 법률관계에 관한 소송 그 밖에 공법상의 법률관계에 관한 소송으로서 그 법률관계의 한쪽 당사자를 피고로 하는 소송 1. 공무원연금법령 개정으로 **퇴직연금** 중 일부 금액의 지급이 정지되어서 미지급된 퇴직연금의 지급을 구하는 소송은 판례상 **당사자소송**이다. 2. 명예퇴직한 법관이 미지급 **명예퇴직수당액**에 대하여 가지는 권리는 명예퇴직수당 지급대상자 결정 절차를 거쳐 명예퇴직수당규칙에 의하여 확정된 공법상 법률관계에 관한 권리로서, 그 지급을 구하는 소송은 **행정소송법의 당사자소송에 해당**하며, 그 법률관계의 당사자인 국가를 상대로 제기하여야 한다.(대판 2013두14863) 23 2차	
객관적 소송		
민중소송 17 경행	국가 또는 공공단체의 기관이 법률에 위반되는 행위를 한 때에 **직접 자기의 법률상 이익과 관계없이** 그 시정을 구하기 위하여 제기하는 소송	

기관소송 17·19 경행	국가 또는 공공단체의 기관 상호간에 있어서의 **권한의 존부 또는 그 행사에 관한 다툼이 있을 때**에 이에 대하여 제기하는 소송. 다만, 헌법재판소법 제2조의 규정에 의하여 헌법재판소의 관장사항으로 되는 소송은 제외한다.

(2) 취소소송

재판관할 (제9조)	취소소송의 제1심 관할법원은 **피고**의 소재지를 관할하는 **행정법원**으로 한다. - 경찰청장을 피고로 하여 취소소송을 제기하는 경우, **대법원 소재지를 관할하는 행정법원**이 **제1심 관할법원**으로 될 수 있다. 18 경행, 24 경간
행정심판 과의 관계 (제18조)	① 취소소송은 법령의 규정에 의하여 **당해 처분에 대한 행정심판을 제기할 수 있는 경우에도 이를 거치지 아니하고 제기할 수 있다**. 다만, **다른 법률에 당해 처분에 대한 행정심판의 재결을 거치지 아니하면 취소소송을 제기할 수 없다는 규정이 있는 때에는 그러하지 아니하다.** 16 경행
취소소송의 대상	취소소송은 **처분등**을 대상으로 한다. 다만, **재결취소소송**의 경우에는 **재결 자체에 고유한 위법**이 있음을 이유로 하는 경우에 한한다.(제19조) 12 경행
제소기간 (제20조) 12·13 경행 19 소방 9급 21 해경승진	**행정심판을 거치지 않은 경우** ① 취소소송은 **처분등이 있음을 안 날부터 90일** 이내에 제기하여야 한다. 　처분등이 있음을 안날이란, 당해처분이 있었음을 **현실적으로 안날**을 의미하고, 위법여부를 판단한 날을 의미하는 것은 아니다. ② 취소소송은 **처분등이 있은 날부터 1년**을 경과하면 이를 제기하지 못한다. **행정심판을 거친 경우** ① 재결서 정본을 **송달받은 날부터 90일** 이내에 제기하여야 한다. ② 재결이 **있은 날부터 1년**을 경과하면 이를 제기하지 못한다. 무효인 처분에 대하여 무효선언을 구하는 **취소소송**을 제기하는 경우 **제소기간**을 준수하여야 한다. 15 사회복지 9급
당사자	① 원고적격(제12조) 취소소송은 처분등의 취소를 구할 **법률상 이익이 있는 자**가 제기할 수 있다. 처분등의 효과가 기간의 경과, 처분등의 집행 그 밖의 사유로 인하여 소멸된 뒤에도 그 **처분등의 취소로 인하여 회복되는 법률상 이익이 있는 자**의 경우에는 또한 같다.(**협의의 소익**) 판례 공무원에 대한 **파면처분 취소소송계속 중 공무원이 정년퇴직**된 사안에서, 파면처분의 취소를 구할 **법률상 이익**이 있다. 18 서울 7급 **소의 이익 관련 기출판례** 1. 현역병입영대상자로 병역처분을 받은 자가 그 **취소소송 도중에 모병에 응하여 현역병으로 자진 입대**한 경우에는 권리보호의 필요가 없는 경우로서 **소의 이익을 인정할 수 없다**. 13·18 경행 2. 행정청이 공무원에 대하여 **새로운 직위해제사유에 기한 직위해제처분**을 한 경우라도 그 이전에 한 직위해제처분은 묵시적으로 철회하였다고 봄이 상당하고, 그 이전 직위해제처분의 취소를 구할 **소의 이익이 없다**. 13 경행 3. 고등학교에서 **퇴학처분**을 당한 후 고등학교졸업학력검정고시에 합격한 경우, 퇴학처분의

	취소를 구할 소의 이익이 있다. 13 경행 4. 공익근무요원 소집해제신청을 거부한 후에 원고가 계속하여 공익근무요원 으로 복무함에 따라 복무기간만료를 이유로 소집해제처분을 한 경우, 원고 가 입게 되는 권리와 이익의 침해는 소집해제처분으로 해소되었으므로 위 거부처분의 취소를 구할 소의 이익이 없다. 13 경행 5. 지방의회 의장에 대한 불신임 의결은 항고소송의 대상이 된다. 18 경행 ② **피고적격(제13조)** 취소소송은 다른 법률에 특별한 규정이 없는 한 그 **처분등을 행한 행정청**을 피고로 한다. 다만, 처분등이 있은 뒤에 그 처분등에 관계되는 **권한이 다른 행정청에 승계된 때에는** 이를 **승계한 행정청**을 피고로 한다. 피고적격 관련 기출지문(참고) 17 경행, 21해경승진
처분변경 으로 인한 소의 변경	법원은 행정청이 소송의 대상인 처분을 소가 제기된 후 변경한 때에는 **원고의 신청**에 의하여 결정으로써 청구의 취지 또는 원인의 변경을 허가할 수 있다.(제22조) 18 경행
소송제기의 효과 (제23조)	① **원칙(집행부정지)** 취소소송의 제기는 **처분등의 효력이나 그 집행 또는 절차의 속행에 영향을 주지 아니한다.** 13 경행 ② **예외(집행정지)** 1. 취소소송이 제기된 경우에 처분등이나 그 집행 또는 절차의 속행으로 인하여 생길 회복하기 어려운 손해를 예방하기 위하여 긴급한 필요가 있다 고 인정할 때에는 본안이 계속되고 있는 법원은 당사자의 신청 또는 직 권에 의하여 처분등의 효력이나 그 **집행 또는 절차의 속행의 전부 또는 일부의 정지를 결정할 수 있다.** 다만, 처분의 효력정지는 처분등의 집행 또는 절차의 속행을 정지함으로써 목적을 달성할 수 있는 경우에는 허용 되지 아니한다. 2. 집행정지는 **공공복리에 중대한 영향을 미칠 우려가 있을 때에는** 허용되지 아니한다.(공공복리는 구체적이고 개별적인 공익을 말함) 18 경행 집행정지는 행정처분의 집행부정지원칙의 예외로 인정되는 것이므로 **적법한 본안소송의 계속을 요건**으로 한다. 14·18 경행
판결의 종류	소송판결 ① **각하**판결 소송요건을 갖추지 못한 부적법한 소에 대하여 본안심리를 거부하는 판결 본안판결 ② **인용**판결 원고의 청구가 이유가 있는 경우에 원고 청구를 받아들이는 판결 ③ **기각**판결 원고의 청구가 이유 없는 경우에 원고의 청구를 받아들이지 않는 판결 ④ **사정**판결(제28조) 17 경행 1. 원고의 청구가 이유있다고 인정하는 경우에도 처분등을 취소하는 것이 현저히 공공복리에 적합하지 아니하다고 인정하는 때에는 법원은 원고의 청구를 **기각(각하X)**할 수 있다.

	이 경우 **법원은** 그 판결의 주문에서 그 처 분등이 **위법**함을 **명시**하여야 한다. 13 서울 7급 2. 법원이 제1항의 규정에 의한 판결을 함에 있어서는 미리 **원고**가 그로 인하여 입게 될 손해의 정도와 배상방법 그 밖의 사정을 조사하여야 한다. → **취소소송에만 적용되며, 무효확인소송과 부작위위법확인소송, 당사자소송에는 사정판결이 적용되지 않는다.** 18 교육행정 9급 3. 당사자의 명백한 주장이 없는 경우에도 기록에 나타난 여러 사정을 기초로 피고행정청의 **주장이나 신청이 없더라도 직권으로 사정판결을 할 수 있다.**
판결의 효력	① **기속력** 13 · 14 경행 1. 소송당사자인 행정청과 관계행정청으로 하여금 판결의 취지에 따라 행동할 **실체법적 의무를 발생시키는 효력**을 말하며, 구속력이라고도 한다. 2. 기속력은 **인용판결에 대해서만 인정**되며, 기각판결에 대해서는 인정되지 않는다. 16 국회 8급 ② **형성력** 1. 판결이 확정되면 판결의 내용에 따라 별도의 행위를 기다릴 것 없이 소급하여 기존의 법률관계에 변동을 가져오는 효력을 말한다. 2. **당사자**뿐만 아니라 **제3자**에 대해서도 효력이 있다. 처분을 취소하는 확정판결이 있으면 형성력에 의해 처분청의 해당 처분의 취소나 취소통지와 같은 별도의 절차를 거치지 않고 당연히 취소의 효과가 발생한다. 22 지방직 ③ **기판력** 14 경행 1. 확정된 판결의 내용이 당사자 및 법원을 구속하여 **판단 내용이 확정되면 이후 동일한 소송물에 대해서 이전 재판내용과 모순되는 판단을 할 수 없는 효력**을 말한다. 2. 기판력은 제3자에게는 미치지 않고, 당해소송의 당사자와 승계인에게만 미친다.
직권심리 (제26조)	법원은 필요하다고 인정할 때에는 **직권으로 증거조사를 할 수 있고, 당사자가 주장하지 아니한 사실에 대하여도 판단**할 수 있다. 16 · 18 경행
소의 제기	민중소송 및 기관소송은 법률이 정한 경우에 **법률에 정한 자에 한하여** 제기할 수 있다.(제45조)
행정소송의 한계	① **조례**가 집행행위의 개입 없이 그 자체로서 직접 국민의 권리 · 의무나 법적 이익에 영향을 미치는 **법률상 효과를 발생**하는 경우 소송의 대상이 된 다.(처분적 법규 – 두밀분교폐지조례) 10 경행 ② 대법원은 처분이 행하여짐으로써 회복하기 어려운 권익 침해를 막기 위해 **예방적 부작위 소송을 부정**하고 있다.(행정소송법상 행정청이 일정한 처분을 하지 못하도록 그 부작위를 구하는 청구는 허용되지 않는 부적법한 소송이다.) 15 지방 9급 10 경행

(3) 행정소송관련 기출지문(참고) 14 · 15 · 18 · 19 경행, 21 해경승진, 17 사회복지 9급, 19 국회 8급

1. 행정소송법 상 행정청에는 법령에 의하여 **행정권한을 위임 또는 위탁받은 사인도 포함** 된다.

   관할 경찰청장은 운전면허와 관련된 처분권한을 각 경찰서장에게 위임하였고, 이에 따라 권한이 수임청으로 이전되었으므로, 甲의 운전면허정지처분 취소소송의 피고적격자는 **A경찰서장**이다. 24 경간

2. 교육부장관이 **내신성적산정지침을 시 · 도교육감에게 통보**한 것은 행정조직 내부에서 내신성적평가에 관한

심사기준을 시달한 것에 불과하여 위 지침을 **행정처분으로 볼 수 없으므로 항고소송의 대상이 아니다.**
3. **어업권면허에 선행하는 우선순위결정은** 강학상 확약으로 행정처분에 해당되지 않아 우선 순위결정에 공정력이나 불가쟁력 같은 효력이 인정되지 않는다.
4. 운전면허 행정처분처리대장상의 **벌점의 배점은 처분성이 인정되지 않는다.**
5. 징병검사시의 군의관의 **신체등위 판정은 항고소송의 대상이 되는 처분이 아니다.**
6. 지방경찰청장(현 시·도경찰청장)의 **횡단보도 설치행위는** 국민의 구체적인 권리·의무에 직접적인 변동을 초래하므로 행정소송법상 **처분에 해당한다.**(대판 99두1144)
7. 교육공무원법상 승진후보자 명부에 의한 승진심사 방식으로 행하여지는 승진임용에서 **승진후보자 명부에 포함되어 있던** 후보자를 승진임용인사발령에서 제외하는 행위는 항고소송의 대상이 되는 행정처분에 **해당한다.**
8. 소청심사위원회가 징계혐의자에 대한 **감봉 1월의** 징계처분을 견책으로 변경한 소청결정 중 그를 **견책에** 처한 조치는 재량권의 남용 또는 일탈로서 위법하다는 주장은 **소청 결정 자체에 고유한 위법을 주장하는 것으로 볼 수 없다.**
9. 국가공무원법상 **당연퇴직의 인사발령은** 법률상 당연히 발생하는 퇴직사유를 공적으로 확인하여 알려주는 관념의 통지에 불과하여 **행정처분이 아니다.**(대판 91누2687)

PART 01 총론

CHAPTER 05 경찰행정학(경찰관리론)

조인섭 경찰학 핵심요약집

제 1 절 경찰관리

1. 정책결정모형의 종류 ★★ 22·24·26 경간, 24 2차

합리모형	인간을 합리적 사고방식을 갖고 따르는 경제적 인간으로 전제하면서 정책결정자는 "전지의 가정"하에 모든 문제나 목표를 완전히 파악하고 가능한 모든 대안을 포괄적으로 탐색, 평가하여 가장 합리적이고, 최선의 대안을 선택할 수 있다고 보는 이론이다.
만족모형	정책결정자는 최선의 합리성을 추구하기 보다는, 제한된 합리성에 기반을 두고 주관적이고, 현실적인 판단에 근거하여 만족스러운 수준에 대안을 선택한다.
점증모형	① 정책결정자의 능력의 한계와 시간과 비용 등의 현실적인 제한 등으로 기존의 정책에서 소폭적인 변화만을 대안으로 결정하여 조금씩 보완 해 나가는 것을 말한다. 즉, 기존의 정책을 수정 보완해 약간 개선된 상태의 정책대안이 선택된다. ② 정치적 합리성을 중시하며, 선진국에 적합한 모형이다.
혼합탐사모형	합리모형과 점증모형을 절충한 모형으로 포괄적 관찰로 대안을 탐색 하고, 거시적 맥락의 근본적 결정의 경우 합리모형의 의사결정방식을 따르며 특정문제에 대해 현실적 결정이 필요한 세부적 결정의 경우는 점증모형을 따른다.
최적모형	정책결정과정을 체제론적 관점에서 파악하고, 기본적으로 합리모형에 따라 경제적 합리성뿐만 아니라 직관, 창의성, 판단력 같은 초합리적 요소까지도 고려하는 이론이다.
쓰레기통모형	정책결정은 고도로 불확실한 상황(응집성이 아주 약한 혼란상태, 무정부상태)에서 비합리적으로 이루어진다는 이론으로 정책문제, 해결책, 선택기회, 참여자의 네가지 요소가 독자적으로 흘러다니다가 어떤 계기로 우연히 한곳에 모여지게 될 때 의사결정이 이루어진다고 본다. 23 경간
사이버네틱스 모델	설정된 목표를 달성하기 위해 정보분석과 환류과정을 통해 자신의 행동을 스스로 조정해 나간다고 가정하는 모델이다. 시행착오적인 '도구적 학습'을 거쳐 터득된 표준운영절차(SOP)에 따라 점진적, 자동적으로 적응해 나가는 의사결정을 한다.

제 2 절 경찰조직관리

1. 관료제의 특성 ★ - 모든 직무는 전문지식과 기술을 가진 관료가 담당 07 채용

① **법규중시** : 관료의 권한과 직무범위는 **법규(관례X)**에 의해 결정됨
② **계층제** : 조직은 **계층제적 구조로 구성(수평적 구조X)**
③ **문서주의** : 직무수행은 서류에 의하여 이루어지며, **기록은 장기간(단기간X) 보존됨**
④ **몰인정성(비정의성)** : 직무수행과 구성원 간의 관계에 있어 **감정이 배제됨**
⑤ **분업화와 전문화** : 효율적인 업무처리를 위해 분업화와 전문화가 필요
⑥ 직무는 전문지식과 기술을 가진 **관료**가 담당하며, 관료는 시험과 자격을 통해 **공개적으로 채용됨**
⑦ 직무수행의 대가로 급료를 받고, 승진 및 퇴직금 등의 직업적 보상을 받음
⑧ 관료제에서 구성원은 신분의 계급에 의한 관계가 아니라 **계약관계**이다.

cf. 관료제의 역기능(Rovert K. Merton) 26 경간

① **할거주의** - 소속된 기관이나 부서에만 충성함으로써 다른 조직이나 부서와 조정이나 협조가 곤란할 수 있다. 22 채용
② **지나친 공사구별로 인한 인간성의 상실** - 몰인정성
③ **변화에 대한 저항과 보수주의** - 신기술이나 신지식의 도입이 어려움
④ **목표와 수단의 전환(동조과잉)** - 목표를 소홀히 하고, 수단을 중시하는 현상이 발생함
⑤ **무사안일주의** - 상급자의 권위에 지나치게 의존함, 소극적인 일처리와 책임회피
⑥ **번문욕례와 형식주의(red-tape)** - 내용을 경시하고, 문서나 규칙과 같은 형식에 치중
⑦ **전문가적 무능현상** - 다른 분야에 대한 이해부족현상(관료가 한 가지 지식 또는 기술에 대해 훈련을 받고 기존 규칙을 준수하도록 길들여져서 다른 대안을 생각하지 못하는 훈련된 무능이 발생할 수 있다.)
⑧ **권위주의적 행태와 권력구조의 이원화**
⑨ **무능력자의 승진(피터의 원리)** - 자신의 무능력의 한계까지 승진하려고 함

2. 조직편성의 원리 ★★★ 10·11·12·14·16·17·19·23 승진, 12·19·23·24·25 2차, 16·18·22·23·24 경간, 18 3차, 20·22 1차, 20·21·22·23 경채, 23 특공대

분업의 원리	조직의 종류와 성질, 업무의 전문화의 정도에 따라 기관별·개인별로 **업무를 분담**시키는 원리를 말한다.(=**전문화의 원리**) ① 장점은 전문성 확보로 인해 **능률적인 업무수행**이 가능하고, **업무의 세분화**로 인해 업무습득에 필요한 **시간을 단축**시킬 수 있음 25 경간(경위공채) ② 단점은 반복적인 업무로 인한 **흥미상실**, 구성원의 부품화로 인한 **소외감**, **인간기계화**를 심화시키며, **전체적인 통찰력의 약화**, 지나친 분업으로 인한 **조직할거주의**가 초래됨 24 1차, 25 2차 ③ **경과 제도**를 통한 특정업무의 세분화 및 시간과 경비를 절약할 수 있다. 24 2차 • 업무를 그 종류와 성질별로 구분하여 구성원에게 가능한 한 한가지의 주된 업무를 부담시킴으로써 조직 관리상의 **능률**을 향상시키려는 원리이다. 24·25 1차 • 한 사람이 수행할 수 있는 업무의 양과 시간에는 한계가 있고, 서로 다른 특성을 가진 업무를

		한 사람이 맡아서 하는 것은 비효율적이다. 24 1차
		• 다수가 일을 함에 있어서 각자의 임무를 나누어서 분명하게 부과하고 협력을 하도록 하는 것으로, 인간능력의 한계를 극복하고 업무를 효율적으로 수행하기 위한 것이다. 24 1차
계층제 원리 15 승진		임무를 **책임과 난이도**에 따라 **상·하**로 나누어 배치하고, 상위로 갈수록 권한과 책임이 무거운 임무를 수행하도록 편성하는 것 → 수직적인 상하명령 복종관계를 특징으로 함
	장점	① 조직의 **일체감과 통일성**을 유지하는데 기여 25 경간 ② 권한과 책임의 배분을 통해 **신중한 업무처리**가 가능하며, 수직적 분화와 집권화 현상이 나타나 구성원의 동기부여를 **저해(향상X)**시킨다. 25 1차, 24 1차, 25 경간 ③ 명령과 지시를 일사불란하게 수행하도록 하는 데 적합(신속하고 능률적인 업무수행 가능) ④ 승진의 경로가 되어 사기진작에 도움이 됨
	단점	① 계층이 많아질수록 **업무처리 과정이 지연**되고, 많은 관리비용을 발생시키게 되며, 계층 간 갈등이 증가함 25 2차 ② **조직의 경직화**를 가져와 환경변화에 대한 조직의 신축적 대응을 어렵게 하고 새로운 지식·기술 등 도입이 곤란함 23 1차, 25 경간, 24 2차 ③ 계층제의 무리한 적용은 행정의 능률성과 **종적조정(횡적조정X)**을 저해함 20 1차
통솔 범위의 원리 12·25 1차 13·24특공대		① 1인의 상관 또는 감독자가 효과적으로 직접 감독할 수 있는 **부하의 수**를 정하는 원리 23 1차 ② **구조조정**의 문제와 관련이 있다. 24 1차·2차
	결정 요인	1) 신설부서보다는 **오래된 부서**가 통솔범위가 넓다. 2) 지리적으로 분산된 부서보다는 **근접한 부서**가 통솔범위가 넓다. 3) 복잡한 업무보다는 **단순한 업무**의 경우에 통솔범위가 넓어진다. 4) 감독자나 부하직원의 **능력이 우수**할수록 통솔범위가 넓어진다. 5) 계층의 수가 적을수록 통솔범위가 넓어진다. ※ 청사의 규모는 통솔범위와 관련 없음 ※ 통솔범위의 원리에 의하면 계층의 수, 업무의 복잡성 및 조직규모의 크기와 통솔의 범위는 **반비례(정비례X)** 관계이다. 25 2차
명령 통일 원리 15 2차 18 승진		① 조직의 구성원 간에 지시나 보고를 주고받는 과정에서 **지시는 한 사람만이 할 수 있고, 보고도 한 사람에게만 하여야 한다는 것** 23 1차 → 업무수행의 혼선과 그로 인한 비능률을 막기 위함 ② 명령통일의 원리를 너무 지나치게 지킨다면 실제 업무수행에 더 큰 지체와 혼란을 야기할 수 있음 ③ 관리자의 공백을 대비하여 **대리, 위임, 유고관리자 사전지정** 등이 필요함 ④ 업무에 대한 신속결단과 결단내용의 지시가 단일한 명령계통이어야 함 24 1차 ⑤ 부하들을 직접 감독하지 않는 참모 및 계선조직이 부하에게 유익한 자문을 하는 것을 허용하지 않는다. 24 2차
조정과 통합의 원리	개념	① 구성원이나 단위기관의 활동을 전체적인 관점에서 통일하여 조직의 목표달성도를 높이려는 원리 25 1차, 25 2차 ② 조정의 원리가 필요한 이유 → **구성원의 행동통일** 25 2차

			③ 조직의 제1원리이며 최종적 원리이다(Mooney)
			④ 할거주의는 조정과 통합의 원리를 저해하는 요소이다.(필수적 요소X) 23 1차
	갈등 해결 방안 11·17 승진	단기	① 갈등의 원인이 세분화된 업무처리 - 업무처리과정을 통합한다든지 연결하는 장치나 대화채널의 확보가 필요함 ② 부서 간의 갈등이 일어나고 있을 때는 더 높은 상위목표를 제시, 상호 간 이해와 양보를 유도하는 것이 바람직함 ③ 한정된 인력이나 예산을 가지고 갈등이 생기는 경우에는 가능하면 예산과 인력을 확보하고 업무추진의 우선순위를 지정할 필요가 있음 21 승진 ④ 문제해결이 어려운 경우 : 갈등을 완화, 양자 간의 타협을 도출, 관리자가 갈등을 초래할 수 있는 결정을 보류 또는 회피하는 방식을 사용함
		장기	조직의 구조, 보상체계, 인사 등의 제도개선과 조직원의 행태를 합리적으로 개선함

제 3 절 경찰인사관리

1. 계급제와 직위분류제 10·16·25 2차, 10·11·12·14·19 승진, 13·16·25 경간(경위공채), 19 1차, 19·20 경채, 23·24 1차, 23·25 경찰특공대

구분	계급제	직위분류제
개념	사람을 중심으로 공무원의 자격·능력·학력을 기준으로 하여 공직을 분류하는 제도	① 직무의 종류와 책임도 및 곤란도에 따라 여러 직종과 등급 및 직급으로 분류하는 제도 ② 직무분석과 직무평가의 충실한 수행이 중요함
국가	독일, 프랑스, 한국, 중국, 일본 등	미국 시카고시에서 실시
충원방식	폐쇄형	개방형
인사배치	신축적, 융통적, 탄력적	비신축적, 비융통적, 비탄력적
권한과 책임	불명확	명확
신분보장	강함	약함
직업 공무원제	확립 용이	확립 곤란
조정·협력	용이	곤란
공무원의 성격	일반행정가	전문행정가
보수	계급에 따라 보수의 차이가 있음	같은 직무에 같은 보수 지급
특징	계급의 수가 적고, 계급 간 차별이 심함	보수의 합리적 기준제시

각국의 공직제도는 계급제와 직위분류제가 상호융화되는 경향이 있다.(상호배타적 관계X)
우리나라는 계급제를 기반으로 직위분류제를 가미한 형태임 23 1차

2. 엽관주의와 실적주의 ★★ 08 경간, 11 승진

엽관주의는 미국 7대 잭슨 대통령이 '전리품은 승자에게 속한다'라는 구호와 함께 공직을 널리 민중에게 개방함으로써 도입하게 되었고 상류계층이 독점하였던 공직을 대중에게 개방하려는 민주주의의 이념과 함께 시작되었다. 12 승진

구분	엽관주의	실적주의
개념	공직임용에 있어서 능력·자격·업적보다는 **충성심, 당파성** 등에 기준을 두는 제도	공직임용을 개인의 **자격·능력·실적**을 기준으로 하는 인사제도
도입배경	**19C 미국의 자유 민주정치 발전과정**에서 도입됨	**엽관주의 폐해를 극복하기 위해 도입됨(가필드 대통령(잭슨(Jackson) 대통령X)이 암살당한 사건은 미국에서 실적주의 도입의 배경이 되었다.)** 24 승진
장점	① 정당정치 발전에 기여 ② 공무원에 대한 **민주적 통제 강화**로 국민의 요구에 대한 대응성이 높음 ③ 관직의 특권화 배제와 관료제의 침체방지 ④ 공무원의 충성심 유도 ⑤ 엽관주의는 정치지도자가 국정지도력을 강화함으로써 공공정책의 실현을 용이하게 해준다. 24 승진	① 공무원의 **정치적 중립**과 부패방지 ② **신분보장**으로 행정의 전문성·계속성·안정성 확보(공무원이 법령에 저촉되지 않는 한 일체의 신분상의 불이익을 받지 않음) ③ **공직기회의 균등보장**(모든 국민에게 개방됨) ④ **직업공무원제 확립**에 기여
단점 13 경간	① **신분보장이 되지 않으므로** 행정의 전문성·계속성·안정성이 저해됨 24 승진 ② 불필요한 관직의 증설로 **예산의 낭비**를 초래함 ③ 관료가 정당을 위해 봉사하므로 **행정의 공정성** 확보 곤란 ④ 정당에 대한 충성심을 요구하므로 누구나 공직에 진출할 수 있는 **기회균등의 원리에 위배됨** ⑤ 관료가 관직을 계속 유지하기 위하여 정당에 정치자금을 헌납하는 등 **관료의 부패를 조장함** 12 승진	① 정치적 중립에 집착하여 **행정의 소극화·형식화·집권화** 초래 24 승진 ② 공무원에 대한 **민주적 통제 곤란** ③ 국민의 요구에 대한 대응하지 않을 우려가 있음 ④ 공무원의 보수화와 **특권의식화** ⑤ **인사관리의 경직성** 초래 ⑥ 정당정치의 실현 곤란

엽관주의와 실적주의는 상호배타적인 관계가 아니라 **상호보완**적인 관계이므로 양자의 조화가 필요하다. 우리나라는 **실적주의를 원칙**으로 **엽관주의를 가미**하여 운용하고 있다. 11 승진

2. 직업공무원제 ★★ 20 1차, 24 경간

직업공무원제도의 성공적 정착을 위해서는 **공직에 대한 사회의 높은 평가가 필요**하며 퇴직 후의 불안해소와 생계보장을 위해 적절한 **연금제도가 확립**되어야 한다. 24 경간

의의	직업공무원제도는 **젊고 유능한** 인재가 공직에 근무하는 동안 생애 보람을 느끼고 자기 직업을 천직으로 생각하고 자긍심 갖고 일할 수 있도록 공직관을 확고하게 심어주는 인사제도이다.

특징	① 실적주의는 직업공무원제로 발전해 가는 기반이 되지만, **실적주의가 도입된다고 해서 바로 직업공무원제가 확립되는 것은 아니다.** ② 직업공무원제도는 연령제한이 필수적이나 **계급제(직위분류제X)**를 원칙으로 한다는 점에서 실적주의와 공통점이 있다. 24 2차 ③ 공무원들의 성실한 직무수행과 장기근속을 유도하기 위한 제도와 원칙들을 토대로 한다. 24 2차
장점	① **행정의 안정성, 계속성, 독립성, 중립성 확보** 25 2차 ② 신분보장으로 인해 사기가 높아짐 ③ 젊고 유능한 인재의 채용 ④ **폐쇄적(개방적X)** 충원체제로 넓은 시야를 가진 유능한 인재의 등용 및 분야별 전문인력을 확보하는데 용이하다. 24 2차 ⑤ 공무원의 일체감과 단결심 및 공직에 헌신하려는 정신을 강화하는 데 **유리(불리X)**한 제도이다. 24 2차
단점	① 연령제한 규정은 공직취임에 있어 **기회균등을 저해함** 25 2차 ② 신분보장으로 **행정책임 및 행정통제 확보가 어려움** 25 2차 ③ **국민의 요구에 대한 대응성 저하** ④ **외부환경** 변화에 신속하게 대응하지 못한다는 단점이 있다. ⑤ 공무원이 환경변화에 민감하지 못하고 **특권 집단화될 우려**가 있다. 25 2차

3. 사기관리 22 경채, 23 경간, 23 · 25 2차

내용이론 26 경간	의의	사람의 동기를 유발하는 요인의 **내용(마음)**에 초점을 두는 이론
	내용	Maslow의 인간욕구 5단계설, 앨더퍼(Alderfer)의 ERG이론, 허즈버그(Herzberg)의 동기위생요인이론, 맥클랜드(McClelland)의 성취욕구(동기)이론, 맥그리거(McGregor)의 X이론 · Y이론, 아지리스의 성숙 - 미성숙이론, E. Schein의 인간관이론 등
과정이론	의의	인간의 특정 욕구가 직접적으로 동기부여 하는 것이 아니라 **욕구와는 별도의 다양한 요인들(결과)**이 동기부여 과정에 작용한다는 이론이다.
	내용	포터&롤러(Porter & Lawler)의 **업**적만족이론, 브룸(Vroom)의 **기**대이론, 아담스(Adams)의 **공**정성이론, 로크의 **목표**설정이론 등 25 2차

(1) 내용이론

1) Maslow(매슬로우)의 5단계 기본욕구 10 · 12 · 19 승진, 14 · 24 경간, 15 3차, 17 2차, 20 · 22 2차, 23 경채, 25 1차

생리적 욕구	의 · 식 · 주 및 건강 등에 관한 욕구	**적정보수제도, 휴양제도**
안전의 욕구	공무원의 현재 및 장래의 신분이나 생활에 대한 불안을 해소	**신분보장, 연금제도**
사회적 욕구	동료 · 상사 · 조직 전체에 대한 친근감 · 귀속감을 충족	**인간관계**의 개선, **고충**처리상담
존경의 욕구	타인의 인정 · 존중 · 신망을 받으려는 욕구	**참여**확대, **권한**의 위임, **제안**제도, **포상**제도

자아실현 욕구	장래에의 자기발전·자기완성의 욕구 및 성취감 충족	공정하고 합리적인 승진, 공무원단체 활동
특징	① 인간의 욕구는 **순차적상향적**으로 나타나고 어느 한단계의 욕구가 충족되어야 비로소 다음 단계의 욕구로 진행된다는 **만족진행접근법**을 전제한다.[하위(상위X)욕구로부터 상위(하위X)욕구로 욕구를 추구] 22·25 2차 ② 이때의 욕구충족은 완전한 충족이 아니라 **어느 정도의** 만족을 의미한다. ③ 가장 **궁극적인 목표는 자아실현의** 욕구이다. ④ 가장 우선순위이며, 최하위 욕구는 **생리적** 욕구이다. ⑤ 이미 충족된 욕구는 더 이상 동기부여 요인으로서의 의미가 없어진다.	

2) Alderfer(알더퍼)의 ERG이론 24 경간, 25 1차, 25 2차

개념	알더퍼는 매슬로의 인간 욕구 단계설을 확장한 ERG 이론을 주장하였으며, 생리적, 안전에 대한 하위욕구를 존재의 영역에 통합하고 매슬로우의 개인 간 사랑과 존중에 대한 욕구를 관계성으로 분류하였다. 성장의 영역은 자기실현과 자기존중의 욕구를 포함하고 있다.
특징	매슬로의 인간 욕구 단계설은 낮은 수준의 욕구가 충족된 후에 더 높은 수준의 욕구가 가능하다고 본 반면 알더퍼의 ERG이론은 각 욕구는 **동시에 일어 날 수 있으며** 중요성은 개인에 따라 다르다고 주장한다. 만약 높은 수준의 욕구가 충족되지 않는다면 더 쉬운 낮은 수준의 욕구로 **퇴행할 수도 있다고** 본다.

매슬로우 5단계 욕구이론	Alderfer의 ERG이론
자아실현욕구	성장욕구 (Growth)
존경욕구	
사회적 욕구	관계욕구 (Relatedness)
안전욕구	존재욕구 (Existence)
생리적 욕구	

3) McClelland(맥클리랜드)의 성취동기이론 24 경간

개념	모든 사람이 비슷한 욕구계층을 가지고 있다고 주장한 매슬로우를 비판하며, 욕구는 학습되는 것으로 개인마다 차이가 있다고 주장하였다. 욕구에는 **권력욕구, 친교욕구, 성취욕구**가 있으며, 이 중 성취욕구가 가장 높은 사람이 가장 강한 수준의 동기를 가지고 직무를 수행한다고 하였다.
특징	욕구는 **권력**욕구 → **친교**욕구 → **성취**욕구 순으로 발달되어 간다.

4) Argyris(아지리스) 성숙미성숙이론 22 2차

개념	기본적으로 인간의 퍼스낼리티가 **미성숙한** 상태에서 **성숙한** 상태로 진화해 나간다는 가정하에 조직이 이러한 변화과정을 인식하고 이에 맞는 경영환경을 제시해 주어야만 개인과 조직 간의 갈등이 줄어들 것이라고 주장한다. 22 2차

결론	① 조직은 구성원을 미성숙한 인간으로 보고, 개인은 자신을 성숙한 인간으로 바라보기 때문에 양자 간에 인식 차이가 갈등을 발생시킨다고 보고 있다. ② 조직은 구성원들을 **성숙한 인간**으로 보고 목표달성에 강력한 동기부여를 하여 잠재능력을 향상시켜 개인의 책임의 폭을 확대시키는 것이 조직과 구성원들에 게 모두 유리하다는 것이다. 결국 경영자가 성숙한 개인을 포용할 수 있는 인간적이고 **민주적인(Y이론적 관리)경영방식을 도입**해야 한다는 것이다.

5) Herzberg(허쯔버그)의 동기위생이론 20·22 2차

개념	인간에게는 이질적인 두 가지 욕구인 **동기요인(만족요인)**과 **위생요인(불만족요인)**이 동시에 존재한다는 것이다.
동기요인	**직무내용과 관련된 근로자의 내재적 욕구**를 충족시키는 것으로, 충족될 경우 동기가 부여될 수 있는 요인을 말한다.(직무의 성취감, 주변의 인정, 개인의 성장, 승진 등)
위생요인	주로 **근무환경**이나 **직무상황**과 관련된 욕구를 충족시키는 것으로, 충족되지 않는 경우 불만족을 가져오는 요인을 말한다.(급여, 상사의 관리나 통제, 직원간의 관계 등)
결론	위생요인을 제거해주는 것은 불만을 줄여주는 소극적 효과일 뿐이기 때문에, 근무태도 변화에 단기적 영향을 주어 사기는 높여줄 수 있으나 생산성을 높여주지는 못한다. **만족요인이 충족되면 자기실현욕구를 자극하여, 적극적 만족을 유발하고 동기유발에 장기적 영향을 준다.**

6) McGregor(맥그리거)의 X이론Y이론 20·22 2차, 24 경간, 25 1차

X이론	인간은 근본적으로 **게으르고 부정직하며, 책임감이 없고, 변화를 싫어하며, 금전적 보상이나 제재 등 외부적 유인**에 반응한다. 따라서 이러한 의욕을 강화시키기 위해 경영자는 **금전적인 보상을 유인으로 사용하고 엄격한 감독, 상세한 명령으로 통제를 강화**해야 한다.
Y이론	Y이론적 인간형은 **부지런하고, 책임과 자율성 및 창의성을 발휘하기를 좋아하고, 스스로 통제와 발전이 가능**하기 때문에 민주적이고 인간적인 동기유발 전략이 필요한 유형이다. 25 2차

제 4 절 경찰예산관리

1. 예산의 구분 ★ (국가재정법 4조)

일반회계	① 일반회계는 조세수입 등을 주요 세입으로 하여 국가의 일반적인 세출에 충당하기 위하여 설치 ② **경찰예산의 대부분은 일반회계에 속함** 12 1차
특별회계	① 특별회계는 국가에서 **특정한 사업을 운영**하고자 할 때, **특정한 자금을 보유하여 운용**하고자 할 때, 특정한 세입으로 특정한 세출에 충당함으로써 일반회계와 구분하여 회계처리 할 필요가 있을 때에 법률로써 설치 ② 원칙적으로 설치한 소관부서가 관리하며, **기획예산처의 직접적인 통제를 받지 않음** 12 1차 ③ 경찰특별회계로는 책임운영기관인 **경찰병원**의 세입, 세출이 있음

2. 성립과정에 따른 분류 ★★ 07 채용

본예산	국회는 회계연도 30일 전까지 예산안을 심의·의결하여야 하는 바, 이러한 절차들 중에 확정 성립된 **예산본회의 의결을 거쳐 최초로 확정된 예산**(정부가 매년 정기적으로 다음 연도의 세입과 세출을 예산안으로 최초 편성하여 국회에서 심의·의결하여 확정된 예산) 23 경채
수정예산	국회에 제출한 이후 성립확정하기 **전**에 수정하는 것 **제35조(국회제출 중인 예산안의 수정)** 정부는 예산안을 **국회에 제출한 후** 부득이한 사유로 인하여 그 내용의 일부를 **수정**하고자 하는 때에는 **국무회의(국회X)**의 심의를 거쳐 **대통령의 승인을 얻은 수정예산안을 국회에 제출할 수 있다.** 23 경채
추가경정예산	예산이 **국회를 통과하여 확정된 후**에 생긴 사유로 인하여 이미 성립한 예산에 변경을 가할 필요가 있을 때 편성하는 예산 19 2차, 18 법학, 19 승진 **제89조(추가경정예산안의 편성)** ① 정부는 다음 각 호의 어느 하나에 해당하게 되어 **이미 확정된 예산에 변경을 가할 필요가 있는 경우**에는 추가경정예산안을 편성할 수 있다. 1. **전쟁이나 대규모 재해**(「재난 및 안전관리 기본법」 제3조에서 정의한 자연재난과 사회재난의 발생에 따른 피해를 말한다)가 발생한 경우 2. **경기침체, 대량실업, 남북관계의 변화, 경제협력**과 같은 대내·외 여건에 중대한 변화가 발생하였거나 발생할 우려가 있는 경우 3. 법령에 따라 **국가가 지급하여야 하는 지출이 발생**하거나 **증가**하는 경우 ② 정부는 국회에서 추가경정예산안이 확정되기 전에 이를 미리 배정하거나 집행할 수 없다.
준예산 19 승진	① 예산집행의 신축성을 부여하고 예산 불성립으로 인한 행정중단의 방지를 도모하고자 **회계연도 개시 전까지 예산의 불성립 시에 전년도 예산에 준하여 지출하는 예산제도**를 '**준예산**'이라고 한다. 12 1차, 14 승진, 23 2차 ② 헌법이나 법률에 의해 설치된 기관 또는 시설의 **운영비** ③ 법률상 지출의무의 이행(공무원 보수 등 **기본경비**, 사무처리 기본경비) ④ 이미 승인된 사업의 **계속비** 등에 사용가능 10 2차 ⑤ 예산집행의 신축성을 부여하고 예산 불성립으로 인한 **행정중단 방지**를 도모하기 위해서 준예산이 필요하다. 13·14 승진

3. 「국가재정법」상 예산과정 (예산편성 → 예산 심의·의결 → 예산집행 → 예산결산) ★★★

「국가재정법」에 따라 경찰은 예산을 편성할 때 예산이 인권에 미친 영향을 평가하는 보고서를 작성하여야 한다. (X) → 국가재정법에 규정이 없음 20 2차

(1) 편성과정 11·12·21·23·24 경간, 12 2차, 13·23 승진, 18·22·23 1차

중기사업계획서 제출	**각 중앙관서의 장(경찰청장)**은 매년 **1월 31일**까지 **해당(다음X)** 회계연도부터 **5회계연도** 이상 신규사업 및 **기획예산처장관(경찰청장X)**이 정한 주요 계속사업에 대한 중기사업계획서를 **기획예산처장관**에게 제출하여야 한다. (국가재정법 제28조) 24 1차
예산안편성지침	**기획예산처장관**은 **국무회의(국회X)** 심의를 거쳐 **대통령**의 승인을 얻은 **다음 연도의 예산안 편성지침**을 매년 **3월 31일**까지 **각 중앙관서의 장(경찰청장)**에게 통보하여야 한다. (국가재정법 제29조 제1항) 24 1차

예산안편성지침의 국회보고	기획예산처장관은 각 중앙관서의 장에게 통보한 예산안편성지침을 국회 예산결산특별위원회에 보고하여야 한다.(국가재정법 제30조) 23 승진
예산요구서 제출	각 중앙관서의 장(경찰청장)은 다음 연도의 세입세출예산·계속비·명시이월비 및 국고채무부담행위 요구서(이하 "예산요구서"라 한다)를 매년 5월 31일까지 기획예산처장관에게 제출하여야 한다.(국가재정법 제31조 제1항)
예산편성 및 국회제출	① 기획예산처장관은 예산안을 편성하여 국무회의(국회X) 심의를 거친 후 대통령의 승인을 얻어야 한다.(국가재정법 제32조) ② 정부는 제32조의 규정에 따라 대통령의 승인을 얻은 예산안을 회계연도 개시 120일 전까지 국회에 제출하여야 한다.(국가재정법 제33조) 19 2차

(2) 국회의 심의의결과정

심의과정	① 대통령의 시정연설 및 기획예산처장관의 제안 설명 ② 상임위원회 예비심사 21 경간 ③ 예산결산특별위원회 종합심사 21 경간
종합심사	종합정책질의 → 부처별 심의 → 계수조정소위원회의 계수조정 → 예결위 전체회의에서 소위원회 조정안 승인
본회의 의결	④ 회계연도 개시 30일 전까지 국회 본회의 의결을 거쳐 확정

(3) 집행과정 15·22·23 1차, 21·23 경간

예산배정 요구서의 제출 (제42조)	각 중앙관서의 장(경찰청장)은 예산이 확정된 후 사업운영계획 및 이에 따른 세입세출예산·계속비와 국고채무부담행위(명시이월비X)를 포함한 예산 배정요구서를 기획예산처장관에게 제출하여야 한다.
예산의 배정 (제43조)	① 기획예산처장관은 예산 배정요구서에 따라 분기별 예산 배정계획을 작성하여 국무회의의 심의를 거친 후 대통령의 승인을 얻어야 한다. 24 1차 ② 기획예산처장관은 각 중앙관서의 장에게 예산을 배정한 때에는 재정경제부장관과 감사원에 각각 통지하여야 한다. ③ 기획예산처장관은 필요한 때에는 대통령령으로 정하는 바에 따라 회계연도 개시 전에 예산을 배정할 수 있다.(긴급배정)
예산집행 지침의 통보 (제44조)	기획예산처장관은 예산집행의 효율성을 높이기 위하여 매년 예산집행에 관한 지침을 작성하여 각 중앙관서의 장(경찰청장)에게 통보하여야 한다.
예산의 목적 외 사용금지 (제45조)	각 중앙관서의 장은 세출예산이 정한 목적 외에 경비를 사용할 수 없다.
지출	① 지출원인행위는 배정된 예산의 범위 내에서만 가능 ② 예산이 확정되었더라도 해당 예산이 배정되지 않은 상태에서는 지출원인행위를 할 수 없음 07 채용, 10·19 승진, 19 2차

■ 예산의 탄력적 집행제도(국가재정법 제46조, 제47조, 제48조)

예산의 이용	각 중앙관서의 장은 예산이 정한 **각 기관 간 또는 각 장·관·항 간에 상호 이용할 수 없다.** 다만, 미리 예산으로써 **국회의 의결**을 얻은 때에는 **기획예산처장관의 승인**을 얻어 이용하거나 기획예산처장관이 위임하는 범위 안에서 자체적으로 **이용할 수 있다.** 10 2차
예산의 전용	각 중앙관서의 장은 예산의 **목적범위** 안에서 재원의 효율적 활용을 위하여 대통령령으로 정하는 바에 따라 **기획예산처장관(대통령X)의 승인**을 얻어 각 세항 또는 목의 금액을 **전용할 수 있다.** 24 경간, 23 경채
예산의 이체	기획예산처장관은 정부조직 등에 관한 **법령의 제정개정 또는 폐지**로 인하여 중앙관서의 직무와 권한에 변동이 있는 때에는 그 중앙관서의 장의 요구에 따라 그 예산을 상호 **이용**하거나 **이체**할 수 있다.
예산의 이월	① 명시이월 세출예산 중 그 지출을 하지 못할 것이 **예측될 때**에 미리 **국회의 승인을 얻어서 다음 연도에 사용할 수 있게 하는 것** ② 사고이월 연도 내에 지출원인행위를 하고 **불가피한 사유로 인하여** 연도 내에 지출하지 못한 경비와 지출원인행위를 하지 아니한 그 부대경비의 금액을 다음연도에 이월하여 사용할 수 있는 제도

(4) 결산 21·24 경간, 23 1차

성인지 결산서 작성	**정부는 여성과 남성이 동등하게 예산의 수혜**를 받고 예산이 성차별을 개선하는 방향으로 집행되었는지를 평가하는 보고서(이하 "**성인지 결산서**"라 한다)를 작성하여야 한다.(국가재정법 제57조 제1항)
중앙관서결산 보고서의 작성 및 제출	각 중앙관서의 장(경찰청장)은 「국가회계법」에서 정하는 바에 따라 회계연도마다 작성한 결산보고서(중앙관서결산보고서)를 **다음 연도 2월 말**일까지 **재정경제부장관**에게 제출하여야 한다. (국가재정법 제58조)
국가결산 보고서의 작성 및 제출	**재정경제부장관**은 「국가회계법」에서 정하는 바에 따라 회계연도마다 작성하여 대통령의 승인을 받은 **국가결산보고서**를 **다음 연도 4월 10일**까지 **기획예산처장관과 감사원**에 제출하여야 한다.(국가재정법 제59조)
결산검사	**감사원**은 제출된 국가결산보고서를 검사하고 그 보고서를 **다음 연도 5월 20일**까지 **재정경제부장관**에게 송부하여야 한다.(국가재정법 제60조) 24 1차
국가결산 보고서의 국회제출	**정부**는 감사원의 검사를 거친 **국가결산보고서**를 **다음 연도 5월 31일**까지 **국회**에 제출하여야 한다.(국가재정법 제61조)

4. 예산제도 ★★★ 10·12·14·17·19 승진, 12·13·14·17·25 경간(경위공채), 18 법학, 23·24·25 2차

품목별 예산제도 (통제기능) 08 채용 12·18 승진 19 2차, 26 경간	의의	① 지출품목마다 비용이 얼마인가에 따라 예산을 배정하는 제도 ② 지출의 **대상·성질을 기준**으로 하여 세출예산의 금액을 분류 14 승진 → 우리나라 경찰의 예산제도 ③ **통제지향적**이라 볼 수 있으며 예산담당 공무원들에게 필요한 핵심적 기술은 회계 기술임 ④ 품목과 비용을 따지는 **미시적** 관리로 정부전체 활동의 통합조정에 필요한 수단을 제공하지 못한다.(정부지출의 전체적인 성과파악이 곤란) 24 2차 ⑤ 정부지출 대상이 되는 물품, 품목 등을 기준으로 한 예산제도로서 **예산의 남용이나 오용을 방지**하는 데 도움이 된다. 24 2차 ⑥ 행정기관이 구체적으로 어떠한 항목에 지출하는가를 상세히 밝혀주는 예산제도이다. 26 경간	
	장점		단점
	① 예산 운영이 쉬우며, **회계책임이 명확** 14 승진 ② 인사행정에 유용한 자료 제공 ③ 회계검사가 용이 ④ 감독부서 및 국회의 통제가 비교적 용이		① 계획과 지출의 불일치 ② 기능의 중복을 피하기 곤란 ③ 의사결정을 위한 충분한 자료제시에 부족 ④ 행정의 재량범위 축소 ⑤ 지출대상 및 금액이 명확히 설정되어 있어 **예산집행의 신축성이 제약**
성과주의 예산제도 (관리기능)	의의	① 사업계획을 세부사업으로 분류 ② 각 세부사업을 '**단위원가 × 업무량 = 예산액**'으로 표시하여 편성하여 해당부서의 업무능률을 측정하여 다음 연도 반영이 가능함 14 승진 → 단위원가의 계산이 중요한 예산제도 15 지능특채 ③ 정부가 구입하는 물품보다 정부가 수행하는 **업무**에 중점을 두는 **관리 지향적** 예산제도임 23 경채, 24 2차, 26 경간	
	장점		단점
	① 국민의 입장에서 경찰활동을 이해하기 용이함 12 승진 ② 기능의 중복을 피할 수 있음 ③ 의사결정을 위한 충분한 자료제시가 가능함		① 업무측정단위 선정이 어려움 ② 단위원가 계산이 곤란함 ③ 인건비 등 **경직성 경비 적용 어려움** 23 2차
계획 예산제도 (PPBS)	① **장기적**인 기본계획수립과 **단기적**인 예산편성을 프로그램 작성을 통하여 유기적으로 연결함으로써 자원배분에 관한 의사결정의 일관성과 합리성을 도모할 수 있는 예산제도이다. **프로그램예산제도**라고도 함 ② 계획예산의 핵심은 프로그램 예산형식을 따르는 것으로서, 기획(planning), 사업구조화(programming), 예산(budgeting)을 연계시킨 **시스템적 예산제도**이다. 23 2차 ③ 계획예산제도는 의사결정을 일관성 있게 합리화하려는 제도이지만 **하향적**(top-down)인 방식으로 **집권화**되어 있기 때문에 조직구성원들의 참여를 저해한다는 한계가 있다. 24 2차		

영기준 예산제도 (ZBB)	① **매년 사업의 우선순위**를 **새로이 결정**하고 그에 따라 예산을 책정하는 예산제도로 감축관리와 관련이 있다. 12·14 승진 ② 예산편성 시 **전년도 예산을 기준으로 집중적으로 예산액을 책정하는 폐단을 시정**하려는 목적에서 유래 12 1차, 15 지능특채, 23 2차 ③ 모든 사업에 대한 근본적인 재평가를 실시하며, **단기적(장기적X)**인 계획에 중점을 둔다. 25 경간(경위공채) ④ 우선순위가 높은 순서로 예산을 편성하고, 우선순위가 낮은 부분은 예산에서 제외시킴으로써 오히려 **예산을 신축적으로 운영할 수 있다**는 장점이 있다. 24 2차
일몰법	특정의 사업 등이 **일정 기간이 지나면 의무적·자동적으로 폐지**되게 하는 예산제도 → 행정부가 아닌 **입법부가 '법'으로 정하는 것임** 10 2차, 12 승진, 15 지능특채
자본예산	예산을 경상지출과 자본지출로 구분하고, **경상지출**은 경상수입으로 충당하여 **균형**을 이루도록 하지만, **자본지출**은 적자재정과 공채발행으로 수입을 충당하여 **불균형** 예산을 편성하는 제도

제 5 절 기타관리

1. 장비관리 ★★★

경찰장비관리의 목표는 **능률성·효과성·경제성(민주성X)**에 있으므로 과학적 관리기법을 적용하여 경찰업무수행의 원활한 지원과 낭비적 요소 제거를 이루어야 한다. 13 경간

(1) 무기 및 탄약관리 (경찰장비관리규칙 – 경찰청 훈령) 22 1차, 13·17·23·24 2차

정의 (제112조)	집중무기고	경찰인력 및 경찰기관별 무기책정기준에 따라 배정된 **개인화기와 공용화기**를 집중보관·관리하기 위하여 각 경찰기관에 설치된 시설
	탄약고	**경찰탄약**을 집중 보관하기 위하여 타 용도의 사무실, 무기고 등과 분리 설치된 보관시설
	간이무기고	경찰기관의 각 기능별 운용부서에서 효율적 사용을 위하여 집중무기고로부터 무기·탄약의 일부를 **대여 받아 별도로** 보관·관리하는 시설
설치 (제115조)		① 무기고와 탄약고는 견고하게 만들고 환기방습장치와 방화시설 및 총가시설 등이 완비되어야 한다. 24 1차 ② **탄약고는 무기고와 분리**되어야 하며, **가능한 본 청사와 격리된 독립 건물**로 하여야 한다. 17 승진, 17 2차 ③ 무기고와 탄약고의 환기통 등에는 손이 들어가지 않도록 쇠창살 시설을 하고 출입문은 2중으로 하여 각 1개소 이상씩 **자물쇠를 설치하여야** 한다. 13 2차 ④ 무기탄약고 비상벨은 상황실과 숙직실 등 초동조치 가능한 장소와 연결하고, 외곽에는 철조망 장치와 조명등 및 **순찰함을 설치하여야** 한다. 17 승진 ⑤ 간이무기고는 근무자가 24시간 상주하는 지구대, 파출소, 상황실 및 112타격대 등 **경찰기관의 장이 필요하다고 인정하는 상당한 이유가 있는 장소에 설치할 수 있다.** 17 승진, 24 경간, 24 1차 ⑥ **탄약고 내에는 전기시설을 하여서는 아니되며**, 조명은 건전지 등으로 하고 방화 시설을 완비하여야 한다. 단, 방폭설비를 갖춘 경우 전기시설을 설치할 수 있다. 24 경간, 24 승진

보관
(제117조)
	① 무기고와 탄약고의 열쇠는 관리 책임자가 보관한다.
	② 집중무기·탄약고와 간이무기고는 다음 각 호의 관리자가 보관 관리한다. 다만, 휴가, 비번 등으로 관리책임자 공백 시는 별도 관리책임자를 **지정하여야 한다**.
	  1. 집중무기·탄약고의 경우 17 2차
	    가. **일과시간의 경우 무기 관리부서의 장**(정보화장비과장, 운영지원과장, 총무 과장, 경찰서 경무과장 등) 24 승진, 24 1차
	    나. **일과시간 후 또는 토요일·공휴일의 경우 당직** 업무(청사방호) 책임자(상황관리관 등 당직근무자) 24 승진, 24 1차
	  2. 간이무기고의 경우
	    가. 상황실 간이무기고는 112종합상황실(팀)장
	    나. 지구대 등 간이무기고는 지역경찰관리자
	    다. 그 밖의 간이무기고는 일과시간의 경우 설치부서 책임자, 일과시간 후 또는 토요일·공휴일의 경우 당직 업무(청사방호) 책임자

대여 (제118조)	① 경찰기관의 장은 공무집행을 위해 필요할 때에는 관리하고 있는 무기·탄약을 대여할 수 있다. ② 무기·탄약을 대여하고자 할 때에는 무기·탄약 대여신청서에 따라 경찰관서장의 사전허가를 받은 후 감독자의 입회하에 대여하고 무기탄약출납부, 무기탄약 출·입고서에 이를 기재하여야 한다. ③ 상황실 등의 간이무기고에 대여 또는 배정받은 무기탄약을 입출고할 때에는 휴대 사용자의 대여 신청에 따라 **소속부서 책임자의 허가를 받아 무기탄약 출·입고부에 기록한 후 관리책임자 입회하에 입출고하여야 한다.** 24 경간 ④ 지구대 등의 간이무기고의 경우는 소속 경찰관에 한하여 무기를 지급하되 감독자 입회(감독자가 없을 경우 반드시 타 선임 경찰관 입회)하에 **무기탄약 입출고부에 기재한 뒤 입출고하여야 한다.** 다만, 긴급 상황 발생 시 **경찰서장의 사전 허가를 받은 경우의 대여는 예외로 한다.** ⑤ **무기탄약을 대여 받은 자는 그 무기를 휴대하고 근무하는 경우를 제외하고는 무기고에 보관하여야 하며**, 근무 종료 시에는 감독자 입회아래 무기탄약 입출고부에 기재한 뒤 즉시 입고하여야 한다. 23 2차

(2) **무기·탄약 회수·보관(제120조)** 07·11·12·14·24 승진, 13·17·23·24 2차, 17 경기북부여경, 18·24 경간

즉시 회수하여야 할 사유	경찰기관의 장은 무기를 휴대한 자 중에서 다음 각 호에 해당하는 자가 발생한 때에는 즉시 대여한 무기·탄약을 **회수해야** 한다. 다만, 대상자가 이의신청을 하거나 소속 부서장이 무기 소지 적격 여부에 대해 심의를 요청하는 경우에는 무기 소지 적격 심의위원회(이하 '심의위원회'라 한다.)의 심의를 거쳐 대여한 무기·탄약의 회수여부를 결정한다. 1. 직무상의 비위 등으로 인하여 **중징계 의결 요구된 자** 2. **사의를 표명한 자**
회수할 수 있는 사유	① 경찰기관의 장은 무기를 휴대한 자 중에서 다음 각 호에 해당하는 자가 있을 때에는 심의위원회의 심의를 거쳐 대여한 무기·탄약을 **회수할 수 있다.** 다만, 심의위원회를 개최할 시간적 여유가 없거나 사고 방지 등을 위해 신속한 회수가 필요하다고 인정되는 경우에는 대여한 무기·탄약을 즉시 회수할 수 있으며, 회수한 날부터 **7일** 이내에 심의위원회를 개최하여 회수의 타당성을 심의하고 계속 회수 여부를 결정한다. 24 2차 1. 직무상의 비위 등으로 인하여 감찰조사의 대상이 되거나 **경징계의결 요구 또는 경징계 처분 중인 자**

	2. 형사사건의 수사 대상이 된 자 3. 경찰공무원 직무적성검사 결과 **고위험군**에 해당되는 자 4. **정신건강**상 문제가 우려되어 **치료가 필요한 자** 24 1차, 24 2차 5. **정서적 불안** 상태로 인하여 무기 소지가 적합하지 않은 자로서 소속 부서장의 요청이 있는 자 6. 그 밖에 **경찰기관의 장**이 무기 소지 적격 여부에 대해 **심의를 요청**하는 자 ② 경찰기관의 장은 제1항과 제2항에 규정한 **사유들이 소멸되면** 직권 또는 당사자 신청에 따라 무기 소지 적격 심의위원회의 심의를 거쳐 **무기 회수의 해제 조치를 할 수 있다.**
보관하여야 할 사유	경찰기관의 장은 무기를 휴대한 자 중에서 다음 각 호에 해당하는 경우에는 대여한 **무기·탄약**을 무기고에 **보관하도록 해야 한다.** 1. **술자리** 또는 **연회장소**에 출입할 경우 2. **상사의 사무실**을 출입할 경우 3. **기타** 정황을 판단하여 필요하다고 인정되는 경우

■ 권총사용 시 안전수칙(경찰장비관리규칙 - 경찰청 훈령) 15 승진, 17 경기북부여경, 24 경찰특공대

제123조(무기·탄약 취급상의 안전관리) ① 경찰관은 권총·소총 등 총기를 휴대·사용하는 경우 다음의 안전수칙을 준수하여야 한다.
 1. 권총
  가. 총구는 **공중** 또는 **지면**(안전지역)을 향한다.
  나. 실탄 장전 시 **반드시 안전장치**(방아쇠울에 설치 사용)를 장착한다.
  다. **1탄은 공포탄, 2탄 이하는 실탄**을 장전한다. 다만, 대간첩작전, 살인, 강도 등 중요범인이나 무기·흉기 등을 사용하는 범인의 체포 및 위해의 방호를 위하여 불가피한 경우에 **1탄부터 실탄을 장전할 수 있다.** 24 승진
  라. 조준시는 **대퇴부(허리X)** 이하를 향한다.

■ 무기소지적격심의위원회(경찰장비관리규칙 - 경찰청 훈령)

제120조의2(심의위원회 구성) ① 무기·탄약 회수 대상자에 해당하는지 여부 및 회수의 해제 여부를 심의하기 위하여 **각급 경찰기관의 장 소속 하에 심의위원회를 둔다.**
② 심의위원회는 위원장 1명을 포함하여 총 **5명이상 7명 이내**의 위원으로 구성하되 **민간위원 1명 이상이 위원으로 참여하여야 한다.** 24 2차
③ 위원은 다음 각 호의 사람이 된다.
 1. 내부위원 : 심의 대상자 소속 경찰기관의 장이 당해 경찰기관에 소속된 자 중 지명한 자
 2. 민간위원 : **정신건강 분야에 관한 전문성을 갖춘 사람**(총포·도검·화약류 분야에 전문성을 갖춘 사람X)으로서 심의 대상자 소속 경찰기관의 장이 위촉하는 사람 26 경간
④ 심의위원회의 **위원장은 심의 대상자 소속 경찰기관의 장이 지명**한다.

제120조의3(심의위원회 운영) ① 심의위원회의 회의는 심의 대상자 소속 경찰기관의 장이 필요하다고 인정하는 경우에 개최한다.

② 심의위원회의 회의는 **재적위원 과반수의 출석으로 개의**하며, **출석위원 과반수의 찬성**으로 의결한다. 26 경간

③ 심의위원회의 회의는 **비공개**로 한다. 26 경간

2. 차량관리 ★ (경찰장비관리규칙 - 경찰청 훈령)

제88조(차량의 구분) ① 차량의 차종은 **승용·승합·화물·특수용**으로 구분하고, 차형은 차종별로 **대형·중형·소형·경형·다목적형**으로 구분한다. 18 경간

② 차량은 용도별로 다음 각호와 같이 **전용·지휘용·업무용·순찰용·특수용(수사용X, 행정용X)** 차량으로 구분한다. 12 승진

제90조(차량소요계획의 제출) ① 부속기관 및 시·도경찰청의 장은 다음 년도에 소속기관의 **차량정수를 증감**시킬 필요가 있을 때에는 **매년 3월말**까지 다음 년도 차량정수 소요계획을 경찰청장에게 제출하여야 한다. 12 승진, 18 경간

제93조(차량의 교체) ① 부속기관 및 시·도경찰청은 소속기관 차량 중 다음 년도 **교체대상 차량을 매년 11월말**까지 경찰청장에게 보고하여야 한다. 17 경기북부여경

제94조(교체대상차량의 불용처리) ① 차량교체를 위한 불용 대상차량은 부속기관 및 시·도경찰청에 배정되는 수량의 범위 내에서 내용연수 경과 여부 등 **차량사용기간(주행거리X)**을 최우선적으로 고려하여 선정한다. 12 승진, 13 경간, 17 경기북부여경

② 사용기간이 동일한 경우에는 주행거리와 차량의 노후상태, 사용부서 등을 종합적으로 검토 예산낭비 요인이 없도록 신중하게 선정한다. 12 승진

④ 불용처분된 차량은 부속기관 및 시·도경찰청별로 실정에 맞게 **공개매각을 원칙**으로 하되, 공개매각이 불가능한 때에는 폐차처분을 할 수 있다. 다만, **매각을 할 때에는 경찰표시도색을 제거하는 등 필요한 조치를 하여야 한다.**

제95조(차량의 집중관리) ① 각 경찰기관의 업무용차량은 운전요원의 부족 등 불가피한 사유가 없는 한 **집중관리**를 원칙으로 한다. 다만, 지휘용 차량은 업무의 특성을 고려하여 지정 활용 할 수 있다. 1318 경간, 17 경기북부여경

제96조(차량의 관리) ① 차량열쇠는 다음 각 호의 관리자가 **지정된 열쇠함에 집중보관** 및 관리하고, 예비열쇠의 확보 등을 위한 무단 복제와 운전원의 임의 소지 및 보관을 금한다. 12 승진 다만, 휴가, 비번 등으로 관리책임자 공백시는 별도 관리책임자를 지정하여야 한다.

제98조(차량의 관리책임) ③ 차량운행시 책임자는 1차 **운전자**, 2차 **선임탑승자(사용자)**, 3차 경찰기관의 **장**으로 한다. 13 경간

제99조(차량운행절차) ① 차량을 운행하고자 할 때는 사용자가 경찰배차관리시스템을 이용하여 **주간에는 해당 경찰기관장**의 운행허가를 받아야 하고, 일과 후 및 공휴일에는 **상황관리(담당)관**(경찰서는 상황(부)실장을 말한다)의 허가를 받아야 한다. 다만, 시스템을 이용할 수 없는 때에는 운행허가서로 갈음할 수 있다. 13 경간

3. 보안관리 ★★★

(1) 보안의 원칙 091011 승진, 14 특공대

알사람만 알아야 하는 원칙	보안의 대상이 되는 사실을 전파함에 있어서 전파의 필요성을 신중히 검토하여 **꼭 필요로 하는 사람에게만** 전파하여야 한다는 원칙(한정의 원칙)
부분화의 원칙	한 번에 다량의 비밀이나 정보가 유출되지 않도록 하는 원칙
보안과 효율의 조화	보안과 업무효율은 **반비례** 관계가 있으므로 양자의 적절한 조화를 유지하는 방법을 강구해야 함

(2) 비밀의 구분(보안업무규정 제4조 → 국가정보원법 X) 10·11·14·16·17·19 승진, 12 경간, 12 3차, 15 1차
 – 생산하는 자가 중요성과 가치정도에 따라 분류함 14·24 승진, 12·19·23 경간, 22·23 1차, 24 경찰특공대

비밀O	I급 비밀	누설될 경우 대한민국과 외교관계가 단절되고 전쟁을 일으키며, 국가의 방위계획·정보활동 및 국가방위에 반드시 필요한 과학과 기술의 개발을 **위**태롭게 하는 등의 우려가 있는 비밀
	II급 비밀	누설될 경우 국가안전보장에 **막**대한 지장을 끼칠 우려가 있는 비밀
	III급 비밀	누설될 경우 국가안전보장에 **해**를 끼칠 우려가 있는 비밀
비밀X	대외비	비밀은 아니지만, 직무 수행 상 특별히 보호가 필요한 사항 12 경간

(3) 비밀분류의 원칙(보안업무규정 제12조) 10·12·14·16·17·19 승진, 12 3차, 16·22 1차

과도 또는 과소 분류 금지의 원칙	비밀은 적절히 보호할 수 있는 **최저(최고X)**등급으로 분류하되, 과도하거나 과소하게 분류해서는 아니됨 24 승진, 24 특공대
독립분류 원칙	비밀은 그 자체의 내용과 가치의 정도에 따라 분류하여야 하며, **다른 비밀과 관련하여 분류해서는 아니됨** → 지시문서가 II급이라고 응신문서까지 II급으로 분류X
외국 또는 국제기구 비밀존중 원칙	외국 정부나 국제기구로부터 접수한 비밀은 그 **생산기관(접수기관X)**이 필요로 하는 정도로 보호할 수 있도록 분류하여야 함

(4) 비밀 취급인가(보안업무규정 제9조)

> **제9조**(비밀·암호자재취급 인가권자) ② II급 및 III급비밀 취급 인가권자와 III급비밀 소통용 암호자재 취급 인가권자는 다음 각 호와 같다. 24 승진
> 1. 제1항 각 호의 사람
> 2. **중앙행정기관등인 청의 장(경찰청장)**
> 3. 지방자치단체의 장
> 4. 특별시·광역시·도 및 특별자치시·특별자치도의 교육감
> 5. 제1호부터 제4호까지의 사람이 지정한 기관의 장

■ 보안업무규정 시행규칙

제12조(비밀취급 인가의 제한) ① 비밀취급 인가권자는 임무 및 직책상 해당 등급의 비밀을 항상 취급하는 사람에 한정하여 비밀취급을 인가하여야 한다.
② 비밀취급 인가권자는 소속 직원의 인사기록 카드에 기록된 비밀취급의 인가 및 인가해제 사유와 임용 시의 신원조사회보서에 따라 **새로 신원조사를 하지 아니하고 비밀취급을 인가할 수 있다.** 다만, Ⅰ급비밀 취급을 인가할 때에는 새로 신원조사를 하여야 한다. 18 경간

제13조(비밀취급 인가의 특례) ① 비밀취급 인가권자는 업무 상 조정·감독을 받는 기업체나 단체에 소속된 사람에 대하여 소관 비밀을 계속적으로 취급하게 하여야 할 필요가 있을 때에는 **미리 국가정보원장과의 협의를 거쳐 해당하는 사람에게 Ⅱ급 이하의 비밀취급을 인가할 수 있다.** 18·23 경간
② 비밀취급 인가권자는 제1항에 따라 비밀취급을 인가하는 경우 그 비밀을 최대한 보호할 수 있는 보안대책을 마련하여야 한다.

■ 경찰청 보안업무규정 시행세칙

제11조(Ⅱ급 및 Ⅲ급 비밀취급 인가권자) ① **경찰청장**은 Ⅱ급 및 Ⅲ급 비밀 취급 인가권을 「보안업무규정」(이하 "규정"이라 한다) 제9조제2항제5호에 따라 **다음 각 호의 경찰기관의 장에게 위임한다.**
1. 경찰대학장
2. 경찰인재개발원장
3. 중앙경찰학교장
4. 경찰수사연수원장
5. 경찰병원장
6. 시·도경찰청장
7. 경찰서장
8. 직할대장

② 제1항의 규정에 따라 Ⅱ급 및 Ⅲ급 비밀취급 인가권을 위임받은 경찰기관의 장은 임명됨과 동시에 비밀취급을 할 수 있으며, **위임받은 인가권을 다시 위임할 수 없다.**

(5) 특별인가(경찰청 보안업무규정 시행세칙)

제14조(특별 인가) ① **모든 경찰공무원은 임용과 동시에 Ⅲ급 비밀취급 인가를 받은 것으로 본다.**
② 경찰공무원 중 제1호부터 제4호까지의 부서에 근무하거나 제5호 또는 제6호에 해당하는 사람은 보직 발령과 동시에 Ⅱ급 비밀취급 인가를 받은 것으로 본다.
1. **경비, 경호, 작전, 항공 및 정보통신 담당 부서**(다만, 직할대의 경우에는 행정부서에 한한다)
2. **치안정보, 수사, 안보수사 및 국제협력 담당 부서**
3. 감찰 및 감사 담당 부서
4. 치안상황실, 발간실 및 문서수발실
5. 경찰청 각 과·담당관의 서무업무 담당자 및 비밀을 관리하는 보안업무 담당자
6. 부속기관, 시·도경찰청, 경찰서 각 과·담당관의 서무업무 담당자 및 비밀을 관리하는 보안업무 담당자

③ 제2항에도 불구하고 **신원특이자**에 대해서는 Ⅱ급 비밀취급 인가 여부의 적절성에 관하여 사전에 위원회의 **심의를 거쳐야 한다.** 다만, 신원특이자 소속기관의 자체 심의기구에서 신원특이자의 Ⅱ급 비밀취급 인가 여부를 심의한 경우에는 위원회의 심의를 거치지 않는다.

④ 각 경찰기관의 장은 제3항에 따라 위원회 또는 자체 심의기구의 심의 결과 **신원특이자의 비밀취급이 부적절하다고 의결된 경우 그를 즉시 다른 부서·보직으로 인사조치한다.**

(6) 비밀의 보관(보안업무규정시행규칙)

제33조(보관기준) ① 비밀은 일반문서나 암호자재와 혼합하여 보관하여서는 아니 된다.

② Ⅰ급비밀은 반드시 금고에 보관하여야 하며, **다른 비밀과 혼합하여 보관하여서는 아니 된다.** 17 경간

③ Ⅱ급비밀 및 Ⅲ급비밀은 금고 또는 이중 철제캐비닛 등 잠금장치가 있는 안전한 용기에 보관하여야 하며, **보관책임자가 Ⅱ급비밀 취급 인가를 받은 때에는 Ⅱ급비밀과 Ⅲ급비밀을 같은 용기에 혼합하여 보관할 수 있다.** 17·18 경간

④ **보관용기에 넣을 수 없는 비밀은 제한구역(제한지역X) 또는 통제구역에 보관하는 등 그 내용이 노출되지 아니하도록 특별한 보호대책을 마련하여야 한다.** 18 경간, 19 승진

제34조(보관용기) ① 비밀의 보관용기 외부에는 비밀의 보관을 알리거나 나타내는 어떠한 표시도 해서는 아니 된다. 12 승진, 17 경간, 21 경채

(7) 비밀의 관리방법(보안업무규정시행규칙)

제45조(비밀의 대출 및 열람) ① 비밀보관책임자는 보관비밀을 대출하는 때에는 별지 제15호서식의 비밀대출부에 관련 사항을 기록·유지한다. 20 경간

③ 제2항에 따른 비밀열람기록전은 그 비밀의 생산기관이 첨부하며, 비밀을 파기하는 때에는 비밀에서 분리하여 따로 철하여 보관하여야 한다. 20 경간

⑤ 비밀의 발간업무에 종사하는 사람은 작업일지에 작업에 관한 사항을 기록·보관해야 한다. 20 경간 이 경우 작업일지는 비밀열람기록전을 갈음하는 것으로 본다.

제70조(비밀 및 암호자재 관련 자료의 보관) ① 다음 각 호의 자료는 비밀과 함께 철하여 보관·활용하고, 비밀의 보호기간이 만료되면 비밀에서 분리한 후 각각 편철하여 **5년간 보관**해야 한다. 20·23 경간

1. 비밀접수증
2. 비밀열람기록전
3. 배부처

(8) 보안업무규정

제2조(정의) 이 영에서 사용하는 용어의 뜻은 다음과 같다.

1. "비밀"이란 「국가정보원법」(이하 "법"이라 한다) 제4조제1항제2호에 따른 국가 기밀(이하 "국가 기밀"이라 한다)로서 이 영에 따라 비밀로 분류된 것을 말한다. 15 1차

4. "암호자재"란 비밀의 보호 및 정보통신 보안을 위하여 암호기술이 적용된 장치나 수단으로서 Ⅰ급, Ⅱ급 및 Ⅲ급비밀 소통용 암호자재로 구분되는 장치나 수단을 말한다.

제5조(비밀의 보호와 관리 원칙) 각급기관의 장은 비밀의 작성·분류·취급·유통 및 이관 등의 모든 과정에서 비밀이 누설되거나 유출되지 아니하도록 보안대책을 수립하여 시행하여야 한다. 16 1차 이 경우 비밀의 제목 등 해당 비밀의 내용을 유추할 수 있는 정보가 포함된 자료는 공개하지 않는다.

제7조(암호자재 제작·공급 및 반납) ① 국가정보원장은 암호자재를 제작하여 필요한 기관에 공급한다. 다만, 국가정보원장이 필요하다고 인정하는 암호자재의 경우 그 암호자재를 사용하는 기관은 국가정보원장이 인가하는 암호체계의 범위에서 암호자재를 제작할 수 있다. 19 경간, 24 특공대

② 암호자재를 사용하는 기관의 장은 사용기간이 끝난 암호자재를 지체 없이 그 제작기관의 장에게 반납하여야 한다. 19 경간, 24 특공대

제8조(비밀·암호자재의 취급) 비밀은 해당 등급의 비밀취급 인가를 받은 사람만 취급할 수 있으며, 16 1차 암호자재는 해당 등급의 비밀 소통용 암호자재취급 인가를 받은 사람만 취급할 수 있다. 25 1차

제10조(비밀·암호자재취급의 인가 및 인가해제) ① 비밀취급 인가권자는 비밀을 취급하거나 비밀에 접근할 사람에게 해당 등급의 비밀취급을 인가하고, 필요한 경우에는 인가 등급을 변경한다.

② 비밀취급 인가는 인가 대상자의 직책에 따라 필요한 **최소한의 인원**으로 제한하여야 한다.

③ 비밀취급 인가를 받은 사람이 다음 각 호의 어느 하나에 해당하는 경우에는 그 **인가를 해제해야 한다.**

1. 고의 또는 중대한 과실로 보안사고를 저질렀거나 이 영을 위반하여 **보안업무에 지장을 주는 경우**
2. **비밀취급이 불필요**하게 되었을 경우

④ 암호자재취급 인가권자는 비밀취급 인가를 받은 사람 중에서 암호자재취급이 필요한 사람에게 해당 등급의 비밀 소통용 암호자재취급을 인가하고, 필요한 경우에는 인가 등급을 변경한다. 이 경우 **암호자재취급 인가 등급은 비밀취급 인가 등급보다 높을 수 없다.**

⑤ 암호자재취급 인가를 받은 사람이 다음 각 호의 어느 하나에 해당하는 경우에는 그 인가를 해제해야 한다.

1. 비밀취급 인가가 해제되었을 경우
2. 암호자재와 관련하여 보안사고를 저질렀거나 이 영을 위반하여 보안 업무에 지장을 주는 경우
3. 암호자재의 취급이 불필요하게 되었을 경우

⑥ 비밀취급 및 암호자재취급의 인가와 인가 등급의 변경 및 인가 해제는 문서로 하여야 하며, 직원의 인사기록사항에 그 사실을 포함하여야 한다.

제11조(비밀의 분류) ① 비밀취급 인가를 받은 사람은 **인가받은 비밀 및 그 이하 등급 비밀의 분류권**을 가진다.

③ 비밀을 생산하거나 관리하는 사람은 **비밀의 작성을 완료하거나 비밀을 접수하는 즉시 그 비밀을 분류하거나 재분류할 책임이 있다.**

제13조(분류지침) 각급기관의 장은 비밀 분류를 통일성 있고 적절하게 하기 위하여 세부 분류지침을 작성하여 시행하여야 한다. 이 경우 **세부 분류지침은 공개하지 않는다.** 24 승진

제15조(재분류 등) ① 비밀을 효율적으로 보호하기 위하여 비밀등급 또는 예고문 변경 등의 재분류를 한다.

② 비밀의 재분류는 그 비밀의 예고문에 따르거나 생산자의 직권으로 한다. 다만, 다음 각 호의 어느 하나에 해당하는 경우에는 예고문의 비밀 보호기간 및 보존기간과 관계없이 비밀을 파기할 수 있다.

1. 전시·천재지변 등 긴급하고 부득이한 사정으로 비밀을 계속 보관할 수 없거나 안전하게 반출할 수 없는 경우

2. 국가정보원장의 요청이 있는 경우

3. 비밀 재분류를 통하여 예고문에 따른 파기 시기까지 계속 보관할 필요가 없게 된 경우로서 **해당 비밀취급 인가권자의 사전 승인을 받은 경우**

③ 외국 정부나 국제기구로부터 접수된 비밀 중 예고문이 없거나 기재된 예고문이 비밀 관리에 적당하지 아니하다고 인정되는 경우에는 접수한 기관의 장이 그 비밀을 최대한 보호할 수 있는 범위에서 재분류할 수 있다.

제17조(비밀의 접수·발송) ① 비밀을 접수하거나 발송할 때에는 그 비밀을 최대한 보호할 수 있는 방법을 이용하여야 한다.

② 비밀은 암호화되지 아니한 상태로 정보통신 수단을 이용하여 접수하거나 발송해서는 아니 된다.

③ 모든 비밀을 접수하거나 발송할 때에는 그 사실을 확인하기 위하여 접수증을 사용한다.

제18조(보관) 비밀은 도난·유출·화재 또는 파괴로부터 보호하고 비밀취급인가를 받지 아니한 사람의 접근을 방지할 수 있는 적절한 시설에 보관하여야 한다.

제19조(출장 중의 비밀 보관) 비밀을 휴대하고 출장 중인 사람은 비밀을 안전하게 보호하기 위하여 **국내 경찰기관 또는 재외공관에 보관을 위탁할 수 있으며, 위탁받은 기관은 그 비밀을 보관하여야 한다.** 22·25 1차

제20조(보관책임자) 각급기관의 장은 소속 직원 중에서 이 영에 따른 비밀 보관 업무를 수행할 **보관책임자를 임명하여야 한다.**

제21조(비밀의 전자적 관리) ① 각급기관의 장은 **전자적 방법을 사용하여 비밀을 관리할 수 있으며**, 이를 위하여 전자적 비밀관리시스템을 구축·운영할 수 있다.

② 각급기관의 장은 제1항에 따라 비밀을 관리할 경우 국가정보원장이 안전성을 확인한 암호자재를 사용하여 비밀의 위조·변조·훼손 및 유출 등을 방지하기 위한 보안대책을 마련하여 시행하여야 한다.

③ 국가정보원장은 관리하는 비밀이 적은 각급기관이 공동으로 활용할 수 있도록 통합 비밀관리시스템을 구축·운영할 수 있다.

제22조(비밀관리기록부) ① 각급기관의 장은 비밀의 작성·분류·접수·발송 및 취급 등에 필요한 모든 관리사항을 기록하기 위하여 **비밀관리기록부를 작성하여 갖추어 두어야 한다. 다만, Ⅰ급비밀관리기록부는 따로 작성하여 갖추어 두어야 하며, 암호자재는 암호자재 관리기록부로 관리한다.** 16 지능특채, 18 3차, 20 경간, 23 2차

② 비밀관리기록부와 암호자재 관리기록부에는 모든 비밀과 암호자재에 대한 보안책임 및 보안관리 사항이 정확히 기록·보존되어야 한다. 20 경간

제23조(비밀의 복제·복사 제한) ① 비밀의 일부 또는 전부나 암호자재에 대해서는 모사·타자·인쇄·조각·녹음·촬영·인화·확대 등 그 원형을 재현하는 행위를 할 수 없다. 19 승진 다만, 다음 각 호의 구분에 따른 비밀의 경우에는 그러하지 아니하다.

1. Ⅰ급비밀 : 그 생산자의 허가를 받은 경우 18 3차, 19 승진

2. Ⅱ급비밀 및 Ⅲ급비밀 : 그 생산자가 특정한 제한을 하지 아니한 것으로서 해당 등급의 비밀취급 인가를 받은 사람이 공용(共用)으로 사용하는 경우

3. 전자적 방법으로 관리되는 비밀 : 해당 비밀을 보관하기 위한 용도인 경우

② 각급기관의 장은 보안 업무의 효율적인 수행을 위하여 필요하다고 인정되는 경우에는 해당 비밀의 보존기간 내에서 제1항 단서에 따라 그 사본을 제작하여 보관할 수 있다. 18 3차

③ 제2항에 따라 비밀의 **사본을** 보관할 때에는 그 예고문이나 비밀등급을 **변경해서는 아니 된다.** 다만, 「공공기록물 관리에 관한 법률 시행령」 제68조제6항에 따라 **비밀을 재분류하는 경우에는 그러하지 아니하다.**
⑤ 제4항에 따른 예고문에 재분류 구분이 "파기"로 되어 있을 때에는 **파기 시기를 원본의 보호기간보다 앞당길 수 있다.** 19 승진

제24조(비밀의 열람) ① 비밀은 해당 등급의 비밀취급 인가를 받은 사람 중 그 비밀과 업무상 직접 관계가 있는 사람만 **열람할 수 있다.** 19 승진
② 비밀취급 인가를 받지 아니한 사람에게 비밀을 열람하거나 취급하게 할 때에는 국가정보원장이 정하는 바에 따라 **소속 기관의 장**(비밀이 군사와 관련된 사항인 경우에는 국방부장관)이 미리 열람자의 인적사항과 열람하려는 비밀의 내용 등을 확인하고 열람 시 비밀 보호에 필요한 자체 보안대책을 마련하는 등의 **보안조치를 하여야 한다.** 다만, **Ⅰ급**비밀의 보안조치에 관하여는 국가정보원장과 **미리 협의**하여야 한다. 18 3차

제25조(비밀의 공개) ① **중앙행정기관등의 장**은 다음 각 호의 어느 하나에 해당하는 사유가 있을 때에는 그가 생산한 비밀을 제3조의3에 따른 **보안심사위원회의 심의를 거쳐 공개할 수 있다.** 다만, **Ⅰ급**비밀의 공개에 관하여는 국가정보원장과 **미리 협의**해야 한다. 23 2차
1. 국가안전보장을 위하여 국민에게 긴급히 알려야 할 필요가 있다고 판단될 때
2. 공개함으로써 국가안전보장 또는 국가이익에 현저한 도움이 된다고 판단될 때
② 공무원 또는 공무원이었던 사람은 법률에서 정하는 경우를 제외하고는 **소속 기관의 장이나 소속되었던 기관의 장의 승인 없이** 비밀을 공개해서는 아니 된다. 19 승진

제27조(비밀의 반출) 비밀은 보관하고 있는 **시설 밖으로 반출해서는 아니 된다.** 다만, 공무상 반출이 필요할 때에는 **소속 기관의 장의 승인**을 받아야 한다. 19 승진, 22 1차

제29조(비밀문서의 통제) 각급기관의 장은 비밀문서의 접수·발송·복제·열람 및 반출 등의 통제에 필요한 규정을 따로 **작성·운영할 수 있다.** 23 2차

제31조(비밀 소유 현황 통보) ① 각급기관의 장은 **연 2회** 비밀 소유 현황을 조사하여 **국가정보원장**에게 **통보하여야 한다.** 16 지능특채, 23 2차, 25 1차
② 제1항에 따라 조사 및 통보된 비밀 소유 현황은 공개하지 않는다.

제33조(국가보안시설 및 국가보호장비 보호대책의 수립) ① **국가정보원장**은 국가보안시설 및 국가보호장비를 보호하기 위하여 국가보안시설 및 국가보호장비 보호대책(이하 "**기본 보호대책**"이라 한다)을 수립해야 한다.
② **감독기관의 장**은 기본 보호대책에 따라 소관 분야의 국가보안시설 및 국가보호장비에 대한 보호대책(이하 "**분야별 보호대책**"이라 한다)을 수립·시행해야 한다.
③ 국가보안시설 또는 국가보호장비를 관리하는 기관(이하 "**관리기관**"이라 한다)의 **장**은 감독기관의 장이 수립한 분야별 보호대책에 따라 해당 시설 및 장비에 대한 세부 보호대책(이하 "**세부 보호대책**"이라 한다)을 수립·시행해야 한다.

제34조(보호지역) ① 각급기관의 장과 관리기관 등의 장은 국가안전보장에 관련되는 인원·문서·자재·시설의 보호를 위하여 필요한 장소에 일정한 범위의 **보호지역을 설정할 수 있다.** 21 경채
② 제1항에 따라 설정된 보호지역은 그 **중요도에 따라 제한지역, 제한구역 및 통제구역**으로 나눈다.

③ 보호지역에 접근하거나 출입하려는 사람은 각급기관의 장 또는 관리기관 등의 장의 **승인**을 받아야 한다. 21 경채

④ 보호지역을 관리하는 사람은 제3항에 따른 **승인을 받지 않은 사람**의 보호지역 접근이나 출입을 **제한**하거나 **금지**할 수 있다.

(10) 시설보안(보안업무규정 시행규칙 제54조) 11 승진, 14 1차, 21 2차, 21 경채, 23 경간, 24 1차

설치기준	시설 중요도 및 취약성	
보호지역 종류	제한지역	비밀 또는 국·공유재산의 보호를 위하여 울타리 또는 방호·경비인력에 의하여 일반인의 출입에 대한 **감시**가 필요한 지역
	제한구역	비인가자가 비밀, 주요시설 및 Ⅲ급 비밀 소통용 암호자재에 접근하는 것을 방지하기 위하여 **안내**를 받아 출입하여야 하는 구역
	통제구역	보안상 매우 중요한 구역으로서 비인가자의 출입이 **금지**되는 구역

(11) 보호구역의 설정기준(경찰청 보안업무규정 시행세칙 제54조) 06·08 채용, 09 경간, 10 승진, 24 1차

제한구역	통제구역
가. 전자교환기(통합장비)실, **정보통신**실 나. 발간실 다. 송신 및 중계소, **정보통신**관제센터 라. 시·도경찰청 항공대 마. 작전·경호·정보·안보업무 담당 부서 전역 바. 경찰청 과학수사분석과 과학수사자료관리계·법과학분석계(시·도경찰청은 과학수사계·과학수사대)	가. **암호**취급소 나. **정보보안**기록실 다. **무기창**·무기고 및 탄약고 라. **종합**상황실·치안상황실 마. **암호장비**관리실 바. **비밀발간실** 사. **종합조회**처리실 아. **통합증거물** 보관실 자. **사건기록관**·사건기록보관실

4. 문서관리 ★ (행정업무의 운영 및 혁신에 관한 규정(약칭 : 행정업무규정) - 대통령령)

제4조(공문서의 종류) 공문서(이하 "문서"라 한다)의 종류는 다음 각 호의 구분에 따른다.
1. **법규문서** : 헌법·법률·대통령령·총리령·부령·조례·규칙(이하 "**법령**"이라 한다) 등에 관한 문서 22 1차
2. **지시문서** : 훈령·**지시**·예규·일일명령 등 행정기관이 그 하급기관이나 소속 공무원에 대하여 일정한 사항을 지시하는 문서 22 1차
3. **공고문서** : 고시·**공고** 등 행정기관이 일정한 사항을 일반에게 **알리는** 문서 22 1차
4. **비치문서** : 행정기관이 일정한 사항을 기록하여 행정기관 내부에 **비치**하면서 업무에 활용하는 대장, 카드 등의 문서
5. **민원문서** : **민원인**이 행정기관에 허가, 인가, 그 밖의 처분 등 특정한 행위를 요구하는 문서와 그에 대한 처리문서 15 승진, 22 1차
6. **일반문서** : 제1호부터 제5호까지의 **문서에 속하지 아니하는 모든 문서**

제6조(문서의 성립 및 효력 발생) ① 문서는 결재권자가 해당 문서에 서명(전자이미지서명, 전자문자서명 및 행정전자서명을 포함한다. 이하 같다)의 방식으로 **결재함으로써 성립**한다. 24 승진

② 문서는 수신자에게 **도달**(전자문서의 경우는 수신자가 관리하거나 지정한 전자적 시스템 등에 입력되는 것을 말한다)**됨으로써 효력**을 발생한다.

③ 제2항에도 불구하고 공고문서는 그 문서에서 효력발생 시기를 구체적으로 밝히고 있지 않으면 그 고시 또는 공고 등이 있은 날부터 **5일**이 **경과한 때에 효력**이 발생한다. 24 승진

제7조(문서 작성의 일반원칙) ① 문서는 「국어기본법」 제3조제3호에 따른 어문규범에 맞게 **한글로 작성하되**, 뜻을 정확하게 전달하기 위하여 필요한 경우에는 괄호 안에 한자나 그 밖의 **외국어**를 함께 적을 수 있으며, 특별한 사유가 없으면 **가로로** 쓴다. 24 승진

② 문서의 내용은 간결하고 명확하게 표현하고 일반화되지 않은 **약어와 전문용어 등의 사용을 피하여** 이해하기 쉽게 작성하여야 한다. 15 승진

③ 문서에는 음성정보나 영상정보 등이 수록되거나 연계된 바코드 등을 표기할 수 있다. 24 승진

④ 문서에 쓰는 숫자는 특별한 사유가 없으면 **아라비아 숫자**를 쓴다.

제 6 절 경찰홍보

1. 경찰홍보의 유형 ★★ 10·11·13·19 승진, 12·13·15·25 경간(경위공채)

협의의 홍보 (PR)		유인물, 팸플릿 등 각종 매체를 통해 개인이나 단체의 **좋은 점을 일방적으로 알리는 활동**
지역 공동체 관계 (CR)		지역사회 내의 각종 기관, 단체 및 주민들과 유기적인 연락 및 협조체제를 구축·유지하여 경찰활동의 긍정적인 측면을 지역사회에 널리 알리는 종합적인 **지역사회 홍보체계**
언론 관계		신문, TV 등 뉴스 프로그램의 보도기능에 대응하는 활동으로 대개 사건·사고에 대한 기자들의 질의에 답하는 **대응적이고 소극적인 홍보활동임**
대중매체 관계 (MR) 15 지능특채, 24 1차		각종 대중매체 제작자와 긴밀한 협조관계를 구축·유지하여 대중매체의 필요를 충족시키는 한편, 경찰의 **긍정적인 측면을 널리 알리는 홍보활동**
	로버트 마크	경찰과 대중매체의 관계를 "단란하고 행복스럽지는 않더라도, 오래 지속되는 **결혼**생활"에 비유
	크랜든	'경찰과 대중매체가 서로를 필요로 하기 때문에 둘 사이에는 **공생**관계가 발달한다.'고 주장
	에릭슨	경찰과 대중매체는 서로 **얽혀서** 범죄와 정의문제 및 사회질서의 현실을 해석하고 규정짓는 **사회적 기구**로서의 역할 사회적 **엘리트** 집단을 구성
기업 이미지식 경찰홍보		포돌이처럼 상징물을 개발·전파하는 등 조직 이미지를 고양하여 높아진 주민 지지도를 바탕으로 예산획득, 형사사법 환경 하의 협력확보 등의 목적을 달성하는 종합적이고 계획적인 홍보활동 **영미를 중심으로 발달한 적극적 홍보활동** 개념으로 **주민을 소비자로 보는 관점**

2. 언론중재 및 피해구제 등에 관한 법률 ★★★

제2조(정의) 이 법에서 사용하는 용어의 뜻은 다음과 같다.

16. "**정정보도**"란 언론의 보도 내용의 전부 또는 일부가 진실하지 아니한 경우 이를 진실에 부합하게 고쳐서 보도하는 것을 말한다. 22 1차

17. "**반론보도**"란 언론의 보도 내용의 진실 여부에 관계없이 그와 대립되는 반박적 주장을 보도하는 것을 말한다.

제5조(언론등에 의한 피해구제의 원칙) ① 언론, 인터넷뉴스서비스 및 인터넷 멀티미디어 방송(이하 "언론등"이라 한다)은 타인의 생명, 자유, 신체, 건강, 명예, 사생활의 비밀과 자유, 초상(肖像), 성명, 음성, 대화, 저작물 및 사적(私的) 문서, 그 밖의 인격적 가치 등에 관한 권리(이하 "**인격권**"이라 한다)를 **침해하여서는 아니 되며**, 언론등이 타인의 인격권을 침해한 경우에는 이 법에서 정한 절차에 따라 그 피해를 **신속하게 구제하여야 한다**. 24 2차

제7조(언론중재위원회의 설치) ① **언론등의 보도 또는 매개**(이하 "언론보도등"이라 한다)로 **인한 분쟁의 조정·중재 및 침해사항을 심의하기 위하여 언론중재위원회**(이하 "중재위원회"라 한다)를 **둔다**. 15·17 승진, 19 경간, 19 2차

③ 중재위원회는 **40명 이상 90명 이내의 중재위원**으로 구성하며, 중재위원은 다음 각 호의 사람 중에서 **문화체육관광부장관이 위촉**한다. 16·22 1차, 19 경간, 23 승진 이 경우 제1호부터 제3호까지의 위원은 각각 중재위원 정수의 **5분의 1 이상**이 되어야 한다.

1. 법관의 자격이 있는 사람 중에서 법원행정처장이 추천한 사람
2. 변호사의 자격이 있는 사람 중에서 「변호사법」 제78조에 따른 대한변호사협회의 장이 추천한 사람
3. 언론사의 취재·보도 업무에 **10년 이상** 종사한 사람
4. 그 밖에 언론에 관하여 학식과 경험이 풍부한 사람

④ 중재위원회에 **위원장 1명과 2명 이내의 부위원장 및 2명 이내의 감사**를 두며, 각각 중재위원 중에서 호선한다. 16·22 1차, 17·23 승진, 19 경간

⑤ 위원장·부위원장·감사 및 중재위원의 **임기는 각각 3년**으로 하며, **한 차례만 연임**할 수 있다. 16 1차, 17 승진, 19 경간

⑥ 위원장은 중재위원회를 대표하고 중재위원회의 업무를 총괄한다. 15 승진

⑨ 중재위원회의 회의는 **재적위원 과반수의 출석과 출석위원 과반수의 찬성**으로 의결한다. 12 경간, 16 1차, 15·17 승진

제14조(정정보도 청구의 요건) ① 사실적 주장에 관한 언론보도등이 진실하지 아니함으로 인하여 피해를 입은 자(이하 "피해자"라 한다)는 해당 언론보도등이 있음을 안 날부터 **3개월 이내**에 언론사, 인터넷뉴스서비스사업자 및 인터넷 멀티미디어 방송사업자(이하 "언론사등"이라 한다)에게 그 언론보도등의 내용에 관한 정정보도를 청구할 수 있다. 다만, 해당 언론보도등이 있은 후 **6개월**이 지났을 때에는 그러하지 아니하다. 14·15·23 승진, 17·21·23 경간, 19·21 2차

② 제1항의 청구에는 **언론사등의 고의·과실이나 위법성을 필요로 하지 아니한다**.

제15조(정정보도청구권의 행사) ① 정정보도 청구는 **언론사등의 대표자에게 서면**으로 하여야 하며, 청구서에는 피해자의 성명·주소·전화번호 등의 연락처를 적고, 정정의 대상인 언론보도등의 내용 및 정정을 청구하는

이유와 청구하는 정정보도문을 명시하여야 한다. 다만, 인터넷신문 및 인터넷뉴스서비스의 언론보도등의 내용이 해당 인터넷 홈페이지를 통하여 계속 보도 중이거나 매개 중인 경우에는 그 내용의 정정을 함께 청구할 수 있다.

② 제1항의 청구를 받은 **언론사등의 대표자는 3일** 이내에 그 수용 여부에 대한 통지를 청구인에게 발송하여야 한다. 15 승진, 19 2차, 17·20·23 경간 이 경우 정정의 대상인 언론보도등의 내용이 방송이나 인터넷신문, 인터넷뉴스서비스 및 인터넷 멀티미디어 방송의 보도과정에서 성립한 경우에는 해당 언론사등이 그러한 사실이 없었음을 입증하지 아니하면 그 사실의 존재를 부인하지 못한다.

③ 언론사등이 제1항의 청구를 수용할 때에는 지체 없이 피해자 또는 그 대리인과 정정보도의 내용·크기 등에 관하여 협의한 후, 그 **청구를 받은 날**(그 협의가 있은날X)부터 **7일** 내에 정정보도문을 **방송하거나 게재**하여야 한다. 17 경간 다만, 신문 및 잡지 등 정기간행물의 경우 이미 편집 및 제작이 완료되어 부득이할 때에는 다음 발행 호에 이를 **게재하여야 한다.**(게재하지 않을 수 있다X) 24 2차

④ 다음 각 호의 어느 하나에 해당하는 사유가 있는 경우에는 언론사등은 **정정보도 청구를 거부할 수 있다.** 17 승진, 20 경간

1. 피해자가 정정보도청구권을 행사할 **정당한 이익이 없는** 경우 15 승진, 23 경간, 23 승진
2. 청구된 정정보도의 내용이 **명백히 사실과 다른** 경우
3. 청구된 정정보도의 내용이 **명백히 위법**한 내용인 경우
4. 정정보도의 청구가 **상업적**(공익적X)인 광고만을 목적으로 하는 경우
5. 청구된 정정보도의 내용이 국가·지방자치단체 또는 공공단체의 **공개**(비공개X)**회의**와 법원의 **공개**(비공개X)**재판절차**의 사실보도에 관한 것인 경우 15 승진, 23 경간

⑤ 언론사등이 하는 정정보도에는 원래의 보도 내용을 정정하는 사실적 진술, 그 진술의 내용을 대표할 수 있는 제목과 이를 충분히 전달하는 데에 필요한 설명 또는 해명을 포함하되, 위법한 내용은 **제외**(포함X)한다. 25 승진

제16조(반론보도청구권) ① 사실적 주장에 관한 언론보도등으로 인하여 피해를 입은 자는 그 보도 내용에 관한 반론보도를 언론사등에 청구할 수 있다. 22 1차

② 제1항의 청구에는 **언론사등의 고의·과실이나 위법성을 필요로 하지 아니하며,** 보도 내용의 **진실 여부와 상관없이** 그 청구를 할 수 있다. 21 2차, 22 1차, 24 2차

제17조(추후보도청구권) ① 언론등에 의하여 범죄혐의가 있거나 형사상의 조치를 받았다고 보도 또는 공표된 자는 그에 대한 형사절차가 무죄판결 또는 이와 동등한 형태로 종결되었을 때에는 그 사실을 **안 날부터 3개월 이내**에 언론사등에 이 사실에 관한 추후보도의 게재를 청구할 수 있다. 24 2차

제18조(조정신청) ① 이 법에 따른 정정보도청구등과 관련하여 분쟁이 있는 경우 **피해자** 또는 **언론사등**은 중재위원회에 조정을 신청할 수 있다. 21 2차

③ 정정보도청구등과 손해배상의 조정신청은 제14조제1항(제16조제3항에 따라 준용되는 경우를 포함한다) 또는 제17조제1항의 기간 이내에 **서면** 또는 **구술**이나 그 밖에 대통령령으로 정하는 바에 따라 **전자문서** 등으로 하여야 하며, 피해자가 먼저 언론사등에 정정보도청구등을 한 경우에는 피해자와 언론사등 사이에 **협의가 불성립된 날부터 14일 이내**에 하여야 한다.

제19조(조정) ② 조정은 **신청 접수일부터 14일** 이내에 하여야 하며, 중재부의 장은 조정신청을 접수하였을 때에는

지체 없이 조정기일을 정하여 당사자에게 출석을 요구하여야 한다. 12 경간

③ 제2항의 출석요구를 받은 신청인이 2회에 걸쳐 출석하지 아니한 경우에는 조정신청을 취하한 것으로 보며, 피신청 언론사등이 2회에 걸쳐 출석하지 아니한 경우에는 조정신청 취지에 따라 정정보도등을 이행하기로 합의한 것으로 본다. 22 1차

제22조(직권조정결정) ① 당사자 사이에 합의가 이루어지지 아니한 경우 또는 신청인의 주장이 이유 있다고 판단되는 경우 중재부는 당사자들의 이익이나 그 밖의 모든 사정을 고려하여 신청취지에 반하지 아니하는 한도에서 직권으로 조정을 갈음하는 결정(이하 "**직권조정결정**"이라 한다)을 할 수 있다. 이 경우 그 결정은 **조정신청 접수일부터 21일** 이내에 하여야 한다.

③ 직권조정결정에 불복하는 자는 **결정 정본을 송달받은 날부터 7일** 이내에 불복 사유를 명시하여 서면으로 중재부에 이의신청을 할 수 있다. 이 경우 그 결정은 효력을 상실한다.

④ 제3항에 따라 **직권조정결정**에 관하여 **이의신청**이 있는 경우에는 그 이의신청이 있는 때에 제26조제1항에 따른 **소가 제기된 것**으로 보며, 피해자를 원고로 하고 상대방인 언론사등을 피고로 한다.

제24조(중재) ① 당사자 양쪽은 정정보도청구등 또는 손해배상의 분쟁에 관하여 중재부의 종국적 결정에 따르기로 **합의**하고 **중재**를 신청할 수 있다. 21 2차

제25조(중재결정의 효력 등) ① **중재결정**은 **확정판결과 동일한 효력**이 있다.

제27조(재판) ① 정정보도청구등의 소는 접수 후 **3개월** 이내에 판결을 선고하여야 한다.

제29조(언론보도등 관련 소송의 우선 처리) 법원은 언론보도등에 의하여 피해를 받았음을 이유로 하는 재판은 다른 재판에 우선하여 신속히 하여야 한다.

🔊 관련기출판례

① 사실적 주장이란 의견표명에 대치되는 개념으로서 사실적 주장과 의견표명이 혼재할 경우 양자를 구별할 때에는 해당 언론보도의 객관적인 내용과 아울러 해당 언론보도가 게재한 문맥의 보다 넓은 의미나 배경이 되는 사회적 흐름 및 시청자에게 주는 전체적 인 인상도 함께 고려하여야 한다. 21 경간

② 복잡한 사실관계를 알기 쉽게 단순하게 만드는 과정에서 일부 특정한 사실관계를 압축, 강조하거나 대중의 흥미를 끌기 위해 실제 사실관계에 장식을 가하는 과정에서 다소의 수사적 과장이 있더라도 전체적인 맥락에서 보아 보도내용의 중요 부분이 진실에 합치 한다면 그 보도의 진실성은 인정된다. 21 경간

③ 정정보도를 청구하는 경우에 그 언론사의 고의·과실이나 위법성을 필요로 하는 것은 아니며 **피해자(언론사X)** 는 언론보도가 진실하지 아니하다는 데에 대한 증명책임을 부담한다. 21 경간

제 7 절 경찰통제

1. 경찰통제의 유형 ★★★ 06·08·09·23 승진, 07·08·10·11 채용, 08·11·13·14·15·17·20·22 경간, 19 1차, 20·24·25 2차, 21·22·23 경채, 23 특공대

민주적 통제	① 영미법계에서 발달 ② 국가경찰위원회(명실상부한 민주적 통제장치로는 보기 어려움), 경찰책임자 선거, 자치경찰제 시행 등 ③ 국민감사청구제도 　18세 이상의 국민은 공공기관의 사무처리가 법령위반 또는 부패행위로 인하여 공익을 현저히 해하는 경우 300인 이상의 국민의 연서로 감사원에 감사를 청구할 수 있다. 22 1차		
사법적 통제	대륙법계에서 발달, 행정소송, 국가배상제도 등의 사법심사 시스템을 통하여 통제하는 것(행정소송은 열기주의에서 개괄주의로 전환함으로써 법원이 경찰을 통제하는 범위를 확대하는 추세)		
사전통제	행정절차법(청문, 행정상 입법예고·행정예고 등), 국회의 입법권·예산심의권, 정보공개청구권, 국가경찰위원회의 심의의결 등		
사후통제 14 특공대	사법부	사법심사(행정소송)에 의한 통제	
	입법부	국회의 예산결산권, 국정감사·조사권 등	
	행정부	행정심판, 징계책임, 상급기관의 하급기관에 대한 감독권 등	
내부통제	(청문)감사관제도, 훈령권, 직무명령권 23 1차		
외부통제	국회에 의한 통제	국회의 입법권, 예산의 심의의결권, 예산결산권, 경찰청장에 대한 탄핵소추의결권, 국정조사감사권 등	
	사법통제	법원의 사법심사(행정소송, 헌법소원)	
	행정부에 의한 통제	① 대통령(경찰청장 및 국가경찰위원회 위원 임명권) ② 행정안전부장관(경찰청장과 국가경찰위원회 위원 임명제청권) ③ 국가경찰위원회(경찰의 주요정책 등에 대한 심의·의결권을 통해 통제 – 명실상부한 민주적 통제장치로 보기는 어려움) ④ 국민권익위원회, 중앙행정심판위원회 재결, 소청심사위원회 등에 의한 통제 ⑤ 감사원에 의한 통제 – 경찰기관의 세입·세출의 결산뿐만 아니라, 경찰의 직무에 대한 감찰을 통하여 통제	
	국가인권위원회에 의한 통제	– 독립기관이므로 '광의의 행정부'에 의한 통제임	
	민중통제	여론, 이익집단, 언론기관, 정당 등을 통한 직·간접적인 통제	

2. 부패방지 및 국민권익위원회의 설치와 운영에 관한 법률 ★

제2조(정의) 이 법에서 사용하는 용어의 뜻은 다음과 같다.
4. "**부패행위**"란 다음 각 목의 어느 하나에 해당하는 행위를 말한다.
  가. 공직자가 직무와 관련하여 그 지위 또는 권한을 남용하거나 법령을 위반하여 자기 또는 제3자의 이익을 도모하는 행위 12·15 승진, 23 2차
  나. 공공기관의 예산사용, 공공기관 재산의 취득·관리·처분 또는 공공기관을 당사자로 하는 계약의 체결 및 그 이행에 있어서 법령에 위반하여 **공공기관에 대하여 재산상 손해를 가하는 행위** 12·15 승진
  다. 가목과 나목에 따른 행위나 그 은폐를 강요, 권고, 제의, 유인하는 행위

제55조(부패행위의 신고) 누구든지 부패행위를 알게 된 때에는 이를 위원회에 **신고할 수 있다**.

제56조(공직자의 부패행위 신고의무) 공직자는 그 직무를 행함에 있어 다른 공직자가 부패행위를 한 사실을 알게 되었거나 부패행위를 강요 또는 제의받은 경우에는 지체 없이 이를 수사기관·감사원 또는 위원회에 **신고하여야 한다.** 24 승진

제57조(신고자의 성실의무) 제55조 및 제56조에 따른 부패행위 신고(이하 이 장에서 "신고"라 한다)를 한 자(이하 이 장에서 "신고자"라 한다)가 신고의 내용이 허위라는 사실을 알았거나 알 수 있었음에도 불구하고 신고한 경우에는 이 법의 보호를 받지 못한다. 20 경간

제58조(신고의 방법) 신고를 하려는 자는 본인의 인적사항과 신고취지 및 이유를 기재한 기명(무기명X)의 문서로써 하여야 하며, 신고대상과 부패행위의 증거 등을 함께 제시하여야 한다. 20 경간, 22 2차, 24 승진

제58조의2(비실명 대리신고) ① 제58조에도 불구하고 **신고자는 자신의 인적사항을 밝히지 아니하고 변호사를 선임하여 신고를 대리하게 할 수 있다.** 이 경우 제58조에 따른 신고자의 인적사항 및 기명의 문서는 변호사의 인적사항 및 변호사 이름의 문서로 갈음한다.
② 제1항에 따른 신고는 **위원회에 하여야 하며**, 신고자 또는 신고자를 대리하는 변호사는 그 취지를 밝히고 **신고자의 인적사항, 신고자임을 입증할 수 있는 자료 및 위임장을 위원회에 함께 제출하여야 한다.**

제59조(신고내용의 확인 및 이첩 등) ① 위원회는 접수된 신고사항에 대하여 신고자를 상대로 다음 각 호의 사항을 확인할 수 있다.
1. 신고자(신고대상자X)의 인적사항, 신고의 경위 및 취지 등 신고내용의 특정에 필요한 사항
2. 신고내용이 제29조제2항 각 호의 어느 하나에 해당하는지의 여부에 관한 사항

③ **위원회는** 접수된 신고사항에 대하여 감사·수사 또는 조사가 필요한 경우 이를 감사원, 수사기관 또는 해당 공공기관의 감독기관(감독기관이 없는 경우에는 해당 공공기관을 말한다. 이하 "**조사기관**"이라 한다)에 **이첩하여야 한다.** 다만, 신고가 다음 각 호의 어느 하나에 해당하는 경우에는 이를 **조사기관에 이첩하지 아니하고 종결할 수 있다.**
1. 신고의 내용이 명백히 거짓인 경우
2. 신고자의 인적사항을 알 수 없는 경우
3. 신고자가 신고서나 증명자료 등에 대한 **보완 요청을 2회 이상 받고도** 위원회가 정하는 보완요청기간 내에 **보완하지 아니한 경우**
4. 신고에 대한 처리 결과를 통지받은 사항에 대하여 정당한 사유 없이 다시 신고한 경우

5. 신고의 내용이 언론매체 등을 통하여 공개된 내용에 해당하고 공개된 내용 외에 새로운 증거가 없는 경우
6. 다른 법령에 따라 해당 부패행위에 대한 감사·수사 또는 조사가 시작되었거나 이미 끝난 경우
7. 그 밖에 부패행위에 대한 감사·수사 또는 조사가 필요하지 아니한 경우로서 대통령령으로 정하는 경우
⑥ 위원회에 신고가 접수된 당해 부패행위의 혐의대상자가 **다음 각 호에 해당하는 고위공직자**로서 부패혐의의 내용이 형사처벌을 위한 수사 및 공소제기의 필요성이 있는 경우에는 **위원회의 명의로 검찰, 수사처, 경찰 등 관할 수사기관에 고발을** 하여야 한다.
3. **경무관급 이상의 경찰공무원** 20 경간
⑧ 위원회는 접수된 신고사항을 그 접수일부터 **60일** 이내에 처리하여야 한다. 이 경우 제1항제1호에 따른 사항을 확인하기 위한 보완 등이 필요하다고 인정되는 경우에는 그 기간을 **30일** 이내에서 연장할 수 있다.

제60조(조사결과의 처리) ① 조사기관은 **신고를 이첩 또는 송부받은 날부터 60일** 이내에 감사·수사 또는 조사를 **종결**하여야 한다. 다만, 정당한 사유가 있는 경우에는 그 기간을 연장할 수 있으며, 위원회에 그 연장사유 및 연장기간을 통보하여야 한다. 20 경간, 24 승진
② 제59조제3항 또는 제4항에 따라 신고를 이첩 또는 송부받은 조사기관(조사기관이 이첩받은 신고사항에 대하여 다른 조사기관에 이첩·재이첩, 감사요구, 송치, 수사의뢰 또는 고발을 한 경우에는 이를 받은 조사기관을 포함한다. 이하 이 조에서 같다)은 감사·수사 또는 조사결과를 **감사·수사 또는 조사 종료 후 10일 이내에 위원회에 통보**하여야 한다.
⑤ 위원회는 제59조제3항에 따라 신고를 이첩받은 조사기관의 감사·수사 또는 조사가 충분하지 아니하다고 인정되는 경우에는 감사·수사 또는 조사결과를 **통보받은 날부터 30일** 이내에 새로운 증거자료의 제출 등 합리적인 이유를 들어 조사기관에 대하여 **재조사**를 요구할 수 있다.
⑥ 재조사를 요구받은 조사기관은 **재조사를 종료한 날부터 7일** 이내에 그 **결과를 위원회에 통보**하여야 한다. 이 경우 위원회는 통보를 받은 즉시 신고자에게 재조사 결과의 요지를 통지하여야 한다.

3. 경찰감찰규칙 ★★★ - 경찰청 훈령

제1조(목적) 이 규칙은 경찰청 및 그 소속기관(이하 "경찰기관"이라 한다)에 소속하는 경찰공무원, 별정·일반직 공무원(**무기계약 및 기간제 근로자를 포함**한다), 의무경찰 등(이하 "소속공무원"이라 한다)의 공직기강 확립과 경찰 행정의 **적정성** 확보를 위한 감찰에 필요한 사항을 규정함을 목적으로 한다. 18 승진

제2조(정의) 이 규칙에서 사용하는 용어의 정의는 다음과 같다.
2. "**감찰**"이란 복무기강 확립과 경찰행정의 **적정성**을 확보하기 위해 경찰기관 또는 소속공무원의 제반업무와 활동 등을 조사·점검·확인하고 그 결과를 처리하는 감찰관의 직무활동을 말한다. 23 2차

제5조(감찰관의 결격사유) 다음 각 호의 어느 하나에 해당하는 사람은 **감찰관이 될 수 없다.**
1. 직무와 관련한 **금품 및 향응 수수, 공금횡령·유용**, 「성폭력범죄의 처벌 등에 관한 특례법」에 따른 **성폭력범죄**로 징계처분을 받은 사람
  → 직무와 관련한 금품 및 향응 수수, 공금횡령·유용, 「성폭력범죄의 처벌 및 피해자보호 등에 관한 법률」에 따른 성폭력 범죄로 징계처분을 받은 사람은 **말소기간의 경과 여부에 상관없이 감찰관이 될 수 없다.** 16 승진
2. **제1호 이외**의 사유로 징계처분을 받아 말소기간이 경과하지 아니한 사람

3. 질병 등으로 감찰관으로서의 업무수행이 어려운 사람
4. 기타 감찰관으로서 적합하지 아니하다고 판단되는 사람

제6조(감찰관 선발) ① 경찰기관의 장은 **감찰관 보직공모**에 응모한 지원자 및 **3인 이상**의 동료로부터 **추천 받은 자를 대상**으로 적격심사를 거쳐 감찰관을 선발한다.

제7조(감찰관의 신분보장) ① 경찰기관의 장은 감찰관이 제5조에 따른 결격사유에 해당되는 것으로 밝혀졌을 경우와 다음 각 호의 어느 하나에 해당하는 경우를 제외하고는 **2년(3년X) 이내**에 본인의 의사에 반하여 **전보하여서는 아니 된다**. 다만, 승진 등 인사관리상 필요한 경우에는 그러하지 아니하다. 21 승진
  1. 징계사유가 있는 경우
  2. 형사사건에 계류된 경우
  3. 질병 등으로 감찰업무를 수행할 수 없거나 **직무수행 능력이 현저히 부족**하다고 판단되는 경우
  4. 고압·권위적인 감찰활동을 반복하여 물의를 야기한 경우
② 경찰기관의 장은 **1년 이상** 성실히 근무한 감찰관에 대해서는 희망부서를 고려하여 전보한다. 16 1차, 16·17·21 승진, 19 경간

제8조(감찰관 적격심사) ① 경찰기관의 장(감찰부서장X)은 소속 감찰관에 대하여 **감찰관 보직 후 2년마다 적격심사**를 실시하여 인사에 반영하여야 한다. 23 2차, 25 경간(경위공채)

제9조(제척) 감찰관은 다음 경우에 당해 감찰직무(감찰조사 및 감찰업무에 대한 지휘를 포함한다)에서 제척된다. 23 2차
  1. 감찰관 본인이 의무위반행위로 인해 감찰대상이 된 때
  2. 감찰관 본인이 의무위반행위로 인해 피해를 받은 자(이하 "피해자"라 한다)인 때
  3. 감찰관 본인이 의무위반행위로 인해 감찰대상이 된 소속공무원(이하 "조사대상자"라 한다)이나 피해자의 친족이거나 친족관계가 있었던 자인 때
  4. 감찰관 본인이 조사대상자나 피해자의 법정대리인이나 후견감독인인 때

제10조(기피) ① **조사대상자, 피해자**는 다음 경우에 별지 제1호 서식의 감찰관 기피 신청서를 작성하여 그 감찰관이 **소속된 경찰기관의 감찰업무 담당 부서장**(이하 "감찰부서장"이라 한다)에게 해당 감찰관의 **기피**를 신청할 수 있다.
  1. 감찰관이 제9조 각 호의 사유에 해당되는 때
  2. 감찰관이 이 규칙을 위반하거나 불공정한 조사를 할 염려가 있다고 볼만한 객관적·구체적 사정이 있는 때

제11조(회피) ① 감찰관은 **제9조의 사유**에 해당하면 스스로 감찰직무를 회피하여야 하며, **제9조(제척) 이외의 사유**로 감찰직무를 수행함에 있어 공정성을 잃을 염려가 있다고 인정하는 경우 **회피할 수 있다**.

제12조(감찰활동의 관할) 감찰관은 소속 경찰기관의 **관할구역 안**에서 활동하여야 한다. 다만, 상급 경찰기관의 장의 지시가 있는 경우에는 관할구역 **밖에서도 활동할 수 있다**. 13 2차, 16·21 승진, 17 1차

제13조(특별감찰) 경찰기관의 장은 **의무위반행위가 자주 발생**하거나 그 발생 가능성이 높다고 인정되는 시기, 업무분야 및 경찰관서 등에 대하여는 **일정기간 동안 전반적인 조직관리 및 업무추진 실태** 등을 집중 점검할 수 있다. 18·19 승진, 22 경간, 23 2차

제14조(교류감찰) 경찰기관의 장은 상급 경찰기관의 장의 지시에 따라 소속 감찰관으로 하여금 일정기간 동안 다른 경찰기관 소속 직원의 복무실태, 업무추진 실태 등을 점검하게 할 수 있다. 13 2차, 14 승진, 16 1차, 22 경간

제15조(감찰활동의 착수) ① 감찰관은 소속공무원의 의무위반행위에 관한 단서(현장인지, 진정·탄원 등을 포함한다)를 수집·접수한 경우 소속 경찰기관의 감찰부서장(소속 경찰기관의 장X)에게 보고하여야 한다. 18·21 승진, 22 경간

② 감찰부서장은 제1항에 따른 보고를 받은 경우 감찰 대상으로서의 적정성을 검토한 후 감찰활동 착수 여부를 결정하여야 한다.

제16조(감찰계획의 수립) ① 감찰관은 제15조에 따른 감찰활동에 착수할 때에는 감찰기간과 대상, 중점감찰사항 등을 포함한 감찰계획을 소속 경찰기관의 감찰부서장에게 보고하여 승인을 받아야 한다.

③ 제1항에 따른 감찰기간은 6개월의 범위 내에서 감찰부서장이 정한다.

④ 감찰관은 계속 감찰활동이 필요한 경우 그 사유를 소명하여 소속 경찰기관의 감찰부서장의 승인을 받아 6개월의 범위 내에서 감찰기간을 연장할 수 있다.

제17조(자료 제출 요구 등) ① 감찰관은 직무상 다음 각 호의 요구를 할 수 있다. 다만, 제2호 및 제3호의 경우에는 필요 최소한의 범위 내에서 요구하여야 한다. 22 경간

1. 조사를 위한 출석
2. 질문에 대한 답변 및 진술서 제출
3. 증거품 등 자료 제출
4. 현지조사의 협조

② 소속공무원은 감찰관으로부터 제1항에 따른 요구를 받은 때에는 정당한 사유가 없는 한 그 요구에 응하여야 한다. 16·18 승진

제18조(감찰관 증명서 등 제시) 감찰관은 제17조에 따른 요구를 할 경우 소속 경찰기관의 장이 발행한 별지 제3호 서식의 감찰관 증명서 또는 경찰공무원증을 제시하여 신분을 밝히고 감찰활동의 목적을 설명하여야 한다.

제19조(감찰활동 결과의 보고 및 처리) ① 감찰관은 감찰활동 결과 소속공무원의 의무위반행위, 불합리한 제도·관행, 선행·수범 직원 등을 발견한 경우 이를 소속 경찰기관의 장에게 보고하여야 한다.

② 경찰기관의 장은 제1항의 결과에 대하여 문책 요구, 시정·개선, 포상 등 필요한 조치를 하여야 한다.

제22조(감찰정보심의회) ① 감찰부서장은 다음 각 호의 사항을 결정하기 위하여 감찰정보심의회를 설치·운영할 수 있다. 25 경간(경위공채)

1. 제21조에 따른 감찰정보의 구분
2. 제15조에 따른 감찰활동 착수와 관련된 사항

② 감찰정보심의회는 위원장을 포함한 3명 이상 5명 이하의 위원으로 구성하며, 위원장은 감찰부서장이 되고 위원은 감찰부서장이 소속 공무원 중에서 지명한다. 25 경간(경위공채), 25 2차

제25조(출석요구) ① 감찰관은 감찰조사를 위해서 조사대상자의 출석을 요구할 때에는 조사기일 3일 전까지 별지 제5호 서식의 출석요구서 또는 구두로 조사일시, 의무위반행위사실 요지 등을 통지하여야 한다. 다만, 사안이 급박한 경우 또는 조사대상자의 요청이 있는 경우에는 즉시 조사에 착수할 수 있다. 19 경간, 18·19 승진, 25 2차

제26조(변호인의 선임) ① 조사대상자는 변호사를 변호인으로 선임할 수 있다. 다만, 감찰부서장의 승인을 받은 경우에는 변호사가 아닌 사람을 특별변호인으로 선임할 수 있다.

제27조(조사대상자의 진술거부권) ① 조사대상자는 진술하지 아니하거나 개개의 질문에 대하여 진술을 거부할 수 있다.
② 감찰관은 조사대상자에게 제1항과 같이 진술을 거부할 수 있음을 사전에 고지하여야 한다.

제28조(조사 참여) ① 감찰관은 조사대상자가 다음 각 호의 사항을 신청할 경우 이에 해당하는 사람을 참여하게 하거나 동석하도록 하여야 한다.
1. 다음 각 목의 사람의 참여
    가. **다른 감찰관**
    나. **변호인**
2. 다음 각 목의 사람의 동석
    가. **조사대상자의 동료공무원**
    나. 조사대상자의 직계친족, 배우자, 가족 등 조사대상자의 심리적 안정과 원활한 의사소통에 도움을 줄 수 있는 자

제29조(감찰조사 전 고지) ① 감찰관은 **감찰조사를 실시하기 전**(한 후X)에 조사대상자에게 의무위반행위 사실의 요지를 알려야 한다. 17 1차

제30조(영상녹화) ① 감찰관은 조사대상자가 영상녹화를 요청하는 경우에는 그 조사과정을 **영상녹화하여야 한다**. (감찰관이 재량적으로 판단할 수 있다X) 24 2차

제31조(조사시 유의사항) ⑤ 감찰부서장은 **성폭력·성희롱 피해 여성에 대하여는 피해자의 의사에 반하지 않는 한 여성 경찰공무원이 조사하도록 하여야 하고**, 조사 과정에서 피해자의 인격이나 명예가 손상되거나 사적인 비밀이 침해되지 않도록 하여야 한다.

제32조(심야조사의 금지) ① 감찰관은 심야(자정부터 오전 6시까지를 말한다)에 **조사를 하여서는 아니 된다**. 13 2차, 14·17 승진, 16·17 1차
② 제1항에도 불구하고 감찰관은 **조사대상자 또는 그 변호인의 별지 제6호 서식에 의한 심야조사 요청이 있는 경우에는 예외적으로 심야조사를 할 수 있다**. 이 경우 심야조사의 사유를 조서에 명확히 기재하여야 한다. 13 2차

제33조(휴식시간 부여) ① 감찰관은 조사에 장시간이 소요되는 경우 특별한 사정이 없는 한 조사 도중에 **최소한 2시간마다 10분 이상의 휴식시간을 부여**하여 조사대상자가 피로를 회복할 수 있도록 노력하여야 한다.
② 감찰관은 조사대상자가 조사 도중에 **휴식시간을 요청하는 때**에는 조사에 소요된 시간, 조사대상자의 건강상태 등을 고려하여 **적정하다고 판단될 경우 휴식시간을 부여하여야 한다**.

제34조(감찰조사 후 처리) ① 감찰관은 감찰조사를 종료한 때에는 소속 경찰기관의 장에게 별지 제7호 서식의 진술조서, 증빙자료 등과 함께 **감찰조사 결과를 보고하여야 한다**.
② 제1항의 경우 감찰관은 조사대상자에게 감찰조사 결과 요지를 서면 또는 전화, 문자메시지(SMS) **전송** 등의 방법으로 통지하여야 한다.

③ 감찰관은 조사한 의무위반행위사건이 소속 경찰기관의 징계관할이 아닌 때에는 관할 경찰기관으로 이송하여야 한다.
④ 의무위반행위사건을 이송 받은 경찰기관의 감찰부서장은 필요시 해당 사건에 대하여 추가 조사 등을 실시할 수 있다.

제35조(민원사건의 처리) ① 감찰관은 소속공무원의 의무위반사실에 대한 **민원을 접수한 경우** 접수일로부터 **2개월** 내에 신속히 처리하여야 한다. 다만, 부득이한 사유로 민원을 기한 내에 처리할 수 없을 때에는 소속 경찰기관의 **감찰부서장**에게 보고하여 그 처리 기간을 연장할 수 있다. 14·18 승진, 16 1차, 19·25 경간(경위공채), 25 2차
④ 감찰관은 민원사건을 접수한 경우 접수 후 **매 1개월이 경과**한 때와 감찰조사를 **종결**하였을 때에 민원인 또는 피해자에게 사건처리 **진행상황을 통지하여야 한다**. 다만, 진행상황에 대한 통지가 감찰조사에 지장을 주거나 피해자 또는 사건관계인의 명예와 권리를 부당히 침해할 우려가 있는 때에는 통지하지 않을 수 있다.
⑤ 제4항에 따른 통지는 문서로 하여야 한다. 다만, 신속을 요하거나 민원인이 요청하는 경우에는 구술 또는 전화로 통지할 수 있다.

제36조(기관통보사건의 처리) ① 감찰관은 다른 경찰기관 또는 검찰, 감사원 등 **다른 행정기관**으로부터 통보받은 소속공무원의 의무위반행위에 대해서는 통보받은 날로부터 **1개월** 이내에 신속히 처리하여야 한다. 13 2차, 14·17 승진, 19 경간
② 감찰관은 검찰·경찰, 그 밖의 수사기관으로부터 수사개시 통보를 받은 경우에는 징계의결요구권자의 결재를 받아 **해당 기관으로부터 수사결과의 통보를 받을 때까지** 감찰조사, 징계의결요구 등의 절차를 진행하지 **아니 할 수 있다.** 17 1차, 19 승진, 25 2차

제37조(감찰처분심의회) ① 감찰부서장은 다음 각 호의 사항을 심의하기 위하여 **감찰처분심의회**(이하 "처분심의회"라고 한다)를 설치·운영할 수 있다. 25 승진
1. 감찰결과 처리 및 양정과 관련한 사항
2. 감찰결과에 대한 이의신청 처리와 관련한 사항
3. 감찰결과의 공개와 관련한 사항
4. 감찰관 **기피** 신청과 관련한 사항(제척X, 회피X)

② 처분심의회는 위원장을 포함한 **3명 이상 7명 이하**의 위원으로 구성하며, 위원장은 감찰부서장이 되고 위원은 감찰부서장이 소속 공무원 중에서 지명하거나 학식과 경험을 고루 갖춘 해당 분야의 외부전문가 중에서 위촉할 수 있다.

제38조(감찰결과에 대한 이의신청) ① 제34조제2항에 따른 통지를 받은 조사대상자는 그 통지를 받은 날부터 **10일** 이내에 감찰을 주관한 경찰기관의 장에게 이의신청을 할 수 있다. 다만, 감찰결과 징계요구된 사건에 대해서는 징계위원회에서의 의견진술 등의 절차로 이의신청을 갈음할 수 있다.
② 제1항의 이의신청을 접수한 경찰기관의 장은 처분심의회의 심의를 거쳐 이의 신청이 이유 없다고 인정될 때에는 이를 기각하고 이유 있다고 인정될 때에는 그 감찰조사 결과를 취소하거나 변경하여야 한다.

제39조(감찰결과의 공개) ① 감찰결과는 원칙적으로 **공개하지 아니한다.** 다만, 유사한 비위의 재발을 방지하기 위하여 다음 각 호의 경우에는 감찰결과 요지를 **공개할 수 있다.**

1. 중대한 비위행위(금품·향응수수, 공금횡령·유용, 정보유출, 독직폭행, 음주운전 등)
2. 언론 등 사회적 관심이 집중되어 사생활 보호의 이익보다 국민의 알권리 충족 등 공공의 이익이 현저하게 크다고 판단되는 사안

② 감찰결과의 공개 여부는 경찰기관의 장이 처분심의회의 의견을 들어 최종 결정한다.

제40조(감찰관에 대한 징계 등) ① 경찰기관의 장은 감찰관이 이 규칙에 위배하여 직무를 태만히 하거나 권한을 남용한 경우 및 직무상 취득한 비밀을 누설한 경우에는 해당 사건의 **담당 감찰관 교체, 징계요구** 등의 조치를 한다.

② 감찰관의 **의무위반행위**에 대해서는 「경찰공무원 징계령 세부시행규칙」의 **징계양정**에 정한 기준보다 가중하여 징계조치한다. 18 승진

제41조(감찰활동 방해에 대한 징계 등) 경찰기관의 장은 조사대상자가 정당한 이유 없이 출석 거부, 현지조사 불응, 협박 등의 방법으로 감찰조사를 방해하는 경우에는 징계요구 등의 조치를 할 수 있다.

4. 경찰청 감사규칙 ★ (경찰청 훈령)

제4조(감사의 종류와 주기) ① 감사의 종류는 종합감사, 특정감사, 재무감사, 성과감사, 복무감사, 일상감사로 구분한다.

② **종합감사의 주기는 1년에서 3년까지** 하되 치안수요 등을 고려하여 조정 실시한다. 다만, 직전 또는 당해연도에 감사원 등 다른 감사기관이 감사를 실시한(실시 예정인 경우를 포함한다) 감사대상기관에 대해서는 감사의 일부 또는 전부를 실시하지 아니할 수 있다.

제10조(감사결과의 처리기준 등) 감사관은 감사결과를 다음 각 호의 기준에 따라 처리하여야 한다.
1. **징계 또는 문책 요구** : 국가공무원법과 그 밖의 법령에 규정된 징계 또는 문책 사유에 해당하거나 정당한 사유 없이 자체감사를 거부하거나 자료의 제출을 게을리한 경우
2. **시정 요구** : 감사결과 위법 또는 부당하다고 인정되는 사실이 있어 추징·회수·환급·추급 또는 원상복구 등이 필요하다고 인정되는 경우 15 경간, 19 승진
3. **경고·주의 요구** : 감사결과 위법 또는 부당하다고 인정되는 사실이 있으나 그 정도가 **징계 또는 문책사유에 이르지 아니할 정도로** 경미하거나, 감사대상기관 또는 부서에 대한 제재가 필요한 경우 15 경간, 19 승진, 22 1차
4. **개선 요구** : 감사결과 법령상·제도상 또는 행정상 모순이 있거나 그 밖에 개선할 사항이 있다고 인정되는 경우 15 경간, 22 1차
5. **권고** : 감사결과 문제점이 인정되는 사실이 있어 그 대안을 제시하고 감사대상기관의 장 등으로 하여금 개선방안을 마련하도록 할 필요가 있는 경우 15 경간, 19 승진, 22 1차
6. **통보** : 감사결과 비위 사실이나 위법 또는 부당하다고 인정되는 사실이 있으나 제1호부터 제5호까지의 요구를 하기에 부적합하여 감사대상기관 또는 부서에서 자율적으로 처리할 필요가 있다고 인정되는 경우
7. **변상명령** 「회계관계직원 등의 책임에 관한 법률」이 정하는 바에 따라 변상책임이 있는 경우
8. **고발** : 감사결과 범죄 혐의가 있다고 인정되는 경우
9. **현지조치** : 감사결과 **경미한** 지적사항으로서 현지에서 **즉시 시정·개선조치**가 필요한 경우 22 1차

5. 공공기관의 정보공개에 관한 법률 ★★★

제2조(정의) 이 법에서 사용하는 용어의 뜻은 다음과 같다.
1. "**정보**"란 공공기관이 직무상 작성 또는 취득하여 관리하고 있는 **문서**(전자문서를 **포함**한다. 이하 같다) 및 **전자매체를 비롯한 모든 형태의 매체** 등에 기록된 사항을 말한다. 23 1차

제3조(정보공개의 원칙) 공공기관이 보유·관리하는 정보는 국민의 알권리 보장 등을 위하여 이 법에서 정하는 바에 따라 **적극적으로 공개하여야 한다.**(공개할 수 있다X) 11·15 경간, 15·24 2차, 15 3차, 17 1차, 18 법학특채, 19 승진, 20 경채

제5조(정보공개 청구권자) ① **모든 국민**은 정보의 공개를 청구할 권리를 가진다. 14 승진, 15·18 특채, 10·15 2차, 13 1차, 15 3차

② 외국인의 정보공개 청구에 관하여는 **대통령령**으로 정한다. 10 채용, 15 경간, 18 특채

제9조(비공개 대상 정보) ① 공공기관이 보유·관리하는 정보는 공개 대상이 된다. 다만, 다음 각 호의 어느 하나에 해당하는 정보는 **공개하지 아니할 수 있다.**

1. 다른 법률 또는 법률에서 위임한 명령(국회규칙·대법원규칙·헌법재판소규칙·중앙선거관리위원회규칙·대통령령 및 조례로 한정한다)에 따라 비밀이나 비공개 사항으로 규정된 정보
2. 국가안전보장·국방·통일·외교관계 등에 관한 사항으로서 공개될 경우 국가의 중대한 이익을 현저히 해칠 우려가 있다고 인정되는 정보
3. 공개될 경우 **국민의 생명·신체 및 재산의 보호**에 현저한 지장을 초래할 우려가 있다고 인정되는 정보 19 승진
4. 진행 중인 **재판**에 관련된 정보와 범죄의 예방, **수사**, 공소의 제기 및 유지, 형의 집행, 교정, 보안처분에 관한 사항으로서 공개될 경우 그 직무수행을 현저히 곤란하게 하거나 형사피고인의 공정한 재판을 받을 권리를 침해한다고 인정할 만한 상당한 이유가 있는 정보
5. 감사·감독·검사·시험·규제·입찰계약·기술개발·인사관리에 관한 사항이나 **의사결정 과정 또는 내부검토 과정**에 있는 사항 등으로서 공개될 경우 업무의 공정한 수행이나 연구·개발에 현저한 지장을 초래한다고 인정할 만한 상당한 이유가 있는 정보. 다만, 의사결정 과정 또는 내부검토 과정을 이유로 비공개할 경우에는 제13조제5항에 따라 통지를 할 때 의사결정 과정 또는 내부검토 과정의 단계 및 종료 예정일을 함께 안내하여야 하며, 의사결정 과정 및 내부검토 과정이 종료되면 제10조에 따른 청구인에게 이를 통지하여야 한다. 24 1차
6. 해당 정보에 포함되어 있는 성명·주민등록번호 등 「개인정보 보호법」 제2조제1호에 따른 개인정보로서 공개될 경우 사생활의 비밀 또는 자유를 침해할 우려가 있다고 인정되는 정보. 다만, 다음 각 목에 열거한 사항은 **제외**한다. 24 1차
   가. 법령에서 정하는 바에 따라 열람할 수 있는 정보
   나. 공공기관이 공표를 목적으로 작성하거나 취득한 정보로서 사생활의 비밀 또는 자유를 부당하게 침해하지 아니하는 정보
   다. 공공기관이 작성하거나 취득한 정보로서 공개하는 것이 공익이나 개인의 권리 구제를 위하여 필요하다고 인정되는 정보
   라. 직무를 수행한 공무원의 **성명·직위** 24 1차

마. 공개하는 것이 공익을 위하여 필요한 경우로서 법령에 따라 국가 또는 지방자치단체가 업무의 일부를 위탁 또는 위촉한 개인의 성명·직업

7. 법인·단체 또는 개인(이하 "법인등"이라 한다)의 경영상·영업상 비밀에 관한 사항으로서 공개될 경우 법인등의 정당한 이익을 현저히 해칠 우려가 있다고 인정되는 정보. 다만, 다음 각 목에 열거한 정보는 제외한다.

가. 사업활동에 의하여 발생하는 위해(危害)로부터 사람의 생명·신체 또는 건강을 보호하기 위하여 공개할 필요가 있는 정보

나. 위법·부당한 사업활동으로부터 국민의 재산 또는 생활을 보호하기 위하여 공개할 필요가 있는 정보

8. 공개될 경우 부동산 투기, 매점매석 등으로 특정인에게 이익 또는 불이익을 줄 우려가 있다고 인정되는 정보

② 공공기관은 제1항 각 호의 어느 하나에 해당하는 정보가 기간의 경과 등으로 인하여 **비공개의 필요성이 없어진 경우에는 그 정보를 공개 대상으로 하여야 한다.** 21·23 승진

→ 비공개대상 : ① 경찰의 보안관찰관련 통계자료 ② 폭력단체현황 21 승진

제10조(정보공개의 청구방법) ① 정보의 공개를 청구하는 자(이하 "청구인"이라 한다)는 해당 정보를 보유하거나 관리하고 있는 공공기관에 다음 각 호의 사항을 적은 **정보공개 청구서를 제출하거나 말로써 정보의 공개를 청구할 수 있다.** 19 특채, 22 1차, 23 승진, 24 2차

② 제1항에 따라 청구인이 말로써 정보의 공개를 청구할 때에는 담당 공무원 또는 담당 임직원(이하 "담당공무원 등"이라 한다)의 앞에서 진술하여야 하고, 담당공무원등은 정보공개 청구조서를 작성하여 이에 청구인과 함께 기명날인하거나 서명하여야 한다.

제11조(정보공개 여부의 결정) ① 공공기관은 제10조에 따라 정보공개의 청구를 받으면 그 **청구를 받은 날부터 10일 이내에 공개 여부를 결정하여야 한다.** 10 채용, 14 승진, 11·15 경간, 15 2차, 15·18 특채, 13·17 1차, 20 경채

② 공공기관은 부득이한 사유로 제1항에 따른 기간 이내에 공개 여부를 결정할 수 없을 때에는 그 **기간이 끝나는 날의 다음 날부터 기산하여 10일의 범위에서 공개 여부 결정기간을 연장할 수 있다.** 21 승진 이 경우 공공기관은 연장된 사실과 연장 사유를 **청구인에게 지체 없이 문서로 통지하여야 한다.** 12 2차, 13·22·23 1차, 23 승진

③ 공공기관은 공개 청구된 공개 대상 정보의 전부 또는 일부가 **제3자와 관련이 있다고 인정할 때에는 그 사실을 제3자에게 지체 없이 통지하여야 하며, 필요한 경우에는 그의 의견을 들을 수 있다.**(들어야 한다X) 12 2차, 15·19 특채, 19·21 승진, 19 경간

제12조(정보공개심의회) ② 심의회는 **위원장 1명을 포함하여 5명 이상 7명 이하의 위원으로 구성한다.**

③ 심의회의 위원은 소속 공무원, 임직원 또는 외부 전문가로 지명하거나 위촉하되, 그 중 **3분의 2는 해당 국가기관등의 업무 또는 정보공개의 업무에 관한 지식을 가진 외부 전문가로 위촉하여야 한다.** 다만, 제9조제1항제2호 및 제4호에 해당하는 업무를 주로 하는 국가기관은 그 국가기관의 장이 외부 전문가의 위촉 비율을 따로 정하되, **최소한 3분의 1 이상은 외부 전문가로 위촉하여야 한다.**

제13조(정보공개 여부 결정의 통지) ① 공공기관은 제11조에 따라 **정보의 공개를 결정한 경우에는 공개의 일시 및 장소 등을 분명히 밝혀 청구인에게 통지하여야 한다.**

② 공공기관은 청구인이 **사본 또는 복제물의 교부를 원하는 경우에는 이를 교부하여야 한다.** 23 1차, 24 2차

③ 공공기관은 공개 대상 정보의 양이 너무 많아 정상적인 업무수행에 현저한 지장을 초래할 우려가 있는 경우에는 해당 정보를 일정 기간별로 나누어 제공하거나 사본·복제물의 교부 또는 열람과 병행하여 제공할 수 있다.

④ 공공기관은 제1항에 따라 정보를 공개하는 경우에 그 정보의 원본이 더럽혀지거나 파손될 우려가 있거나 그 밖에 상당한 이유가 있다고 인정할 때에는 그 정보의 **사본·복제물**을 공개할 수 있다.

⑤ 공공기관은 제11조에 따라 정보의 **비공개 결정**을 한 경우에는 그 사실을 청구인에게 지체 없이 문서로 통지하여야 한다. 이 경우 제9조제1항 각 호 중 어느 규정에 해당하는 비공개 대상 정보인지를 포함한 비공개 이유와 불복(不服)의 방법 및 절차를 구체적으로 밝혀야 한다.

제14조(부분 공개) 공개 청구한 정보가 제9조제1항 각 호의 어느 하나에 해당하는 부분과 공개 가능한 부분이 혼합되어 있는 경우로서 공개 청구의 취지에 어긋나지 아니하는 범위에서 두 **부분을 분리**할 수 있는 경우에는 제9조제1항 각 호의 어느 하나에 해당하는 **부분을 제외**하고 공개하여야 한다. 23 승진

제15조(정보의 전자적 공개) ① 공공기관은 전자적 형태로 보유·관리하는 정보에 대하여 청구인이 **전자적 형태로 공개**하여 줄 것을 요청하는 경우에는 그 정보의 성질상 현저히 곤란한 경우를 제외하고는 **청구인의 요청에 따라야 한다.** 22 1차, 24 1차

② 공공기관은 전자적 형태로 보유·관리하지 **아니하는** 정보에 대하여 청구인이 전자적 형태로 공개하여 줄 것을 요청한 경우에는 정상적인 업무수행에 현저한 지장을 초래하거나 그 정보의 성질이 훼손될 우려가 없으면 그 정보를 전자적 형태로 **변환하여 공개할 수 있다.**

제17조(비용 부담) ① 정보의 공개 및 우송 등에 드는 비용은 실비의 범위에서 **청구인(공공기관X)이** 부담한다. 14 승진, 12·15·24 2차, 13·22 1차

② 공개를 청구하는 정보의 사용 목적이 **공공복리의 유지·증진**을 위하여 필요하다고 인정되는 경우에는 제1항에 따른 비용을 **감면할 수 있다.**

제18조(이의신청) ① 청구인이 정보공개와 관련한 공공기관의 **비공개 결정** 또는 **부분 공개 결정**에 대하여 불복이 있거나 정보공개 청구 후 **20일**이 경과하도록 정보공개 결정이 없는 때에는 공공기관으로부터 정보공개 여부의 **결정 통지를 받은 날** 또는 정보공개 청구 후 **20일**이 경과한 날부터 **30일** 이내에 해당 공공기관에 **문서로 이의신청**을 할 수 있다. 15·16·18 특채, 10·18 2차 11·15·19 경간, 19 승진, 15 3차

② 국가기관등은 제1항에 따른 이의신청이 있는 경우에는 심의회를 개최하여야 한다. 다만, 다음 각 호의 어느 하나에 해당하는 경우에는 **심의회를 개최하지 아니할 수 있으며** 개최하지 아니하는 사유를 청구인에게 문서로 통지하여야 한다.

1. 심의회의 심의를 이미 거친 사항
2. 단순·반복적인 청구
3. 법령에 따라 비밀로 규정된 정보에 대한 청구

③ 공공기관은 이의신청을 받은 날부터 **7일** 이내에 그 이의신청에 대하여 결정하고 그 결과를 청구인에게 지체 없이 **문서**로 통지하여야 한다. 19 승진 다만, 부득이한 사유로 정하여진 기간 이내에 결정할 수 없을 때에는 그 기간이 끝나는 날의 **다음 날**부터 기산하여 **7일**의 범위에서 연장할 수 있으며, 연장 사유를 청구인에게 통지하여야 한다. 12 2차, 16·19 특채, 16·17 1차, 18 2차, 19 경간

제19조(행정심판) ① 청구인이 정보공개와 관련한 공공기관의 결정에 대하여 불복이 있거나 정보공개 청구 후 20일이 경과하도록 정보공개 결정이 없는 때에는 「행정심판법」에서 정하는 바에 따라 행정심판을 청구할 수 있다. 16·17 1차, 19 특채

② 청구인은 제18조에 따른 이의신청 절차를 거치지 아니하고 행정심판을 청구할 수 있다. 11 경간, 12 2차, 15·16·20 경채, 16·23 1차

제20조(행정소송) ① 청구인이 정보공개와 관련한 공공기관의 결정에 대하여 불복이 있거나 정보공개 청구 후 20일이 경과하도록 정보공개 결정이 없는 때에는 「행정소송법」에서 정하는 바에 따라 행정소송을 제기할 수 있다. 16·19 특채, 16 1차

제21조(제3자의 비공개 요청 등) ① 제11조제3항에 따라 공개 청구된 사실을 통지받은 제3자는 그 통지를 받은 날부터 3일 이내에 해당 공공기관에 대하여 자신과 관련된 정보를 공개하지 아니할 것을 요청할 수 있다. 10·12 2차, 19 경간, 19 특채

② 제1항에 따른 비공개 요청에도 불구하고 공공기관이 공개 결정을 할 때에는 공개 결정 이유와 공개 실시일을 분명히 밝혀 지체 없이 문서로 통지하여야 하며, 제3자는 해당 공공기관에 문서로 이의신청을 하거나 행정심판 또는 행정소송을 제기할 수 있다. 이 경우 이의신청은 통지를 받은 날부터 7일 이내에 하여야 한다.

③ 공공기관은 제2항에 따른 공개 결정일과 공개 실시일 사이에 최소한 30일의 간격을 두어야 한다.

제22조(정보공개위원회의 설치) 다음 각 호의 사항을 심의·조정하기 위하여 행정안전부장관 소속으로 정보공개위원회(이하 "위원회"라 한다)를 둔다. 11 경간, 14 승진

1. 정보공개에 관한 정책 수립 및 제도 개선에 관한 사항(이하 생략)

제23조(위원회의 구성 등) ① 위원회는 성별을 고려하여 위원장과 부위원장 각 1명을 포함한 11명의 위원으로 구성한다. 13 1차, 19 경간, 20 경채, 15 3차

② 위원회의 위원은 다음 각 호의 사람이 된다. 이 경우 위원장을 포함한 7명은 공무원이 아닌 사람으로 위촉하여야 한다.

1. 대통령령으로 정하는 관계 중앙행정기관의 차관급 공무원이나 고위공무원단에 속하는 일반직공무원
2. 정보공개에 관하여 학식과 경험이 풍부한 사람으로서 행정안전부장관이 위촉하는 사람
3. 시민단체(「비영리민간단체 지원법」 제2조에 따른 비영리민간단체를 말한다)에서 추천한 사람으로서 행정안전부장관이 위촉하는 사람

③ 위원장·부위원장 및 위원(제2항제1호의 위원은 제외한다)의 임기는 2년으로 하며, 연임할 수 있다.

제24조(제도 총괄 등) ① 행정안전부장관은 이 법에 따른 정보공개제도의 정책 수립 및 제도 개선 사항 등에 관한 기획·총괄 업무를 관장한다.

② 행정안전부장관은 위원회가 정보공개제도의 효율적 운영을 위하여 필요하다고 요청하면 공공기관(국회·법원·헌법재판소 및 중앙선거관리위원회는 제외한다)의 정보공개제도 운영실태를 평가할 수 있다. 15 3차

6. 개인정보보호법 ★★

제2조(정의) 이 법에서 사용하는 용어의 뜻은 다음과 같다.
1. "개인정보"란 살아 있는 개인에 관한 정보로서 다음 각 목의 어느 하나에 해당하는 정보를 말한다.(사망자에 대한 정보X) 14·15 승진, 23 2차
   가. 성명, 주민등록번호 및 영상 등을 통하여 개인을 알아볼 수 있는 정보
   나. 해당 정보만으로는 특정 개인을 알아볼 수 없더라도 다른 정보와 쉽게 결합하여 알아볼 수 있는 정보. 22 2차 이 경우 쉽게 결합할 수 있는지 여부는 다른 정보의 입수 가능성 등 개인을 알아보는 데 소요되는 시간, 비용, 기술 등을 합리적으로 고려하여야 한다.
   다. 가목 또는 나목을 제1호의2에 따라 가명처리함으로써 원래의 상태로 복원하기 위한 추가 정보의 사용·결합 없이는 특정 개인을 알아볼 수 없는 정보(이하 "가명정보"라 한다)
1의2. "가명처리"(익명처리X)란 개인정보의 일부를 삭제하거나 일부 또는 전부를 대체하는 등의 방법으로 추가 정보가 없이는 특정 개인을 알아볼 수 없도록 처리하는 것을 말한다. 22·23 2차
3. "정보주체"란 처리되는 정보에 의하여 알아볼 수 있는 사람으로서 그 정보의 주체가 되는 사람을 말한다. 14·15 승진, 22 2차
5. "개인정보처리자"란 업무를 목적으로 개인정보파일을 운용하기 위하여 스스로 또는 다른 사람을 통하여 개인정보를 처리하는 공공기관, 법인, 단체 및 개인 등을 말한다. 23 2차
7. "고정형 영상정보처리기기"란 일정한 공간에 설치되어 지속적 또는 주기적으로 사람 또는 사물의 영상 등을 촬영하거나 이를 유·무선망을 통하여 전송하는 장치로서 대통령령으로 정하는 장치를 말한다. 22 2차
7의2. "이동형 영상정보처리기기"란 사람이 신체에 착용 또는 휴대하거나 이동 가능한 물체에 부착 또는 거치(据置)하여 사람 또는 사물의 영상 등을 촬영하거나 이를 유·무선망을 통하여 전송하는 장치로서 대통령령으로 정하는 장치를 말한다.

제3조(개인정보 보호 원칙) ① 개인정보처리자는 개인정보의 처리 목적을 명확하게 하여야 하고 그 목적에 필요한 범위에서 최소한의 개인정보만을 적법하고 정당하게 수집하여야 한다. 25 1차
② 개인정보처리자는 개인정보의 처리 목적에 필요한 범위에서 적합하게 개인정보를 처리하여야 하며, 그 목적 외의 용도로 활용하여서는 아니 된다.
③ 개인정보처리자는 개인정보의 처리 목적에 필요한 범위에서 개인정보의 정확성, 완전성 및 최신성이 보장되도록 하여야 한다. 25 1차
④ 개인정보처리자는 개인정보의 처리 방법 및 종류 등에 따라 정보주체의 권리가 침해받을 가능성과 그 위험 정도를 고려하여 개인정보를 안전하게 관리하여야 한다. 25 1차
⑤ 개인정보처리자는 제30조에 따른 개인정보 처리방침 등 개인정보의 처리에 관한 사항을 공개하여야 하며, 열람청구권 등 정보주체의 권리를 보장하여야 한다.
⑥ 개인정보처리자는 정보주체의 사생활 침해를 최소화하는 방법으로 개인정보를 처리하여야 한다.
⑦ 개인정보처리자는 개인정보를 익명 또는 가명으로 처리하여도 개인정보 수집목적을 달성할 수 있는 경우 익명처리가 가능한 경우에는 익명에 의하여, 익명처리로 목적을 달성할 수 없는 경우에는 가명에 의하여 처리될 수 있도록 하여야 한다. 24·25 1차

제4조(정보주체의 권리) 정보주체는 자신의 개인정보 처리와 관련하여 다음 각 호의 권리를 가진다.
1. 개인정보의 처리에 관한 정보를 제공받을 권리
2. 개인정보의 처리에 관한 동의 여부, 동의 범위 등을 선택하고 결정할 권리
3. 개인정보의 처리 여부를 확인하고 개인정보에 대한 열람(사본의 발급을 포함한다. 이하 같다) 및 전송을 요구할 권리
4. 개인정보의 처리 정지, 정정·삭제 및 파기를 요구할 권리 23 2차
5. 개인정보의 처리로 인하여 발생한 피해를 신속하고 공정한 절차에 따라 구제받을 권리
6. 완전히 자동화된 개인정보 처리에 따른 결정을 거부하거나 그에 대한 설명 등을 요구할 권리

제7조(개인정보 보호위원회) ① 개인정보 보호에 관한 사무를 독립적으로 수행하기 위하여 **국무총리 소속**으로 개인정보 보호위원회(이하 "보호위원회"라 한다)를 둔다.

제7조의2(보호위원회의 구성 등) ① 보호위원회는 **상임위원 2명**(위원장 1명, 부위원장 1명)을 포함한 **9명의 위원**으로 구성한다.
③ 위원장과 부위원장은 정무직 공무원으로 임명한다.

제7조의4(위원의 임기) ① **위원의 임기는 3년**으로 하되, **한 차례만 연임**할 수 있다.
② 위원이 궐위된 때에는 지체 없이 새로운 위원을 임명 또는 위촉하여야 한다. 이 경우 후임으로 임명 또는 위촉된 위원의 임기는 새로이 개시된다.

제7조의10(회의) ① 보호위원회의 회의는 위원장이 필요하다고 인정하거나 재적위원 4분의 1 이상의 요구가 있는 경우에 위원장이 소집한다.
② 위원장 또는 2명 이상의 위원은 보호위원회에 의안을 제의할 수 있다.
③ 보호위원회의 회의는 재적위원 과반수의 출석으로 개의하고, 출석위원 과반수의 찬성으로 의결한다.

제15조(개인정보의 수집·이용) ① 개인정보처리자는 다음 각 호의 어느 하나에 해당하는 경우에는 **개인정보를 수집**할 수 있으며 그 수집 목적의 범위에서 이용할 수 있다. 24 1차
1. 정보주체의 동의를 받은 경우
2. 법률에 특별한 규정이 있거나 법령상 의무를 준수하기 위하여 불가피한 경우 18 경간, 24 1차
3. 공공기관이 법령 등에서 정하는 소관 업무의 수행을 위하여 불가피한 경우
4. 정보주체와 체결한 계약을 이행하거나 계약을 체결하는 과정에서 정보주체의 요청에 따른 조치를 이행하기 위하여 필요한 경우
5. 명백히 정보주체 또는 제3자의 급박한 생명, 신체, 재산의 이익을 위하여 필요하다고 인정되는 경우
6. 개인정보처리자의 정당한 이익을 달성하기 위하여 필요한 경우로서 명백하게 정보주체의 권리보다 우선하는 경우. 이 경우 개인정보처리자의 정당한 이익과 상당한 관련이 있고 합리적인 범위를 초과하지 아니하는 경우에 한한다.
7. 공중위생 등 공공의 안전과 안녕을 위하여 긴급히 필요한 경우

제17조(개인정보의 제공) ① 개인정보처리자는 다음 각 호의 어느 하나에 해당되는 경우에는 **정보주체의 개인정보를 제3자에게 제공**(공유를 포함한다. 이하 같다)할 수 있다.
1. 정보주체의 동의를 받은 경우 18 경간

2. 제15조제1항제2호, 제3호 및 제5호부터 제7호까지에 따라 개인정보를 수집한 목적 범위에서 개인정보를 제공하는 경우

제21조(개인정보의 파기) ① 개인정보처리자는 보유기간의 경과, 개인정보의 처리 목적 달성, 가명정보의 처리 기간 경과 등 그 개인정보가 불필요하게 되었을 때에는 **지체 없이 그 개인정보를 파기하여야 한다.** 다만, 다른 법령에 따라 보존하여야 하는 경우에는 그러하지 아니하다. 18 경간

제25조(고정형 영상정보처리기기의 설치·운영 제한) ① 누구든지 다음 각 호의 경우를 제외하고는 공개된 장소에 고정형 영상정보처리기기를 설치·운영하여서는 아니 된다.
1. 법령에서 구체적으로 허용하고 있는 경우
2. 범죄의 예방 및 수사를 위하여 필요한 경우
3. **시설의 안전 및 관리, 화재 예방**을 위하여 정당한 권한을 가진 자가 설치·운영하는 경우
4. 교통단속을 위하여 정당한 권한을 가진 자가 설치·운영하는 경우
5. 교통정보의 수집·분석 및 제공을 위하여 정당한 권한을 가진 자가 설치·운영하는 경우
6. 촬영된 영상정보를 저장하지 아니하는 경우로서 대통령령으로 정하는 경우

② 누구든지 불특정 다수가 이용하는 목욕실, 화장실, 발한실(發汗室), 탈의실 등 **개인의 사생활을 현저히 침해할 우려가 있는 장소의 내부를 볼 수 있도록 고정형 영상정보처리기기를 설치·운영하여서는 아니 된다.** 다만, 교도소, 정신보건 시설 등 법령에 근거하여 사람을 구금하거나 보호하는 시설로서 대통령령으로 정하는 시설에 대하여는 그러하지 아니하다.

③ 제1항 각 호에 따라 고정형 영상정보처리기기를 설치·운영하려는 공공기관의 장과 제2항 단서에 따라 고정형 영상정보처리기기를 설치·운영하려는 자는 **공청회·설명회의 개최 등** 대통령령으로 정하는 절차를 거쳐 관계 전문가 및 이해관계인의 **의견을 수렴하여야 한다.**

④ 제1항 각 호에 따라 고정형 영상정보처리기기를 설치·운영하는 자(이하 "고정형영상정보처리기기운영자"라 한다)는 정보주체가 쉽게 인식할 수 있도록 다음 각 호의 사항이 포함된 **안내판을 설치하는 등 필요한 조치를 하여야 한다.** 다만, 「군사기지 및 군사시설 보호법」 제2조제2호에 따른 군사시설, 「통합방위법」 제2조제13호에 따른 국가중요시설, 그 밖에 대통령령으로 정하는 시설의 경우에는 그러하지 아니하다.
1. 설치 목적 및 장소
2. 촬영 범위 및 시간
3. 관리책임자의 연락처
4. 그 밖에 대통령령으로 정하는 사항

⑤ 고정형영상정보처리기기운영자는 고정형 영상정보처리기기의 설치 목적과 다른 목적으로 고정형 영상정보처리기기를 임의로 조작하거나 다른 곳을 비춰서는 아니 되며, 녹음기능은 사용할 수 없다.

제25조의2(이동형 영상정보처리기기의 운영 제한) ① 업무를 목적으로 이동형 영상정보처리기기를 운영하려는 자는 다음 각 호의 경우를 제외하고는 공개된 장소에서 이동형 영상정보처리기기로 사람 또는 그 사람과 관련된 사물의 영상(개인정보에 해당하는 경우로 한정한다. 이하 같다)을 촬영하여서는 아니 된다.
1. 제15조제1항 각 호의 어느 하나에 해당하는 경우
2. **촬영 사실을 명확히 표시하여 정보주체가 촬영 사실을 알 수 있도록 하였음에도 불구하고 촬영 거부 의사를 밝히지 아니한 경우.** 이 경우 정보주체의 권리를 부당하게 침해할 우려가 없고 합리적인 범위를

초과하지 아니하는 경우로 한정한다.
3. 그 밖에 제1호 및 제2호에 준하는 경우로서 대통령령으로 정하는 경우

② **누구든지 불특정 다수가 이용하는 목욕실, 화장실, 발한실, 탈의실 등 개인의 사생활을 현저히 침해할 우려가 있는 장소의 내부를 볼 수 있는 곳에서 이동형 영상정보처리기기로 사람 또는 그 사람과 관련된 사물의 영상을 촬영하여서는 아니 된다. 다만, 인명의 구조·구급 등을 위하여 필요한 경우로서 대통령령으로 정하는 경우에는 그러하지 아니하다.** 24 1차

③ 제1항 각 호에 해당하여 이동형 영상정보처리기기로 사람 또는 그 사람과 관련된 사물의 영상을 촬영하는 경우에는 **불빛, 소리, 안내판** 등 대통령령으로 정하는 바에 따라 **촬영 사실을 표시하고 알려야 한다.**

제28조의2(가명정보의 처리 등) ① 개인정보처리자는 통계작성, 과학적 연구, 공익적 기록보존 등을 위하여 **정보주체의 동의 없이(정보주체에게 이를 알리고 동의를 받아야X) 가명정보를 처리할 수 있다.** 24 1차

제59조(금지행위) 개인정보를 처리하거나 처리하였던 자는 다음 각 호의 어느 하나에 해당하는 **행위를 하여서는 아니 된다.**
1. 거짓이나 그 밖의 부정한 수단이나 방법으로 개인정보를 취득하거나 처리에 관한 동의를 받는 행위
2. **업무상 알게 된 개인정보를 누설하거나 권한 없이 다른 사람이 이용하도록 제공하는 행위** 18 경간
3. 정당한 권한 없이 또는 허용된 권한을 초과하여 다른 사람의 개인정보를 이용, 훼손, 멸실, 변경, 위조 또는 유출하는 행위

조인성 경찰학
핵심요약집

PART 02 경찰학 각론 (분야별 경찰활동)

- CHAPTER 01 생활안전경찰
- CHAPTER 02 수사경찰
- CHAPTER 03 경비경찰
- CHAPTER 04 교통경찰
- CHAPTER 05 정보경찰
- CHAPTER 06 안보경찰
- CHAPTER 07 외사경찰

PART 02 경찰학 각론

CHAPTER 01 생활안전경찰

제 1 절 지역경찰활동

1. 지역경찰조직 및 운영에 관한 규칙 ★★★ (경찰청 예규)

제2조(정의) 이 규칙에서 사용하는 용어의 정의는 다음과 같다.
1. "**지역경찰관서**"란 「국가경찰과 자치경찰의 조직 및 운영에 관한 법률」제30조제3항 및 「경찰청과 그 소속기관 직제」제43조에 규정된 **지구대 및 파출소(치안센터X)**를 말한다. 17·20 경간, 23 승진

제4조(설치 및 폐지) ① **시·도경찰청장**은 인구, 면적, 행정구역, 교통·지리적 여건, 각종 사건사고 발생 등을 고려하여 경찰서의 관할구역을 나누어 **지역경찰관서를 설치한다.** 11 승진, 14 2차, 17·20 경간, 22 1차, 23 2차

제5조(지역경찰관서장) ① 지역경찰관서의 사무를 통할하고 소속 지역경찰을 지휘·감독하기 위해 지역경찰관서에 **지구대장 및 파출소장**(이하 "지역경찰관서장"이라 한다.)을 둔다.
③ 지역경찰관서장은 다음 각 호의 직무를 수행한다. 14 경찰특공대, 22 1차
1. 관내 치안상황의 **분석** 및 대책 수립
2. 지역경찰관서의 시설·예산·장비의 **관리**
3. 소속 지역경찰의 근무와 관련된 **제**반사항에 대한 지휘 및 감독
4. 경찰 중요 시책의 **홍보** 및 협력치안 활동 17·20 경간, 19 승진

제6조(하부조직) ① 지역경찰관서에는 **관리팀**과 상시·교대근무로 운영하는 **복수의 순찰팀**을 둔다.
② 순찰팀의 **수**는 지역 치안수요 및 인력여건 등을 고려하여 **시·도경찰청장**이 결정한다. 17·20·24 경간, 18 2차
③ 관리팀 및 순찰팀의 **인원**은 지역 치안수요 및 인력여건 등을 고려하여 **경찰서장**이 결정한다. 17·24 경간, 18 2차

제7조(관리팀) 관리팀은 문서의 접수 및 처리, 시설 및 장비의 관리, 예산의 집행 등 지역경찰관서의 **행정업무**를 담당한다.

제8조(순찰팀) ① 순찰팀은 범죄예방 순찰, 각종 사건사고에 대한 초동조치 등 현장 치안활동을 담당하며, **팀장은 경감 또는 경위**로 보한다. 23 2차
② 순찰팀장은 다음 각 호의 직무를 수행한다. 16 승진, 22 경간, 22 1차
1. 근무교대시 주요 취급사항 및 장비 등의 **인수인계 확인**
2. 관리팀원 및 순찰팀원에 대한 **일일근무 지정** 및 **지휘·감독** 18 2차, 19 승진

3. 관내 중요 사건 발생 시 현장 지휘 17·20 경간
4. 지역경찰관서장 부재시 업무 대행
5. 순찰팀원의 업무역량 향상을 위한 교육

제9조(지휘 및 감독) 지역경찰관서에 대한 지휘 및 감독은 다음 각 호에 따른다.
1. 경찰서장 : 지역경찰관서의 운영에 관하여 총괄 지휘·감독 23 2차
2. 경찰서 각 과장 등 부서장 : 각 부서의 소관업무와 관련된 지역경찰의 업무에 관하여 **경찰서장을 보좌**
3. 지역경찰관서장 : 지역경찰관서의 시설·장비·예산 및 소속 지역경찰의 근무에 관한 제반사항을 지휘·감독
4. 순찰팀장 : 근무시간 중 소속 **지역경찰을 지휘·감독**

제10조(설치 및 폐지) ① 시·도경찰청장은 지역치안을 효율적으로 수행하기 위하여 **지역경찰관서장 소속하에 치안센터를 설치할 수 있다.** 11 승진

제11조(소속 및 관할) ① 치안센터는 지역경찰관서장의 소속 하에 두며, **치안센터의 인원, 장비, 예산 등은 지역경찰관서에서 통합 관리**한다.
③ **치안센터 관할구역의** 크기는 설치목적, 배치 인원 및 장비, 교통·지리적 요건 등을 고려하여 경찰서장이 정한다. 24 경간

제12조(운영시간) ① 치안센터는 **24시간 상시 운영을 원칙**으로 한다. 11 승진
② 경찰서장은 지역 치안여건 및 인원여건을 고려, **운영시간을 탄력적으로 조정할 수 있다.** 11 승진

제13조(근무자의 배치) ① 치안센터 운영시간에는 **치안센터 관할구역에 근무자를 배치함을 원칙**으로 한다.
② **경찰서장은** 치안센터의 종류 및 지리적 여건 등을 고려하여 필요한 경우 치안센터에 **전담근무자를 배치할 수 있다.**

제15조(치안센터의 종류) ① 치안센터는 설치목적에 따라 **검문소형과 출장소형으로 구분**한다.
② **출장소형(검문소형X) 치안센터**는 지리적 여건·치안수요 등을 고려하여 필요한 경우 직주일체형으로 운영할 수 있다. 11 승진, 11 경간

제16조(검문소형 치안센터) ① 검문소형 치안센터는 **적의 침투 예상로 또는 주요 간선도로의 취약요소 등에** 교통통제요소 등을 고려하여 설치한다. 다만, 시·도경찰청 및 경찰서 관할의 경계에는 인접 관서장과 협의하여 하나의 치안센터를 설치하는 것을 원칙으로 한다.

제17조(출장소형 치안센터) ① 출장소형 치안센터는 **지역 치안활동의 효율성 및 주민 편의 등을 고려하여 필요한 지역에 설치한다.** 11 승진
③ **경찰서장**은 도서, 접적지역 등 지리적 여건상 필요한 경우에는 **출장소형 치안센터에 검문소형 치안센터의 임무를 병행토록 할 수 있다.**

제18조(직주일체형 치안센터) ① 직주일체형 치안센터는 출장소형 치안센터 중 근무자가 **치안센터 내에서 거주하면서 근무하는 형태의** 치안센터를 말한다.
② 직주일체형 치안센터에는 **배우자와 함께 거주함을 원칙**으로 하며, 배우자는 근무자 부재시 방문 민원 접수·처리 등 보조 역할을 수행한다.
③ 직주일체형 치안센터에 배치된 근무자는 **근무 종료 후에도 관할구역 내에 위치**하며 지역경찰관서와 연락체계를 유지하여야 한다. 다만, **휴무일은** 제외한다. 22 1차

제19조(직주일체형 치안센터 근무자의 특례) ① 경찰서장은 직주일체형 치안센터에서 거주하는 근무자의 배우자에게 조력사례금을 지급하여야 하며, 지급 기준 및 금액은 경찰청장이 정한다. 11 경간

② 직주일체형 치안센터 근무자의 근무기간은 1년 이상으로 하며, 임기를 마친 경찰관은 희망부서로 배치하고, 차기 경비부서의 차출순서에서 1회 면제한다.

제20조(복장 및 휴대장비) ① 지역경찰은 근무 중 「경찰복제에 관한 규칙」제15조제1항에 규정된 근무장을 착용하는 것을 원칙으로 한다.

② 지역경찰은 근무 중 근무수행에 필요한 경찰봉, 수갑 등 경찰장구, 무기 및 무전기 등을 휴대하여야 한다.

③ 지역경찰관서장 및 순찰팀장(이하 "지역경찰관리자"라 한다.)은 필요한 경우 지역경찰의 복장 및 휴대장비를 조정할 수 있다. 11 승진

제21조(근무형태 및 시간) ① 지역경찰관서장은 일근근무를 원칙으로 한다. 다만, 경찰서장은 필요하다고 인정되는 경우에는 지역경찰관서장의 근무시간을 조정하거나, 시간외·휴일 근무 등을 명할 수 있다.

② 관리팀은 일근근무를 원칙으로 한다. 14 2차 다만, 지역경찰관서장은 필요하다고 인정되는 경우에는 근무시간을 조정하거나, 시간외·휴일 근무 등을 명할 수 있다.

③ 순찰팀장 및 순찰팀원은 상시·교대근무를 원칙으로 하며, 14 2차 근무교대 시간 및 휴게시간, 휴무횟수 등 구체적인 사항은 「국가공무원 복무규정」 및 「경찰기관 상시근무 공무원의 근무시간 등에 관한 규칙」이 규정한 범위 안에서 시·도경찰청장(경찰서장X)이 정한다.

④ 치안센터 전담근무자의 근무형태 및 근무시간은 치안센터의 종류 및 운영시간 등을 고려하여 제1항부터 제3항까지의 규정을 준용하여 경찰서장이 정한다. 24 경간

제22조(근무의 종류) 지역경찰의 근무는 행정근무, 상황근무, 순찰근무, 경계근무, 대기근무, 기타근무로 구분한다. 14 2차, 18 2차

제23조(행정근무) 행정근무를 지정받은 지역경찰은 지역경찰관서 내에서 다음 각 호의 업무를 수행한다. 11 승진, 18 경간

1. 문서의 접수 및 처리
2. 시설·장비의 관리 및 예산의 집행
3. 각종 현황, 통계, 자료, 부책 관리 15 승진, 20 경간
4. 기타 행정업무 및 지역경찰관서장이 지시한 업무

제24조(상황 근무) ① 상황근무를 지정받은 지역경찰은 지역경찰관서 및 치안센터 내에서 다음 각 호의 업무를 수행한다. 18 경간, 23 승진

1. 시설 및 장비의 작동여부 확인 12 승진, 19 경간
2. 방문민원 및 각종 신고사건의 접수 및 처리 12·19 승진, 14·22 1차, 19 경간, 23 2차
3. 요보호자 또는 피의자에 대한 보호·감시 14 1차
4. 중요 사건·사고 발생시 보고 및 전파 14 1차, 20 경간
5. 기타 필요한 문서의 작성

제25조(순찰근무) ① 순찰근무는 그 수단에 따라 112 순찰, 방범오토바이 순찰, 자전거 순찰 및 도보 순찰

등으로 구분한다. 11 승진

② 112 순찰근무 및 야간 순찰근무는 반드시 2인 이상 합동으로 지정하여야 한다.

③ 순찰근무를 지정받은 지역경찰은 지정된 근무구역에서 다음 각 호의 업무를 수행한다. 15·19 승진, 21 특공대

1. 주민여론 및 범죄첩보 수집 19 경간
2. 각종 사건사고 발생시 초동조치 및 보고, 전파
3. 범죄 예방 및 위험발생 방지 활동
4. 범법자의 단속 및 검거
5. 경찰방문 및 방범진단 19 승진
6. 통행인 및 차량에 대한 검문검색 등

제26조(경계근무) ① 경계근무는 반드시 2인 이상 합동으로 지정하여야 한다. 11 승진, 14 2차

② 경계근무를 지정받은 지역경찰은 지정된 장소에서 다음 각 호의 업무를 수행한다.

1. 범법자 등을 단속·검거하기 위한 통행인 및 차량, 선박 등에 대한 검문검색 및 후속조치 12 승진
2. 비상 및 작전사태 등 발생시 차량, 선박 등의 통행 통제 14 1차, 19 경간

제27조(대기근무) ② 대기근무의 장소는 지역경찰관서 및 치안센터 내로 한다. 단, 식사시간을 대기 근무로 지정한 경우에는 식사 장소를 대기 근무 장소로 지정할 수 있다.

③ 대기근무를 지정받은 지역경찰은 지정된 장소에서 휴식을 취하되, **무전기를 청취하며 10분 이내 출동이 가능한 상태를 유지하여야 한다.** 23 승진

제28조(기타근무) ① 기타근무란 제23조부터 제27조까지의 규정을 제외하고 치안상황에 효과적으로 대응하기 위하여 지역경찰 관리자가 지정하는 근무를 말한다. 12 승진

제29조(일일근무 지정) ① 지역경찰관서장은 지역경찰관서 및 치안센터의 설치목적, 근무인원, 치안수요, 기타 업무량 등을 고려하여 근무의 종류 및 실시 기준을 정한다.

③ 순찰팀장은 관리팀원에게 행정근무를 지정하고, 순찰팀원에게 상황 또는 순찰근무 지정하는 것을 원칙으로 하되, 필요한 경우에는 다른 근무를 지정하거나 병행하여 수행하도록 지정할 수 있다.

⑥ **지역경찰관리자는** 신고출동태세 유지 등을 위해 필요한 경우에는 휴게 및 식사시간도 대기 근무(기타근무X)로 지정할 수 있다.

제31조(지역경찰의 동원) ① 시·도경찰청장 또는 경찰서장은 다음 각 호에 정한 사유에 해당하는 경우로서 특히 필요하다고 인정되는 때에 한하여 지역경찰의 기본근무에 지장을 초래하지 않는 범위 내에서 지역경찰을 다른 근무에 동원할 수 있다.

1. 다중범죄 진압, 대간첩작전 기타의 비상사태
2. 경호경비 또는 각종 집회 및 행사의 경비
3. 중요범인의 체포를 위한 긴급배치
4. 화재, 폭발물, 풍수설해 등 중요사고의 발생
5. 기타 다수 경찰관의 동원을 필요로 하는 행사 또는 업무

② 지역경찰 동원은 근무자 동원을 원칙으로 하되, 불가피한 경우에 한하여 비번자, 휴무자 순으로 동원할 수 있다. 11 승진

③ 시·도경찰청장 또는 경찰서장은 **비번자 또는 휴무자를 동원한 때**에는 「경찰기관 상시근무 공무원의 근무시간 등에 관한 규칙」제5조가 정하는 바에 따라 **초과근무수당을 지급하거나 추가 휴무를 부여하여야 한다.**

제37조(정원관리) ① 경찰서장은 지역경찰관서의 관할면적, 치안수요 등을 고려하여 **지역경찰관서에 적정한 인원을 배치하여야 한다.**

② 경찰서장은 지역경찰의 정원을 다른 부서에 **우선하여** 충원하여야 한다.

③ **시·도경찰청장**은 소속 시·도경찰청의 **지역경찰 정원 충원 현황을 연 2회** 이상 점검하고 현원이 정원에 미달할 경우, 지역경찰 정원충원 대책을 수립, 시행하여야 한다. 18 경간

제39조(교육) ① **시·도경찰청장 및 경찰서장**은 지역경찰의 올바른 직무수행 및 자질 향상을 위해 **필요한 교육을 실시하여야 한다.**

② 교육시간, 방법, 내용 등 지역경찰 교육과 관련된 **세부적인 기준은 경찰청장**이 따로 정한다. 18 경간

제42조(근무일지의 기록·보관) ① 지역경찰은 근무 중 주요사항을 별지 제2호서식의 근무일지(을지)에 기재하여야 한다. 23 승진

③ 근무일지는 **3년간** 보관한다. 11·23 승진

2. 112 관련법령

(1) 112신고의 운영 및 처리에 관한 법률 ★★★ (약칭 : 112신고처리법)

제2조(정의) 이 법에서 사용하는 용어의 뜻은 다음과 같다.

2. **"112신고"**란 범죄나 각종 사건·사고 등 위급한 상황이 발생하였거나 발생할 것이 예상될 때 그 피해자 또는 이를 인지한 사람이 112를 이용한 음성, 문자 신고와 그 밖의 인터넷, 영상, 스마트기기 등을 통하여 신고하는 것을 말한다.

제4조(국민의 권리와 의무) ② 누구든지 범죄나 각종 사건·사고 등 위급한 상황에 대응하기 위한 목적 외의 다른 목적으로 112신고를 하거나 이를 거짓으로 꾸며 112신고를 하여서는 아니 된다. → **위반 시 500만원 이하의 과태료 부과**

제6조(112치안종합상황실의 설치·운영) ① **경찰청장, 시·도경찰청장 및 경찰서장**(이하 "경찰청장등"이라 한다)은 112신고의 신속한 접수·처리 이를 위한 112신고 정보의 분석·판단·전파와 공유·이관, 상황관리, 현장 지휘·조정·통제 및 공동대응 등의 업무를 수행하기 위하여 **112치안종합상황실을 설치·운영하여야 한다.**

제7조(112신고의 접수 등) ① 경찰청장등은 112신고를 받으면 「국가경찰과 자치경찰의 조직 및 운영에 관한 법률」 제4조제1항에 따른 경찰사무의 구분이나 현장 출동이 필요한 지역의 **관할에 관계없이** 해당 112신고를 신속하게 접수하여 처리하여야 한다. 24 2차

② 누구든지 정당한 사유 없이 위계·위력·폭행 또는 협박 등으로 제1항에 따른 112신고 접수·처리 업무를 방해하여서는 아니 된다.

제8조(112신고에 대한 조치) ① **경찰청장등**은 제7조제1항에 따라 112신고가 접수된 때에는 **경찰관을 현장에 신속하게 출동시켜** 위험 발생의 방지, 범죄의 예방·진압, 구호대상자의 구조 등 **필요한 조치를 하게 하여야 한다.**

② 제1항에 따라 필요한 조치를 한 경찰관은 해당 112신고와 관련하여 범죄의 혐의가 있다고 인정할 만한

상당한 이유가 있어 **계속 수사할 필요가 있는 경우** 지체 없이 해당 수사기관에 인계하여야 한다. 26 경간

③ **경찰관**은 제1항에 따른 필요한 조치를 할 때 **사람의 생명·신체 또는 재산에 대한 급박한 위해가 발생할 우려가 있는 경우**에는 그 위해를 방지하거나 피해자를 구조하기 위하여 부득이하다고 인정하면 합리적으로 판단하여 필요한 한도에서 **다른 사람의 토지·건물 또는 그 밖의 물건을 일시사용, 사용의 제한 또는 처분을 하거나 다른 사람의 토지·건물·배 또는 차**(항공기X)**에 출입할 수 있다. → 위반 시 300만원 이하의 과태료 부과** 26 경간

④ **경찰청장등**은 112신고를 처리하는 과정에서 재난·재해, 범죄 또는 그 밖의 위급한 상황이 발생하여 사람의 생명·신체를 위험하게 할 것으로 인정할 때에는 **일정한 구역을 정하여 그 구역에 있는 사람에게 그 구역 밖으로 피난할 것을 명할 수 있다.** 24 2차, 26 경간 → **위반 시 100만원 이하의 과태료 부과**

⑤ 경찰관은 제3항에 따라 **출입 등 조치를 할 때에는 그 신분을 표시하는 증표를 제시하여야 하며, 소속과 성명을 밝히고 조치의 목적과 이유를 설명하여야 한다.**

⑥ 국가는 제1항, 제3항 또는 제4항에 따른 조치나 명령으로 손실을 입은 자가 있는 경우에는 「경찰관 직무집행법」 제11조의2에 따라 그 손실을 보상하여야 한다.

제9조(공동대응 또는 협력 등) ① 경찰청장등은 112신고 처리에 있어 **다른 기관과의 공동대응 또는 협력이 필요한 경우**에는 관계 기관에 이를 요청할 수 있다. 이 경우 요청을 받은 기관의 장은 특별한 사유가 없으면 이에 따라야 한다.

② 제1항에 따라 공동대응 또는 협력을 요청받은 관계 기관은 신속하고 안전하게 위험 발생의 방지, 범죄의 예방·진압, 구호대상자의 구조 등 필요한 조치를 하여야 한다.

③ 제2항에 따라 필요한 조치를 한 관계 기관은 해당 112신고와 관련하여 범죄의 혐의가 있다고 인정할 만한 상당한 이유가 있어 계속 수사할 필요가 있다고 판단되는 경우 지체 없이 해당 수사기관에 인계하여야 한다.

제10조(112신고자에 대한 보호 등) ① 국가는 112신고를 처리할 때 **112신고를 한 사람**(이하 "112신고자"라 한다)이 범죄(이미 행하여졌거나 진행 중인 범죄와 눈앞에서 행하여지려고 하고 있다고 인정되는 범죄를 포함한다. 이하 같다) 피해자, 범죄를 목격한 사람, 그 밖에 각종 사건·사고 등 위급한 상황에서 구조를 요청한 사람에 해당하는 경우 그 신고자를 보호하여야 한다.

② 경찰청장등은 다음 각 호의 어느 하나에 해당하는 경우를 제외하고 112신고에 사용된 전화번호, 112신고자의 이름·주소·성별·나이·음성과 그 밖에 112신고자를 특정하거나 유추하는 데 사용될 수 있는 일체의 정보(이하 "112신고자 정보"라 한다)를 수집·이용 또는 제공하여서는 아니 된다.

1. 112신고의 **처리를 위하여** 112신고자 정보를 활용하는 경우
2. 112신고자가 **동의하는 경우**
3. 이 법 또는 다른 법률에 **특별한 규정이 있는 경우**

③ 누구든지 제2항에 따른 112신고자 정보를 112신고 접수·처리 이외의 목적에 이용하여서는 아니 된다.
   → **위반 시 5년 이하의 징역 또는 5천만원 이하의 벌금**

제11조(출동 현장의 촬영·관리) ① **경찰청장등**은 112신고를 처리할 때 **112치안종합상황실**에서 출동 현장의 상황 등을 실시간으로 확인하고 지휘하기 위한 목적으로 순찰차 등에 영상촬영장치를 설치하여 출동 현장을 촬영할

수 있다. 25 승진

제12조(112신고의 기록 · 보존 등) ① 경찰청장등은 112신고의 접수 · 처리 상황을 제13조에 따른 112시스템에 입력 · 녹음 · 녹화 등의 방법으로 기록하고 보존하여야 한다.

제13조(112시스템의 구축 · 운영) ① 경찰청장은 112신고의 접수 · 처리, 112신고 정보의 공유 · 이관 및 공동대응 등에 필요한 정보시스템(이하 "112시스템"이라 한다)을 구축 · 운영하여야 한다.

제14조(다른 정보시스템과의 연계) ① 경찰청장 및 시 · 도경찰청장은 급박한 사람의 생명, 신체, 재산의 보호를 위한 112신고 처리를 위하여 112신고 정보 등의 공유가 필요한 경우 관계 기관의 장에게 112시스템과 해당 기관의 정보시스템과의 연계를 요청할 수 있다.

제15조(교육 · 훈련 및 홍보) ① 경찰청장은 112시스템의 운영과 관련하여 전문인력의 양성과 기술향상에 필요한 교육 · 훈련 프로그램을 운영하여야 한다.
② 경찰청장등은 112신고의 서비스 편의성 개선 및 편리한 이용을 위하여 필요한 경우 대국민 홍보를 하여야 한다.

제16조(112신고자 포상) ① 경찰청장등은 112신고를 통하여 범죄를 예방하고 다른 사람의 생명 · 신체 및 재산을 보호하는 데 기여한 공이 큰 112신고자에 대하여 포상을 하거나 예산의 범위에서 포상금을 지급할 수 있다.

제17조(벌칙) 제10조제3항을 위반하여 112신고자 정보를 목적 외의 용도로 이용한 자는 5년 이하의 징역 또는 5천만원 이하의 벌금에 처한다.

제18조(과태료) ① 제4조제2항을 위반하여 범죄나 각종 사건 · 사고 등 위급한 상황을 거짓으로 꾸며 112신고를 한 사람에게는 500만원 이하의 과태료를 부과한다.
② 정당한 사유 없이 제8조제3항에 따른 토지 · 물건 등의 일시사용, 사용의 제한, 처분 또는 토지 · 건물 · 배 또는 차에 출입을 거부 또는 방해한 자에게는 300만원 이하의 과태료를 부과한다.
③ 정당한 사유 없이 제8조제4항에 따른 피난 명령을 위반한 자에게는 100만원 이하의 과태료를 부과한다.

(2) 112신고의 운영 및 처리에 관한 법률 시행령 ★★★ (시행령 - 대통령령)

제2조(112치안종합상황실의 설치 · 운영) ①「112신고의 운영 및 처리에 관한 법률」(이하 "법"이라 한다) 제6조제1항에 따른 112치안종합상황실(이하 "112치안종합상황실"이라 한다)은 경찰청, 시 · 도경찰청 및 경찰서에 설치한다. 24 2차
② 112치안종합상황실은 24시간 운영체제를 유지해야 한다.
③ 경찰청장, 시 · 도경찰청장 및 경찰서장(이하 "경찰청장등"이라 한다)은 112치안종합상황실 근무요원을 관할 구역의 지리 숙지 여부, 의사소통능력 및 상황대처능력 등을 고려하여 선발 · 배치해야 한다.

제3조(112신고의 접수 등) ① 경찰청장은 112신고의 접수 및 처리에 관한 업무를 총괄 · 조정한다.
② 경찰청장은 법 제7조제1항에 따른 112신고 접수 · 처리 업무를 효율적으로 수행하기 위해 112신고의 긴급성과 현장 출동의 필요성을 고려한 대응체계를 마련해야 한다.
⑤ 경찰청장등은 112신고의 처리를 종결한 후, 112신고를 한 사람(이하 "112신고자"라 한다)이 처리 결과 통보를 요청하는 경우에는 관계 법령에 따라 통보할 수 없는 경우를 제외하고는 112신고 처리 결과를

통보해야 한다.

제5조(출동 현장의 촬영·관리) ① 경찰청장등은 법 제11조제1항에 따라 경찰차량 또는 무인비행장치에 영상촬영장치를 설치하거나 **경찰관이 영상촬영장치를 착용 또는 휴대하도록** 하여 출동 현장을 촬영할 수 있다. 25 1차, 26 경간

② 제1항에 따라 출동 현장을 촬영할 때에는 불빛, 소리, 안내판, 안내서면, 안내방송 또는 그 밖에 이에 준하는 수단이나 방법으로 출동 현장에 있는 사람이 촬영 사실을 쉽게 알 수 있도록 표시하고 알려야 한다. 25 승진

③ 경찰청장등은 제2항에 따른 방법으로 촬영 사실을 표시하거나 알리기 어려운 경우에는 개인정보 보호위원회(경찰청장X)가 구축하는 인터넷 사이트에 촬영 사실을 미리 공지하는 방법으로 알릴 수 있다. 25 승진

④ 제1항에 따라 수집된 영상정보의 보관기간은 **촬영일부터** 30일로 한다. 다만, 범죄 수사를 위해 영상정보의 보관이 필요한 경우 등 경찰청장등이 필요하다고 인정하는 경우에는 30일의 **범위에서 보관기간을 연장할 수 있다.** 25 1차

⑤ 경찰청장은 제1항에 따라 수집된 영상정보를 보호하고 관리하기 위해 영상정보관리체계를 **구축·운영**해야 한다. 25 승진

제6조(112신고의 기록·보존 등) ① 법 제12조제1항에 따른 112신고 접수·처리 상황 기록의 보존기간은 다음 각 호의 구분에 따른다.

1. **112신고 접수 및 처리와 관련된 112시스템 입력자료** : 3년. 다만, 단순 민원·상담 등 경찰청장이 정하는 **경미한 내용의 112신고의 경우에는 1년**으로 한다. 24 2차
2. 112신고 접수 및 처리와 관련된 **녹음·녹화자료** : 3개월 26 경간

② 제1항에도 불구하고 범죄 수사를 위해 기록의 보존이 필요한 경우 등 경찰청장등이 필요하다고 인정하는 경우에는 다음 각 호의 구분에 따른 범위에서 112신고 접수·처리 상황 기록의 보존기간을 연장할 수 있다.

1. 제1항제1호의 경우 : 2년. 다만, 제1항제1호 단서에 해당하는 경우에는 1년으로 한다.
2. 제1항제2호의 경우 : 3개월 26 경간

(3) 112 치안종합상황실 운영 및 신고처리규칙 ★★★ (경찰청 예규)

제2조(정의) 이 규칙에 사용되는 용어의 정의는 다음과 같다.

2. "**112치안종합상황실**"이란 112신고의 처리와 대응 등을 위해 경찰청, 시·도경찰청 및 경찰서에 설치·운영하는 부서를 말한다.
3. "**112치안종합상황실장**"이란 112치안종합상황실의 운영·관리를 책임지고 근무자를 지휘·감독하는 사람(경찰기관의 장이 「치안상황실 운영규칙」에 따른 "상황관리관"을 지정한 경우 "상황관리관"은 "112치안종합상황실장"으로 본다)을 말하며, 각급 경찰기관 112치안종합상황실장은 다음 각 목과 같다.
    가. 경찰청 : 치안상황관리관
    나. 시·도경찰청 : 112치안종합상황실장
    다. 경찰서 : 범죄예방대응과장

제5조(112근무요원의 근무방법 등) ① 영 제2조제2항 및 제3항에 따라 112근무요원은 4개조로 나누어 교대 근무를 실시하는 것을 원칙으로 한다. 다만, 인력 상황에 따라 3개조로 할 수 있다.

⑤ 112근무요원은 「경찰복제에 관한 규칙」 제5조제2호의 근무복을 착용하는 것을 원칙으로 한다. 다만, 상황에 따라 경찰청장등의 지시로 다른 복장을 착용할 수 있다.

제6조(신고의 접수) ① 112신고는 법 제7조제1항에 따라 현장출동이 필요한 지역의 **관할과 관계없이** 신고를 받은 경찰관서에서 신속하게 접수한다. 25 경간(경위공채)

② 경찰관서 방문 등 **112신고 외의 방법**으로 범죄나 각종 사건·사고 등 위급한 상황이 발생하였거나 발생할 것이 예상된다는 **신고를 접수한 경찰관**은 소속 경찰관서의 112시스템에 **신고내용을 입력해야 한다.**

③ 경찰청장등은 112신고자에게 영 제3조제5항에 따른 **처리결과 통보를 할 경우 서면**(전자문서를 포함한다), **전화, 문자메시지 등의 방법으로 할 수 있다.** 이 경우 서면으로 하는 통보의 요청, 통보여부 결정, 통보의 방법, 비용의 부담은 「공공기관의 정보공개에 관한 법률」에 따른다.

④ 경찰청장등은 제3항에 따라 처리결과를 통보하는 경우 관련 법령에 따라 112신고 관계인의 사생활의 비밀을 보호하고 명예나 신용이 훼손되지 않도록 유념해야 한다.

제7조(112신고의 대응체계) ① 경찰청장은 영 제3조제2항에 따라 112신고 내용의 긴급성과 출동 필요성 등을 고려하여 112신고 대응 코드(code)를 다음 각 호와 같이 분류한다.

1. 코드 0 신고 : 코드 1 신고 중 **이동성** 범죄, **강력범죄** 현행범인 등 신고 대응을 위해 **실시간 전파가 필요한 경우**
2. 코드 1 신고 : 생명·신체에 대한 **위험 발생이 임박**하거나 **진행 중** 또는 그 **직후**인 경우 및 현행범인인 경우
3. 코드 2 신고 : 생명·신체에 대한 **잠재적** 위험이 있는 경우 및 범죄예방 등을 위해 필요한 경우
4. 코드 3 신고 : 즉각적인 현장조치는 **불필요**하나 수사, 전문상담 등이 필요한 경우
5. 코드 4 신고 : 긴급성이 **없는** 민원·상담 신고

② 112근무요원은 영 제3조제3항에 따라 112시스템에 신고내용을 입력할 경우 112신고 내용의 긴급성과 출동 필요성 등을 고려하여 제1항 각 호의 어느 하나에 해당하는 112신고 대응 코드를 부여한다.

③ 112근무요원은 112신고가 완전하게 수신되지 않는 경우와 같이 정확한 신고내용을 파악하기 힘든 경우라도 신속한 처리를 위해 우선 임의의 112신고 대응 코드를 부여할 수 있다.

④ 112근무요원 및 출동 경찰관은 112신고 대응 코드를 변경할 만한 사실을 추가로 확인한 경우 이미 분류된 112신고 대응 코드를 다른 112신고 대응 코드로 변경할 수 있다. 23 승진

제8조(지령) ① 법 제7조제1항에 따라 112신고를 접수한 112근무요원은 접수한 신고의 내용이 **코드 0 신고부터 코드 3 신고**의 유형에 해당하는 경우에는 **출동 경찰관에게** 출동할 장소, 신고내용, 신고유형 등을 고지하고 신고의 현장출동, 조치, 종결하도록 **지령해야 한다.**

② 112근무요원은 접수한 신고의 내용이 **코드 4 신고**의 유형에 해당하는 경우에는 **출동 경찰관에게 지령하지 않고** 자체 종결하거나, 담당 부서 또는 112신고 관계 기관에 신고내용을 통보하여 처리하도록 조치해야 한다. 22 2차, 25 경간(경위공채)

제13조(현장출동) ① 제8조제1항의 지령을 받은 출동 경찰관은 신고유형에 따라 다음 각 호의 기준에 따라 현장에 출동해야 한다.

1. 코드 0 신고 및 코드 1 신고 : 코드 2 신고, 코드 3 신고 및 **다른 업무의 처리에 우선**하여 출동
2. 코드 2 신고 : 코드 0 신고, 코드 1 신고 및 **다른 중요한 업무의 처리에 지장을 초래하지 않는** 범위

내에서 출동
3. **코드 3 신고** : 당일 근무시간 내에 출동
② 출동 경찰관은 소관 업무나 관할 등을 이유로 출동을 거부하거나 지연 출동해서는 안 된다.

제14조(현장보고) ① 출동 경찰관은 112치안종합상황실에 다음 각 호의 보고를 해야 한다.
1. **최초보고** : 출동 경찰관은 112신고 현장에 도착한 즉시 도착 사실과 함께 현장 상황을 간략히 보고
2. **수시보고** : 현장 상황에 변화가 발생하거나 지원이 필요한 경우 수시로 보고
3. **종결보고** : 현장 초동조치가 종결된 경우 확인된 사건의 진상, 사건의 처리내용 및 결과 등을 상세히 보고
② 제1항에도 불구하고 **현장 상황이 급박하여 신속한 현장 조치가 필요한 경우 우선 조치 후 보고**할 수 있다. 23 승진

제16조(112신고의 종결) 112근무요원은 다음 각 호의 경우 112신고처리를 종결할 수 있다.
1. **사건이 해결된 경우** 23 승진
2. 신고자가 **신고를 취소한 경우**. 다만, 신고자와 취소자가 동일인인지 여부 및 취소의 사유 등을 파악하여 신고취소의 진의 여부를 확인해야 한다.
3. **허위·오인**으로 인한 신고인 경우 또는 신고내용이 **경찰 소관이 아님**이 확인된 경우
4. 현장에 출동하였으나 **사건 내용을 확인할 수 없으며**, 사건이 실제 발생하였다는 사실도 확인되지 않는 경우
5. 주무부서의 계속적 조치가 필요한 경우 및 추가적 수사의 필요 등으로 **사건 해결에 장시간이 소요**되어 해당 부서로 인계하여 처리하는 것이 효과적인 경우
6. 그 밖에 112치안종합상황실장(상황팀장)이 **초동조치가 종결된 것으로 판단**하는 경우

제20조(자료보존기간) ① 법 제12조제1항 및 영 제6조제1항의 규정에 따른 112신고 접수·처리자료의 보존기간은 다음 각 호의 구분에 따른다.
1. **112시스템 입력자료** : 112신고 대응 코드 0·코드 1·코드 2로 분류한 자료는 3년간, 코드 3·코드 4로 분류한 자료는 1년간 보존 11 경간, 22 2차
2. **녹음·녹화자료** : 3개월간 보존 11 경간, 22 2차
3. 그 밖에 문서 및 일지 :「공공기록물 관리에 관한 법률」에서 정하는 바에 따라 보존
② 경찰청장등은 제1항제1호 및 제2호에도 불구하고 영 제6조제2항에 따라 112신고 접수·처리자료의 보존기간을 다음 각 호에 따른 범위에서 **연장할 수 있다**.
1. 제1항제1호의 경우 : 112신고 대응 코드 0·코드 1·코드 2로 분류한 자료는 2년, 코드 3·코드 4로 분류한 자료는 1년
2. 제1항제2호의 경우 : 3개월

제25조(112근무요원의 전문성 확보) ① 112근무요원의 근무기간은 2년 **이상**으로 한다.
② 경찰청장은 112근무요원의 전문성 제고를 위해 112근무요원 전문인증제를 운영할 수 있다.

3. 경비업(경비업법) ★★

제2조(정의) 이 법에서 사용하는 용어의 정의는 다음과 같다.
1. "경비업"이라 함은 다음 각목의 1에 해당하는 업무(이하 "경비업무"라 한다)의 전부 또는 일부를 도급받아 행하는 영업을 말한다. 11·12·16·17·22 1차, 14 경간, 15 3차, 11·16·17·18·19 승진
   가. **시설경비업무** : 경비를 필요로 하는 **시설** 및 장소(이하 "경비대상시설"이라 한다)에서의 도난·화재 그 밖의 혼잡 등으로 인한 위험발생을 방지하는 업무
   나. **호송경비업무** : **운반 중**에 있는 현금·유가증권·귀금속·상품 그 밖의 **물건(사람X)**에 대하여 도난·화재 등 위험발생을 방지하는 업무
   다. **신변보호업무** : 사람의 생명이나 신체에 대한 위해의 발생을 방지하고 그 **신변**을 보호하는 업무
   라. **기계경비업무** : 경비대상시설에 설치한 **기기**에 의하여 감지·송신된 정보를 그 **경비대상시설외(내X)**의 장소에 설치한 관제시설의 기기로 수신하여 도난·화재 등 위험발생을 방지하는 업무
   마. **특수경비업무** : **공항**(항공기를 **포함**한다) 등 대통령령이 정하는 국가중요시설(이하 "국가중요시설"이라 한다)의 경비 및 도난·화재 그 밖의 위험발생을 방지하는 업무
   바. **혼잡·교통유도경비업무** : 도로에 접속한 **공사현장** 및 사람과 차량의 **통행에 위험**이 있는 장소 또는 도로를 점유하는 **행사장** 등에서 교통사고 그 밖의 혼잡 등으로 인한 위험발생을 방지하는 업무
5. "**집단민원현장**"이란 다음 각 목의 장소를 말한다.
   가. 「노동조합 및 노동관계조정법」에 따라 **노동관계 당사자가 노동쟁의 조정신청을 한 사업장 또는 쟁의행위가 발생한 사업장**
   나. 「도시 및 주거환경정비법」에 따른 **정비사업과 관련하여 이해대립이 있어 다툼이 있는 장소**
   다. 특정 시설물의 설치와 관련하여 민원이 있는 장소
   라. 주주총회와 관련하여 이해대립이 있어 다툼이 있는 장소 24 승진
   마. 건물·토지 등 부동산 및 동산에 대한 소유권·운영권·관리권·점유권 등 법적 권리에 대한 이해대립이 있어 다툼이 있는 장소
   바. 100명 이상의 사람이 모이는 국제·문화·예술·체육 행사장 24 승진
   사. 「행정대집행법」에 따라 대집행을 하는 장소

제3조(법인) 경비업은 법인이 아니면 이를 영위할 수 **없다**. 17 승진, 18 1차, 19 경간

제4조(경비업의 허가) ① 경비업을 **영위**하고자 하는 법인은 도급받아 행하고자 하는 경비업무를 특정하여 그 법인의 주사무소의 소재지를 관할하는 시·도경찰청장의 **허가**를 받아야 한다. 도급받아 행하고자 하는 **경비업무를 변경**하는 경우에도 또한 같다. 11·19·24 승진, 14·19 경간, 18 1차
② 제1항에 따른 허가를 받으려는 법인은 다음 각 호의 요건을 갖추어야 한다.
1. 대통령령으로 정하는 **1억원 이상의 자본금의 보유**
2. 다음 각 목의 경비인력 요건
   가. **시설경비업무** : 경비원 10명 이상 및 경비지도사 1명 이상 24 승진
   나. 시설경비업무 외의 경비업무 : 대통령령으로 정하는 경비 인력
3. 대통령령으로 정하는 시설과 장비의 보유
4. 그 밖에 경비업무 수행을 위하여 대통령령으로 정하는 사항

③ 제1항의 규정에 의하여 경비업의 허가를 받은 법인은 다음 각 호의 1에 해당하는 때에는 **시·도경찰청장에게 신고하여야 한다.** 11·18 승진, 14·18 경간
1. 영업을 폐업하거나 휴업한 때
2. 법인의 명칭이나 대표자·임원을 변경한 때
3. 법인의 주사무소나 출장소를 신설·이전 또는 폐지한 때
4. 기계경비업무의 수행을 위한 관제시설을 신설·이전 또는 폐지한 때
5. 특수경비업무를 개시하거나 종료한 때
6. 그 밖에 대통령령이 정하는 중요사항을 변경한 때

제6조(허가의 유효기간 등) ① 경비업 허가의 유효기간은 **허가받은 날부터** 5년으로 한다. 11·17·18 승진, 18 1차, 19 경간

제7조(경비업자의 의무) ② 경비업자는 경비업무를 성실하게 수행하여야 하고, 도급을 의뢰받은 경비업무가 **위법 또는 부당한 것일 때에는 이를 거부하여야 한다.** 19 승진

⑥ 경비업자는 집단민원현장에 경비원을 배치하는 때에는 경비지도사를 선임하고 그 장소에 배치하여 행정안전부령으로 정하는 바에 따라 경비원을 지도·감독하게 하여야 한다. 18 1차, 19 경간

제7조의2(경비업무 도급인 등의 의무) ① 누구든지 제4조제1항에 따른 허가를 받지 아니한 자에게 경비업무를 도급하여서는 아니 된다.

② 누구든지 집단민원현장에 경비인력을 20명 이상 배치하려고 할 때에는 그 경비인력을 직접 고용하여서는 아니 되고, 경비업자에게 경비업무를 도급하여야 한다. 다만, 시설주 등이 집단민원현장 발생 3개월 전까지 직접 고용하여 경비업무를 수행하는 피고용인의 경우에는 그러하지 아니하다.

제10조(경비지도사 및 경비원의 결격사유) ① 다음 각 호의 어느 하나에 해당하는 자는 **경비지도사 또는 일반경비원이 될 수 없다.** 11·12·19 승진
1. 18세 미만인 사람 또는 피성년후견인
2. 삭제
3. 금고 이상의 실형의 선고를 받고 그 집행이 종료(집행이 종료된 것으로 보는 경우를 포함한다)되거나 집행이 면제된 날부터 5년이 지나지 아니한 자
4. 금고 이상의 형의 집행유예선고를 받고 그 유예기간 중에 있는 자(이하 생략)

② 다음 각 호의 어느 하나에 해당하는 자는 **특수경비원이 될 수 없다.**
1. 18세 미만이거나 60세 이상인 사람 또는 피성년후견인
2. 심신상실자, 알코올 중독자 등 대통령령으로 정하는 정신적 제약이 있는 자
3. 제1항제2호부터 제8호까지의 어느 하나에 해당하는 자
4. **금고 이상의 형의 선고유예를 받고 그 유예기간 중에 있는 자** 24 승진
5. 행정안전부령으로 정하는 신체조건에 미달되는 자

제 2 절 생활질서업무

1. 풍속사범의 단속
(1) 풍속영업의 범위(풍속영업의 규제에 관한 법률) ★

> **제2조(풍속영업의 범위)** 이 법에서 **"풍속영업"**이란 다음 각 호의 어느 하나에 해당하는 영업을 말한다. 13 승진, 11·17 경간
> 1. 「게임산업진흥에 관한 법률」 제2조제6호에 따른 게임제공업 및 같은 법 제2조제8호에 따른 **복합유통게임제공업**
> 2. 「영화 및 비디오물의 진흥에 관한 법률」 제2조제16호가목에 따른 **비디오물감상실업**
> 3. 「음악산업진흥에 관한 법률」 제2조제13호에 따른 **노래연습장업**
> 4. 「공중위생관리법」 제2조제1항제2호부터 제4호까지의 규정에 따른 **숙박업, 목욕장업 이용업** 중 대통령령으로 정하는 것 → 미용업X
> 5. 「식품위생법」 제36조제1항제3호에 따른 식품접객업 중 대통령령으로 정하는 것
>   → 단란주점업, 유흥주점업(일반음식점 영업X)
> 6. 「체육시설의 설치·이용에 관한 법률」 제10조제1항제2호에 따른 **무도학원업 및 무도장업**
> 7. 그 밖에 선량한 풍속을 해치거나 청소년의 건전한 성장을 저해할 우려가 있는 영업으로 대통령령으로 정하는 것
>
> ※ 「사행행위 등 규제 및 처벌 특례법」상 사행행위영업은 풍속영업X

> **제3조(준수 사항)** 풍속영업을 하는 자(허가나 인가를 받지 아니하거나 등록이나 신고를 하지 아니하고 풍속영업을 하는 자를 **포함**한다. 이하 "풍속영업자"라 한다) 09·10 1차, 11 경간 및 대통령령으로 정하는 종사자는 풍속영업을 하는 장소(이하 "풍속영업소"라 한다)에서 **다음 각 호의 행위를 하여서는 아니 된다.** 25 1차
> 1. 「성매매알선 등 행위의 처벌에 관한 법률」 제2조제1항제2호에 따른 **성매매알선등행위**
> 2. 음란행위를 하게 하거나 이를 알선 또는 제공하는 행위
> 3. 음란한 문서·도화·영화·음반·비디오물, 그 밖의 음란한 물건에 대한 다음 각 목의 행위 (제작X)
>   가. 반포(頒布)·판매·대여하거나 이를 하게 하는 행위
>   나. 관람·열람하게 하는 행위
>   다. 반포·판매·대여·관람·열람의 목적으로 진열하거나 보관하는 행위
> 4. **도박이나 그 밖의 사행행위를 하게 하는 행위**

(2) 성매매 단속 - 성매매알선 등 행위의 처벌에 관한 법률 ★

> **제2조(정의)** ① 이 법에서 사용하는 용어의 뜻은 다음과 같다.
> 1. **"성매매"**란 **불특정인**을 상대로 금품이나 그 밖의 재산상의 이익을 수수하거나 수수하기로 약속하고 다음 각 목의 어느 하나에 해당하는 행위를 하거나 그 상대방이 되는 것을 말한다. 15·21 2차
>   가. 성교행위
>   나. 구강, 항문 등 신체의 일부 또는 도구를 이용한 **유사 성교행위**

2. "성매매알선 등 행위"란 다음 각 목의 어느 하나에 해당하는 행위를 하는 것을 말한다. 18 승진
   가. 성매매를 알선, 권유, 유인 또는 강요하는 행위 21 2차
   나. 성매매의 장소를 제공하는 행위 15·21 2차
   다. 성매매에 제공되는 사실을 알면서 자금, 토지 또는 건물을 제공하는 행위
4. "성매매피해자"란 다음 각 목의 어느 하나에 해당하는 사람을 말한다. 06 승진, 21 2차
   가. 위계, 위력, 그 밖에 이에 준하는 방법으로 **성매매를 강요당한 사람** 08 경간
   나. 업무관계, 고용관계, 그 밖의 관계로 인하여 보호 또는 감독하는 사람에 의하여 「마약류관리에 관한 법률」 제2조에 따른 **마약·향정신성의약품 또는 대마**(이하 "마약등"이라 한다)**에 중독되어 성매매를 한 사람**
   다. 미성년자, 사물을 변별하거나 의사를 결정할 능력이 없거나 미약한 사람 또는 대통령령으로 정하는 중대한 장애가 있는 사람으로서 성매매를 하도록 알선·유인된 사람
   라. 성매매 목적의 **인신매매를 당한 사람**

제4조(금지행위) 누구든지 다음 각 호의 어느 하나에 해당하는 행위를 하여서는 아니 된다.
1. 성매매
2. 성매매알선 등 행위
3. 성매매 목적의 인신매매
4. 성을 파는 행위를 하게 할 목적으로 다른 사람을 고용·모집하거나 성매매가 행하여진다는 사실을 알고 직업을 소개·알선하는 행위
5. 제1호, 제2호 및 제4호의 행위 및 그 행위가 행하여지는 업소에 대한 광고행위

제6조(성매매피해자에 대한 처벌특례와 보호) ① 성매매피해자의 성매매는 처벌하지 아니한다.(형을 감면할 수 있다X)
08 경간, 15·21 2차, 21 경채

② **검사 또는 사법경찰관**은 수사과정에서 피의자 또는 참고인이 **성매매피해자에 해당**한다고 볼 만한 상당한 이유가 있을 때에는 **지체 없이 법정대리인, 친족 또는 변호인에게 통지**하고, 08 경간 신변보호, 수사의 비공개, 친족 또는 지원시설·성매매피해상담소에의 인계 등 그 보호에 필요한 조치를 하여야 한다. 다만, 피의자 또는 참고인의 사생활 보호 등 부득이한 사유가 있는 경우에는 통지하지 아니할 수 있다. 21 2차

제7조(신고의무 등) ① 「성매매방지 및 피해자보호 등에 관한 법률」 제5조제1항에 따른 지원시설 및 같은 법 제10조에 따른 성매매피해상담소의 장이나 종사자가 업무와 관련하여 성매매 피해사실을 알게 되었을 때에는 지체 없이 수사기관에 신고하여야 한다.

제8조(신뢰관계에 있는 사람의 동석) ① **법원**은 신고자등을 증인으로 신문할 때에는 **직권**으로 또는 본인·법정대리인이나 검사의 신청에 의하여 **신뢰관계에 있는 사람을 동석**하게 할 수 있다. 21 경채

② **수사기관**은 신고자등을 조사할 때에는 **직권**으로 또는 본인·법정대리인의 **신청**에 의하여 **신뢰관계에 있는 사람을 동석**하게 할 수 있다. 11 승진

③ 법원 또는 수사기관은 **미성년자, 사물을 변별하거나 의사를 결정할 능력이 없거나 미약한 사람 또는 대통령령으로 정하는 중대한 장애가 있는 사람**에 대하여 제1항 및 제2항에 따른 신청을 받은 경우에는 재판이나 수사에 지장을 줄 우려가 있는 등 특별한 사유가 없으면 **신뢰관계에 있는 사람을 동석하게 하여야 한다.** 08 경간

제9조(심리의 비공개) ① 법원은 신고자등의 사생활이나 신변을 보호하기 위하여 필요하면 결정으로 **심리를 공개하지 아니할 수 있다.** 21 경채

제10조(불법원인으로 인한 채권무효) ① 다음 각 호의 어느 하나에 해당하는 사람이 그 행위와 관련하여 성을 파는 행위를 하였거나 할 사람에게 가지는 채권은 그 **계약의 형식이나 명목에 관계없이 무효(취소X)**로 한다. 10 1차 그 채권을 양도하거나 그 채무를 인수한 경우에도 또한 같다.
  1. **성매매알선 등 행위**를 한 사람
  2. 성을 파는 행위를 할 사람을 **고용·모집**하거나 그 직업을 **소개·알선**한 사람
  3. 성매매 목적의 **인신매매**를 한 사람

제26조(형의 감면) 이 법에 규정된 죄를 범한 사람이 수사기관에 신고하거나 자수한 경우에는 형을 **감경하거나 면제할 수 있다.** 15 2차

2. 기초질서위반사범 단속

(1) 경범죄처벌법 ★★★

1) 목적 등

제3조(경범죄의 종류) ② 다음 각 호의 어느 하나에 해당하는 사람은 **20만원 이하의 벌금, 구류 또는 과료**의 형으로 처벌한다.
  4. (암표매매) 흥행장, 경기장, 역, 나루터, 정류장, 그 밖에 정하여진 요금을 받고 입장시키거나 승차 또는 승선시키는 곳(**인터넷 중고거래 사이트를 통해 비대면X**)에서 웃돈을 받고 입장권·승차권 또는 승선권을 다른 사람에게 되판 사람 24 2차

제6조(정의) ① 이 장에서 "범칙행위"란 **제3조제1항** 각 호 및 **제2항** 각 호의 어느 하나에 해당하는 위반행위를 말하며, 그 구체적인 범위는 대통령령으로 정한다.**(제3항X)** 20 2차

2) 성격 - 광의의 형법이며, 형법의 보충법이며, **일반법(특별법X)**이다. 12·18 승진

3) 특징
  ① 주로 **추상적 위험범**이므로 **미수범 처벌규정이 없다.** 10 승진
  ② 사람을 벌할 때에는 그 사정과 형편을 헤아려서 그 형을 **면제(가중X, 감경X, 감면X)**하거나 **구류와 과료를 함께 과할 수 있다.** 10 승진, 14 2차, 19 법학
  ③ 죄를 짓도록 시키거나(교사범) 도와준 사람(방조범)은 **죄를 지은 사람(정범)에 준하여 처벌 한다.(감경한다X)** 16 2차, 19·23 승진, 19 법학, 20 2차, 21 경찰특공대, 22 경간
  ④ 범칙금을 **납부한 사람**에 대해서는 그 범칙행위에 대해 **다시 처벌받지 아니한다.** 18 승진

4) 경범죄의 종류와 처벌(경범죄처벌법 제3조) 13·14·16·20·24 2차, 16·23 경간, 18·19 승진, 20 경채, 21 특공대, 23 1차

종류	60만원 이하(3항)	① **관공서에서의 주취소란** 23 승진 술에 취한 채로 관공서에서 몹시 거친 말과 행동으로 주정하거나 시끄럽게 한 사람 ② **거짓신고** 22 경간

	20만원 이하(2항)	① 업무**방**해 ② 거짓**광**고 ③ 암**표**매매 ④ **출**판물의 부당게재
	10만원 이하(1항)	**나머지 범죄** (「경범죄 처벌법」위반자가 서명 후 위반자용 용지와 은행납부용 용지를 지급받자 화를 참지 못하고 통고처분 용지를 찢은 경우 공용서류무효죄에 해당하지 않는다.)
현행범 체포	형소법 제214조	다액 **50만원 이하**의 벌금, 구류, 과료에 해당하는 죄의 현행범인에 대해서는 **범인의 주거가 분명하지 않은 경우**에 한하여 현행범체포가 가능하다.
	10만원 이하 20만원 이하	① 통고처분 **가능** ② 현행범체포 **불가능**(다만, **주거가 불분명**한 경우에 한하여 **현행범체포가 가능**함)
	60만원 이하	① 통고처분 **불가능** ② 원칙적으로 **주거 불분명 상관없이 현행범 체포가 가능**함

5) 통고처분(경범죄처벌법 제6조, 제7조) 11 경간, 14 2차, 20·24 2차, 21 경찰특공대, 25 경간(경위공채)

범칙자	범칙자	범칙행위를 행한 사람으로서 **다음에 해당하지 아니한(하는X)** 사람
	제외자 18 경간, 19 법학	① **18세 미만인** 사람 19 승진 ② **피**해자가 있는 행위를 한 사람 ③ 죄를 지은 동기나 수단 및 결과를 헤아려볼 때 **구류** 처분을 하는 것이 적절하다고 인정되는 사람 ④ 범칙행위를 **상습적**으로 행하는 사람 22 경간, 23 승진
통고처분 (행정처분)	통고처분 부과	**경찰서장, 해양경찰서장, 제주특별자치도지사** 또는 **철도특별사법경찰대장**은 범칙자로 인정되는 사람에 대하여 그 이유를 명백히 나타낸 **서면**으로 범칙금을 부과하고 이를 납부할 것을 **통고할 수 있다.** 22·23 경간
	제외자 18 승진	① 통고처분서 받기를 **거부한** 사람 ② **주거** 또는 신원이 확실하지 아니한 사람 18 경간 ③ 그 밖에 **통고처분을 하기가 매우 어려운** 사람

6) 범칙금 납부(경범죄처벌법 제8조, 제9조) 16 2차, 18 경간

1차 납부	① 통고처분서를 받은 사람은 **통고처분서를 받은 날부터 10일** 이내에 **경찰청장(경찰서장X)** 해양경찰청장 또는 철도특별사법경찰대장이 **지정한** 은행, 그 지점이나 대리점, 우체국 또는 제주특별자치도지사가 지정하는 금융기관이나 그 지점에 범칙금을 **납부하여야 한다.** 22 경간 ② 다만, 천재지변이나 그 밖의 부득이한 사유로 말미암아 그 기간 내에 범칙금을 납부할 수 없을 때에는 그 부득이한 사유가 없어지게 된 날부터 **5일** 이내에 납부하여야 한다. 18 3차, 20 경채, 22 경간
2차 납부	1차 납부기간에 따른 납부기간에 범칙금을 납부하지 아니한 사람은 **납부기간의 마지막 날의 다음 날부터 20일** 이내에 통고받은 범칙금에 그 금액의 100분의 **20**을 더한 금액을 납부하여야 한다. 23 경간

통고처분 불이행자 처분	즉결심판	① 경찰서장, 해양경찰서장 및 제주특별자치도지사는 다음 각 호의 어느 하나에 해당하는 사람에 대하여는 지체 없이 즉결심판을 청구하여야 한다. 다만, 즉결심판이 청구되기 전까지 통고받은 범칙금에 그 금액의 100분의 50을 더한 금액을 납부한 사람에 대하여는 그러하지 아니하다. 18 경간, 18 3차
		② 대상
		   ㉠ 통고처분제외자(통고처분서 받기를 거부한 사람, 주거 또는 신원이 확실하지 아니한 사람, 그 밖에 통고처분을 하기가 매우 어려운 사람)
		   ㉡ 납부기간에 범칙금을 납부하지 아니한 사람
		③ 청구의 예외 : 미납자는 즉결심판청구 전 까지 통고받은 범칙금액에 100분의 50을 더한 금액을 납부하면 즉결심판청구를 하지 않으며, 즉심 청구된 피고인의 경우 즉결심판 선고 전까지 100분의 50을 더한 금액을 납부하면 즉결심판청구를 취소하여야 한다. 19 법학, 23 경간

[경범죄처벌법 관련판례] 14 2차, 18 3차

1. 버스정류장 등지에서 소매치기할 생각으로 은밀히 성명불상자들의 뒤를 따라 다닌 경우, 경범죄처벌법 제1조 제19호 '불안감 조성'에 해당하지 않는다(대판 1999.8.24., 99도2034).
2. 경찰서장이 범칙행위에 대하여 통고처분을 한 이상 통고처분에서 정한 범칙금 납부기간까지는 원칙적으로 경찰서장은 즉결심판을 청구할 수 없다.(대판 2020도 15194) 23 2차
3. 피고인이 즉결심판에 대하여 제출한 정식재판청구서에 피고인의 자필로 보이는 이름이 기재되어 있고 그 옆에 서명이 되어 있어 위 서류가 작성자 본인인 피고인의 진정한 의사에 따라 작성되었다는 것을 명백하게 확인할 수 있으며 형사소송절차의 명확성과 안정성을 저해할 우려가 없으므로, 정식재판청구는 적법하다고 보아야 한다. 피고인의 인장이나 지장이 찍혀 있지 않다고 해서 이와 달리 볼 것이 아니다.(대법원 2017모 3458 결정) 23 2차

(2) 총포·도검·화약류 단속(총포·도검·화약류 등의 안전관리에 관한 법률) ★

1) 용어정리 14 경간, 18 1차

제2조(정의) ① 이 법에서 "총포"란 권총, 소총, 기관총, 포, 엽총, 금속성 탄알이나 가스 등을 쏠 수 있는 장약총포(裝藥銃砲), 공기총(가스를 이용하는 것을 포함한다. 이하 같다) 및 총포신·기관부 등 그 부품(이하 "부품"이라 한다)으로서 대통령령으로 정하는 것을 말한다. (부품은 제외X)
② 이 법에서 "도검"이란 칼날의 길이가 15센티미터 이상인 칼·검·창·치도(雉刀)·비수 등으로서 성질상 흉기로 쓰이는 것과 칼날의 길이가 15센티미터 미만이라 할지라도 흉기로 사용될 위험성이 뚜렷한 것 중에서 대통령령으로 정하는 것을 말한다.
③ 이 법에서 "화약류"란 다음 각 호의 화약, 폭약 및 화공품(火工品 : 화약 및 폭약을 써서 만든 공작물을 말한다. 이하 같다)을 말한다.

2) **총포도검화약류 등의 허가권자** 08·09 채용, 09 경간, 10·11·12 승진, 25 2차

구분	내용	허가권자
제조업	제조소마다 허가를 받아야 됨	
	① **총**(권총, 소총, 기관총), ② **포**, ③ **화약류**(화약, 폭약)	경찰청장
	① 화약류(화공품), ② 기타 총, ③ 도검, ④ 분사기 ⑤ 전자충격기, ⑥ 석궁	소재지 시도경찰청장
판매업	판매소마다 허가를 받아야 함	
	총포·도검·화약류·분사기·전자충격기·석궁 등	소재지 시도경찰청장
수출입	그때그때 허가받아야 됨	
	① 총포 ② 화약류	경찰청장
	① 도검 ② 분사기 ③ 전자충격기 ④ 석궁	주된사업장 소재지(관할) 시도경찰청장
소지	① **권총·소총·기관총·어획총·사격총**(공기총제외) ② **포**	주소지 시도경찰청장
	① 엽총·가스발사총·공기총·마취총·도살총·산업용총·구난구명총 또는 총포의 부품 ② 도검·화약류·분사기·전자충격기·석궁	주소지 경찰서장
화약류	① 1급 ② 2급 ③ 도화선 ④ 수중 ⑤ 실탄 ⑥ 꽃불류 ⑦ 장난감용꽃불류저장소	시도경찰청장
	① **3급** ② **간이**저장소 설치의 허가	경찰서장
	양수의 허가	
	사용(발파 또는 연소)허가	
	폐기	
사격장	클레이사격장, 라이플사격장, 권총사격장	시도경찰청장
	공기총사격장(가스를 이용하는 것을 포함) 및 **석궁**사격장	경찰서장

3) **총포 등 소지자 및 제조업자의 결격사유** 18 1차

구분	총포등 소지자의 결격사유	제조업결격사유
나이	20세미만	20세미만
벌금형 선고 후	5년이 지나지 아니한 자	없음
금고형 이상의 실형 선고 후	5년이 지나지 아니한 자	3년이 지나지 아니한 자
형의 집행유예 선고 후	3년이 지나지 아니한 자	1년
허가취소	1년	3년

4) 기타

> **제16조(총포 소지허가의 갱신)** ① 제12조에 따라 총포의 소지허가를 받은 자는 허가를 받은 날부터 **3년**마다 이를 갱신하여야 한다.
>
> **제18조(화약류의 사용)** ① 화약류를 발파하거나 연소시키려는 자는 행정안전부령으로 정하는 바에 따라 화약류의 **사용장소를 관할하는 경찰서장**의 화약류 사용허가를 받아야 한다. 다만, 「광업법」에 따라 광물을 채굴하는 자와 그 밖에 대통령령으로 정하는 자는 그러하지 아니하다.
>
> **제23조(발견·습득의 신고 등)** 누구든지 유실·매몰 또는 정당하게 관리되고 있지 아니하는 총포·도검·화약류·분사기·전자충격기·석궁이라고 인정되는 물건을 발견하거나 습득하였을 때에는 **24시간 이내(지체없이X)**에 가까운 경찰관서에 신고하여야 하며, 경찰공무원(의무경찰을 포함한다)의 지시 없이 이를 만지거나 옮기거나 두들기거나 해체하여서는 아니 된다. 18 1차
>
> **제26조(화약류의 운반)** ① 화약류를 운반하려는 사람은 행정안전부령으로 정하는 바에 따라 **발송지(도착지X)**를 관할하는 **경찰서장**에게 신고하여야 한다. 다만, 대통령령으로 정하는 수량 이하의 화약류를 운반하는 경우에는 그러하지 아니하다. 18 1차
>
>> **시행규칙(행정안전부령)**
>> **제38조(운반신고)** ① 법 제26조제1항에 따라 화약류운반신고를 하려는 사람은 별지 제20호서식의 화약류운반신고서를 특별한 사정이 없는 한 운반개시 1시간 전까지 발송지를 관할하는 경찰서장에게 제출하여야 한다.

(3) 유실물법 ★

유실물이란 점유자의 의사에 의하지 않거나 타인에게 절취된 것이 아니면서 **우연히 그 지배에서 벗어난 동산**을 말하며, 점유자의 의사에 의하여 **버린 물건이나 도품은 유실물에 해당하지 않는다.** 18 경간

1) 절차

> **제1조(습득물의 조치)** ① 타인이 유실한 물건을 습득한 자는 이를 **신속하게** 유실자 또는 소유자, 그 밖에 물건회복의 청구권을 가진 자에게 반환하거나 **경찰서(지구대·파출소 등 소속 경찰관서를 포함한다. 이하 같다)** 또는 제주특별자치도의 자치경찰단 사무소(이하 "자치경찰단"이라 한다)에 **제출하여야 한다.** 18 경간 다만, 법률에 따라 소유 또는 소지가 금지되거나 범행에 사용되었다고 인정되는 물건은 신속하게 경찰서 또는 자치경찰단에 제출하여야 한다.
>
> **제2조(보관방법)** ① 경찰서장 또는 자치경찰단을 설치한 제주특별자치도지사는 보관한 물건이 멸실되거나 훼손될 우려가 있을 때 또는 보관에 과다한 비용이나 불편이 수반될 때**(경제적 가치가 떨어질 때X)**에는 대통령령으로 정하는 방법으로 이를 매각할 수 있다. 11·18 승진
>
> **제4조(보상금)** 물건을 반환받는 자는 물건가액의 **100분의 5 이상 100분의 20 이하**의 범위에서 보상금을 습득자에게 지급**하여야** 한다. 11·12·14·15 승진, 15 2차 다만, 국가·지방자치단체와 그 밖에 대통령령으로 정하는 공공기관은 **보상금을 청구할 수 없다.** 16 경간
>
> **제6조(비용 및 보상금의 청구기한)** 제3조의 비용과 제4조의 보상금은 물건을 반환한 후 **1개월**이 지나면 청구할 수 없다.

제7조(습득자의 권리 포기) 습득자는 미리 신고하여 습득물에 관한 모든 권리를 포기하고 의무를 지지 아니할 수 있다. 15·18 승진

제9조(습득자의 권리 상실) 습득물이나 그 밖에 이 법의 규정을 준용하는 물건을 횡령함으로써 처벌을 받은 자 및 습득일부터 7일 이내에 유실자 또는 소유자에게 반환하지 아니하거나 경찰관서에 제출하지 아니한 자는 제3조의 비용과 제4조의 보상금을 받을 권리 및 습득물의 소유권을 취득할 권리를 상실한다. 11·14·15·18 승진, 18 경간

제10조(선박, 차량, 건축물 등에서의 습득) ① 관리자가 있는 선박, 차량, 건축물, 그 밖에 일반인의 통행을 금지한 구내에서 타인의 물건을 습득한 자는 그 물건을 관리자에게 인계하여야 한다.
② 제1항의 경우에는 선박, 차량, 건축물 등의 점유자를 습득자로 한다. 자기가 관리하는 장소에서 타인의 물건을 습득한 경우에도 또한 같다.
③ 이 조의 경우에 보상금은 제2항의 점유자와 실제로 물건을 습득한 자가 **반씩 나누어야 한다.**
④ 「민법」 제253조에 따라 소유권을 취득하는 경우에는 제2항에 따른 습득자와 제1항에 따른 사실상의 습득자는 반씩 나누어 그 소유권을 취득한다. 이 경우 습득물은 제2항에 따른 습득자에게 인도한다.

제11조(장물의 습득) ① 범죄자가 놓고 간 것으로 인정되는 물건을 습득한 자는 신속히 그 물건을 경찰서에 제출하여야 한다.
② 제1항의 물건에 관하여는 법률에서 정하는 바에 따라 몰수할 것을 제외하고는 이 법 및 「민법」 제253조를 준용한다. 다만, 공소권이 소멸되는 날부터 **6개월간** 환부받는 자가 없을 때에만 습득자가 그 소유권을 취득한다.

제12조(준유실물) 착오로 점유한 물건, 타인이 놓고 간 물건이나 일실한 가축에 관하여는 이 법 및 「민법」 제253조를 준용한다. 다만, 착오로 점유한 물건에 대하여는 제3조의 비용과 제4조의 보상금을 청구할 수 없다. 14·18 승진

제14조(수취하지 아니한 물건의 소유권 상실) 이 법 및 「민법」 제253조, 제254조에 따라 **물건의 소유권을 취득한 자가 그 취득한 날부터 3개월 이내에 물건을 경찰서 또는 자치경찰단으로부터 받아가지 아니할 때에는 그 소유권을 상실한다.** 18 경간

제15조(수취인이 없는 물건의 귀속) 이 법의 규정에 따라 경찰서 또는 자치경찰단이 보관한 물건으로서 **교부받을 자가 없는 경우에는 그 소유권은 국고 또는 제주특별자치도의 금고에 귀속한다.**

제16조(인터넷을 통한 유실물 정보 제공) 경찰청장은 경찰서장 및 자치경찰단장이 관리하고 있는 유실물에 관한 정보를 인터넷 홈페이지 등을 통하여 국민에게 제공하여야 한다.

민법
제253조(유실물의 소유권취득) 유실물은 법률에 정한 바에 의하여 공고한 후 6개월 내에 그 소유자가 권리를 주장하지 아니하면 습득자가 그 소유권을 취득한다. 14 승진, 16 경간

3) 적용법률 16 경간
① 유실물, 준유실물, 습득물, 매장물 → 유실물법 적용
② 표류물, 침몰물 → 수난구호법 적용
③ 유기견, 유기동물 → 동물보호법 적용
④ 장물 → 형법, 형사소송법 적용

제 3 절 여성청소년 업무

1. 청소년 보호법 ★★

제2조(정의) 이 법에서 사용하는 용어의 뜻은 다음과 같다.
1. "청소년"이란 19세 미만인 사람을 말한다. 다만, 19세가 되는 해의 1월 1일을 맞이한 사람은 제외한다.

> 「청소년보호법」상의 '청소년'에 해당하는지의 판단기준은 호적 등 공부상의 나이가 아니라 실제의 나이를 기준으로 하여야 할 것이다.(대구지법 2009.9.11. 2009노1765)

5. "청소년유해업소"란 청소년의 출입과 고용이 청소년에게 유해한 것으로 인정되는 다음 가목의 업소(이하 "청소년 출입·고용금지업소"라 한다)와 청소년의 출입은 가능하나 고용이 청소년에게 유해한 것으로 인정되는 다음 나목의 업소(이하 "청소년고용금지업소"라 한다)를 말한다. 이 경우 업소의 구분은 그 업소가 영업을 할 때 다른 법령에 따라 요구되는 허가·인가·등록·신고 등의 여부와 관계없이 실제로 이루어지고 있는 영업행위를 기준으로 한다. 19 2차

제29조(청소년 고용 금지 및 출입 제한 등) ① 청소년유해업소의 업주는 청소년을 고용하여서는 아니 된다. 청소년유해업소의 업주가 종업원을 고용하려면 미리 나이를 확인하여야 한다.
② 청소년 출입·고용금지업소의 업주와 종사자는 출입자의 나이를 확인하여 청소년이 그 업소에 출입하지 못하게 하여야 한다.
③ 제2조제5호나목2)의 숙박업을 운영하는 업주는 종사자를 배치하거나 대통령령으로 정하는 설비 등을 갖추어 출입자의 나이를 확인하고 제30조제8호(청소년을 남녀 혼숙하게 하는 등 풍기를 문란하게 하는 영업행위를 하거나 이를 목적으로 장소를 제공하는 행위)의 우려가 있는 경우에는 청소년의 출입을 제한하여야 한다.
④ 청소년유해업소의 업주와 종사자는 제1항부터 제3항까지에 따른 나이 확인을 위하여 필요한 경우 주민등록증(모바일 주민등록증을 포함한다)이나 그 밖에 나이를 확인할 수 있는 증표(이하 이 항에서 "증표"라 한다)의 제시를 요구할 수 있으며, 증표 제시를 요구받고도 정당한 사유 없이 증표를 제시하지 아니하는 사람에게는 그 업소의 출입을 제한할 수 있다.(하여야 한다X) 19 승진
⑤ 제2항에도 불구하고 청소년이 친권자등을 동반할 때에는 대통령령으로 정하는 바에 따라 출입하게 할 수 있다. 다만, 「식품위생법」에 따른 식품접객업 중 대통령령으로 정하는 업소의 경우에는 출입할 수 없다.
⑥ 청소년유해업소의 업주와 종사자는 그 업소에 대통령령(행정안전부령X)으로 정하는 바에 따라 청소년의 출입과 고용을 제한하는 내용을 표시하여야 한다. 19 승진

제30조(청소년유해행위의 금지) 누구든지 청소년에게 다음 각 호의 어느 하나에 해당하는 행위를 하여서는 아니

된다. 16·19 경간

1. 영리를 목적으로 청소년으로 하여금 신체적인 접촉 또는 은밀한 부분의 노출 등 **성적 접대행위**를 하게 하거나 이러한 행위를 알선·매개하는 행위

'홀딱쇼' 등 은밀한 부분을 노출시키고 접대하는 행위, 안마시술소의 퇴폐적 안마, 증기탕의 목욕접대 등도 성적 접대행위에 포함된다. 11 승진

2. 영리를 목적으로 청소년으로 하여금 손님과 함께 술을 마시거나 노래 또는 춤 등으로 손님의 유흥을 돋우는 **접객행위**를 하게 하거나 이러한 행위를 알선·매개하는 행위
3. 영리나 흥행을 목적으로 청소년에게 **음란한 행위**를 하게 하는 행위
4. 영리나 흥행을 목적으로 청소년의 **장애나 기형 등의 모습을 일반인들에게 관람시키는** 행위
5. 청소년에게 **구걸을 시키거나 청소년을 이용하여 구걸하는** 행위
6. 청소년을 **학대하는** 행위
7. 영리를 목적으로 청소년으로 하여금 거리에서 손님을 유인하는 행위를 하게 하는 행위
8. 청소년을 **남녀 혼숙하게 하는 등 풍기를 문란하게 하는 영업행위**를 하거나 이를 목적으로 장소를 제공하는 행위
9. 주로 차 종류를 조리·판매하는 업소에서 청소년으로 하여금 영업장을 벗어나 차 종류를 배달하는 행위를 하게 하거나 이를 조장하거나 묵인하는 행위

제31조(청소년 통행금지·제한구역의 지정 등) ① 특별자치시장·특별자치도지사·시장·군수·구청장(구청장은 자치구의 구청장을 말하며, 이하 "**시장·군수·구청장**"이라 한다)은 청소년 보호를 위하여 필요하다고 인정할 경우 청소년의 정신적·신체적 건강을 해칠 우려가 있는 구역을 **청소년 통행금지구역 또는 청소년 통행제한구역으로 지정하여야 한다.** 19 승진

② **시장·군수·구청장**은 청소년 범죄 또는 탈선의 예방 등 특별한 이유가 있으면 대통령령으로 정하는 바에 따라 시간을 정하여 제1항에 따라 **지정된 구역에 청소년이 통행하는 것을 금지하거나 제한할 수 있다.**

④ 시장·군수·구청장 및 관할 경찰서장은 청소년이 제2항을 위반하여 청소년 통행금지구역 또는 통행제한구역을 통행하려고 할 때에는 통행을 막을 수 있으며, 통행하고 있는 청소년은 해당 구역 밖으로 나가게 할 수 있다. 19 승진

제32조(청소년에 대하여 가지는 채권의 효력 제한) ① 제30조에 따른 행위를 한 자가 그 행위와 관련하여 청소년에 대하여 가지는 채권은 그 **계약의 형식이나 명목에 관계없이 무효로 한다.**

> **정리** 청소년 출입고용 18·19 2차, 11·12·17·19 승진, 15 경간

청소년 출입고용금지업소(출입X, 고용X)	청소년 고용금지업소(출입O, 고용X)
유흥주점영업, 단란주점영업	청소년게임 제공업, 인터넷컴퓨터게임시설제공업
비디오물감상실업(비디오방), 제한관람가 비디오물 소극장업, 복합영상물제공업	① 숙박업 ② 목욕장업 ③ 이용업
노래연습장(청소년실에 한정하여 청소년 출입을 허용)	① 티켓다방 ② 소주방호프카페
무도학원업, 무도장업	비디오물소극장업
사행행위영업	유해화학물질영업 (유해화학물질을 직접사용하지 않는 영업제외)
복합유통게임제공업, 일반게임제공업	유료 만화대여업
전화방(음성대화방), 화상대화방	
성적 서비스 제공하는 영업	
장외발매소(한국마사회법 제6조제2항)	
장외매장(경륜·경정법 제9조 제2항)	

2. 아동청소년의 성보호에 관한 법률 ★★★

> **제2조(정의)** 이 법에서 사용하는 용어의 뜻은 다음과 같다.
> 1. "**아동·청소년**"이란 19세 미만의 사람을 말한다. 11 1차, 18 법학, 23 2차
> 4. "**아동·청소년의 성을 사는 행위**"란 아동·청소년, 아동·청소년의 성(性)을 사는 행위를 알선한 자 또는 아동·청소년을 실질적으로 보호·감독하는 자 등에게 금품이나 그 밖의 재산상 이익, 직무·편의제공 등 대가를 제공하거나 약속하고 다음 각 목의 어느 하나에 해당하는 행위를 아동·청소년을 대상으로 하거나 아동·청소년으로 하여금 하게 하는 것을 말한다. 08 경간, 15 승진
>   가. 성교 행위
>   나. 구강·항문 등 신체의 일부나 도구를 이용한 유사 성교 행위
>   다. 신체의 전부 또는 일부를 접촉·노출하는 행위로서 일반인의 성적 수치심이나 혐오감을 일으키는 행위
>   라. 자위 행위

정리	아동청소년대상 성범죄 미수범 처벌 여부 17 2차, 18 법학, 18 · 21 승진, 20 경간, 24 1차	
	아동청소년에 대한 **강간·강제추행** 등(유사강간포함) 제7조	미수범처벌 O
	장애인인 아동청소년에 대한 간음 (제8조)	미수범처벌 X
	13세 이상 16세미만 아동청소년에 대한 간음등 제8조의2	미수범처벌 X
	강간 등 상해치상(제9조)	미수범처벌 X
	강간 등 살인치사(제10조)	미수범처벌 X
	아동청소년 성착취물 **제작배포소지** 등(제11조) 아동·청소년성착취물을 이용한 **협박·강요**(제11조의2)	제작수입수출만 미수범처벌 O
	아동청소년 **매매**행위(제12조)	미수범처벌 O
	아동청소년의 성을 사는 행위(제13조) − 성을 사기위해 아동청소년을 유인, 권유해도 처벌	미수범처벌 X
	알선영업행위 등(제15조)	미수범처벌 X
	아동청소년에 대한 **성착취 목적 대화** 등(제15조의2)	미수범처벌 O
	아동청소년에 대한 강요행위(제14조) 1. **폭행이나 협박**으로 아동청소년으로 하여금 아동청소년의 성을 사는 행위의 상대방이 되게 한 자 2. **선불금**, 그 밖의 **채무**를 이용하는 등의 **방법**으로 아동청소년을 곤경에 빠뜨리거나 위계 또는 위력으로 아동·청소년으로 하여금 아동청소년의 성을 사는 행위의 상대방이 되게 한 자 3. **업무고용**이나 그 밖의 관계로 자신의 보호 또는 감독을 받는 것을 **이용**하여 아동·청소년으로 하여금 아동청소년의 성을 사는 행위의 상대방이 되게 한 자 4. **영업으로** 아동청소년을 아동·청소년의 **성을 사는 행위의 상대방이 되도록 유인권유**한 자	미수범처벌 O (단, **아동청소년의 성을 사는 행위의 상대방이 되도록 유인권유한자는 미수범 처벌 X**) 11 승진
	피해자 등에 대한 강요행위(제16조)	미수범처벌 X

제19조(「형법」상 감경규정에 관한 특례) 음주 또는 약물로 인한 심신장애 상태에서 아동·청소년대상 성폭력범죄를 범한 때에는 「형법」제10조제1항·제2항(심신장애자 감경) 및 제11조(청각 및 언어 장애인 감경)를 적용하지 아니할 수 있다. 11 경간, 17 2차, 18 법학, 23 특공대

제20조(공소시효에 관한 특례) ① 아동·청소년대상 성범죄의 공소시효는 「형사소송법」제252조제1항에도 불구하고 해당 성범죄로 피해를 당한 아동·청소년이 **성년에 달한 날부터** 진행한다. 13 승진

② 제7조(아동·청소년에 대한 강간·강제추행 등)의 죄는 디엔에이(DNA)증거 등 그 죄를 증명할 수 있는 과학적인 증거가 있는 때에는 공소시효가 **10년 연장**된다. 11 1차, 13 승진, 18 법학

③ **13세 미만**의 사람 및 신체적인 또는 정신적인 장애가 있는 아동·청소년에 대하여 **(강간), (강제추행)**등은 공소시효를 **적용하지 아니한다.** 24 1차

④ (강간 등 살인죄)는 공소시효를 적용하지 아니한다. 23 특공대

제21조(형벌과 수강명령 등의 병과) ① 법원은 아동·청소년대상 성범죄를 범한 「소년법」 제2조의 소년에 대하여 형의 선고를 유예하는 경우에는 반드시 보호관찰을 명하여야 한다. 17 2차
② 법원은 아동·청소년대상 성범죄를 범한 자에 대하여 유죄판결을 선고하거나 약식명령을 고지하는 경우에는 500시간의 범위에서 재범예방에 필요한 수강명령 또는 성폭력 치료프로그램의 이수명령(이하 "이수명령"이라 한다)을 병과하여야 한다. 다만, 수강명령 또는 이수명령을 부과할 수 없는 특별한 사정이 있는 경우에는 그러하지 아니하다.

제21조의2(재범여부 조사) ① 법무부장관은 제21조제2항에 따라 수강명령 또는 이수명령을 선고받아 그 집행을 마친 사람에 대하여 그 효과를 평가하기 위하여 아동·청소년대상 성범죄 재범여부를 조사할 수 있다. 23 특공대

제23조(친권상실청구 등) ① 아동·청소년대상 성범죄 사건을 수사하는 검사는 그 사건의 가해자가 피해아동·청소년의 친권자나 후견인인 경우에 법원에 「민법」 제924조의 친권상실선고 또는 같은 법 제940조의 후견인 변경 결정을 청구하여야 한다.(할 수 있다X) 11 경간 다만, 친권상실선고 또는 후견인 변경 결정을 하여서는 아니 될 특별한 사정이 있는 경우에는 그러하지 아니하다.

제25조(수사 및 재판 절차에서의 배려) ② 수사기관과 법원은 피해아동·청소년을 조사하거나 심리·재판할 때 피해자가 편안한 상태에서 진술할 수 있는 환경을 조성하여야 하며, 조사 및 심리·재판 횟수는 필요한 범위에서 최소한으로 하여야 한다.

제25조의2(아동·청소년대상 디지털 성범죄의 수사 특례) ① 사법경찰관리는 다음 각 호의 어느 하나에 해당하는 범죄(이하 "디지털 성범죄"라 한다)에 대하여 신분을 비공개하고 범죄현장(정보통신망을 포함한다) 또는 범인으로 추정되는 자들에게 접근하여 범죄행위의 증거 및 자료 등을 수집(이하 "신분비공개수사"라 한다)할 수 있다. 22 2차

1. 제11조(아동·청소년성착취물의 제작·배포 등) 및 제15조의2(아동·청소년에 대한 성착취 목적 대화 등)의 죄 23 2차
2. 아동·청소년에 대한 「성폭력범죄의 처벌 등에 관한 특례법」 제14조제2항 및 제3항의 죄

② 사법경찰관리는 디지털 성범죄를 계획 또는 실행하고 있거나 실행하였다고 의심할 만한 충분한 이유가 있고, 다른 방법으로는 그 범죄의 실행을 저지하거나 범인의 체포 또는 증거의 수집이 어려운 경우에 한정하여 수사 목적을 달성하기 위하여 부득이한 때에는 다음 각 호의 행위(이하 "신분위장수사"라 한다)를 할 수 있다.

1. 신분을 위장하기 위한 문서, 도화 및 전자기록 등의 작성, 변경 또는 행사
2. 위장 신분을 사용한 계약·거래
3. 아동·청소년성착취물 또는 「성폭력범죄의 처벌 등에 관한 특례법」 제14조제2항의 촬영물 또는 복제물(복제물의 복제물을 포함한다)의 소지, 판매 또는 광고 23 2차

③ 제1항에 따른 수사의 방법 등에 필요한 사항은 대통령령으로 정한다.

제25조의3(아동·청소년대상 디지털 성범죄 수사 특례의 절차) ① 사법경찰관리가 신분비공개수사를 진행하고자 할 때에는 사전에 상급 경찰관서 수사부서의 장의 승인을 받아야 한다. 이 경우 그 수사기간은 3개월을 초과할 수

없다. 22 2차
② 제1항에 따른 승인의 절차 및 방법 등에 필요한 사항은 대통령령으로 정한다.
⑥ 사법경찰관리는 신분위장수사를 하려는 경우에는 **검사에게 신분위장수사에 대한 허가를 신청하고, 검사는 법원에 그 허가를 청구한다.**
⑦ **신분위장수사의 기간은 3개월을 초과할 수 없으며,** 그 수사기간 중 수사의 목적이 달성되었을 경우에는 즉시 종료하여야 한다.
⑧ 제7항에도 불구하고 제25조의2제2항의 요건이 존속하여 그 수사기간을 연장할 필요가 있는 경우에는 사법경찰관리는 소명자료를 첨부하여 3개월의 범위에서 수사기간의 연장을 검사에게 신청하고, 검사는 법원에 그 연장을 청구한다. 이 경우 신분위장수사의 총 기간은 1년을 초과할 수 없다.

제25조의4(아동·청소년대상 디지털 성범죄에 대한 긴급 신분비공개수사) ① 사법경찰관리는 디지털 성범죄에 대하여 제25조의3제1항 및 제2항에 따른 절차를 거칠 수 없는 긴급을 요하는 때에는 상급 경찰관서 수사부서의 장의 승인 없이 **신분비공개수사를 할 수 있다.**
② 사법경찰관리는 제1항에 따른 신분비공개수사 개시 후 지체 없이 **상급 경찰관서 수사부서의 장에게 보고하여야 하고,** 사법경찰관리는 48시간 이내에 상급 경찰관서 수사부서의 장의 승인을 받지 못한 때에는 즉시 신분비공개수사를 중지하여야 한다.

제25조의5(아동·청소년대상 디지털 성범죄에 대한 긴급 신분위장수사) ① 사법경찰관리는 제25조의2제2항의 요건을 구비하고, 제25조의3제3항부터 제8항까지에 따른 절차를 거칠 수 없는 **긴급을 요하는 때에는 법원의 허가 없이 신분위장수사를 할 수 있다.**
② 사법경찰관리는 제1항에 따른 신분위장수사 개시 후 지체 없이 **검사에게 허가를 신청하여야 하고,** 사법경찰관리는 48시간 이내에 법원의 허가를 받지 못한 때에는 즉시 신분위장수사를 중지하여야 한다. 22 2차

제25조의6(아동·청소년대상 디지털 성범죄에 대한 신분비공개수사 또는 신분위장수사로 수집한 증거 및 자료 등의 사용제한) 사법경찰관리가 제25조의2부터 제25조의5까지에 따라 수집한 증거 및 자료 등은 **다음 각 호의 어느 하나에 해당하는 경우 외에는 사용할 수 없다.**
1. 신분비공개수사 또는 신분위장수사의 목적이 된 디지털 성범죄나 이와 관련되는 **범죄를 수사·소추하거나 그 범죄를 예방하기 위하여 사용하는 경우**
2. 신분비공개수사 또는 신분위장수사의 목적이 된 디지털 성범죄나 이와 관련되는 범죄로 인한 **징계절차에 사용하는 경우**
3. 증거 및 자료 수집의 대상자가 제기하는 **손해배상청구소송에서 사용하는 경우**
4. 그 밖에 다른 법률의 규정에 의하여 사용하는 경우

제25조의7(국가경찰위원회와 국회의 통제) ① 「국가경찰과 자치경찰의 조직 및 운영에 관한 법률」 제16조제1항에 따른 국가수사본부장(이하 "국가수사본부장"이라 한다)은 신분비공개수사가 종료된 즉시 대통령령으로 정하는 바에 따라 같은 법 제7조제1항에 따른 국가경찰위원회에 수사 관련 자료를 보고하여야 한다. 22 2차
② 국가수사본부장은 대통령령으로 정하는 바에 따라 국회 소관 상임위원회에 신분비공개수사 관련 자료를 반기별로 보고하여야 한다.

제25조의9(면책) ① 사법경찰관리가 신분비공개수사 또는 신분위장수사 중 부득이한 사유로 위법행위를 한 경우 그 행위에 고의나 중대한 과실이 없는 경우에는 벌하지 아니한다.
② 제1항에 따른 위법행위가 「국가공무원법」 제78조제1항에 따른 징계 사유에 해당하더라도 그 행위에 고의나 **중대한 과실이 없는 경우에는 징계 요구 또는 문책 요구 등 책임을 묻지 아니한다.**
③ 신분비공개수사 또는 신분위장수사 행위로 타인에게 손해가 발생한 경우라도 사법경찰관리는 그 행위에 고의나 중대한 과실이 없는 경우에는 그 손해에 대한 **책임을 지지 아니한다.**

제25조의10(수사 지원 및 교육) 상급 경찰관서 수사부서의 장은 신분비공개수사 또는 신분위장수사를 승인하거나 보고받은 경우 사법경찰관리에게 수사에 필요한 인적·물적 지원을 하고, 전문지식과 피해자 보호를 위한 수사방법 및 수사절차 등에 관한 **교육을 실시하여야 한다.**

제26조(영상녹화 및 보존 등) ① 검사 또는 사법경찰관은 **피해아동·청소년의 진술 내용과 조사 과정을** 영상녹화장치로 녹화(녹음이 포함된 것을 말하며, 이하 "영상녹화"라 한다)하고, 그 **영상녹화물을 보존하여야 한다.**
② 검사 또는 사법경찰관은 **피해아동·청소년을 조사하기 전에** 다음 각 호의 사실을 피해자의 나이, 인지적 발달 단계, 심리 상태, 장애 정도 등을 고려한 적절한 방식으로 피해자에게 **설명하여야 한다.**
1. 조사 과정이 **영상녹화된다는 사실**
2. 영상녹화된 영상녹화물이 **증거로 사용될 수 있다는 사실**
③ 제1항에도 불구하고 피해아동·청소년 또는 그 법정대리인(법정대리인이 가해자이거나 가해자의 배우자인 경우는 제외한다)이 이를 원하지 아니하는 의사를 표시하는 경우에는 영상녹화를 하여서는 아니 된다.
④ 검사 또는 사법경찰관은 제1항에 따른 영상녹화를 마쳤을 때에는 **지체 없이 피해자 또는 변호사 앞에서 봉인하고 피해자로 하여금 기명날인 또는 서명하게 하여야 한다.**
⑤ 검사 또는 사법경찰관은 제1항에 따른 영상녹화 과정의 진행 경과를 조서(별도의 서면을 포함한다. 이하 같다)에 기록한 후 수사기록에 편철하여야 한다.
⑥ 제5항에 따라 영상녹화 과정의 진행 경과를 기록할 때에는 다음 각 호의 사항을 구체적으로 적어야 한다.
1. 피해자가 영상녹화 장소에 **도착한 시각**
2. 영상녹화를 시작하고 **마친 시각**
3. 그 밖에 영상녹화 과정의 진행경과를 확인하기 위하여 필요한 사항
⑦ 검사 또는 사법경찰관은 **피해아동·청소년 또는 그 법정대리인이 신청하는 경우에는** 영상녹화 과정에서 작성한 **조서의 사본** 또는 영상녹화물에 녹음된 내용을 옮겨 적은 **녹취서의 사본을** 신청인에게 **발급하거나** 영상녹화물을 재생하여 **시청하게 하여야 한다.**
⑧ 누구든지 제1항에 따라 영상녹화한 영상녹화물을 수사 및 재판의 용도 외에 다른 목적으로 사용하여서는 아니 된다.

제26조의2(영상녹화물의 증거능력 특례) ① 제26조제1항에 따라 피해아동·청소년의 진술이 영상녹화된 영상녹화물은 같은 조 제4항부터 제6항까지에서 정한 절차와 방식에 따라 영상녹화된 것으로서 **다음 각 호의 어느 하나의 경우에 증거로 할 수 있다.**
1. 증거보전기일, 공판준비기일 또는 공판기일에 그 내용에 대하여 **피의자, 피고인 또는 변호인이 피해자를 신문할 수 있었던 경우.** 다만, 증거보전기일에서의 신문의 경우 법원이 피의자나 피고인의 **방어권이 보장된 상태에서 피해자에 대한 반대신문이 충분히 이루어졌다고 인정하는 경우로 한정한다.**

2. 피해아동·청소년이 다음 각 목의 어느 하나에 해당하는 사유로 공판준비기일 또는 공판기일에 **출석하여 진술할 수 없는 경우**. 다만, 영상녹화된 진술 및 영상녹화가 **특별히 신빙(信憑)할 수 있는 상태**에서 이루어졌음이 증명된 경우로 한정한다.
   가. 사망
   나. 외국 거주
   다. 신체적, 정신적 질병·장애
   라. 소재불명
   마. 그 밖에 이에 준하는 경우
② 법원은 제1항제2호에 따라 **증거능력이 있는 영상녹화물을 유죄의 증거로 할지를 결정할 때**에는 피고인과의 관계, 범행의 내용, 피해자의 나이, 심신의 상태, 피해자가 증언으로 인하여 겪을 수 있는 심리적 외상, 영상녹화물에 수록된 피해아동·청소년의 진술 내용 및 진술 태도 등을 **고려하여야 한다**. 이 경우 법원은 전문심리위원 또는 「성폭력범죄의 처벌 등에 관한 특례법」 제33조에 따른 **전문가의 의견을 들어야 한다**.

제27조(증거보전의 특례) ① 피해아동·청소년, 그 법정대리인 또는 경찰은 **피해자가 공판기일에 출석하여 증언하는 것에 현저히 곤란한 사정이 있을 때**에는 그 사유를 소명하여 제26조에 따라 촬영된 영상물 또는 그 밖의 다른 증거물에 대하여 해당 성범죄를 수사하는 검사에게 「형사소송법」 제184조제1항에 따른 **증거보전의 청구를 할 것을 요청할 수 있다**.
② 제1항의 요청을 받은 검사는 특별한 사정이 없으면 「형사소송법」 제184조제1항에 따라 관할 지방법원판사에게 증거보전을 청구하여야 한다.

제28조(신뢰관계에 있는 사람의 동석) ① 법원은 피해아동·청소년을 증인으로 신문하는 경우에 검사, 피해자 또는 법정대리인이 신청하는 경우에는 재판에 지장을 줄 우려가 있는 등 부득이한 경우가 아니면 **피해자와 신뢰관계에 있는 사람을 동석하게 하여야 한다**.
③ 제1항 및 제2항의 경우 법원과 수사기관은 피해자와 신뢰관계에 있는 사람이 **피해자에게 불리하거나 피해자가 원하지 아니하는 경우에는 동석하게 하여서는 아니 된다**.

제30조(피해아동·청소년 등에 대한 변호사선임의 특례) ① 피해아동·청소년 및 그 법정대리인은 형사절차상 입을 수 있는 피해를 방어하고 법률적 조력을 보장하기 위하여 변호사를 선임할 수 있다.

3. 실종아동등의 보호 및 지원에 관한 법률 및 실종아동등 가출인 업무처리 규칙

(1) 실종아동등의 보호 및 지원에 관한 법률 ★★★

제2조(정의) 이 법에서 사용하는 용어의 정의는 다음과 같다. 11 1차, 12·17 경간, 12·17·19 승진, 16 2차, 18 3차, 22 경채
1. **"아동등"**이란 다음 각 목의 어느 하나에 해당하는 사람을 말한다.
   가. **실종 당시(실종신고당시X) 18세 미만**인 아동
   나. 「장애인복지법」 제2조의 장애인 중 **지적장애인, 자폐성장애인 또는 정신장애인**
   다. 「치매관리법」 제2조제2호의 **치매환자**
2. **"실종아동등"**이란 약취·유인 또는 유기되거나 사고를 당하거나 가출하거나 길을 잃는 등의 사유로 인하여 **보호자로부터 이탈된** 아동등을 말한다.

3. "보호자"란 친권자, 후견인이나 그 밖에 다른 법률에 따라 아동등을 보호하거나 부양할 의무가 있는 사람을 말한다. 다만, 제4호의 보호시설의 장 또는 종사자는 제외한다.
4. "보호시설"이란 「사회복지사업법」 제2조제4호에 따른 사회복지시설 및 인가·신고 등이 없이 아동등을 보호하는 시설로서 사회복지시설에 준하는 시설을 말한다.

제6조(신고의무 등) ① 다음 각 호의 어느 하나에 해당하는 사람은 그 직무를 수행하면서 실종아동등임을 알게 되었을 때에는 제3조제2항제1호에 따라 경찰청장이 구축하여 운영하는 신고체계(이하 "경찰신고체계"라 한다)로 지체 없이 신고하여야 한다. 17·18 경간, 12·19 승진, 25 1차
1. 보호시설의 장 또는 그 종사자
2. 「아동복지법」 제13조에 따른 아동복지전담공무원
3. 「청소년 보호법」 제35조에 따른 청소년 보호·재활센터의 장 또는 그 종사자
4. 「사회복지사업법」 제14조에 따른 사회복지전담공무원 25 1차
5. 「의료법」 제3조에 따른 의료기관에서 업무를 하는 의료인, 종사자 및 의료기관의 장
6. 업무·고용 등의 관계로(업무에 관계없이X) 사실상 아동등을 보호·감독하는 사람
② 지방자치단체의 장이 관계 법률에 따라 아동등을 보호조치할 때에는 아동등의 신상을 기록한 신고접수서를 작성하여 경찰신고체계로 제출하여야 한다.

제7조(미신고 보호행위의 금지) 누구든지 정당한 사유 없이 실종아동등을 경찰관서의 장에게 신고하지 아니하고 보호할 수 없다.

제17조(벌칙) 제7조를 위반하여 정당한 사유없이 실종아동등을 보호한 자는 5년 이하의 징역 또는 5천만원 이하의 벌금에 처한다.

제7조의2(실종아동등의 조기발견을 위한 사전신고증 발급 등) ① 경찰청장은 실종아동등의 조속한 발견과 복귀를 위하여 아동등의 보호자가 신청하는 경우 아동등의 지문 및 얼굴 등에 관한 정보(이하 "지문등정보"라 한다)를 제8조의2에 따른 정보시스템에 등록하고 아동등의 보호자에게 사전신고증을 발급할 수 있다. 25 1차

제9조(수색 또는 수사의 실시 등) ① 경찰관서의 장은 실종아동등의 발생 신고를 접수하면 지체 없이 수색 또는 수사의 실시 여부를 결정하여야 한다. 15·19 승진, 17 경간, 22 2차
② 경찰관서의 장은 실종아동등(범죄로 인한 경우를 제외한다. 이하 이 조 및 제9조의2에서 같다)의 조속한 발견을 위하여 필요한 때에는 다음 각 호의 어느 하나에 해당하는 자(개인위치정보사업자등)에게 실종아동등의 위치 확인에 필요한 「위치정보의 보호 및 이용 등에 관한 법률」 제2조제2호에 따른 개인위치정보, 「인터넷주소자원에 관한 법률」 제2조제1호에 따른 인터넷주소 및 「통신비밀보호법」 제2조제11호마목·사목에 따른 통신사실확인자료(이하 "개인위치정보등"이라 한다)의 제공을 요청할 수 있다. 15·19 승진, 17·19 경간 이 경우 경찰관서의 장의 요청을 받은 자는 「통신비밀보호법」 제3조에도 불구하고 정당한 사유가 없으면 이에 따라야 한다.
③ 제2항의 요청을 받은 자는 그 실종아동등의 동의 없이 개인위치정보등을 수집할 수 있으며, 실종아동등의 동의가 없음을 이유로 경찰관서의 장의 요청을 거부하여서는 아니 된다. 15 승진
④ 경찰관서의 장과 경찰관서에 종사하거나 종사하였던 자는 실종아동등을 찾기 위한 목적으로 제공받은 개인위치정보등을 실종아동등을 찾기 위한 목적 외의 용도로 이용하여서는 아니 되며, 경찰관서의 장은 목적을

달성하였을 때에는 지체 없이 파기하여야 한다. 15 승진, 25 1차

제17조(벌칙) 제9조제4항을 위반하여 개인위치정보등을 실종아동등을 찾기 위한 **목적 외의 용도로 이용한 자는 5년 이하의 징역 또는 5천만원 이하의 벌금에 처한다.** 11 1차

제9조의3(공개 수색·수사 체계의 구축·운영) ① 경찰청장은 실종아동등의 조속한 발견과 복귀를 위하여 실종아동등의 공개 수색·수사 체계를 구축·운영할 수 있다.

제11조(유전자검사의 실시) ① 경찰청장은 실종아동등의 발견을 위하여 다음 각 호의 어느 하나에 해당하는 자로부터 유전자검사대상물(이하 "검사대상물"이라 한다)을 **채취할 수 있다.** 25 1차
  1. 보호시설의 입소자나 「정신건강증진 및 정신질환자 복지서비스 지원에 관한 법률」 제3조제5호에 따른 정신의료기관의 입원환자 중 보호자가 확인되지 아니한 아동등
  2. 실종아동등을 찾고자 하는 가족 25 1차
  3. 그 밖에 보호시설의 입소자였던 무연고아동

(2) 실종아동등 가출인 업무처리 규칙(경찰청 예규) ★★★

제2조(정의) 이 규칙에서 사용하는 용어의 뜻은 다음과 같다. 08·12 2차, 10·17 1차, 14·17 승진, 12·19 경간
  1. **"아동등"**이란 「실종아동등의 보호 및 지원에 관한 법률」(이하 "법"이라 한다) 제2조제1호에 따른 실종 당시 **18세 미만 아동, 지적·자폐성·정신(신체X)장애인, 치매환자**를 말한다.
  2. **"실종아동등"**이란 법 제2조제2호에 따른 사유로 인하여 **보호자로부터 이탈된 아동등**을 말한다.
  3. **"찾는실종아동등"**이란 **보호자가 찾고 있는 실종아동등**을 말한다. 26 경간
  4. **"보호실종아동등"**이란 **보호자가 확인되지 않아**(확인되어X) **경찰관이 보호하고 있는 실종아동등**을 말한다. 26 경간
  5. **"장기실종아동등"**이란 **보호자로부터 신고를 접수한 지**(실종된지X, 보호자로부터 이탈된지X) **48시간이 경과한 후에도 발견되지 않은 찾는실종아동등**을 말한다. 22 2차, 26 경간
  6. **"가출인"**이란 신고 당시 **보호자로부터 이탈된 18세 이상의 사람**을 말한다. 26 경간
  7. **"발생지"**란 실종아동등 및 가출인이 실종·가출 전 최종적으로 목격되었거나 목격되었을 것으로 추정하여 신고자 등이 진술한 장소를 말하며, 신고자 등이 최종 목격 장소를 진술하지 못하거나, 목격되었을 것으로 추정되는 장소가 대중교통시설 등일 경우 또는 실종·가출 발생 후 1개월이 경과한 때에는 실종아동등 및 가출인의 실종 전 최종 주거지를 말한다.
  8. **"발견지"**란 실종아동등 또는 가출인을 **발견하여 보호 중인 장소**를 말하며, 발견한 장소와 보호 중인 장소가 서로 다른 경우에는 보호 중인 장소를 말한다. 26 경간

제4조(실종아동찾기센터) ① 실종아동등의 조속한 발견 등 관련 업무를 효율적으로 수행하기 위해 경찰청에 실종아동찾기센터를 설치한다

제5조(장기실종자 추적팀) ① 장기실종아동등에 대한 전담 추적·조사를 위해 경찰청 또는 시·도경찰청에 장기실종자 추적팀을 설치할 수 있다.

제6조(정보시스템의 운영) ① 경찰청 생활안전국장은 법 제8조의2제1항에 따른 정보시스템으로 실종아동등 프로파일링시스템 및 실종아동찾기센터 홈페이지(이하 "인터넷 안전드림"이라 한다)를 운영한다. 19 승진

② 실종아동등 프로파일링시스템은 경찰관서 내에서만 사용할 수 있도록 제한하고, 인터넷 안전드림은 누구든 사용할 수 있도록 공개 하는 등 **분리**하여 운영한다. 다만, 자료의 전송 등을 위해 필요한 경우 상호 연계할 수 있다.

제7조(정보시스템 입력 대상 및 정보 관리) ① 실종아동등 프로파일링시스템에 입력하는 대상은 다음 각 호와 같다. 12·14 승진, 19 경간

1. **실종아동등**
2. **가출인**
3. 보호시설 입소자 중 보호자가 확인되지 않는 사람(이하 "보호시설 **무연고자**"라 한다)

② 경찰관서의 장은 실종아동등 또는 가출인에 대한 신고를 접수한 후 신고대상자가 다음 각 호의 어느 하나에 해당하는 경우에는 신고 내용을 실종아동등 프로파일링시스템에 입력하지 않을 수 있다. 14 승진

1. **채무관계 해결**, 형사사건 당사자 소재 확인 등 실종아동등 및 가출인 발견 외 다른 목적으로 신고된 사람
2. 수사기관으로부터 **지명수배** 또는 지명통보된 사람
3. **허위로 신고된** 사람
4. 보호자가 가출 시 동행한 아동등
5. 그 밖에 신고 내용을 종합하였을 때 명백히 제1항에 따른 입력 대상이 아니라고 판단되는 사람

③ 실종아동등 프로파일링시스템에 등록된 자료의 보존기간은 다음 각 호와 같다. 다만, 대상자가 사망하거나 보호자가 삭제를 요구한 경우는 즉시 삭제하여야 한다.

1. 발견된 18세 미만 아동 및 가출인 : 수배 해제 후로부터 **5년간** 보관 19 경간, 22 2차
2. 발견된 지적·자폐성·정신장애인 등 및 치매환자 : 수배 해제 후로부터 **10년간** 보관 19 승진
3. 미발견자 : **소재 발견 시까지** 보관 22 2차
4. 보호시설 무연고자 : 본인 요청 시

④ 경찰관서의 장은 본인 또는 보호자의 동의를 받아 실종아동등 프로파일링시스템에서 데이터베이스로 관리하는 **실종아동등 및 보호시설 무연고자** 자료를 인터넷 안전드림에 공개할 수 있다. 12 경간, 12·15 승진

⑤ 경찰관서의 장은 다음 각 호의 어느 하나에 해당하는 때에는 지체 없이 인터넷 안전드림에 공개된 자료를 삭제하여야 한다. 19 승진

1. 찾는실종아동등을 발견한 때
2. 보호실종아동등 또는 보호시설 무연고자의 보호자를 확인한 때
3. 본인 또는 보호자가 공개된 자료의 삭제를 요청하는 때

⑥ 실종아동등 또는 가출인에 대한 신고를 접수하거나, 실종아동등 프로파일링시스템에 신고 내용이 입력되어 있는 것을 확인한 경찰관은 보호자가 요청하는 경우에는 별지 제1호서식의 **신고접수증을 발급할 수 있다.**(발급해야 한다X) 15·19 승진

제10조(신고 접수) ① 실종아동등 신고는 **관할에 관계 없이**(주거지 관할 경찰관서에서만X) 실종아동찾기센터, 각 시·도경찰청 및 경찰서에서 전화, 서면, 구술 등의 방법으로 **접수하며**, 신고를 접수한 경찰관은 범죄와의 관련 여부 등을 확인해야 한다. 14·15 승진, 15 경간

제11조(신고에 대한 조치 등) ① 경찰관서의 장은 찾는실종아동등에 대한 신고를 접수한 때에는 정보시스템의 자료를 조회하는 등의 방법으로 실종아동등을 찾기 위한 조치를 취하고, 실종아동등을 발견한 경우에는 즉시

보호자에게 인계하는 등 필요한 조치를 하여야 한다. 15 경간

② **경찰관서의 장은 보호실종아동등에 대한 신고를 접수한 때에는 제1항의 절차에 따라 보호자를 찾기 위한 조치를 취하고,** 보호자가 확인된 경우에는 즉시 보호자에게 인계하는 등 필요한 조치를 하여야 한다.

③ 경찰관서의 장은 제2항에 따른 조치에도 불구하고 **보호자를 발견하지 못한 경우에는 관할 지방자치단체의 장에게 보호실종아동등을 인계한다.** 15 경간

④ 경찰관서의 장은 정보시스템 검색, 다른 자료와의 대조, 주변인물과의 연락 등 실종아동등의 조속한 발견을 위하여 지속적인 추적을 하여야 한다.

⑤ **경찰관서의 장은 실종아동등에 대하여 제18조의 현장 탐문 및 수색 후 그 결과를 즉시 보호자에게 통보하여야 한다.** 15 승진 이후에는 실종아동등 프로파일링시스템에 등록한 날로부터 1개월까지는 15일에 1회, 1개월이 경과한 후부터는 분기별 1회 보호자에게 추적 진행사항을 통보한다. 12 2차, 12 · 15 경간, 22 2차

⑥ 경찰관서의 장은 찾는실종아동등을 발견하거나, 보호실종아동등의 보호자를 발견한 경우에는 실종아동등 프로파일링시스템에서 등록 해제하고, 해당 실종아동등에 대한 발견 관서와 관할 관서가 다른 경우에는 발견과 관련된 사실을 관할 경찰관서의 장에게 지체 없이 알려야 한다.

제15조(신고 접수) ① 가출인 신고는 관할에 관계없이 접수하여야 하며, 신고를 접수한 경찰관은 범죄와 관련 여부를 확인하여야 한다.

제16조(신고에 대한 조치 등) ① 가출인 사건을 관할하는 경찰서장은 정보시스템 자료의 조회, 다른 자료와의 대조, 주변인물과의 연락 등 가출인을 발견하기 위해 지속적으로 추적하고, 실종아동등 프로파일링시스템에 등록한 날로부터 반기별 1회 보호자에게 귀가 여부를 확인한다.

② 경찰서장은 가출인을 발견한 때에는 등록을 해제하고, 해당 가출인을 발견한 경찰서와 관할하는 경찰서가 다른 경우에는 발견 사실을 관할 경찰서장에게 지체 없이 알려야 한다. 12 2차

④ 경찰서장은 가출인을 발견한 경우에는 가출신고가 되어 있음을 고지하고, 보호자에게 통보한다. 다만, **가출인이 거부하는 때에는 보호자에게 가출인의 소재를 알 수 있는 사항을 통보하여서는 아니 된다.**

CHAPTER 02 수사경찰

제1절 성폭력 사건 수사

1. 성폭력범죄의 처벌 등에 관한 특례법 ★★★

제16조(형벌과 수강명령 등의 병과) ① 법원이 성폭력범죄를 범한 사람에 대하여 형의 선고를 유예하는 경우에는 1년 동안 보호관찰을 받을 것을 명할 수 있다. 다만, 성폭력범죄를 범한 「소년법」 제2조에 따른 소년에 대하여 형의 선고를 유예하는 경우에는 반드시 보호관찰을 명하여야 한다.
② 법원이 성폭력범죄를 범한 사람에 대하여 유죄판결(선고유예는 제외한다)을 선고하거나 약식명령을 고지하는 경우에는 500시간의 범위에서 재범예방에 필요한 수강명령 또는 성폭력 치료프로그램의 이수명령(이하 "이수명령"이라 한다)을 병과하여야 한다. 다만, 수강명령 또는 이수명령을 부과할 수 없는 특별한 사정이 있는 경우에는 그러하지 아니하다.

제18조(고소 제한에 대한 예외) 성폭력범죄에 대하여는 「형사소송법」 제224조(고소의 제한) 및 「군사법원법」 제266조에도 불구하고 자기 또는 배우자의 직계존속을 고소할 수 있다.

제20조(「형법」상 감경규정에 관한 특례) 음주 또는 약물로 인한 심신장애 상태에서 성폭력범죄(제2조제1항제1호의 죄는 제외한다)를 범한 때에는 「형법」 제10조제1항·제2항(심신장애인 감면규정) 및 제11조(청각 및 언어장애인)를 적용하지 아니할 수 있다.

제21조(공소시효에 관한 특례) ① 미성년자에 대한 성폭력범죄의 공소시효는 「형사소송법」 제252조제1항 및 「군사법원법」 제294조제1항에도 불구하고 해당 성폭력범죄로 피해를 당한 미성년자가 성년에 달한 날부터 진행한다.
14 승진, 17 경간
② 제2조제3호 및 제4호의 죄와 제3조부터 제9조까지의 죄(강간 등의 죄)는 디엔에이(DNA)증거 등 그 죄를 증명할 수 있는 과학적인 증거가 있는 때에는 공소시효가 10년 연장된다. 14 승진
③ 13세 미만의 사람 및 신체적인 또는 정신적인 장애가 있는 사람에 대하여 강간, 강제추행, 준강간, 준강제추행, 강간등 상해·치상, 강간등 살인·치사, 미성년자에 대한 간음, 추행 등의 죄를 범한 경우에는 공소시효를 적용하지 아니한다. 14·19 승진, 17·20 경간
④ 강간 등 살인은 공소시효를 적용하지 아니한다.

제22조의2(디지털 성범죄의 수사 특례) ① 사법경찰관리는 제14조부터 제14조의3까지의 죄(이하 "디지털 성범죄"라 한다)에 대하여 신분을 비공개하고 범죄현장(정보통신망을 포함한다) 또는 범인으로 추정되는 자들에게 접근하

여 범죄행위의 증거 및 자료 등을 수집(이하 "신분비공개수사"라 한다)할 수 있다.
② 사법경찰관리는 디지털 성범죄를 계획 또는 실행하고 있거나 실행하였다고 의심할 만한 충분한 이유가 있고, 다른 방법으로는 그 범죄의 실행을 저지하거나 범인의 체포 또는 증거의 수집이 어려운 경우에 한정하여 수사 목적을 달성하기 위하여 **부득이한 때에는** 다음 각 호의 행위(이하 "**신분위장수사**"라 한다)를 할 수 있다.
1. 신분을 위장하기 위한 문서, 도화 및 전자기록 등의 작성, 변경 또는 행사
2. 위장 신분을 사용한 계약·거래
3. 다음 각 목에 해당하는 촬영물 또는 복제물 등의 소지, 제공, 판매 또는 광고. 다만, 제공이나 판매는 피해자가 없거나 피해자가 성년이고 그 동의를 받은 경우로 한정한다.
   가. 제14조에 따른 촬영물 또는 복제물(복제물의 복제물을 포함한다)
   나. 제14조의2에 따른 편집물·합성물·가공물 또는 복제물(복제물의 복제물을 포함한다)
   다. 「아동·청소년의 성보호에 관한 법률」 제2조제5호에 따른 아동·청소년성착취물
   라. 「정보통신망 이용촉진 및 정보보호 등에 관한 법률」 제44조의7제1항제1호에 따른 정보

제22조의3(디지털 성범죄 수사 특례의 절차) ① 사법경찰관리가 **신분비공개수사**를 진행하고자 할 때에는 사전에 상급 경찰관서 수사부서의 장의 승인을 받아야 한다. 이 경우 그 수사기간은 **3개월**을 초과할 수 없다.
③ 사법경찰관리는 **신분위장수사**를 하려는 경우에는 검사에게 신분위장수사에 대한 허가를 신청하고, 검사는 법원에 그 허가를 청구한다.
⑦ 신분위장수사의 기간은 **3개월**을 초과할 수 없으며, 그 수사기간 중 수사의 목적이 달성되었을 경우에는 즉시 종료하여야 한다.
⑧ 제7항에도 불구하고 제22조의2제2항의 요건이 존속하여 그 수사기간을 연장할 필요가 있는 경우에는 사법경찰관리는 소명자료를 첨부하여 **3개월**의 범위에서 수사기간의 연장을 검사에게 신청하고, 검사는 법원에 그 연장을 청구한다. 이 경우 신분위장수사의 총 기간은 **1년**을 초과할 수 없다.

제22조의4(디지털 성범죄에 대한 긴급 신분비공개수사) ① 사법경찰관리는 디지털 성범죄에 대하여 제22조의3제1항 및 제2항에 따른 절차를 거칠 수 없는 **긴급을 요하는 때에는** 상급 경찰관서 수사부서의 장의 승인 없이 **신분비공개수사**를 할 수 있다.
② 사법경찰관리는 제1항에 따른 **신분비공개수사** 개시 후 지체 없이 상급 경찰관서 수사부서의 장에게 보고하여야 하고, 사법경찰관리는 **48시간** 이내에 상급 경찰관서 수사부서의 장의 승인을 받지 못한 때에는 즉시 신분비공개수사를 중지하여야 한다.

제22조의5(디지털 성범죄에 대한 긴급 신분위장수사) ① 사법경찰관리는 제22조의2제2항의 요건을 구비하고, 제22조의3제3항부터 제8항까지에 따른 절차를 거칠 수 없는 긴급을 요하는 때에는 법원의 허가 없이 **신분위장수사**를 할 수 있다.
② 사법경찰관리는 제1항에 따른 신분위장수사 개시 후 **지체 없이** 검사에게 허가를 신청하여야 하고, 사법경찰관리는 **48시간** 이내에 법원의 허가를 받지 못한 때에는 즉시 신분위장수사를 중지하여야 한다.

제22조의6(디지털 성범죄에 대한 신분비공개수사 또는 신분위장수사로 수집한 증거 및 자료 등의 사용제한) 사법경찰관리가 제22조의2부터 제22조의5까지에 따라 수집한 증거 및 자료 등은 다음 각 호의 어느 하나에 해당하는 경우 외에는 사용할 수 없다.

1. 신분비공개수사 또는 신분위장수사의 목적이 된 디지털 성범죄나 이와 관련되는 범죄를 수사·소추하거나 그 범죄를 예방하기 위하여 사용하는 경우
2. 신분비공개수사 또는 신분위장수사의 목적이 된 디지털 성범죄나 이와 관련되는 범죄로 인한 **징계절차에 사용하는 경우**
3. 증거 및 자료 수집의 대상자가 제기하는 **손해배상청구소송에서 사용하는 경우**
4. 그 밖에 다른 법률의 규정에 의하여 사용하는 경우

제22조의7(국가경찰위원회와 국회의 통제) ① 「국가경찰과 자치경찰의 조직 및 운영에 관한 법률」 제16조제1항에 따른 국가수사본부장(이하 "**국가수사본부장**"이라 한다)은 **신분비공개수사가 종료된 즉시** 대통령령으로 정하는 바에 따라 같은 법 제7조제1항에 따른 **국가경찰위원회**에 수사 관련 자료를 보고하여야 한다.
② **국가수사본부장**은 대통령령으로 정하는 바에 따라 **국회 소관 상임위원회에 신분비공개수사 관련 자료를 반기별**로 보고하여야 한다.

제22조의10(면책) ① 사법경찰관리가 신분비공개수사 또는 신분위장수사 중 부득이한 사유로 위법행위를 한 경우 그 행위에 **고의나 중대한 과실**이 없는 경우에는 벌하지 아니한다.
② 제1항에 따른 위법행위가 「국가공무원법」 제78조제1항에 따른 징계 사유에 해당하더라도 그 행위에 **고의나 중대한 과실**이 없는 경우에는 징계 요구 또는 문책 요구 등 책임을 묻지 아니한다.
③ 신분비공개수사 또는 신분위장수사 행위로 타인에게 손해가 발생한 경우라도 사법경찰관리는 그 행위에 **고의나 중대한 과실**이 없는 경우에는 그 손해에 대한 책임을 지지 아니한다.

제23조의2(디지털 성범죄의 피해확대 방지 및 피해자 보호 등을 위한 조치) ① <u>사법경찰관리</u>는 디지털 성범죄에 대한 신고를 받고 다음 각 호의 어느 하나에 해당하는 촬영물 또는 복제물 등(이하 이 항에서 "<u>촬영물등</u>"이라 한다)이 <u>정보통신망을 통하여 게시·상영 또는 유통되고 있다는 사실을 확인한 경우에는 지체 없이</u> 「방송미디어통신위원회의 설치 및 운영에 관한 법률」 제18조에 따른 방송미디어통신심의위원회와 「정보통신망 이용촉진 및 정보보호 등에 관한 법률」 제2조제1항제3호의 <u>정보통신서비스 제공자 또는 같은 항 제9호의 게시판의 관리·운영자에게 해당 촬영물등에 대한 삭제 또는 접속차단 등의 조치를 하여줄 것을 요청하여야 한다.</u> 이 경우 사법경찰관리는 촬영물등의 삭제 또는 접속차단 등의 처리절차에 관하여 <u>특별한 사정이 없으면 해당 피해자에게 안내하여야 한다.</u>
1. 제14조에 따른 촬영물 또는 복제물(복제물의 복제물을 포함한다)
2. 제14조의2에 따른 편집물·합성물·가공물 또는 복제물(복제물의 복제물을 포함한다)
② 사법경찰관리는 디지털 성범죄의 피해자가 재차 피해를 입을 위험이 현저하여 신변을 보호할 필요가 있다고 인정되는 경우 해당 피해자를 대통령령으로 정하는 보호시설 또는 상담시설로 인도할 수 있다. 이 경우 그 피해자의 동의를 얻어야 한다.

제26조(성폭력범죄의 피해자에 대한 전담조사제) ① 검찰총장은 각 지방검찰청 검사장으로 하여금 성폭력범죄 전담 검사를 지정하도록 하여 특별한 사정이 없으면 이들로 하여금 피해자를 조사하게 하여야 한다.
② **경찰청장**은 각 경찰서장으로 하여금 성폭력범죄 전담 사법경찰관을 지정하도록 하여 특별한 사정이 없으면 이들로 하여금 **피해자(피의자X)**를 조사하게 하여야 한다. 15·17·19 승진, 20 경간, 20 2차
③ 국가는 제1항의 검사 및 제2항의 사법경찰관에게 성폭력범죄의 수사에 필요한 전문지식과 피해자보호를 위한 수사방법 및 수사절차, 아동 심리 및 아동·장애인 조사 면담기법 등에 관한 교육을 실시하여야 한다.

④ 성폭력범죄를 전담하여 조사하는 제1항의 검사 및 제2항의 사법경찰관은 19세 미만인 피해자나 신체적인 또는 정신적인 장애로 사물을 변별하거나 의사를 결정할 능력이 미약한 피해자(이하 "19세미만피해자등"이라 한다)를 조사할 때에는 피해자의 나이, 인지적 발달 단계, 심리 상태, 장애 정도 등을 종합적으로 고려하여야 한다.

제27조(성폭력범죄 피해자에 대한 변호사 선임의 특례) ① 성폭력범죄의 피해자 및 그 법정대리인(이하 "피해자등"이라 한다)은 형사절차상 입을 수 있는 피해를 방어하고 법률적 조력을 보장하기 위하여 변호사를 선임할 수 있다.
② 제1항에 따른 **변호사**는 검사 또는 사법경찰관의 피해자등에 대한 조사에 참여하여 의견을 진술할 수 있다. 다만, **조사 도중에는 검사 또는 사법경찰관의 승인을 받아 의견을 진술할 수 있다.**
⑥ 검사는 피해자에게 변호사가 없는 경우 국선변호사를 선정하여 형사절차에서 피해자의 권익을 보호할 수 있다. 다만, **19세미만피해자등에게 변호사가 없는 경우에는 국선변호사를 선정하여야 한다.**

제29조(수사 및 재판절차에서의 배려) ① 수사기관과 법원 및 소송관계인은 성폭력범죄를 당한 피해자의 나이, 심리 상태 또는 후유장애의 유무 등을 신중하게 고려하여 조사 및 심리·재판 과정에서 피해자의 인격이나 명예가 손상되거나 사적인 비밀이 침해되지 아니하도록 주의하여야 한다.
② 수사기관과 법원은 성폭력범죄의 피해자를 조사하거나 심리·재판할 때 피해자가 편안한 상태에서 진술할 수 있는 환경을 조성하여야 하며, **조사 및 심리·재판 횟수는 필요한 범위에서 최소한으로 하여야 한다.**
③ 수사기관과 법원은 조사 및 심리·재판 과정에서 19세미만피해자등의 최상의 이익을 고려하여 다음 각 호에 따른 **보호조치를 하도록 노력하여야 한다.**
1. 19세미만피해자등의 **진술을 듣는 절차가 타당한 이유 없이 지연되지 아니하도록 할 것**
2. 19세미만피해자등의 진술을 위하여 아동 등에게 친화적으로 설계된 장소에서 피해자 조사 및 증인신문을 할 것
3. 19세미만피해자등이 **피의자 또는 피고인과 접촉하거나 마주치지 아니하도록 할 것**
4. 19세미만피해자등에게 조사 및 심리·재판 과정에 대하여 명확하고 충분히 설명할 것
5. 그 밖에 조사 및 심리·재판 과정에서 19세미만피해자등의 보호 및 지원 등을 위하여 필요한 조치를 할 것

제30조(19세미만피해자등 진술 내용 등의 영상녹화 및 보존 등) ① 검사 또는 사법경찰관은 19세미만피해자등의 진술 내용과 조사 과정을 영상녹화장치로 녹화(녹음이 포함된 것을 말하며, 이하 "영상녹화"라 한다)하고, 그 영상녹화물을 보존하여야 한다. 25 승진
② 검사 또는 사법경찰관은 **19세미만피해자등을 조사하기 전에** 다음 각 호의 사실을 피해자의 나이, 인지적 발달 단계, 심리 상태, 장애 정도 등을 고려한 적절한 방식으로 **피해자에게 설명하여야 한다.**
1. 조사 과정이 **영상녹화된다는 사실**
2. 영상녹화된 영상녹화물이 증거로 사용될 수 있다는 사실
③ 제1항에도 불구하고 19세미만피해자등 또는 그 법정대리인(법정대리인이 가해자이거나 가해자의 배우자인 경우는 제외한다)이 이를 원하지 아니하는 의사를 표시하는 경우에는 영상녹화를 하여서는 아니 된다.
④ 검사 또는 사법경찰관은 제1항에 따른 **영상녹화를 마쳤을 때에는 지체 없이 피해자 또는 변호사 앞에서 봉인하고 피해자로 하여금 기명날인 또는 서명하게 하여야 한다.** 25 승진
⑤ **검사 또는 사법경찰관은** 제1항에 따른 영상녹화 과정의 진행 경과를 조서(별도의 서면을 포함한다. 이하

같다)에 기록한 후 수사기록에 편철하여야 한다. 25 승진

⑥ 제5항에 따라 영상녹화 과정의 진행 경과를 기록할 때에는 다음 각 호의 사항을 구체적으로 적어야 한다.
1. 피해자가 영상녹화 장소에 도착한 시각
2. 영상녹화를 시작하고 마친 시각
3. 그 밖에 영상녹화 과정의 진행경과를 확인하기 위하여 필요한 사항

⑦ **검사 또는 사법경찰관**은 19세미만피해자등이나 그 법정대리인이 신청하는 경우에는 영상녹화 과정에서 작성한 조서의 사본 또는 영상녹화물에 녹음된 내용을 옮겨 적은 녹취서의 사본을 신청인에게 발급하거나 영상녹화물을 **재생하여 시청하게** 하여야 한다.

⑧ 누구든지 제1항에 따라 영상녹화한 영상녹화물을 수사 및 재판의 용도 외에 다른 목적으로 사용하여서는 아니 된다.

제30조의2(영상녹화물의 증거능력 특례) ① 제30조제1항에 따라 **19세미만피해자등**의 진술이 영상녹화된 **영상녹화물**은 같은 조 제4항부터 제6항까지에서 정한 절차와 방식에 따라 영상녹화된 것으로서 다음 각 호의 어느 하나의 경우에 **증거로 할 수 있다.** 25 승진

1. 증거보전기일, 공판준비기일 또는 공판기일에 그 내용에 대하여 **피의자, 피고인 또는 변호인이 피해자를 신문할 수 있었던 경우**. 다만, 증거보전기일에서의 신문의 경우 법원이 피의자나 피고인의 방어권이 보장된 상태에서 피해자에 대한 반대신문이 충분히 이루어졌다고 인정하는 경우로 한정한다.

2. 19세미만피해자등이 다음 각 목의 어느 하나에 해당하는 사유로 공판준비기일 또는 공판기일에 **출석하여 진술할 수 없는 경우**. 다만, 영상녹화된 진술 및 영상녹화가 **특별히 신빙(信憑)할 수 있는 상태**에서 이루어졌음이 증명된 경우로 한정한다.

  가. 사망
  나. 외국 거주
  다. 신체적, 정신적 질병·장애
  라. 소재불명
  마. 그 밖에 이에 준하는 경우

제33조(전문가의 의견 조회) ① 법원은 정신건강의학과의사, 심리학자, 사회복지학자, 그 밖의 관련 전문가로부터 행위자 또는 피해자의 정신·심리 상태에 대한 진단 소견 및 피해자의 진술 내용에 관한 **의견을 조회할 수 있다.**

④ 제1항부터 제3항까지의 규정은 수사기관이 성폭력범죄를 수사하는 경우에 준용한다. 다만, 피해자가 **13세미만**이거나 신체적인 또는 정신적인 장애로 사물을 변별하거나 의사를 결정할 능력이 미약한 경우에는 관련 전문가에게 피해자의 정신·심리 상태에 대한 진단 소견 및 진술 내용에 관한 의견을 조회하여야 한다.

제34조(신뢰관계에 있는 사람의 동석) ① 법원은 다음 각 호의 어느 하나에 해당하는 피해자를 증인으로 신문하는 경우에 검사, 피해자 또는 그 법정대리인이 신청할 때에는 재판에 지장을 줄 우려가 있는 등 부득이한 경우가 아니면 **피해자와 신뢰관계에 있는 사람을 동석하게** 하여야 한다. 20 2차

2. 19세미만피해자등

③ 제1항 및 제2항의 경우 법원과 수사기관은 피해자와 신뢰관계에 있는 사람이 피해자에게 불리하거나 피해자가

원하지 아니하는 경우에는 하여서는 아니 된다.

제36조(진술조력인의 수사과정 참여) ① 검사 또는 사법경찰관은 성폭력범죄의 피해자가 19세미만피해자등인 경우 형사사법절차에서의 조력과 원활한 조사를 위하여 직권이나 피해자, 그 법정대리인 또는 변호사의 신청에 따라 진술조력인으로 하여금 조사과정에 참여하여 의사소통을 **중개하거나 보조하게** 할 수 있다. 다만, 피해자 또는 그 법정대리인이 이를 원하지 아니하는 의사를 표시한 경우에는 그러하지 아니하다.

제41조(증거보전의 특례) ① 피해자나 그 법정대리인 또는 사법경찰관은 피해자가 공판기일에 출석하여 증언하는 것에 현저히 곤란한 사정이 있을 때에는 그 사유를 소명하여 제30조에 따라 영상녹화된 영상녹화물 또는 그 밖의 다른 증거에 대하여 해당 성폭력범죄를 수사하는 **검사에게** 「형사소송법」 제184조(증거보전의 청구와 그 절차)제1항에 따른 **증거보전의 청구를 할 것을 요청**할 수 있다. 이 경우 피해자가 **19세미만피해자등인 경우에는 공판기일에 출석하여 증언하는 것에 현저히 곤란한 사정이 있는 것으로 본다.**

② 제1항의 요청을 받은 검사는 그 요청이 타당하다고 인정할 때에는 증거보전의 청구를 할 수 있다. 다만, **19세미만피해자등이나 그 법정대리인이 제1항의 요청을 하는 경우에는** 특별한 사정이 없는 한 「형사소송법」 제184조제1항에 따라 관할 지방법원판사에게 **증거보전을 청구하여야 한다.**

제42조(신상정보 등록대상자) ① 제2조제1항제3호 · 제4호, 같은 조 제2항(제1항제3호 · 제4호에 한정한다), 제3조부터 제15조까지의 범죄 및 「아동 · 청소년의 성보호에 관한 법률」 제2조제2호가목 · 라목의 범죄(이하 "**등록대상성범죄**"라 한다)로 **유죄판결이나 약식명령이 확정된 자** 또는 같은 법 제49조제1항제4호에 따라 **공개명령이 확정된 자는 신상정보 등록대상자**(이하 "등록대상자"라 한다)가 된다. 다만, 제12조 · 제13조의 범죄 및 「아동 · 청소년의 성보호에 관한 법률」 제11조제3항 및 제5항의 범죄로 **벌금형을 선고받은 자**는 제외한다.

제43조(신상정보의 제출 의무) ① 등록대상자는 제42조제1항의 **판결이 확정된 날부터 30일 이내**에 다음 각 호의 신상정보(이하 "**기본신상정보**"라 한다)를 자신의 주소지를 관할하는 경찰관서의 장(이하 "**관할경찰관서의 장**"이라 한다)에게 제출하여야 한다. 25 승진 다만, 등록대상자가 교정시설 또는 치료감호시설에 수용된 경우에는 그 교정시설등의 장에게 기본신상정보를 제출함으로써 이를 갈음할 수 있다. (각호 생략)

③ 등록대상자는 제1항에 따라 제출한 기본신상정보가 변경된 경우에는 그 사유와 변경내용(이하 "**변경정보**"라 한다)을 변경사유가 발생한 날부터 **20일 이내에** 제1항에 따라 제출하여야 한다. 25 승진

④ 등록대상자는 제1항에 따라 기본신상정보를 제출한 경우에는 그 다음 해부터 매년 12월 31일까지(최초 등록일부터 1년마다X) 주소지를 관할하는 경찰관서에 출석하여 경찰관서의 장으로 하여금 자신의 정면 · 좌측 · 우측 상반신 및 전신 컬러사진을 촬영하여 전자기록으로 저장 · 보관하도록 하여야 한다. 25 승진

⑥ 제5항에 따라 등록대상자에 대한 기본신상정보를 송달할 때에 관할경찰관서의 장은 등록대상자에 대한 「형의 실효 등에 관한 법률」 제2조제5호에 따른 범죄경력자료를 함께 송달하여야 한다. 25 승진

제43조의2(출입국 시 신고의무 등) ① 등록대상자가 **6개월 이상** 국외에 체류하기 위하여 출국하는 경우에는 미리 관할경찰관서의 장에게 **체류국가 및 체류기간 등을 신고**(허가X)하여야 한다. 18 1차, 20 경간

② 제1항에 따라 신고한 등록대상자가 **입국하였을 때에는** 특별한 사정이 없으면 **14일 이내에 관할경찰관서의 장에게 입국 사실을 신고하여야 한다.** 제1항에 따른 신고를 하지 아니하고 출국하여 6개월 이상 국외에 체류한 등록대상자가 입국하였을 때에도 또한 같다.

제44조(등록대상자의 신상정보 등록 등) ① 법무부장관은 제43조제5항, 제6항 및 제43조의2제3항에 따라 송달받은

정보와 다음 각 호의 등록대상자 정보를 등록하여야 한다.

제45조의2(신상정보 등록의 면제) ① 신상정보 등록의 원인이 된 성범죄로 형의 선고를 유예받은 사람이 **선고유예를 받은 날부터 2년**이 경과하여 「형법」 제60조에 따라 **면소**된 것으로 간주되면 신상정보 등록을 **면제**한다. 18 1차

제47조(등록정보의 공개) ② 등록정보의 공개는 **성평등가족부장관**이 집행한다. 18 1차
③ **법무부장관**은 등록정보의 공개에 필요한 정보를 **성평등가족부장관**에게 송부하여야 한다. 18 1차

제48조(비밀준수) 등록대상자의 신상정보의 등록·보존 및 관리 업무에 종사하거나 종사하였던 자는 직무상 알게 된 등록정보를 누설하여서는 아니 된다. 18 1차

제49조(등록정보의 고지) ① 등록정보의 고지에 관하여는 「아동·청소년의 성보호에 관한 법률」 제50조 및 제51조를 적용한다.
② 등록정보의 고지는 **성평등가족부장관**이 집행한다.
③ **법무부장관**은 등록정보의 고지에 필요한 정보를 **성평등가족부장관**에게 송부하여야 한다.

제 2 절 특정중대범죄 피의자 등 신상정보에 관한 법률 ★★★

제1조(목적) 이 법은 국가, 사회, 개인에게 중대한 해악을 끼치는 특정중대범죄 사건에 대하여 수사 및 재판 단계에서 피의자 또는 피고인의 신상정보 공개에 대한 대상과 절차 등을 규정함으로써 국민의 알권리를 보장하고 범죄를 예방하여 안전한 사회를 구현하는 것을 목적으로 한다.

제2조(정의) 이 법에서 "특정중대범죄"란 다음 각 호의 어느 하나에 해당하는 죄를 말한다.
1. 「형법」 제2편제1장 **내란의 죄** 및 같은 편 제2장 **외환의 죄**
2. 「형법」 제114조(**범죄단체 등의 조직**)의 죄
3. 「형법」 제119조(**폭발물 사용**)의 죄
4. 「형법」 제164조(**현주건조물 등 방화**)제2항의 죄
5. 「형법」 제2편제25장 상해와 폭행의 죄 중 제258조(**중상해, 존속중상해**), 제258조의2(**특수상해**), 제259조(**상해치사**) 및 제262조(**폭행치사상**)의 죄. 다만, 제262조(**폭행치사상**)의 죄의 경우 중상해 또는 사망에 이른 경우에 한정한다.
6. 「특정강력범죄의 처벌에 관한 특례법」 제2조의 **특정강력범죄**
7. 「성폭력범죄의 처벌 등에 관한 특례법」 제2조의 **성폭력범죄**
8. 「아동·청소년의 성보호에 관한 법률」 제2조제2호의 **아동·청소년대상 성범죄**. 다만, 같은 법 제13조, 제14조제3항, 제15조제2항·제3항 및 제15조의2의 죄는 제외한다.
9. 「마약류 관리에 관한 법률」 제58조의 죄. 다만, 같은 조 제4항의 죄는 제외한다.
10. 「마약류 불법거래 방지에 관한 특례법」 제6조 및 제9조제1항의 죄
11. 제1호부터 제10호까지의 죄로서 다른 법률에 따라 **가중처벌되는 죄**
    → 가정폭력범죄X, 아동학대범죄X, 스토킹범죄X

제3조(다른 법률과의 관계) 수사 및 재판 단계에서 신상정보의 공개에 대하여는 다른 법률(이 법X)의 규정에도 불구하고 이 법(다른 법X)을 우선 적용한다. 24 2차

제4조(피의자의 신상정보 공개) – 수사단계 ① 검사와 사법경찰관은 다음 각 호의 요건을 모두(일부X) 갖춘 특정중대범죄사건의 피의자의 얼굴, 성명 및 나이(이하 "신상정보"라 한다)를 공개할 수 있다.(공개하여야 한다X) 다만, **피의자가 미성년자인 경우에는 공개하지 아니한다.** 24 2차

1. 범행수단이 **잔인하고 중대한 피해가 발생**하였을 것(제2조제3호부터 제6호까지의 죄에 한정한다)
2. 피의자가 그 죄를 범하였다고 믿을 만한 **충분한 증거(상당한 증거X)**가 있을 것
3. 국민의 알권리 보장, 피의자의 재범 방지 및 범죄예방 등 오로지 **공공의 이익**을 위하여 필요할 것

② 검사와 사법경찰관은 제1항에 따라 신상정보 공개를 결정할 때에는 범죄의 중대성, 범행 후 정황, 피해자 보호 필요성, 피해자(피해자가 사망한 경우 피해자의 유족을 **포함**한다)의 의사 등을 종합적으로 고려하여야 한다.(고려할 수 있다X) 24 2차

③ 검사와 사법경찰관은 제1항에 따라 신상정보를 공개할 때에는 피의자의 인권을 고려하여 **신중하게(신속하게X)** 결정하고 이를 남용하여서는 아니 된다.

④ 제1항에 따라 공개하는 **피의자의 얼굴**은 특별한 사정이 없으면 공개 결정일 전후 **30일(3개월X)** 이내의 **모습으로 한다.** 이 경우 검사와 사법경찰관은 다른 법령에 따라 적법하게 수집·보관하고 있는 사진, 영상물 등이 있는 때에는 이를 활용하여 공개할 수 있다.(공개하여야 한다X) 25 경간(경위공채)

⑤ 검사와 사법경찰관은 제1항에 따라 피의자의 얼굴을 공개하기 위하여 필요한 경우 피의자를 식별할 수 있도록 **피의자의 얼굴을 촬영할 수 있다.(촬영하여야 한다X) 이 경우 피의자는 이에 따라야 한다.**(따를 수 있다X) 25 경간(경위공채)

⑥ 검사와 사법경찰관은 제1항에 따라 **피의자의 신상정보 공개를 결정하기 전에 피의자에게 의견을 진술할 기회를 주어야 한다.**(줄 수 있다X) 다만, 신상정보공개심의위원회에서 피의자의 의견을 청취한 경우에는 **이를 생략할 수 있다.** 25 경간(경위공채)

⑦ 검사와 사법경찰관은 **피의자에게 신상정보 공개를 통지한 날부터 5일(10일X) 이상의 유예기간을 두고 신상정보를 공개하여야 한다.** 다만, 피의자가 신상정보 공개 결정에 대하여 서면으로 이의 없음을 표시한 때에는 유예기간을 두지 아니할 수 있다. 25 경간(경위공채)

⑧ 검사와 사법경찰관은 **정보통신망을 이용하여** 그 신상정보를 **30일(10일X)**간 공개한다.

제5조(피고인의 신상정보 공개) – 재판단계 ① 검사는 공소제기 시까지 특정중대범죄사건이 아니었으나 재판 과정에서 특정중대범죄사건으로 공소사실이 변경된 사건의 피고인으로서 제4조제1항 각 호의 요건을 모두 갖춘 피고인에 대하여 피고인의 현재지 또는 최후 거주지를 관할하는 법원에 신상정보의 **공개를 청구할 수 있다.**(청구하여야 한다X) 다만, **피고인이 미성년자인 경우는 제외(포함X)한다.**

④ 법원은 피고인의 신상정보 공개 여부를 결정하기 위하여 필요하다고 인정하는 때에는 검사, 피고인, 그 밖의 참고인으로부터 **의견을 들을 수 있다.**(의견을 들어야 한다X)

제6조(피의자에 대한 보상) ① 피의자로서 이 법에 따라 신상정보가 공개된 자 중 검사로부터 불기소처분을 받거나 사법경찰관으로부터 불송치결정을 받은 자는 「형사보상 및 명예회복에 관한 법률」에 따른 형사보상과 **별도로 (형사보상을 제외하고X)** 국가에 대하여 신상정보의 공개에 따른 보상을 **청구할 수 있다.**(청구하여야 한다X) 다만, 신상정보가 공개된 이후 불기소처분 또는 불송치결정의 사유가 있는 경우와 해당 불기소처분 또는 불송치결

정이 종국적인 것이 아니거나 「형사소송법」 제247조에 따른 것일 경우에는 그러하지 아니하다.
② 다음 각 호의 어느 하나에 해당하는 경우에는 제1항에 따른 보상의 **전부 또는 일부를 지급하지 아니할 수 있다.**(지급하지 아니한다X)
1. 본인이 수사 또는 재판을 그르칠 목적으로 거짓 자백을 하거나 다른 유죄의 증거를 만듦으로써 신상정보가 공개된 것으로 인정되는 경우
2. 보상을 하는 것이 선량한 풍속이나 그 밖에 사회질서에 위배된다고 인정할 특별한 사정이 있는 경우
③ 제1항에 따른 보상을 할 때에는 **1천만원** 이내에서 모든 사정을 고려하여 타당하다고 인정하는 **금액을 보상한다.** 이 경우 신상공개로 인하여 발생한 재산상의 손실액이 증명되었을 때에는 그 손실액도 보상한다.

제7조(피고인에 대한 보상) ① 이 법에 따라 신상정보가 공개된 피고인이 해당 특정중대범죄에 대하여 **무죄재판을 받아 확정되었을 때에는** 「형사보상 및 명예회복에 관한 법률」에 따른 **형사보상과 별도로** 국가에 대하여 신상정보의 공개에 따른 보상을 청구할 수 있다.
② 다음 각 호의 어느 하나에 해당하는 경우에는 법원은 재량으로 보상청구의 **전부 또는 일부를 기각할 수 있다.**(기각하여야 한다X)
1. 「형법」 제9조 및 제10조제1항의 사유로 무죄재판을 받은 경우
2. 본인이 수사 또는 심판을 그르칠 목적으로 거짓 자백을 하거나 다른 유죄의 증거를 만듦으로써 기소, 신상정보 공개, 또는 유죄재판을 받게 된 것으로 인정된 경우
3. 수개의 특정중대범죄로 인하여 신상정보가 공개된 피고인이 1개의 재판으로 경합범의 일부인 특정중대범죄에 대하여 무죄재판을 받고 다른 특정중대범죄에 대하여 유죄재판을 받은 경우
③ 제1항에 따른 보상을 할 때에는 **1천만원** 이내에서 모든 사정을 고려하여 법원이 타당하다고 인정하는 금액을 보상한다. 이 경우 신상공개로 인하여 발생한 재산상의 손실액이 증명되었을 때에는 그 손실액도 보상한다.

제8조(신상정보공개심의위원회) ① **검찰총장 및 경찰청장**(법무부X)은 제4조에 따른 신상정보 공개 여부에 관한 사항을 심의하기 위하여 신상정보공개심의위원회를 **둘 수 있다.**(둔다 X) 24 2차
② 신상정보공개심의위원회는 **위원장을 포함하여 10인** 이내의 위원으로 구성한다.
③ 신상정보공개심의위원회는 신상정보 공개 여부에 관한 사항을 심의할 때 **피의자에게 의견을 진술할 기회를** 주어야 한다.
④ 신상정보공개심의위원회 위원 또는 위원이었던 사람은 심의 과정에서 알게 된 **비밀을 외부에 공개하거나** 누설하여서는 아니 된다.

제9조(비밀누설죄) 제8조제4항을 위반하여 비밀을 외부에 공개하거나 누설한 사람은 1년 이하의 징역이나 금고 또는 **1천만원** 이하의 벌금에 처한다.

제 3 절 가정폭력범죄 및 아동학대범죄 수사

1. 가정폭력범죄의 처벌 등에 관한 특례법 ★★★

제2조(정의) 이 법에서 사용하는 용어의 뜻은 다음과 같다.
1. "**가정폭력**"이란 가정구성원 사이의 **신체적, 정신적** 또는 재산상 피해를 수반하는 행위를 말한다. 13 경간, 14 2차, 13·14·17·23 승진, 16 지능범죄, 17 1차 경기북부여경, 21 특공대
2. "**가정구성원**"이란 다음 각 목의 어느 하나에 해당하는 사람을 말한다. 13 승진, 23 경간
   가. 배우자(사실상 혼인관계에 있는 사람을 포함한다. 이하 같다) 또는 배우자였던 사람 12·23 승진, 14 2차
   나. 자기 또는 배우자와 **직계존비속관계**(사실상의 양친자관계를 포함한다. 이하 같다)에 있거나 있었던 사람 141719 승진
   다. 계부모와 자녀의 관계 또는 적모와 서자의 관계에 있거나 있었던 사람 14 승진
   라. 동거하는 친족(동거하는 친족관계에 있었던 자X) 14 경간, 15 3차, 16 지능범죄
3. "**가정폭력범죄**"란 가정폭력으로서 다음 각 목의 어느 하나에 해당하는 죄를 말한다. 12·14·17·19 승진, 16 1차, 14·16 2차, 14·19 경간

   폭행, 체포·감금, 모욕, 유기(영아유기), 명예훼손, 학대, 아동혹사, 공갈, **재물손괴**, 주거·신체 수색, 강요, 협박, 상해, 강간, 강제추행, 준강간, 준강제추행, **강간 등 상해·치상, 강간 등 살인·치사**, 미성년자 등에 대한 간음, 미성년자 의제강간, **주거침입, 퇴거불응, 특수손괴**, 카메라등이용촬영(성폭력처벌법), 불안감유발(정보통신망법)

   cf. **가정폭력제외범죄** 15 1차, 15 승진, 15·17·18·20 경간, 24 1차

   살인, 강도, 절도, 사기, 횡령, 배임, 약취유인, 업무방해(공무집행방해), 상해치사, 폭행치사상, 유기치사상, 체포감금치사상, 인질강요, 중손괴 등

4. "**가정폭력행위자**"란 가정폭력범죄를 범한 사람 및 가정구성원인(아닌X) 공범을 말한다. 16 지능범죄, 19·23 승진
5. "**피해자**"란 가정폭력범죄로 인하여 직접적(간접적X)으로 피해를 입은 사람을 말한다. 16 지능범죄

제3조(다른 법률과의 관계) 가정폭력범죄에 대하여는 이 법을 우선 적용한다. 다만, **아동학대범죄**에 대하여는 「**아동학대범죄의 처벌 등에 관한 특례법**」을 우선 적용한다. 21 특공대

제3조의2(형벌과 수강명령 등의 병과) ① 법원은 가정폭력행위자에 대하여 유죄판결(선고유예는 제외한다)을 선고하거나 약식명령을 고지하는 경우에는 200시간의 **범위**에서 재범예방에 필요한 **수강명령**(「보호관찰 등에 관한 법률」에 따른 수강명령을 말한다. 이하 같다) 또는 가정폭력 치료프로그램의 **이수명령**(이하 "이수명령"이라 한다)을 **병과**할 수 있다. 21 특공대, 25 경간(경위공채)

④ 제1항에 따른 수강명령 또는 이수명령은 **형의 집행을 유예할 경우**에는 그 집행유예기간 내에, 징역형의 실형을 선고할 경우에는 형기 내에, 벌금형을 선고하거나 약식명령을 고지할 경우에는 형 확정일부터 **6개월 이내**에 각각 집행한다. 25 경간(경위공채)

제4조(신고의무 등) ① 누구든지(고소권자만이X) 가정폭력범죄를 알게 된 경우에는 수사기관에 신고할 수 있다.
12 승진, 13 경간, 14 2차

② 다음 각 호의 어느 하나에 해당하는 사람이 직무를 수행하면서 가정폭력범죄를 알게 된 경우에는 정당한 사유가 없으면 즉시 수사기관에 신고하여야 한다.
1. **아동의 교육과 보호를 담당하는 기관의 종사자와 그 기관장**
2. 아동, 60세(70세X) 이상의 노인, 그 밖에 정상적인 판단 능력이 결여된 사람의 치료 등을 담당하는 **의료인 및 의료기관의 장** 19 경간
5. 「결혼중개업의 관리에 관한 법률」에 따른 **국제결혼중개업자와 그 종사자** 16 지능범죄

③ 「아동복지법」에 따른 아동상담소, 「가정폭력방지 및 피해자보호 등에 관한 법률」에 따른 가정폭력 관련 상담소 및 보호시설, 「성폭력방지 및 피해자보호 등에 관한 법률」에 따른 성폭력피해상담소 및 보호시설(이하 "**상담소등**"이라 한다)에 근무하는 상담원과 그 기관장은 피해자 또는 피해자의 법정대리인 등과의 상담을 통하여 가정폭력범죄를 알게 된 경우에는 가정폭력피해자의 명시적인 반대의견이 없으면 즉시 신고하여야 한다. → 신고의무 불이행 시 300만원 이하의 과태료 부과

제5조(가정폭력범죄에 대한 응급조치) 진행 중인 가정폭력범죄에 대하여 신고를 받은 사법경찰관리는 즉시 현장에 나가서 다음 각 호의 조치를 하여야 한다. 13 1차, 19 승진
1. 폭력행위의 제지, 가정폭력행위자·피해자의 분리
1의2. 「형사소송법」 제212조에 따른 **현행범인의 체포 등 범죄수사**
2. 피해자를 가정폭력 관련 상담소 또는 보호시설로 인도(**피해자가 동의한 경우만 해당한다**) 14 승진, 15 1차
3. 긴급치료가 필요한 피해자를 의료기관으로 인도 14 승진, 15 1차
4. 폭력행위 재발 시 제8조에 따라 임시조치를 신청할 수 있음을 통보
5. 제55조의2에 따른 피해자보호명령 또는 신변안전조치를 청구할 수 있음을 고지

제6조(고소에 관한 특례) ① **피해자 또는 그 법정대리인은 가정폭력행위자를 고소할 수 있다.** 피해자의 법정대리인이 가정폭력행위자인 경우 또는 가정폭력행위자와 공동으로 가정폭력범죄를 범한 경우에는 **피해자의 친족이 고소할 수 있다.** 15 1차, 15 3차, 17 1차 경기북부여경

② 피해자는 「형사소송법」 제224조에도 불구하고 **가정폭력행위자가 자기 또는 배우자의 직계존속인 경우에도 고소할 수 있다.** 법정대리인이 고소하는 경우에도 또한 같다. 13·14 승진, 13·19 경간

③ 피해자에게 **고소할 법정대리인이나 친족이 없는 경우에** 이해관계인이 신청하면 검사는 **10일 이내에 고소할 수 있는 사람을 지정하여야 한다.** 13·17 승진, 15 3차, 17 1차 경기북부여경, 13·19·25 경간(경위공채), 19 법학

제7조(사법경찰관의 사건 송치) 사법경찰관은 가정폭력범죄를 신속히 수사하여 사건을 검사에게 송치하여야 한다. 이 경우 사법경찰관은 해당 사건을 가정보호사건으로 처리하는 것이 적절한지에 관한 의견을 제시할 수 있다. 15 1차, 15 3차, 17 1차 경기북부여경, 19 법학

제8조(임시조치의 청구 등) ① 검사는 가정폭력범죄가 재발될 우려가 있다고 인정하는 경우에는 **직권으로 또는 사법경찰관의 신청에 의하여** 법원에 피해자 또는 가정구성원의 주거 또는 점유하는 방실로부터의 퇴거 등 격리, 피해자 도는 가정구성원의 주거, 직장 등에서 100미터 이내의 접근금지, 피해자 또는 가정구성원에

대한 전기통신을 이용한 접근금지의 임시조치를 청구할 수 있다. 15 1차, 16 2차

② 검사는 가정폭력행위자가 제1항의 청구에 의하여 결정된 임시조치를 위반하여 가정폭력범죄가 **재발될 우려가 있다고** 인정하는 경우에는 직권으로 또는 사법경찰관의 신청에 의하여 **법원에 유치장 또는 구치소에의 유치의 임시조치를** 청구할 수 있다.

제8조의2(긴급임시조치) ① 사법경찰관은 제5조에 따른 응급조치에도 불구하고 가정폭력범죄가 재발될 우려가 있고, 긴급을 요하여 법원의 임시조치 결정을 받을 수 없을 때에는 직권 또는 피해자나 그 법정대리인의 신청에 의하여 피해자 또는 가정구성원의 주거 또는 점유하는 방실로부터의 퇴거 등 격리, 피해자 또는 가정구성원이나 그 주거·직장 등에서 100미터 이내의 접근 금지, 피해자 또는 가정구성원에 대한 전기통신을 이용한 접근 금지의 긴급임시조치를 할 수 있다. 14 · 16 2차, 15 · 17 · 19 승진, 14 경간, 21 특공대, 23 1차

② 사법경찰관은 제1항에 따라 긴급임시조치를 한 경우에는 즉시 **긴급임시조치결정서를 작성하여야 한다.**
17 승진, 19 법학

③ 제2항에 따른 긴급임시조치결정서에는 **범죄사실의 요지, 긴급임시조치가 필요한 사유** 등을 기재하여야 한다. 14 · 17 승진

제8조의3(긴급임시조치와 임시조치의 청구) ① 사법경찰관이 제8조의2제1항에 따라 긴급임시조치를 한 때에는 지체 없이 검사에게 제8조에 따른 **임시조치를 신청하고, 신청받은 검사는 법원에 임시조치를 청구하여야 한다.** 이 경우 임시조치의 청구는 긴급임시조치를 한 때부터 **48시간 이내에 청구하여야 하며,** 제8조의2제2항에 따른 긴급임시조치결정서를 첨부하여야 한다. 16 2차, 19 승진, 25 경간(경위공채)

② 제1항에 따라 임시조치를 청구하지 아니하거나 법원이 임시조치의 결정을 하지 아니한 때에는 즉시 긴급임시조치를 취소하여야 한다.

제9조(가정보호사건의 처리) ① 검사는 가정폭력범죄로서 사건의 성질·동기 및 결과, 가정폭력행위자의 성행 등을 고려하여 이 법에 따른 보호처분을 하는 것이 적절하다고 인정하는 경우에는 **가정보호사건으로 처리할 수 있다.** 이 경우 검사는 **피해자의 의사를 존중하여야 한다.**

제29조(임시조치) ① 판사는 가정보호사건의 원활한 조사·심리 또는 피해자 보호를 위하여 필요하다고 인정하는 경우에는 결정으로 가정폭력행위자에게 다음 각 호의 어느 하나에 해당하는 **임시조치를 할 수 있다.**

1. 피해자 또는 가정구성원의 주거 또는 점유하는 방실(房室)로부터의 **퇴거 등 격리**
2. 피해자 또는 가정구성원이나 그 주거·직장 등에서 100미터 이내의 접근 금지
3. 피해자 또는 가정구성원에 대한 「전기통신기본법」 제2조제1호의 전기통신을 이용한 접근 금지
4. 의료기관이나 그 밖의 요양소에의 위탁
5. 국가경찰관서의 유치장 또는 구치소에의 유치 19 법학특채
6. 상담소등에의 상담위탁

② 동행영장에 의하여 동행한 가정폭력행위자 또는 제13조에 따라 인도된 가정폭력행위자에 대하여는 가정폭력행위자가 **법원에 인치된 때부터 24시간 이내에** 제1항의 **조치 여부를 결정하여야 한다.**

⑤ 제1항제1호부터 제3호까지의 임시조치기간은 2개월, 같은 항 제4호부터 제6호까지의 임시조치기간은 1개월을 초과할 수 없다. 다만, 피해자의 보호를 위하여 그 기간을 연장할 필요가 있다고 인정하는 경우에는 결정으로 제1항제1호부터 제3호까지의 임시조치는 두 차례만, 같은 항 제4호부터 제6호까지의 임시조치는 한 차례만 각 기간의 범위에서 연장할 수 있다.

2. 아동학대범죄의 처벌 등에 관한 특례법 ★★★

제1조(목적) 이 법은 아동학대범죄의 처벌 및 그 절차에 관한 특례와 피해아동에 대한 보호절차 및 아동학대행위자에 대한 보호처분을 규정함으로써 아동을 보호하여 아동이 건강한 사회 구성원으로 성장하도록 함을 목적으로 한다. 15 3차

제2조(정의) 이 법에서 사용하는 용어의 뜻은 다음과 같다.
1. "아동"이란 「아동복지법」 제3조제1호에 따른 아동(18세 미만)을 말한다. 15 3차
4. "아동학대범죄"란 보호자에 의한 아동학대로서 다음 각 목의 어느 하나에 해당하는 죄를 말한다.
4의2. "아동학대범죄신고등"이란 아동학대범죄에 관한 신고·진정·고소·고발 등 수사 단서의 제공, 진술 또는 증언이나 그 밖의 자료제출행위 및 범인검거를 위한 제보 또는 검거활동을 말한다.
5. "아동학대행위자"란 아동학대범죄를 범한 사람 및 그 공범을 말한다. 25 2차
6. "피해아동"이란 아동학대범죄로 인하여 직접적으로 피해를 입은 아동을 말한다. 25 2차

제3조(다른 법률과의 관계) 아동학대범죄에 대하여는 이 법을 우선 적용한다. 다만, 「성폭력범죄의 처벌 등에 관한 특례법」, 「아동·청소년의 성보호에 관한 법률」에서 가중처벌되는 경우에는 그 법에서 정한 바에 따른다. 15 3차

제7조(아동복지시설의 종사자 등에 대한 가중처벌) 제10조제2항 각 호에 따른 아동학대 신고의무자가 보호하는 아동에 대하여 아동학대범죄를 범한 때에는 그 죄에 정한 형의 2분의 1까지 가중한다. 21 2차

제8조(형벌과 수강명령 등의 병과) ① 법원은 아동학대행위자에 대하여 유죄판결(선고유예는 제외한다)을 선고하거나 약식명령을 고지하면서 200시간의 범위에서 재범예방에 필요한 수강명령(「보호관찰 등에 관한 법률」에 따른 수강명령을 말한다. 이하 같다) 또는 아동학대 치료프로그램의 이수명령(이하 "이수명령"이라 한다)을 병과할 수 있다. 24 경간

제9조(친권상실청구 등) ① 아동학대행위자가 제4조제3항, 제5조 또는 제6조의 범죄를 저지른 때에는 검사는 그 사건의 아동학대행위자가 피해아동의 친권자나 후견인인 경우에 법원에 「민법」 제924조의 친권상실의 선고 또는 같은 법 제940조의 후견인의 변경 심판을 청구하여야 한다. 다만, 친권상실의 선고 또는 후견인의 변경 심판을 하여서는 아니 될 특별한 사정이 있는 경우에는 그러하지 아니하다.

제10조(아동학대범죄 신고의무와 절차) ① 누구든지 아동학대범죄를 알게 된 경우나 그 의심이 있는 경우에는 특별시·광역시·특별자치시·도·특별자치도(이하 "시·도"라 한다), 시·군·구(자치구를 말한다. 이하 같다) 또는 수사기관에 신고할 수 있다.
② 다음 각 호의 어느 하나에 해당하는 사람이 직무를 수행하면서 아동학대범죄를 알게 된 경우나 그 의심이 있는 경우에는 시·도, 시·군·구 또는 수사기관에 즉시 신고하여야 한다.
2. 아동복지시설의 장과 그 종사자(아동보호전문기관의 장과 그 종사자는 제외한다)
④ 제2항에 따른 신고가 있는 경우 시·도, 시·군·구 또는 수사기관은 정당한 사유가 없으면 즉시 조사 또는 수사에 착수하여야 한다.

제10조의4(고소에 대한 특례) ① 피해아동 또는 그 법정대리인은 아동학대행위자를 고소할 수 있다. 피해아동의 법정대리인이 아동학대행위자인 경우 또는 아동학대행위자와 공동으로 아동학대범죄를 범한 경우에는 피해아동

의 친족이 고소할 수 있다.

② 피해아동은 「형사소송법」 제224조에도 불구하고 **아동학대행위자가 자기 또는 배우자의 직계존속인 경우에도 고소할 수 있다**. 법정대리인이 고소하는 경우에도 또한 같다.

③ 피해아동에게 고소할 법정대리인이나 친족이 없는 경우에 이해관계인이 신청하면 검사는 10일 이내에 고소할 수 있는 사람을 지정하여야 한다. 24 경간

제11조(현장출동) ① 아동학대범죄 신고를 접수한 사법경찰관리나 「아동복지법」 제22조제4항에 따른 아동학대전담공무원(이하 "아동학대전담공무원"이라 한다)은 지체 없이 아동학대범죄의 현장에 출동하여야 한다. 15 3차 이 경우 **수사기관의 장이나 시·도지사 또는 시장·군수·구청장은 서로 동행하여 줄 것을 요청할 수 있으며**, 그 요청을 받은 수사기관의 장이나 시·도지사 또는 시장·군수·구청장은 **정당한 사유가 없으면** 사법경찰관리나 아동학대전담공무원이 아동학대범죄 현장에 **동행하도록 조치하여야 한다**. 25 2차

② 아동학대범죄 신고를 접수한 사법경찰관리나 아동학대전담공무원은 아동학대범죄가 행하여지고 있는 것으로 신고된 **현장 또는 피해아동을 보호하기 위하여 필요한 장소에 출입하여 아동 또는 아동학대행위자 등 관계인에 대하여 조사를 하거나 질문을 할 수 있다**. 다만, 아동학대전담공무원(사법경찰관리X)은 다음 각 호를 위한 범위에서만 아동학대행위자 등 관계인에 대하여 조사 또는 질문을 할 수 있다. 24 경간

1. 피해아동의 보호
2. 「아동복지법」 제22조의4의 사례관리계획에 따른 사례관리(이하 "사례관리"라 한다)

⑤ 제2항에 따라 조사 또는 질문을 하는 사법경찰관리 또는 아동학대전담공무원은 **피해아동, 아동학대범죄신고자등, 목격자 등이 자유롭게 진술할 수 있도록 아동학대행위자로부터 분리된 곳에서 조사하는 등 필요한 조치를 하여야 한다**.

⑦ 제1항에 따른 **현장출동이 동행하여 이루어지지 아니한 경우** 수사기관의 장이나 시·도지사 또는 시장·군수·구청장은 **현장출동에 따른 조사 등의 결과를 서로에게 통지하여야 한다**.

제12조(피해아동 등에 대한 응급조치) ① 제11조제1항에 따라 현장에 출동하거나 아동학대범죄 현장을 발견한 경우 또는 학대현장 이외의 장소에서 학대피해가 확인되고 재학대의 위험이 급박·현저한 경우, 사법경찰관리 또는 아동학대전담공무원은 피해아동, 피해아동의 형제자매인 아동 및 피해아동과 동거하는 아동(이하 "피해아동등"이라 한다)의 보호를 위하여 즉시 다음 각 호의 조치(이하 "응급조치"라 한다)를 하여야 한다. 15 1차, 21 2차 이 경우 **제3호 또는 제5호**의 조치를 하는 때에는 피해아동등의 이익을 최우선으로 고려하여야 하며, 피해아동등을 보호하여야 할 필요가 있는 등 특별한 사정이 있는 경우를 제외하고는 피해아동등의 의사를 존중하여야 한다.

1. 아동학대범죄 행위의 제지
2. 아동학대행위자를 피해아동등으로부터 격리
3. 피해아동등을 아동학대 관련 보호시설로 인도
4. 긴급치료가 필요한 피해아동을 의료기관으로 인도
5. **피해아동등을 연고자 등에게 인도**

응급조치상의 격리란 아동학대행위자를 72시간(단, 검사가 법원에 임시조치를 청구한 경우에는 법원의 임시조

치 결정 시까지 연장)을 기한으로 하여 피해아동으로부터 장소적으로 분리하는 조치를 의미한다. 18 승진

② 사법경찰관리나 아동학대전담공무원은 제1항제3호부터 제5호까지에 따라 피해아동등을 분리·인도하여 보호하는 경우 지체 없이 피해아동등을 인도받은 보호시설·의료시설의 소재지 또는 연고자 등의 주거지를 관할하는 시·도지사 또는 시장·군수·구청장에게 그 사실을 통보하여야 한다. 15 1차

③ 제1항제2호부터 제5호까지에 따른 응급조치는 72시간을 넘을 수 없다. 15 1차, 19 승진 다만, 본문의 기간에 공휴일이나 토요일이 포함되는 경우로서 피해아동등의 보호를 위하여 필요하다고 인정되는 경우에는 48시간의 범위에서 그 기간을 연장할 수 있다. 21·25 2차

④ 제3항에도 불구하고 검사가 제15조제2항에 따라 임시조치를 법원에 청구한 경우에는 법원의 임시조치 결정 시까지 응급조치 기간이 연장된다. 15 1차, 19·21 승진

⑤ 사법경찰관리 또는 아동학대전담공무원이 제1항에 따라 응급조치를 한 경우에는 즉시 응급조치결과보고서를 작성하여야 한다. 이 경우 사법경찰관리가 응급조치를 한 경우에는 관할 경찰관서의 장이 시·도지사 또는 시장·군수·구청장에게, 아동학대전담공무원이 응급조치를 한 경우에는 소속 시·도지사 또는 시장·군수·구청장이 관할 경찰관서의 장에게 작성된 응급조치결과보고서를 지체 없이 송부하여야 한다. 15 1차, 25 2차

⑧ 사법경찰관리는 제1항제1호 또는 제2호의 조치를 위하여 다른 사람의 토지·건물·배 또는 차에 출입할 수 있다.

⑨ 사법경찰관리나 아동학대전담공무원은 제1항제5호의 조치를 하는 경우 연고자 등의 동의를 얻어 가정폭력범죄, 아동학대범죄 등 범죄경력을 확인하는 등 피해아동등의 보호를 위하여 필요한 조치를 할 수 있다.

제13조(아동학대행위자에 대한 긴급임시조치) ① 사법경찰관은 제12조제1항에 따른 응급조치에도 불구하고 아동학대범죄가 재발될 우려가 있고, 긴급을 요하여 제19조제1항에 따른 법원의 임시조치 결정을 받을 수 없을 때에는 직권이나 피해아동등, 그 법정대리인(아동학대행위자를 제외한다. 이하 같다), 변호사(제16조에 따른 변호사를 말한다. 제48조 및 제49조를 제외하고는 이하 같다), 시·도지사, 시장·군수·구청장 또는 아동보호전문기관의 장의 신청에 따라 제19조제1항제1호부터 제3호까지의 어느 하나에 해당하는 조치를 할 수 있다. 18·19·21 승진, 19 경간, 23 2차

② 사법경찰관은 제1항에 따른 조치(이하 "긴급임시조치"라 한다)를 한 경우에는 즉시 긴급임시조치결정서를 작성하여야 하고, 그 내용을 시·도지사 또는 시장·군수·구청장에게 지체 없이 통지하여야 한다. 24 경간

제14조(임시조치의 청구) ① 검사는 아동학대범죄가 재발될 우려가 있다고 인정하는 경우에는 직권으로 또는 사법경찰관이나 보호관찰관의 신청에 따라 법원에 제19조제1항 각 호의 임시조치를 청구할 수 있다.

제15조(응급조치·긴급임시조치 후 임시조치의 청구) ① 사법경찰관이 제12조제1항제2호부터 제5호까지에 따른 응급조치 또는 제13조제1항에 따른 긴급임시조치를 하였거나 시·도지사 또는 시장·군수·구청장으로부터 제12조제1항제2호부터 제5호까지에 따른 응급조치가 행하여졌다는 통지를 받은 때에는 지체 없이 검사에게 제19조에 따른 임시조치의 청구를 신청하여야 한다.

② 제1항의 신청을 받은 검사는 임시조치를 청구하는 때에는 응급조치가 있었던 때부터 72시간(제12조제3항 단서에 따라 응급조치 기간이 연장된 경우에는 그 기간을 말한다) 이내에, 긴급임시조치가 있었던 때부터

48시간 이내에 하여야 한다. 이 경우 제12조제5항에 따라 작성된 응급조치결과보고서 및 제13조제2항에 따라 작성된 긴급임시조치결정서를 첨부하여야 한다.

③ 사법경찰관은 검사가 제2항에 따라 임시조치를 청구하지 아니하거나 법원이 임시조치의 결정을 하지 아니한 때에는 즉시 그 긴급임시조치를 취소하여야 한다.

제19조(아동학대행위자에 대한 임시조치) ① 판사는 아동학대범죄의 원활한 조사·심리 또는 피해아동등의 보호를 위하여 필요하다고 인정하는 경우에는 결정으로 아동학대행위자에게 다음 각 호의 어느 하나에 해당하는 조치(이하 "임시조치"라 한다)를 할 수 있다. 18·19·21 승진, 19 경찰, 21 2차

1. 피해아동등 또는 가정구성원(「가정폭력범죄의 처벌 등에 관한 특례법」 제2조제2호에 따른 가정구성원을 말한다. 이하 같다)의 주거로부터 퇴거 등 격리
2. 피해아동등 또는 가정구성원의 주거, 학교 또는 보호시설 등에서 100미터 이내의 접근 금지
3. 피해아동등 또는 가정구성원에 대한 「전기통신기본법」 제2조제1호의 전기통신을 이용한 접근 금지
4. 친권 또는 후견인 권한 행사의 제한 또는 정지
5. 아동보호전문기관 등에의 상담 및 교육 위탁
6. 의료기관이나 그 밖의 요양시설에의 위탁
7. 경찰관서의 유치장 또는 구치소에의 유치

② 제1항 각 호의 처분은 병과할 수 있다.

③ **판사는** 피해아동등에 대하여 제12조제1항제2호부터 제5호까지의 규정에 따른 응급조치가 행하여진 경우에는 **임시조치가 청구된 때로부터 24시간 이내에 임시조치 여부를 결정하여야 한다.**

④ 제1항 각 호의 규정에 따른 임시조치기간은 2개월을 초과할 수 없다. 다만, 피해아동등의 보호를 위하여 그 기간을 연장할 필요가 있다고 인정하는 경우에는 결정으로 제1항제1호부터 제3호까지의 규정에 따른 임시조치는 두 차례만, 같은 항 제4호부터 제7호까지의 규정에 따른 임시조치는 한 차례만 각 기간의 범위에서 연장할 수 있다.

제24조(사법경찰관의 사건송치) 사법경찰관은 아동학대범죄를 신속히 수사하여 사건을 검사에게 송치하여야 한다. 이 경우 사법경찰관은 해당 사건을 아동보호사건으로 처리하는 것이 적절한 지에 관한 의견을 제시할 수 있다.

제27조(아동보호사건의 처리) ① 검사는 아동학대범죄로서 제26조 각 호의 사유를 고려하여 제36조에 따른 보호처분을 하는 것이 적절하다고 인정하는 경우에는 아동보호사건으로 처리할 수 있다.

제34조(공소시효의 정지와 효력) ① 아동학대범죄의 공소시효는 「형사소송법」 제252조에도 불구하고 해당 아동학대범죄의 피해아동이 성년에 달한 날부터 진행한다.

제 4 절 스토킹범죄

1. 스토킹범죄의 처벌 등에 관한 법률(약칭 : 스토킹처벌법) ★★★

제2조(정의) 이 법에서 사용하는 용어의 뜻은 다음과 같다.
1. "**스토킹행위**"란 상대방의 의사에 **반(反)**하여 **정당한 이유 없이** 다음 각 목의 어느 하나에 해당하는 행위를 하여 **상대방에게 불안감 또는 공포심을 일으키는 것**을 말한다.
   가. 상대방 또는 그의 동거인, 가족(이하 "상대방등"이라 한다)에게 **접근하거나 따라다니거나 진로를 막아서는** 행위
   나. 상대방등의 주거, 직장, 학교, 그 밖에 일상적으로 생활하는 장소(이하 "주거등"이라 한다) 또는 그 부근에서 **기다리거나 지켜보는** 행위
   다. **상대방등에게 우편·전화·팩스** 또는「정보통신망 이용촉진 및 정보보호 등에 관한 법률」제2조제1항제1호의 정보통신망(이하 "**정보통신망**"이라 한다)을 **이용하여** 물건이나 글·말·부호·음향·그림·영상·화상(이하 "물건등"이라 한다)을 도달하게 하거나 정보통신망을 이용하는 프로그램 또는 전화의 기능에 의하여 글·말·부호·음향·그림·영상·화상이 상대방등에게 나타나게 하는 행위
   라. 상대방등에게 직접 또는 제3자를 통하여 **물건등을 도달하게 하거나 주거등 또는 그 부근에 물건등을 두는** 행위
   마. 상대방등의 주거등 또는 그 부근에 놓여져 있는 **물건등을 훼손하는** 행위
   바. 다음의 어느 하나에 해당하는 상대방등의 정보를 **정보통신망을 이용하여 제3자에게 제공하거나 배포 또는 게시하는** 행위
      1) 「개인정보 보호법」 제2조제1호의 개인정보
      2) 「위치정보의 보호 및 이용 등에 관한 법률」 제2조제2호의 개인위치정보
      3) 1) 또는 2)의 정보를 편집·합성 또는 가공한 정보(해당 정보주체를 식별할 수 있는 경우로 한정한다)
   사. 정보통신망을 통하여 상대방등의 이름, 명칭, 사진, 영상 또는 신분에 관한 정보를 이용하여 **자신이 상대방등인 것처럼 가장하는 행위**
2. "스토킹범죄"란 **지속적 또는 반복적**으로 스토킹행위를 하는 것을 말한다. 22 1차
3. "피해자"란 스토킹범죄로 **직접적**인 피해를 입은 사람을 말한다.
4. "피해자등"이란 피해자 및 스토킹행위의 상대방을 말한다.

제3조(스토킹행위 신고 등에 대한 응급조치) **사법경찰관리**는 진행 중인 스토킹행위에 대하여 신고를 받은 경우 즉시 현장에 나가 다음 각 호의 **조치를 하여야** 한다. 22 1차
1. 스토킹행위의 **제지**, 향후 스토킹행위의 **중단 통보** 및 스토킹행위를 지속적 또는 반복적으로 할 경우 **처벌 서면경고**
2. 스토킹행위자와 피해자등의 **분리 및 범죄수사**
3. 피해자등에 대한 **긴급응급조치 및 잠정조치 요청의 절차 등 안내**
4. 스토킹 피해 관련 **상담소 또는 보호시설로의 피해자등 인도**(피해자등이 **동의한 경우만** 해당한다)

제4조(긴급응급조치) ① **사법경찰관**은 스토킹행위 신고와 관련하여 스토킹행위가 **지속적 또는 반복적**으로 행하여질 우려가 있고 스토킹범죄의 예방을 위하여 **긴급을 요하는 경우** 스토킹행위자에게 직권으로 또는 스토킹행위

의 상대방이나 그 법정대리인 또는 스토킹행위를 신고한 사람의 요청에 의하여 다음 각 호에 따른 **조치를 할 수 있다.** 22 2차, 25 승진

1. 스토킹행위의 상대방등이나 그 주거등으로부터 100미터 이내의 접근 금지
2. 스토킹행위의 상대방등에 대한 「전기통신기본법」 제2조제1호의 전기통신을 이용한 접근 금지

② 사법경찰관은 제1항에 따른 조치(이하 "긴급응급조치"라 한다)를 하였을 때에는 즉시 스토킹행위의 요지, 긴급응급조치가 필요한 사유, 긴급응급조치의 내용 등이 포함된 **긴급응급조치결정서를 작성하여야 한다.**

제5조(긴급응급조치의 승인 신청) ① 사법경찰관은 긴급응급조치를 하였을 때에는 **지체 없이** 검사에게 해당 긴급응급조치에 대한 **사후승인을 지방법원** 판사에게 청구하여 줄 것을 신청하여야 한다. 22 2차

② 제1항의 신청을 받은 검사는 긴급응급조치가 있었던 때부터 48시간 이내에 지방법원 판사에게 해당 긴급응급조치에 대한 **사후승인을 청구한다.** 이 경우 제4조제2항에 따라 작성된 긴급응급조치결정서를 첨부하여야 한다. 22 2차, 25 승진

④ 사법경찰관은 검사가 제2항에 따라 **긴급응급조치에 대한 사후승인을 청구하지 아니하거나 지방법원 판사가** 제2항의 청구에 대하여 **사후승인을 하지 아니한 때에는 즉시 그 긴급응급조치를 취소하여야 한다.** 25 승진

⑤ 긴급응급조치기간은 **1개월을 초과할 수 없다.** 22 2차

제6조(긴급응급조치의 통지 등) ① 사법경찰관은 긴급응급조치를 하는 경우에는 스토킹행위의 **상대방등이나 그 법정대리인에게 통지하여야 한다.**

② 사법경찰관은 긴급응급조치를 하는 경우에는 해당 긴급응급조치의 대상자(이하 "긴급응급조치대상자"라 한다)에게 **조치의 내용 및 불복방법 등을 고지하여야 한다.**

제7조(긴급응급조치의 변경 등) ① 긴급응급조치대상자나 그 법정대리인은 긴급응급조치의 취소 또는 그 종류의 변경을 사법경찰관에게 신청할 수 있다.

② 스토킹행위의 상대방등이나 그 법정대리인은 제4조제1항제1호의 긴급응급조치가 있은 후 스토킹행위의 상대방등이 주거등을 옮긴 경우에는 사법경찰관에게 긴급응급조치의 변경을 신청할 수 있다. 25 승진

③ 스토킹행위의 상대방이나 그 법정대리인은 긴급응급조치가 필요하지 아니한 경우에는 사법경찰관에게 해당 긴급응급조치의 취소를 신청할 수 있다.

④ 사법경찰관은 정당한 이유가 있다고 인정하는 경우에는 직권으로 또는 제1항부터 제3항까지의 규정에 따른 신청에 의하여 해당 긴급응급조치를 취소할 수 있고, 지방법원 판사의 승인을 받아 긴급응급조치의 종류를 변경할 수 있다.

제8조(잠정조치의 청구) ① 검사는 스토킹범죄가 재발될 우려가 있다고 인정하면 **직권** 또는 사법경찰관의 **신청**에 따라 법원에 **제9조제1항 각 호의 조치를 청구할 수 있다.** 24 승진

② **피해자 또는 그 법정대리인**은 검사 또는 사법경찰관에게 제1항에 따른 조치의 청구 또는 그 신청을 요청하거나, 이에 관하여 **의견을 진술할 수 있다.**

③ 사법경찰관은 제2항에 따른 신청 요청을 받고도 제1항에 따른 신청을 하지 아니하는 경우에는 검사에게 그 사유를 보고하여야 하고, 피해자 또는 그 법정대리인에게 그 사실을 지체 없이 알려야 한다.

④ **검사는** 제2항에 따른 청구 요청을 받고도 제1항에 따른 **청구를 하지 아니하는 경우에는 피해자 또는 그 법정대리인에게 그 사실을 지체 없이 알려야 한다.**

제9조(스토킹행위자에 대한 잠정조치) ① **법원**은 스토킹범죄의 원활한 조사·심리 또는 피해자 보호를 위하여 필요하다고 인정하는 경우에는 결정으로 스토킹행위자에게 다음 각 호의 어느 하나에 해당하는 조치(이하 "**잠정조치**"라 한다)를 **할 수 있다.** 24 경간, 24 승진
1. 피해자에 대한 스토킹범죄 **중단**에 관한 **서면 경고**
2. 피해자 또는 그의 동거인, 가족이나 그 주거등으로부터 **100미터 이내의 접근 금지**
3. 피해자 또는 그의 동거인, 가족에 대한 「전기통신기본법」제2조제1호의 **전기통신을 이용한 접근 금지**
3의2. 「전자장치 부착 등에 관한 법률」제2조제4호의 **위치추적 전자장치**(이하 "**전자장치**"라 한다)**의 부착**
4. 국가경찰관서의 **유치장 또는 구치소에의 유치**
② 제1항 각 호의 잠정조치는 **병과(倂科)할 수 있다.**
⑦ 제1항제2호·제3호 및 제3호의2에 따른 잠정조치기간은 **3개월**, 같은 항 **제4호**에 따른 잠정조치기간은 **1개월**을 초과할 수 없다. 다만, 법원은 피해자의 보호를 위하여 그 기간을 연장할 필요가 있다고 인정하는 경우에는 결정으로 제1항제2호·제3호 및 제3호의2에 따른 잠정조치에 대하여 **두 차례**에 한정하여 **각 3개월**의 범위에서 연장할 수 있다. 22 2차, 24 승진

제11조(잠정조치의 변경 등) ① 스토킹행위자나 그 **법정대리인**은 잠정조치 결정의 **취소** 또는 그 종류의 **변경**을 법원에 **신청할 수 있다.**
② **검사**는 수사 또는 공판과정에서 잠정조치가 계속 필요하다고 인정하는 경우에는 **직권**이나 사법경찰관의 신청에 따라 법원에 해당 **잠정조치기간의 연장 또는 그 종류의 변경을 청구할 수 있고,** 잠정조치가 필요하지 아니하다고 인정하는 경우에는 직권이나 사법경찰관의 신청에 따라 법원에 해당 잠정조치의 취소를 청구할 수 있다.

제17조(스토킹범죄의 피해자에 대한 전담조사제) ② **경찰관서의 장**(국가수사본부장, 시·도경찰청장 및 경찰서장을 의미한다. 이하 같다)은 스토킹범죄 **전담 사법경찰관**을 지정하여 특별한 사정이 없으면 스토킹범죄 전담 사법경찰관이 **피해자를 조사하게 하여야** 한다.

제18조(스토킹범죄) ① 스토킹범죄를 저지른 사람은 **3년** 이하의 징역 또는 **3천만원** 이하의 벌금에 처한다.
② 흉기 또는 그 밖의 위험한 물건을 휴대하거나 이용하여 스토킹범죄를 저지른 사람은 **5년** 이하의 징역 또는 **5천만원** 이하의 벌금에 처한다.

제19조(형벌과 수강명령 등의 병과) ① 법원은 스토킹범죄를 저지른 사람에 대하여 **유죄판결**(선고유예는 **제외**한다)을 선고하거나 약식명령을 고지하는 경우에는 **200시간**의 범위에서 다음 각 호의 구분에 따라 재범 예방에 필요한 **수강명령**(「보호관찰 등에 관한 법률」에 따른 수강명령을 말한다. 이하 같다) 또는 스토킹 치료프로그램의 **이수명령**(이하 "이수명령"이라 한다)을 **병과할 수 있다.**
1. **수강명령**: 형의 집행을 유예할 경우에 그 **집행유예기간 내에서 병과**
2. **이수명령**: 벌금형 또는 징역형의 **실형을 선고하거나 약식명령을 고지할 경우에 병과**

제20조(벌칙) ① 다음 각 호의 어느 하나에 해당하는 사람은 **3년** 이하의 징역 또는 **3천만원** 이하의 벌금에 처한다.
1. 제9조제4항을 위반하여 **전자장치의 효용을 해치는 행위를 한 사람**
2. 제17조의3제1항을 위반하여 피해자등의 주소, 성명, 나이, 직업, 학교, 용모, 인적사항, 사진 등 피해자등을

특정하여 파악할 수 있게 하는 정보 또는 피해자등의 사생활에 관한 비밀을 공개하거나 다른 사람에게 누설한 사람
3. 제17조의3제2항을 위반하여 피해자등의 주소, 성명, 나이, 직업, 학교, 용모, 인적 사항, 사진 등 피해자등을 특정하여 파악할 수 있게 하는 정보를 신문 등 인쇄물에 싣거나 「방송법」 제2조제1호에 따른 방송 또는 정보통신망을 통하여 공개한 사람
② 제9조제1항**제2호** 또는 **제3호**의 **잠정조치를 이행하지 아니한 사람**은 **2년** 이하의 징역 또는 **2천만원** 이하의 벌금에 처한다. 24 승진
③ **긴급응급조치**(검사가 제5조제2항에 따른 긴급응급조치에 대한 사후승인을 청구하지 아니하거나 지방법원 판사가 같은 조 제3항에 따른 승인을 하지 아니한 경우는 제외한다)를 **이행하지 아니한 사람**은 **1년** 이하의 징역 또는 **1천만원** 이하의 벌금에 처한다.

제 5 절 마약류 수사 ★★★

1. '마약류'란 마약 · 향정신성의약품 및 대마를 말한다. 19 1차

마약	천연마약	양귀비, 생아편, 모르핀, 코데인, 테바인, 코카인, 크랙 등
	한외마약 (처벌x)	① 일반약품에 마약성분을 미세하게 혼합한 약물로 **신체적 · 정신적 의존성**을 일으킬 염려가 **없어 총리령으로 정하는 것**을 한외마약이라고 한다. 14 승진 ② 감기약 등으로 판매되는 **합법**의약품으로 코데날, 코데잘, 코데솔, 유코데, 세코날 등이 있다. (코데인X) 12 경간
	합성마약	페치딘계, 메사돈계, 프로폭시펜, 아미노부텐, 모리피난, 벤조모르핀 등
	반합성 마약	**헤로인**, **히드로모르핀**, **옥시코돈**, **하이드로폰** 등
대마		대마초(마리화나), 대마수지(해쉬쉬), 대마수지기름(해쉬쉬 미네랄 오일) 21 경채 cf. 대마초의 종자뿌리X
향정신성 의약품	각성제	엑스터시, **메스암페타민**(히로뽕), **암페타민류** 10 · 14 승진
	환각제	LSD, 사일로사이빈, 페이요트(메스카린) 등 11 경간
	억제제	알프라졸람, 바르비탈염류제, 벤조다이아핀제제

2. 주요 향정신성의약품

메스암페타민 (필로폰, 히로뽕)	① 강한 각성작용으로 의식이 뚜렷해지고 **잠이 오지 않으며** 피로감이 없어짐, 처음에는 '술 깨는 약'이나 '피로회복제', 체중조절약 등을 가장하여 유통되는 경우가 많음 ② 식욕감퇴, 환시, 환청, 편집증세, 과민반응, 피해망상증 등을 경험함 ③ 정맥혈관 주사, 커피, 우유 등 음료수에 섞어서 음용, 코로 흡입 등

L.S.D 09·26 경간, 10·14 승진, 23 1차	① L.S.D는 곡물의 곰팡이, 보리 맥각에서 추출되어 이를 분리·가공·합성한 것으로 무색, 무취, 무미함 16 경간, 21 경채, 24 2차 ② 환각제(각성제X) 중 가장 강력한 효과를 나타내며, 미량을 유당·각설탕·과자·빵 등에 첨가시켜 먹거나 우편·종이 등의 표면에 묻혔다가 뜯어서 입에 넣는 방법으로 복용하기도 함 14 승진, 14 경간, 24 2차 ③ 동공확대, 심박동 및 혈압상승(감소X), 수전증, 오한 등의 증상 11·12 경간 ④ L.S.D는 내성이나 심리적 의존성이 있지만 금단현상은 일으키지 않는다고 알려져 있으며, 일부 남용자들은 실제로 사용하지 않는데도 환각현상을 경험하는 플래시백 현상을 일으키기도 함 12 경간, 24 2차
엑스터시 18 승진	① 엑스터시(MDMA)는 1914년 독일에서 식욕감퇴제로 개발되었으나 1980년대 마약으로 변질되었음 ② 기분이 좋아지는 약, 포옹마약(Hug Drug), 클럽마약, 도리도리 등으로 지칭되며, 복용하면 신체적 접촉 욕구가 강하게 발생함 11·16 경간 ③ 복용자는 테크노, 라이브, 파티장 등에서 막대사탕을 물고 있거나 물을 자주 마시는 등의 행위를 함
야바 (YABA) 12 경간, 18 승진	① 태국어로 '미치게 하는 약'이라는 뜻을 가진 암페타민계 합성마약류 ② 동남아 지역에서 주로 생산되어 유흥업소 종사자, 육체노동자등을 중심으로 급속히 확산됨 11 경간 ③ 카페인, 에페드린, 밀가루 등에 필로폰을 혼합한 것으로 순도가 20~30% 정도로 낮음 14·16 경간, 21 경채 ④ 원재료가 화공약품인 관계로 양귀비의 작황에 좌우되는 헤로인과는 달리 안정적인 밀조가 가능함
메스카린	선인장인 페이요트에서 추출, 합성한 향정신성의약품 11·12·14 경간, 18 승진, 20 1차, 21 경채
GHB (물뽕) 18 승진	① GHB는 성범죄용으로 악용되어 '데이트 강간 약물'이라고도 불리는데, 무색·무취로써 짠맛이 나는 액체로 소다수 등의 음료에 타서 복용하며 '물같은 히로뽕'이라는 뜻에서 '물뽕' 10·14 승진, 14 경간, 20 1차, 24 승진, 24 2차 ② 근육강화 호르몬 분비효과가 있으며, 사용 후 15분 후에 효과가 발현되고, 3시간 정도 지속됨(24시간 내에 체내에서 빠져나가 추적불가) 12 경간, 24 승진
덱스트로 메트로판 (러미라) 1112 경간 23 1차	① 진해거담제로서 의사의 처방전으로 약국에서 구입 가능 16 경간 ② 강한 중추신경 억제성 진해작용이 있으나 의존성과 독성은 없어 코데인 대용으로 널리 시판 14 경간, 20 1차, 24 2차 ③ 청소년들이 소주에 타서 마시기도 하는데 이를 '정글쥬스'라고도 함
카리소프로돌 (일명 S정) 1218 승진 23 1차	① 카리소프로돌은 중추신경에 작용하여 골격근 이완의 효과가 있으며, 과다 사용 시 치명적으로 인사불성, 혼수쇼크, 호흡저하를 가져오며 사망에까지 이를 수 있음 14 경간, 20 1차 ② 금단증상으로는 온몸이 뻣뻣해지고 뒤틀리며, 혀꼬부라지는 소리 등을 하게 됨 14 승진, 16 경간
프로포폴 14 승진, 21 경채 23 1차	① 페놀계 화합물로 흔히 '수면마취제'라고 불리는 정맥마취제로서 수면내시경 등에 사용 24 승진 ② 2011년 마약류 관리에 관한 법률에 따라 마약류(마약X) 향정신성의약품으로 지정되었다. 24 승진

케타민	'동물마취제'로 사용, 정맥주사나 근육주사를 통해 투여되며, 성범죄용으로 악용되기도 함
펜터민 (Phentermine) 25 승진	㉠ 알약의 모양이 나비모양처럼 생겼다고 하여, 일명 '**나비약**'이라고 불리는 마약성 식욕억제제의 성분이다. ㉡ 중추신경을 흥분시켜서 **식욕을 사라지게 하여 체중감량의 효과**가 있다. ㉢ 다량을 복용하거나 장기 복용하면 환청, 환각, 망상, 중독 등의 부작용이 있다. ㉣ 「마약류 관리에 관한 법률」 제2조 제3호 라목에 해당하는 향정신성의약품이다.

제 6 절 범죄피해자보호법 ★★★

제1조(목적) 이 법은 범죄피해자 보호·지원의 기본 정책 등을 정하고 타인의 범죄행위로 인하여 **생명·신체**(재산X) 에 피해를 받은 사람을 구조함으로써 범죄피해자의 복지 증진에 기여함을 목적으로 한다. 18 승진

제2조(기본이념) ① 범죄피해자는 범죄피해 상황에서 빨리 벗어나 인간의 존엄성을 보장받을 권리가 있다. 23 경채
② 범죄피해자의 명예와 사생활의 평온은 보호되어야 한다.
③ 범죄피해자는 해당 사건과 관련하여 각종 법적 절차에 참여할 권리가 있다.

제3조(정의) ① 이 법에서 사용하는 용어의 뜻은 다음과 같다.
1. "**범죄피해자**"란 타인의 범죄행위로 **피해를 당한 사람과 그 배우자**(사실상의 혼인관계를 **포함**한다), **직계친족 및 형제자매**를 말한다. 18 승진, 22 1차, 25 2차
2. "**범죄피해자 보호·지원**"이란 범죄피해자의 손실 복구, 정당한 권리 행사 및 복지 증진에 기여하는 행위를 말한다. 다만, 수사·변호 또는 재판에 부당한 영향을 미치는 행위는 포함되지 아니한다. 22 경채
3. "**범죄피해자 지원법인**"이란 범죄피해자 보호·지원을 주된 목적으로 설립된 **비영리법인**을 말한다.
4. "**구조대상 범죄피해**"란 대한민국의 영역 안에서 또는 대한민국의 영역 밖에 있는 대한민국의 선박이나 항공기 안에서 행하여진 사람의 생명 또는 신체를 해치는 죄에 해당하는 행위(「형법」 제9조(**형사미성년자**), 제10조제1항(**심신장애인**), 제12조(강요된 행위), 제22조제1항(긴급피난)에 따라 처벌되지 아니하는 행위를 포함하며, 같은 법 제20조(**정당행위**) 또는 제21조제1항(**정당방위**)에 따라 처벌되지 아니하는 행위 및 **과실**에 의한 행위는 **제외**한다)로 인하여 **사망하거나 장해 또는 중상해를 입은 것**을 말한다. 15 승진
5. "**장해**"란 범죄행위로 입은 부상이나 질병이 치료(그 증상이 고정된 때를 포함한다)된 후에 남은 신체의 장해로서 대통령령으로 정하는 경우를 말한다.
6. "**중상해**"란 범죄행위로 인하여 신체나 그 생리적 기능에 손상을 입은 것으로서 대통령령으로 정하는 경우를 말한다.
② 제1항제1호에 해당하는 사람 외에 범죄피해 방지 및 범죄피해자 **구조 활동으로 피해를 당한 사람도 범죄피해자로 본다.** 23 경채

제6조(국민의 책무) 국민은 범죄피해자의 명예와 사생활의 평온을 해치지 아니하도록 유의하여야 하고, 국가 및 지방자치단체가 실시하는 범죄피해자를 위한 정책의 수립과 추진에 최대한 **협력하여야 한다**. 23 경채

제8조(형사절차 참여 보장 등) ① 국가는 **범죄피해자가** 해당 사건과 관련하여 수사담당자와 상담하거나 재판절차에 참여하여 진술하는 등 형사절차상의 권리를 행사할 수 있도록 보장하여야 한다. 22 1차

② 국가는 **범죄피해자가 요청하면** 가해자에 대한 수사 결과, 공판기일, 재판 결과, 형 집행 및 보호관찰 집행 상황 등 형사절차 관련 정보를 대통령령으로 정하는 바에 따라 **제공할 수 있다.** 22 1차

제9조(사생활의 평온과 신변의 보호 등) ① **국가 및 지방자치단체**는 범죄피해자의 명예와 사생활의 평온을 보호하기 위하여 **필요한 조치를 하여야 한다.**

② **국가 및 지방자치단체**는 범죄피해자가 형사소송절차에서 한 진술이나 증언과 관련하여 보복을 당할 우려가 있는 등 **범죄피해자를 보호할 필요가 있을 경우에는 적절한 조치를 마련하여야 한다.** 22 1차

제12조(기본계획 수립) ① 법무부장관은 제15조에 따른 범죄피해자 보호위원회의 심의를 거쳐 **범죄피해자 보호·지원에 관한 기본계획**(이하 "기본계획"이라 한다)을 5년마다 수립하여야 한다.

제15조(범죄피해자보호위원회) ① 범죄피해자 보호·지원에 관한 기본계획 및 주요 사항 등을 심의하기 위하여 법무부장관 소속으로 범죄피해자보호위원회(이하 "보호위원회"라 한다)를 둔다.

③ 보호위원회는 **위원장을 포함하여 20명 이내의 위원**으로 구성한다.

제16조(구조금의 지급요건) 국가는 구조대상 범죄피해를 받은 사람(이하 "구조피해자"라 한다)이 다음 각 호의 어느 하나에 해당하면 구조피해자 또는 그 유족에게 범죄피해 구조금(이하 "구조금"이라 한다)을 지급한다.
1. 구조피해자가 피해의 전부 또는 일부를 배상받지 못하는 경우
2. 자기 또는 타인의 형사사건의 수사 또는 재판에서 고소·고발 등 수사단서를 제공하거나 진술, 증언 또는 자료제출을 하다가 구조피해자가 된 경우

제17조(구조금의 종류 등) ① 구조금은 **유족구조금·장해구조금 및 중상해구조금**으로 구분한다. 15·18 승진, 25 2차

제19조(구조금을 지급하지 아니할 수 있는 경우) ① 범죄행위 당시 **구조피해자와 가해자 사이에** 다음 각 호의 어느 하나에 해당하는 **친족관계가 있는 경우에는 구조금을 지급하지 아니한다.**
1. 부부(사실상의 혼인관계를 포함한다)
2. 직계혈족
3. 4촌 이내의 친족 25 2차
4. 동거친족

② 범죄행위 당시 구조피해자와 가해자 사이에 **제1항 각 호의 어느 하나에 해당하지 아니하는 친족관계가 있는 경우에는 구조금의 일부를 지급하지 아니한다.**

③ 구조피해자가 다음 각 호의 어느 하나에 해당하는 행위를 한 때에는 **구조금을 지급하지 아니한다.** 19 승진
1. 해당 범죄행위를 교사 또는 방조하는 행위
2. **과도한 폭행·협박** 또는 **중대한 모욕** 등 해당 범죄행위를 유발하는 행위 25 2차
3. 해당 범죄행위와 관련하여 현저하게 부정한 행위
4. 해당 범죄행위를 용인하는 행위
5. 집단적 또는 상습적으로 불법행위를 행할 우려가 있는 조직에 속하는 행위(다만, 그 조직에 속하고 있는 것이 해당 범죄피해를 당한 것과 관련이 없다고 인정되는 경우는 제외한다)
6. 범죄행위에 대한 보복으로 가해자 또는 그 친족이나 그 밖에 가해자와 밀접한 관계가 있는 사람의 생명을 해치거나 신체를 중대하게 침해하는 행위

④ 구조피해자가 다음 각 호의 어느 하나에 해당하는 행위를 한 때에는 **구조금**의 **일부를 지급하지 아니한다.**
18 · 19 승진

1. **폭행 · 협박** 또는 **모욕** 등 해당 범죄행위를 유발하는 행위
2. 해당 범죄피해의 발생 또는 증대에 가공(加功)한 **부주의한 행위** 또는 **부적절한 행위**

제21조(손해배상과의 관계) ① 국가는 구조피해자나 유족이 해당 구조대상 범죄피해를 원인으로 하여 손해배상을 받았으면 그 범위에서 구조금을 **지급하지 아니한다.** 22 경채

제23조(외국인에 대한 구조) 구조피해자 또는 그 유족이 **외국인**인 때에는 다음 각 호의 어느 하나에 해당하는 경우에만 이 법을 적용한다.

1. **해당 국가**의 **상호 보증이 있는 경우** 22 경채
2. 해당 외국인이 구조대상 범죄피해 발생 당시 대한민국 국민의 배우자이거나 대한민국 국민과 혼인관계(사실상의 혼인관계를 포함한다)에서 출생한 자녀를 양육하고 있는 자로서 다음 각 목의 어느 하나에 해당하는 체류자격을 가지고 있는 경우
   가. 「출입국관리법」 제10조제2호의 영주자격
   나. 「출입국관리법」 제10조의2제1항제2호의 장기체류자격으로서 법무부령으로 정하는 체류자격

제25조(구조금의 지급신청) ① 구조금을 받으려는 사람은 법무부령으로 정하는 바에 따라 그 **주소지, 거주지** 또는 **범죄 발생지**를 관할하는 **지구심의회**에 신청하여야 한다. 22 경채

② 제1항에 따른 신청은 해당 구조대상 범죄피해의 발생을 **안 날부터 3년**이 지나거나 해당 구조대상 범죄피해가 **발생한 날부터 10년**이 지나면 할 수 없다.

제31조(소멸시효) 구조금을 받을 권리는 그 **구조결정**이 해당 신청인에게 송달된 날부터 **2년**간 행사하지 아니하면 시효로 인하여 소멸된다. 23 경채

제32조(구조금 수급권의 보호) 구조금을 받을 권리는 양도하거나 담보로 제공하거나 압류할 수 **없다.**

CHAPTER 03 경비경찰

제 1 절 경비경찰 일반론

1. 경비경찰의 대상 ★ 17 승진, 18 경간, 21 승진

① 개인적·단체적 불법행위 : 치안경비, 특수경비(대테러경비), 경호경비, 중요시설경비
② 자연적·인위적 재난 : **혼잡경비**(행사안전경비 - 기념행사·경기대회·경축제례 등에 수반하는 조직화되지 않은 군중에 의하여 발생하는 자연적·인위적인 혼란상태를 예방·경계·진압하는 경찰활동), **재난경비**

2. 경비경찰의 특징 ★★ 12 3차, 16·23 경간, 16·19·21·24 승진

복합 기능적 활동	경비사태가 발생한 후에 **진압**뿐만 아니라 특정한 사태가 발생하기 전에 **경계·예방**의 역할을 수행한다는 점에서 복합 기능적 활동임
현상유지적 활동	경비활동은 기본적으로 **현재의 질서상태를 보존**하는 것에 가치를 둔다고 할 수 있다. 따라서, "정태적·소극적" 질서유지가 아닌 새로운 변화와 발전을 보장하기 위한 **"동태적·적극적"** 의미의 유지 작용
즉시적 (즉응적) 활동	경비상황은 국가적으로나 사회적으로 중대한 영향을 미치므로 신속한 처리가 요구된다. 따라서 즉시 출동 하여 신속하게 조기에 제압한다.
조직적 부대활동	경비사태 발생 시 조직적이고 집단적인 대응이 요구되므로 조직적 부대활동(지휘관과 부하, 장비와 보급체계)에 중점을 둠
하향적 명령에 의한 활동	경비활동은 주로 계선조직의 지휘관이 내리는 하향적인 지시나 명령에 의하여 움직이므로 활동의 결과에 대해서도 **지휘관이 지휘책임**을 지는 것이 일반적임 (**부대원의 재량은 상대적으로 적음**)
사회 전반적 안녕목적의 활동	경비경찰의 활동대상은 공공의 안녕과 질서를 유지하는 것을 목적으로 하므로 결과적으로 사회전체의 질서를 파괴하는 범죄를 대상으로 작용한다는 점에서 경비경찰의 임무는 국가목적적 치안의 수행이라고 할 수 있음

제 2 절 경비경찰의 조직 및 수단

1. 조직운영의 원리 ★ 19·23 승진

부대단위활동의 원칙	① 경비경찰의 업무의 성격상 개인적 활동보다는 부대단위로 이루어지는 것으로 부대는 반드시 지휘관과 직원 및 대원이 있어야 하고, 그 부대를 관리하기 위한 지휘권과 장비가 편성되며 임무수행을 위한 보급지원체계를 갖추고 있어야 함 13 경간 ② 부대의 관리와 임무의 수행을 위한 최종결정은 지휘관만이 할 수 있고, 부대활동의 성패는 지휘관에 의하여 좌우됨 09 채용
지휘관 단일성의 원칙	① 긴급하고 신속한 경비업무의 효율적인 처리를 위하여 지휘관을 한 사람만 두어야 한다는 의미로, 지시는 한사람에 의해서 행해져야 하고, 보고도 한 사람을 통해서 이루어져야 한다. 하급조직원은 하나의 상급조직에 대하여만 책임을 진다는 의미도 내포하고 있음 ② 의사결정의 과정에서까지 단일해야 한다는 의미는 결코 아님 13 경간
체계통일성의 원칙	① 조직의 정점으로부터 말단에 이르는 계선을 통하여 상하계급 간 일정한 관계가 형성되고 책임과 임무의 분담이 명확히 이루어지고 명령과 복종의 체계가 통일되어야 한다는 것 ② '임무를 중복 부여하여 최악의 경우를 대비한다.'는 것은 체계통일성의 원칙에 반함 09 채용
치안협력성의 원칙	① 업무수행과정에서 국민의 경찰에 대한 신뢰를 바탕으로 한 국민과 협력을 이루어야 하고 국민이 스스로 협조해 줄 때 효과적인 업무수행이 가능하며 협력체계를 조성하는 것은 어디까지나 임의적으로 하여야 하고 강제적 협조는 안 됨 13 경간 ② 업무수행의 신속성과는 관련이 적음 13 경간

2. 경비경찰의 수단 ★★

(1) 경비수단의 원칙 10·11·13·14·21·23 승진, 10·11 채용, 15 경간, 24 경찰특공대

균형의 원칙	경비상황에 대비하여 경력을 운용할 경우에 상황에 따라 균형 있는 경력운용을 해야 하며, 주력부대와 예비대를 적절하게 활용하여 한정된 경력으로 최대의 성과를 올려야 한다.(한정의 원칙X) 09 채용, 19 승진
위치의 원칙	경력을 동원하여 실력으로 상대방을 제압해야 하는 경우에는 부대 위치와 지형지물 등을 이용하여 상대하는 군중보다 유리한 지점과 위치를 확보해야 한다.
적시의 원칙	경력을 동원하여 물리력으로 상대방을 제압할 경우에는 상대의 허약한 시점을 포착하여 적절한 실력행사를 해야 한다. 23 경간
안전의 원칙	경비사태 발생 시에 진압과정에서 경찰이나 시민의 사고가 없어야 하며, 경찰작전 시 새로운 변수의 발생을 방지해야 한다. 변수발생은 사회적으로 큰 파장을 미칠 수 있으므로 사고 없는 안전한 작전을 수행해야 한다.(경찰관의 희생을 감수한 적극적 작전으로 군중의 안전을 보장하여야 한다X) 21 승진, 24 특공대

(2) 경비수단의 종류 06·07·08·10·11 채용, 10·11·14·19·21 승진, 08·14·23 경간

실력행사에는 **정해진 순서는 없으며** 주어진 경비상황이 경비수단의 행사요건에 해당하는지 여부에 따라서 적절히 행사하면 되는 것임(실력의 행사는 반드시 경고, 제지, 체포의 순서로 행사되어야 한다X)

간접적 실력행사	경고	경비부대를 전면에 배치 또는 진출시켜 위력을 과시하거나 경고하여 범죄 실행의 의사를 자발적으로 포기하도록 하는 **간접적** 실력행사로 필요한 경우에 관계자에게 주의를 주고 일정한 행위를 촉구하는 사실상의 통지행위이며 **임의처분**에 해당하는 것으로 「**경찰관 직무집행법**」 제5조(위험발생의 방지)에 근거함
직접적 실력행사	제지	경비사태를 예방·진압하기 위하여 발하는 처분으로 **세력분산·통제파괴·주동자 및 주모자의 격리** 등을 실시하는 **직접적** 실력행사로 「경찰관 직무집행법」 제6조(범죄의 예방과 제지)에 근거하고 있으며, 대인적 즉시강제에 해당하는 **강제처분**행위(의무의 불이행을 전제로 하는 것이 아님) → **즉시강제**에 해당하는 강제처분이라는 점에서 의무의 불이행을 전제로 하는 행정상 강제집행과는 **구별**되며 14·19 승진 강제처분이라는 점에서 제지행위는 **법률**에 근거를 두어야 하며, **경찰비례의 원칙의 엄격한 적용이 요구**됨
	체포	① 체포란 상대방의 신체를 구속하는 **강제처분**이며 **직접적** 실력행사임 ② 「**형사소송법**」 제212조에 근거를 두고 있음(경찰관 직무집행법X)

제 3 절 경비경찰의 주요대상

1. 행사안전경비(혼잡경비) ★★

(1) 의의 및 근거

「국가경찰과 자치경찰의 조직 및 운영에 관한 법률」 제3조(경찰의 임무), 「경찰관 직무집행법」 제5조(위험발생의 방지), 「경비업법 시행령」 제30조(경비가 필요한 시설 등에 대한 경비의 요청), 「공연법」 제11조(재해예방조치) 등이 행사안전경비의 근거가 된다. 14 경간, 18·19 승진

(2) 공연법 및 공연법 시행령

> **공연법**
>
> **제11조(재해예방조치)** ① **공연장운영자**는 화재나 그 밖의 재해를 예방하기 위하여 그 공연장 종업원의 임무·배치 등 재해대처계획을 수립하여 매년 관할 특별자치시장·특별자치도지사·시장·군수·구청장에게 신고하여야 한다. 이 경우 특별자치시장·특별자치도지사·시장·군수·구청장은 신고받은 재해대처계획을 관할 **소방서장**과 관할 **경찰서장**에게 통보하여야 한다. 18·19 승진, 18 경간
>
> **제43조(과태료)** ① 다음 각 호의 어느 하나에 해당하는 자에게는 **2천만원 이하**의 **과태료**를 부과한다. 18·19 승진
> 1. 제11조제1항 전단, 같은 조 제3항 또는 제4항을 위반하여 **재해대처계획을 수립, 신고 또는 보완하지 아니한 자**
>
> **공연법 시행령**
>
> **제9조(재해대처계획의 신고 등)** ③ 공연장 외의 시설이나 장소에서 **1천명 이상**의 관람이 예상되는 공연을 하려는 자는 법 제11조제3항에 따라 해당 시설이나 장소 운영자와 공동으로 **공연 개시 14일 전까지** 제1항 각 호의 사항과 안전관리인력의 확보·배치계획 및 공연계획서가 포함된 재해대처계획을 관할 **특별자치시장·특별자치**

도지사·시장·군수 또는 구청장에게 신고하여야 하며, 신고한 사항을 변경하려는 경우에는 해당 공연 7일 전까지 변경신고를 하여야 한다. 18 승진

(5) 군중정리의 원칙 14 경간, 15 2차, 15·19 승진, 20 경채, 22 2차

밀도의 희박화	① 제한된 면적에 사람이 많이 모이면 충돌과 혼잡이 야기하므로 가급적 많은 사람이 모이는 것을 회피하게 하는 것 ② 대규모 군중이 모이는 장소는 사전에 블록화 해야 함
이동의 일정화	군중들은 현재의 자기 위치와 갈 곳을 잘 알지 못함으로써 불안감과 초조감을 갖게 되므로 일정(여러X) 방향으로 이동시켜 주위의 상황을 파악할 수 있는 여건을 조성하여 안정감을 갖게 함
경쟁적 사태의 해소	① 경쟁적 사태는 남보다 먼저 가려고 하는 군중의 심리상태로 순서에 의하여 움직일 때 순조롭게 모든 일이 잘될 수 있다는 것을 납득시킴 ② 차분한 목소리로 안내방송을 하는 것도 한 방법임
지시의 철저	사태가 혼잡할 경우 계속적이고도 자세한 안내방송으로 지시를 철저히 해서 혼잡한 사태를 정리하고 사고를 미연에 방지할 수 있음

2. 선거경비 ★★

(1) 의의 및 경비대책

의의	선거경비는 행사안전경비, 대테러경비, 경호경비, 다중범죄의 진압 등 종합적인 경비활동이 요구되는 경비 활동임 12 1차, 12 경간
경비대책	① 통상 선거기간 개시 일부터 개표 종료 시까지 비상근무체제임 21 2차 ② 선거기간 개시일~ 선거 전일 : 경계강화기간 12 승진, 12 경간, 21 2차 ③ 선거일(06:00) ~ 개표 종료 시 : 갑호 비상이 원칙 12 승진, 12 경간

(2) 선거기간 및 선거일

선거기간 (공직선거법 제33조)	① 선거별 선거기간(동법 제1항) 　㉠ 대통령선거일 : 23일 　㉡ 국회의원 및 지방자치단체 의원 및 장 : 14일 ② "선거기간"(동법 제3항) 　㉠ 대통령선거 : 후보자등록마감일 다음날부터 선거일까지 　㉡ 국회의원 및 지방자치단체의 의회의원 및 장의 선거 : 　　후보자 등록마감일 후 6일 ~ 선거일까지
선거운동	선거기간 개시 일부터 선거일 전일까지

(3) 후보자 신변보호 12 승진, 19·20 경간, 21 2차

대통령 후보자 12 경간	① 후보자 : 을호 경호대상자 → 당선 확정자 : 갑호 경호대상자 12 1차 ② 신변보호기간 : 후보등록 시 부터 당선 확정시 까지 ③ 신변보호방법

		㉠ 24시간 근접하여 실시(후보자의 요청에 따라 전담경호대 편성, 운영) ㉡ 예외 : 신변경호를 원치 않은 후보자는 경호경험이 있는 직원을 대기 시켜 관내 유세기간 중 근접 배치한다.
국회의원 및 지방자치단체장		후보자가 원할 경우에는 각 선거구를 관할하는 **경찰서**에서 전담 경호 요원을(2 ~ 3명)배치한다. 12 경간

(4) 개표소경비 12 · 14 · 19 승진, 12 1차, 12 · 20 경간, 21 2차

3선경비	1선 (내부)	① 개표소 내부는 **선거관리위원장**의 **책임** 하에 질서를 유지한다. ② 선거관리위원회 **위원장**이나 **위원**은 개표소의 질서가 심히 문란하여 공정한 개표가 진행될 수 없다고 인정하는 때에는 개표소의 질서유지를 위하여 **정복을 한 경찰공무원 또는 경찰관서의 장에게 원조를 요구할 수 있다.** 원조요구가 있을 시 경찰공무원 또는 경찰서장은 즉시 이에 따라야 한다. ③ 원조요구에 의해 개표소 안에 들어간 **경찰공무원 또는 경찰관서의 장**은 선거관리위원회 위원장의 지시를 받아야 하며, **질서가 회복**되거나 **위원장의 요구**가 있는 때에는 **즉시** 개표소에서 **퇴거하여야** 한다. ④ 요청에 의해 경찰관이 투입된 경우를 제외하고는 **누구든지** 개표소 안에서 무기나 흉기 또는 폭발물을 **지닐 수 없다.**
	2선 (울타리 내곽)	① **경찰 + 선거관리위원회 합동**으로 출입자를 통제한다. ② 출입문은 되도록 **정문만** 사용(기타 출입문은 시정한다.)
	3선 (울타리 외곽)	**검문조, 순찰조**를 운영하여 기도자 접근을 차단한다.
안전유지		개표소의 사전 안전검측 및 유지는 선거관리위원회와 협조하여 경찰에서 보안안전팀을 운영하여 실시한다.

3. 다중범죄 진압경비(치안경비) ★★

(1) 다중범죄의 특징 08 채용, 14 1차, 16 경간, 19 승진

확신적 행동성	① 다중범죄를 발생시키는 주동자나 참여하는 자들은 **자신의 주장이 옳다는 확신**을 가지고 행동하므로 과감하고 전투적인 경우가 많다. ② 점거 농성할 때 **투신이나 분신자살** 등이 그 대표적인 예이다.
조직적 연계성	① 현대사회의 문제는 전국적으로 공통성이 있으며 **조직도 전국적으로 연계된 경우가 많다.** ② 다중범죄는 특정한 **조직**에 기반을 두고 뚜렷한 목적의식을 가지고 있으므로 소속되어 있는 단체의 설치목적이나 활동방침을 분명하게 파악하는 것이 사태의 진상파악에 도움이 된다.
부화 뇌동적 파급성	① 다중범죄의 발생은 **군중심리**의 영향을 받아 일단 발생하면 **부화뇌동**으로 인하여 **갑자기 확대**될 수도 있다. ② 조직도 상호 연계되어 있으므로 어느 한 곳에서 시위사태가 발생하면 같은 상황이 **전국적으로 파급**되기 쉽다.
비이성적 단순성	시위군중은 행동에 대한 의혹이나 불안을 갖지 않고 과격 · 단순하게 행동하며 **비이성적**인 경우가 많아 **주장 내용이 편협하고 타협, 설득이 어려운 경우가 많다.**

(2) 다중범죄의 정책적 치료법 08 채용, 14·15·18 1차, 16 경간, 16 2차, 14·17·19 승진

선수승화법	특정사안의 불만집단에 대한 정보활동을 강화하여 사전에 불만 및 분쟁요인을 찾아내어 해소해 주는 방법 ㉠ 강남지역의 재건축과 관련하여 일부 세입자들이 이주비 보상 및 영구임대아파트 보장을 요구하며 시위를 벌이려고 한다는 첩보가 입수되어 강남경찰서 정보과에서는 구청장 및 재건축조합장과의 면담을 주선하여 대화에 의한 타협을 보았다. 07 승진
전이법	다중범죄의 발생 징후나 이슈가 있을 때 집단이나 국민들의 관심을 집중시킬 수 있는 경이적인 사건을 폭로하거나 규모가 큰 행사를 개최함으로써 원래의 이슈가 상대적으로 약화되도록 하는 방법
지연정화법	불만집단의 고조된 주장을 시간을 끌어 이성적으로 사고할 기회를 부여하고 정서적으로 감정을 둔화시켜서 흥분을 가라앉게 하는 방법
경쟁행위법	불만집단과 이에 반대하는 대중의견을 크게 부각시켜 불만집단이 위압되어 자진해산 및 분산되도록 하는 방법 ㉠ 서울지하철노조가 객관적으로 명분없는 지하철 운행중단을 실시하자 언론에 일반시민의 불만과 비난의 목소리가 크게 부각되었다. 이에 당황한 지하철노조는 스스로 지하철 정상운행에 복귀하였다. 07 승진

(3) 진압

1) 진압의 기본 원칙 08 채용, 14 1차, 17 경간, 18 법학, 19 승진

봉쇄·방어	군중들이 중요시설이나 기관 등 보호대상물의 점거를 기도할 경우, 사전에 진압부대가 점령하거나 바리케이드 등으로 봉쇄하여 방어조치를 취하는 방법
차단·배제	군중이 목적지에 집결하기 전에 중간에서 차단하여 집합을 못하게 하는 방법
세력분산	일단 시위대가 집단을 형성한 이후에 진압부대가 대형으로 공격하거나 가스탄을 사용하여 시위집단의 지휘통제력을 차단시키며 수개의 소집단으로 분할시켜 시위의사를 약화시킴으로써 그 세력을 분산시키는 방법
주동자 격리	다중범죄는 특정한 지도자나 주동자의 선동에 의하여 이루어지므로 그 주모자를 사전에 검거하거나 군중과 격리시킴으로써 군중의 집단적 결속력을 약화시켜 계속된 행동을 못하게 진압하는 방법임

2) 진압의 3대 원칙 – 신속한 해산, 주모자 체포, 재집결 방지 08 채용, 10 승진, 14 1차

4. 재난경비 ★★★

(1) 재난 및 안전관리 기본법

> **제3조(정의)** 이 법에서 사용하는 용어의 뜻은 다음과 같다.
> 1. "재난"이란 국민의 생명·신체·재산과 국가에 피해를 주거나 줄 수 있는 것으로서 다음 각 목의 것을 말한다.(인적재난X) 19 승진, 19·20 2차, 20 경간, 21 경찰특공대, 23 1차

가. **자연재난** : 황사(黃砂), 「우주개발 진흥법」에 따른 **자연우주물체**의 추락·충돌, 그 밖에 이에 준하는 자연현상으로 인하여 발생하는 재해

나. **사회재난** : 「미세먼지 저감 및 관리에 관한 특별법」에 따른 **미세먼지**, 「우주개발 진흥법」에 따른 **인공우주물체**의 추락·충돌 등으로 인한 피해 24 승진

3. "**재난관리**"란 재난의 **예방·대비·대응 및 복구(평가X)**를 위하여 하는 모든 활동을 말한다. 19·20 2차, 21 경찰특공대, 23 1차, 24 승진

4. "**안전관리**"란 재난이나 그 밖의 각종 사고로부터 사람의 생명·신체 및 재산의 **안전을 확보**하기 위하여 하는 모든 활동을 말한다. 19 승진, 24 경간

7. "**긴급구조기관**"이란 **소방청·소방본부 및 소방서**를 말한다. 다만, 해양에서 발생한 재난의 경우에는 **해양경찰청·지방해양경찰청 및 해양경찰서**를 말한다. 24 경간

8. "**긴급구조지원기관**"이란 긴급구조에 필요한 인력·시설 및 장비, 운영체계 등 긴급구조능력을 보유한 기관이나 단체로서 대통령령으로 정하는 기관(**경찰청 포함**)과 단체를 말한다. 13 경간

9의3. "**안전취약계층**"이란 **어린이, 노인, 장애인, 저소득층(여성X)** 등 신체적·사회적·경제적 요인으로 인하여 재난에 취약한 사람을 말한다.

제6조(재난 및 안전관리 업무의 총괄·조정) **행정안전부장관**은 국가 및 지방자치단체가 행하는 재난 및 안전관리 업무를 **총괄·조정**한다. 19·20 2차, 23 1차, 24 승진

제9조(중앙안전관리위원회) ① 재난 및 안전관리에 관한 다음 각 호의 사항을 심의하기 위하여 **국무총리 소속**으로 중앙안전관리위원회(이하 "중앙위원회"라 한다)를 둔다.
1. 재난 및 안전관리에 관한 중요 정책에 관한 사항
4. 제36조에 따른 **재난사태의 선포**에 관한 사항
5. 제60조에 따른 **특별재난지역의 선포**에 관한 사항

② 중앙위원회의 위원장은 **국무총리**가 되고, 위원은 대통령령으로 정하는 중앙행정기관 또는 관계 기관·단체의 장이 된다.

제14조(중앙재난안전대책본부 등) ① 대통령령으로 정하는 대규모 재난(이하 "대규모재난"이라 한다)의 **대응·복구**(이하 "수습"이라 한다) 등에 관한 사항을 총괄·조정하고 필요한 조치를 하기 위하여 **행정안전부**에 중앙재난안전대책본부(이하 "중앙대책본부"라 한다)를 둔다. 18 법학, 19 승진, 20 경간, 21 경찰특공대, 23 1차

③ 중앙대책본부의 본부장(이하 "중앙대책본부장"이라 한다)은 **행정안전부장관**이 되며, 중앙대책본부장은 중앙대책본부의 업무를 총괄하고 필요하다고 인정하면 중앙재난안전대책본부회의를 소집할 수 있다. 18 법학 다만, 해외재난의 경우에는 **외교부장관**이, 18 법학, 20 2차, 21 경찰특공대 「원자력시설 등의 방호 및 방사능 방재 대책법」 제2조제1항제8호에 따른 **방사능재난**의 경우에는 같은 법 제25조에 따른 **중앙방사능방재대책본부의 장**이 각각 중앙대책본부장의 권한을 행사한다.

④ 제3항에도 불구하고 재난의 효과적인 수습을 위하여 다음 각 호의 어느 하나에 해당하는 경우에는 **국무총리**가 **중앙대책본부장의 권한을 행사할 수 있다.** 18 법학 이 경우 행정안전부장관, 외교부장관(해외재난의 경우에 한정한다) 또는 원자력안전위원회 위원장(방사능 재난의 경우에 한정한다)이 차장이 된다.

1. 국무총리가 **범정부적 차원의 통합 대응**이 필요하다고 인정하는 경우 18 법학
2. 행정안전부장관이 국무총리에게 건의하거나 제15조의2제3항에 따른 수습본부장의 요청을 받아 **행정안전부**

장관이 국무총리에게 건의하는 경우

제16조(지역재난안전대책본부) ② 시·도대책본부 또는 시·군·구대책본부(이하 "지역대책본부"라 한다)의 본부장(이하 "지역대책본부장"이라 한다)은 **시·도지사 또는 시장·군수·구청장**이 되며, 지역대책본부장은 지역대책본부의 업무를 총괄하고 필요하다고 인정하면 대통령령으로 정하는 바에 따라 지역재난안전대책본부회의를 소집할 수 있다.

제36조(재난사태 선포) ① 행정안전부장관(국무총리X)은 대통령령으로 정하는 재난이 발생하거나 발생할 우려가 있는 경우 사람의 생명·신체 및 재산에 미치는 중대한 영향이나 피해를 줄이기 위하여 긴급한 조치가 필요하다고 인정하면 중앙위원회의 심의를 거쳐 **재난사태를 선포할 수 있다.** 19 승진 다만, 행정안전부장관(국무총리X)은 재난상황이 긴급하여 중앙위원회의 심의를 거칠 시간적 여유가 없다고 인정하는 경우에는 중앙위원회의 심의를 거치지 아니하고 **재난사태를 선포할 수 있다.** 24 경간

제38조(위기경보의 발령 등) ① **재난관리주관기관의 장**은 대통령령으로 정하는 재난에 대한 징후를 식별하거나 재난발생이 예상되는 경우에는 그 위험 수준, 발생 가능성 등을 판단하여 그에 부합되는 조치를 할 수 있도록 **위기경보를 발령할 수 있다.** 다만, 제34조의5제1항제1호 단서의 상황인 경우에는 **행정안전부장관이 위기경보를 발령할 수 있다.**

② 제1항에 따른 위기경보는 재난 피해의 전개 속도, 확대 가능성 등 재난상황의 심각성을 종합적으로 고려하여 **관심·주의·경계·심각으로 구분할 수 있다.** 다만, 다른 법령에서 재난 위기경보의 발령 기준을 따로 정하고 있는 경우에는 그 기준을 따른다.

③ **재난관리주관기관의 장은 심각 경보를 발령 또는 해제할 경우에는 행정안전부장관과 사전에 협의하여야 한다.** 다만, 긴급한 경우에 재난관리주관기관의 장은 우선 조치한 후 지체 없이 행정안전부장관과 협의하여야 한다.

제40조(대피명령) ① 시장·군수·구청장과 지역통제단장(대통령령으로 정하는 권한을 행사하는 경우에만 해당한다. 이하 이 조에서 같다)은 재난이 발생하거나 발생할 우려가 있는 경우에 사람의 생명 또는 신체나 재산에 대한 위해를 방지하기 위하여 **필요하면 해당 지역 주민이나 그 지역 안에 있는 사람에게 대피하도록 명하거나 선박·자동차 등을 그 소유자·관리자 또는 점유자에게 대피시킬 것을 명할 수 있다.** 이 경우 미리 대피장소를 지정할 수 있다. 24 경간

제60조(특별재난지역의 선포) ① 중앙대책본부장은 대통령령으로 정하는 규모의 재난이 발생하여 국가의 안녕 및 사회질서의 유지에 중대한 영향을 미치거나 피해를 효과적으로 수습하기 위하여 특별한 조치가 필요하다고 인정하거나 제3항에 따른 지역대책본부장의 요청이 타당하다고 인정하는 경우에는 중앙위원회의 심의를 거쳐 해당 지역을 **특별재난지역으로 선포할 것을 대통령에게 건의할 수 있다.** 12 3차

③ 제1항에 따라 특별재난지역의 선포를 건의받은 대통령은 **해당 지역을 특별재난지역으로 선포할 수 있다.**

(2) 재난관리 체계 – 예방(완화), 대비, 대응, 복구 4단계 과정으로 분류됨

예방단계	1. 국가기반시설 지정 관리, 특정관리대상 지역 지정 관리
	2. 재난안전분야 종사자 교육
	3. **정부합동 안전점검, 재난관리체계 등에 대한 평가,** 재난관리실태 공시 19 1차

대비단계	1. 재난관리자원의 비축관리, 재난현장 긴급통신 수단의 마련 2. 국가재난관리기준의 제정운용, 기능별 재난대응 활동계획의 작성 활용 3. **위기관리 매뉴얼 작성 운용** 19 1차 4. 재난안전통신망의 구축 운영, 재난대비훈련 기본계획 수립
대응단계	1. 재난사태 선포, 위기경보발령 2. 응급조치, 긴급구조 3. 동원명령, 대피명령, 위험구역 설정, 통행제한
복구단계	1. 재난피해 신고조사 19 1차 2. **특별재난지역 선포지원**, 손실보상 19 1차, 19 2차, 24 승진

참고 경찰재난관리규칙(경찰청 훈령)

제2조(재난 상황 시 국·관의 임무) ① **경비국장**은 경찰의 재난관리 업무를 **총괄·조정**한다.

제5조(경찰청 재난상황실의 설치) 경비국장은 다음 각 호의 어느 하나에 해당하는 경우에는 **범죄예방대응국장에게 112치안종합상황실에 재난상황실을 설치·운영할 것을 요청할 수 있다.** 이 경우 범죄예방대응국장은 특별한 사유가 없으면 그 요청에 따라야 한다.
 1. 법 제38조에 따라 전국에 「심각」 단계의 위기경보가 발령된 경우
 2. 전국적인 기상특보 발령, 유관기관 요청 등을 고려하여 재난관리를 위해 필요하다고 인정하는 경우

제9조(시·도경찰청등 재난상황실 설치 및 운영) ① 시·도경찰청등의 장은 다음 각 호의 어느 하나에 해당하는 경우에는 112치안종합상황실에 재난상황실을 설치·운영할 수 있다.
 1. 법 제38조에 따라 관할 지역 내 「심각」 단계의 위기경보가 발령된 경우
 2. 관할 지역 내 기상특보 발령, 유관기관 요청 등을 고려하여 재난관리를 위해 필요하다고 인정하는 경우

제11조(경찰청 재난대책본부의 설치) **경찰청장**은 인명 또는 재산의 피해정도가 매우 큰 재난 또는 사회적, 경제적으로 광범위한 영향이 있는 재난이 발생하였거나 발생할 우려가 있어 이에 대한 전국적인 관리가 필요하다고 인정하는 경우 경찰청에 재난대책본부를 **설치할 수 있다.**

제12조(재난대책본부의 구성 등) ① **경비국장**이 재난대책본부장(이하 "본부장"이라 한다)이 되고, 재난대책본부는 각 국·관의 서무과장 및 그 밖에 본부장이 지정하는 사람으로 구성한다.

제15조(재난대책본부의 격상) ① 제12조에도 불구하고 재난에 대한 **범정부적 차원의 통합대응**이 필요하다고 인정되는 경우 본부장을 경찰청장 또는 경찰청 차장으로 격상하여 운영할 수 있다.

제16조(시·도경찰청등 재난대책본부의 설치 및 운영) ① 시·도경찰청등의 장은 경찰청에 재난대책본부가 설치되었거나, 관할 지역 내 재난이 발생하였거나 발생할 우려가 있는 경우 시·도경찰청등에 **재난대책본부를 설치할 수 있고** 그 운영은 제12조부터 제14조의 규정을 준용한다. 이 경우, 시·도경찰청등의 장은 재난대책본부의 설치 사항을 바로 위 상급기관의 장에게 보고한다.

제17조(재난 예방·대비) ① 시·도경찰청등의 장은 재난 요인을 사전에 제거하거나 감소시킴으로써 재난 발생 자체를 억제 또는 방지하기 위한 **재난예방대책을 수립·시행하여야 한다.**

제20조(경찰지휘소의 설치 및 운영) ① 시·도경찰청등의 장은 관할 지역 내 재난이 발생한 경우 재난 현장의 대응 활동을 총괄하기 위하여 **경찰지휘소를 설치할 수 있다.**

5. 경호경비 ★★

(1) 경호의 대상 08 승진, 08 채용, 21 경간

국내요인	갑호	① 대통령과 그 가족 ② **대통령 당선인과 그 가족** ③ 대통령 권한대행과 그 배우자 ④ 전직 대통령과 그 배우자(퇴임 후 10년 이내)	경호처
	을호	국회의장, 대법원장, 국무총리, 헌법재판소장, 대통령선거 후보자, **전직 대통령** (퇴임 후 **10년경과**)	경찰
	병호	갑호, 을호 외에 **경찰청장**이 필요하다고 인정한 사람	

(2) 경호의 4대 원칙 09·21 경간, 11 2차, 19 승진, 20 경채, 21 경찰특공대

자기희생의 원칙	피경호자는 **어떠한 희생을 치르더라도** 신변의 안전이 보호·유지되어야 한다는 것
자기담당구역 책임의 원칙	경호원은 각자 자기담당구역 내에서 일어나는 어떠한 사태에 대하여 자기가 책임을 지고 해결하여야 한다는 것으로, 비록 **인근지역에 특별한 상황이 발생하더라도 자기책임구역을 이탈해서는 안 됨**
하나의 통제된 지점을 통한 접근의 원칙	① 피경호자와 접근할 수 있는 통로는 경호상 통제된 오직 하나(여러 개X)의 통로여야 한다는 원칙을 말함 ② 여러 개의 통로와 출입문은 오히려 적게 접근할 수 있는 기회를 부여해 주어 취약성을 증가시키는 결과가 되고, 하나의 통제된 출입문이나 통로를 통한 접근도 반드시 경호원에 의하여 확인된 후 허가절차를 밟아 이루어져야 한다는 것
목표물 보존의 원칙	암살기도자 또는 위해를 가할 가능성 있는 불순분자로부터 **피경호자를 격리해야 한다는 원칙**으로 다음과 같은 사항이 고려되어야 함 ① 행차 코스, 행사할 예정인 장소 등은 **비공개**되어야 함 ② **동일한 장소에 수차 행차하였던 곳은 가급적 변경**하여야 함 ③ 대중에게 **노출된 도보행차는 가급적 제한**되어야 함

(3) 행사장경호 10·11·17·19·21 승진, 12·15·21 경간, 17 1차 경기북부여경, 20 경채, 21 특공대

		직접경호지역(경호활동지역)		
		의의	경호책임	주요활동
3선경비	1선 (안전구역 내부)	- **절대 안전 확보구역** 옥내 건물자체, 옥외 본부석, 요인의 승하차장 동선 등 취약 개소로 피경호자에게 직접적으로 위해를 가할 수 있는 거리 내의 지역	경호처	- **출입자 통제관리** - MD설치운용 - **비표확인 및 출입자감시**
	2선 (경비구역- 내곽)	- **주경비지역** 1선을 제외한 행사장 중심으로 소총 유효사거리 지역	경찰 (군부대 -군)	- **바리케이트** 등 장애물 설치 - 돌발 사태 대비 **예비대** 운영 및 **구급차, 소방차** 대기

3선 (경계구역- 외곽)	— 조기경보지역 행사장 중심으로 적의 접근을 조기에 경보차단하기 위해 설정한 선으로 주변 동향파악과 **직시고층 건물 및 감제고지**에 대한 안전 확보, 우발사태에 대비한 대비책을 강구함	경찰	— **감시조** 운영 — 도보등 원거리 기동**순찰조** — 원거리 **불심자** 검문차단

6. 국가중요시설경비 ★★

(1) 국가중요시설 분류 – ① 시설의 기능 ② 역할의 중요성 ③ 가치의 정도(중요도)에 따라 분류 08·09 채용, 12 승진

가 급	① 적에 의하여 점령 또는 파괴되거나 기능 마비 시 **광범위**한 지역의 통합방위작전 수행이 요구되고, **국민생활**에 **결정적**인 영향을 미칠 수 있는 시설 ② **청와대, 국회의사당, 대법원, 정부중앙청사, 한국은행본점** 등
나 급	① 적에 의하여 파괴되거나 기능 마비 시 **일부** 지역의 통합방위작전수행이 요구되고, **국민생활**에 **중대한** 영향을 미칠 수 있는 시설 ② **경찰청**, 대검찰청, 국책은행 등
다 급	적에 의하여 파괴되거나 기능 마비 시 **제한된** 지역에서 **단기간** 통합방어 작전 수행이 요구되고, **국민생활**에 **상당한** 영향을 미칠 수 있는 시설

(2) 국가중요시설의 경비보안 및 방호

> **제21조(국가중요시설의 경비·보안 및 방호)** ① 국가중요시설의 **관리자**(소유자를 **포함**한다. 이하 같다)는 경비·보안 및 방호책임을 지며, 통합방위사태에 대비하여 **자체방호계획**을 수립하여야 한다. 08 채용, 12·17·18 승진. 이 경우 국가중요시설의 관리자는 자체방호계획을 수립하기 위하여 필요하면 시·도경찰청장 또는 지역군사령관에게 협조를 요청할 수 있다. 16 1차, 17·18 승진, 22 경간
> ② **시·도경찰청장** 또는 **지역군사령관**은 통합방위사태에 대비하여 국가중요시설에 대한 **방호지원계획**을 수립·시행하여야 한다. 16 1차, 17·18·19 승진, 22 경간
> ③ 국가중요시설의 **평시** 경비·보안활동에 대한 **지도·감독**은 **관계 행정기관의 장**과 **국가정보원장**이 수행한다. 16 1차, 19 승진, 22 경간
> ④ 국가중요시설은 **국방부장관**이 **관계 행정기관의 장** 및 **국가정보원장과 협의**하여 **지정**한다. 08 채용, 12·19·23 승진, 14 2차, 16 1차, 22 경간
> ⑤ 국가중요시설의 자체방호, 방호지원계획, 그 밖에 필요한 사항은 **대통령령**으로 정한다. 17·18 승진

7. 대테러경비

(1) 국민보호와 공공안전을 위한 테러방지법 ★★★

> **제2조(정의)** 이 법에서 사용하는 용어의 뜻은 다음과 같다.
> 1. "테러"란 국가·지방자치단체 또는 **외국 정부**(외국 지방자치단체와 조약 또는 그 밖의 국제적인 협약에 따라 설립된 국제기구를 **포함**한다)의 권한행사를 방해하거나 의무 없는 일을 하게 할 목적 또는 공중을

협박할 목적으로 하는 다음 각 목의 행위를 말한다.

2. **"테러단체"**란 국제연합(UN)이 지정한 테러단체를 말한다. 17·22 1차, 18·20 경간, 18 승진, 23 2차, 25 경찰특공대
3. **"테러위험인물"**이란 테러단체의 조직원이거나 테러단체 선전, 테러자금 모금·기부, 그 밖에 테러 예비·음모·선전·선동을 하였거나 하였다고 의심할 상당한 이유가 있는 사람을 말한다.
4. **"외국인테러전투원"**이란 테러를 실행·계획·준비하거나 테러에 참가할 목적으로 국적국이 아닌 **국가의 테러단체에 가입하거나 가입하기 위하여 이동 또는 이동을 시도하는 내국인·외국인**을 말한다. 17 1차, 19·23 승진, 22·25 1차
6. **"대테러활동"**이란 제1호의 테러 관련 정보의 수집, 테러위험인물의 관리, 테러에 이용될 수 있는 위험물질 등 테러수단의 안전관리, 인원·시설·장비의 보호, 국제행사의 안전확보, 테러위협에의 대응 및 무력진압 등 테러 예방과 대응에 관한 제반 활동을 말한다. 22 1차
8. **"대테러조사"**란 대테러활동에 필요한 정보나 자료를 수집하기 위하여 현장조사·문서열람·시료채취 등을 하거나 조사대상자에게 자료제출 및 진술을 요구하는 활동을 말한다. 22 1차, 25 경찰특공대

제5조(국가테러대책위원회) ① 대테러활동에 관한 정책의 중요사항을 심의·의결하기 위하여 **국가테러대책위원회**(이하 "대책위원회"라 한다)를 **둔다**. 19·23 승진

② 대책위원회는 국무총리 및 관계기관의 장 중 대통령령으로 정하는 사람으로 구성하고 **위원장은 국무총리**로 한다. 17 1차, 19 승진

제6조(대테러센터) ① 대테러활동과 관련하여 다음 각 호의 사항을 수행하기 위하여 **국무총리 소속(대통령 직속X)**으로 관계기관 **공무원**으로 구성되는 **대테러센터를 둔다.** 21 경채, 25 1차, 25 경찰특공대
1. 국가 대테러활동 관련 임무분담 및 협조사항 실무 조정
2. **장단기 국가대테러활동 지침 작성·배포** 25 1차
3. 테러경보 발령
4. 국가 중요행사 대테러안전대책 수립
5. 대책위원회의 회의 및 운영에 필요한 사무의 처리
6. 그 밖에 대책위원회에서 심의·의결한 사항

③ 대테러센터 소속 직원의 **인적사항은 공개하지 아니할 수 있다.**

제7조(대테러 인권보호관) ① 관계기관의 대테러활동으로 인한 국민의 기본권 침해 방지를 위하여 **대책위원회 소속으로 대테러 인권보호관**(이하 "인권보호관"이라 한다) **1명을 둔다.** 25 1차, 25 경찰특공대

제9조(테러위험인물에 대한 정보 수집 등) ① 국가정보원장은 테러위험인물에 대하여 출입국·금융거래 및 통신이용 등 관련 정보를 수집할 수 있다. 17 1차

② 국가정보원장은 제1항에 따른 정보 수집 및 분석의 결과 테러에 이용되었거나 이용될 가능성이 있는 금융거래에 대하여 지급정지 등의 조치를 취하도록 **금융위원회 위원장에게 요청할 수 있다.**

③ 국가정보원장은 테러위험인물에 대한 개인정보와 위치정보를 개인위치정보사업자 및 **사물위치정보사업자**에게 요구할 수 있다.

④ 국가정보원장은 대테러활동에 필요한 정보나 자료를 수집하기 위하여 **대테러조사 및 테러위험인물에 대한 추적**을 할 수 있다. 이 경우 사전 또는 사후에 대책위원회 위원장에게 보고하여야 한다. 18 경간, 18·23 승진

제10조(테러예방을 위한 안전관리대책의 수립) ① **관계기관의 장**은 대통령령으로 정하는 국가중요시설과 많은 사람이 이용하는 시설 및 장비(이하 "테러대상시설"이라 한다)에 대한 테러예방대책과 테러의 수단으로 이용될 수 있는 폭발물·총기류·화생방물질(이하 "테러이용수단"이라 한다), 국가 중요행사에 대한 안전관리대책을 수립하여야 한다. 25 1차

제12조(테러선동·선전물 긴급 삭제 등 요청) ① **관계기관의 장**은 테러를 선동·선전하는 글 또는 그림, 상징적 표현물, 테러에 이용될 수 있는 폭발물 등 위험물 제조법 등이 인터넷이나 방송·신문, 게시판 등을 통해 유포될 경우 해당 기관의 장에게 긴급 삭제 또는 중단, 감독 등의 협조를 요청할 수 있다.

제13조(외국인테러전투원에 대한 규제) ① 관계기관의 장은 외국인테러전투원으로 출국하려 한다고 의심할 만한 상당한 이유가 있는 **내국인·외국인**에 대하여 **일시 출국금지**를 **법무부장관**에게 요청할 수 있다. 18·19 승진

② 제1항에 따른 **일시 출국금지 기간은 90일**로 한다. 다만, 출국금지를 계속할 필요가 있다고 판단할 상당한 이유가 있는 경우에 관계기관의 장은 그 사유를 명시하여 연장을 요청할 수 있다. 18 승진

③ **관계기관의 장**은 외국인테러전투원으로 가담한 사람에 대하여 「여권법」 제13조에 따른 **여권의 효력정지** 및 같은 법 제12조제3항에 따른 **재발급 거부를 외교부장관에게 요청할 수 있다.**

제14조(신고자 보호 및 포상금) ② 관계기관의 장은 테러의 계획 또는 실행에 관한 사실을 관계기관에 신고하여 테러를 사전에 예방할 수 있게 하였거나, 테러에 가담 또는 지원한 사람을 신고하거나 체포한 사람에 대하여 대통령령으로 정하는 바에 따라 **포상금을 지급할 수 있다.(지급하여야X)** 23 승진

제15조(테러피해의 지원) ① 테러로 인하여 **신체 또는 재산(명예X)**의 피해를 입은 국민은 관계기관에 **즉시 신고하여야 한다**. 다만, 인질 등 부득이한 사유로 신고할 수 없을 때에는 법률관계 또는 계약관계에 의하여 보호의무가 있는 사람이 이를 알게 된 때에 즉시 신고하여야 한다. 23 2차

② **국가 또는 지방자치단체**는 제1항의 피해를 입은 사람에 대하여 대통령령으로 정하는 바에 따라 **치료 및 복구에 필요한 비용**을 **전부 또는 일부를 지원할 수 있다.** 다만, 「여권법」 제17조제1항 단서에 따른 **외교부장관의 허가를 받지 아니하고 방문 및 체류가 금지된 국가 또는 지역을 방문·체류한 사람에 대해서는 그러하지 아니하다.**

제16조(특별위로금) ① 테러로 인하여 생명의 피해를 입은 사람의 유족 또는 신체상의 장애 및 장기치료가 필요한 피해를 입은 사람에 대해서는 그 피해의 정도에 따라 등급을 정하여 **특별위로금을 지급할 수 있다.** 다만, 「여권법」 제17조제1항 단서에 따른 **외교부장관의 허가를 받지 아니하고 방문 및 체류가 금지된 국가 또는 지역을 방문·체류한 사람에 대해서는 그러하지 아니하다.** 23 채용

제17조(테러단체 구성죄 등) ① 테러단체를 구성하거나 구성원으로 가입한 사람은 다음 각 호의 구분에 따라 **처벌한다.**

1. 수괴(首魁)는 사형·무기 또는 10년 이상의 징역
2. 테러를 기획 또는 지휘하는 등 중요한 역할을 맡은 사람은 무기 또는 7년 이상의 징역
3. **타국의 외국인테러전투원으로 가입한 사람은 5년 이상의 징역** 18 경간
4. 그 밖의 사람은 3년 이상의 징역

② 테러자금임을 알면서도 자금을 조달·알선·보관하거나 그 취득 및 발생원인에 관한 사실을 가장하는 등 테러단체를 지원한 사람은 10년 이하의 징역 또는 1억원 이하의 벌금에 처한다.

③ 테러단체 가입을 지원하거나 타인에게 가입을 권유 또는 선동한 사람은 5년 이하의 징역에 처한다.
④ 제1항 및 제2항의 **미수범은 처벌한다.**
⑤ 제1항 및 제2항에서 정한 죄를 저지를 목적으로 **예비 또는 음모한 사람은 3년 이하의 징역**에 처한다.

제19조(세계주의) 제17조(제18조 무고·날조X)의 죄는 **대한민국 영역 밖에서 저지른 외국인에게도 국내법을 적용한다.** 18 경간

(2) 테러취약시설 안전활동에 관한 규칙(경찰청 훈령) ★

제2조(정의) 이 규칙에서 사용하는 용어의 뜻은 다음 각 호와 같다.
1. **"테러취약시설"**이란 테러 예방 및 대응을 위해 경찰이 관리하는 다음 각 목의 시설·건축물 등 중 **경찰청장이 지정**하는 것을 말한다.
   가. **국가중요시설** 나. **다중이용건축물등** 다. 공관지역 라. 미군 관련 시설
   마. 그 밖에 특별한 관리가 필요하다고 제14조의 테러취약시설 심의위원회(이하 '심의위원회'라고 한다)에서 결정한 시설

제5조(지정등 권한자) 테러취약시설의 지정등은 경찰청장이 행한다.

제9조(다중이용건축물등의 분류) ① 다중이용건축물등은 **기능·역할의 중요성과 가치의 정도에 따라 "A"등급, "B"등급, "C"등급**(이하 각 "A급", "B급", "C급"이라 한다)으로 구분하며, 그 기준은 다음 각 호와 같다. 17 승진
1. A급 : 테러에 의하여 파괴되거나 기능 마비시 광범위한 **지역**의 대테러진압작전이 요구되고, **국민생활에 결정적인 영향**을 미칠 수 있는 건축물 또는 시설
2. B급 : 테러에 의하여 파괴되거나 기능 마비시 일부 **지역**의 대테러진압작전이 요구되고, **국민생활에 중대한 영향**을 미칠 수 있는 건축물 또는 시설
3. C급 : 테러에 의하여 파괴되거나 기능 마비시 제한된 **지역**에서 단기간 대테러진압작전이 요구되고, **국민생활에 상당한 영향**을 미칠 수 있는 건축물 또는 시설

제14조(심의위원회 구성 및 운영) ① 심의위원회는 위기관리센터에 비상설로 두며, 다음 각 호와 같이 구성한다. 17 승진
1. 위원장 : 경찰청 경비국장 21 특공대
2. 부위원장 : 위기관리센터장

제21조(국가중요시설 지도·점검) ① 경찰서장은 관할 내에 있는 **국가중요시설 전체**에 대하여 연 1회 이상 지도·점검을 실시하여야 한다.
② 시·도경찰청장은 관할 내 국가중요시설 중 **선별**하여 연 1회 이상 지도·점검을 실시한다. 21 특공대

제22조(다중이용건축물등 지도·점검) ① 경찰서장은 관할 내에 있는 **다중이용건축물등 전체**에 대해 해당 시설 관리자의 동의를 받아 다음 각 호와 같이 지도·점검을 실시하여야 한다.
1. A급 : 분기 1회 이상 17 승진, 21 특공대
2. B급, C급 : 반기 1회 이상 20 경간
② 시·도경찰청장은 관할 내 다중이용건축물등 중 **일부를 선별**하여 해당 시설 관리자의 동의를 받아 반기 1회 이상 지도·점검을 실시하여야 한다.

제27조(대테러 훈련 방법) ① 경찰서장은 관할 테러취약시설 중 선정하여 분기 1회 이상 대테러 훈련(FTX)을 실시해야 한다. 이 경우 연 1회 이상은 관계기관 합동으로 실시한다.
② 시·도경찰청장은 반기 1회 이상 권역별로 대테러 훈련을 실시하여야 한다.

(3) 테러관련용어 ★ 09·26 경간, 10 2차, 10·12·14 승진, 24 경찰특공대

리마 증후군	인질범이 인질에게 동화되는 현상
스톡홀름 증후군	인질이 인질범에게 동화되어 경찰에 적대감을 갖게 되는 현상으로 심리학에서는 오귀인 효과라고 함

제 4 절 경찰작전

1. 통합방위작전 - 통합방위법 ★★★

제2조(정의) 이 법에서 사용하는 용어의 뜻은 다음과 같다.
4. **"통합방위작전"**이란 통합방위사태가 선포된 지역에서 제15조에 따라 **통합방위본부장, 지역군사령관, 함대사령관** 또는 **시·도경찰청장**(이하 "작전지휘관"이라 한다)이 국가방위요소를 통합하여 지휘·통제하는 방위작전을 말한다. 12 경간
6. **"갑종사태"**란 일정한 조직체계를 갖춘 적의 **대규모 병력 침투** 또는 대량살상무기공격 등의 도발로 발생한 비상사태로서 **통합방위본부장** 또는 **지역군사령관**의 **지휘·통제** 하에 통합방위작전을 수행하여야 할 사태를 말한다. 13 1차, 14·17 2차, 19·23 승진
7. **"을종사태"**란 **일부** 또는 **여러** 지역에서 적이 침투·도발하여 **단기간 내에 치안이 회복되기 어려워 지역군사령관**의 지휘·통제 하에 통합방위작전을 수행하여야 할 사태를 말한다. 13·23 승진, 17 2차, 18·19 경간, 21 경찰특공대
8. **"병종사태"**란 적의 침투·도발 위협이 예상되거나 **소규모의 적이 침투**하였을 때에 **시·도경찰청장, 지역군사령관** 또는 함대사령관의 지휘·통제 하에 통합방위작전을 수행하여 **단기간 내에 치안이 회복될 수 있는** 사태를 말한다. 13 1차, 15 3차, 20 경간, 20 경채
13. **"국가중요시설"**이란 공공기관, 공항·항만, 주요 산업시설 등 적에 의하여 점령 또는 파괴되거나 기능이 마비될 경우 국가안보와 국민생활에 심각한 영향을 주게 되는 시설을 말한다. 14 2차

제4조(중앙 통합방위협의회) ① **국무총리(대통령X)** 소속으로 중앙 통합방위협의회(이하 "중앙협의회"라 한다)를 둔다. 17 2차, 19 경간, 23 승진
② 중앙협의회의 의장은 **국무총리**가 된다. 19 승진

제5조(지역 통합방위협의회) ① 특별시장·광역시장·특별자치시장·도지사·특별자치도지사(이하 "**시·도지사**"라 한다) 소속으로 특별시·광역시·특별자치시·도·특별자치도 **통합방위협의회**(이하 "**시·도 협의회**"라 한다)를 두고, 그 의장은 **시·도지사**가 된다. 19 경간
② 시장·군수·구청장(자치구의 구청장을 말한다. 이하 같다) 소속으로 시·군·구 통합방위협의회를 두고, 그 의장은 시장·군수·구청장이 된다.

제8조(통합방위본부) ① 합동참모본부에 통합방위본부를 둔다.

② 통합방위본부에는 본부장과 부본부장 1명씩을 두되, **통합방위본부장은** 합동참모의장이 되고 부본부장은 합동참모본부에서 군사작전에 대한 기획 등 작전 업무를 총괄하는 참모 부서의 장이 된다. 19 승진

제12조(통합방위사태의 선포) ① 통합방위사태는 **갑종사태, 을종사태 또는 병종사태**로 구분하여 선포한다.

② 제1항의 사태에 해당하는 상황이 발생하면 다음 각 호의 구분에 따라 해당하는 사람은 **즉시 국무총리를 거쳐 대통령에게 통합방위사태의 선포를** 건의하여야 **한다.**

1. 갑종사태에 해당하는 상황이 발생하였을 때 또는 둘 이상의 특별시·광역시·특별자치시·도·특별자치도(이하 "시·도"라 한다)에 **걸쳐 을종사태에 해당하는 상황이 발생하였을 때 : 국방부장관**
2. 둘 이상의 시·도에 **걸쳐 병종사태에 해당하는 상황이 발생하였을 때 : 행정안전부장관 또는 국방부장관**
  19 승진, 19 경간

③ 대통령은 제2항에 따른 건의를 받았을 때에는 중앙협의회와 국무회의의 **심의를 거쳐 통합방위사태를 선포할 수 있다.** 18 경간, 19 승진

④ 시·도경찰청장, 지역군사령관 **또는** 함대사령관은 을종사태나 병종사태에 해당하는 상황이 발생한 때에는 **즉시 시·도지사에게 통합방위사태의 선포를** 건의하여야 **한다.** 14 2차, 19 승진

⑤ 시·도지사는 제4항에 따른 건의를 받은 때에는 시·도 협의회의 심의를 거쳐 을종사태 또는 병종사태를 선포할 수 있다.

⑥ 시·도지사는 제5항에 따라 을종사태 **또는** 병종사태를 선포한 때에는 **지체 없이 행정안전부장관 및 국방부장관과 국무총리를 거쳐 대통령에게 그 사실을 보고하여야 한다.** 19 승진

제13조(국회 또는 시·도의회에 대한 통고 등) ① 대통령은 통합방위사태를 선포한 때에는 **지체 없이 그 사실을 국회에 통고하여야 한다.**

② 시·도지사는 통합방위사태를 선포한 때에는 **지체 없이 그 사실을 시·도의회에 통고하여야 한다.**

제15조(통합방위작전) ② 시·도경찰청장, 지역군사령관 **또는** 함대사령관은 통합방위사태가 선포된 때에는 즉시 다음 각 호의 구분에 따라 통합방위작전(공군작전사령관의 경우에는 통합방위 지원작전)을 신속하게 수행하여야 한다. 다만, 을종사태가 선포된 경우에는 지역군사령관이 **통합방위작전을 수행하고, 갑종사태가 선포된 경우에는 통합방위본부장 또는 지역군사령관이 통합방위작전을 수행**한다. 22 경간

1. **경찰관할지역 :** 시·도경찰청장(경찰청장X) 18·20 경간
2. **특정경비지역 및 군관할지역 :** 지역군사령관
3. **특정경비해역 및 일반경비해역 : 함대사령관**
4. **비행금지공역 및 일반공역 : 공군작전사령관**

제16조(통제구역 등) ① 시·도지사 **또는** 시장·군수·구청장은 다음 각 호의 어느 하나에 해당하면 대통령령으로 정하는 바에 따라 인명·신체에 대한 위해를 방지하기 위하여 필요한 **통제구역을 설정**하고, 통합방위작전 또는 경계태세 발령에 따른 군·경 합동작전에 관련되지 아니한 사람에 대하여는 **출입을 금지·제한하거나 그 통제구역으로부터 퇴거할 것을 명할 수 있다.** 18 경간

1. 통합방위사태가 선포된 경우
2. 적의 침투·도발 징후가 확실하여 **경계태세 1급이 발령된 경우**

제17조(대피명령) ① 시·도지사 또는 시장·군수·구청장은 통합방위사태가 선포된 때에는 인명·신체에 대한 위해를 방지하기 위하여 즉시 작전지역에 있는 주민이나 체류 중인 사람에게 **대피할 것을 명할 수 있다.** (명하여야 한다X) 17 2차, 19 승진, 19 경간

> **제24조(벌칙)** ② 제17조제1항의 대피명령을 위반한 사람은 **300만원 이하의 벌금**에 처한다. 18 경간

제18조(검문소의 운용) ① 시·도경찰청장, 지방해양경찰청장(대통령령으로 정하는 해양경찰서장을 **포함**한다. 이하 같다), 지역군사령관 및 함대사령관은 관할구역 중에서 적의 침투가 예상되는 곳 등에 **검문소**를 설치·운용할 수 있다. 다만, 지방해양경찰청장이 검문소를 설치하는 경우에는 미리 관할 함대사령관과 협의하여야 한다.

2. 경찰비상업무규칙(경찰청 훈령) ★★★

> **제2조(정의)** 이 훈령에서 사용하는 용어의 뜻은 다음과 같다.
> 1. "**비상상황**"이란 대간첩·테러, 대규모 재난 등의 긴급 상황이 발생하거나 발생할 우려가 있는 경우 또는 다수의 경력을 동원해야 할 치안수요가 발생하여 치안활동을 강화할 필요가 있는 때를 말한다. 13 2차
> 2. "**지휘선상 위치 근무**"란 비상연락체계를 유지하며 유사시 **1시간** 이내에 현장지휘 및 현장근무가 가능한 장소에 위치하는 것을 말한다. 13 2차, 15·16·21 승진, 18 3차, 25 경간(경위공채)
> 3. "**정위치 근무**"란 감독순시·현장근무 및 사무실 대기 등 **관할구역 내**에 위치하는 것을 말한다. 13 2차, 15 승진, 18 2차
> 4. "**정착근무**"란 사무실 또는 상황과 관련된 **현장에 위치**하는 것을 말한다. 16·21 승진, 18 2차
> 5. "**필수요원**"이란 모든 경찰공무원 및 일반직공무원(이하 "경찰관등"이라 한다) 중 경찰기관의 장이 지정한 사람으로 비상소집 시 **1시간** 이내에 응소해야 할 사람을 말한다. 18 3차, 24 경간, 25 2차
> 6. "**일반요원**"이란 필수요원을 제외한 경찰관등으로 비상소집 시 **2시간** 이내에 응소해야 할 사람을 말한다. 19·21 승진, 21 경채
> 7. "**가용경력**"이란 총원에서 휴가·출장·교육·파견 등을 **제외**하고 실제 동원될 수 있는 모든 인원을 말한다. 15·16·21 승진, 18 2차

제3조(근무방침) ① 비상근무는 비상상황 하에서 업무 수행의 효율화를 도모하기 위해서 발령한다.
② 비상근무 대상은 **경비·작전·재난·안보·수사·교통** 업무와 관련한 비상상황에 국한한다. 다만, 두 종류 이상의 비상상황이 동시에 발생한 경우에는 긴급성 또는 중요도가 상대적으로 **더 큰 비상상황의 비상근무로 통합**하여 실시한다. 15 승진, 25 2차
③ 적용지역은 전국 또는 일정지역(시·도경찰청 또는 경찰서 관할)으로 구분한다. 다만, **2개 이상의 지역에 관련되는 상황은 바로 위의 상급 기관에서 주관**하여 실시한다.

제4조(비상근무의 종류 및 등급) ① 비상근무는 **비상상황의 유형에 따라** 다음 각 호와 같이 구분하여 발령한다. (생활안전비상X) 11·16 승진, 21 경채, 24 경간
1. 경비 소관 : **경비, 작전, 재난**비상
2. 안보 소관 : 안보비상
3. 수사 소관 : 수사비상

4. 교통 소관 : 교통비상

② 부서별 상황의 **긴급성 및 중요도**에 따라 비상등급을 다음과 같이 구분하여 실시한다. 11 · 16 승진, 21 경채

1. 갑호 비상
2. 을호 비상
3. 병호 비상
4. 경계 강화
5. 작전준비태세(작전비상시 적용)

제5조(발령) ① 비상근무의 발령권자는 다음과 같다.

1. 전국 또는 2개 이상 시 · 도경찰청 관할지역 : 경찰청장
2. 시 · 도경찰청 또는 2개 이상 경찰서 관할지역 : 시 · 도경찰청장 19 승진
3. 단일 경찰서 관할지역 : 경찰서장

② 비상근무의 발령권자는 비상상황이 발생하여 비상근무를 실시하고자 할 경우에는 비상근무의 목적, 지역, 기간 및 동원대상(해당 부서, 지휘관 및 참모의 범위 등을 포함한다) 등을 **특정하여** 별지 제1호서식의 **비상근무발령서에 의하여 비상근무를 발령한다.** 24 경간

③ 제1항제2호 및 제3호의 경우 비상근무의 발령권자는 비상구분, 실시목적, 기간 및 범위, 경력 및 장비동원사항 등을 **바로 위의 상급 기관의 장에게** 보고하여 사전에 승인을 받아야 한다. 다만, 긴급을 요하는 경우에는 비상근무를 발령하고, 사후에 승인을 받을 수 있다.

⑤ 제3항에도 불구하고 '**경계강화, 작전준비태세**'를 발령한 경우에는 승인을 요하지 아니한다.

⑥ 비상근무를 발령할 경우에는 정황의 특수성을 고려하여 비상근무의 목적이 원활히 달성될 수 있도록 적정한 인원, 계급, 부서를 동원하여 **불필요한 동원이 없도록 해야 한다.**

제6조(해제) ① 비상근무의 발령권자는 비상상황이 종료되는 즉시 비상근무를 해제하고, 비상근무 해제 시 제5조제1항제2호 · 제3호의 발령권자는 6시간 이내에 해제일시, 사유 및 비상근무결과 등을 **바로 위의 상급 기관의 장에게 보고한다.** 25 2차

제7조(근무요령) ① 비상근무의 발령권자는 비상상황을 판단하여 다음의 기준에 따라 비상근무를 실시한다. 09 채용 (비상근무를 발령할 경우에는 가용경력을 최대한 동원X) 18 3차

1. 갑호 비상 13 2차
   가. **연가를 중지하고 가용경력 100%까지** 동원할 수 있다.
   나. 지휘관과 참모는 정착 근무를 원칙으로 한다. 09 채용, 16 승진
2. 을호 비상 13 2차, 19 승진, 19 법학, 25 경간(경위공채)
   가. **연가를 중지하고 가용경력 50%까지** 동원할 수 있다. 16 승진
   나. 지휘관과 참모는 정위치 근무를 원칙으로 한다. 09 채용, 18 3차
3. 병호 비상 19 법학특채
   가. 부득이한 경우를 제외하고는 **연가를 억제하고 가용경력 30%까지** 동원할 수 있다. 09 채용
   나. 지휘관과 참모는 정위치 근무 또는 지휘선상 위치 근무를 원칙으로 한다. 09 채용, 18 3차
4. **경계 강화**
   가. 별도의 경력동원 없이 특정분야의 근무를 강화한다.

나. 경찰관등은 **비상연락체계를 유지**하고 상황발생 시 즉각 출동이 가능하도록 출동대기태세를 유지한다. 09 채용
　　다. 지휘관과 참모는 **지휘선상 위치 근무**를 원칙으로 한다. 16 승진, 24 경간
5. **작전준비태세**(작전비상시 적용)
　　가. **별도의 경력동원 없이** 경찰관서 지휘관 및 참모의 **비상연락망을 구축**하고 신속한 응소체제를 유지한다. 19 법학특채, 25 2차
　　나. 경찰관등은 상황발생 시 즉각 출동이 가능하도록 출동태세 점검을 실시한다.
　　다. 유관기관과의 긴밀한 연락체계를 유지하고, 필요시 작전상황반을 유지한다.

제7조의2(비상근무의 면제) 비상근무의 발령권자는 다음 각 호에 해당하는 경찰관등을 **비상근무에서 면제할 수 있다.** (정년 퇴직일 기준 잔여 근무기간이 5년 미만인 사람X) 25 승진
1. 「국가공무원 복무규정」 제20조제5항에 따른 육아시간을 사용할 수 있는 사람. 다만 부부공무원인 경우 1명으로 한정한다.
2. 「비상대비훈련예규」 제7장제2절제1호나목 전단에 따라 을지연습 또는 을지연습 간 공무원비상소집 훈련의 제외 대상에 해당하는 사람
3. 건강상태 및 그 밖에 부득이한 사유로 비상근무를 수행할 수 없다고 비상근무의 발령권자가 인정하는 경우

제8조(연습상황의 부여금지) 비상근무기간 중에는 비상근무의 발령권자의 **지시 또는 승인 없이 연습상황을 부여해서는 안 된다.** 다만, **경계강화, 작전준비태세**의 경우에는 그렇지 않다.

제12조(응소) ② 비상소집명령을 받은 경찰관등은 소집 장소로 응소하되, **필수요원은 1시간** 이내에 **일반요원은 2시간** 이내에 응소함을 원칙으로 한다. 다만, 교통수단이 두절되거나 없을 때에는 가까운 경찰관서에 응소 후 지시에 따른다.

제 5 절　청원경찰

1. 청원경찰법 ★★★

제3조(청원경찰의 직무) 청원경찰은 제4조제2항에 따라 청원경찰의 배치 결정을 받은 자(이하 **"청원주"**라 한다)와 배치된 기관·시설 또는 사업장 등의 구역을 관할하는 **경찰서장**의 감독을 받아 그 **경비구역만의** 경비를 목적으로 필요한 범위에서 「**경찰관 직무집행법**」에 따른 경찰관의 직무를 수행한다.(범죄수사업무 수행X)
10·18·19 승진, 12·19·21 경간, 13·15·17 2차, 14 1차, 21 경채

제4조(청원경찰의 배치) ① 청원경찰을 배치받으려는 자는 대통령령으로 정하는 바에 따라 관할 **시·도경찰청장**에게 청원경찰 배치를 **신청**하여야 한다. 19 승진, 21 경채
② **시·도경찰청장**은 제1항의 청원경찰 배치 신청을 받으면 **지체 없이** 그 **배치** 여부를 **결정**하여 신청인에게 알려야 한다.
③ **시·도경찰청장**은 청원경찰 배치가 필요하다고 인정하는 기관의 장 또는 시설·사업장의 **경영자에게** 청원경찰을 배치할 것을 **요청**(명령X)할 수 있다.(요청해야 한다X) 18 승진, 19·23 경간

제5조(청원경찰의 임용 등) ① 청원경찰은 **청원주가 임용**하되, 임용을 할 때에는 미리 시·도경찰청장의 승인을 받아야 한다. 08 채용, 11·16·23 경간, 13·15 2차, 14 1차, 19 승진

② 「국가공무원법」 제33조 각 호의 어느 하나의 결격사유에 해당하는 사람은 청원경찰로 임용될 수 없다. 15 승진

④ 청원경찰의 복무에 관하여는 「국가공무원법」 제57조, 제58조제1항, 제60조 및 「경찰공무원법」 제24조를 준용한다. 15 승진

제5조의2(청원경찰의 징계) ① 청원주는 청원경찰이 다음 각 호의 어느 하나에 해당하는 때에는 대통령령으로 정하는 징계절차를 거쳐 징계처분을 하여야 한다. 17 2차, 19 승진, 25 경간(경위공채)
1. 직무상의 의무를 위반하거나 직무를 태만히 한 때
2. 품위를 손상하는 행위를 한 때

② 청원경찰에 대한 징계의 종류는 파면, 해임, 정직, 감봉 및 견책(강등X)으로 구분한다. 08 채용, 10·18·19 승진, 12·16 경간, 13·15 2차, 14 1차, 21 경채

제8조(제복 착용과 무기 휴대) ① 청원경찰은 근무 중 **제복을 착용하여야 한다.** 15·19 승진

② 시·도경찰청장은 청원경찰이 직무를 수행하기 위하여 필요하다고 인정하면 청원주의 신청을 받아 관할 경찰서장으로 하여금 청원경찰에게 무기를 대여하여 지니게 할 수 있다. 11·16 경간, 12·19 승진, 14 1차, 15 2차, 20 1차, 21 경간

제9조의3(감독) ① 청원주는 항상 소속 청원경찰의 근무 상황을 감독하고, 근무 수행에 필요한 교육을 하여야 한다. 10 승진

② 시·도경찰청장은 청원경찰의 효율적인 운영을 위하여 청원주를 지도하며 감독상 필요한 명령을 할 수 있다. 13 2차

제10조(직권남용 금지 등) ① 청원경찰이 직무를 수행할 때 직권을 남용하여 국민에게 해를 끼친 경우에는 6개월 이하의 징역이나 금고에 처한다. 11·12·16 경간, 14 1차, 18 승진

② 청원경찰 업무에 종사하는 사람은 「형법」이나 그 밖의 법령에 따른 벌칙을 적용할 때에는 공무원으로 본다.

제10조의2(청원경찰의 불법행위에 대한 배상책임) 청원경찰(국가기관이나 지방자치단체에 근무하는 청원경찰은 제외한다)의 직무상 불법행위에 대한 배상책임에 관하여는 「민법」의 규정을 따른다. 20 1차, 23 경간

국가나 지방자치단체에 근무하는 청원경찰은 국가공무원법이나 지방공무원법상의 공무원은 아니지만, 다른 청원경찰과는 달리 그 임용권자가 행정기관의 장이고, 국가나 지방자치단체로부터 보수를 받으며, 산업재해보상보험법이나 근로기준법이 아닌 공무원연금법에 따른 재해보상과 퇴직급여를 지급 받고, 직무상의 불법행위에 대하여도 민법이 아닌 국가배상법이 적용되는 등의 특질이 있으며 그외 임용자격, 직무, 복무의무 내용 등을 종합하여 볼 때, 그 **근무관계를** 사법상의 고용계약관계로 보기는 어렵다 할 것이다. (대판 92다47564) 23 경간, 23 2차

제10조의4(의사에 반한 면직) ① 청원경찰은 형의 선고, 징계처분 또는 신체상·정신상의 이상으로 직무를 감당하지 못할 때를 제외하고는 그 **의사에 반하여 면직되지 아니한다.**

② 청원주가 청원경찰을 면직시켰을 때에는 그 사실을 관할 경찰서장을 거쳐 시·도경찰청장에게 보고(승인

X) 하여야 한다. 11 경간, 25 경간(경위공채)

제10조의5(배치의 폐지 등) ① 청원주는 청원경찰이 배치된 시설이 폐쇄되거나 축소되어 청원경찰의 배치를 폐지하거나 배치인원을 감축할 필요가 있다고 인정하면 **청원경찰의 배치를 폐지하거나 배치인원을 감축할 수 있다.** 다만, 청원주는 다음 각 호의 어느 하나에 해당하는 경우에는 **청원경찰의 배치를 폐지하거나 배치인원을 감축할 수 없다.** 25 경간(경위공채)
   1. 청원경찰을 대체할 목적으로 「경비업법」에 따른 특수경비원을 배치하는 경우
   2. 청원경찰이 배치된 기관·시설 또는 사업장 등이 배치인원의 변동사유 없이 다른 곳으로 이전하는 경우
   ② 제1항에 따라 **청원주가 청원경찰을 폐지하거나 감축하였을 때에는 청원경찰 배치 결정을 한 경찰관서의 장에게 알려야 하며,** 12 승진 그 사업장이 제4조제3항에 따라 **시·도경찰청장**이 청원경찰의 배치를 요청한 사업장일 때에는 그 폐지 또는 감축 사유를 구체적으로 밝혀야 한다. 25 경간(경위공채)

■ 청원경찰법 시행령(대통령령)

제3조(임용자격) 법 제5조제3항에 따른 청원경찰의 임용자격은 다음 각 호와 같다.
   1. **18세 이상**인 사람 08 채용, 12 승진, 12·16·19 경간, 17 2차
   2. 행정안전부령으로 정하는 신체조건에 해당하는 사람

제4조(임용방법 등) ① 법 제4조제2항에 따라 청원경찰의 배치 결정을 받은 자(이하 "**청원주**"라 한다)는 법 제5조제1항에 따라 그 **배치 결정의 통지를 받은 날부터 30일 이내**에 배치 결정된 인원수의 임용예정자에 대하여 **청원경찰 임용승인을 시·도경찰청장에게 신청**하여야 한다.
   ② 청원주가 법 제5조제1항에 따라 **청원경찰을 임용하였을 때에는 임용한 날부터 10일 이내**에 그 임용사항을 **관할 경찰서장을 거쳐 시·도경찰청장에게 보고**하여야 한다. 10·19 승진 청원경찰이 퇴직하였을 때에도 또한 같다.

제6조(배치 및 이동) ① 청원주는 청원경찰을 **신규로 배치하거나 이동배치**하였을 때에는 배치지(이동배치의 경우에는 종전의 배치지)를 관할하는 **경찰서장**에게 그 사실을 통보하여야 한다. 20 1차

제8조(징계) ① **관할 경찰서장**은 청원경찰이 법 제5조의2제1항 각 호의 어느 하나에 해당한다고 인정되면 **청원주**에게 해당 청원경찰에 대하여 **징계처분**을 하도록 **요청할 수 있다.**
   ② 법 제5조의2제2항의 **정직**은 1개월 이상 3개월 이하로 하고, 그 기간에 청원경찰의 신분은 보유하나 직무에 종사하지 못하며, **보수의 3분의 2**를 줄인다.

제14조(복제) ③ 청원경찰이 그 배치지의 특수성 등으로 특수복장을 착용할 필요가 있을 때에는 **청원주는 시·도경찰청장의 승인**을 받아 특수복장을 착용하게 할 수 있다. 20 1차

제15조(분사기 휴대) 청원주는 「총포·도검·화약류 등의 안전관리에 관한 법률」에 따른 분사기의 소지허가를 받아 청원경찰로 하여금 그 분사기를 휴대하여 직무를 수행하게 할 수 있다. 21 경채

제16조(무기 휴대) ① **청원주**가 법 제8조제2항에 따라 청원경찰이 휴대할 무기를 대여받으려는 경우에는 **관할 경찰서장을 거쳐 시·도경찰청장에게 무기대여를 신청**하여야 한다.
   ② 제1항의 신청을 받은 **시·도경찰청장**이 무기를 대여하여 휴대하게 하려는 경우에는 청원주로부터 국가에 기부채납된 무기에 한정하여 **관할 경찰서장으로 하여금 무기를 대여하여 휴대하게 할 수 있다.**

제17조(감독) 관할 경찰서장은 매달 1회 이상 청원경찰을 배치한 경비구역에 대하여 다음 각 호의 사항을 **감독하여야 한다**.(감독할 수 있다X) 10·12·18 승진, 17 2차
  1. 복무규율과 근무 상황
  2. 무기의 관리 및 취급 사항

- 청원경찰법 시행규칙(행정안전부령)

제21조(주의사항) ① 청원경찰이 법 제3조에 따른 직무를 수행할 때에는 **경비 목적을 위하여 필요한 최소한의 범위**에서 하여야 한다.
  ② 청원경찰은 「경찰관 직무집행법」에 따른 **직무 외의 수사활동 등 사법경찰관리의 직무를 수행해서는 아니 된다**.

- 경비업법

제16조(경비원의 복장 등) ① 경비업자는 경찰공무원 또는 군인의 제복과 색상 및 디자인 등이 명확히 구별되는 소속 경비원의 복장을 정하고 이를 확인할 수 있는 사진을 첨부하여 **주된 사무소를 관할하는 시·도경찰청장**에게 행정안전부령으로 정하는 바에 따라 신고하여야 한다. 21 경간

제16조의2(경비원의 장비 등) ① 경비원이 휴대할 수 있는 장비의 종류는 경적·단봉·분사기 등 행정안전부령으로 정하되, **근무 중에만** 이를 휴대할 수 있다. 21 경간

CHAPTER 04 교통경찰

제 1 절 도로교통법 상 용어정리 ★★★

제2조(정의) 이 법에서 사용하는 용어의 뜻은 다음과 같다.
1. **"도로"**란 다음 각 목에 해당하는 곳을 말한다. 12 경간
   가. 「도로법」에 따른 도로
   나. 「유료도로법」에 따른 유료도로
   다. 「농어촌도로 정비법」에 따른 농어촌도로
   라. 그 밖에 현실적으로 **불특정 다수**의 사람 또는 차마가 **통행할 수 있도록 공개된 장소**로서 안전하고 원활한 교통을 확보할 필요가 있는 장소
      → 도로여부를 불문하고 **음주운전, 과로질병약물운전, 교통사고 발생 후 구호조치불이행 도주, 음주측정거부는 단속할 수 있다.**(도로가 아닌 곳에서는 무면허운전 성립X)

> 운전면허 없이 자동차 등을 운전한 곳이 위와 같이 일반교통경찰권이 미치는 공공성이 있는 장소가 아니라 특정인이나 그와 관련된 용건이 있는 사람만 사용할 수 있고 자체적으로 관리되는 곳이라면 도로교통법에서 정한 '도로에서 운전'한 것이 아니므로 **무면허운전으로 처벌할 수 없다.** 즉, **도로 외의 곳에서의 음주운전·음주측정거부 등에 대해서는 형사처벌도 가능하지만, 운전면허취소처분은 부과할 수 없다.**(대판 2017도17762) 24 경간

[참고] 판례상 도로여부(공개여부에 따라)

도로 O
1. '아파트단지 내 통행로'가 왕복 4차선의 외부도로와 **직접 연결**되어 있고, **외부차량의 통행에 제한이 없으며,** 별도의 **주차관리인이 없는** 등 아파트의 관리 및 이용 상황에 비추어 보면 이는 구 도로교통법상의 '도로'에 해당한다. (대판 2010도6579) 15·19 승진
2. **"자동차전용도로"**란 **자동차만(자동차등X)** 다닐 수 있도록 설치된 도로를 말한다. 11 경간, 14 2차, 15 3차
3. **"고속도로"**란 **자동차(자동차등X)**의 고속 운행에만 사용하기 위하여 지정된 도로를 말한다. 11·16 경간, 15 3차
4. **"차도"**란 **연석선**(차도와 보도를 구분하는 돌 등으로 이어진 선을 말한다. 이하 같다), 안전표지 또는 그와 비슷한 인공구조물을 이용하여 경계를 표시하여 모든 차가 통행할 수 있도록 설치된 도로의 부분을 말한다.

11·17 승진, 11 경간

5. "**중앙선**"이란 차마의 통행 방향을 명확하게 구분하기 위하여 도로에 황색 실선이나 황색 점선 등의 안전표지로 표시한 선 또는 중앙분리대나 울타리 등으로 설치한 시설물을 말한다. 다만, 제14조제1항 후단에 따라 **가변차로가 설치된 경우**에는 신호기가 지시하는 **진행방향의 가장 왼쪽에 있는 황색 점선**을 말한다. 12 경간

6. "**차로**"란 차마가 한 줄로 도로의 정하여진 부분을 통행하도록 차선으로 **구분한 차도의 부분**을 말한다.

7. "**차선**"이란 차로와 차로를 구분하기 위하여 그 경계지점을 안전표지로 표시한 선을 말한다. 11 경간, 14 2차

8. "**자전거도로**"란 안전표지, 위험방지용 울타리나 그와 비슷한 인공구조물로 경계를 표시하여 자전거 및 개인형 이동장치가 통행할 수 있도록 설치된 「자전거 이용 활성화에 관한 법률」 제3조 각 호의 도로를 말한다.

9. "**자전거횡단도**"란 자전거 및 개인형 이동장치가 일반도로를 횡단할 수 있도록 안전표지로 표시한 도로의 부분을 말한다. 17 2차

10. "**보도**"란 연석선, 안전표지나 그와 비슷한 인공구조물로 경계를 표시하여 **보행자**(유모차, 보행보조용 의자차, 노약자용 보행기 등 행정안전부령으로 정하는 기구·장치를 이용하여 통행하는 사람을 **포함한다**. 이하 같다)가 통행할 수 있도록 한 도로의 부분을 말한다. 13 2차, 13 승진, 16·23 경간

11. "**길가장자리구역**"이란 **보도와 차도가 구분되지 아니한**(구분된X) 도로에서 보행자의 안전을 확보하기 위하여 안전표지 등으로 경계를 표시한 도로의 가장자리 부분을 말한다. 11·16·23 경간, 13·17 승진, 14·17 2차, 15 3차

12. "**횡단보도**"란 보행자가 도로를 횡단할 수 있도록 안전표지로 표시한 도로의 부분을 말한다.

13. "**교차로**"란 '십'자로, 'T'자로나 그 밖에 둘 이상의 도로(**보도와 차도가 구분되어 있는 도로에서는 차도를 말한다**)가 교차하는 부분을 말한다. 13·17 2차

13의2. "**회전교차로**"란 교차로 중 차마가 원형의 교통섬(차마의 안전하고 원활한 교통처리나 보행자 도로횡단의 안전을 확보하기 위하여 교차로 또는 차도의 분기점 등에 설치하는 섬 모양의 시설을 말한다)을 중심으로 반시계방향(시계방향X)으로 통행하도록 한 원형의 도로를 말한다.

14. "**안전지대**"란 도로를 횡단하는 **보행자나 통행하는 차마의 안전**을 위하여 안전표지나 이와 비슷한 인공구조물로 표시한 도로의 부분을 말한다. 11 경간, 15 3차, 17 2차

15. "**신호기**"란 도로교통에서 문자·기호 또는 등화를 사용하여 진행·정지·방향전환·주의 등의 신호를 표시하기 위하여 사람이나 전기의 힘으로 조작하는 장치를 말한다. 13 2차

16. "**안전표지**"란 교통안전에 필요한 주의·규제·지시 등을 표시하는 표지판이나 도로의 바닥에 표시하는 기호·문자 또는 선 등을 말한다. 14 1차, 14 승진

[안전표지의 종류(도로교통법 시행규칙 제8조 제1항)] 17·19 승진, 19 경간, 20 1차

주의표지	도로상태가 위험하거나 도로 또는 그 부근에 위험물이 있는 경우에 필요한 안전조치를 할 수 있도록 이를 도로사용자에게 **알리는** 표지
규제표지	도로교통의 안전을 위하여 각종 제한·금지 등의 **규제**를 하는 경우에 이를 도로사용자에게 알리는 표지
지시표지	도로의 통행방법·통행구분 등 도로교통의 안전을 위하여 필요한 **지시**를 하는 경우에 도로사용자가 이에 따르도록 알리는 표지

보조표지	주의표지·규제표지 또는 지시표지의 주기능을 **보충**하여 도로사용자에게 알리는 표지
노면표시	도로교통의 안전을 위하여 각종 주의·규제·지시 등의 내용을 **노면**에 기호·문자 또는 선으로 도로사용자에게 알리는 표지

17. **"차마"**란 다음 각 목의 차와 우마를 말한다.
    가. **"차"**란 다음의 어느 하나에 해당하는 것을 말한다.
        1) 자동차 2) 건설기계 3) 원동기장치자전거 4) 자전거
        5) 사람 또는 가축의 힘이나 그 밖의 동력으로 도로에서 운전되는 것. 다만, 철길이나 가설된 선을 이용하여 운전되는 것, 유모차, 보행보조용 의자차, 노약자용 보행기, 제21호의3에 따른 실외이동로봇 등 행정안전부령으로 정하는 기구·장치는 제외한다.
    나. **"우마"**란 교통이나 운수에 사용되는 가축을 말한다.
18. **"자동차"**란 철길이나 가설된 선을 이용하지 아니하고 원동기를 사용하여 운전되는 차(견인되는 **자동차도 자동차의 일부로 본다**)로서 다음 각 목의 차를 말한다. 09 채용, 12·23 경간, 13 승진, 21 2차
    가. 「자동차관리법」 제3조에 따른 다음의 자동차. 다만, **원동기장치자전거는 제외**한다. 12·23 경간
        1) **승용**자동차 2) **승합**자동차 3) **화물**자동차 4) **특수**자동차 5) **이륜**자동차(125시시 **초과**)
    나. 「건설기계관리법」 제26조제1항 단서에 따른 건설기계
19. **"원동기장치자전거"**란 다음 각 목의 어느 하나에 해당하는 차를 말한다. 10·11·17 승진
    가. 「자동차관리법」 제3조에 따른 이륜자동차 가운데 배기량 125시시 **이하**(전기를 동력으로 하는 경우에는 최고정격출력 11킬로와트 이하)의 이륜자동차
    나. 그 밖에 **배기량** 125시시 **이하**(전기를 동력으로 하는 경우에는 최고정격출력 11킬로와트 이하)의 원동기를 단 차(「자전거 이용 활성화에 관한 법률」 제2조제1호의2에 따른 전기자전거 및 제21호의3에 따른 실외이동로봇은 제외한다)
20. **"자전거"**란 「자전거 이용 활성화에 관한 법률」 제2조제1호 및 제1호의2에 따른 **자전거 및 전기자전거**를 말한다.
21. **"자동차등"**이란 자동차와 원동기장치자전거를 말한다. 10 승진
21의2. **"자전거등"**이란 자전거와 개인형 이동장치를 말한다.
21의3. **"실외이동로봇"**이란 「지능형 로봇 개발 및 보급 촉진법」 제2조제1호에 따른 지능형 로봇 중 행정안전부령으로 정하는 것을 말한다.
22. **"긴급자동차"**란 다음 각 목의 자동차로서 그 본래의 긴급한 용도로 사용되고 있는 자동차를 말한다. 13 승진, 16 경간
    가. **소방차** 나. **구급차** 다. **혈액** 공급차량 라. 그 밖에 대통령령으로 정하는 자동차
23. **"어린이통학버스"**란 다음 각 목의 시설 가운데 **어린이**(13세 미만인 사람을 말한다. 이하 같다)를 교육대상으로 하는 시설에서 어린이의 통학 등에 이용되는 자동차와 「여객자동차 운수사업법」 제4조제3항에 따른 여객자동차운송사업의 한정면허를 받아 어린이를 여객대상으로 하여 운행되는 운송사업용 자동차를 말한다.
24. **"주차"**란 운전자가 승객을 기다리거나 화물을 싣거나 차가 고장 나거나 그 밖의 사유로 차를 **계속 정지 상태**에 두는 것 또는 운전자가 차에서 떠나서 즉시 그 차를 운전할 수 없는 상태에 두는 것을 말한다.

13 2차

25. **"정차"**란 운전자가 5분을 초과하지 아니하고 차를 정지시키는 것으로서 주차 외의 정지 상태를 말한다.
12 경간, 14·23 2차, 17 승진

26. **"운전"**이란 도로(제27조제6항제3호·제44조·제45조·제54조제1항·제148조·제148조의2 및 제156조제10호의 경우에는 도로 외의 곳을 포함한다)에서 차마 또는 노면전차를 그 **본래의 사용방법에 따라 사용하는 것**(조종 또는 **자율주행시스템**을 사용하는 것을 포함한다)을 말한다. 26 경간

27. **"초보운전자"**란 **처음 운전면허를 받은 날**(처음 운전면허를 받은 날부터 2년이 지나기 전에 운전면허의 취소처분을 받은 경우에는 그 후 다시 운전면허를 받은 날을 말한다)부터 **2년**이 지나지 아니한 사람을 말한다. 이 경우 원동기장치자전거면허만 받은 사람이 원동기장치자전거면허 외의 운전면허를 받은 경우에는 처음 운전면허를 받은 것으로 본다. 11 승진, 12 경간

28. **"서행"**이란 운전자가 차 또는 노면전차를 즉시 정지시킬 수 있는 정도의 느린 속도로 진행하는 것을 말한다. 11 승진

29. **"앞지르기"**란 차의 운전자가 앞서가는 **다른 차의 옆을 지나서 그 차의 앞으로 나가는 것**을 말한다.

30. **"일시정지"**란 차 또는 노면전차의 운전자가 그 차 또는 노면전차의 **바퀴를 일시적으로 완전히 정지**시키는 것을 말한다.

31. **"보행자전용도로"**란 **보행자만** 다닐 수 있도록 안전표지나 그와 비슷한 인공구조물로 표시한 도로를 말한다.
19 승진

33. **"모범운전자"**란 제146조에 따라 무사고운전자 또는 유공운전자의 **표시장을 받거나 2년** 이상 사업용 자동차 운전에 종사하면서 **교통사고를 일으킨 전력이 없는 사람**으로서 경찰청장이 정하는 바에 따라 선발되어 교통안전 봉사활동에 종사하는 사람을 말한다. 23 경간

→ 「도로교통법」상 **"어린이"**는 13세 미만, **"영유아"**는 6세 미만, **"노인"**은 65세 이상의 사람을 말한다.
12 경간, 19 승진

제 2 절 교통규제

1. 어린이 보호구역 ★★

(1) 어린이노인 및 장애인 보호구역의 지정 및 관리에 관한 규칙

제3조(보호구역의 지정) ⑥ **시장등**은 제4항에 따른 조사 결과 보호구역으로 지정·관리할 필요가 인정되는 경우에는 **관할 시·도경찰청장 또는 경찰서장과 협의**하여 해당 보호구역 지정대상 시설 또는 장소의 **주(主) 출입문**(출입문이 없는 장소의 경우에는 해당 장소를 말한다. 이하 같다)을 **기준으로 반경 300미터** 이내의 도로 중 일정구간을 보호구역으로 지정한다. 다만, 시장등은 해당 지역의 교통여건 및 효과성 등을 면밀히 검토하여 필요한 경우 보호구역 지정대상 시설 또는 장소의 주 출입문을 기준으로 **반경 500미터** 이내의 도로에 대해서도 보호구역으로 지정할 수 있다. 10·12 승진

제8조(노상주차장의 설치 금지) ① 특별시장·광역시장·특별자치도지사 또는 시장·군수·구청장(구청장은 자치구의

구청장을 말한다. 이하 같다)은 보호구역으로 지정된 시설 또는 장소의 주 출입문과 직접 연결되어 있는 도로에는 **노상주차장을 설치해서는 안 된다.** 10 승진

제9조(보호구역에서의 필요한 조치) ① 시·도경찰청장이나 경찰서장은 「도로교통법」 제12조제1항 또는 제12조의2제1항에 따라 보호구역에서 구간별·시간대별로 다음 각 호의 **조치를 할 수 있다.** 10 승진
1. 차마의 통행을 금지하거나 제한하는 것 10·17 승진
2. 차마의 정차나 주차를 금지하는 것 10·17 승진
3. 운행속도를 시속 **30킬로미터** 이내로 제한하는 것 12·17 승진
4. **이면도로**(도시지역에 있어서 간선도로가 아닌 도로로서 일반의 교통에 사용되는 도로를 말한다)를 일방통행로로 지정·운영하는 것 17 승진

2. 주차·정차 및 서행일시정지 장소(도로교통법 제31조, 32조, 33조) ★★ 10·15 승진, 16·24 2차, 17 1차

정차 및 주차의 금지 장소	주차 금지 장소	서행할 장소
① 교차로·횡단보도·건널목이나 보도와 차도가 구분된 도로의 **보도**(노상주차장은 제외) ② **교차로의 가장자리나 도로의 모퉁이**로부터 **5미터** 이내인 곳 ③ 안전지대가 설치된 도로에서는 그 안전지대의 사방으로부터 각각 **10미터** 이내인 곳 ④ 버스 여객자동차의 정류장임을 표시하는 기둥이나 표지판 또는 선이 설치된 곳으로부터 **10미터** 이내인 곳 ⑤ 건널목의 가장자리 또는 횡단보도로부터 **10미터** 이내인 곳 ⑥ 다음 각 목의 곳으로부터 **5미터** 이내인 곳 　가. 「소방기본법」 제10조에 따른 **소방용수시설** 또는 비상소화장치가 설치된 곳 　나. 「소방시설 설치 및 관리에 관한 법률」 제2조제1항제1호에 따른 **소방시설**로서 대통령령으로 정하는 시설이 설치된 곳 ⑦ 시도경찰청장이 도로에서의 위험을 방지하고 교통의 안전과 원활한 소통을 확보하기 위하여 필요하다고 인정하여 지정한 곳 ⑧ 시장등이 제12조제1항에 따라 지정한 어린이 보호구역	① **터널 안** 및 **다리 위** ② 다음 각 목의 곳으로부터 **5미터** 이내인 곳 　㉠ **도로공사**를 하고 있는 경우에는 그 공사구역의 양쪽 가장자리 　㉡ 「다중이용업소의 안전관리에 관한 특별법」에 따른 **다중이용업소**의 영업장이 속한 건축물로 소방본부장의 요청에 의하여 시도경찰청장이 지정한 곳 ③ 시도경찰청장이 도로에서의 위험을 방지하고 교통의 안전과 원활한 소통을 확보하기 위하여 필요하다고 인정하여 지정한 곳	① **교통정리가 행하여지고 있지 아니하는 교차로** ② **도로가 구부러진 부근** ③ **비탈길의 고갯마루 부근** ④ **가파른 비탈길의 내리막** ⑤ 시도경찰청장이 도로에서의 위험을 방지하고 교통의 안전과 원활한 소통을 확보하기 위하여 필요하다고 인정하여 안전표지로 지정한 곳 cf. **일시정지사유** 11 승진 ① **교통정리가 행하여지고 있지 아니하고 좌우를 확인할 수 없거나 교통이 빈번한 교차로** ② 시도경찰청장이 도로에서의 위험을 방지하고 교통의 안전과 원활한 소통을 확보하기 위하여 필요하다고 인정하여 안전표지로 지정한 곳

→ 모든 차의 운전자는 **(예외 없이X)** 터널 안에 차를 주차해서는 아니 된다. 23 2차

3. 음주단속 ★★★

(1) 술에 취한 상태에서의 운전 금지

> **제44조(술에 취한 상태에서의 운전 금지)** ① 누구든지 술에 취한 상태에서 자동차등(「건설기계관리법」 제26조제1항 단서에 따른 건설기계 외의 건설기계를 포함한다. 이하 이 조, 제45조, 제47조, 제50조의3, 제93조제1항제1호부터 제4호까지 및 제148조의2에서 같다), **노면전차 또는 자전거를 운전하여서는 아니 된다.** 25 1차
> ② 경찰공무원은 교통의 안전과 위험방지를 위하여 필요하다고 인정하거나 제1항을 위반하여 술에 취한 상태에서 자동차등, 노면전차 또는 자전거를 운전하였다고 인정할 만한 상당한 이유가 있는 경우에는 **운전자가 술에 취하였는지를 호흡조사로 측정할 수 있다.** 21 승진 이 경우 운전자는 경찰공무원의 측정에 응하여야 한다. 25 1차
> ③ 제2항에 따른 측정 결과에 불복하는 운전자에 대하여는 그 운전자의 동의를 받아 혈액 채취 등의 방법으로 다시 측정할 수 있다.
> ④ 제1항에 따라 운전이 금지되는 **술에 취한 상태의 기준**은 운전자의 혈중알코올농도가 0.03퍼센트 이상인 경우로 한다.
> ⑤ 술에 취한 상태에 있다고 인정할 만한 상당한 이유가 있는 사람은 자동차등, 노면전차 또는 자전거를 운전한 후 제2항 또는 제3항에 따른 측정을 곤란하게 할 목적으로 추가로 술을 마시거나 혈중알코올농도에 영향을 줄 수 있는 의약품 등 행정안전부령으로 정하는 물품을 사용하는 행위(이하 **"음주측정방해행위"**라 한다. 이하 같다)를 하여서는 아니 된다.
> ⑥ 제2항 및 제3항에 따른 측정의 방법, 절차 등 필요한 사항은 **행정안전부령**으로 정한다.

음주운전 의의	누구든지 술에 취한 상태에서 자동차등(자동차와 원동기장치자전거), 모든 건설기계, 노면전차 또는 자전거를 운전하여서는 아니 된다. ※ 주취운전으로 처벌할 수 없는 경우 → 경운기, 우마차, 트랙터 20 경간
술 취한 상태의 기준	① 술 취한 상태의 기준 혈중알코올농도 0.03% 이상 - 면허정지 25 1차 ② 만취한 상태의 기준 혈중알코올농도 0.08% 이상 - 면허취소
주취운전 단속 (교통단속 처리지침)	① 음주측정기용 불대 1회(1인X) 1개 사용함을 원칙 20 경간 ② 주취운전 의심자를 호흡 측정하는 때에는 피측정자의 입안의 잔류 알콜을 헹궈낼 수 있도록 음용수 200ml을 제공하여야 함 ③ 명시적인 의사표시를 하지 않으면서 경찰관이 음주측정 불응에 따른 불이익을 5분 간격으로 3회 이상 고지(최초 측정요구시로부터 15분 경과)했음에도 계속 음주측정에 응하지 않은 때에는 음주측정거부자로 처리 21 승진
위험운전 치사상죄 (특가법)	**제5조의11(위험운전 등 치사상)** ① **음주 또는 약물**의 영향으로 정상적인 운전이 곤란한 상태에서 자동차(원동기장치자전거를 포함한다)를 운전하여 사람을 **상해**에 이르게 한 사람은 1년 이상 15년 이하의 징역 또는 1천만원 이상 3천만원 이하의 벌금에 처하고, 사망에 이르게 한 사람은 무기 또는 3년 이상의 징역에 처한다.

(2) 음주운전 처벌기준(도로교통법 제148조의2) 13·14·21 승진, 13·18 경간, 15 1차

> **정리**
>
> → 2차위반이란 제44조 제1항 또는 제2항을 위반(자동차등 또는 노면전차를 운전한 경우로 한정한다. 다만, 개인형 이동장치를 운전한 경우는 제외한다)하여 **벌금 이상의 형**을 선고받고 그 형이 확정된 날부터 **10년 내**에 다시 같은 조 제1항 또는 제2항을 위반한 사람(형이 실효된 사람도 **포함**한다)을 말한다.

처분	위반기준	1차 위반	2차 위반
면허 취소	0.2% 이상	2년 이상 5년 이하 징역이나 1천만원 이상 2천만원 이하 벌금	2년 이상 6년 이하 징역이나 1천만원 이상 3천만원 이하 벌금
	음주측정 방해행위	1년 이상 5년 이하 징역이나 500만원 이상 2천만원 이하 벌금	1년 이상 6년 이하 징역이나 500만원 이상 3천만원 이하 벌금
	측정불응	1년 이상 5년 이하 징역이나 500만원 이상 2천만원 이하 벌금	1년 이상 6년 이하 징역이나 500만원 이상 3천만원 이하 벌금
	0.08% 이상 ~ 0.2% 미만	1년 이상 2년 이하 징역이나 500만원 이상 1천만원 이하 벌금	1년 이상 5년 이하 징역이나 500만원 이상 2천만원 이하 벌금
면허 정지	0.03% 이상 ~ 0.08% 미만	1년 이하 징역이나 500만원 이하 벌금	

*자전거 주취운전 – 20만원 이하의 벌금이나 구류 또는 과료 23 경찰특공대

(3) 음주운전으로 운전면허 취소처분 또는 정지처분을 받은 경우 감경 18 3차

감경사유	① 운전이 가족의 생계를 유지할 중요한 수단이 되는 경우 ② 모범운전자로서 처분당시 **3년 이상** 교통봉사활동에 종사하고 있는 경우 ③ 교통사고를 일으키고 도주한 운전자를 검거하여 **경찰서장 이상**의 표창을 받은 사람
감경 제외사유	① 혈중알코올농도가 **0.10퍼센트를 초과**하여 운전한 경우 ② 음주운전 중 **인적피해** 교통사고를 일으킨 경우 ③ 경찰관의 음주측정요구에 불응하거나 **도주**한 때 또는 단속경찰관을 **폭행**한 경우 ④ 과거 **5년** 이내에 **3회** 이상의 **인적피해** 교통사고의 전력이 있는 경우 ⑤ 과거 **5년** 이내에 **음주운전의 전력**이 있는 경우

> **참고** 도로 외의 곳에서의 음주·약물운전 및 사고 후 미조치 처벌 21 승진, 23 경찰특공대
>
> ① 주차장, 학교 경내 등 「도로교통법」상 도로가 아닌 곳에서도 음주운전, 약물운전, 사고 후 미조치 및 해당 처벌조항에 대해 「도로교통법」 적용 가능
> ② 단, 형사처벌만 가능하며 운전면허 행정처분은 불가하다

(4) 음주운전 방지장치 부착 조건부 운전면허 25 승진

제50조의3(음주운전 방지장치 부착 조건부 운전면허를 받은 운전자등의 준수사항) ① 제80조의2에 따라 음주운전 방지장치 부착 조건부 운전면허를 받은 사람이 자동차등을 운전하려는 경우 음주운전 방지장치를 설치하고, 시·도경찰청장에게 **등록하여야 한다**. 등록한 사항 중 행정안전부령으로 정하는 중요한 사항을 변경할 때에도 또한 같다. 다만, 제2항에 따라 음주운전 방지장치가 설치·등록된 자동차등을 운전하려는 경우에는 그러하지 아니하다.
→ 운전면허를 취소하여야 한다.

③ 제80조의2에 따라 음주운전 방지장치 부착 조건부 운전면허를 받은 사람은 **음주운전 방지장치가 설치되지 아니하거나 설치기준에 적합하지 아니한** 음주운전 방지장치가 설치된 **자동차등을 운전하여서는 아니 된다.** → 운전면허를 취소하여야 한다.

④ 누구든지 다음 각 호의 어느 하나에 해당하는 경우를 제외하고는 자동차등에 설치된 음주운전 방지장치를 **해체하거나 조작** 또는 그 밖의 방법으로 **효용을 해치는** 행위를 하여서는 아니 된다. → 운전면허를 취소하여야 한다.
1. 음주운전 방지장치의 **점검** 또는 **정비**를 위한 경우
2. **폐차**하는 경우
3. **교육·연구**의 목적으로 사용하는 등 대통령령으로 정하는 사유에 해당하는 경우
4. 제82조제2항제10호에 따른 음주운전 방지장치의 **부착 기간이 경과**한 경우

⑤ 누구든지 음주운전 방지장치 부착 조건부 운전면허를 받은 사람을 **대신하여** 음주운전 방지장치가 설치된 자동차등을 운전할 수 있도록 해당 장치에 **호흡**을 불어넣거나 다른 **부정한 방법**으로 음주운전 방지장치가 설치된 자동차등에 **시동을 거는 행위**를 하여서는 아니 된다.

⑥ 제1항 및 제2항에 따라 음주운전 방지장치의 설치 사항을 시·도경찰청장에게 등록한 자는 연 2회 **이상** 음주운전 방지장치 부착 자동차등의 운행기록을 시·도경찰청장에게 제출하여야 하며, 음주운전 방지장치의 정상 작동여부 등을 점검하는 **검사를 받아야 한다.**

제80조의2(음주운전 방지장치 부착 조건부 운전면허) ① 제44조제1항, 제2항 또는 제5항을 위반(자동차등 또는 노면전차를 운전한 경우로 한정한다. 다만, 개인형 이동장치를 운전한 경우는 제외한다. 이하 같다)한 날부터 **5년 이내**에 다시 같은 조 제1항, 제2항 또는 제5항을 위반하여 운전면허 취소처분을 받은 사람이 자동차등을 운전하려는 경우에는 시·도경찰청장으로부터 음주운전 방지장치 부착 조건부 운전면허(이하 "조건부 운전면허"라 한다. 이하 같다)를 받아야 한다.

② 음주운전 방지장치는 제82조제2항제1호부터 제9호까지에 따라 조건부 운전면허 발급 대상에게 적용되는 운전면허 결격기간과 같은 기간 동안 부착하며, 운전면허 결격기간이 종료된 다음 날부터 부착기간을 산정한다.

(5) 공동 위험행위의 금지, 난폭운전 금지 ★

제46조의3(난폭운전 금지) 자동차등(개인형 이동장치는 제외한다)의 운전자는 다음 각 호 중 둘 이상의 행위를 연달아 하거나, 하나의 행위를 지속 또는 반복하여 다른 사람에게 위협 또는 위해를 가하거나 교통상의 위험을 발생하게 하여서는 아니 된다. 22 2차
→ 위반 시 운전면허를 취소하거나 1년 이내의 범위에서 운전면허의 효력을 정지시킬 수 있으며, 1년 이하의 징역이나 500만원 이하의 벌금에 처함

제 3 절　통행방법

1. 자전거 등 통행방법 ★★

제13조의2(자전거등의 통행방법의 특례) ① 자전거등의 운전자는 자전거도로(제15조제1항에 따라 자전거만 통행할 수 있도록 설치된 전용차로를 포함한다. 이하 이 조에서 같다)가 따로 있는 곳에서는 그 **자전거도로로 통행하여야 한다.** 11 경간, 18 승진

② 자전거등의 운전자는 자전거도로가 설치되지 아니한 곳에서는 도로 **우측** 가장자리에 붙어서 통행하여야 한다. 11·18 경간, 18 승진, 20 경채

③ 자전거등의 운전자는 **길가장자리구역**(안전표지로 자전거등의 통행을 금지한 구간은 제외한다)을 통행할 수 있다. 이 경우 자전거등의 운전자는 보행자의 통행에 방해가 될 때에는 서행하거나 일시정지하여야 한다. 18 경간, 20 경채, 24 승진

⑤ 자전거등의 운전자는 안전표지로 통행이 허용된 경우를 제외하고는 **2대 이상이 나란히** 차도를 통행하여서는 아니 된다. 11·18 경간, 13 2차, 14·18·24 승진

⑥ 자전거등의 운전자가 횡단보도를 이용하여 도로를 횡단할 때에는 **자전거등에서 내려서** 자전거등을 **끌거나 들고** 보행하여야 한다. 11·18 경간, 13 2차, 18 승진

제21조(앞지르기 방법 등) ② 자전거등의 운전자는 서행하거나 정지한 다른 차를 앞지르려면 제1항에도 불구하고 **앞차의 우측**으로 통행할 수 있다. 이 경우 자전거등의 운전자는 정지한 차에서 승차하거나 하차하는 사람의 안전에 유의하여 서행하거나 필요한 경우 일시정지하여야 한다. 24 승진

제50조(특정 운전자의 준수사항) ④ 자전거등의 운전자는 자전거도로 및 「도로법」에 따른 도로를 운전할 때에는 행정안전부령으로 정하는 **인명보호 장구**를 착용하여야 하며, 동승자에게도 이를 착용하도록 하여야 한다. 13 2차, 18 경간

⑧ 자전거등의 운전자는 **약물의 영향과 그 밖의 사유**로 정상적으로 운전하지 못할 우려가 있는 상태에서 자전거등을 운전하여서는 아니 된다. 13 2차

⑨ 자전거등의 운전자는 **밤에** 도로를 통행하는 때에는 전조등과 미등을 켜거나 야광띠 등 발광장치를 착용하여야 한다. 18 경간

⑩ 개인형 이동장치의 운전자는 **행정안전부령(대통령령X)**으로 정하는 승차정원을 초과하여 동승자를 태우고 개인형 이동장치를 운전하여서는 아니 된다. 25 채용

→ 자전거 운전자가 '운전 중 휴대전화를 사용한 경우' 운전 중 휴대전화 사용은 자동차등 운전에 한정되어 처벌할 수 없으나, '신호위반, 주차위반, 끼어들기 위반'은 모든 차를 대상으로 하고 있으므로 자전거 운전자도 처벌할 수 있음

2. 개인형 이동장치 – "원동기장치자전거"에도 해당하며, "자전거 등"에도 해당

도로교통법

제2조(정의) 이 법에서 사용하는 용어의 뜻은 다음과 같다.
19의2. **"개인형 이동장치"**란 제19호나목의 원동기장치자전거 중 **시속 25킬로미터 이상**으로 운행할 경우 전동기가 작동하지 아니하고 **차체 중량이 30킬로그램 미만**인 것으로서 행정안전부령으로 정하는 것을 말한다.

[처벌기준] 22 경채

20만원 이하의 벌금구류과료	① 무면허 ② 약물 ③ 발광장치 미착용 ④ 승차정원 초과 ⑤ 인명보호장구를 착용하지 아니한 운전자 ⑥ 음주운전(측정거부 포함)	
20만원 이하의 과태료	① 동승자에게 인명보호 장구를 착용하도록 하지 아니한 운전자 ② 어린이가 운전하게 한 어린이의 보호자	
범칙금	자전거 24 승진	음주운전 : 3만원
		측정불응 : 10만원
	개인형 이동장치	음주운전 : 10만원
		측정불응 : 13만원

> **참고**
>
> 제56조의2(자율주행자동차 운전자의 준수사항 등) ① 행정안전부령으로 정하는 완전 자율주행시스템에 **해당하지 아니하는**(완전 자율주행시스템을 갖춘X) 자율주행시스템을 갖춘 자동차의 운전자는 자율주행시스템의 직접 운전 요구에 지체 없이 대응하여 조향장치, 제동장치 및 그 밖의 장치를 직접 조작하여 운전하여야 한다. 26 경간
> ② 운전자가 자율주행시스템을 사용하여 운전하는 경우에는 제49조제1항제10호, 제11호 및 제11호의2를 적용하지 아니한다. 26 경간

3. 차마의 통행방법

(1) 긴급자동차 ★★

1) 종류(도로교통법, 도로교통법 시행령 - 대통령령) 09·14·15·22 경간, 10·11·14·19 승진, 25 2차

도로교통법상	① 소방차 ② 구급차 ③ 혈액 공급차량

법정 긴급 자동차 (도로교통법 시행령 제2조 제1항)	① 경찰용 자동차 중 **범죄수사 · 교통단속**, 그 밖에 **긴급한 경찰업무수행**에 사용되는 자동차
	② 국군 및 주한국제연합군용 자동차 중 **군 내부의 질서유지**나 부대의 질서 있는 **이동을 유도하는** 데 사용되는 자동차
	③ 수사기관의 자동차 중 **범죄수사**를 위하여 사용되는 자동차
	④ 다음에 해당하는 시설 또는 기관의 자동차 중 **도주자의 체포** 또는 수용자, 보호관찰 대상자의 **호송 · 경비**를 위하여 사용되는 자동차
	  1. 교도소 · 소년교도소 또는 구치소
	  2. 소년원 또는 소년분류심사원
	  3. 보호관찰소
	⑤ 국내외 요인에 대한 **경호업무 수행**에 공무로 사용되는 자동차

신청에 의하여 시도경찰청장이 지정하는 경우 (도로교통법 시행령 제2조 제1항)	① 전기사업, 가스사업, 그 밖의 공익사업을 하는 기관에서 위험 방지를 위한 응급작업에 사용되는 자동차 ② 민방위업무를 수행하는 기관에서 긴급예방 또는 복구를 위한 출동에 사용되는 자동차 ③ 도로관리를 위하여 사용되는 자동차 중 도로상의 위험을 방지하기 위한 응급작업에 사용되거나 운행이 제한되는 자동차를 단속하기 위하여 사용되는 자동차 ④ 전신·전화의 수리공사 등 응급작업에 사용되는 자동차 ⑤ 긴급한 우편물의 운송에 사용되는 자동차 ⑥ 전파감시업무에 사용되는 자동차
긴급자동차로 간주하는 자동차 (도로교통법 시행령 제2조 제2항)	① 경찰용 긴급자동차에 의하여 **유도되고** 있는 자동차 ② 국군 및 주한 국제연합군용의 긴급자동차에 의하여 **유도되고** 있는 국군 및 주한 국제연합군의 자동차 ③ 생명이 위급한 환자 또는 부상자나 수혈을 위한 **혈액을 운송 중인** 자동차
긴급자동차의 우선 통행 (법 제29조)	① 긴급자동차는 이 법의 규제에도 불구하고 긴급하고 부득이한 경우에는 **도로의 중앙이나 좌측부분을 통행할 수 있다.** 20 경채 ④ **교차로나 그 부근에서 긴급자동차가 접근하는 경우에는** 차마와 노면전차의 운전자는 교차로를 피하여 **일시정지** 하여야 한다. 20 경채 ⑤ 모든 차와 노면전차의 운전자는 제4항에 따른 곳 외의 곳에서 긴급자동차가 접근한 경우에는 긴급자동차가 우선 통행할 수 있도록 **진로를 양보하여야 한다.**
긴급자동차의 특례 (법 제30조)	제30조(긴급자동차에 대한 특례) 긴급자동차에 대하여는 다음 각 호의 사항을 적용하지 아니한다. 다만, **제4호부터 제12호까지의 사항은** 긴급자동차 중 제2조제22호가목부터 다목(**소방차, 구급차, 혈액공급용 차량**)까지의 자동차와 대통령령으로 정하는 **경찰용 자동차**에 대해서만 **적용하지 아니한다.** 1. 제17조에 따른 자동차등의 **속도 제한.** 다만, 제17조에 따라 긴급자동차에 대하여 속도를 제한한 경우에는 같은 조의 규정을 적용한다. 2. 제22조에 따른 **앞지르기의 금지(시기 및 장소)** 3. 제23조에 따른 **끼어들기의 금지** 23 2차 4. 제5조에 따른 신호위반 5. 제13조제1항에 따른 보도침범 6. 제13조제3항에 따른 중앙선 침범 7. 제18조에 따른 횡단 등의 금지 8. 제19조에 따른 안전거리 확보 등 9. 제21조제1항에 따른 **앞지르기 방법** 등 10. 제32조에 따른 정차 및 주차의 금지 11. 제33조에 따른 주차금지 12. 제66조에 따른 고장 등의 조치
사고 시 형의 감면 (법 제158조의 2)	제158조의2(형의 감면) 긴급자동차(제2조제22호가목부터 다목(**소방차, 구급차, 혈액공급차량**)까지의 자동차와 **대통령령으로 정하는 경찰용 자동차만 해당**한다)의 운전자가 그 차를 본래의 긴급한 용도로 운행하는 중에 교통사고를 일으킨 경우에는 그 긴급활동의 시급성과 불가피성 등 정상을 참작하여 제151조, 「교통사고처리 특례법」 제3조제1항 또는 「특정범죄 가중처벌 등에 관한 법률」 제5조의13에 따른 **형을 감경하거나 면제할 수 있다.**

(2) 어린이 통학버스 ★★ (도로교통법)

제51조(어린이통학버스의 특별보호) ① 어린이통학버스가 도로에 정차하여 **어린이나 영유아가 타고 내리는 중임을 표시하는 점멸등 등의 장치를 작동 중일 때**에는 어린이통학버스가 정차한 차로와 그 차로의 **바로 옆 차로로** 통행하는 차의 운전자는 어린이통학버스에 이르기 전에 **일시정지(서행X)하여** 안전을 확인한 후 서행하여야 한다. 12·14·18 승진, 21 2차

② 제1항의 경우 **중앙선이 설치되지 아니한 도로와 편도 1차로인 도로에서는 반대방향에서 진행하는 차의 운전자도** 어린이통학버스에 이르기 전에 **일시정지(서행X)하여** 안전을 확인한 후 서행하여야 한다. 12·14·18 승진

③ **모든 차의 운전자는** 어린이나 영유아를 태우고 있다는 표시를 한 상태로 도로를 통행하는 **어린이통학버스를 앞지르지 못한다.** 12·14·18 승진, 13 1차

→ 앞지를 때 과도하게 속도를 올리는 등 행위를 자제하여야 한다.(X)

제52조(어린이통학버스의 신고 등) ① 어린이통학버스(「여객자동차 운수사업법」 제4조제3항에 따른 한정면허를 받아 어린이를 여객대상으로 하여 운행되는 운송사업용 자동차는 제외한다)를 운영하려는 자는 행정안전부령으로 정하는 바에 따라 **미리 관할 경찰서장에게 신고하고 신고증명서를 발급받아야 한다.** 13 1차

② 어린이통학버스를 운영하는 자는 어린이통학버스 안에 제1항에 따라 발급받은 **신고증명서를 항상 갖추어 두어야 한다.**

제53조(어린이통학버스 운전자 및 운영자 등의 의무) ① 어린이통학버스를 운전하는 사람은 **어린이나 영유아가 타고 내리는 경우에만** 제51조제1항에 따른 **점멸등 등의 장치를 작동하여야 하며**, 어린이나 영유아를 태우고 운행 중인 경우에만 제51조제3항(앞지르기금지)에 따른 표시를 하여야 한다.

② 어린이통학버스를 운전하는 사람은 어린이나 영유아가 어린이통학버스를 탈 때에는 승차한 모든 어린이나 영유아가 **좌석안전띠**(어린이나 영유아의 신체구조에 따라 적합하게 조절될 수 있는 안전띠를 말한다. 이하 이 조 및 제156조제1호, 제160조제2항제4호의2에서 같다)**를 매도록 한 후(앞은 후X)에 출발하여야 하며**, 내릴 때에는 보도나 길가장자리구역 등 자동차로부터 **안전한 장소에 도착한 것을 확인한 후에 출발하여야 한다.** 13 1차 다만, 좌석안전띠 착용과 관련하여 질병 등으로 인하여 좌석안전띠를 매는 것이 곤란하거나 행정안전부령으로 정하는 사유가 있는 경우에는 그러하지 아니하다.

제53조의3(어린이통학버스 운영자 등에 대한 안전교육) ① 어린이통학버스를 운영하는 사람과 운전하는 사람 및 제53조제3항에 따른 **보호자는** 어린이통학버스의 안전운행 등에 관한 교육(이하 "**어린이통학버스 안전교육**"이라 한다)**을 받아야 한다.** 13 1차

제 4 절 운전면허 및 운전면허 행정처분

제80조(운전면허) ① 자동차등을 운전하려는 사람은 **시·도경찰청장으로부터** 운전면허를 받아야 한다. 다만, 제2조제19호나목(배기량 125시시 이하(전기를 동력으로 하는 경우에는 최고정격출력 11킬로와트 이하)의 원동기를 단 차 중 「교통약자의 이동편의 증진법」 제2조제1호에 따른 교통약자가 최고속도 시속 20킬로미터 이하로만 운행될 수 있는 차를 운전하는 경우에는 그러하지 아니하다. 21 2차

- 「도로교통법」상 운전면허의 효력은 운전면허 시험에 합격한 자가 운전면허증을 본인 또는 그 대리인이 **교부받은 때**부터 발생한다. 10 승진

1. 운전면허종류 ★★★ 10·14·17·18·19 승진, 12 경간, 11·14·16·17 1차, 11·18·19 2차, 18 3차

운전면허 종별	운전면허 구분		운전할 수 있는 차의 종류	자격

제1종	대형면허		• 승용자동차 • 승합자동차 • 화물자동차
			• 건설기계
			  – 덤프트럭, 아스팔트살포기, 노상안정기
			  – 콘크리트믹서트럭, 콘크리트펌프, 천공기(트럭 적재식)
			  – 콘크리트믹서트레일러, 아스팔트콘크리트재생기
			  – 도로보수트럭, 3톤 미만의 지게차
			• 특수자동차[**대형견인차, 소형견인차 및 구난차**(이하 "**구난차 등**"이라 한다)를 **제외**한다]
			• 원동기장치자전거
				19세 이상
				+
				운전 경험
				1년 이상

	특수면허	대형 견인차	• 견인형 특수자동차 • **제2종** 보통면허로 운전할 수 있는 차량	
		소형 견인차	• **총중량 3.5톤 이하**의 견인형 특수자동차 • **제2종** 보통면허로 운전할 수 있는 차량	
		구난차	• 구난형 특수자동차 • **제2종** 보통면허로 운전할 수 있는 차량	
	보통면허		• 승용자동차 • 승차정원 **15명 이하**의 승합자동차 • 적재중량 **12톤 미만**의 화물자동차 • 건설기계 (도로를 운행하는 3톤 미만의 지게차에 한함) • 총중량 **10톤 미만**의 특수자동차 (**구난차등**은 **제외**한다) • 원동기장치자전거	
	소형면허		• 3륜화물자동차 • 3륜승용자동차 • 원동기장치자전거	
제2종	보통면허 24 1차		• 승용자동차 • 승차정원 **10명 이하**의 승합자동차 • 적재중량 **4톤 이하**의 화물자동차 • 총중량 **3.5톤 이하**의 특수자동차(**구난차등**은 **제외**한다) • 원동기장치자전거	18세 이상
	소형면허		• 이륜자동차(운반차를 포함한다) → 배기량 **125cc 초과** 이륜자동차 • 원동기장치자전거	

	원동기장치 자전거면허	• 원동기장치자전거	16세 이상
연습 면허	제1종 보통	• 승용자동차 • 승차정원 15명 이하의 승합자동차 • 적재중량 12톤 미만의 화물자동차	18세 이상
	제2종 보통	• 승용자동차 • 승차정원 10명 이하의 승합자동차 • 적재중량 4톤 이하의 화물자동차	

2. 운전면허 발급 제한 기간 ★★★ 10·18 승진, 08·12·13 1차, 08·13·14·17·20 경간, 12·14 2차, 15 지능특채

내용	제한기간
① 적성검사를 받지 아니하거나 적성검사에 불합격하여 운전면허가 취소된 경우 ② 제1종 운전면허를 받은 사람이 적성검사에 불합격하여 다시 제2종 운전면허를 받으려 하는 경우	즉시응시
1년의 운전면허발급제한기간에 해당하는 사유로 면허가 취소된 자가 원동기장치자전거 면허를 취득 (단, 공동위험행위로 면허 취소된 자는 제외)	6월
① 무면허운전 ((ㄱ) 정지기간 중 운전, (ㄴ) 운전면허 발급제한 기간 중 국제운전면허증으로 자동차 등 운전한 자 포함) → 위반한 날부터 ② 공동위험행위로 운전면허가 취소된 경우 원동기장치자전거면허 취득 결격 기간 → 취소된 날 ③ 2~5년의 제한사유 이외의 사유로 운전면허가 취소된 자 ④ 거짓이나 부정한 수단으로 운전면허를 받은 경우	1년
① 무면허운전(면허정지기간 중 운전) 또는 면허발급제한기간 중 국제운전면허증으로 운전금지규정을 3회 이상 위반하여 운전 → 위반한 날 또는 취소된 날 ② 2회 이상의 음주운전(측정거부 포함), 음주측정방해행위 → 취소된 날부터 ③ 2회 이상의 공동위험행위 → 취소된 날부터 ④ 다른 사람의 자동차를 훔치거나 빼앗은 자 ⑤ 다른 사람이 부정하게 운전면허를 받도록 하기 위하여 운전면허시험에 대신 응시한 경우 ⑥ 운전면허를 받을 자격이 없는 사람이 운전면허를 받았을 경우 ⑦ 운전면허효력의 정지 기간 중 운전면허증 또는 운전면허증에 갈음하는 증명서를 교부받은 사실이 드러날 때 ⑧ 음주운전(측정거부) 위반하여 운전하다가 교통사고를 일으킨 경우 ⑨ 술에 취한 상태에 있다고 인정할 만한 상당한 이유가 있는 사람이 자동차등을 운전하여 교통사고를 일으키고 음주측정방해행위를 한 경우	2년
① 음주운전(측정거부, 무면허로음주운전 포함), 음주측정방해행위 하다가 2회 이상 교통사고 → 취소된 날부터 ② 자동차 이용범죄를 범하거나, 자동차를 절도강도한 자가 무면허로 운전한 경우 → 위반한 날부터	3년
5년의 제한사유 이외의 사유로 교통사고로 사람을 사상한 후에 구호조치 없이 도주한 경우	4년

① **무면허** 운전(운전면허 발급제한 기간 중 국제운전면허증으로 자동차 등 운전), **음주**운전, **과로 · 질병 · 약물**운전, **공동위험행위**로 사람을 사상한 후 구호조치 없이 **도주**한 경우 ② **음주**운전을 하다가 사람을 **사망**에 이르게 한 경우 ③ 술에 취한 상태에 있다고 인정할 만한 상당한 이유가 있는 사람이 자동차등을 운전하다가 **사람을 사상한 후 필요한 조치 및 신고하지 아니하고 음주측정방해행위를 한 경우** ④ 술에 취한 상태에 있다고 인정할 만한 상당한 이유가 있는 사람이 자동차등을 운전하다가 **사람을 사망에 이르게 하고 음주측정방해행위를 한 경우**	**5년**

> **참고** 면허시험 부정행위자에 대한 조치
>
> **제84조의2**(부정행위자에 대한 조치) ① 경찰청장은 제106조에 따른 전문학원의 강사자격시험 및 제107조에 따른 기능검정원 자격시험에서, 시 · 도경찰청장 또는 한국도로교통공단은 제83조에 따른 **운전면허시험**에서 부정행위를 한 사람에 대하여는 해당 시험을 각각 **무효**로 처리한다.
> ② 제1항에 따라 시험이 무효로 처리된 사람은 그 처분이 있은 날부터 **2년**간 해당 시험에 응시하지 못한다. 21 경간

3. 운전면허 결격사유 및 기간(도로교통법 제82조) 12 3차, 17 2차, 19 경간

> **제82조**(운전면허의 결격사유) ① 다음 각 호의 어느 하나에 해당하는 사람은 운전면허를 받을 수 없다.
> 1. **18세 미만**(원동기장치자전거의 경우에는 **16세 미만**)인 사람 12 2차, 21 경간
> 2. 교통상의 위험과 장해를 일으킬 수 있는 **정신질환자** 또는 **뇌전증** 환자로서 대통령령으로 정하는 사람
> 3. 듣지 못하는 사람(제1종 운전면허 중 대형면허 · 특수면허만 해당한다), 앞을 보지 못하는 사람(한쪽 눈만 보지 못하는 사람의 경우에는 제1종 운전면허 중 대형면허 · 특수면허만 해당한다)이나 그 밖에 대통령령으로 정하는 신체장애인
> 4. 양쪽 팔의 팔꿈치관절 이상을 잃은 사람이나 양쪽 팔을 전혀 쓸 수 없는 사람. 다만, 본인의 신체장애 정도에 적합하게 제작된 자동차를 이용하여 정상적인 운전을 할 수 있는 경우에는 그러하지 아니하다.
> 5. 교통상의 위험과 장해를 일으킬 수 있는 마약 · 대마 · 향정신성의약품 또는 알코올 중독자로서 대통령령으로 정하는 사람
> 6. 제1종 대형면허 또는 제1종 특수면허를 받으려는 경우로서 **19세 미만**이거나 자동차(이륜자동차는 **제외**한다)의 운전경험이 **1년 미만**인 사람
> 7. 대한민국의 국적을 가지지 아니한 사람 중 「출입국관리법」 제31조에 따라 **외국인등록을 하지 아니한 사람**(외국인등록이 면제된 사람은 **제외**한다)이나 「재외동포의 출입국과 법적 지위에 관한 법률」 제6조제1항에 따라 **국내거소신고를 하지 아니한 사람**

4. 연습 운전면허증(도로교통법 제80조, 제81조, 제93조) ★★ 08 · 10 · 12 2차, 18 법학, 19 · 21 경간

종류	제1종 보통연습면허, 제2종 보통연습면허
효력	연습운전면허는 그 **면허를 받은 날부터 1년** 동안 **효력**을 가진다. 다만, 연습운전면허를 받은 날부터

	1년 이전이라도 연습운전면허를 받은 사람이 **제1종 보통면허 또는 제2종 보통면허를 받은 경우 연습운전면허는 그 효력을 잃는다.**
행정처분	연습운전면허에 대해서는 법규위반이 있더라도 **벌점을 부여하지 않는다.**
준수사항	① 운전면허를 받은 날부터 **2년**이 **경과한 사람**(운전면허 정지 기간 중인 사람을 제외한다. 연습하고자 하는 자동차를 운전할 수 있는 운전면허에 한함)과 함께 타서 그의 지도를 받아야 한다. ② 「여객ㆍ화물자동차운수사업법」에서 규정한 **사업용자동차를 운전하거나 주행연습 외의 목적으로 운전하여서는 안 된다.** 19 승진 ③ 주행연습 중이라는 사실을 다른 차의 운전자가 알 수 있도록 연습 중인 자동차에 '주행연습' 표지를 붙여야 한다.
취 소	**시ㆍ도경찰청장**은 연습운전면허를 발급받은 사람이 운전 중 고의 또는 과실로 교통사고를 일으키거나 도로교통법이나 도로교통법에 따른 명령 또는 처분을 위반한 경우에는 **연습운전면허를 취소**하여야 한다. 다만, 본인에게 귀책사유가 없는 다음의 경우에는 그러하지 아니하다. ① 도로교통공단의 도로주행시험을 담당하는 사람, 자동차운전학원의 강사, 전문학원의 강사 또는 기능검정원의 **지시에 따라 운전하던 중 교통사고를 일으킨 경우** ② **도로가 아닌 곳에서 교통사고를 일으킨 경우** ③ 교통사고를 일으켰으나 **물적 피해만 발생한 경우**

5. 임시운전증명서 ★

제91조(임시운전증명서) ① **시ㆍ도경찰청장**은 다음 각 호의 어느 하나의 경우에 해당하는 사람이 임시운전증명서 발급을 신청하면 행정안전부령으로 정하는 바에 따라 임시운전증명서를 **발급할 수 있다.** 다만, 제2호의 경우에는 소지하고 있는 운전면허증에 행정안전부령으로 정하는 사항을 기재하여 발급함으로써 임시운전증명서 발급을 갈음할 수 있다.
1. 운전면허증을 받은 사람이 제86조에 따른 **재발급 신청**을 한 경우
2. 제87조에 따른 **정기 적성검사** 또는 운전면허증 **갱신 발급 신청**을 하거나 제88조에 따른 **수시 적성검사**를 신청한 경우
3. 제93조에 따른 운전면허의 **취소처분 또는 정지처분 대상자가 운전면허증을 제출**한 경우
② 제1항의 임시운전증명서는 그 **유효기간 중에는 운전면허증과 같은 효력**이 있다. 19 승진

도로교통법 시행규칙(행정안전부령)
제88조(임시운전증명서) ② 제1항에 따른 임시운전증명서의 **유효기간은 20일** 이내로 하되, 법 제93조에 따른 운전면허의 취소 또는 정지처분 대상자의 경우에는 **40일** 이내로 할 수 있다. 다만, **경찰서장**이 필요하다고 인정하는 경우에는 그 **유효기간을 1회**에 한하여 **20일**의 범위에서 연장할 수 있다. 10 · 11 · 12 승진

6. 국제운전면허증 ★★

(1) 외국에서 발급한 국제운전면허증 10 · 19 승진, 18 경간

유효기간	**입국한 날부터 1년 동안** 국제운전면허증(협약ㆍ협정 또는 약정에 따른)에 기재된 차종으로 운전가능 → 국제운전면허는 모든 국가에서 통용된다.(X)

면허취소·정지	국제운전면허는 외국에서 발행한 것으로, **취소·정지처분이 인정이 안 되고 운전금지처분**(1년의 범위 내)이 인정될 뿐이다.
운전금지	시·도경찰청장은 행정안전부령으로 정한 기준에 따라 **1년**을 넘지 아니하는 범위에서 국제운전면허증 또는 상호인정외국면허증에 의한 자동차등의 운전을 **금지**할 수 있다. 10 승진
사업용자동차 운전금지	사업용 자동차를 운전할 수 없다. 다만, 「여객자동차 운수사업법」에 따른 **대여사업용 자동차**를 임차하여 운전하는 경우에는 그러하지 아니하다. 10·19 승진, 18 경간
통고처분	국제운전면허소지자도 범칙자에 해당하므로 **통고처분이 가능**하며, 범칙금을 납부하지 않으면 즉결심판을 청구한다.
미소지운전	국제운전면허증을 소지하지 않고 운전하면 미소지 운전으로 처벌된다. 10 승진

(2) 국내에서 발급한 국제운전면허증

> **제98조**(국제운전면허증의 발급 등) ① 제80조에 따라 운전면허를 받은 사람이 국외에서 운전을 하기 위하여 제96조제1항제1호의 「도로교통에 관한 협약」에 따른 국제운전면허증을 발급받으려면 **시·도경찰청장에게 신청하여야 한다.** 13 경간
> ② 제1항에 따른 국제운전면허증의 유효기간은 **발급받은 날부터 1년**으로 한다. 13 경간
> ③ 제1항에 따른 국제운전면허증은 이를 발급받은 사람의 국내운전면허의 효력이 없어지거나 취소된 때에는 그 효력을 잃는다. 13 경간
> ④ 제1항에 따른 국제운전면허증을 발급받은 사람의 **국내운전면허의 효력이 정지된 때에는 그 정지기간 동안 그 효력이 정지된다.** 13·18 경간

7. 운전면허 행정처분 ★★

(1) 사고에 따른 벌점기준 12 경간, 18 승진

구 분	벌 점	내 용
사망 1명마다	90	사고발생 시부터 **72시간** 이내에 사망한 때
중상 1명마다	15	**3주 이상**의 치료를 요하는 의사의 진단이 있는 사고
경상 1명마다	5	3주 미만 **5일 이상**의 치료를 요하는 의사의 진단이 있는 사고
부상신고 1명마다	2	**5일 미만**의 치료를 요하는 의사의 진단이 있는 사고

(2) 범칙행위자의 통고처분 10 1차, 11·14 승진

범칙자 제외사유	① 범칙행위 당시 운전면허증 등(운전면허증, 국제운전면허증, 건설기계조종사면허증) 또는 이를 갈음하는 증명서를 제시하지 못하거나 운전자 신원 및 운전 면허 확인을 위한 질문에 응하지 아니한 운전자 ② 범칙행위로 교통사고를 일으킨 사람
통고처분 제외자	1. 성명이나 주소가 확실하지 아니한 사람 2. 달아날 우려가 있는 사람 3. 범칙금 납부통고서를 받기를 거부한 사람

1. 범칙금 납부통고서를 받은 사람이 그 범칙금을 납부한 경우 그 범칙행위에 대하여 다시 벌받지 아니한다고 규정하고 있는바, 이는 범칙금의 납부에 확정판결의 효력에 준하는 효력을 인정하는 취지로 해석할 것이다. (대판 2011도6858) 25 경간(경위공채)

2. "같은 일시, 장소에서 이루어진 **안전운전의무 위반**의 범칙행위와 **중앙선**을 침범한 과실로 사고를 일으켜 피해자에게 부상을 입혔다는 「**교통사고처리 특례법**」위반죄의 범죄행위사실은 시간, 장소에 있어서는 근접 하여 있는 것으로 볼 수 있으나 범죄의 내용이나 행위의 태양, 피해법익 및 죄질에 있어 현격한 차이가 있어 동일성이 인정되지 아니하고 별개의 행위라고 할 것이어서 피고인이 안전운전의 의무를 불이행하였음을 이유로 통고처분에 따른 범칙금을 납부하였다고 하더라도 피고인을 「교통사고처리 특례법」제3조 위반죄로 처벌한다고 하여 「도로교통법」제164조 제3항에서 말하는 **이중처벌에 해당한다고 볼 수 없다.**"고 판시하였다. 25 경간(경위공채)

제 5 절 교통사고처리

1. 개념 ★ (교통사고의 구성요건)

① 「교통사고처리 특례법」에 의하면 교통사고란 **차의 교통**으로 인하여 사람을 사상하거나 물건을 손괴하는 것을 말한다. 09 채용

② 자전거, 손수레, 경운기 등에 의한 사고도 **교통사고에 해당**하며, 철길이나 가설된 선에 의하여 움직이는 (기차, 전동차, 케이블카, 항공기, 선박 등) 교통수단에 의한 사고는 **교통사고에 해당하지 않으며**, 유모차, 보행보조용 의자차, 소아용자전거에 의한 사고도 교통사고에 해당하지 않는다.

③ 차체에 의하여 발생한 경우뿐만 아니라 차량에 적재된 화물 등 **차량과 밀접하게 연결된 부위에 의하여 발생된 경우**를 포함한다.

④ 교통의 개념은 차의 운전을 말하며, 사람의 왕래나 화물의 운반을 위한 운행을 하는 것을 말한다. 즉, **차를 본래의 사용방법에 따라 사용**하는 것을 말하며, 조종을 포함한다. 09 채용

⑤ 교통의 범위는 직접적인 차의 운행뿐만 아니라 **차의 운행과 밀접한 관련이 있는 부수적 행위를 포함**하며, 운행과 밀접하게 관련된 주정차 중 사고도 교통사고에 해당한다.

⑥ 업무상 과실
특정범죄가중처벌 등에 관한 법률 위반(뺑소니)의 경우처럼 고의와 과실이 결합된 경우를 제외하고, **교통사고는 과실범이고, 결과범이다.** 즉 차의 교통으로 인하여 사람이 다치더라도 운전자의 **고의가 인정될 경우에는 교통사고로 처리하지 아니한다.** 11 승진

⑦ 도로에서의 발생여부
교통사고처리특례법 상 교통사고는 도로에서의 사고에 한정되지 않고, **도로가 아닌 곳에서 발생한 사고도 포함된다.** 09 채용

2. 교통사고 처리기준[교통사고조사규칙] 11·12 승진

(1) 대인사고

치사사고		교통사고처리 특례법 제3조 제1항 적용 → **형사입건O** (공소권 있음, 기소의견으로 송치)
치상사고	합의 성립시	교통사고처리 특례법 제3조 제2항 적용 → **형사입건X, 공소권 없음**, 불기소 의견으로 송치 → 다만 사고 원인행위만 도로교통법을 적용하여 통고처분 또는 즉결심판을 청구
	합의 불성립시	① 교통사고처리 특례법 제3조 제1항 적용 → **형사입건O, 공소권 있음** ② 보험 또는 공제에 가입된 경우 교통사고처리 특례법 제4조 제1항 적용 → 공소권 없음 ③ 제3조 제2항 단서에 해당하는 경우(도주사고, 음주측정요구 거부, 음주측정방해행위, 특례 12개항 위반), 피해자가 신체의 상해로 인하여 생명에 대한 위험이 발생하거나 불구 또는 불치나 난치의 질병이 생긴 경우(중상해) → 공소권 있음
	합의 여부와 관계없이 처벌	① 교통사고 야기 후 도주한 경우 → 특정범죄가중처벌등에관한법률 제5조의3 적용 → 형사입건, 공소권 있음 ② 같은 죄를 범하고 음주측정 요구에 따르지 아니한 경우와 도로교통법 제44조 제5항을 위반하여 음주측정방해행위를 한 경우, 교통 사고처리 특례법상 특례 12개항에 해당하는 행위로 인하여 같은 죄를 범한 경우, 교통사고처리 특례법 제3조제1항 적용 → 형사입건, 공소권 있음
	위험운전치사상	특정범죄 가중처벌 등에 관한 법률 제5조의11 제1항 적용 → **형사입건, 공소권 있음** → 음주·약물을 복용하고 교통사고를 일으킨 경우

3. 교통사고처리특례법 3조 2항 처벌특례 12개 항목 ★★★ 16·20 경간, 17·18 승진, 18 2차, 21 특공대

(인피사고 시에만 적용, 합의여부와 관계없이 처벌) – 예외사유를 둔 것은 피해결과가 극심한 사고원인에 대한 처벌강화 목적

1. 신호·지시위반 사고
2. 중앙선침범, 고속도로·자동차전용도로에서의 횡단, 유턴 후진 위반
3. 과속사고(20km/h 초과)
4. 앞지르기 방법·금지시기금지장소 또는 끼어들기 금지 위반하거나 고속도로에서 앞지르기 방법 위반
5. 철길건널목 통과방법 위반사고
6. 횡단보도 보행자 보호의무 위반사고
7. 무면허운전 중 사고
8. 음주·약물 운전 및 음주측정 거부
9. 보도침범·통행방법 위반사고
10. 승객추락방지 의무 위반사고
11. 어린이보호구역 주의의무 위반사고 → 어린이에 대한 사고만 해당
12. 적재화물추락사고 - 자동차의 화물이 떨어지지 아니하도록 필요한 조치를 하지 아니 하고 운전한 경우

제 6 절 교통경찰 판례

1. 무면허운전 관련 판례 ★★★

1. 연습운전면허를 받은 사람이 도로에서 주행연습을 하는 때에 운전면허를 받은 날부터 2년이 경과한 사람과 함께 타서 그의 지도를 받아야 한다고 규정하고 있는바, 연습운전면허를 받은 사람이 도로에서 주행연습을 함에 있어서 위와 같은 준수사항을 지키지 않았다면 준수사항을 지키지 않은 데에 따른 제재를 가할 수 있음은 별론으로 하고 그 운전을 무면허운전이라고 할 수는 없다(대판 2000도5540).
2. 무면허 운전으로 인한 도로교통법위반죄에 있어서는 운전한 날을 기준으로 운전한 날마다 1개의 운전행위가 있다고 보는 것이 상당하므로 운전한 날마다 무면허운전으로 인한 도로교통법위반의 1죄가 성립한다고 보아야 할 것이고, 비록 계속적으로 무면허운전을 할 의사를 가지고 여러 날에 걸쳐 무면허운전행위를 반복하였다 하더라도 이를 포괄하여 1죄로 볼 수는 없다.(대판 2001도6281) 15 3차
3. 무면허인데다가 술이 취한 상태에서 오토바이를 운전하였다면 음주운전과 무면허운전은 상상적 경합관계에 있다.(대판 86도2731) 19 법학, 21 승진, 21·23 경찰특공대

2. 음주약물운전 관련판례 ★★★

1. 물로 입안을 헹굴 기회를 달라는 요구를 무시한 채 호흡측정기로 혈중알코올농도 수치가 0.03%로 나타난 사안에서, 피고인이 당시 혈중알코올농도 0.03% 이상의 술에 취한 상태에서 운전하였다고 단정할 수 없다. (대판 2005도7034) 12 3차, 22 경간, 23 2차
2. 음주감지기에 의한 시험을 거부한 행위도 음주측정기에 의한 측정에 응할 의사가 없음을 객관적으로 명백하게 나타낸 것으로 볼 수 있다.(대판 2016도16121) 20 2차
3. 운전자의 신체 이상[골절(흉골골절)] 등의 사유로 호흡측정기에 의한 측정이 불가능 내지 심히 곤란한 경우에 운전자가 음주측정수치가 나타날 정도로 숨을 불어넣지 못한 결과 호흡측정기에 의한 음주측정이 제대로 되지 아니하였다고 하더라도 음주측정에 불응한 것으로 볼 수는 없다.(대판 2010도2935), (대판 2005도7125) 21 경간, 15 3차, 21 승진
4. 피고인의 음주와 음주운전을 목격한 참고인이 있는 상태에서 음주운전 종료로부터 5시간 경과 후 음주측정을 요구한 데 대하여 불응한 경우 음주측정불응죄가 성립한다.(대판 2000도6026) 16 2차, 19 승진, 20 경간
5. 특별한 이유 없이 호흡측정기에 의한 측정에 불응하는 운전자에게 경찰공무원이 혈액채취에 의한 측정방법이 있음을 고지하고 그 선택여부를 물어야 할 의무가 있다고는 할 수 없다.(대판 2002도4220) 12·22·23 1차, 23 특공대
6. 음주감지기에서 음주반응이 나온 경우, 그것만으로 술에 취한 상태에 있다고 인정할 만한 상당한 이유가 있다고 볼 수 없다.(대판 2002도6632) 12 3차, 19·21 승진
7. 경찰관이 음주운전 단속 시 운전자의 요구에 따라 곧바로 채혈을 실시하지 않은 채 호흡측정기에 의한 음주측정을 하고 1시간 12분이 경과한 후에야 채혈을 하였다는 사정만으로는 위 행위가 법령에 위배된다거나 객관적 정당성을 상실하여 운전자가 음주운전 단속과정에서 받을 수 있는 권익이 현저하게 침해되었다고 단정하기 어렵다.(대판 2006다32132) 16 2차, 22·26 경간

8. 경찰공무원에게 위드마크 공식의 존재 및 호흡측정에 의한 혈중알코올농도가 음주운전 처벌기준 수치에 미달하더라도 위드마크 공식에 의한 역추산 방식에 의하여 운전당시의 혈중알코올농도를 산출할 경우 그 결과가 음주운전 처벌기준 수치 이상이 될 가능성이 있다는 취지를 운전자에게 미리 고지할 의무는 없다.(대판 2017도661) 18 1차, 22 경간

9. 운전의 개념은 그 규정의 내용에 비추어 목적적 요소를 포함하는 것이므로 **고의의 운전행위만을 의미하고, 자동차 안에 있는 사람의 의지나 관여 없이 자동차가 움직인 경우에는 운전에 해당하지 않는다.** 술에 취한 사람이 자동차 안에서 잠을 자다가 추위를 느껴 히터를 가동하기 위하여 시동을 걸었고, 실수로 제동장치를 건드려 자동차가 움직였더라도 **음주운전에 해당하지 않는다.**(대판 2004도1109) 12·15 3차, 16 2차, 11·24 승진, 12·22·23 1차

10. 「형사소송법」규정에 위반하여 수사기관이 법원으로부터 **영장 또는 감정처분허가장을 발부받지 아니한 채 피의자의 동의 없이 피의자의 신체로부터 혈액을 채취하고 더구나 사후적으로도 지체 없이 이에 대한 영장을 발부받지도 아니하고서 그 강제채혈한 피의자의 혈액 중 알코올농도에 관한 감정결과보고서 등은 피고인이나 변호인의 증거동의가 있다고 하더라도 유죄의 증거로 사용할 수 없다.**(대판 2009도2109) 18 1차

11. 여러 차례에 걸쳐 호흡 측정기의 빨대를 입에 물고 **형식적으로 숨을 부는 시늉만 하였을 뿐** 숨을 제대로 불지 아니하여 호흡 측정기에 음주 측정수치가 나타나지 아니하도록 한 행위는 **음주측정불응죄에 해당한다.** (대판 2001도7121) 21 승진, 22 1차

12. 음주운전 시점과 혈중알코올농도의 측정 시점 사이에 시간 간격이 있고 그때가 혈중 알코올농도의 **상승기로 보이는 경우라 하더라도**, 그러한 사정만으로 무조건 실제 운전시점의 혈중알코올농도가 처벌기준치를 초과한다는 점에 대한 증명이 불가능하다고 볼 수는 없다. (대판 2013도 6285) 19 승진

13. 운전자가 음주측정을 요구하는 경찰공무원의 **1차 측정에만 불응하였을 뿐 곧이어 이어진 2차 측정에는 응한 경우와 같이 측정거부가 일시적인 것에 불과한 경우라면 음주 측정불응죄가 성립한다고 볼 것은 아니다.**(대판 2013도8481) 19 승진

14. 음주로 인한 특정범죄가중처벌 등에 관한 법률 위반(**위험운전치사상**)죄와 도로교통법 위반(**음주운전**)죄가 모두 성립하는 경우 두 죄는 **실체적 경합관계에 있다.** (대판 2008도 7143) 18·19 승진

15. 경찰관이 술에 취한 상태에서 자동차를 운전한 것으로 보이는 피고인을 경찰관직무집행법 제4조 제1항에 따른 보호조치 대상자로 보아 경찰관서로 데려온 직후 음주측정을 요구하였는데 피고인이 불응하여 구 도로교통법상 음주측정불응죄로 기소된 사안에서, **위법한 보호조치 상태를 이용하여 음주측정요구가 이루어졌다는 등의 특별한 사정이 없는 한 피고인의 행위는 음주측정불응죄에 해당한다고 보아야 한다.**(대판 2011도4328) 16 2차, 20 경채, 22 경간, 23 1차

16. 음주운전을 하다가 교통사고를 야기한 후 그 형사처벌을 면하기 위하여 **타인의 혈액을 자신의 혈액인 것처럼 교통사고 조사 경찰관에게 제출하여 감정하도록 한 경우, 위계에 의한 공무집행방해죄가 성립한다.** (대판 2003도1609)

17. 음주운전과 관련한 도로교통법위반죄의 범죄수사를 위하여 미성년자인 피의자의 혈액 채취가 필요한 경우에도 피의자에게 의사능력이 있다면 피의자 본인만이 혈액채취에 관한 유효한 동의를 할 수 있고, 피의자에게

의사능력이 없는 경우에도 명문의 규정이 없는 이상 **법정대리인이 피의자를 대리하여 동의할 수는 없다.**(대판 2013도1228) 18 1차, 20 2차, 22 1차

18. 약물운전 위반죄는 이른바 **위태범으로서 약물 등의 영향으로 인하여 '정상적으로 운전하지 못할 우려가 있는 상태'에서 운전을 하면 바로 성립하고, 현실적으로 '정상적으로 운전하지 못할 상태'에 이르러야만 하는 것은 아니다.**(대판 2010도11272) 12 3차, 12 1차, 19 승진

19. 경찰공무원이 운전자의 음주 여부나 주취 정도를 확인하기 위하여 음주측정기에 의한 측정의 사전절차로서 음주감지기에 의한 시험을 요구할 때, 그 시험결과에 따라 음주측정기에 의한 측정이 예정되어 있고 운전자가 그러한 사정을 인식하였음에도 **음주감지기에 의한 시험에 명시적으로 불응한 경우 음주측정거부에 해당한다.**(대판 2017도 12949) 21 경간

20. 오토바이를 운전하여 자신의 집에 도착한 상태에서 단속경찰관으로부터 주취운전에 관한 증거 수집을 위한 음주측정을 위하여 인근 파출소까지 동행하여 줄 것을 요구받고 이를 명백하게 거절하였음에도 **위법하게 체포·감금된 상태에서 이 사건 음주측정요구를 받게 되었으므로, 그와 같은 음주측정요구에 응하지 않았다고 하여 피고인을 음주측정거부에 관한 도로교통법 위반죄로 처벌할 수 없다고 판단한 것은 정당하다.** (대판 2004도8404) 21 경간

21. 음주측정 요구 당시 운전자가 술에 취한 상태에서 자동차를 운전하였다고 인정할 만한 상당한 사유가 있었으며, 음주운전 종료 후 별도의 음주사실이 없었음이 증명된 경우, 경찰관이 음주 및 음주운전 종료로부터 **약 5시간 후** 집에서 자고 있는 피고인을 연행하여 음주측정을 요구한 데에 대하여 피고인이 불응하였다면 도로교통법 상의 **음주측정불응죄가 성립한다.** 23 1차

22. 위드마크 공식을 사용해 운전 당시 혈중알코올농도를 추산하는 경우로서 알코올의 분해소멸에 따른 혈중알코올농도의 감소기(위드마크 제2공식, 하강기)에 운전이 이루어진 것으로 인정되는 경우에는 음주 시작 시점부터 곧바로 생리작용에 의하여 분해소멸이 시작되는 것으로 보아야 한다. 이와 다르게 인정하려면 **과학적 증명 또는 객관적인 반대 증거가 있거나 특별한 사정이 있어야 한다.** (대판 2021도14074) 25 경간(경위공채)

3. 도주 관련판례 ★★ 15 경간

1. 교통사고 야기자가 **피해자를 병원에 후송하기는 하였으나 조사 경찰관에게 사고사실을 부인하고 자신을 목격자라고 하면서 참고인 조사를 받고 귀가한 경우,** 「특정 범죄 가중 처벌 등에 관한 법률」 제5조의3 제1항 소정의 **'도주'에 해당한다**(대판 2002도5748)

2. 동승자가 교통사고 후 운전자와 공모하여 **도주행위에 단순하게 가담하였다는 이유만으로는,** 특정범죄 가중처벌 등에 관한 법률 위반(도주차량)죄의 **공동정범으로 처벌할 수 없다.**(대판 2007도2919) 19 법학, 21 특공대

3. 교통사고발생시의 **구호조치의무 및 신고의무는** (중략) 당해 차량의 운전자에게 그 **사고 발생에 있어서 고의·과실 혹은 유책·위법의 유무에 관계없이 부과된 의무**라고 해석함이 상당할 것이므로, 당해 사고에 있어 귀책사유가 없는 경우에도 위 의무가 없다 할 수 없고, 또 위 의무는 신고의무에만 한정되는 것이 아니므로 **타인에게 신고를 부탁하고 현장을 이탈하였다고 하여 위 의무를 다한 것이라고 말할 수는 없다.**(대판 2000도 1731) 11 · 12 승진

4. 신뢰의 원칙 ★★★

1. 고속도로를 운행하는 자동차 운전자는 고속도로를 무단횡단하는 보행자가 있을 것을 예견하여 운전할 주의의무가 없다.(대판 2000도2671) 14 경간, 15 승진
2. 고속도로를 운전하는 자동차 운전자에게 도로상에 장애물이 나타날 것을 예견하여 제한 속도 이하로 감속 서행할 주의의무가 없다.(대판 81도1808) 11 승진, 15 3차, 12 1차, 15 경간
3. 고속도로를 횡단하려는 피해자를 그 차의 제동거리 밖에서 발견하였다면 피해자가 반대 차선의 교행차량 때문에 도로를 완전히 횡단하지 못하고 그 진행차선 쪽에서 멈추거나 다시 되돌아 나가는 경우를 예견해야 하는 것이다.(대판 80도3305) 12 승진
4. '보행등의 녹색등화의 점멸신호'의 뜻은, 보행자는 횡단을 시작하여서는 아니되고 횡단하고 있는 보행자는 신속하게 횡단을 완료하거나 그 횡단을 중지하고 보도로 되돌아와야 한다는 것인바, 피해자가 보행신호등의 녹색등화가 점멸되고 있는 상태에서 횡단보도를 횡단하기 시작하여 횡단을 완료하기 전에 보행신호등이 적색등화로 변경된 후 차량신호등의 녹색등화에 따라서 직진하던 피고인 운전차량에 충격된 경우에, 피해자는 신호기가 설치된 횡단보도에서 녹색등화의 점멸신호에 위반하여 횡단보도를 통행하고 있었던 것이어서 횡단보도를 통행중인 보행자라고 보기는 어렵다고 할 것이므로, 피고인에게 운전자로서 사고발생방지에 관한 업무상 주의의무위반의 과실이 있음은 별론으로 하고 도로교통법 제24조 제1항 소정의 보행자보호의무를 위반한 잘못이 있다고는 할 수 없다.(대판 2001도2939) 19 법학, 21 특공대
5. 보행신호등의 녹색등화의 점멸신호 전에 횡단을 시작하였는지 여부를 가리지 아니하고 보행신호등의 녹색등화가 점멸하고 있는 동안에 횡단보도를 통행하는 모든 보행자는 도로교통법 제27조 제1항에서 정한 횡단보도에서의 보행자보호의무의 대상이 된다.(대판 2007도9598)
6. 편도 5차선 도로의 1차로를 신호에 따라 진행하던 자동차 운전자에게 도로의 오른쪽에 연결된 소방도로에서 오토바이가 나와 맞은편 쪽으로 가기 위해서 편도 5차선 도로를 대각선 방향으로 가로 질러 진행하는 경우까지 예상하여 진행할 주의의무는 없다. (대판 2006도9216) 14 경간, 19 승진
7. 횡단보도의 신호가 적색인 상태에서 반대차선에 정지 중인 차량 뒤에서 보행자가 건너올 것까지 예상하여 주의의무를 다하여야 한다고 할 수 없다.(대판 92도2077) 14 승진, 15 경간

5. 기타 교통 관련판례 ★★★

1. 신호위반으로 교통사고를 야기한 자가 신호위반의 범칙금을 납부하였더라도, 통고처분을 받게 된 범칙행위와 「교통사고처리 특례법」제3조 제1항 위반죄는 그 행위의 성격 및 내용이나 죄질, 피해법익 등에 현저한 차이가 있어 동일성이 인정되지 않는 별개의 범죄행위라고 보아야 할 것이므로, 업무상과실치상죄로 처벌하는 것이 이중처벌에 해당한다고 볼 수 없다.(대판 2006도4322) 11 · 14 · 19 승진
2. 앞지르기가 금지된 비탈길의 고갯마루 부근에서 앞차가 진로를 양보하였더라도 앞지르기 할 수 없다.(대판 2004도8062) 19 승진, 19 법학, 21 특공대
3. 화물차를 주차한 상태에서 적재된 상자 일부가 떨어지면서 지나가던 피해자에게 상해를 입힌 경우, 교통사고로 볼 수 없다.(대판 2009도2390) 15 · 19 승진, 15 2차

4. 교통사고 피해자가 2주간의 치료를 요하는 경추부 염좌 등의 경미한 상해를 입었다는 사정만으로 사고 당시 피해자를 구호할 필요가 없었다고 단정하기는 곤란하다고 보아, 특정범죄가중처벌 등에 관한 법률 제5조의3 '치상 후 도주죄'의 성립을 인정하였다.(대판 2008도1339) 19 승진

5. **특가법** 제5조의3 소정의 차의 교통으로 인한 업무상과실치사상의 사고를 도로교통법이 정하는 **도로에서의 교통사고의 경우로 제한하여 새겨야 할 아무런 근거가 없다.**(대판 2004도3600) 15 경간, 15 · 18 · 19 승진

6. 교차로에 **교통섬**이 설치되고 그 오른쪽으로 직진 차로에서 분리된 우회전차로가 설치된 경우, 우회전 차로가 아닌 직진 차로를 따라 우회전하는 행위는 **교차로 통행방법을 위반한 것이다.**(대판 2011도9821) 15 2차, 20 경간

7. '운전면허를 받지 아니하고'라는 법률문언의 통상적 의미에 '운전면허를 받았으나 그 후 운전면허의 효력이 정지된 경우'가 당연히 포함된다 할 수 없다.(대판 2011도7725) 20 경간

9. 앞차가 빗길에 미끄러져 비정상적으로 움직일 때는 진로를 예상할 수 없으므로 뒤따라가는 차량의 운전자는 이러한 사태에 대비하여 속도를 줄이고 안전거리를 확보해야 할 주의의무가 있다.(대판 89도777) 20 경간

10. 차에 열쇠를 끼워놓은 채 11세 남짓한 어린이를 조수석에 남겨놓고 차에서 내려온 동안 어린이가 시동을 걸어 차량이 진행하여 사고가 발생한 경우 운전자로서는 열쇠를 빼는 등 사고 예방조치를 취할 주의의무가 있다.(대판 86도1048) 15 승진

11. **교차로 직전의 횡단보도에 따로 차량보조등이 설치되어 있지 아니한 경우**, 교차로 차량신호등이 적색이고 횡단보도 보행등이 녹색인 상태에서 횡단보도를 지나 우회전하다가 사람을 다치게 한 경우 「교통사고처리 특례법」상 특례조항인 **신호위반**에 해당한다.(대판 2009도8222) 14 승진, 15 2차

12. **택시 운전자인 피고인이 교차로에서 적색등화에 우회전하다가 신호에 따라 진행하던 피해자 운전의 승용차를 충격하여 그에게 상해를 입힌 경우**, 이는 교통사고처리 특례법 제3조 제2항 단서 제1호에서 정한 '**신호위반**'으로 인한 사고에 해당하지 아니한다.(대판 2011도3970) 18 승진

13. 교통사고처리특례법 제4조 제1항 본문은 차의 운전자에 대한 공소제기 조건을 정한 것이고, 교통사고처리특례법 제2조 제2호는 '교통사고'란 차의 교통으로 인하여 사람을 사상하거나 물건을 손괴하는 것을 말한다고 규정하고 있는데, 여기서 '**차의 교통**'은 차량을 운전하는 행위 및 그와 동일하게 평가할 수 있을 정도로 밀접하게 관련된 행위를 모두 포함하고 있다.(대법원 2016도 1034) 24 승진

14. '도로교통법 제44조 제1항을 2회 이상 위반한 사람'에 대하여 처벌하는 경우 위반한 사람에 대한 해석은 법원이 관련 증거를 토대로 자유심증에 따라 심리·판단하는 것으로 음주운전 금지규정 위반자의 위반전력 유무와 그 횟수는 공소가 제기된 범죄의 구성요건을 이루는 사실이므로 그 증명책임은 검사에 있고, 음주운전 금지규정을 위반하여 음주운전을 하였던 사실이 인정되는 사람으로 해석해야 하므로 그에 대한 **형의 선고나 유죄의 확정판결 등이 있어야만 하는 것은 아니다.**(대판 2018도11378) 20 2차

15. 황색실선이나 황색점선으로 된 중앙선이 설치된 도로의 어느 구역에서 좌회전이나 유턴이 허용되어 중앙선이 **백색 점선으로 표시되어 있는 경우**, 그 지점에서 안전표지에 따라 좌회전이나 **유턴**을 하기 위하여 중앙선을 넘어 운행하다가 반대편 차로를 운행 하는 차량과 충돌하는 교통사고를 낸 것이 교통사고처리 특례법에서 규정한 **중앙선침범에 해당하지 않는다.**(대판 2016도18941) 21 경간

16. 교차로 진입 직전에 **백색실선**이 설치되어 있으나 교차로에서의 진로변경을 금지하는 내용의 안전표지가

개별적으로 설치되어 있지 않은 경우, 자동차 운전자가 교차로에서 진로변경을 시도하다가 야기한 교통사고가 교통사고처리 특례법 제3조 제2항 단서 제 1호에서 정한 '도로교통법 제5조에 따른 통행금지를 내용으로 하는 **안전표지가 표시 하는 지시를 위반하여 운전한 경우**'에 해당하지 않는다.(대판 2015도3107) 21 경간

17. 모든 차의 운전자는 보행자보다 먼저 횡단보행자용 신호기가 설치되지 않은 횡단보도 에 진입한 경우에도, 보행자의 횡단을 방해하지 않거나 통행에 위험을 초래하지 않을 상황이 아니고서는, 차를 일시정지하는 **등으로 보행자의 통행이 방해되지 않도록 할 의무가 있다.**(대판 2020도8675) 24 승진

18. 횡단보도상의 신호기는 횡단보도를 통행하고자 하는 보행자에 대한 횡단보행자용 신호기이지 차량의 운행용 신호기라고는 풀이되지 아니하므로 **횡단보행자용 신호기의 신호가 보행자통행신호인 녹색으로 되었을 때** 차량운전자가 그 신호를 따라 횡단보도 위를 보행하는 자를 충격하였을 경우에는 교통사고처리특례법 제3조 제2항 단서 제6 호의 보행자 보호의무를 위반한 때에 해당함은 별문제로 하고 이를 같은 조항 단서 제 1호의 신호기의 **신호에 위반하여 운전한 때에 해당한다고는 할 수 없다.**(대판 88도632) 11 승진

19. **부득이한 사정으로 중앙선을 침범하여 교통사고를 야기한 경우 중앙선침범에 해당하지 아니한다.**(대판 90도1918) 11 · 14 승진

20. **화물차 적재함에서 작업하던 피해자가 차에서 내린 것을 확인하지 않은 채 출발**함으로써 피해자가 추락하여 상해를 입게 된 경우, **승객의 추락방지 의무를 위반하여 운전한 경우에 해당하지 않는다.**(대판 99도3716) 12 승진, 21 경간

21. 중앙선이 표시되지 않은 비포장도로에서 서로 마주 보고 진행할 수 있는 여건이라면 마주 오는 차가 도로의 중앙 또는 좌측으로 진행해 올 것까지 예상할 주의의무는 없다. (대판 92도1137) 12 승진

22. 운전자가 음주운전으로 교통사고를 야기한 후, 차에서 내려 피해자(진단 3주)에게 '왜 와서 들이받냐'라는 말을 하고, 교통사고 조사를 위해 경찰서에 가자는 경찰관의 지시 에 순순히 응하여 순찰차에 스스로 탑승하여 경찰서까지 갔을 뿐 아니라 경찰서에서 조사받으면서 사고 당시 상황에 대한 자신의 주장을 정확하게 진술하였다면, 비록 경찰 관이 작성한 주취운전자 정황진술보고서에는 '언행상태'란에 '발음 약간 부정확', '보행 상태'란에 '비틀거림이 없음', '운전자 혈색'란에 '안면 홍조 및 눈 충혈'이라고 기재되어 있다고 하더라도 **음주로 인한 특정범죄 가중처벌 등에 관한 법률 위반(위험운전치사 상)이 아니라 도로교통법 위반(음주운전)으로 처벌해야 한다.**(대판 2017도15519) 22 2차

23. 「도로교통법」 및 관련 법령에는 연습운전면허를 발급받은 사람이 본인에게 귀책사유 (歸責事由)가 없는 경우 등 대통령령으로 정하는 경우를 제외하고, 운전 중 고의 또는 과실로 교통사고를 일으키거나 「도로교통법」이나 동법에 따른 명령 또는 처분을 위반 한 경우에 시·도경찰청장은 연습운전면허를 취소하여야 한다고 규정하고 있으므로, **연 습운전면허를 받은 사람이 운전을 함에 있어 주행연습 외의 목적으로 운전하여서는 아니된다는 준수사항을 지키지 않았다고 하더라도 무면허운전으로 처벌할 수는 없다.**(대 판 2013도15031) 22 2차

24. 「도로교통법」상 **도로가 아닌 곳에서 술에 취한 상태에서의 운전은 음주운전으로는 처벌할 수 있지만 운전면허의 정지 또는 취소처분을 부과할 수는 없다.**(대판 2018두 42771) 22 2차

25. 음주운전 신고를 받고 출동한 경찰관이 만취한 상태로 시동이 걸린 차량 운전석에 앉아있는 피고인을 발견하고 음주측정을 위해 하차를 요구함으로써 도로교통법 제44조 제2항이 정한 음주측정에 관한

직무에 착수하였다고 할 것이고, 피고인이 차량을 운전하지 않았다고 다투자 경찰관이 지구대로 가서 차량 블랙박스를 확인하자고 한 것은 음주측정에 관한 직무 중 '운전' 여부 확인을 위한 임의동행 요구에 해당하고, 피고인이 차량에서 내리자마자 도주한 것을 임의동행 요구에 대한 거부로 보더라도, 경찰관이 음주측정에 관한 직무를 계속하기 위하여 피고인을 추격하여 도주를 제지한 것은 앞서 본 바와 같이 도로교통법상 음주측정에 관한 일련의 직무집행 과정에서 이루어진 행위로써 정당한 직무집행에 해당한다. (대판 2020도7193)

24 승진

CHAPTER 05 정보경찰

제1절 정보의 개관

1. 정보의 분류 ★★

(1) 정리 08·09·11·13·14 승진, 14·15 1차, 08·14·15·19 경간

사용수준(성질)에 따라	전략정보(국가정보), 전술정보(부문정보) ※ 성질에 따라 - 전략, 전술, 방첩정보로 나눠지기도 함
분석형태(기능)에 따라	기본정보, 현용정보, 판단정보
사용목적(대상)에 따라	적극정보, 소극정보(보안정보)
수집활동에 따라	인간정보, 기술정보
(정보)요소에 따라	정치정보, 경제정보, 사회정보, 군사정보, 과학정보, 산업정보
입수형태에 따라	직접정보, 간접정보
정보출처에 따라	공개여부(공개/비밀), 입수단계(근본/부차), 주기성(정기/우연)
내용에 따라	국내정보, 국외정보
경찰업무에 따라	보안범죄외사일반교통정보

(2) 구체적 분류

1) 분석형태(기능)에 따른 분류 18 경채

기본정보	과거의 사실이나 사건들에 대한 모든 정적인 상태를 기술하여 놓은 정보
현용정보	모든 사물이나 상태의 현재의 동적인 상태를 보고하는 정보
판단정보	기본(과거)정보와 현용(현재)정보를 기초로 미래에 있을 어떤 상태에 대해서 추측판단한 정보로 정보생산자의 능력과 재능을 가장 많이 필요로 함 14 승진, 17 경간, 20 승진

2) 사용목적(대상)에 따른 분류 12 승진, 19 법학, 21 경간

적극정보	국가의 경찰기능에 필요한 정보 외의 모든 정보
소극정보 (보안정보)	① 국가의 경찰기능을 위한 정보 ② 국가안전보장을 위태롭게 하는 간첩활동태업 및 전복에 대비할 국가적 취약점의 분석과 판단에 관한 정보 17 경간

3) 사용수준에 따른 분류 07 채용, 11 승진, 19 법학

전략정보 (국가정보)	국가정책과 안전보장에 막대한 영향을 주는 국가수준의 정보
전술정보 (부문정보)	전략정보의 기본적인 방침 하에서 이를 구체적으로 수행하기 위한 세부적이고 부분적인 정보

제 2 절 정보의 순환

1. 정보 요구(1단계) ★★

(1) 정보의 요구방법 09·18 경간, 14·15·17·19 승진

구분	PNIO (국가정보목표우선순위)	EEI (첩보기본요소)	SRI (특별첩보요구)	OIR (기타정보요구)
의의	• 국가의 1년간 기본정보운영지침	• 정부 각 부서에서 맡고 있는 정책 계획을 수행함에 있어 우선적으로 필요로 하는 첩보요소	• 특정지역의 특정 돌발 상황에 대한 사항 • 단기적 해결 위해 • 필요한 범위 내에 • 임시적, 단편적 첩보 요구하는 것	급변하는 정세에 따라 불가피하게 정책수정이 요구될 때
특징	① 전 정보기관활동의 기본방침 ② 국정원작성 ③ 경찰 EEI 작성의 근거지침	① 첩보계획서의 핵심으로 PNIO에 따라 작성 ② 요구형식 : 서면(사전에 반드시 첩보수집계획서 작성 필요) ③ 계속적·반복적 요구되는 첩보 ④ 장기적 문제해결	① 사전에 첩보수집계획서 작성 불요 ② 요구 : 서면 OR 구두 ③ 통상 정보기관(경찰)의 활동은 주로 SRI에 의해 이루어짐	PNIO보다 우선작성됨

2. 첩보(정보X)의 수집(2단계) ★

의의	정보의 순환과정 중 가장 어려운 단계
과정	수집기관이 출처의 개척 → 첩보의 수집 → 첩보의 전달하는 과정

3. 정보의 생산(3단계) ★★

의의	학문적 성격 가장 많이 필요한 단계 11 승진	
과정 08 채용 11 경간	첩보의 선택 → 첩보의 기록 → 평가 → 첩보의 분석 → 첩보의 종합 → 해석	
	선택	각종 수집된 첩보 중 긴급성, 유용성, 신뢰성, 적합성의 기준으로 필요한 것을 걸러내는 과정

기록	즉각 사용하지 않거나 이미 사용된 첩보를 기록, 관리하는 과정
평가	첩보의 출처 및 내용에 관련해서 신뢰성, 사실성, → 즉, 타당성을 판정 과정, 첩보의 적절성, 출처기관의 신뢰성, 내용의 가망성을 확인
분석	상호관련성을 발견하여 → 재평가하는 과정, 평가단계에서 정선된 첩보를 가지고 가설들을 논리적으로 검증
종합	부여된 주제에 대해 하나의 통일체로 결합하는 과정
해석	건전한 결론을 도출하는 정보생산과정

4. 정보의 배포(4단계) ★★ 10 승진, 11 · 19 2차, 19 경간, 20 경채, 24 1차

정보의 배포란 정보를 필요로 하는 개인이나 기관에게 적합한 내용을 적당한 시기에 제공하는 과정을 말하는 것으로, 적합한 형태를 갖추어야 한다.(갖출 필요는 없다X)

정보 배포의 원칙	필요성	① 반드시 알 필요가 있는 사람에게만 정보전달(=차단의 원칙) 11 승진 ② 배포기관은 '누가', '어떤 정보를', '언제', '어떻게' 사용할 것인가를 파악하고 있어야 함
	적시성	① 정보의 사용자가 필요로 하는 적당한 시기에 배포되어야 한다. ② 배포순위 : 중요성, 긴급성에 따라 결정 (먼저 생산한 것을 배포X)
	적당성	사용자의 능력에 맞추어 상황에 맞게 적당한 양을 조절하여 필요한 만큼 전달해야 한다.
	계속성	배보된 정보와 관련된 새로운 정보는 계속 정보수령자에게 배포해 주어야 한다.
	보안성	누설됨으로써 정보가치 상실될 수 있으므로, 적절한 보안대책을 강구해야한다는 원칙

제 3 절 신원조사 ★

제36조(신원조사) ① 국가정보원장은 제3조제2호에 해당하는 사람의 충성심 · 신뢰성 등을 확인하기 위하여 신원조사를 한다. 10 · 12 · 18 승진, 13 2차, 20 경간

③ 관계 기관의 장은 다음 각 호에 해당하는 사람에 대하여 국가정보원장에게 신원조사를 요청해야 한다. 17 승진, 17 · 18 2차

1. 공무원 임용 예정자(국가안전보장에 한정된 국가 기밀을 취급하는 직위에 임용될 예정인 사람으로 한정한다) 17 · 18 2차
2. 비밀취급 인가 예정자 17 2차
4. 국가보안시설 · 보호장비를 관리하는 기관 등의 장(해당 국가보안시설 등의 관리 업무를 수행하는 소속 직원을 포함한다) 17 승진
6. 그 밖에 다른 법령에서 정하는 사람이나 각급기관의 장이 국가안전보장을 위하여 필요하다고 인정하는 사람

제37조(신원조사 결과의 처리) ① 국가정보원장은 신원조사 결과 국가안전보장에 해를 끼칠 정보가 있음이 확인된 사람에 대해서는 관계 기관의 장에게 그 사실을 통보하여야 한다. 13 · 18 2차

② 제1항에 따라 통보를 받은 관계 기관의 장은 신원조사 결과에 따라 필요한 보안대책을 마련하여야 한다. 17·18 승진, 17 2차

제45조(권한의 위탁) ① 국가정보원장은 제36조에 따른 신원조사와 관련한 권한의 일부를 국방부장관과 경찰청장에게 위탁할 수 있다. 14 경간

제 4 절 집회 및 시위에 관한 업무 – 집회 및 시위에 관한 법률 ★★★

1. 목적 및 용어정의

제2조(정의) 이 법에서 사용하는 용어의 뜻은 다음과 같다.
1. "옥외집회"란 천장이 없거나 사방이 폐쇄되지 아니한 장소에서 여는 집회를 말한다. 13·16·25 1차
   [플래시 몹(flash mob)은 집시법 제2조 제1호의 옥외집회에 해당하여 사전신고의 대상이 된다.]
2. "시위"란 여러 사람이 공동의 목적을 가지고 도로, 광장, 공원 등 일반인이 자유로이 통행할 수 있는 장소를 행진하거나 위력 또는 기세를 보여, 불특정한 여러 사람의 의견에 영향을 주거나 제압을 가하는 행위를 말한다. 13 경간, 12 3차, 13·14·16 1차, 19 승진
3. "주최자"란 자기 이름으로 자기 책임 아래 집회나 시위를 여는 사람이나 단체를 말한다. 주최자는 주관자를 따로 두어 집회 또는 시위의 실행을 맡아 관리하도록 위임할 수 있다. 이 경우 주관자는 그 위임의 범위 안에서 주최자로 본다. 11 승진, 09·13 경간, 13·14·15·16·20·25 1차, 17·18 2차, 18 3차, 21 경찰특공대
4. "질서유지인"이란 주최자(관할경찰서장X)가 자신을 보좌하여 집회 또는 시위의 질서를 유지하게 할 목적으로 임명한 자를 말한다. 13·23 2차
5. "질서유지선"이란 관할 경찰서장이나 시·도경찰청장이 적법한 집회 및 시위를 보호하고 질서유지나 원활한 교통 소통을 위하여 집회 또는 시위의 장소나 행진 구간을 일정하게 구획하여 설정한 띠, 방책, 차선 등의 경계 표지를 말한다. 15·17 승진, 16 1차, 16 2차

   질서유지선은 띠, 방책, 차선 등 물건 또는 도로교통법상 안전표지로 설정된 경계표지를 말하므로, 경찰관을 배치하는 방법으로 설정된 질서유지선은 이 법상 질서유지선에 해당하지 아니한다. 25 경위공채(경간)
6. "경찰관서"란 국가(자치X)경찰관서를 말한다. 25 1차

2. 집회 및 시위의 신고 및 처리절차

제6조(옥외집회 및 시위의 신고 등) ① 옥외집회나 시위를 주최하려는 자는 그에 관한 다음 각 호의 사항 모두를 적은 신고서를 옥외집회나 시위를 시작하기 720시간 전부터 48시간 전에 관할 경찰서장에게 제출하여야 한다. 09 채용, 11·16 2차, 09·15·16·23 경간, 18 승진, 23 특공대, 23 경채 다만, 옥외집회 또는 시위 장소가 두 곳 이상의 경찰서의 관할에 속하는 경우에는 관할 시·도경찰청장에게 제출하여야 하고, 두 곳 이상의 시·도경찰청 관할에 속하는 경우에는 주최지를 관할하는 시·도경찰청장(경찰청장X)에게 제출하여야 한다. 11 경간, 12 3차, 13·14·20 1차, 18 3차, 19 승진, 21 경채, 21·23 경찰특공대

② 관할 경찰서장 또는 시·도경찰청장(이하 "**관할경찰관서장**"이라 한다)은 제1항에 따른 신고서를 접수하면 신고자에게 접수 일시를 적은 접수증을 **즉시(24시간 내X)** 내주어야 한다. 11 경찬, 13·17 2차, 19·24 승진

③ 주최자는 제1항에 따라 신고한 옥외집회 또는 시위를 하지 아니하게 된 경우에는 신고서에 적힌 **집회 일시 24시간 전**에 그 철회사유 등을 적은 철회신고서를 관할경찰관서장에게 제출하여야 한다. 10·18·24 승진, 17 2차, 19 경간

④ 제3항에 따라 철회신고서를 받은 관할경찰관서장은 제8조제3항에 따라 금지 통고를 한 집회나 시위가 있는 경우에는 그 금지 통고를 받은 주최자에게 제3항에 따른 사실을 즉시 알려야 한다.

⑤ 제4항에 따라 통지를 받은 주최자는 그 금지 통고된 집회 또는 시위를 최초에 신고한 대로 개최할 수 있다. 다만, 금지 통고 등으로 시기를 놓친 경우에는 일시를 새로 정하여 집회 또는 시위를 시작하기 **24시간 전**에 관할경찰관서장에게 신고서를 제출하고 집회 또는 시위를 개최할 수 있다.

제7조(신고서의 보완 등) ① 관할경찰관서장은 제6조제1항에 따른 신고서의 기재 사항에 미비한 점을 발견하면 **접수증을 교부한 때부터 12시간 이내**에 주최자에게 **24시간을 기한**으로 그 기재 사항을 **보완할 것을 통고할 수 있다.** (**형식적 미비 심사O, 내용 미비 심사X**), 10·11·14·18·19·21·24 승진, 11·13·14·15·19·20 1차, 14·15·23 2차, 13·15·16 경간, 16 지능특채, 21 특공대

② 제1항에 따른 보완 통고는 보완할 사항을 분명히 밝혀 **서면(문자X)**으로 주최자 또는 연락책임자에게 송달하여야 한다. 21·24 승진

제8조(집회 및 시위의 금지 또는 제한 통고) ① 제6조제1항에 따른 신고서를 접수한 관할경찰관서장은 신고된 옥외집회 또는 시위가 다음 각 호의 어느 하나에 해당하는 때에는 **신고서를 접수한 때부터 48시간 이내**에 집회 또는 시위를 금지할 것을 주최자에게 통고할 수 있다. 11·21 승진, 14·15 경간 다만, 집회 또는 시위가 집단적인 폭행, 협박, 손괴, 방화 등으로 공공의 안녕 질서에 **직접적**인 위험을 초래한 경우에는 남은 기간의 해당 집회 또는 시위에 대하여 신고서를 접수한 때부터 **48시간이 지난 경우에도 금지 통고를 할 수 있다.(48시간이 경과한 이후에는 어떠한 경우에도 금지통고 할 수 없다X)** 14 승진, 19 1차

1. 제5조제1항(**절대적 금지사유**), 제10조 본문(헌법불합치결정, 야간옥외집회) 또는 제11조(위헌결정, 밤 12시 이전 야간시위)에 위반된다고 인정될 때
2. 제7조제1항에 따른 신고서 기재 사항을 보완하지 아니한 때 09 경간
3. 제12조(교통소통을 위한 제한)에 따라 금지할 집회 또는 시위라고 인정될 때

② 관할경찰관서장은 집회 또는 시위의 시간과 장소가 중복되는 2개 이상의 신고가 있는 경우 그 목적으로 보아 서로 상반되거나 방해가 된다고 인정되면 각 옥외집회 또는 시위 간에 시간을 나누거나 장소를 **분할**하여 **개최**하도록 **권유**하는 등 각 옥외집회 또는 시위가 서로 방해되지 아니하고 **평화적으로 개최·진행**될 수 있도록 노력하여야 한다.

③ 관할경찰관서장은 제2항에 따른 권유가 받아들여지지 아니하면 뒤에 접수된 옥외집회 또는 시위에 대하여 제1항에 준하여 그 집회 또는 시위의 **금지를 통고할 수 있다.(통고하여야 한다X)** 12 승진, 15 1차, 14 2차, 16 경간

④ 제3항에 따라 뒤에 접수된 옥외집회 또는 시위가 금지 통고된 경우 먼저 신고를 접수하여 옥외집회 또는 시위를 개최할 수 있는 자는 집회 시작 **1시간 전**에 관할경찰관서장에게 집회 개최 사실을 통지하여야 한다.

⑤ 다음 각 호의 어느 하나에 해당하는 경우로서 그 거주자나 관리자가 시설이나 장소의 보호를 요청하는 **경우에는 집회나 시위의 금지 또는 제한을 통고할 수 있다.** 11 경간, 14 승진 이 경우 집회나 시위의 금지 통고에 대하여는 제1항을 준용한다.

1. 제6조제1항의 신고서에 적힌 장소(이하 이 항에서 "신고장소"라 한다)가 다른 사람의 주거지역(상가지역X)이나 이와 유사한 장소로서 집회나 시위로 재산 또는 시설에 심각한 피해가 발생하거나 사생활의 평온을 뚜렷하게 해칠 우려가 있는 경우
2. 신고장소가 「초·중등교육법」(대학교X) 제2조에 따른 **학교**(초,중,고)의 **주변 지역**으로서 집회 또는 시위로 학습권을 뚜렷이 침해할 우려가 있는 경우 11 2차
3. 신고장소가 「군사기지 및 군사시설 보호법」 제2조제2호에 따른 군사시설의 **주변 지역**으로서 집회 또는 시위로 시설이나 군 작전의 수행에 심각한 피해가 발생할 우려가 있는 경우 11 2차, 19 승진

⑥ 집회 또는 시위의 금지 또는 제한 통고는 그 이유를 분명하게 밝혀 서면으로 주최자 또는 연락책임자에게 송달하여야 한다.

제9조(집회 및 시위의 금지 통고에 대한 이의 신청 등) ① 집회 또는 시위의 주최자는 제8조에 따른 금지 통고를 받은 날부터 **10일 이내에** 해당 경찰관서의 바로 위의 **상급경찰관서의 장**(해당경찰관서장X)에게 이의를 신청할 수 있다. 09 채용, 10·11·18 승진, 12 3차, 12·13·14 1차, 14·15·16 2차, 11·14·15·16·20 경간, 16 지능특채

시행령
제8조(이의 신청의 통지 및 답변서 제출) ① 법 제9조제1항에 따른 **이의 신청을 받은 경찰관서장은 즉시**(24시간 이내X) 집회 또는 시위의 금지를 통고한 경찰관서장에게 이의 신청의 취지와 이유(이의 신청시 증거서류나 증거물을 제출한 경우에는 그 요지를 포함한다)를 알리고, 답변서의 제출을 명하여야 한다.

② 제1항에 따른 이의 신청을 받은 경찰관서의 장은 접수 일시를 적은 접수증을 이의 신청인에게 즉시 내주고 **접수한 때부터 24시간 이내에 재결을 하여야 한다.** 11 1차, 11·18 승진 이 경우 접수한 때부터 24시간 이내에 재결서를 발송하지 아니하면 관할경찰관서장의 금지 통고는 소급하여 그 효력을 잃는다. 12 3차, 13·14 1차, 18 승진

③ 이의 신청인은 제2항에 따라 금지 통고가 위법하거나 부당한 것으로 재결되거나 그 효력을 잃게 된 경우 처음 신고한 대로 집회 또는 시위를 개최할 수 있다. 08 경간, 18 승진 다만, 금지 통고 등으로 시기를 놓친 경우에는 일시를 새로 정하여 집회 또는 시위를 시작하기 24시간 전에 관할경찰관서장에게 신고함으로써 집회 또는 시위를 개최할 수 있다. 08 경간, 11 1차, 18 승진

3. 집회 및 시위의 금지와 제한

제3조(집회 및 시위에 대한 방해 금지) ① 누구든지 폭행, 협박, 그 밖의 방법으로 평화적인 집회 또는 시위를 방해하거나 질서를 문란하게 하여서는 아니 된다.

② 누구든지 폭행, 협박, 그 밖의 방법으로 집회 또는 시위의 **주최자나 질서유지인의** 이 법의 규정에 따른 임무 수행을 방해하여서는 아니 된다.

③ 집회 또는 시위의 주최자는 평화적인 집회 또는 시위가 방해받을 염려가 있다고 인정되면 관할 경찰관서에 그 사실을 알려 보호를 요청할 수 있다. 이 경우 관할 경찰관서의 장은 정당한 사유 없이 보호 요청을

거절하여서는 아니 된다. → 정당한 이유 없이 거절한 경우 집시법상 처벌규정은 없다. 13 2차

제22조(벌칙) ① 제3조제1항 또는 제2항을 위반한 자는 3년 이하의 징역 또는 300만원 이하의 벌금에 처한다. 다만, 군인·검사 또는 경찰관이 제3조제1항 또는 제2항을 위반한 경우에는 5년 이하의 징역에 처한다. 16·19 경간, 16 지능특채, 19 1차

제4조(특정인 참가의 배제) 집회 또는 시위의 주최자 및 질서유지인은 특정한 사람이나 단체가 집회나 시위에 참가하는 것을 막을 수 있다. 다만, 언론사의 기자는 출입이 보장되어야 하며, 이 경우 기자는 신분증을 제시하고 기자임을 표시한 완장을 착용하여야 한다. 13·14 1차, 18 2차

제5조(집회 및 시위의 금지) ① 누구든지 다음 각 호의 어느 하나에 해당하는 집회나 시위를 주최하여서는 아니 된다.(절대적 금지)
1. 헌법재판소의 결정에 따라 해산된 정당의 목적을 달성하기 위한 집회 또는 시위 14 경간, 11 2차, 15·19 1차
2. 집단적인 폭행, 협박, 손괴, 방화 등으로 공공의 안녕 질서에 직접적인 위협을 끼칠 것이 명백한 집회 또는 시위

② 누구든지 제1항에 따라 금지된 집회 또는 시위를 할 것을 선전하거나 선동하여서는 아니 된다.

제10조(옥외집회와 시위의 금지 시간) 누구든지 해가 뜨기 전이나 해가 진 후에는 옥외집회 또는 시위를 하여서는 아니 된다. 다만, 집회의 성격상 부득이하여 주최자가 질서유지인을 두고 미리 신고한 경우에는 관할경찰관서장은 질서 유지를 위한 조건을 붙여 해가 뜨기 전이나 해가 진 후에도 옥외집회를 허용할 수 있다.

[헌법 불합치, 2008헌가25, 2009. 9. 24., 집회 및 시위에 관한 법률(2007. 5. 11. 법률 제8424호로 전부개정된 것) 제10조 중 '옥외집회' 부분 및 제23조 제1호 중 '제10조 본문의 옥외집회' 부분은 헌법에 합치되지 아니한다. 위 조항들은 2010. 6. 30.을 시한으로 입법자가 개정할 때까지 계속 적용된다.] 23 경간

[한정위헌, 2010헌가2, 2014. 3. 27. 집회 및 시위에 관한 법률(2007. 5. 11. 법률 제8424호로 개정된 것) 제10조 본문 중 '시위'에 관한 부분 및 제23조 제3호 중 '제10조 본문' 가운데 '시위'에 관한 부분은 각 '해가 진 후부터 같은 날 24시까지의 시위'에 적용하는 한 헌법에 위반된다.]

→ 현재 야간 옥외집회는 허용, 야간시위는 자정부터 일출 전까지는 금지, 일몰 후부터 자 정까지는 가능

제11조(옥외집회와 시위의 금지 장소) 누구든지 다음 각 호의 어느 하나에 해당하는 청사 또는 저택의 **경계 지점**으로부터 100미터 이내의 장소에서는 옥외집회 또는 시위를 하여서는 아니 된다. 14 경간, 21 경채
1. 국회의사당. 다만, 다음 각 목의 어느 하나에 해당하는 경우로서 국회의 기능이나 안녕을 침해할 우려가 없다고 인정되는 때에는 그러하지 아니하다. 26 경간
   가. 국회의 활동을 방해할 우려가 없는 경우
   나. 대규모 집회 또는 시위로 확산될 우려가 없는 경우
2. 각급 법원, 헌법재판소. 다만, 다음 각 목의 어느 하나에 해당하는 경우로서 각급 법원, 헌법재판소의 기능이나 안녕을 침해할 우려가 없다고 인정되는 때에는 그러하지 아니하다.
   가. 법관이나 재판관의 직무상 독립이나 구체적 사건의 재판에 영향을 미칠 우려가 없는 경우
   나. 대규모 집회 또는 시위로 확산될 우려가 없는 경우
3. 대통령 관저(사저X), 국회의장 공관, 대법원장 공관, 헌법재판소장 공관 23 경간

→ 대통령관저와 국회의장 공관은 헌법불합치결정으로 인한 법개정이 이루어지지 않아 현재는 100미터 이내에서도 집회·시위 가능함 26 경간

4. 국무총리 공관. 다만, 다음 각 목의 어느 하나에 해당하는 경우로서 국무총리 공관의 기능이나 안녕을 침해할 우려가 없다고 인정되는 때에는 그러하지 아니하다.
   가. 국무총리를 대상으로 하지 아니하는 경우
   나. 대규모 집회 또는 시위로 확산될 우려가 없는 경우

5. **국내 주재 외국의 외교기관이나 외교사절의 숙소**. 다만, 다음 각 목의 어느 하나에 해당하는 경우로서 외교기관 또는 외교사절 숙소의 기능이나 안녕을 침해할 우려가 없다고 인정되는 때에는 그러하지 아니하다. 23 경간
   가. 해당 외교기관 또는 외교사절의 숙소를 대상으로 하지 아니하는 경우
   나. 대규모 집회 또는 시위로 확산될 우려가 없는 경우
   다. 외교기관의 업무가 없는 휴일에 개최하는 경우

제12조(교통 소통을 위한 제한) ① 관할경찰관서장은 **대통령령으로 정하는 주요 도시의 주요 도로**에서의 집회 또는 시위에 대하여 교통 소통을 위하여 필요하다고 인정하면 이를 **금지하거나 교통질서 유지를 위한 조건을 붙여 제한할 수 있다.**

② 집회 또는 시위의 **주최자가 질서유지인을 두고 도로를 행진하는 경우**에는 제1항에 따른 금지를 할 수 없다. 다만, 해당 도로와 주변 도로의 교통 소통에 장애를 발생시켜 심각한 교통 불편을 줄 우려가 있으면 제1항에 따른 **금지를 할 수 있다.** 11 2차, 14 2차

제13조(질서유지선의 설정) ① 제6조제1항에 따른 신고를 받은 관할경찰관서장은 집회 및 시위의 보호와 공공의 질서 유지를 위하여 필요하다고 인정하면 **최소한**(최대한X)의 범위를 정하여 **질서유지선을 설정할 수 있다.** 15 · 18 · 19 · 23 승진, 17 · 23 · 25 경위공채(경간)

② 제1항에 따라 경찰관서장이 질서유지선을 설정할 때에는 **주최자 또는 연락책임자에게 이를 알려야 한다.** 15 · 18 · 23 승진, 23 특공대

제24조(벌칙) 다음 각 호의 어느 하나에 해당하는 자는 **6개월 이하의 징역 또는 50만원 이하의 벌금 · 구류 또는 과료**에 처한다. 11 · 16 · 17 · 19 경간, 18 승진, 20 1차, 21 경찰특공대
   3. 제13조에 따라 설정한 **질서유지선을 경찰관의 경고에도 불구하고 정당한 사유 없이 상당 시간 침범하거나 손괴 · 은닉 · 이동 또는 제거하거나 그 밖의 방법으로 그 효용을 해친 자** 15 · 23 승진

시행령

제13조(질서유지선의 설정·고지 등) ① 관할 경찰관서장은 집회 및 시위의 보호와 공공의 질서 유지를 위하여 다음 각 호의 어느 하나에 해당하는 경우에는 법 제13조제1항에 따라 **질서유지선을 설정할 수 있다.**(모든 집회에 반드시 설치X) 15 승진
   1. 집회 · 시위의 장소를 한정하거나 집회 · 시위의 **참가자와 일반인을 구분할 필요가 있을 경우**
   2. 집회 · 시위의 **참가자를 일반인이나 차량으로부터 보호할 필요가 있을 경우** 17 경간
   3. **일반인의 통행 또는 교통 소통 등을 위하여 필요할 경우**
   4. 다음 각 목의 어느 하나의 시설 등에 접근하거나 행진하는 것을 금지하거나 제한할 필요가 있을 경우

가. 법 제11조에 따른 집회 또는 시위가 금지되는 장소
나. 통신시설 등 중요시설
다. 위험물시설
라. 그 밖에 안전 유지 또는 보호가 필요한 재산·시설 등
5. 집회·시위의 **행진로를 확보**하거나 이를 위한 **임시횡단보도를 설치**할 필요가 있을 경우
6. 그 밖에 집회·시위의 보호와 공공의 질서 유지를 위하여 필요할 경우
② 법 제13조제2항에 따른 질서유지선의 설정 고지는 **서면**으로 하여야 한다. 17 경간 다만, 집회 또는 시위 장소의 상황에 따라 **질서유지선을 새로 설정하거나 변경**하는 경우에는 집회 또는 시위의 장소에 있는 **경찰공무원**이 **구두**로 알릴 수 있다. 15·18·23 승진, 25 경위공채(경간)

제14조(확성기등 사용의 제한) ① 집회 또는 시위의 주최자는 확성기, 북, 징, 꽹과리 등의 기계·기구(이하 이 조에서 **"확성기 등"**이라 한다)를 사용하여 타인에게 심각한 피해를 주는 소음으로서 대통령령으로 정하는 기준을 위반하는 소음을 발생시켜서는 아니 된다.
② **관할경찰관서장**은 집회 또는 시위의 주최자가 제1항에 따른 기준을 초과하는 소음을 발생시켜 타인에게 피해를 주는 경우에는 그 기준 이하의 소음 유지 또는 확성기등의 사용 중지를 명하거나 확성기 등의 **일시보관** 등 필요한 조치를 **할 수 있다.** 15 승진, 21 2차
→ 확성기 사용중지명령에 불응하거나 확성기 일시보관 등 필요한 조치를 거부·방해하는 경우에는 **6개월** 이하의 징역 또는 **50만 원** 이하의 벌금·구류 또는 과료에 처한다. 15 승진

집회 및 시위에 관한 법률 시행령[별표2] – 확성기등의 소음기준(제14조 관련)
14·15 승진, 15·19 경간, 16·24 2차, 16 지능특채, 18 1차, 21 경채 [단위 : dB(A)]

소음도 구분		대상 지역	시간대		
			주간 (07:00 ~ 해지기 전)	야간 (해진 후 ~ 24:00)	심야 (00:00 ~ 07:00)
대상 소음도	등가소음도 (Leq)	주거지역, 학교, 종합병원	60 이하	50 이하	45 이하
		공공도서관	60 이하	55 이하	
		그 밖의 지역	70 이하	60 이하	
	최고소음도 (Lmax)	주거지역, 학교, 종합병원	80 이하	70 이하	65 이하
		공공도서관	80 이하	75 이하	
		그 밖의 지역	90 이하		

1. 확성기등의 소음은 **관할 경찰서장(현장 경찰공무원)**이 측정한다. (주최자가 임명한 자가 함께 측정X) 24 2차
2. 소음 측정 장소는 피해자가 위치한 건물의 외벽에서 소음원 방향으로 **1 ~ 3.5m** 떨어진 지점으로 하되, 소음도가 높을 것으로 예상되는 지점의 **지면 위 1.2 ~ 1.5m** 높이에서 측정한다. 다만, 주된

건물의 경비 등을 위하여 사용되는 부속 건물, 광장·공원이나 도로상의 영업시설물, 공원의 관리사무소 등은 소음 측정 장소에서 제외한다. → 집회장소가 아닌 피해지역을 기준으로 소음기준치를 적용 12 승진, 21 2차

3. 제2호의 장소에서 확성기등의 대상소음이 있을 때 측정한 소음도를 측정소음도로 하고, 같은 장소에서 확성기등의 대상소음이 없을 때 5분간 측정한 소음도를 배경소음도로 한다. 이 경우 배경소음도가 위 표의 등가소음도 기준보다 큰 경우에는 배경소음도의 소수점 첫째 자리에서 올림한 값을 등가소음도 기준으로 하고, 등가소음도 기준에서 20dB을 더한 값을 최고소음도 기준으로 한다.

4. 측정소음도가 배경소음도보다 10dB 이상 크면 배경소음의 보정 없이 측정소음도를 대상소음도로 하고, 측정소음도가 배경소음도보다 3.0 ~ 9.9dB 차이로 크면 아래 표의 보정치에 따라 측정소음도에서 배경소음을 보정한 소음도를 대상소음도로 하며, 측정소음도가 배경소음도보다 3dB 미만으로 크면 다시 한 번 측정소음도를 측정하고, 다시 측정하여도 3dB 미만으로 크면 확성기등의 소음으로 보지 아니한다.

5. 등가소음도는 10분간(소음 발생 시간이 10분 이내인 경우에는 그 발생 시간 동안을 말한다) 측정한다. 다만, 다음 각 목에 해당하는 대상 지역의 경우에는 등가소음도를 5분간(소음 발생 시간이 5분 이내인 경우에는 그 발생 시간 동안을 말한다) 측정한다. 24 2차

    가. 주거지역, 학교, 종합병원

    나. 공공도서관

6. 최고소음도는 확성기등의 대상소음에 대해 매 측정 시 발생된 소음도 중 가장 높은 소음도를 측정하며, 동일한 집회·시위에서 측정된 최고소음도가 1시간 내에 3회 이상 위 표 및 제3호 후단에 따른 최고소음도 기준을 초과한 경우 소음기준을 위반한 것으로 본다. 다만, 다음 각 목에 해당하는 대상 지역의 경우에는 1시간 내에 2회 이상 위 표 및 제3호 후단에 따른 최고소음도 기준을 초과한 경우 소음기준을 위반한 것으로 본다.

    가. 주거지역, 학교, 종합병원

    나. 공공도서관

7. 다음 각 목에 해당하는 행사(중앙행정기관이 개최하는 행사만 해당한다)의 진행에 영향을 미치는 소음에 대해서는 그 행사의 개최시간에 한정하여 위 표 및 제3호 후단에 따른 주거지역의 소음기준을 적용한다.

    가. 「국경일에 관한 법률」 제2조에 따른 국경일의 행사

    나. 「각종 기념일 등에 관한 규정」 별표에 따른 각종 기념일 중 주관 부처가 국가보훈부인 기념일의 행사

제15조(적용의 배제) 학문, 예술, 체육, 종교, 의식, 친목, 오락, 관혼상제 및 국경행사에 관한 집회에는 제6조부터 제12조까지의 규정을 적용하지 아니한다. (신고대상이 아니다.) 09 경간, 12 1차, 18 2차

제16조(주최자의 준수 사항) ① 집회 또는 시위의 주최자는 집회 또는 시위에 있어서의 질서를 유지하여야 한다.

② 집회 또는 시위의 주최자는 집회 또는 시위의 질서 유지에 관하여 자신을 보좌하도록 18세 이상의 사람을 질서유지인으로 임명할 수 있다. (하여야 X) 12 1차, 13·16·22 경간, 17·18 2차, 18 3차, 21 경채, 23 경찰특공대

③ 집회 또는 시위의 주최자는 제1항에 따른 질서를 유지할 수 없으면 그 집회 또는 시위의 종결을 선언하여야 한다. 18 3차, 22 경간

⑤ 옥내집회의 주최자는 확성기를 설치하는 등 주변에서의 옥외 참가를 유발하는 행위를 하여서는 아니 된다.

제17조(질서유지인의 준수 사항 등) ③ 질서유지인은 참가자 등이 질서유지인임을 쉽게 알아볼 수 있도록 **완장, 모자, 어깨띠, 상의 등을 착용하여야 한다.** 16 지능특채, 22 경간

④ **관할경찰관서장**은 집회 또는 시위의 **주최자와 협의하여 질서유지인의 수를 적절하게 조정할 수 있다.** 22 경간

⑤ 집회나 시위의 주최자는 제4항에 따라 질서유지인의 수를 조정한 경우 집회 또는 시위를 개최하기 전에 조정된 질서유지인의 명단을 관할경찰관서장에게 알려야 한다.

제19조(경찰관의 출입) ① 경찰관은 집회 또는 시위의 주최자에게 알리고 그 집회 또는 시위의 장소에 **정복을 입고 출입할 수 있다. 다만, 옥내집회 장소에 출입하는 것은 직무 집행을 위하여 긴급한 경우에만 할 수 있다.** 08 승진, 13 2차

4. 집회 또는 시위해산

제20조(집회 또는 시위의 해산) ① **관할경찰관서장**은 다음 각 호의 어느 하나에 해당하는 집회 또는 시위에 대하여는 상당한 시간 이내에 **자진 해산할 것을 요청**하고 이에 따르지 아니하면 **해산을 명할 수 있다.** 12·15 승진

1. 절대적 금지사유에 해당하는 집회·시위
   - **헌법재판소의 결정에 따라 해산된 정당의 목적을 달성하기 위한 집회 또는 시위**(제5조제1항 제1호)
   - 집단적인 폭행, 협박, 손괴, 방화 등으로 **공공의 안녕질서에의 직접적 위협을 끼칠 것이 명백한 집회 또는 시위**
2. 자정이후부터 해가 뜨기 전의 시위
3. 옥외집회·시위 금지장소에서의 집회·시위
4. 미신고 옥외집회·시위, 경찰관서장으로부터 금지된 집회·시위
5. 관할경찰관서장의 시설보호요청에 다른 제한이나 교통질서유지 조건을 위반하여 질서유지에 직접적인 위험을 명백하게 초래한 집회·시위
6. 주최자가 질서를 유지할 수 없어 종결 선언된 집회·시위
7. "총포, 폭발물, 도검, 철봉, 곤봉, 돌덩이 등 휴대·사용", "폭행, 협박, 손괴, 방화 등으로 질서문란하게 하는 행위", "신고범위를 뚜렷이 벗어나는 행위", 중 어느 하나의 행위로 질서를 유지할 수 없는 집회·시위

시행령

제17조(집회 또는 시위의 자진 해산의 요청 등) 법 제20조에 따라 집회 또는 시위를 해산시키려는 때에는 **관할 경찰관서장 또는 관할 경찰관서장으로부터 권한을 부여받은 경찰공무원**은 다음 각 호의 순서에 따라야 한다. 12·15·16·17 승진 다만, 법 제20조제1항제1호·제2호 또는 제4호에 해당하는 집회·시위의 경우와 주최자·주관자·연락책임자 및 질서유지인이 집회 또는 시위 장소에 없는 경우에는 **종결 선언의 요청을 생략할 수 있다.** 17 2차

> 순서 : 종결 선언의 요청 → 자진 해산의 요청 → 해산명령 → 직접 해산 23 승진

1. 종결 선언의 요청
주최자에게 집회 또는 시위의 종결 선언을 요청하되, 주최자의 소재를 알 수 없는 경우에는 주관자·연락책임자 또는 질서유지인을 통하여 종결 선언을 요청할 수 있다. 17 승진

2. 자진 해산의 요청
제1호의 종결 선언 요청에 따르지 아니하거나 종결 선언에도 불구하고 집회 또는 시위의 참가자들이 집회 또는 시위를 계속하는 경우에는 **직접 참가자**들에 대하여 자진 해산할 것을 요청한다. 17 2차

3. 해산명령 및 직접 해산
제2호에 따른 자진 해산 요청에 따르지 아니하는 경우에는 **세 번 이상 자진 해산할 것을 명령**하고, 참가자들이 **해산명령에도 불구하고 해산하지 아니하면 직접 해산**시킬 수 있다. 12·15 승진, 17 2차

→ 해산명령을 받았을 때에는 모든 참가자는 지체 없이 퇴거하여야 하며, 퇴거의무를 위반한 경우에는 **6개월** 이하의 징역 또는 **50만원** 이하의 벌금·구류·과료에 처한다.

5. 집시법 관련 판례 ★★★

1. 「집회 및 시위에 관한 법률」제20조 제1항과「집회 및 시위에 관한 법률 시행령」이 해산명령을 할 때 그 사유를 구체적으로 고지하도록 명시적으로 규정하고 있지 아니하므로, **해산명령을 할 때에는 해산 사유가**「집회 및 시위에 관한 법률」제20조 제1항 각 호 중 **어느 사유에 해당하는지에 관하여 구체적으로 고지하여야 한다**. (대판 2011도7193) 21 경간

2. 집회의 자유에 대한 제한은 다른 중요한 법익의 보호를 위하여 반드시 필요한 경우에 한하여 정당화되는 것이며, 특히 **집회의 금지와 해산은 원칙적으로 공공의 안녕질서에 대한 직접적인 위협이 명백하게 존재하는 경우에 한하여 허용**될 수 있다. 집회의 금지와 해산은 집회의 자유를 보다 적게 제한하는 다른 수단, 즉 조건을 붙여 집회를 허용하는 가능성을 모두 소진한 후에 비로소 고려될 수 있는 최종적인 수단이다. (헌재 2003. 10. 30. 2000헌바67 등) 24 승진

3. 집회란 특정 또는 불특정 다수인이 공동의 의견을 형성하여 이를 대외적으로 표명할 목적 아래 일시적으로 일정한 장소에 모이는 것을 말하고, **모이는 장소나 사람의 다과에 제한이 있을 수 없으므로, 2인이 모인 집회도 집시법의 규제 대상**이 된다. (대판 2010도11381) 21 승진

4. 집회 및 시위에관한법률 제2조 제2호의 "시위"는 그 문리와 개정연혁에 비추어 다수인이 공동목적을 가지고 (1) 도로·광장·공원 등 공중이 자유로이 통행할 수 있는 장소를 진행함으로써 불특정다수인의의견에 영향을 주거나 제압을 가하는 행위와 (2) 위력 또는 기세를 보여 불특정다수인의 의견에 영향을 주거나 제압을 가하는 행위를 말한다고 풀이되므로, 위 (2)의 경우에는 "공중이 자유로이 통행할 수 있는 장소"라는 장소적 제한개념은 시위라는 개념의 요소라고 볼 수 없다. (헌재 1994. 4. 28. 91헌바14) 21 승진

5. 장례에 관한 옥외집회 도중 노제를 하면서 망인에 대한 **추모 수준을 넘어서는 내용**의 현수막과 피켓을 들고 행진을 한 것은「집회 및 시위에 관한 법률」상 **'시위'에 해당**한다. (대판 2011도6294) 19 승진, 23 경채

6. 건설업체 노조원들이 '임·단협 성실교섭 촉구 결의대회'를 개최하면서 차도의 통행방법으로 신고하지 아니한 **삼보일배** 행진을 하여 차량의 통행을 방해한 사안에서 (중략) 사회상규에 위배되지 않는 **정당행위에 해당**한다. (대판 2009도840) 20 승진, 23 경채

7. 당초 옥외집회를 개최하겠다고 신고하였지만 신고 내용과 달리 아예 옥외집회는 개최하지 아니한 채 신고한 장소와 인접한 건물 등에서 **옥내집회만을 개최한 경우**에는, 그것이 건조물침입죄 등 다른 범죄를 구성함은 별론으로 하고, 신고한 옥외집회를 개최하는 과정에서 그 신고범위를 일탈한 행위를 한 데 대한 집시법

위반죄로 처벌할 수는 없다.(대판 2010도14545) 19 승진, 23 경채

8. 서울광장을 경찰버스로 둘러싸면서 일반시민들이 통행할 수 있는 통로를 내지 않았다 하더라도 서울광장 인근에서 일부 시민들이 폭력행위를 저질렀다면 대규모의 불법폭력 집회나 시위를 막아 시민들의 생명신체와 재산을 보호한다는 공익 목적에 따른 것으로 불가피한 조치로 보기 어렵다. 이 사건의 **통행제지행위는 과잉금지원칙을 위반하여 청구인들의 일반적 행동자유권을 침해한 것이다.**(2009헌마406) 19 승진

9. 사전 금지 또는 제한된 집회라 하더라도 실제 이루어진 집회가 당초 신고 내용과 달리 타인의 법익이나 공공의 안녕질서에 직접적이고 명백한 위험을 초래하지 않은 경우, 사전에 금지 통고된 집회라는 이유만으로 **해산을 명하고 이에 불응하였다고 처벌할 수는 없다.**(대판 2009도13846) 21 경간

10. 집회의 신고가 경합할 경우 특별한 사정이 없는 한 관할경찰관서장은 집회 및 시위에 관한 법률(이하 '집시법'이라 한다) 제8조 제2항의 규정에 의하여 신고 순서에 따라 뒤에 신고된 집회에 대하여 금지통고를 할 수 있지만, (중략) 먼저 신고된 집회가 다른 집회의 개최를 봉쇄하기 위한 허위 또는 가장 집회신고에 해당함이 객관적으로 분명해 보이는 경우에는, 뒤에 신고된 집회에 다른 집회금지 사유가 있는 경우가 아닌 한, 관할경찰관서장이 단지 먼저 신고가 있었다는 이유만으로 뒤에 신고된 집회에 대하여 집회 자체를 금지하는 통고를 하여서는 아니 되고, 설령 이러한 금지통고에 위반하여 집회를 개최하였다고 하더라도 그러한 행위를 집시법상 금지통고에 위반한 집회개최행위에 해당한다고 보아서는 아니 된다.(대판 2011도13299) 22 2차

11. 질서유지선이 집회 및 시위의 보호와 공공의 질서유지를 위하여 필요하다고 인정되는 최소한의 범위를 정하여 설정되고 「집회 및 시위에 관한 법률 시행령」관련 조항에서 정한 사유에 해당한다면, **집회 또는 시위가 이루어지는 장소** 외곽의 경계지역뿐 아니라 집회 또는 시위의 장소 안에도 **설정할 수 있다.**(대판 2016도21311) 22 2차, 25 경간

12. 경찰관들이 옥외집회 또는 시위 장소에서 줄지어 서는 등의 방법으로 소위 '사실상 질서유지선'의 역할을 수행한다고 하더라도 이를 가리켜 「집회 및 시위에 관한 법률」에서 정한 질서유지선이라고 할 수는 없다. (대판 2016도21311) 22 2차

13. 집회·시위 참가자들이 관할 경찰관서에 신고하지 않고 집회를 개최한 경우, 그 옥외집회 또는 시위로 인하여 타인의 법익이나 공공의 안녕질서에 대한 직접적인 위험이 명백하게 초래되지 않은 상황에서 경찰이 '미신고 집회'라는 사유로 자진 해산 요청을 한 후, '불법적인 행진시도', '불법 도로 점거로 인한 도로교통법 제68조 제3항 제2호 위반'이라는 사유로 3회에 걸쳐 해산명령을 하였더라도 **정당한 해산명령에 해당하지 않는다.**(대판 2016도1869) 22 2차

14. 집회의 자유가 가지는 헌법적 가치와 기능, 집회에 대한 허가금지를 선언한 헌법정신, 신고제도의 취지 등을 종합하여 보면, 신고는 행정관청에 집회에 관한 구체적인 정보를 제공함으로써 공공질서의 유지에 협력하도록 하는 데 의의가 있는 것으로 집회의 허가를 구하는 신청으로 변질되어서는 아니 되므로, **신고를 하지 아니하였다는 이유만으로 옥외집회 또는 시위를 헌법의 보호 범위를 벗어나 개최가 허용되지 않는 집회 내지 시위라고 단정할 수 없다.**(대판 2018다288631) 23 2차

15. (생략) 사전 금지 또는 제한된 집회라 하더라도 실제 이루어진 집회가 당초 신고 내용과 달리 평화롭게 개최되거나 집회 규모를 축소하여 이루어지는 등 타인의 법익 침해나 기타 공공의 안녕질서에 대하여 직접적이

고 명백한 위험을 초래하지 않은 경우에는 이에 대하여 사전 금지 또는 제한을 위반하여 집회를 한 점을 들어 처벌하는 것 이외에 더 나아가 이에 대한 해산을 명하고 이에 불응하였다 하여 처벌할 수는 없다.(대판 2009도13846) 24 승진

16. 「집회 및 시위에 관한 법률」 제10조에서 일률적으로 야간 시위를 금지하는 것은 목적달성을 위해 필요한 정도를 넘는 지나친 제한으로서 침해의 최소성 원칙 및 법익균형성 원칙에 반한다.[전원재판부 2010헌가2, 2014. 3. 27.] 26 경간

CHAPTER 06 안보경찰

참고	간첩망의 형태 ★ 10·12 승진, 14·18 경간, 15 2차, 16·17 1차, 24 특공대	
삼각형	특징	지하당 구축에 흔히 사용하는 형태로, 간첩이 3명 이내의 행동공작원을 포섭하여 직접 지휘하고 공작원 간 횡적 연락을 차단시키는 활동조직
	장점	보안유지가 잘 되고, 일망타진 가능성은 적음
	단점	활동범위가 좁고, 공작원 검거 시 간첩 정체가 쉽게 노출
단일형	특징	대남간첩이 가장 많이 사용하며, 특수한 목적 수행을 위해 대상국가에 머무르고 있는 동안 간첩 상호 간에 종적횡적으로 개별적인 연락을 일체 회피하며, 단독으로 활동하는 점조직 형태
	장점	보안유지 및 신속한 활동이 가능
	단점	활동범위가 좁고, 공작성과가 비교적 낮음
서클형	특징	합법적 신분을 이용하여 침투, 대상국의 정치·사회문제를 이용하여 적국의 이념이나 사상에 동조토록 유도하는 형태
	장점	간첩활동이 자유롭고 대중적 조직과 동원이 가능
	단점	간첩의 정체가 폭로되었을 때 외교적 문제가 야기될 수 있음
피라미드형	특징	간첩이 주공작원 2~3명을 두고 그 밑에 각각 2~3명 행동공작원을 두는 형태
	장점	일시에 많은 공작을 입체적으로 수행할 수 있으며, 활동범위가 넓음
	단점	인원수가 많아 행동의 노출이 쉬워 일망타진 가능성이 높으며, 조직구성에 많은 시간이 소요됨
레포형	특징	피라미드형 조직(삼각형X)에 있어서 간첩과 주공작원 간, 행동공작원 상호 간에 연락원을 두고 종횡으로 연결하는 방식의 간첩망 형태로 현재는 사용되지 않음

제 1 절 국가보안법 ★★

1. 개관

구속기간		조문	죄명	내용
※구속기간연장 → 제3조~제10조 ○ 형사소송법 상 · 경찰:10일 · 검찰:10+10일 ∴ 총 30일 ○ 국가보안법 상 · 경찰10+10 · 검찰10+10+10 ∴ 총 50일	제3조~ 제8조 편의 제공죄 대상 ○	3조	반국가단체구성, 가입, 권유죄	정부를 참칭, 국가변란(형법상 국헌문란이 더 넓은 개념)을 목적, 국내외의 결사(계속 적) 또는 집단(일시적)
		4조	목적수행죄	반국가단체 구성원 또는 지령을 받은 자(주 체제한 ○)
		5조	제1항 자진지원죄	반국가단체 구성원 또는 지령을 받은 자 이 외의 자가(주체제한 ○), 목적수행을 지원
			제2항 금품수수죄	정을 알면서 수수 ○, 의도X, 목적X, 수수가 액X
		6조	잠입, 탈출죄	단순잠입탈출 ○, 의도X 목적X, (특수)잠입, 탈출 (의도○, 목적○)
		7조	찬양고무죄	죄질이 약함, 재범자 특수가중 X(위헌)
		8조	회합통신죄	간첩과 직접만나거나 업무연락(불온목적), 단순한 신년인사X, 안부편지X
	↳	9조	편의제공죄	별도의 정범으로 처벌
		10조	불고지죄	대상범죄 : 반, 목, 자, 유일한 벌금형 규정 (5년 이하 징역 또는 200만원 이하 벌금)
		11조	특수 직무유기죄	공무원만 ○(주체제한 ○)
		12조	제1항 무고날조죄	형사처벌 받게 할 목적
			제2항 직권남용 무고날조죄	수사 · 정보 · 공무원 ○(주체제한 ○)
※ 구속기간연장제외				

○ 국가보안법 제 7조(찬), 제10조(불) = 위헌 ∴ 총 30일
○ 처음부터 연장불가 범죄 국가보안법 제11조 (특), 제12조 제1항(무), 위헌판결 x

2. 국가보안법의 특성 08 경간, 09 채용, 18 경간, 19 승진

고의범	고의범만을 처벌하고, 과실범은 처벌하지 않는다.
미수예비 음모의 확장 08 · 09 승진, 11 1차	미수예비음모를 원칙적으로 처벌하는 것이 원칙이다. 13 경간
	① 미수예비음모 모두 처벌 ○ 반국가단체구성가입죄(가입권유죄는 예비음모처벌X) 24 경간, 목적수행죄, 자진지원죄,

	잠입·탈출죄, 이적단체구성가입죄, 무기류 편의제공죄(단순편의제공죄X)
	② 미수예비음모 모두 처벌 X 15 지능특채 불고지죄, 특수직무유기죄, 무고날조죄
	③ 미수처벌 O, 예비음모처벌 X 그 외 나머지 범죄
편의제공죄	국가보안법에서는 형법과는 달리 범인에게 편의를 제공한 것(잠복·회합 등 장소제공)에 대해 종범이 아니라 별개의 독립된 편의제공죄로 처벌한다. 10·12 승진
범죄의 선동선전 및 권유	형법에서는 범죄의 선전선동은 교사나 방조가 되나, 국가보안법에서는 별도의 정범으로 규정하여 처벌한다. 10·12 승진
불고지에 대한 형사책임	적용대상은 제3조 반국가단체구성등의 죄, 제4조 목적수행, 제5조 자진지원죄이며, 알고도 수사기관에 신고하지 않으면 불고지죄로 처벌한다.(모든 범죄X) 10·12·19 승진, 11 1차, 13 경간, 15 지능특채
자격정지의 병과	유기징역형을 선고 시 그 형의 장기 이하의 자격정지를 병과할 수 있다. 13 2차, 12 3차, 12 경간, 17 승진
재범자의 특수가중 (제13조)	형법의 경우 금고 이상의 형을 받아 그 집행을 종료하거나 면제받은 후 3년 이내에 금고 이상에 해당하는 죄를 범한 누범자는 그 죄에 정한 형의 장기 2배까지 가중한다. 10 승진 국가보안법, 군형법, 기타 형법에 규정된 반국가적 범죄로서 금고 이상의 형을 선고받고 그 형의 집행을 종료하지 아니한 자 또는 그 집행을 종료하거나 집행을 받지 않기로 확정한 후 5년이 경과하지 아니한 자가 다시 국가보안법상의 일정한 범죄를 범한 때에는 그 죄에 대한 법정 최고형을 일률적으로 사형으로 규정하고 있다. 09·13 승진 [제7조 제5항, 제1항의 죄를 범한 때에는 그 죄에 대한 법정형의 최고를 사형으로 한다."부분은 헌법에 위반된다.]
몰수추징 및 압수물의 처분 (제15조)	① 이 법의 죄를 범하고 그 보수를 받은 때에는 이를 몰수한다. 다만, 이를 몰수할 수 없을 때에는 그 가액을 추징한다. 18 승진 ② 검사는 이 법의 죄를 범한 자에 대하여 소추를 하지 아니할 때에는 압수물의 폐기 또는 국고귀속을 명할 수 있다. 09·10·12 승진, 13 2차, 13 특공대
형의 특별감면 (제16조)	이 법의 죄를 범한 후 자수한 때, 이 법의 죄를 범한 자가 이 법의 죄를 범한 타인을 고발하거나 타인이 이 법의 죄를 범하는 것을 방해한 때는 그 형을 감경 또는 면제한다.(필요적 감면) 11·15·17 승진, 12 경간, 13 2차, 14 1차, 15 지능특채
감면사유 11 경간, 14·18·19 승진	필요적 감면	임의적 감면
	불고지죄(본범과 친족관계) 자수고발한 때 방해한 때	단순(기타)편의제공죄(본범과 친족관계) 특수직무유기죄(본범과 친족관계)
참고인의 구인과 유치 (제18조)	검사 또는 사법경찰관으로부터 이 법에 정한 죄의 참고인으로 출석을 요구받은 자가 정당한 이유 없이 2회 이상 출석요구에 불응한 때에는 관할법원판사의 구속영장을 발부받아 구인할 수 있다. 09 채용, 12·14 1차, 12 3차, 09·10·13·15 승진, 12·13·15·22 경간, 15 지능특채

피의자 구속기간의 연장 (제19조) 09 승진, 12 1차	① 지방법원판사는 제3조 내지 제10조의 죄로서 사법경찰관이 검사에게 신청하여 검사의 청구가 있는 경우에 수사를 계속함에 상당한 이유가 있다고 인정한 때에는 형사소송법 제202조의 구속기간의 연장을 1차에 한하여 허가할 수 있다. 09 채용 ② 지방법원판사는 제1항의 죄로서 검사의 청구에 의하여 수사를 계속함에 상당한 이유가 있다고 인정한 때에는 형사소송법 제203조의 구속기간의 연장을 2차에 한하여 허가할 수 있다. ③ 제1항 및 제2항의 기간의 연장은 각 10일 이내로 한다. [단순위헌, 90헌마82, 1992. 4. 14. 국가보안법(1980. 12. 31. 법률제3318호, 개정 1991. 5. 31. 법률제4373호) 제19조중 제7조 및 제10조의 죄에 관한 구속기간 연장부분은 헌법에 위반된다.] → 제7조(찬양고무 등), 제10조(불고지죄)는 위헌판결로 구속기간 연장 불가 09 채용
공소보류 (제20조) (공소유예X) 14 승진, 15 경간	① 검사는 이 법의 죄를 범한 자에 대하여 형법 제51조의 사항을 참작하여 공소제기를 보류할 수 있다. 09 채용, 11·18 승진 ② 제1항에 의하여 공소보류를 받은 자가 공소의 제기 없이 2년을 경과한 때에는 소추할 수 없다. 09 채용, 12·14 1차, 12 3차, 13 승진 ③ 공소보류를 받은 자가 법무부장관이 정한 감시·보도에 관한 규칙에 위반한 때에는 공소보류를 취소할 수 있다. ④ 제3항에 의하여 공소보류가 취소된 경우에는 형사소송법 제208조의 규정에 불구하고 동일한 범죄사실로 재구속할 수 있다.
주체에 제한이 있는 범죄 11 승진, 14 2차, 19 경간	① 목적수행죄 - 반국가단체의 구성원 또는 그 지령을 받은 자(제4조) ② 자진지원죄 - 반국가단체의 구성원 또는 그 지령을 받은 자 이외의 자(제5조 제1항) ③ 허위사실날조유포죄 - 이적단체의 구성원(제7조 제4항) ④ 특수직무유기죄 - 범죄수사 또는 정보의 직무에 종사하는 공무원(제11조) ⑤ 직권남용 무고·날조죄 - 범죄수사 또는 정보의 직무에 종사하는 공무원이나 이를 보조하는 자 또는 이를 지휘하는 자(제12조 2항)
이적지정 18 승진	① 금품수수죄(제5조 제2항) ② 단순잠입탈출죄(제6조 제1항) ③ 찬양고무죄(제7조) ④ 회합통신죄(제8조)

3. 보상과 원호

제21조(상금) ① 이 법의 죄를 범한 자를 수사기관 또는 정보기관에 통보하거나 체포한 자에게는 대통령령이 정하는 바에 따라 상금을 지급한다. 18 1차, 22 경간
② 이 법의 죄를 범한 자를 인지하여 체포한 수사기관 또는 정보기관에 종사하는 자에 대하여도 제1항과 같다.
③ 이 법의 죄를 범한 자를 체포할 때 반항 또는 교전상태 하에서 부득이한 사유로 살해하거나 자살하게 한 경우에는 제1항에 준하여 상금을 지급할 수 있다.

제22조(보로금) ① 제21조의 경우에 압수물이 있는 때에는 상금을 지급하는 경우에 한하여 그 압수물 가액의

2분의 1에 상당하는 범위안에서 보로금을 지급할 수 있다.
② 반국가단체나 그 구성원 또는 그 지령을 받은 자로부터 금품을 취득하여 수사기관 또는 정보기관에 제공한 자에게는 그 가액의 2분의 1에 상당하는 범위안에서 보로금을 지급할 수 있다. 반국가단체의 구성원 또는 그 지령을 받은 자가 제공한 때에도 또한 같다. 13 승진, 18 1차
③ 보로금의 청구 및 지급에 관하여 필요한 사항은 **대통령령**으로 정한다. 18 1차

제24조(국가보안유공자 심사위원회) ① 이 법에 의한 상금과 보로금의 지급 및 제23조에 의한 보상대상자를 심의·결정하기 위하여 **법무부장관 소속** 하에 국가보안유공자 심사위원회를 둔다. 18 1차

제 2 절 보안관찰법 ★★★

1. 보안관찰의 개념

① 보안관찰은 대상자의 자유를 제한하는 **"대인적"** 보안처분의 일종이다.
② 보안관찰처분은 보안처분의 일종으로 본질, 추구하는 목적 및 기능에 있어 형벌과는 다른 독자적 의의를 가진 **사회보호적 처분**이므로 형벌과 병과하여 선고한다고 해서 일사부재리 원칙에 위반하였다고 할 수 없다. 21 경간

제1조(목적) 이 법은 특정범죄를 범한 자에 대하여 **재범의 위험성을 예방**하고 건전한 사회복귀를 촉진하기 위하여 보안관찰처분을 함으로써 국가의 안전과 사회의 안녕을 유지함을 목적으로 한다. 11 2차, 13 경간 → 보안관찰이 필요한 자에 대하여 보안관찰처분심의위원회의 심의의결을 거쳐 **법무부장관**이 행하는 **행정처분**을 말한다.

제2조(보안관찰해당범죄) 이 법에서 "보안관찰해당범죄"라 함은 다음 각 호의 1에 해당하는 죄를 말한다. 09·14 경간, 10·14 2차, 10·11·19 승진

형법	**내란목적살인죄**, 외환유치죄, 여적죄, 모병이적죄, 시설제공이적죄, 시설파괴이적죄, 물건제공이적죄, 간첩죄
군형법	반란죄, 반란목적군용물탈취죄, 군대 및 군용시설제공죄, 군용시설등 파괴죄, 간첩죄, **일반이적죄, 이적목적 반란불보고죄**
국가보안법	목적수행죄, 자진지원죄, 금품수수죄, 잠입탈출죄, 총포탄약무기 등 편의제공죄

제3조(보안관찰처분대상자) 이 법에서 **"보안관찰처분대상자"**라 함은 보안관찰해당범죄 또는 이와 경합된 범죄로 **금고 이상**의 형의 선고를 받고 그 형기합계가 **3년** 이상인 자로서 형의 **전부** 또는 **일부**의 집행을 받은 사실이 있는 자를 말한다. 10 2차, 11·13·26 경간, 11·13·14·19·24 승진, 11·12·14·16 2차, 13·14·15·23 1차, 15 3차, 18 법학

2. 보안관찰해당범죄 - 보안관찰법 제2조(해당하지 않는 것을 암기하세요!) 14·18 승진, 17 1차, 26 경간

법률	해당 O	해당 X
형법	⓷란목적살인죄	⓷란죄 ⓷반이적죄 ⓷시군수계약불이행죄
군형법	⓷반이적죄 ⓷목적 반란불고지죄	⓷순반란불보고죄
국가보안법		⓷국가단체 구성·가입권유죄 ⓷양고무죄 ⓷합통신죄 ⓷고지죄 ⓷수직무유기죄 ⓷고날조죄 ⓷순(기타)편의제공죄

3. 보안관찰처분의 절차 1318 승진

대상자의 신고 → 사안의 인지조사 → 사안의 송치 → 보안관찰처분의 청구(검사) → 심의의결 → 보안관찰결정(법무부장관) → 기간 갱신

> **제4조**(보안관찰처분) ① 제3조에 해당하는 자중 보안관찰해당범죄를 다시 범할 위험성이 있다고 인정할 충분한 이유가 있어 재범의 방지를 위한 관찰이 필요한 자에 대하여는 보안관찰처분을 한다.
> ② 보안관찰처분을 받은 자는 이 법이 정하는 바에 따라 소정의 사항을 **주거지 관할경찰서장**에게 신고하고, 재범방지에 필요한 범위 안에서 그 지시에 따라 보안관찰을 받아야 한다. 13 경간, 15 3차, 23 1차
>
> **제5조**(보안관찰처분의 기간) ① 보안관찰처분의 기간은 **2년**으로 한다. 10·11 2차, 11·19·24 승진, 11·13·16·21·26 경간, 13·14·23 1차, 18·19 법학
> ② **법무부장관**은 검사의 청구가 있는 때에는 **보안관찰처분심의위원회의 의결을 거쳐** 그 기간을 갱신할 수 있다. → 갱신 횟수는 제한이 없다. 10·11 2차, 11·19 승진, 11·13·16·21·26 경간, 13·14 1차, 14 2차, 15 3차, 18·19 법학

> 보안관찰법 시행규칙(법무부령)
> **제33조**(보안관찰처분의 기간갱신) ② 검사는 제1항의 규정에 의한 기간갱신사안을 처리함에 있어서는 **관할경찰서장**으로 하여금 **1개월** 이내의 기간을 정하여 조사하게 할 수 있다. 11 승진

③ 검사는 기간갱신사안의 조사를 종결한 때에는 보안관찰처분의 **기간만료 2월 전까지 법무부장관에게 보안관찰처분 기간갱신을 청구하여야 한다.** 다만, 기간갱신 청구의 필요가 없다고 인정하는 경우에는 그 청구를 하지 아니하는 조치를 할 수 있다. 11·17 승진

제6조(보안관찰처분대상자의 신고) ① **보안관찰처분대상자**는 대통령령이 정하는 바에 따라 그 형의 집행을 받고 있는 교도소, 소년교도소, 구치소, 유치장 또는 군교도소에서 **출소 전에** 거주예정지 기타 대통령령으로 정하는 사항을 교도소등의 장을 경유하여 거주예정지 관할경찰서장에게 신고하고, **출소 후 7일 이내에** 그 거주예정지 관할경찰서장에게 출소사실을 신고하여야 한다. 13·14·24 승진, 13·14 1차, 12·16 2차 제20조제3항에 해당하는 경우에는 법무부장관이 제공하는 거주할 장소를 거주예정지로 신고하여야 한다.

③ **교도소등의 장**은 제3조에 해당하는 자가 생길 때에는 **지체 없이 보안관찰처분심의위원회와 거주예정지를 관할하는 검사 및 경찰서장에게 통고하여야 한다.** 16 2차, 20 경채

제7조(보안관찰처분의 청구) 보안관찰처분 청구는 검사가 행한다. 15 3차, 17 1차, 23 1차

제8조(청구의 방법) ① 제7조의 규정에 의한 보안관찰처분청구는 검사가 **보안관찰처분청구서를 법무부장관에게 제출함으로써** 행한다. 24 승진

③ 검사가 처분청구서를 제출할 때에는 청구의 원인이 되는 사실을 증명할 수 있는 **자료와 의견서를 첨부하여야 한다.** 13 1차

④ 검사는 보안관찰처분청구를 한 때에는 **지체 없이 처분청구서등본(사본X)을 피청구자에게 송달하여야 한다.** 12 3차 이 경우 송달에 관하여는 민사소송법중 송달에 관한 규정을 준용한다. 13 1차

제9조(조사) ① 검사는 제7조의 규정에 의한 보안관찰처분청구를 위하여 필요한 때에는 보안관찰처분대상자, 청구의 원인이 되는 사실과 보안관찰처분을 필요로 하는 자료를 조사할 수 있다.

② **사법경찰관리와 특별사법경찰관리는 검사의 지휘를 받아** 제1항의 규정에 의한 조사를 할 수 있다.

보안관찰법 시행규칙(법무부령) **제14조**(조사의 회피) 검사 또는 사법경찰관리는 용의자 또는 그 관계인과 친족 기타 특별한 관계로 인하여 조사의 공정성을 잃거나 의심을 받을 염려가 있다고 인정되는 사안에 대하여는 **소속관서의 장의 허가를 받아 그 조사를 회피하여야 한다.** 12 승진

제27조(사안송치) ① 사법경찰관리는 조사를 종결한 때에는 **지체 없이 사안을 관할검사장에게 송치하여야 한다.**

② 사법경찰관리는 사안을 송치하는 때에는 **소속관서의 장의 명의로 하여야 한다.**

③ 제2항제4호의 의견서는 사법경찰관이 작성하여야 한다.

제30조(송치 후의 조사 등) ① 사법경찰관리는 사안송치 후 조사를 계속하고자 하는 때에는 미리 주임검사의 지휘를 받아야 한다. 12 승진

제11조(보안관찰처분의 면제) ① 법무부장관은 보안관찰처분대상자중 다음 각 호의 요건을 갖춘 자에 대하여는 **보안관찰처분을 하지 아니하는 결정을 할 수 있다.** 12 2차

1. 준법정신이 확립되어 있을 것
2. 일정한 주거와 생업이 있을 것
3. 대통령령(2인 이상)이 정하는 신원보증이 있을 것

② 법무부장관은 제1항의 요건을 갖춘 **보안관찰처분대상자의 신청**이 있을 때에는 부득이한 사유가 있는 경우를 제외하고는 3월 내에 보안관찰처분면제여부를 결정하여야 한다.

③ 검사는 제1항제1호 및 제2호의 요건을 갖춘 보안관찰처분대상자의 정상을 참작하여 위험성이 없다고 인정되는 때에는 **법무부장관에게 면제결정**을 청구할 수 있다.

④ 면제결정을 받은 자가 그 **면제결정요건에 해당하지 아니하게 된 때**에는 검사의 청구에 의하여 법무부장관은 면제결정을 취소할 수 있다.

제12조(보안관찰처분심의위원회) ① 보안관찰처분에 관한 사안을 심의 · 의결하기 위하여 법무부에 **보안관찰처분심의위원회를 둔다.** 11 2차, 12 승진, 12 2차, 19 경간, 20 경채

② 위원회는 **위원장 1인과 6인의 위원**으로 구성한다. 11 경간, 12 2차, 19 법학, 20 경채

③ 위원장은 **법무부차관**이 되고, 12 2차·3차, 19 경간 위원은 학식과 덕망이 있는 자로 하되, 그 과반수는 변호사의 자격이 있는 자이어야 한다.

④ 위원은 **법무부장관의 제청**으로 **대통령이 임명 또는 위촉**한다. 19 경간

⑤ **위촉된 위원의 임기는 2년**으로 한다. 다만, 공무원인 위원은 그 직을 면한 때에는 위원의 자격을 상실한다.

⑨ 위원회는 다음 각 호의 사안을 심의 · 의결한다. 12 3차, 19 경간

1. 보안관찰처분 또는 그 기각의 결정
2. 면제 또는 그 취소결정
3. 보안관찰처분의 취소 또는 기간의 갱신결정

⑩ 위원회의 회의는 위원장을 포함한 **재적위원 과반수의 출석**으로 개의하고 **출석위원 과반수의 찬성**으로 의결한다. 19 경간, 19 법학

제13조(피청구자의 자료제출등) ① 피청구자는 **처분청구서등본을 송달받은 날부터 7일 이내**에 법무부장관 또는 위원회에 서면으로 자기에게 이익된 사실을 진술하고 자료를 제출할 수 있다.

제14조(결정) ① 보안관찰처분에 관한 결정은 **위원회의 의결을 거쳐 법무부장관이 행한다.** 13 · 16 · 26 경간, 17 1차 경기북부여경, 18 법학, 19 승진

② 법무부장관은 **위원회의 의결과 다른 결정을 할 수 없다.** 다만, 보안관찰처분대상자에 대하여 **위원회의 의결보다 유리한 결정을 하는 때**에는 그러하지 아니하다. 21 경간

제16조(결정의 취소등) ① 검사는 법무부장관에게 보안관찰처분의 취소 또는 기간의 갱신을 청구할 수 있다.

② 법무부장관은 제1항의 규정에 의한 청구를 받은 때에는 **위원회의 의결**을 거쳐 이를 심사 · 결정하여야 한다.

제17조(보안관찰처분의 집행) ① 보안관찰처분의 집행은 **검사가 지휘**한다.

③ **검사**는 피보안관찰자가 도주하거나 **1월 이상 그 소재가 불명**한 때에는 보안관찰처분의 **집행중지결정**을 할 수 있다. 11 경간, 14 2차, 19 법학 그 사유가 소멸된 때에는 **지체 없이 그 결정을 취소**하여야 한다. 12 승진, 14 1차, 12 3차, 16 경간, 17 1차 경기북부여경

→ 집행중지의 요건이 발생하면 관할경찰서장의 신청을 받아 검사가 보안관찰처분의 집행중지를 청구하고 보안관찰처분심의위원회의 의결을 거쳐 법무부장관이 결정한다.(X) 19 법학

보안관찰법 시행령(대통령령) 제23조(보안관찰처분 집행중지결정의 신청등) ① 관할경찰서장은 법 제17조제3항의 규정에 의한 사유가 발생한 때에는 주거지 관할검사에게 주거지 리·통·반의 장의 확인서 기타 피보안관찰자가 도주 또는 소재불명임을 인정할 수 있는 자료를 첨부하여 **보안관찰처분집행중지결정**을 **신청**하여야 한다. 이 경우 주거지 관할검사는 「전자정부법」 제36조제1항에 따른 행정정보의 공동이용을 통하여 피보안관찰자의 주민등록표 등본을 확인하여야 한다.
③ **검사**는 보안관찰처분의 **집행중지결정**을 한 때에는 관할경찰서장에게 보안관찰처분 집행중지결정의 집행지휘를 하고 지체 없이 이를 **법무부장관에게 보고**하여야 한다. 11 경간, 12 승진

제18조(신고사항) ① 보안관찰처분을 받은 자는 보안관찰처분결정고지를 받은 날부터 **7일** 이내에 다음 각호의 사항을 주거지를 관할하는 지구대 또는 파출소의 장(이하 "지구대·파출소장"이라 한다)을 거쳐 **관할경찰서장에게 신고**하여야 한다. 17 2차, 17 경간 제20조제3항에 해당하는 경우에는 법무부장관이 제공하는 거소를 주거지로 신고하여야 한다.
② 피보안관찰자는 보안관찰처분결정고지를 받은 날이 속한 달부터 **매3월**이 되는 달의 말일까지 다음 각호의 사항을 지구대·파출소장을 거쳐 **관할경찰서장**에게 신고하여야 한다. 17 2차, 17 경간, 17 승진
③ 피보안관찰자는 제1항의 신고사항에 변동이 있을 때에는 **7일** 이내에 지구대·파출소장을 거쳐 **관할경찰서장**에게 신고하여야 한다. 17 2차, 17 경간
④ 피보안관찰자가 **주거지를 이전**하거나 **국외여행** 또는 **10일 이상 주거를 이탈**하여 여행하고자 할 때에는 **미리** 거주예정지, 여행예정지 기타 대통령령이 정하는 사항을 지구대·파출소장을 거쳐 **관할경찰서장**에게 신고하여야 한다. 17 2차, 17 경간, 19 승진, 20 경채

제23조(행정소송) 이 법에 의한 법무부장관의 결정을 받은 자가 그 결정에 이의가 있을 때에는 **행정소송법**이 정하는 바에 따라 그 결정이 **집행된 날부터 60일** 이내에 **서울고등법원**에 소를 제기할 수 있다. 10·12 2차, 11·16·21 경간, 19 승진 다만, 제11조의 규정에 의한 면제결정신청에 대한 기각결정을 받은 자가 그 결정에 이의가 있을 때에는 **그 결정이 있는 날부터 60일** 이내에 **서울고등법원**에 소를 제기할 수 있다.

제25조(기간의 계산) ① 보안관찰처분의 기간은 보안관찰처분 결정을 집행하는 날부터 계산한다. 이 경우 **초일은 산입**한다. 20 경채

제 3 절　남북교류협력에 관한 법률 ★

제1조(목적) 이 법은 군사분계선 이남지역과 그 이북지역 간의 **상호 교류와 협력을 촉진**하기 위하여 필요한 사항을 규정함으로써 한반도의 평화와 통일에 이바지하는 것을 목적으로 한다. 11 승진

제2조(정의) 이 법에서 사용하는 용어의 뜻은 다음과 같다.
3. "반출·반입"이란 매매, 교환, 임대차, 사용대차, 증여, 사용 등을 목적으로 하는 남한과 북한 간의 물품등의 이동(단순히 제3국을 거치는 물품등의 이동을 **포함**한다. 이하 같다)을 말한다. 19 2차
4. "협력사업"이란 **남한과 북한의 주민**(법인·단체를 포함한다)이 공동으로 하는 환경, 경제, 학술, 과학기술, 정보통신, 문화, 체육, 관광, 보건의료, 방역, 교통, 농림축산, 해양수산 등에 관한 모든 활동을 말한다.

제3조(다른 법률과의 관계) 남한과 북한의 왕래 · 접촉 · 교역 · 협력사업 및 통신 역무의 제공 등 **남한과 북한 간의 상호 교류와 협력**(이하 "남북교류 · 협력"이라 한다)을 목적으로 하는 행위에 관하여는 이 법률의 목적 범위에서 다른 법률에 우선하여 이 법을 적용한다.

제9조(남북한 방문) ① 남한의 주민이 북한을 방문하거나 북한의 주민이 남한을 방문하려면 **대통령령**으로 정하는 바에 따라 통일부장관의 방문승인을 받아야 하며, 통일부장관이 발급한 증명서(이하 "방문증명서"라 한다)를 소지하여야 한다. 17 승진, 19 2차 → 위반시 3년 이하의 징역 또는 3천만원 이하의 벌금

③ **복수방문증명서의 유효기간은 5년 이내**로 하며, 5년의 범위에서 연장할 수 있다. 17 승진

⑦ 통일부장관은 제1항 및 제6항 단서에 따라 방문승인을 받은 사람이 다음 각 호의 어느 하나에 해당하는 경우에는 그 승인을 취소할 수 있다. 다만 제1호의 경우에는 그 승인을 취소하여야 한다.
1. 거짓이나 그 밖의 부정한 방법으로 방문승인을 받은 경우
2. 제4항에 따른 조건을 위반한 경우
3. 남북교류 · 협력을 해칠 명백한 우려가 있는 경우
4. 국가안전보장, 질서유지 또는 공공복리를 해칠 명백한 우려가 있는 경우

⑧ 다음 각 호의 어느 하나에 해당하는 사람(이하 "재외국민"이라 한다)이 외국에서 북한을 왕래할 때에는 통일부장관이나 재외공관의 장에게 신고하여야 한다. 17 · 19 승진 다만, 외국을 거치지 아니하고 남한과 북한을 **직접 왕래**할 때에는 제1항에 따라 발급된 **방문증명서를 소지**하여야 한다.
1. 외국정부로부터 영주권을 취득하였거나 이에 준하는 장기체류허가를 받은 사람
2. 외국에 소재하는 외국법인 등에 취업하여 업무수행의 목적으로 북한을 방문하는 사람

제9조의2(남북한 주민 접촉) ① 남한의 주민이 북한의 주민과 회합 · 통신, 그 밖의 방법으로 접촉하려면 통일부장관에게 미리 신고하여야 한다. 14 승진 다만, 대통령령으로 정하는 부득이한 사유에 해당하는 경우에는 **접촉한 후에 신고**할 수 있다. 17 승진, 19 2차

> **시행령(대통령령) 제16조(접촉신고)** ① 법 제9조의2제1항 본문에 따라 미리 신고하려는 남한의 주민은 접촉 7일 전까지 북한주민접촉 신고서에 다음 각 호의 서류를 첨부하여 통일부장관에게 제출하여야 한다.

제10조(외국 거주 동포의 출입 보장) 외국 국적을 보유하지 아니하고 대한민국의 여권을 소지하지 아니한 외국 거주 동포가 남한을 왕래하려면 「여권법」 제14조제1항에 따른 **여행증명서를 소지**하여야 한다.

제12조(남북한 거래의 원칙) 남한과 북한 간의 거래는 국가 간의 거래가 아닌 **민족내부의 거래로 본다.** 19 2차

제13조(반출 · 반입의 승인) ① 물품등을 반출하거나 반입하려는 자는 대통령령으로 정하는 바에 따라 그 물품등의 품목, 거래형태 및 대금결제 방법 등에 관하여 **통일부장관의 승인을 받아야 한다.**

제17조(협력사업의 승인 등) ① 협력사업을 하려는 자는 협력사업마다 다음 각 호의 요건을 모두 갖추어 **통일부장관의 승인을 받아야 한다.**(사전신고X) 14 승진 승인을 받은 협력사업의 내용을 변경할 때에도 또한 같다.
1. 협력사업의 내용이 실현 가능하고 구체적일 것 14 승진
2. 협력사업으로 인하여 남한과 북한 간에 분쟁을 일으킬 사유가 없을 것
3. 이미 시행되고 있는 협력사업과 심각한 경쟁을 하게 될 가능성이 없을 것
4. 협력사업을 하려는 분야의 사업실적이 있거나 협력사업을 추진할 만한 자본 · 기술 · 경험 등을 갖추고 있을 것 14 승진

5. 국가안전보장, 질서유지 또는 공공복리를 해칠 명백한 우려가 없을 것 14 승진

제29조(형의 감경 등) 제27조제1항 또는 제27조제2항제2호 및 제3호의 죄(남북교류협력에 관한 법률상 죄)를 범한 자가 자수하면 그 형을 감경하거나 면제할 수 있다. 11 승진

제 4 절 북한이탈주민의 보호 및 정착지원에 관한 법률 ★★★

제2조(정의) 이 법에서 사용하는 용어의 뜻은 다음과 같다.
1. "**북한이탈주민**"이란 군사분계선 이북지역(이하 "북한"이라 한다)에 주소, 직계가족, 배우자, 직장 등을 두고 있는 사람으로서 **북을 벗어난 후 외국 국적을 취득하지 아니한(취득한X) 사람**을 말한다. 15·18·19·21·24 승진, 19 1차, 20·21 경간, 20·25 2차
2. "**보호대상자**"란(관리대상자X) 이 법에 따라 **보호** 및 지원을 받는 북한이탈주민을 말한다. 18 경간, 24 승진
3. "**정착지원시설**"이란 보호대상자의 보호 및 **정착지원**을 위하여 제10조제1항에 따라 설치·운영하는 시설을 말한다.
4. "**보호금품**"(구호물품X)이란 이 법에 따라 **보호**대상자에게 **지급하거나 빌려주는** 금전 또는 물품을 말한다. 18 경간, 19·21 승진

제4조(기본원칙) ① 대한민국은 보호대상자를 **인도주의(상호주의X)**에 입각하여 특별히 보호한다. 15 1차, 21 경간
② 대한민국은 외국에 체류하고 있는 북한이탈주민의 보호 및 지원 등을 위하여 **외교적 노력을 다하여야 한다.** 15 1차
③ 보호대상자는 대한민국의 자유 민주적 법질서에 적응하여 건강하고 문화적인 생활을 할 수 있도록 노력하여야 한다. 15 1차
④ **통일부장관**은 북한이탈주민에 대한 보호 및 지원 등을 위하여 북한이탈주민의 실태를 파악하고, 그 **결과를 정책에 반영하여야 한다.** 15 1차, 18 경간

제4조의2(국가 및 지방자치단체의 책무) ① **국가 및 지방자치단체**는 보호대상자의 성공적인 정착을 위하여 보호대상자의 보호·교육·취업·주거·의료 및 생활보호 등의 지원을 지속적으로 추진하고 이에 필요한 재원을 안정적으로 확보하기 위하여 노력하여야 한다. 21 경간

제4조의3(기본계획 및 시행계획) ① **통일부장관(경찰청장X)**은 제6조에 따른 북한이탈주민 보호 및 정착지원협의회의 심의를 거쳐 보호대상자의 보호 및 정착지원에 관한 기본계획(이하 "기본계획"이라 한다)을 **3년**마다 수립·시행하여야 한다.
③ 통일부장관은 관계 중앙행정기관의 장 및 지방자치단체의 장과 협의하여 기본계획에 따른 **연도별 시행계획**(이하 "시행계획"이라 한다)을 **수립·시행하여야 한다.**

제5조(보호기준 등) ① 보호대상자에 대한 보호 및 지원 기준은 나이, 성별, 세대 구성, 학력, 경력, 자활 능력, 건강 상태 및 재산 등을 고려하여 합리적으로 정하여야 한다.
② 이 법에 따른 보호 및 정착지원은 **원칙적으로 개인**을 단위로 하되, 필요하다고 인정하는 경우에는 대통령령으로 정하는 바에 따라 **세대를 단위로 할 수 있다.** 20 2차

③ 보호대상자를 **정착지원시설**에서 보호하는 기간은 1년 **이내**로 하고, **거주지**에서 보호하는 기간은 5년으로 한다. 20 2차 다만, 특별한 사유가 있는 경우에는 제6조에 따른 북한이탈주민 보호 및 정착지원협의회의 심의를 거쳐 그 기간을 단축하거나 연장할 수 있다.

제6조(북한이탈주민 보호 및 정착지원협의회) ① 북한이탈주민에 관한 정책을 협의·조정하고 보호대상자의 보호 및 정착지원에 관한 다음 각 호의 사항을 심의하기 위하여 통일부에 **북한이탈주민 보호 및 정착지원협의회**(이하 "협의회"라 한다)를 **둔다.** (다음 각 호 사항 생략)

② 협의회는 **위원장 1명을 포함한** 40명 **이내**의 위원으로 구성한다. 이 경우 특별시·광역시·특별자치시·도·특별자치도 소속 공무원을 포함한다.

③ 위원장은 통일부차관이 되며, 협의회의 업무를 총괄한다.

제7조(보호신청 등) ① 북한이탈주민으로서 이 법에 따른 보호를 받으려는 사람은 재외공관이나 그 밖의 행정기관의 장(각급 군부대의 장을 포함한다. 이하 "재외공관장등"이라 한다)에게 보호를 직접 신청하여야 한다. 12 승진, 19 1차, 21 2차 다만, 보호를 직접 신청하지 아니할 수 있는 대통령령으로 정하는 사유가 있는 경우에는 그러하지 아니하다. 09 채용, 18 2차

② 제1항 본문에 따른 보호신청을 받은 **재외공관장등은 지체 없이** 그 사실을 소속 중앙행정기관의 장을 **거쳐 통일부장관과 국가정보원장에게 통보하여야 한다.** 12 승진, 21 2차

③ 외교부장관은 제1항에 따라 외국에서 재외공관의 장에게 보호를 신청한 북한이탈주민에 대하여 대통령령으로 정하는 바에 따라 **국내 입국에 필요한 지원**을 할 수 있다.

④ 제2항에 따라 통보를 받은 국가정보원장은 보호신청자에 대하여 보호결정 등을 위하여 필요한 조사 및 일시적인 신변안전조치 등 임시보호조치를 한 후 지체 없이 그 결과를 통일부장관에게 통보하여야 한다. 21 2차

⑤ 국가정보원장은 제4항에 따른 조사 및 임시보호조치를 하기 위한 시설(이하 "임시보호시설"이라 한다)을 **설치·운영하여야 한다.**

제8조(보호 결정 등) ① **통일부장관은** 제7조제4항에 따른 통보를 받으면 협의회의 심의를 거쳐 **보호 여부를 결정한다.** 09 채용 다만, **국가안전보장에 현저한 영향을 줄 우려가 있는 사람에 대하여는** 국가정보원장이 그 보호 **여부를 결정하고,** 그 결과를 지체 없이 통일부장관과 보호신청자에게 통보하거나 알려야 한다. 12 승진, 15·20 경간, 19 1차, 25 2차

제9조(보호 결정의 기준) ① 제8조제1항 본문에 따라 보호 여부를 결정할 때 다음 각 호의 어느 하나에 해당하는 사람은 **보호대상자로** 결정하지 아니할 수 있다. 12·14·18·19·21 승진, 15·18·19·20 경간, 18·20·21·25 2차

1. **항공기 납치, 마약거래, 테러, 집단살해 등 국제형사범죄자**
2. **살인 등 중대한** 비정치적(정치적X) **범죄자**
3. **위장탈출 혐의자**
5. **국내 입국 후** 3년이 지나서 **보호신청한 사람**
6. 그 밖에 국가안전보장·질서유지·공공복리에 대한 중대한 위해 발생 우려, 보호신청자의 경제적 능력 및 해외체류 여건 등을 고려하여 보호대상자로 정하는 것이 부적당하거나 보호 필요성이 현저히 부족하다고 대통령령으로 정하는 사람

제10조(정착지원시설의 설치) ① **통일부장관**은 보호대상자에 대한 보호 및 정착지원을 위하여 **정착지원시설을 설치·운영한다.** 다만, 제8조제1항 단서에 따라 국가정보원장이 보호하기로 결정한 사람을 위하여는 **국가정보원장이 별도**의 정착지원시설을 설치·운영할 수 있다.

제11조의2(무연고청소년 보호) ① 통일부장관은 무연고청소년(보호대상자로서 직계존속을 동반하지 아니한 **만 24세 이하**의 무연고 아동·청소년을 말한다. 이하 이 조에서 같다)의 보호를 위하여 무연고청소년의 보호자(법인이 보호하는 경우 법인의 대표자를 말한다. 이하 이 조에서 "보호자"라 한다)를 선정할 수 있다.

제13조(학력 인정) 보호대상자는 대통령령으로 정하는 바에 따라 북한이나 외국에서 이수한 학교 교육의 과정에 상응하는 **학력을 인정받을 수 있다.** 15 경간

제14조(자격 인정) ① 보호대상자는 관계 법령에서 정하는 바에 따라 북한이나 외국에서 취득한 자격에 상응하는 **자격 또는 그 자격의 일부를 인정받을 수 있다.** 11·15 승진

제16조(직업훈련) ① 통일부장관은 직업훈련을 희망하는 보호대상자 또는 보호대상자이었던 사람(이하 "보호대상자 등"이라 한다)에 대하여 **직업훈련을 실시**할 수 있다. 15 승진
⑤ 제1항에 따른 직업훈련의 실시기간은 대상자의 직무능력 등을 고려하여 **3개월** 이상이 되도록 노력하여야 한다.

제17조(취업보호 등) ① **통일부장관**은 보호대상자가 정착지원시설로부터 그의 거주지로 전입한 후 대통령령으로 정하는 바에 따라 **최초로 취업한 날부터 3년간 취업보호를 실시한다.** 다만, 사회적 취약계층, 장기근속자 등 취업보호 기간을 연장할 필요가 있는 경우로서 대통령령으로 정하는 사유에 해당하는 경우에는 **1년의 범위에서 취업보호 기간을 연장할 수 있다.**

제18조(특별임용) ① 북한에서의 자격이나 경력이 있는 사람 등 북한이탈주민으로서 공무원으로 채용하는 것이 필요하다고 인정되는 사람에 대하여는 「국가공무원법」 제28조제2항 및 「지방공무원법」 제27조제2항에도 불구하고 북한을 벗어나기 전의 자격·경력 등을 고려하여 **국가공무원 또는 지방공무원으로 특별임용**할 수 있다.
② 북한의 군인이었던 보호대상자가 국군에 편입되기를 희망하면 북한을 벗어나기 전의 계급, 직책 및 경력 등을 고려하여 **국군으로 특별임용**할 수 있다. 11·15·19 승진, 18 2차

제20조(주거지원 등) ① 통일부장관은 보호대상자에게 대통령령으로 정하는 바에 따라 **주거지원**을 할 수 있다. 09 채용

제21조(정착금 등의 지급) ① 통일부장관은 보호대상자의 정착 여건 및 생계유지 능력 등을 고려하여 정착금이나 그에 상응하는 가액의 물품(이하 "**정착금품**"이라 한다)을 지급할 수 있다. 이 경우 정착금품의 2분의 1을 초과하지 아니하는 범위에서 감액할 수 있다. 09 채용

제22조(거주지 보호) ① 통일부장관은 보호대상자가 정착지원시설로부터 그의 거주지로 전입한 후 정착하여 스스로 생활하는 데 장애가 되는 사항을 해결하거나 그 밖에 자립·정착에 **필요한 보호를** 할 수 있다. 24 승진

제22조의2(거주지에서의 신변보호) ① **통일부장관**은 제22조에 따라 보호대상자가 거주지로 전입한 후 그의 신변안전을 위하여 **국방부장관**이나 **경찰청장**에게 협조를 요청할 수 있으며, 협조요청을 받은 국방부장관이나 경찰청장은 이에 협조한다. 19·24 승진, 19 1차, 20·21 경간, 25 2차

② 제1항에 따른 **신변보호**에 필요한 사항은 통일부장관이 국방부장관, 국가정보원장 및 경찰청장과 협의하여 정한다. 이 경우 해외여행에 따른 신변보호에 관한 사항은 외교부장관과 법무부장관의 의견을 들을 수 있다.

③ 제1항에 따른 **신변보호기간은 5년**으로 한다. 다만, 통일부장관은 보호대상자의 의사, 신변보호의 지속 필요성 등을 고려하여 협의회 심의를 거쳐 그 기간을 연장할 수 있다.

제27조(보호의 변경) ① 통일부장관은 보호대상자가 다음 각 호의 어느 하나에 해당하는 경우에는 협의회의 심의를 거쳐 **보호 및 정착지원을 중지하거나 종료할 수 있다.**

1. **1년 이상**의 징역 또는 금고의 형을 선고받고 그 형이 확정된 경우
2. 고의로 국가이익에 반하는 거짓 정보를 제공한 경우
3. 사망선고나 실종선고를 받은 경우
4. 북한으로 되돌아가려고 기도(企圖)한 경우
5. 이 법 또는 이 법에 따른 명령을 위반한 경우
6. 그 밖에 대통령령으로 정하는 사유에 해당한 경우

CHAPTER 07 외사경찰

제1절 외사경찰 일반

1. 다문화사회의 접근유형 ★ 12·14·19 승진, 16 경간, 19 법학, 20 1차

자유주의적 다문화주의	– 동화주의(assimilationism) – 차별을 금지하고 사회참여를 위해 **기회평등**을 보장 – 사회통합차원 : 국민국가 내부의 문화적 다양성을 허용(소수 인종 집단 고유의 문화와 가치 인정)
급진적 다문화주의	– '차이에 대한 권리'로 해석, **소수자의 문화적 권리**와 결부시켜 이해 – 주류 사회의 양식을 부정(**독자적인 방식추구**), – 대표사례 : 미국 – 흑인과 원주민에 의한 '격리주의 운동'
조합주의적 다문화주의	– **다원주의** : 자유주의적 다문화주의와 급진적 다문화주의의 **절충적 형태** – **결과에 있어서의 평등 보장**이라는 측면에서 접근 – 소수집단의 사회참가를 촉진하기 위해 적극적인 **재정적·법적 원조**

> **참고** 범죄수사규칙 – 외국인 관련 범죄에 관한 특칙 23 승진
>
> **제217조(통역인의 참여)** ① 경찰관은 외국인인 피의자 및 그 밖의 관계자가 한국어에 능통하지 않는 경우에는 통역인으로 하여금 통역하게 하여 한국어로 피의자신문조서나 진술조서를 작성하여야 하며 특히 필요한 때에는 **외국어(한국어X)**의 진술서를 작성하게 하거나 **외국어(한국어X)**의 진술서를 제출하게 하여야 한다.
>
> **제218조(번역문의 첨부)** 경찰관은 다음 각 호의 경우 **번역문을 첨부**하여야 한다.
> 1. 외국인에 대하여 **구속영장 그 밖의 영장을 집행**하는 경우
> 2. 외국인으로부터 **압수한 물건에 관하여 압수목록교부서를 교부**하는 경우
>
> **제208조(외국인 등 관련범죄 수사의 착수)** 경찰관은 외국인 등 관련 범죄 중 중요한 범죄에 관하여는 미리 **국가수사본부장**에게 보고하여 그 지시를 받아 수사에 착수하여야 한다. 다만, 급속을 요하는 경우에는 필요한 처분을 한 후 신속히 **국가수사본부장**의 지시를 받아야 한다.
>
> **제209조(대·공사 등에 관한 특칙)** ① 경찰관은 외국인 등 관련범죄를 수사함에 있어서는 다음 각 호의 어느 하나에 해당하는 사람의 외교 특권을 침해하는 일이 없도록 주의하여야 한다.
> 1. 외교관 또는 외교관의 가족

2. 그 밖의 외교의 특권을 가진 사람

② 경찰관은 제1항에 규정된 사람의 사용인을 체포하거나 조사할 필요가 있다고 인정될 때에는 현행범인의 체포 그 밖의 긴급 부득이한 경우를 제외하고는 미리 국가수사본부장에게 보고하여 그 지시를 받아야 한다.

③ 경찰관은 피의자가 **외교 특권을 가진 사람**인지 여부가 의심스러운 경우에는 신속히 국가수사본부장에게 보고하여 그 지시를 받아야 한다.

참고 범죄수사규칙(경찰청 훈령)

제211조(외국군함에의 출입) ① 경찰관은 외국군함에 관하여는 **해당 군함의 함장의 청구가 있는 경우 외에는 이에 출입해서는 아니 된다.** 24 승진

② 경찰관은 중대한 범죄를 범한 사람이 도주하여 대한민국의 영해에 있는 **외국군함으로 들어갔을 때에는 신속히 국가수사본부장에게 보고하여 그 지시를 받아야 한다.** 다만, 급속을 요할 때에는 해당 군함의 함장에게 범죄자의 임의의 인도를 요구할 수 있다.

제212조(외국군함의 승무원에 대한 특칙) 경찰관은 외국군함에 속하는 군인이나 군속이 그 군함을 떠나 대한민국의 영해 또는 영토 내에서 죄를 범한 경우에는 **신속히 국가수사본부장에게 보고하여 그 지시를 받아야 한다.** 다만, 현행범 그 밖의 급속을 요하는 때에는 체포 그 밖의 수사상 필요한 조치를 한 후 신속히 국가수사본부장에게 보고하여 그 지시를 받아야 한다. 23 2차

제213조(영사 등에 관한 특칙) ① 경찰관은 임명국의 국적을 가진 대한민국 주재의 총영사, 영사 또는 부영사에 대한 사건에 관하여 구속 또는 조사할 필요가 있다고 인정될 때에는 **미리 국가수사본부장에게 보고하여 그 지시를 받아야 한다.**

② 경찰관은 총영사, 영사 또는 부영사의 사무소는 해당 영사의 **청구나 동의가 있는 경우 외에는 이에 출입해서는 아니 된다.** 24 승진

③ 경찰관은 총영사, 영사 또는 부영사의 사택이나 명예영사의 사무소 혹은 사택에서 수사할 필요가 있다고 인정될 때에는 **미리 국가수사본부장에게 보고하여 그 지시를 받아야 한다.**

④ 경찰관은 총영사, 영사 또는 부영사나 명예영사의 **사무소 안에 있는 기록문서에 관하여는 이를 열람하거나 압수하여서는 아니 된다.**

제214조(외국 선박 내의 범죄) 경찰관은 대한민국의 영해에 있는 외국 선박내에서 발생한 범죄로서 다음 각호의 어느 하나에 해당하는 경우에는 수사를 하여야 한다. 23 2차
1. 대한민국 육상이나 항내의 안전을 해할 때
2. **승무원 이외의 사람**이나 **대한민국의 국민에 관계가 있을 때**
3. **중대한 범죄**가 행하여졌을 때

참고 경찰수사규칙(행정안전부령)

제91조(외국인에 대한 조사) ① 사법경찰관리는 외국인을 조사하는 경우에는 조사를 받는 외국인이 이해할 수 있는 언어로 통역해 주어야 한다. 23 2차

② 사법경찰관리는 **외국인을 체포·구속하는 경우** 국내 법령을 위반하지 않는 범위에서 **영사관원과 자유롭게 접견·교통할 수 있고**, 체포·구속된 사실을 **영사기관에 통보해 줄 것을 요청할 수 있다**는 사실을 알려야 한다. 24 승진

③ 사법경찰관리는 체포·구속된 외국인이 제2항에 따른 통보를 **요청**하는 경우에는 별지 제93호서식의 영사기관 체포·구속 통보서를 작성하여 **지체 없이** 해당 영사기관에 체포·구속 사실을 **통보해야** 한다.

④ 사법경찰관리는 외국인 변사사건이 발생한 경우에는 제94호서식의 영사기관 사망 통보서를 작성하여 지체 없이 **해당 영사기관(검사X)**에 통보해야 한다. 24 승진

제92조(한미행정협정사건의 통보) ① 사법경찰관은 주한 미합중국 군대의 구성원·외국인군무원 및 그 가족이나 초청계약자의 범죄 관련 사건을 인지하거나 고소·고발 등을 수리한 때에는 **7일 이내**에 별지 제95호서식의 한미행정협정사건 통보서를 **검사(미군당국X)**에게 통보해야 한다.

② 사법경찰관은 주한 미합중국 군당국으로부터 공무증명서를 제출받은 경우 지체 없이 공무증명서의 사본을 검사에게 송부해야 한다.

③ 사법경찰관은 검사로부터 주한 미합중국 군당국의 재판권포기 요청 사실을 통보받은 날부터 **14일 이내**에 **검사에게 사건을 송치 또는 송부해야 한다.** 다만, 검사의 동의를 받아 그 기간을 연장할 수 있다.

제 2 절 외사경찰의 대상

1. 국적의 취득 - 국적법 ★

제5조(일반귀화 요건) 외국인이 귀화허가를 받기 위해서는 제6조나 제7조에 해당하는 경우 외에는 다음 각 호의 요건을 갖추어야 한다. 14·17 승진, 15·19 2차

1. **5년 이상** 계속하여 대한민국에 **주소**가 있을 것
1의2. 대한민국에서 영주할 수 있는 체류자격을 가지고 있을 것
2. 대한민국의 「**민법**」상 성년일 것
3. 법령을 준수하는 등 **법무부령**으로 정하는 **품행 단정의 요건**을 갖출 것
4. 자신의 자산이나 기능에 의하거나 생계를 같이하는 가족에 의존하여 생계를 유지할 능력이 있을 것
5. 국어능력과 대한민국의 풍습에 대한 이해 등 대한민국 국민으로서의 **기본 소양**을 갖추고 있을 것
6. 귀화를 허가하는 것이 국가안전보장·질서유지 또는 공공복리를 해치지 아니한다고 **법무부장관**이 인정할 것

제10조(국적 취득자의 외국 국적 포기 의무) ① 대한민국 국적을 취득한 외국인으로서 외국 국적을 가지고 있는 자는 대한민국 국적을 취득한 날부터 **1년 내**에 그 외국 국적을 포기하여야 한다. 17·19 승진

제12조(복수국적자의 국적선택의무) ① 만 **20세**가 되기 전에 복수국적자가 된 자는 만 **22세**가 되기 전까지, 만 **20세**가 된 후에 복수국적자가 된 자는 그 때부터 **2년** 내에 제13조와 제14조에 따라 하나의 국적을 선택하여야 한다. 17·19 승진

제13조(대한민국 국적의 선택 절차) ③ 제1항 및 제2항 단서에도 불구하고 출생 당시에 모가 자녀에게 외국 국적을

취득하게 할 목적으로 외국에서 체류 중이었던 사실이 인정되는 자는 **외국 국적을 포기한 경우에만** 대한민국 국적을 선택한다는 뜻을 신고할 수 있다. 19 승진

2. 외국인의 법적지위

(1) **외국인 등록의무 ★** : 체류지를 관할하는 지방출입국·외국인 관서의 장에게 등록

등록 대상	① 외국인이 입국한 날부터 **90일**을 초과하여 대한민국에 체류하려면 대통령령으로 정하는 바에 따라 **입국한 날부터 90일** 이내에 그의 체류지를 관할하는 지방출입국·외국인관서의 장에게 외국인등록을 하여야 한다. 11 경간, 11 1차
	② 제23조에 따라 체류자격을 받는 사람으로서 **그 날부터 90일을 초과하여 체류하게 되는 사람**은 제1항 각 호 외의 부분 본문에도 불구하고 **체류자격을 받는 때**에 외국인등록을 하여야 한다.
	
	제23조(체류자격 부여) ① 다음 각 호의 어느 하나에 해당하는 외국인이 제10조에 따른 체류자격을 가지지 못하고 대한민국에 체류하게 되는 경우에는 다음 각 호의 구분에 따른 기간 이내에 대통령령으로 정하는 바에 따라 체류자격을 받아야 한다.
	  1. 대한민국에서 출생한 외국인 : **출생한 날부터 90일**
	  2. 대한민국에서 체류 중 대한민국의 국적을 상실하거나 이탈하는 등 그 밖의 사유가 발생한 외국인 : **그 사유가 발생한 날부터 60일**
	② 제1항에 따른 체류자격 부여의 심사기준은 법무부령으로 정한다.
	
	③ 제24조에 따라 체류자격 변경허가를 받는 사람으로서 **입국한 날**(허가 받은 날X)**부터 90일을 초과하여 체류하게 되는 사람**은 제1항 각 호 외의 부분 본문에도 불구하고 **체류자격 변경허가를 받는 때**에 외국인등록을 하여야 한다. 11 1차
	
	제24조(체류자격 변경허가) ① 대한민국에 체류하는 외국인이 그 체류자격과 다른 체류자격에 해당하는 활동을 하려면 대통령령으로 정하는 바에 따라 **미리 법무부장관의 체류자격 변경허가를 받아야 한다.** 12 1차

제외 대상	① 주한외국공관(대사관·영사관 포함)과 국제기구의 직원 및 그의 가족 ② 외교관 또는 영사와 유사한 특권 및 면제를 누리는 사람과 그의 가족 ③ 대한민국정부가 **초청한 사람** 등으로서 **법무부령**(외교부장관X)으로 정하는 사람 11 1차
등록증 발급	① 제31조에 따라 외국인등록을 받은 지방출입국·외국인관서의 장은 대통령령으로 정하는 바에 따라 그 외국인에게 외국인등록증을 발급하여야 한다. 다만, 그 외국인이 **17세 미만**인 경우에는 발급하지 아니할 수 있다. 18 법학특채 ② 제1항 단서에 따라 외국인등록증을 발급받지 아니한 외국인이 **17세가 된 때**에는 **90일** 이내에 체류지 관할 지방출입국·외국인관서의 장에게 외국인등록증 발급신청을 하여야 한다. 18 법학특채

(2) 외국인의 입국 ★★★

입국	외국인이 입국할 때에는 유효한 **여권**과 법무부장관이 발급한 **사증**을 가지고 있어야 한다.
입국 금지	- 입국금지사유 08 채용, 09·23 경간, 10 승진, 10·17 2차, 21 경채 1. 감염병환자·마약중독자 그 밖에 공중위생상 위해를 끼칠 **염려**가 있다고 인정되는 사람 2. 총포·도검·화약류 등을 **위법**하게 가지고 입국하려는 사람 3. 대한민국의 이익이나 공공의 안전을 해하는 행동을 할 **염려**가 있다고 인정할만한 상당한 이유가 있는 사람 4. 경제질서 또는 사회질서를 해치거나 선량한 풍속을 해치는 행동을 할 **염려**가 있다고 인정할만한 상당한 이유가 있는 사람 5. 사리분별 능력이 없고 국내에서 체류활동을 보조할 사람이 없는 **정신장애인, 국내체류비용을 부담할 능력이 없는 사람**, 그 밖에 구호가 필요한 사람 6. 강제퇴거명령을 받고 출국한 후 **5년**이 경과되지 **아니한** 사람 7. 1910년 8월29일부터 1945년 8월13일까지 일본정부, 일본정부와 동맹관계에 있던 정부, 일본정부의 우월한 힘이 미치던 정부의 지시 또는 연계 하에 인종, 민족, 종교, 국적, 정치적 견해 등을 이유로 사람을 학살·학대하는 일에 관여한 사람 8. 이상의 규정에 준하는 자로서 **법무부장관**이 그 입국이 적당하지 아니하다고 인정하는 사람
특징	입국금지자는 즉시**퇴거**가 원칙이다. 입국금지처분은 **행정처분**이다. 12 경간 입국금지처분에 대한 **이의신청절차는 없다.** 12 경간 입국금지로 인한 손해발생에 대한 비용은 **본인이 부담한다.** 12 경간

[입국 시 생체정보의 제공] ★

> **출입국관리법**
>
> **제12조의2(입국 시 생체정보의 제공 등)** ① 입국하려는 외국인은 제12조에 따라 입국심사를 받을 때 법무부령으로 정하는 방법으로 **생체정보를 제공하고 본인임을 확인하는 절차에 응하여야 한다.** 다만, 다음 각 호의 어느 하나에 해당하는 사람은 그러하지 아니하다.
> 1. **17세 미만**인 사람
> 2. 외국정부 또는 국제기구의 업무를 수행하기 위하여 입국하는 사람과 그 동반 가족
> 3. 외국과의 우호 및 문화교류 증진, 경제활동 촉진 또는 대한민국의 이익 등을 고려하여 생체정보의 제공을 면제하는 것이 필요하다고 대통령령으로 정하는 사람
>
> ② 출입국관리공무원은 외국인이 제1항 본문에 따라 **생체정보를 제공하지 아니하는 경우에는 그의 입국을 허가하지 아니할 수 있다.**
>
> ③ 법무부장관은 입국심사에 필요한 경우에는 관계 행정기관이 보유하고 있는 **외국인의 생체정보의 제출을 요청할 수 있다.**

(3) 외국인의 출국 ★★★

원칙	자발적 출국의 자유(체류국은 외국인의 출국을 금지할 수 없음) 11·12 승진
내국인의 출국금지 (제4조) 10·13·17·19·25 승진	① **법무부장관**은 다음 각 호의 어느 하나에 해당하는 국민에 대하여는 **6개월** 이내의 기간을 정하여 **출국을 금지할 수 있다.** 　1. **형사재판에 계속 중인 사람** 　2. **징역형이나 금고형의 집행**이 끝나지 **아니한 사람** 　3. 대통령령으로 정하는 **금액 이상의 벌금(1천만원)**이나 **추징금(2천만원)**을 내지 아니한 사람 　4. 대통령령으로 정하는 금액 이상의 **국세·관세(5천만원) 또는 지방세(3천만원)**를 정당한 사유 없이 그 납부기한까지 내지 아니한 사람 　5. 「양육비 이행확보 및 지원에 관한 법률」 제21조의4제1항에 따른 **양육비 채무자** 중 양육비 이행심의위원회의 심의·의결을 거친 사람 　6. 「근로기준법」 제43조의2에 따라 명단이 공개된 **체불사업주** 　7. 그 밖에 제1호부터 제6호까지의 규정에 준하는 사람으로서 대한민국의 이익이나 공공의 안전 또는 경제질서를 해칠 우려가 있어 그 출국이 적당하지 아니하다고 **법무부령**으로 정하는 사람 ② **법무부장관**은 **범죄 수사**를 위하여 출국이 적당하지 아니하다고 인정되는 사람에 대하여는 **1개월** 이내의 기간을 정하여 **출국을 금지할 수 있다.** 다만, 다음 각 호에 해당하는 사람은 그 호에서 정한 기간으로 한다. 　1. 소재를 알 수 없어 **기소중지 또는 수사중지(피의자중지로 한정한다)**된 사람 또는 도주 등 특별한 사유가 있어 수사진행이 어려운 사람 : **3개월** 이내 　2. 기소중지 또는 수사중지(피의자중지로 한정한다)된 경우로서 **체포영장 또는 구속영장이 발부**된 사람 : **영장 유효기간** 이내
출국정지 (제29조)	**법무부장관**은 내국인 출국금지 사유에 해당하는 **외국인**에 대하여 **출국을 정지할 수 있다.** ① 위 출국금지사유 ①에 해당하는 사람 : **3개월** 이내 ② 위 출국금지사유 ②에 해당하는 사람 : **1개월** 이내, 다만, 다음 각 호에 해당하는 사람은 그 호에서 정한 기간으로 한다. 　1. 소재를 알 수 없어 **기소중지 또는 수사중지(피의자중지로 한정한다)**된 사람 또는 도주 등 특별한 사유가 있어 수사진행이 어려운 사람 : **3개월** 이내 　2. 기소중지 또는 수사중지(피의자중지로 한정한다)된 경우로서 **체포영장 또는 구속영장이 발부**된 사람 : **영장 유효기간** 이내
긴급 출국금지	① **수사기관**은 범죄 피의자로서 **사형·무기 또는 장기 3년 이상의 징역이나 금고**에 해당하는 죄를 범하였다고 의심할 만한 상당한 이유가 있고, 다음의 어느 하나에 해당하는 사유가 있으며, 긴급한 필요가 있는 때에는 출국심사를 하는 **출입국관리공무원**에게 출국금지를 **요청할 수 있다.** 　1. 피의자가 증거를 인멸할 염려가 있는 때 　2. 피의자가 도망하거나 도망할 우려가 있는 때 ② 요청을 받은 출입국관리공무원은 출국심사를 할 때에 출국금지가 요청된 사람을 출국시켜서는 아니 된다.

	③ 수사기관은 긴급출국금지를 요청한 때로부터 **6시간** 이내에 **법무부장관**에게 긴급출국금지 승인을 요청하여야 한다. 18 승진, 21 경간 ④ 법무부장관은 수사기관이 긴급출국금지 승인 요청을 하지 아니한 때에는 출국금지를 해제하여야 한다. 수사기관이 긴급출국금지 승인을 요청한 때로부터 **12시간** 이내에 법무부장관으로부터 긴급출국금지 승인을 받지 못한 경우에도 또한 같다. 18 승진, 23 경간 ⑤ ④에 따라 **출국금지가 해제된 경우**에 수사기관은 동일한 범죄사실에 관하여 **다시 긴급출국금지 요청을 할 수 없다.**
출국금지기간의 연장	① 법무부장관은 출국금지기간을 초과하여 계속 출국을 금지할 필요가 있다고 인정하는 경우에는 그 기간을 연장할 수 있다. ② 제4조제3항에 따라 출국금지를 요청한 기관의 장은 출국금지기간을 초과하여 계속 출국을 금지할 필요가 있을 때에는 **출국금지기간이 끝나기 3일 전**까지 법무부장관에게 출국금지기간을 연장하여 줄 것을 요청하여야 한다.

(4) 여권과 사증 ★

1) 여권 - 여권법

의의	여권은 외교부장관이 발급하는 것으로 국외여행을 인정하는 본국의 일방적 증명서에 그친다. 12 승진		
발급권자 (제3조)	① **외교부장관** (영사 지방자치단체의 장에게 대행하게 할 수 있음) 12 승진 ② 외교부장관은 여권 등의 발급, 재발급과 기재사항변경에 관한 사무의 일부를 대통령령으로 정하는 바에 따라 **지방자치단체의 장에게 대행하게 할 수 있다.**		
종류 및 유효기간 (제4조, 제5조) 17·19 승진	신분에 의한 분류	일반여권	**10년** 이내(18세 미만인 사람 : 5년)
		관용여권	**5년** 이내
		외교관여권	**5년** 이내
	사용횟수에 의한 분류	단수여권	1회에 한하여 외국여행을 할 수 있는 여권
		복수여권	유효기간 만료일까지 횟수에 제한 없이 외국여행을 할 수 있는 여권
	긴급여권(일반여권, 관용여권, 외교관여권을 발급받거나 재발급받을 시간적 여유가 없는 경우로서 여권의 긴급한 발급이 필요하다고 인정되어 발급하는 여권을 말한다)		
발급거부 (거부 가능) (제12조)	① 외교부장관은 다음 각 호의 어느 하나에 해당하는 사람에 대하여는 여권의 발급 또는 재발급을 거부할 수 있다. 　1. **장기 2년 이상의 형**에 해당하는 죄로 인하여 **기소되어 있는 사람** 또는 **장기 3년 이상의 형**에 해당하는 죄로 인하여 **기소중지 또는 수사중지(피의자중지로 한정한다)**되거나 **체포영장·구속영장이 발부된 사람 중 국외에 있는 사람**		

휴대 및 제시의무 (출입국 관리법 제27조) 17 승진, 23 경간	① 대한민국에 체류하는 외국인은 항상 여권·선원신분증명서·외국인입국허가서·외국인등록증·모바일외국인등록증 또는 상륙허가서(이하 "여권등"이라 한다)를 지니고 있어야 한다. 다만, **17세 미만**인 외국인의 경우에는 그러하지 아니하다. ② 제1항 본문의 외국인은 출입국관리공무원이나 권한 있는 공무원이 그 직무수행과 관련하여 **여권등의 제시를 요구하면 여권등을 제시하여야** 한다. ③ 휴대제시요구 위반 : **100만 원 이하의 벌금**에 처함(출입국관리법 제98조)
여권의 효력상실 (제13조)	① 여권은 다음 각 호의 어느 하나에 해당하는 때에는 그 **효력**을 잃는다. 2. 여권이 발급된 날부터 **6개월**이 지날 때까지 신청인이 그 여권을 받아가지 아니한 때 19 승진

2) 사증

의의	외국에 여행하고자하는 자에게 목적지 국가에서 발급하는 **입국추천(허가)서** – 사증(VISA)은 입국과 체류가 적당하다고 인정하는 행위로서, 미수교국 국민은 외국인 입국허가서를 받아 입국할 수 있다. 12 승진
발급권자	**법무부장관**(재외공관의 장에게 위임가능) 11·17 승진, 14 2차
발급형식	사증은 통상 사증인을 찍거나 사증을 붙이는 등의 방법으로 **여권에 표시함** (별도의 수첩형태로 발급X)
종류	단수사증 : 1회에 한하여 입국가능, **3개월** 11 승진 복수사증 : 2회 이상 입국가능
무사증 입국사유 (출입국관리법 제7조 제2항) 14 승진, 15 경간	① 재입국허가를 받은 사람 또는 재입국허가가 면제된 사람으로서 그 허가 또는 면제받은 기간이 끝나기 전에 입국하는 사람 12 승진 ② 대한민국과 **사증면제협정**을 체결한 국가의 국민으로서 그 협정에 따라 면제대상이 되는 사람 ③ 국제친선, 관광 또는 대한민국의 이익 등을 위하여 입국하는 사람으로서 **대통령령**(법무부령X)으로 정하는 바에 따라 따로 입국허가를 받은 사람(시행령 제8조 제1항) ④ 난민여행증명서를 발급받고 출국한 후 그 유효기간이 끝나기 전에 입국하는 사람

> **참고** 출입국관리법 시행령 [별표 1의2] – (제12조 관련) ★ 16 1차, 18 경간, 18 승진, 19 2차

체류자격 (기호)	체류자격에 해당하는 사람 또는 활동범위
외교 (A-1)	대한민국정부가 접수한 외국정부의 **외교사절단**이나 영사기관의 구성원, 조약 또는 국제관행에 따라 외교사절과 동등한 특권과 면제를 받는 사람과 그 가족
공무 (A-2)	대한민국정부가 승인한 외국정부 또는 국제기구의 **공무**를 수행하는 사람과 그 가족
협정 (A-3)	대한민국정부와의 **협정**에 따라 외국인등록이 면제되거나 면제할 필요가 있다고 인정되는 사람과 그 가족
관광통과 (B-2)	관광·통과 등의 목적으로 대한민국에 사증 없이 입국하려는 사람 – 관광통과(B-2) 체류자격을 가진 자는 "**30**"일의 범위 내에서 체류기간을 부여받아 사증 없이 입국할 수 있다. 11 승진
문화예술 (D-1)	**수익을 목적으로 하지 않는** 문화 또는 예술 관련 활동을 하려는 사람(대한민국의 전통문화 또는 예술에 대하여 전문적인 연구를 하거나 전문가의 지도를 받으려는 사람을 포함한다)
유학 (D-2)	**전문대학** 이상의 교육기관 또는 학술연구기관에서 정규과정의 교육을 받거나 특정 연구를 하려는 사람 26 경간
교수 (E-1)	「고등교육법」 제14조제1항·제2항 또는 제17조에 따른 자격요건을 갖춘 외국인으로서 전문대학 이상의 교육기관이나 이에 준하는 기관에서 전문 분야의 **교육 또는 연구·지도 활동**에 종사하려는 사람
회화지도 (E-2)	법무부장관이 정하는 자격요건을 갖춘 외국인으로서 외국어전문학원, 초등학교 이상의 교육기관 및 부설어학연구소, 방송사 및 기업체 부설 어학연수원, 그 밖에 이에 준하는 기관 또는 단체에서 **외국어 회화지도**에 종사하려는 사람
전문직업 (E-5)	대한민국 법률에 따라 자격이 인정된 외국의 변호사, 공인회계사, 의사, 그 밖에 국가공인 자격이 있는 사람으로서 대한민국 법률에 따라 할 수 있도록 되어 있는 법률, 회계, 의료 등의 전문업무에 종사하려는 사람[**교수(E-1) 체류자격에 해당하는 사람은 제외**한다]
예술흥행 (E-6)	**수익이 따르는** 음악, 미술, 문학 등의 예술활동과 수익을 목적으로 하는 연예, 연주, 연극, 운동경기, 광고·패션 모델, 그 밖에 이에 준하는 활동을 하려는 사람 12·26 경간
계절근로 (E-8)	법무부장관이 관계 중앙행정기관의 장과 협의하여 정하는 농작물 재배·수확(재배·수확과 연계된 원시가공 분야를 포함한다) 및 수산물 원시가공 분야에서 취업 활동을 하려는 사람으로서 법무부장관이 인정하는 사람
비전문취업 (E-9)	「외국인근로자의 고용 등에 관한 법률」에 따른 국내 취업요건을 갖춘 사람(일정 자격이나 경력 등이 필요한 **전문직종**에 종사하려는 사람은 **제외**한다) 26 경간
재외동포 (F-4)	「재외동포의 출입국과 법적 지위에 관한 법률」 제2조제2호(**대한민국의 국적을 보유하였던 자**(대한민국정부 수립 전에 국외로 이주한 동포를 포함한다) 또는 그 **직계비속으로서 외국국적을 취득한 자** 중 대통령령으로 정하는 자(이하 "외국국적동포"라 한다)에 해당하는 사람(단순 노무행위 등 이 영 제23조제3항 각 호에서 규정한 **취업활동에 종사하려는 사람은 제외**한다)
결혼이민 (F-6)	가. 국민의 배우자 나. 국민과 혼인관계(**사실상의 혼인관계를 포함**한다)에서 출생한 자녀를 양육하고 있는 부 또는 모로서 법무부장관이 인정하는 사람 26 경간 다. 국민인 배우자와 혼인한 상태로 국내에 체류하던 중 그 배우자의 사망이나 실종, 그 밖에 자신에게 책임이 없는 사유로 정상적인 혼인관계를 유지할 수 없는 사람으로서 법무부장관이 인정하는 사람

[상륙의 종류와 상륙기간] ★★ 08 채용, 10·17·19 승진, 11·14·19 경간, 16 2차, 21 경채

종류	내용	상륙기간
승무원상륙	외국인승무원이 승선 중인 선박 등이 대한민국의 출입국항에 정박하고 있는 선박 등으로 옮겨 타고자 하거나 휴양 등의 목적으로 상륙하고자 하는 때(제14조)	15일
관광상륙	외국인 승객이 관광을 목적으로 상륙(제14조의2)	3일
긴급상륙	선박 등에 타고 있는 외국인(승무원 포함)이 질병이나 그 밖의 사고로 긴급히 상륙할 필요가 있다고 인정될 때(제15조)	30일
재난상륙	조난을 당한 선박 등에 타고 있는 외국인(승무원 포함)을 긴급히 구조할 필요가 있다고 인정할 때(제16조) 14 2차	30일
난민임시 상륙	① 선박등에 타고 있는 외국인이「난민법」제2조 제1호에 규정된 이유 (제16조의2) ② 그 밖에 이에 준하는 이유로 생명·신체 또는 신체의 자유를 침해받을 공포가 있는 영역에서 도피하여 곧바로 대한민국에 비호를 신청하는 경우 ※ 허가 시 법무부장관의 승인을 요함(법무부장관은 외교부장관과 협의하여야 함) 12 1차	90일
기간연장	각각 그 허가 기간만큼 연장 가능 (동법 시행령 제21조)	

(5) 외국인의 강제퇴거 ★★★ 10·11·14·19·23 승진, 14 1차, 15 지능특채, 18·20 경간, 21 2차

의의	① 강제퇴거란 체류국 정부가 합법적으로 체류 중인 외국인을 체류국 영역 밖으로 퇴거를 명하는 행정행위이다. ② 강제퇴거 사유가 동시에 형사처분 사유가 되는 경우에는 병행 처벌할 수 있음

절차	① 출입국관리공무원은 강제퇴거에 해당된다고 의심되는 외국인에 대하여 사실 조사할 수 있음
	② 출입국관리공무원은 외국인이 강제퇴거사유에 해당된다고 의심할 만한 상당한 이유가 있고 도주하거나 도주할 염려가 있으면 지방출입국외국인관서의 장으로부터 보호명령서를 발급받아 그 외국인을 보호할 수 있음
	③ 강제퇴거 대상자 여부 심사·결정하기 위한 보호기간 : 10일 이내(10일을 초과하지 아니하는 범위에서 1회 연장 가능 - 최장 20일)
	④ 심사결과 강제퇴거 대상자에 해당한다고 인정되면 강제퇴거명령을 할 수 있음
	⑤ 강제퇴거명령을 하는 때 : 강제퇴거명령서를 발급하여야 함
	⑥ 강제퇴거명령서 집행 23 승진
	  - 원칙 : 출입국관리공무원이 집행
	  - 예외 : 사법경찰관리에게 강제퇴거명령서의 집행을 의뢰할 수 있음(제62조)
	⑦ 제63조(강제퇴거명령을 받은 사람의 보호)
	
	제63조(강제퇴거명령을 받은 사람의 보호) ① 지방출입국·외국인관서의 장은 강제퇴거명령을 받은 사람이 여권을 소지하지 아니하였거나 교통편이 확보되지 아니하는 등의 사유로 그 사람을 즉시 대한민국 밖으로 송환할 수 없는 경우에는 2개월의 범위에서 그 사람을 송환할 수 있을 때까지 보호시설에 보호할 수 있다.
	② 지방출입국·외국인관서의 장은 제1항에 해당하는 사람이 송환에 협조하지 아니하는 등의 사유로 2개월이 지난 후에도 송환할 수 없는 경우에는 매 3개월의 범위에서 미리 외국인보호위원

	회의 보호기간 연장 승인을 받아 그 사람을 송환할 수 있을 때까지 보호기간을 연장할 수 있으며, 이 경우 연장기간을 포함한 총 보호기간은 9개월을 넘을 수 없다.

대상	[출입국관리법 제46조 제1항]
	1. 유효한 여권과 사증 없이 **입국하는** 사람 11 승진
	2. 허위초청 등의 금지 규정을 **위반한** 외국인 또는 허위초청 등의 행위로 입국한 외국인
	3. 입국금지 해당사유가 **입국 후**에 발견되거나 발생한 사람
	4. 입국심사 또는 선박 등의 제공 금지 규정을 **위반한** 사람
	5. 지방출입국·외국인관서의 장이 붙인 조건부 입국 허가조건을 **위반한** 사람
	6. **상륙허가를 받지 아니하고 상륙한** 사람
	7. 지방출입국·외국인관서의 장 또는 출입국관리공무원이 붙인 상륙 허가조건을 **위반한** 사람
	8. 체류 및 활동범위, 외국인 고용제한, 체류자격 외 활동, 체류자격 부여, 체류자격 변경허가, 체류기간 연장허가 규정을 **위반한** 사람
	9. 허가를 받지 아니하고 근무처를 변경·추가하거나 허가를 받지 아니한 외국인을 고용·알선한 사람
	10. 거소 또는 활동범위의 제한이나 그 밖의 준수사항을 **위반한** 사람
	10의2. 허위서류 제출 등의 금지규정을 **위반한** 외국인
	11. 출국심사 규정을 **위반하여** 출국하려고 한 사람
	12. 외국인등록 의무를 **위반한** 사람
	12의2. 외국인등록증 등의 채무이행 확보수단 제공 등의 금지규정을 **위반한** 외국인
	13. **금고** 이상의 형을 선고받고 **석방된** 사람 14 2차, 23 승진
	14. 그 밖에 **법무부령**으로 정하는 사람
	15. 영주자격을 가진 사람은 제1항에도 불구하고 대한민국 밖으로 강제퇴거되지 아니한다. 다만, 다음 각 호의 어느 하나에 해당하는 사람은 그러하지 아니하다.
	   1. 「형법」 제2편제1장 **내란**의 죄 또는 제2장 **외환**의 죄를 범한 사람
	   2. **5년** 이상의 징역 또는 금고의 형을 선고받고 **석방된** 사람 중 **법무부령**으로 정하는 사람
	   3. 제12조의3제1항 또는 제2항을 위반하거나 이를 교사(敎唆) 또는 방조(幇助)한 사람

> **참고** 출입국관리법 위반 11 승진
>
> **제101조(고발)** ① 출입국사범에 관한 사건은 **지방출입국·외국인관서의 장의 고발이 없으면 공소를 제기할 수 없다.**
> ② 출입국관리공무원 외의 **수사기관이 제1항에 해당하는 사건을 입건하였을 때에는 지체 없이 관할 지방출입국·외국인관서의 장에게 인계하여야 한다.** 23 경간

제 3 절 국제형사경찰기구(인터폴) ★★

1. 의의

① 국제형사경찰기구는 회원국 상호간 필요한 각종 정보와 자료를 교환하고, 또한 범인 체포 및 인도에 있어서 상호 신속·원활한 협조관계를 유지하는 형사경찰의 정부간 **국제공조수사기구**이다. 따라서 **국제형사경찰기구소속 수사관도 존재하지 않고, 체포나 구속 등에 관한 권한이 없다.** 09 경간, 24 2차, 11 2차
② 국제형사경찰기구는 **정치적, 종교적, 군사적, 인종적** 성격을 띤 사항에 간섭하는 것은 엄격히 금지된다.(경제적X) 09 경간, 14 승진, 18 법학
③ 국제형사경찰기구의 협력은 **범죄예방을 위한 협력과 범죄수사를 위한 협력**으로 이루어진다. 11 2차, 18 승진
④ 국제형사경찰기구(인터폴)을 통한 공조는 **임의적(강제적X) 협조**의 성격을 가진다. 24 2차

2. 연혁 18 3차, 19 승진, 22 경간

① 1914년 **모나코**에서 국제형사경찰회의(International Criminal Police Congress)가 개최되어 국제범죄 기록보관소 설립, 범죄인 인도절차의 표준화 등에 대하여 논의하였는데 이것이 국제경찰협력의 기초가 되었다. 11 경간
② 1923년 **비엔나(제네바X)**에서 제2차 국제형사경찰회의가 개최되어 **국제형사경찰위원회**(International Criminal Police Commission)가 창설되었으며 이는 국제형사경찰기구의 전신이라 할 수 있다. → 국제형사경찰위원회(ICPC)는 근본적으로 유럽대륙 위주의 기구였다는 지역적 한계성을 가지고 있었다. 09 경간
③ 1956년 **비엔나**에서 제25차 국제형사경찰위원회가 개최되어 **국제형사경찰기구**가 발족하였고, 당시 사무총국을 **프랑스 파리(리옹X)**에 두었다.

3. 조직 09·11 경간, 12 1차

조직		
	총회	• 인터폴의 전반적인 시책과 원칙을 결정하는 **최고 의결기관**으로 매년 1회 개최하여 일주일간 진행된다. 18 법학특채
	사무총국	• **총회와 집행위원회에서 결정된 사항을 집행하며**, 국제범죄 예방과 진압을 위해 회원국 등과 긴밀한 협조 관계를 유지하는 중추적 역할 수행(**국제수배서 발행**) • 본부는 **프랑스 리옹**에 소재 18 법학특채
	국가중앙사무국	• **모든 회원국에 설치된 상설기구**로서 사무총국 및 회원국들과의 공조, 자국 내 법집행기관들과의 협력 업무를 수행함 17 승진 • 우리나라의 국가중앙사무국은 **경찰청 국제협력관 국제공조담당관**에 설치되어 있음 18 3차 • 인터폴 대한민국 국가중앙사무국장은 **경찰청 국제협력관**이다. 19 승진
	집행위원회	• **제한적 심의기관**이며, 총회에서 선출되는 **13명의 위원**으로 구성 17·18 승진

[국제형사사법 공조법 제38조 제1항] 12 승진

"**행정안전부장관**"은(법무부장관X) 국제형사경찰기구로부터 외국의 형사사건 수사에 대하여 협력을 요청받거나 국제형사경찰기구에 협력을 요청하는 경우에는 다음의 조치를 취할 수 있다.
1. 국제범죄의 정보 및 자료 교환
2. 국제범죄의 동일증명 및 전과 조회
3. 국제범죄에 관한 사실 확인 및 그 조사

4. 회원국 간 협조의 기본원칙

보편성	모든 회원국은 타 회원국과 협력할 수 있으며, 그러한 협력은 지리적 또는 **언어적 요소**에 의해 방해받아서는 안된다.
평등성	모든 회원국은 재정 분담금의 규모와 관계없이 동일한 혜택과 지원을 받을 수 있다. 11 경간, 18 승진

5. 인터폴 공용어 12·14·18 승진, 18 법학

: 영어, 불어, 스페인어, 아랍어(독일어X, 스위스어X, 중국어X, 일본어X)

6. 국제수배서 07·08·09 채용, 12 3차, 13·14·18 승진, 11·13·14 경간, 13·15 1차, 21 경찰특공대

적색수배서 (국제체포수배서)	• 일반형법을 위반하여 구속영장 또는 체포영장이 발부된 범죄인에 대하여 **범죄인 인도를 목적**으로 하는 경우에 한하여 발행 [인터폴 적색수배서의 요청기준] 장기 **2년 이상** 징역이나 금고에 해당하는 죄를 범하여 **체포영장·구속영장** 또는 형집행장이 발부된 자 중 ① 범죄단체 조직·가입·활동 ② 살인·상해·**강도(절도X)** 등 강력범죄 ③ 강간·강제추행 등 성범죄 ④ 마약류 **제조, 수출·입, 유통**행위(단, 마약류 단순 구매·소지·투약 **제외**) ⑤ 전화금융사기 또는 범죄금액 **5억원 이상 경제**범죄 ⑥ 범죄금액 100**억원 이상** 사이버도박 운영 ⑦ 산업기술 유출 등 지식재산 범죄 ⑧ 그밖에 사안의 중대성 등을 고려, 적색수배가 특별히 필요하다고 인정되는 자
청색수배서 (국제정보조회수배서)	• 국제정보조회수배서 • 수배자의 신원·전과 및 소재확인을 목적으로 발행
녹색수배서 (상습국제범죄자 수배서)	• 상습(우범자) 국제범죄자의 동향 파악 및 범죄예방을 위해 발행
황색수배서 (가출인수배서)	• 가출인의 소재확인 또는 기억상실, 실종자 등의 신원파악 위해 발행

흑색수배서 (변사자수배서)	• 신원불상 사망자 또는 가명사용 **사망자**의 신원확인을 위해 발행
자주색(보라색)수배서 (범죄수법수배서)	• **새로운** 특이 **범죄수법**을 분석하여 각 회원국에 배포할 목적으로 발행
오렌지수배서 (Orange Notice)	• **폭발물** 등 위험물에 대한 경고 목적으로 발행
장물수배서	• 도난 또는 불법취득 물건·문화재 등에 대한 수배
INTERPOL- UN특별수배서	• UN과 인터폴이 협력하여 국제 테러범 및 테러단체에 대한 제재를 목적으로 발행
'은색 수배서' (Silver Notice)	• 각종 범죄 수익과 자산을 추적·동결·환수하기 위한 목적으로 마련된 신종 수배서

제 4 절 국제형사사법공조법 ★★★

1. 공조의 기본원칙 07 채용, 10·14 승진, 13·19 1차, 20 경간

상호주의	공조조약이 **체결되어 있지 아니한 경우**에도 외국이 사법 공조를 해주는 만큼 자국도 동일하거나 유사한 범위 내에서 공조요청에 응한다는 원칙
쌍방가벌성의 원칙	형사사법공조의 대상범죄는 피요청국과 요청국 **모두에서 처벌 가능한** 범죄이어야 한다는 원칙
특정성의 원칙	요청국이 공조에 따라 취득한 증거를 공조요청의 대상이 된 범죄 이외의 수사나 재판에 사용하여서는 안된다는 원칙

2. 공조조약과의 관계(제3조) 및 상호주의(제4조) 19 1차, 21 경간

① 공조조약과 「국제형사사법 공조법」의 규정이 상충 시 – **공조조약이 우선** 적용
② 공조조약은 공조법의 공조범위에 포함되지 않은 사항을 공조대상으로 규정하고 있어 조약을 체결하면 일반적으로 공조범위를 **확대**한다.

3. 공조의 범위(제5조) 15 승진

1. **사람** 또는 **물건의 소재**에 대한 수사
2. 서류·기록의 제공
3. 서류 등의 송달
4. **증거수집, 압수·수색 또는 검증** 24 2차
5. 증거물 등 물건의 인도
6. 진술 청취, 그 밖에 요청국에서 증언하게 하거나 수사에 협조하게 하는 조치

4. 공조의 제한(제6조) 06·10·12·14·19 승진, 10 2차, 13·19·20 경간, 19 1차

다음에 해당하는 경우에는 공조를 하지 **아니할 수 있다**(임의적 공조거절 사유).
① 대한민국의 **주**권, 국가**안**전보장, **안**녕질서 또는 미풍양속을 해칠 우려가 있는 경우
② **인**종, 국적, 성별, 종교, 사회적 신분 또는 특정 사회단체에 속한다는 사실이나 정치적 견해를 달리한다는 이유로 처벌되거나 형사상 불리한 처분을 받을 우려가 있다고 인정되는 경우
③ 공조범죄가 **정치적** 성격을 지닌 범죄이거나, 공조요청이 정치적 성격을 지닌 다른 범죄에 대한 수사 또는 재판을 할 목적으로 한 것이라고 인정되는 경우
④ 공조범죄가 **대한민국(요청국X)**의 법률에 의하여는 범죄를 **구**성하지 아니하거나 공소를 제기할 수 없는 범죄인 경우
⑤ 이 법에 요청국이 보증하도록 규정되어 있음에도 불구하고 요청국의 **보증**이 없는 경우

5. 공조의 연기(제7조) 14 승진, 19 1차, 20·21 경간

대한민국에서 **수사가 진행 중이거나 재판에 계속된** 범죄에 대하여 외국의 공조요청이 있는 경우에는 그 수사 또는 재판 절차가 끝날 때까지 공조를 **연기할 수 있다**.

6. 국제 형사사법 공조의 절차

(1) 외국의 요청에 따른 수사에 관한 공조 07 승진

공조 요청국 → 외교부장관 → 법무부장관 → 지방검찰청검사장 또는 고위공직자범죄수사처장 → 검사 → 경찰

제11조(공조요청의 접수 및 공조 자료의 송부) 공조요청 접수 및 요청국에 대한 공조 자료의 송부는 **외교부장관**이 한다. 다만, 긴급한 조치가 필요한 경우나 특별한 사정이 있는 경우에는 **법무부장관**이 외교부장관의 동의를 받아 이를 할 수 있다. 21 경간

제13조(공조의 방식) 요청국에 대한 공조는 **대한민국의 법률**에서 정하는 **방식**으로 한다. 다만, 요청국이 요청한 공조 방식이 대한민국의 법률에 저촉되지 아니하는 경우에는 그 방식으로 할 수 있다.

제14조(외교부장관의 조치) 외교부장관은 요청국으로부터 형사사건의 수사에 관한 공조요청을 받았을 때에는 공조요청서에 관계 자료 및 의견을 첨부하여 **법무부장관에게 송부하여야 한다**.

제15조(법무부장관의 조치) ① 공조요청서를 받은 **법무부장관**은 공조요청에 응하는 것이 타당하다고 인정하는 경우에는 제2항의 경우를 제외하고는 다음 각 호의 어느 하나의 **조치를 하여야 한다**.
1. 공조를 위하여 적절하다고 인정되는 **지방검찰청 검사장**(이하 "검사장"이라 한다) 또는 **고위공직자범죄수사처장**에게 관계 자료를 송부하고 공조에 필요한 조치를 하도록 명하거나 요구하는 것
③ **법무부장관**은 이 법 또는 공조조약에 따라 **공조할 수 없거나 공조하지 아니하는 것이 타당하다고 인정하는 경우** 또는 공조를 연기하려는 경우에는 **외교부장관과 협의하여야 한다**.

제17조(검사 등의 처분) ① **검사**는 공조에 필요한 자료를 수집하기 위하여 관계인의 출석을 요구하여 진술을 들을

수 있고, 감정·통역 또는 번역을 촉탁할 수 있으며, 서류나 그 밖의 물건의 소유자·소지자 또는 보관자에게 그 제출을 요구하거나, 행정기관이나 그 밖의 공사단체에 **공조에 필요한 사실을 조회**하거나 필요한 사항의 보고를 요구할 수 있다. 17 승진
② 검사는 공조에 필요한 경우에는 판사에게 청구하여 발급받은 영장에 의하여 **압수·수색 또는 검증**을 할 수 있다. 17 승진
③ 검사는 요청국에 인도하여야 할 증거물 등이 **법원에 제출되어 있는 경우**에는 **법원(법무부장관X)**의 인도허가 결정을 받아야 한다. 17 승진, 20 경간
④ 검사는 사법경찰관리를 지휘하여 제1항의 수사를 하게 할 수 있고, 사법경찰관은 검사에게 신청하여 검사의 청구로 판사가 발부한 영장에 의하여 제2항에 따른 압수·수색 또는 검증을 할 수 있다. 17 승진

제 5 절 범죄인 인도법 ★★★

1. 의의

제3조(범죄인 인도사건의 전속관할) 이 법에 규정된 범죄인의 인도심사 및 그 청구와 관련된 사건은 **서울고등**법원과 **서울고등검찰청(경찰청 외사국X)**의 전속관할로 한다. 12·22 경간, 12 1차, 15 3차, 16 지능특채, 23 특공대

제3조의2(인도조약과의 관계) 범죄인 인도에 관하여 인도조약에 '이 법과 다른 규정이 있는 경우에는 그 규정에 따른다.'라고 규정하여 **조약의 우선적 효력을 인정**하고 있다. 12 1차·2차, 16 지능특채, 20 경채, 23 경찰특공대

2. 범죄인 인도의 원칙 11·12·16·17·18·19·21 승진, 12·18 1차, 20 2차, 12·15·17·19·21·22·25 경간, 18 3차

상호주의 (제4조)	인도조약이 **체결되어 있지 아니한 경우**에도 범죄인의 인도를 청구하는 국가가 같은 종류 또는 유사한 인도범죄에 대한 **범죄인 인도청구에 응한다는 보증**을 하는 경우에 인도한다는 원칙이다. 25 경간(경위공채), 25 2차
쌍방가벌성의 원칙(제6조)	청구국과 피청구국 **쌍방**의 법률에 따라 범죄를 구성하지 않는 경우에는 범죄인을 인도하지 않는다는 원칙이다. 14 1차
특정성의 원칙 (제10조)	인도된 범죄인이 **인도가 허용된 범죄 외의 범죄로 처벌받지 아니하고** 제3국에 인도되지 아니한다는 청구국의 보증이 없는 경우에는 범죄인을 인도하여서는 안 된다는 원칙이다.
자국민불인도의 원칙 (제9조)	① 자국민은 인도하지 않는다는 원칙이다.(**임의적 인도거절사유**로 규정) ② 일반적으로 **대륙법계 국가**들은 속인주의를 채택하여 내국인의 국외범을 처벌하고 있으므로 자국민불인도원칙을 채택하고 있다. 그러나 **영미법계 국가**들은 자국민불인도원칙을 규정하지 않고 있다.
정치범 불인도의 원칙 (제8조)	① 정치적 성격을 지닌 범죄는 인도하지 않는다는 원칙 → **절대적 인도거절사유**, 우리나라는 정치범에 대하여 개념 정의를 하지 않고 있음 ② 예외 : 아래의 경우에는 정치범이라도 인도할 수 있다. 　㉠ 국가원수·정부수반 또는 그 가족의 생명·신체를 침해하거나 위협하는 범죄

	ⓒ 다자간 조약에 따라 대한민국이 범죄인에 대하여 재판권을 행사하거나 범죄인을 인도할 의무를 부담하고 있는 범죄 ⓒ 여러 사람의 생명·신체를 침해·위협하거나 이에 대한 위험을 발생시키는 범죄 ⓔ 국가원수 암살범, 항공기 불법납치, 집단학살, 전쟁범죄, 야만·약탈행위, 위조, 마약거래, 고문, 인종차별 등
군사범 불인도의 원칙	군사범죄(탈영, 항명 등)자는 인도하지 않는다는 원칙이다. (우리나라는 범죄인 인도법에 **명문규정을 두고 있지 않다.**) 08·09·10 채용
최소한 중요성의 원칙 (제6조)	① 어느 정도 중요성 있는 범죄만 인도한다는 원칙이다. ② 대한민국과 청구국의 법률에 따라 인도범죄가 사형, 무기징역, 무기금고, **장기 1년 이상의 징역 또는 금고**에 해당하는 경우에만 범죄인을 인도할 수 있다. 12 1차, 22 경간, 23 특공대, 25 2차
유용성의 원칙 (제7조 제1호)	① 실제로 처벌하기 위해 필요한 범죄자만 인도한다는 원칙이다. ② **시효가** 완성되었거나 **사면** 등의 사유가 있는 경우에는 **인도대상에서 제외**

3. 「범죄인 인도법」상 인도거절사유 13·14·15·16·25 2차, 15·17 경간, 15·18 3차, 18 승진, 20 경채, 22·24 1차

절대적 인도거절사유 (7조)	다음에 해당하는 경우에는 범죄인을 **인도하여서는 아니 된다.** ① 대한민국 또는 청구국의 법률에 따라 인도범죄에 관한 **공소시효** 또는 형의 **시효가 완성된** 경우 ② **인도범죄에 관하여** 대한민국 법원에서 **재판이 계속 중이거나 재판이 확정된 경우** ③ 범죄인이 인도범죄를 범하였다고 **의심할** 만한 상당한 이유가 없는 경우 (단, 인도범죄에 관하여 청구국에서 유죄의 재판이 있는 경우는 제외) ④ 범죄인이 인종, 종교, 국적, 성별, 정치적 신념 또는 특정 사회단체에 속한 것 등을 이유로 처벌되거나 그 밖의 **불리한 처분을 받을 염려가** 있다고 인정되는 경우
임의적 인도거절사유 (9조)	다음 각 호의 어느 하나에 해당하는 경우에는 범죄인을 **인도하지 아니할 수 있다.** ① 범죄인이 **대한민국 국민인** 경우 23 경찰특공대 ② 인도범죄의 전부 또는 일부가 **대한민국 영역에서 범한 것인** 경우 ③ 범죄인의 **인도범죄 외의** 범죄에 관하여 대한민국 **법원에 재판이 계속 중인 경우** 또는 범죄인이 형을 선고받고 그 **집행이 끝나지 아니하거나 면제되지 아니한 경우** 25 경간(경위공채) ④ 범죄인이 인도범죄에 관하여 **제3국**(청구국이 아닌 외국을 말함)에서 재판을 받고 **처벌되었거나 처벌받지 아니하기로 확정된 경우** ⑤ 인도범죄의 성격과 범죄인이 처한 환경 등에 비추어 범죄인을 인도하는 것이 **비인도적이라고** 인정되는 경우

4. 범죄인 인도의 절차

인도청구서의 경우 조약체결국가는 외교경로를 통하여 청구하고, 조약미체결국가는 상호보증서를 첨부하여 청구한다. 10 승진

제11조(인도청구를 받은 외교부장관의 조치) 외교부장관은 청구국으로부터 범죄인의 인도청구를 받았을 때에는 인도청구서와 관련 자료를 **법무부장관에게 송부하여야 한다.** 10 · 19 승진, 20 경채, 22 경간

제12조(법무부장관의 인도심사청구명령) ① 법무부장관은 외교부장관으로부터 제11조에 따른 인도청구서 등을 받았을 때에는 이를 서울고등검찰청 검사장에게 송부하고 그 소속 검사로 하여금 서울고등법원(이하 "법원"이라 한다)에 범죄인의 인도허가 여부에 관한 심사(이하 "인도심사"라 한다)를 **청구하도록 명하여야 한다.** 10 · 11 승진, 18 2차, 20 경채 다만, 인도조약 또는 이 법에 따라 범죄인을 인도할 수 없거나 인도하지 아니하는 것이 타당하다고 인정되는 경우에는 그러하지 아니하다. 18 승진

② **법무부장관은** 제1항 단서에 따라 인도심사청구명령을 하지 아니하는 경우에는 그 사실을 **외교부장관에게 통지하여야 한다.** 19 승진

제13조(인도심사청구) ① 검사는 제12조제1항에 따른 법무부장관의 인도심사청구명령이 있을 때에는 **지체 없이 법원에 인도심사를 청구하여야 한다.** 다만, 범죄인의 소재를 알 수 없는 경우에는 그러하지 아니하다.

② 범죄인이 제20조에 따른 인도구속영장에 의하여 구속되었을 때에는 **구속된 날부터 3일 이내에 인도심사를 청구하여야 한다.** 18 3차

제14조(법원의 인도심사) ① 법원은 제13조에 따른 인도심사의 청구를 받았을 때에는 **지체 없이 인도심사를 시작하여야 한다.**

② 법원은 범죄인이 인도구속영장에 의하여 구속 중인 경우에는 **구속된 날부터 2개월 이내에 인도심사에 관한 결정을 하여야 한다.** 18 3차, 25 경간(경위공채)

③ 범죄인은 인도심사에 관하여 변호인의 도움을 받을 수 있다.

제16조(인도청구의 경합) ① 법무부장관은 둘 이상의 국가로부터 동일 또는 상이한 범죄에 관하여 동일한 범죄인에 대한 **인도청구를 받은 경우에는 범죄인을 인도할 국가를 결정하여야 하며**, 필요한 경우 외교부장관과 **협의할 수 있다.** 25 경간(경위공채)

제46조(비용) 범죄인의 인도에 드는 비용에 관하여 청구국과 **특별한 약정이 없는** 경우 청구국의 공무원에게 범죄인을 인도할 때까지 범죄인의 구속 등으로 인하여 **대한민국의 영역에서 발생하는 비용은 대한민국이 부담하고**, 청구국의 공무원이 범죄인을 대한민국으로부터 **인도받은 후에 발생하는 비용은 청구국이 부담한다.**

제47조(검찰총장 경유) 이 법에 따라 법무부장관이 검사장 등에게 하는 명령과 검사장 · 지청장 또는 검사가 법무부장관에게 하는 건의 · 보고 또는 서류 송부는 **검찰총장을 거쳐야 한다.** 다만, 고위공직자범죄수사처장 또는 그 소속 검사의 경우에는 그러하지 아니하다. 22 경간

2026 조인성 경찰학 핵심요약집

저　　자	조인성
발 행 인	금병희
발 행 처	멘토링
펴 낸 날	2025년 12월 12일 초판 발행
주　　소	서울특별시 동작구 노량진로 16길 30
출 판 등 록	319-26-60호
주문및배본처	02-825-0606
F A X	02-6499-3195
I S B N	979-11-6049-369-6 13360
정　　가	**28,000원**

저자와의
협의하에
인지생략

저자와의 협의하에 인지를 생략합니다.
이 책의 무단 전재 또는 복제 행위는 저작권법 제136조 제1항에 의해 5년 이하의 징역 또는 5,000만원 이하의 벌금에 처하거나 이를 병과할 수 있습니다(파본은 교환해 드립니다.).